Psychologie-Lexikon

Herausgegeben
von
Professor Dr. Uwe Tewes
und
Dr. Klaus Wildgrube

R. Oldenbourg Verlag München Wien

Die Deutsche Bibliothek – CIP-Einheitsaufnahme

Tewes, Uwe:
Psychologie-Lexikon / hrsg. von Uwe Tewes und Klaus Wildgrube. – München ; Wien : Oldenbourg, 1992
ISBN 3-486-20947-7

NE: Wildgrube, Klaus:; HST

Gesamtherstellung: R. Oldenbourg Graphische Betriebe GmbH, München

ISBN 3-486-20947-7

Verzeichnis der Mitarbeiter

Prof. Dr. Wilhelm F. Angermeier, Düsseldorf
Prof. Dr. Hans-Joachim Baltrusch, Oldenburg
Prof. Dr. Dieter Bartussek, Trier
Prof. Dr. Heinz-Dieter Basler, Marburg
Prof. Dr. Frank Baumgärtel, Bremen
Dipl.-Psych. Stefan Becker, Köln
Prof. Dr. Christian Becker-Carus, Münster
Prof. Dr. Klaus-Ernst Behne, Hannover
Prof. Dr. Detlef Berg, Bamberg
Prof. Dr. Piet B. Bierkens, Nijmegen NL
Dr. Georg Birkhan, Hamburg
Prof. Dr. Jürgen Bock, Basel
Prof. Dr. Rolf Brickenkamp, Köln
Prof. Dr. Tobias Brocher, Thannhausen
Dr. Kurt Buser, Hannover
Prof. Dr. Friedrich-Wilhelm Deneke, Hamburg
Dipl.-Psych. Oliver Diedrich, Trier
Prof. Dr. Ernst A. Dölle, Konstanz
Prof. Dr. Dietrich Eggert, Hannover
Dr. Ute Fuchs, Tübingen
Dr. Eckhardt Gehde, Hannover
Dr. Hans-Joachim Goetze, Wuppertal
Dipl.-Psych. Hans Günter Haaf, Mainz
Dr. Uwe Hartmann, Hannover
PD Dr. Hartmut Hecker, Hannover
Prof. Dr. Hans-Jochen Heinze, Hannover
Prof. Dr. Volker Hodapp, Düsseldorf
Dr. Ilse Höfer, Zürich
Dr. Herbert Hollmann, Frankfurt/M.
Dr. Ina Horn-Ennker, Berlin
Prof. Dr. Helmuth P. Huber, Graz
Prof. Dr. Gernot Huppmann, Mainz
Dr. Ursula Kaul-Hecker, Hannover
Prof. Dr. Heinz-Walter Krohne, Mainz
Univ.-Doz. Dr. Klaus D. Kubinger, Wien
Dr. Ludwig Kühn, Hannover
Prof. Dr. Armin Kuhr, Hannover
Prof. Dr. Dieter Langer, Hannover
Dr. Wolf Langewitz, Basel
Dr. Erica Mahr, Berlin
Dr. Brunhilde Mayer, Hannover
Prof. Dr. Dr. Petra Netter, Gießen
PD Dr. Jürgen Neuser, Essen
Prof. Dr. Horst Nickel, Düsseldorf
Dr. Hans-Peter Nolting, Göttingen

Prof. Dr. Karl Oeter, Hannover
PD Dr. Peter Paulus, Göttingen
Prof. Dr. Franz Petermann, Bonn
Prof. Dr. Ulrike Petermann, München
Prof. Dr. Hermann Pohlmeier, Göttingen
Prof. Dr. Volker Pudel, Göttingen
Prof. Dr. Udo Rauchfleisch, Basel
Prof. Dr. Eibe-Rudolf Rey, Mannheim
Prof. Dr. Johann Jürgen Rohde, Hannover
Prof. Dr. Hans Peter Rosemeier, Berlin
Prof. Dr. Werner Sarges, Hamburg
Dipl.-Psych. Annelie Scharfenstein, Marburg
Dr. Manfred Schedlowski, Hannover
PD Dr. Brigitte Scheele, Heidelberg
Prof. Dr. Jörn W. Scheer, Gießen
Prof. Dr. Romuald K. Schicke, Hannover
Prof. Dr. Otto Schlosser, Berlin
PD Dr. Thomas Schmidt, Hannover
Prof. Dr. Berthold Schneider, Hannover
Prof. Dr. Harry Schröder, Leipzig
Prof. Dr. Wolfgang Schulz, Braunschweig
Prof. Dr. Walter Schurian, Münster
Prof. Dr. Peter Schwenkmezger, Trier
Dr. Jochen Seidel, Hannover
Prof. Dr. Rainer K. Silbereisen, Gießen
Dr. Waltraud Silbernagel, Mainz
Prof. Dr. Friedrich Sixtl, Linz/Donau
Dr. Reiner Stegie, Freiburg
Prof. Dr. Hans-Joachim Steingrüber, Düsseldorf
Prof. Dr. Uwe Tewes, Hannover
Prof. Dr. Franz Thurner, Göttingen
Dr. Ingeborg Titze, Hannover
PD Dr. Harald Traue, Ulm
Prof. Dr. Jürgen von Troschke, Freiburg
Prof. Dr. Dirk Wendt, Kiel
Dipl.-Psych. Joachim Westenhöfer, Göttingen
Dr. Wolfgang Weymar, Hannover
Prof. Dr. Peter Wildenauer, München
Dipl.-Phys. Eberhard Wildgrube, München
Dr. Klaus Wildgrube, Hannover
Dr. Friedrich-Wilhelm Wilker, Mainz
Dr. Georg Wolff, Hannover
Prof. Dr. Heinrich Wottawa, Bochum
Dr. Jürgen Zulley, München

A

AAM
⇒ Angeborener Auslösemechanismus.

Aberration
Abweichung von der Norm, vom ursprünglichen Zustand oder von der eigentlichen Funktion; z.B. Chromosomenaberration.

abhängige Variable
⇒ Kriteriumsvariable
Variable in einem → Experiment oder Versuchsplan (→ Versuchsplanung), deren → Varianz durch eine oder mehrere → unabhängige Variablen (Prädiktoren, Versuchsbedingungen) bestimmt oder vorhergesagt werden soll (Beisp.: → Geschwisterposition).

Abhängigkeit
→ Sucht.

abnormal
→ Norm

Abschwächung
→ Klassisches Konditionieren.

Absence
wenige Sekunden dauernde Geistesabwesenheit, Bewußtseinslücke; bei Schwindelanfall oder besonders bei (kleinen) epiletischen Anfällen.

absolutes Gehör
die Fähigkeit, ohne Hilfsmittel die Höhe von Tönen zu erkennen. Zugrunde liegt ein besonderes Ton- → Gedächtnis. s.a. → Musikerleben.

Abstinenz
Enthaltung, Enthaltsamkeit in bezug auf gewohnte Drogen oder Verhaltensweisen (Abhängigkeit. → Sucht). Bei Abstinenz (therapeutischem → Entzug) können Entzugsphänomene auftreten (vegetative Symptome, besonders Erregungszustände, Schlafstörungen, Angstzustände).

abstraktes Denken
→ Denken.

Abusus
(lat.) Mißbrauch. Selten führt einmaliger, oft aber fortgesetzter Mißbrauch (von Medikamenten und anderen Drogen, s.z.B. → Alkoholismus) zu → Abhängigkeit, s.a. → Sucht.

Abwehr
durch Furcht oder → Angst ausgelöste Reaktion auf Bedrohungen, z.B. Flucht- oder Kampfverhalten. Beispiele aus der Tierpsychologie sind der Totstellreflex und die Demutsstellung als Flucht- oder Ausweichsreaktion. Zur Abwehr von Ängsten, durch die bedrohliche intrapsychische → Konflikte ausgelöst werden, entwickelt der Mensch komplexe Angstabwehr- oder Angstvermeidungsstrategien, die in der → Psychoanalyse als → Abwehrmechanismen beschrieben werden.

Abwehrmechanismen
In der → Psychoanalyse werden als Abwehrmechanismen verschiedene Strategien zur → Abwehr und Bewältigung von → Angst, die aus Störungen der Triebdynamik entsteht, bezeichnet. Die Zahl verfügbarer Angstabwehrstrategien (Sicherungsmanöver) ist → interindividuell groß, → intraindividuell begrenzt. Lernprozesse führen dazu, daß erfolgreich eingesetzte Mechanismen jeweils erneut verwendet werden und so geradezu einen individuellen Abwehrstil, ein charakteristisches Abwehrmuster, bilden (→ Unbewußtes). Zu den wichtigsten Abwehrmechanismen zählen:

→ Identifikation (mit dem Angreifer), → Intellektualisierung, → Introjektion, → Isolierung, → Konversion, → Projektion, → Rationalisierung, → Reaktionsbildung, → Regression, → Sublimierung, → Ungeschehenmachen, → Verdrängung, → Verkehrung ins Gegenteil, → Verleugnung, → Vermeidung, → Verschiebung.

Abweichungswert
→ Intelligenz.

ACTH
⇒ adrenocorticotropes Hormon
Peptidhormon, gebildet im Hypophysenvorderlappen (→ Hypophyse), wirkt auf Stoffwechsel und Wachstum, Ausschüttung erhöht sich bei → Streß. ACTH bewirkt die Ausschüttung von Steroidhormonen (→ Kortikosteroide) durch die → Nebennierenrinde; verbesserte im → Experiment die Leistungen von Ratten in einer Reihe von Lernversuchen, evtl. über Motivationsveränderungen (→ Lernen, → Motivation, → Psychosozialer Minderwuchs).

Adaptation
1. psychophysiologisch: Bei fortdauernder Reizung gleichbleibender Intensität reagiert der Organismus nur noch abgeschwächt, mit abnehmender Impulsfrequenz der Rezeptoren. Diese Abschwächung, Adaptation, ist zu unterscheiden von der → Habituation. Tast- und Temperaturrezeptoren adaptieren schnell, Schmerzrezeptoren, wenn überhaupt, dann nur langsam. Bei der Adaptation bleiben die Rezeptoren bei Änderung der Reizintensität erregbar, im Unterschied zur Ermüdung, wo die Erregbarkeit generell herabgesetzt oder aufgehoben ist.

2. in der → Ethologie heißt Adaptation ganz allgemein die → Anpassung des Organismus und der Art an die Umwelt.

Adaptives Testen
Die Attraktivität des sogenannten *adaptiven Testens* kann aus zweierlei Umständen erklärt werden: Zum einen haben herkömmliche → Tests verschiedene Nachteile, zum anderen erlaubt eine *computerunterstützte* Testung besonders variable Vorgabestrategien. Computerunterstütztes Testen meint, daß sowohl die Vorgabe als auch die Auswertung bei der Testung dem Testleiter entzogen wird: Dabei kann sich die Testvorgabe auf die Darbietung via Bildschirm beziehen, aber auch auf eine vom Computer aus gesteuerte Multi-Media-Darbietung als komplexe → *Item*situation; die Auswertung kann sich von einer simplen „richtig"/„falsch"-Verrechnung bis zur Messung von Reaktionszeiten erstrekken.

In konventionellen Tests werden üblicherweise jeder Testperson dieselben Items in ein und derselben Reihenfolge vorgegeben. Der Nachteil einer solchen Administration besteht darin, daß leistungsfähigeren Personen einige Items zu leicht, zumindestens sehr leicht fallen, leistungsschwächeren dagegen andere zu schwer, zumindestens sehr schwer. Daraus resultiert nicht nur ein motivationales Problem, sondern vor allem eines der Testökonomie. Die angesprochenen Items sind für die jeweils betroffene Personengruppe insofern nicht informativ, als der Ausgang ihrer Bearbeitung von vornherein bekannt, jedenfalls höchstwahrscheinlich ist. Ob sie nun tatsächlich vorgegeben werden oder nicht, ist weitgehend unerheblich. So wäre es vorzuziehen, an ihrer Stelle einige andere, sehr wohl informative Items zu administrieren, die in fein abgestufte Grade der gemessenen Fähigkeit zu differenzieren vermögen. Zum Zweck einer hohen Testökonomie geht es dann um die alternative Entscheidung, entweder mit weniger Items die gleiche Information zu erlangen oder mit gleich vielen Items mehr Information auszuschöpfen. Kommt man im ersten Fall, wenn wenig informative Items einfach ausgelassen werden, leicht ohne Computer aus, so ist dieser für den zweiten Fall günstig, wenn für jede Testperson die vorzugebenden Items *adaptiert,* d.h. ein individuell zugeschneiderter Satz von Items ausgewählt werden soll. Es sei allerdings darauf hingewiesen, daß adaptives Testen nicht notwendigerweise auch computerunterstütztes Testen heißt: Einer modernen → Testkonstruktion stehen durchaus Möglichkeiten zur Verfügung, adaptiv und trotzdem mit Papier und Bleistift zu testen.

Der Begriff des *adaptiven Testens* ist ausschließlich an Modelle der *probabilistischen → Testtheorie* gebunden. Mit ihnen ist die angesprochene personen-

und itemspezifische → *Information* definierbar bzw. über die Theorie der → *Maximum-Likelihood-Schätzung* berechenbar:
I(Item i betreffs Fähigkeit von Person v) =

$$I(i,v) = \frac{[P'("+"|i,v)]^2}{P("+"|i,v)\; P("-"|i,v)} \quad (1)$$

Sie bestimmt sich also als Funktion der → Wahrscheinlichkeiten (P), daß die Person v Item i löst („+“) bzw. nicht löst („−“). Bewertungen, die über eine Kategorisierung in „richtig“ und „falsch“ hinausgehen, stehen hier nicht zur Diskussion. In diesem Zusammenhang ist unter adaptivem Testen zu verstehen: die personenspezifische Itemauswahl mit dem Ziel, die genannte Information zu maximieren bzw. unter bestimmten Rahmenbedingungen zu optimieren. An Modellen, die Aussagen über die beiden angesprochenen Wahrscheinlichkeiten machen, kommen vor allem diejenigen von *Rasch* und *Birnbaum* infrage. Das sogenannte *dichotome logistische Testmodell* von *Rasch* setzt – unter der Voraussetzung, daß die Fähigkeit einer Person v durch den eindimensionalen Parameter ξ_v, die Schwierigkeit des Items i durch den eindimensionalen Parameter σ_i beschrieben werden kann – die Wahrscheinlichkeit für die Lösung einer Aufgabe wie folgt an:

$$P("+"|\xi_v,\sigma_i) = \frac{e^{\xi_v-\sigma_i}}{1+e^{\xi_v-\sigma_i}}$$

Das sogenannte *Zwei-Parameter-Modell* von *Birnbaum* sieht zusätzlich zu dem Itemparameter σ_i einen zweiten Itemparameter, den Diskriminationsparameter α_i vor; dieser soll dem Umstand Rechnung tragen, daß nicht alle Items zwischen Personen mit verschiedenen Fähigkeiten gleich gut diskriminieren, d.h. die Unterschiede zwischen den Lösungswahrscheinlichkeiten zweier bestimmter Personen für jeweils zwei Items mit derselben Schwierigkeit nicht notwendig gleich sein müssen. Die gefragte Wahrscheinlichkeit beträgt:

$$P("+"|\xi_v;\sigma_i,\alpha_i) = \frac{e^{\alpha_i(\xi_v-\sigma_i)}}{1+e^{\alpha_i(\xi_v-\sigma_i)}}$$

Ein Item ist umso diskriminativer, je größer α_i ist; und es ist dasjenige Item einer Reihe gleich schwieriger Items am informativsten, welches den größten Diskriminationsparameter aufweist.

Im sogenannten *Drei-Parameter-Modell* von *Birnbaum* wird noch ein dritter Itemparameter, β_i, berücksichtigt, der bei → *Multiple-Choice-Items* dem Umstand Rechnung tragen soll, daß Lösungen auch durch Raten zustande kommen können; gegenüber dem Zwei-Parameter-Modell erhöht sich also die Lösungswahrscheinlichkeit, so daß sie selbst für $\xi \to -\infty$ größer als null ist:

$$P("+"|\xi_v;\sigma_i,\alpha_i,\beta_i) = \frac{\beta_i+e^{\alpha_i(\xi_v-\sigma_i)}}{1+e^{\alpha_i(\xi_v-\sigma_i)}}$$

Sind alle β_i gleich null, vereinfacht sich das Modell zum Zwei-Parameter-Modell, sind andererseits alle α_i gleich 1, ergibt sich ein *Rasch-Modell mit Rateparameter.*

Je nachdem, welches dieser Modelle gilt, d.h. durch welches Modell die Items am besten beschrieben werden, kann die fragliche Information über Formel (1) bestimmt werden. Im üblichen Fall interessiert das maximal informative Item. Weil sich beim Modell von *Rasch* Formel (1) zu I(i,v) = P(„+“|i,v)P(„–“|i,v) vereinfacht, liegt dort übrigens das theoretische Maximum bei einer Lösungswahrscheinlichkeit von .50; jetzt ist leicht einzusehen, daß ein Item dann wenig informativ ist, wenn die Wahrscheinlichkeit einer Lösung oder Nicht-Lösung annähernd 1 beträgt, d.h. das Item für die betreffende Person sehr leicht oder sehr schwierig ist: Die Information, die durch die Vorgabe dieses Items gewonnen wird, beläuft sich nahezu auf null. Das maximal informative Item zu finden, setzt in jedem Fall voraus, daß sowohl die Itemparameter aus entsprechend großen Voruntersuchungen bekannt sind als auch eine vorläufige Schätzung für den unbekannten Pa-

Adaptives Testen

rameter ξ_v vorliegt. Eine erste Schätzung für ξ_v erhält man entweder, indem ganz grob zunächst von einer durchschnittlichen Leistungsfähigkeit ausgegangen wird, oder, indem ein aufgrund von Vorinformationen ungefähr zu erwartender Parameter verwendet wird. Um möglichst rasch zu einer „empirischen" Schätzung zu gelangen, empfiehlt es sich, als erstes Item ein mittelschwieriges vorzugeben und danach, je nachdem ob dieses gelöst oder nicht gelöst wurde, das schwierigste oder leichteste. Brauchbare Schätzungen sind dann spätestens nach einigen wenigen Items zu erwarten. Da sich die Modellgültigkeit eigentlich nur in bezug auf das Modell von *Rasch* überprüfen läßt und es zur Zeit an → Signifikanztests mangelt, die die Wahrscheinlichkeit der Daten nach dem Modell von *Rasch* mit der nach einem der Modelle von *Birnbaum* vergleichen und weil außerdem die Parameterschätzung in den Modellen von *Birnbaum* wesentlich größere Probleme mit sich bringt, ist vorläufig *adaptives Testen* nach dem Modell von *Rasch* vorzuziehen.

Im Zusammenhang mit dem *adaptiven Testen* geht es aber nicht nur darum, welcher Zielfunktion entsprechend die Testvorgabe individuell zu adaptieren ist; zunächst grundsätzlich wichtiger ist die Frage, wie die Testleistungen verschiedener Testpersonen, denen verschiedene Items vorgegeben wurden, zu vergleichen sind. Tatsächlich ist dies für die zitierten Modelle über die Schätzung des gesuchten Personenparameters ξ_v möglich: Aufgrund des modellierten Zusammenhangs von Personen- und Itemparametern kann z.B. für den allgemeinsten Fall, dem Drei-Parameter-Modell von *Birnbaum,* der Parameter ξ_v als Maximum-Likelihood-Schätzung folgender Wahrscheinlichkeiten bestimmt werden:

$$L_v = \prod_{j=\Phi_1(v)}^{\Phi_{k_v}(v)} \left(\frac{\beta_j + e^{\alpha_j(\xi_v - \sigma_j)}}{1 + e^{\alpha_j(\xi_v - \sigma_j)}} \right)^{x_{vj}} \left(\frac{1 - \beta_j}{1 + e^{\alpha_j(\xi_v - \sigma_j)}} \right)^{1 - x_{vj}}$$

mit $x_{vj} = 1$ bei „+" und $x_{vj} = 0$ bei „−", $\Phi_1(v)$, $\Phi_2(v), \ldots, \Phi_{k_v}(v)$ geben die Nummern derjenigen k_v Items an, welche der Person v infolge der adaptierten Auswahl vorgegeben wurden. Maximum-Likelihood-Schätzung bedeutet, die Schätzung $\hat{\xi}_v$ für ξ_v so zu bestimmen, daß die Wahrscheinlichkeit für die tatsächlich beobachteten Testleistungen maximal ist – wobei die σ, α und β als bekannt vorausgesetzt werden. Die Schätzung $\hat{\xi}_v$ ist also abhängig davon, welche Items bearbeitet wurden, so daß im Regelfall für Personen mit der gleichen Anzahl gelöster Items völlig verschiedene Parameterschätzungen resultieren; und eben diese, und nur diese sind fair miteinander zu vergleichen. Würden in Formel (5) mehr als die k_v Items eingehen, so änderte das lediglich etwas an der Genauigkeit der Schätzung des Personenparameters. Zu beachten ist, daß sich die angegebene Wahrscheinlichkeit für die anderen zur Diskussion stehenden Modell gemäß $\beta_j = 0$ und $\alpha_j = 1$ vereinfacht.

Die im Hinblick auf computerunterstützte Testvorgabe klassische Variante stellt das sogenannte *tailored-testing* dar. Die Bezeichnung „maßgeschneidert" drückt aus, daß sich die Item-Auswahl pro Person tatsächlich optimal an deren Leistungsniveau orientiert und also stets dasjenige Item als nächstes für die Vorgabe ausgewählt wird, welches hinsichtlich des aktuell geschätzten Personenparameters maximal informativ ist. Das sogenannte *branched-testing* rührt aus dem Bestreben, der beim tailored-testing praktisch obligaten computerunterstützten Testvorgabe eine Alternative gegenüberzustellen. Während eine (verbesserte) Schätzung des gesuchten Personenparameters nach jedem Item und vor allem die Auswahl des jeweils informativsten Items ohne die Verwendung von Computern unrealistisch ist, kann das branched-testing durchaus bei Papier- und Bleistift-Tests angewendet werden. Hier sind einzelne Items zu mehreren Itemgruppen zusammengefaßt, so daß sich die adaptive Testvorgabe darauf beschränkt, nach jeder Item*gruppe*, nicht nach jedem Item, je nach Testleistung zu einer anderen nächsten Itemgruppe zu verzweigen.

Das adaptive Testen stößt an seine Grenzen, wenn irgendwelche Ermüdungs- oder Lerneffekte im Zuge der Testvorgabe Platz greifen: Nicht einmal die Testleistungen derjenigen Testpersonen wären miteinander fair zu vergleichen, die ein und dieselben Items bearbeiten, sobald dies in einer anderen Rangfolge geschieht. Und es stößt erst recht an seine Grenzen, wenn nicht Leistungstests zur Diskussion stehen; da dann niemals ausgeschlossen werden kann, daß die Testperson absichtlich eine ihrer →Eigenschaft, die mit dem Test eigentlich zu messen versucht wird, widersprechende Antwort gibt – was bei Leistungtests praktisch auszuschließen ist –, fließt stets eine zweite Eigenschaftsdimension mit ein, nämlich die Eigenschaft „wahr zu antworten". Der eindimensionale Ansatz der skizzierten testtheoretischen Modelle findet in beiden Fällen nicht Anwendung.

Literatur: *B. Bloxom,* Adaptive testing: A review of recent results. Ztschr. Diff. u. Diagn. Psychol. 1989, 10, 1–17. *K. D. Kubinger,* Adaptives Testen. In: *R. Horn/K. Ingenkamp/R. S. Jäger,* Tests und Trends Bd. 6. München 1987, 103–127. *K. D. Kubinger* (Hrsg.), Moderne Testtheorie – Ein Abriß samt neuesten Beiträgen. München 1988.

Univ.-Doz. Dr. Mag. *Klaus D. Kubinger,* Wien

Adipositas

Eine über das normale Maß hinausgehende Ansammlung von Fettgewebe (mehr als 15% bei Männern und 20% bei Frauen im Vergleich zur fettfreien Körpermasse) fördert die Manifestation von kardiovaskulären Risikofaktoren, wie →Hypertonus, →Hyperlipidämien, →Hyperurikämie und →Diabetes mellitus, aber auch Beschwerden des Bewegungsapparates. Übergewicht führt häufig auch zu psychosozialer Beeinträchtigung des Selbstwertgefühls, der Leistungsfähigkeit und des Selbstbildes (→Selbstkonzept).

Da die exakte Messung des Fettgewebsanteils technisch sehr aufwendig ist, wurden für die Praxis vor allem zwei einfache Schätzgrößen entwickelt: Das *Broca-Referenzgewicht* (Körperhöhe in cm minus 100 = Referenzgewicht in kg) und der *Body-Mass-Index* (BMI = Körpergewicht in kg/quadrierte Körperhöhe in m). Eine Überschreitung des Broca-Referenzgewichts um mehr als 20% bis 30% sowie ein Body-Mass-Index von größer als 30 gelten als unbedingte Indikation zur Therapie des Adipositas. Übergewicht geringeren Ausmaßes ist dann behandlungsbedürftig, wenn zusätzliche Risikofaktoren vorliegen. Neben der medizinischen Indikation besteht aus psychologischer Sicht häufig auch eine Indikation bei mäßigem oder auch geringerem Übergewicht. Hier sollte jedoch sorgfältig abgewogen werden, welches Ausmaß an Gewichtsreduktion im Einzelfall vertretbar erscheint (s. unten).

Trotz zahlreicher Methoden und zum Teil skurriler Maßnahmen zur Therapie der Adipositas, wie Magen- und Dünndarm-Bypass, Kieferverdrahtung, Magenballon, Medikation mit Anorektika, Null-Diät, Aspirationslipektomie etc. wird übereinstimmend der diätetischen Behandlung in Form einer energiereduzierten Mischkost mit verhaltenstherapeutischer Unterstützung (→Verhaltenstherapie) zur Veränderung des →Eßverhaltens die höchste Langzeitwirkung zugestanden. Die Gewichtsabnahme sollte dabei im Durchschnitt bei maximal 0,5 Kilogramm/Woche liegen. Bei einer Nährstoffrelation von ca. 30% Energieprozent Fett, 50% bis 60% Kohlenhydrate und ca. 10–20% Protein kann die Gesamtenergiezufuhr nicht wesentlich unter 1500 Kalorien gesenkt werden, wenn eine ausgeglichene Zufuhr der essentiellen Mikronährstoffe gefordert wird.

Dennoch bleiben grundsätzliche Probleme der →Psychogenese bzw. →Pathogenese der Adipositas und ihrer Therapie bislang ungelöst. Die einfache Annahme, daß der Adipositas eine positive Energiebilanz zugrunde liegt, erscheint insofern revisionsbedürftig, da nicht aus Veränderungen der Energiezufuhr durch lineare Interpolation auf Veränderungen der Körpermasse geschlossen werden kann. Der individuelle Energiebedarf stellt sich nämlich als variable Größe heraus, der z.B. nicht nur durch Bewegungsaktivität, sondern auch durch die Nahrungszufuhr selbst zu beeinflussen ist. Kalorienarme Diäten veranlassen eine Absenkung des Energiebedarfs, so daß vom *„Dieter's Dilemma"* gesprochen wurde: „Je intensiver die Diät, umso intensiver muß sie fortgesetzt werden".

Diskutiert wird auch, ob die Annahme eines individuellen *„Set-Points"* zutrifft, wonach über körpereigene (bislang allerdings unbekannte) Regulationsmechanismen ein bestimmter Gewichtsbereich im Sinne eines →„Steady-State" stabilisiert wird. Diese Sichtweise erhielt Unterstützung durch die →Verhaltensforschung über klinisch relevante Eßstörungen, wie Anorexia und Bulimia Nervosa (→Eßstörungen). Diese Patienten erzwingen mit strengen Diäten oder →intermittierendem Fasten eine Gewichtsabnahme, in deren Folge mit Verhaltensstörungen (Süßhunger, Heißhunger, streßbedingtes Essen, etc.) zu rechnen ist.

Die verhaltenspsychologische Forschung hat an ihrem Ausgangspunkt ähnliche Verhaltensmuster bei Adipösen als typisch beschrieben und durch Messungen in Eßlabors experimentell belegt, so die →Externalitätshypothese der Arbeitsgruppe um *Schachter* (→Externalität) oder die Befunde zur hyperphagen Reaktion, zum verzögerten →Appetenzverlust und zu Sättigungsstörungen bei Adipösen, aber auch →psychosomatische Überlegungen zum Verständnis erhöhter Nahrungsaufnahme durch →emotionale Faktoren. Inzwischen ist die daraus zunächst abgeleitete Interpretation, daß diese Verhaltensmuster als pathogenetische Verhaltensdisposition die Adipositas verursachen, nach und nach modifiziert worden. Es zeigte sich im Verlauf der weiteren Forschung nämlich, daß nicht primär ein überhöhtes Körpergewicht mit diesem Verhaltensmuster in Beziehung steht, sondern vielmehr das Ausmaß an →kognitiver Kontrolle der Nahrungsaufnahme (Konzept der „latenten Adipositas", Konzept des „gezügelten →Eßverhaltens": restrained eating). Die ursprünglich nahegelegte kausale Interpretation dieser Verhaltensmuster kann heute dadurch verständlich gemacht werden, daß freiwillige, also motivierte adipöse Probanden zumeist auch „gezügelte Esser" waren, während sich ungezügelt essende Adipöse wegen mangelnder →Motivation für solche Experimente nicht zur Verfügung stellten. Einen integrativen Ansatz, das „boundary model", haben *Herman* et al. beschrieben.

Der dreidimensionale Fragebogen zum Eßverhalten (s. *Pudel* 1985) mißt 1. das Ausmaß der Kontrolle, 2. die Störbarkeit dieser Kontrolle und 3. spontane Hungerempfindungen. Die ersten beiden Faktoren korrelieren (→Korrelation) in Kombination →signifikant mit dem Körpergewicht, der Kalorienaufnahme und dem langfristigen Therapieeffekt von großen Probandenkollektiven. Damit scheint die determinierende Wirkung der psychologischen Variablen Kontrolle und Störbarkeit auf Eßverhalten und Gewicht belegt. Es sollte allerdings gesehen werden, daß nicht primär gesundheitliche Motive, sondern ästhetische Aspekte durch die gesellschaftlich bedingten Vorstellungen zur attraktiven Schlankheit die Motivation für kontrolliertes Eßverhalten darstellen.

Einer adäquaten Kontrolle des Eßverhaltens ohne →rigide Einschränkung des Verhaltensspielraumes (unter Berücksichtigung einer ausgewogenen Nährstoffzufuhr) wird daher gegenwärtig für die Therapie, aber auch für die Prävention der Adipositas eine entscheidende Bedeutung beigemessen (→Eßverhalten). Strikte Diäten mit rigoroser

Kalorieneinschränkung und/oder einseitiger Nährstoffrelation erscheinen kontraindiziert, da sie nur kurzfristig auf das Körpergewicht wirken und langfristig Gewichtszunahme und Verhaltensprobleme fördern. Trainingsprogramme zur →verhaltenstherapeutisch orientierten Gewichtsreduktion sind verschiedentlich vorgestellt und empirisch überprüft worden.

Das Körpergewicht ist im Rahmen üblicher biologischer Variationsbreiten offensichtlich auch genetisch-konstitutionell bedingt. Eine diätetische Intervention kann daher nur begrenzt zu Veränderungen des Gewichts beitragen, da in deren Folge biologische →Adaptationsmechanismen (Veränderungen der Thermogenese, des Ruheumsatzes) aktiviert werden. Extreme Eingriffe (Fasten/ mehr als 100%ige Überernährung) führen natürlich zu Konsequenzen auf das Gewicht (und werden nach wie vor leider immer noch als Bestätigung des Bilanzprinzips angeführt), da sie die Kompensationsmechanismen überfordern. Diese extremen (unphysiologischen) Maßnahmen sind jedoch langfristig kaum zu stabilisieren, da sie einen hohen Verhaltensaufwand erfordern, um sie durchzusetzen, und sie provozieren klinisch ungünstige Verhaltensmuster wie sie in der großen Minnesota-Hungerstudie von *Keys et al.* bereits vor Jahrzehnten eindrucksvoll beschrieben wurden (→Eßverhalten).

Literatur: *V. Pudel/J. E. Meyer,* Zur Pathogenese und Therapie der Adipositas., Der Nervenarzt 1981, 52, 250–260. *V. Pudel,* Zur Psychogenese und Therapie der Adipositas. Berlin 1982. *V. Pudel,* Praxis der Ernährungsberatung. Berlin 1991.

Prof. Dr. *Volker Pudel,* Göttingen

Adoleszenz

Jugendzeit, im zeitlichen Anschluß an das Reifungsalter. →Jugend, →Sexualität.

Adrenalin

→Nebennierenmark.

adrenerg

Das Adrenalin, Hormon des →Nebennierenmarks, wirkt andrenerg, d.h. →Sympathikus-stimulierend.

adrenerges System

durch →Adrenalin wirkende und auf Adrenalin ansprechende Körperorgane.

adrenocorticotropes Hormon

⇒ACTH.

Ähnlichkeit

wahrgenommene weitgehende aber nicht vollständige Übereinstimmung, partielle Gleichartigkeit, bedeutsam besonders in der Personenwahrnehmung (→Typologien). s.a. →Wahrnehmung, → Invarianz.

Ängstlichkeit

→Angst.

Äquilibrium

→Spieltheorie.

Äquivalenz

Gleichwertigkeit, Entsprechung.

Äquivokation

→Kommunikation.

Ärger

Obwohl in der Psychologie keine Einigkeit über Anzahl und Abgrenzung von →Emotionen besteht, ist in nahezu allen einschlägigen →Taxonomien Ärger als fundamentale Emotion enthalten. Ärger ist ein alltägliches Phänomen und ein wissenschaftliches →Konstrukt, über dessen Nützlichkeit zumindest derzeit Einigkeit besteht.

Ärger scheint in allen Kulturen vorzukommen und ähnlich ausgedrückt zu werden. Dabei dient der Ärgerausdruck offensichtlich der Regulation interpersonaler Beziehungen. Dies würde rechtfertigen, Ärger als eine sozial vermittelte Emotion zu betrachten, deren Äußerungsformen und Kontrolle im Verlauf der individuellen →Sozialisation gelernt wird. Ärger wird aber auch als mitverursachend für aggressive Absichten und Handlungen eines Individuums gesehen. Sofern man *Aggressionsneigung* (→Aggression) als überwiegend biologisch determinierten Akt auffaßt, ist die Ärgeremotion auuh im Kontext biologischer Emotionsmodelle zu analysieren (zsf. *Averill* 1982).

Ärger wird sehr häufig im Kontext anderer Emotionen genannt. *Izard* (1981) faßt beispielsweise Ärger, Ekel und Geringschätzung zur *Feindseligkeitstriade* zusammen; andere Autoren beschreiben die Trias Ärger, Feindseligkeit und Aggression, welcher insbesondere bei der Genese psychosomatischer Erkrankungen eine zentrale Bedeutung zugeschrieben wird. Exakte definitorische Abgrenzungen sind schwierig und werden zumeist auf dem Hintergrund jeweils explizierter theoretischer Überlegungen versucht.

In der Ärgerforschung ist eine allgemeinpsychologische (→Allgemeine Psychologie), eine differentialpsychologische (→Differentielle Psychologie) und eine psychosomatische Sichtweise (→Psychosomatik) zu unterscheiden.

Unter allgemeinpsychologischem Aspekt sind insbesondere Auslösung und Verlauf der Ärgeremotion sowie ihre Bedeutung im Kontext aggressiver Handlungen untersucht worden. *Dembo* (1931) ließ beispielsweise Versuchspersonen unlösbare Aufgaben bearbeiten. Bereits in diesen Untersuchungen wurde deutlich, daß Ärger vor allem dann entsteht, wenn die Verfolgung der Handlungsabsicht von außen behindert oder blockiert und dies als unfair erlebt wird, d.h. vereinbarte Regeln menschlichen Zusammenlebens oder allgemein akzeptierte Normen verletzt werden. Dies wurde auch in experimentellen Untersuchungen zum Phänomen der →*gelernten Hilflosigkeit* deutlich: Ärgeremotionen entstanden vorwiegend dann, wenn Versuchspersonen bemerkten, daß ihnen vom Versuchsleiter unlösbare Aufgaben vorgelegt wurden.

Ungeklärt scheint nach wie vor, welche Funktion Ärger bei der Auslösung aggressiver Handlungen zukommt. Während *Berkowitz* vermutet, daß Ärger die entscheidende Variable bei der Entstehung von Aggressionen nach Zielblokkierung (→*Frustration*) ist, vermutet *Bandura* in der Ärgeremotion nur eine Komponente einer unspezifischen Erregung zum Zwecke der Energiebereitstellung. Andere Systematisierungen der Funktionalität von Ärger betonen darüber hinaus die *kommunikative Funktion* (Ärger und Ärgerausdruck als Indikator für die Art einer Beziehung), die *instrumentelle Funktion* (der Ärgerausdruck wird zur Erreichung eines Ziels eingesetzt), die *disruptive Funktion* (durch Ärger wird der Handlungsablauf unterbrochen, die Aufmerksamkeitslenkung und Informationsverarbeitung gestört), die *defensive Funktion* (Ärger wird als Bewältigungsstrategie in Bedrohungssituationen eingesetzt) und die *diskriminative Funktion* (Ärger wird als Hinweisreiz aufgefaßt, eine zwischenmenschliche Situation richtig einzuschätzen und geeignete Bewältigungsmaßnahmen zu aktivieren).

Unter differentialpsychologischem Aspekt sind Entwicklungen zu nennen, interindividuelle Unterschiede in Ärgerintensität und Ärgerausdruck meßbar zu machen. Neben mehr oder weniger erfolglosen Versuchen, spezifische physiologische Reaktionsmuster von Ärger und Ärgerausdruck zu identifizieren, dominieren vor allem Bemühungen, die kognitiven Beurteilungen zum Ärgererleben über Selbstbeschreibungen in Form von →Fragebogen zu erfassen. Die subjektive Erfahrung von Ärger wird über zwei wesentliche Komponenten, Ärger als Zustand und als →Eigenschaft, operationalisiert.

Ärger als Zustand ist definiert als emotionales Bedingungsgefüge, welches aus subjektiven Gefühlen der Spannung, Störung, Irritation und Wut besteht, begleitet von einer Aktivierung des →autonomen Nervensystems. Der Ärgerzustand kann hinsichtlich Intensität und als Funktion des Anstiegs von Frustration variieren, welche aus einer wahrgenommenen Ungerechtigkeit oder der Behinderung oder Blockierung zielgerichteter Verhaltensweisen resultieren. Ärger als *Eigenschaft* beschreibt die Repräsentation interindividueller Unterschiede in der dispositionellen Neigung von Personen, eine große Bandbreite von Situationen als störend oder frustrierend wahrzunehmen und in solchen Situationen mit einer Erhöhung des Ärgerzustands zu reagieren.

Der Ärgerausdruck wird über drei wesentliche Komponenten erfaßt. Die erste Komponente beinhaltet den Ausdruck von Ärger gegen andere Personen und Objekte in der Umgebung, äußert sich also in physischen Angriffen oder auch in verbalen Attacken wie Kritik, Beschimpfungen, verbalen Bedrohungen u.a. *(anger-out).* Diese Form des Ärgerausdrucks kann sich gegen die Quelle der Provokation oder aber auch indirekt auf andere Personen oder Objekte richten. Die zweite Komponente des Ärgerausdrucks ist nach innen gerichtet. Dabei wird das Unterdrücken von Ärger bzw. das Nichtäußern von ärgerlichen Gefühlen zu erfassen versucht *(anger-in).*

Interindividuelle Unterschiede im Ausmaß des Versuchs, den Ausdruck von Ärger kontrollieren zu können, bestimmt die dritte Komponente des Ärgerausdrucks *(anger-control).* Skalen zur Erfassung dieser Formen des Ärgers wurden von *Spielberger* (1988) vorgelegt, die deutsche Bearbeitung ist bei *Schwenkmezger* und *Hodapp* (1989) beschrieben.

Unter psychosomatischem Aspekt ist auf die vielfältigen Bemühungen hinzuweisen, die Funktion von Ärger und Ausdruck in →Ätiologie und Verlauf körperlicher Erkrankungen zu bestimmen. Obwohl Annahmen über spezifische neurohormonale Prozesse bei Ärgerreaktionen eher spekulativer Art sind, gibt es zahlreiche Befunde für die gesundheitsbeeinträchtigende Wirkung von Ärger. Bekannt ist die sehr kontrovers geführte Diskussion, ob dem sogenannten → *Typ-A-Verhaltensmuster* eine ursächliche Funktion für cardiovaskuläre Erkrankungen zukommt. Eindeutiger sind empirische Befunde, durch die nahegelegt wird, daß unterdrückter Ärger eine mögliche Ursache bei der Genese von → Hypertonie ist. Wie man sich die genauen Wirkmechanismen vorzustellen hat, bleibt bisher jedoch offen.

In der Folge dieser Überlegungen sind auch Interventionsprogramme zur Ärgerreduktion entwickelt worden, die entweder als psychologische Interventionsverfahren konzipiert sind oder aber auch über die verhaltensregulierende Wirkung von Medikamenten wirksam werden. Psychologische Interventionstechniken liegen im präventiven Bereich (→ Prävention), beispielsweise in Veränderungsprogrammen zum Erziehungsverhalten oder aber in der Kombination kognitiv-verhaltenstherapeutischer Techniken (→ Verhaltenstherapie, → Imaginationstechniken, → Rollenspiel). Bei medikamentösen Ansätzen wird vor allem die verhaltensverändernde Wirksamkeit von → Beta-Rezeptoren-Blockern diskutiert.

Literatur: *J. R. Averill,* Anger and aggression: An essay on emotion. New York 1982. *T. Dembo,* Der Ärger als dynamisches Problem. Psychologische Forschung, 1931, 15, 1–44. *C. E. Izard,* Die Emotionen des Menschen. Weinheim 1981. *P. Schwenkmezger/V. Hodapp,* Das State-Trait Anger Expression Inventory (STAXI): Itemmetrische und faktorenanalytische Befunde zur Konstruktvalidität. Trierer Psychol. Berichte 16 (1), Universität Trier, 1989. *C. D. Spielberger,* State-Trait Anger Expression Inventory. Research Edition. Odessa 1988.

Prof. Dr. *Peter Schwenkmezger,* Trier

Ästhetische Wahrnehmung

Mit der ästhetischen → Wahrnehmung befassen sich sowohl die *Kunstpsychologie* als auch die *Wahrnehmungspsychologie* und die experimentelle Psychologie (→ Experiment). Die Kunstpsychologie befaßt sich mit dem Erleben der Ergebnisse künstlerischer Schaffensprozesse und der Erforschung der Bedingungen unter denen künstlerische Leistungen entstehen. Die Wahrnehmungspsychologie befaßt sich in diesem Zusammenhang vor allem mit den Wirkungen, die ein Kunstwerk auf den Betrachter, Leser oder Hörer ausübt, wobei insbesondere die Aspekte des Wohlempfindes und der Harmonie im Vordergrund stehen. Außerdem werden die Beziehungen zwischen der Intention des Künstlers und der Wahrnehmung des Rezipienten untersucht. Die *experimentalpsychologischen* Ansätze gehen auf *Gustav Fechner* (1801–1887) zurück. Dabei werden Kunstwerke unter standardisierten Bedingungen von mehreren Beurteilern nach verschiedenen Kriterien bewertet. Die zu beurteilenden Objekte werden nach verschiedenen formalen Kriterien variiert (z.B. abstrakt vs. realistisch) und anhand vorgegebener Kategorien miteinander verglichen (z.B. schön vs. häßlich, interessant vs. uninteressant).

Die Ästhetik ist ihrer ursprünglichen Wortbedeutung nach eine Wahrnehmungslehre. Die ästhetische Wahrnehmung unterscheidet sich nicht grundsätzlich von anderen Formen der Wahrnehmung. Sie ist wie die sinnliche (optische, akustische) Wahrnehmung, die →soziale Wahrnehmung oder die wissenschaftliche Erkenntnisfähigkeit ein sowohl integraler, funktionaler, wie auch ein begleitender Prozeß der onto- und phylogenetischen →Entwicklung.

Eine ästhetische Wirkung kann ausgehen von Objekten (Bild, Wort, Musik, Skulptur, Tanz, Film, Kitsch u.a.), Gegebenheiten, Situationen (Vorstellungen, Erfahrungen, Gefühle u.a.) und Personen, die gesondert wahrgenommen werden, weil sie besondere Ausstrahlung ausüben, schön erscheinen, angenehm oder andersartige Gefühle wecken und zu besonderem Verhalten anregen. Ästhetische Wahrnehmungen sind Wahrnehmungen solcher Besonderheiten, im Gegensatz zu jenen, die sich auf genormte, alltägliche, gelernte, strukturierte, funktionale und routinierte Gegebenheiten richten.

Die Wirkungen der ästhetischen Wahrnehmungen unterscheiden sich bei Künstlern und Betrachtern nur graduell. In beiden Fällen herrscht eine Vielschichtigkeit vor, bei Gleichzeitigkeit der Prozeßabläufe. Es können sowohl bei der Herstellung des Ästhetischen als auch bei dessen Betrachtung immer mehrere Wahrnehmungen zur gleichen Zeit stattfinden.

Ästhetische Wahrnehmungen sind nicht nur Ausdruck einer „höheren", „zweiten" Natur des Menschen, seiner Kultur oder seiner höchstentwickelten Schicht der Persönlichkeit, sondern sie sind ein wesentlicher Bestandteil all seiner Verhaltens-, Handlungs- und Bewußtseinsebenen.

Die ästhetischen Empfindungen werden durch Sinneswahrnehmungen erzeugt. Es sind Elektro-, Magnet-, Licht- und Schallwellen, Teilchenbewegungen und alle Unmittelbarkeiten an Berührungen, welche von der Umwelt auf die Ebene der dissipativen (energieumwandelnden) Struktur beim Betrachter treffen. Noch bevor der Sinnesapparat Informationen und Reize zu verarbeiten beginnt, treten die Spannungsfelder der Körperoberfläche in Erregung. Die unmittelbaren Schwingungen, die etwa ein bestimmtes Instrument beim Hören von Musik auslöst, treffen, bevor sie sinnlich eingeordnet und kognitiv erkannt werden, auf die Oberfläche des Körpers. Dort werden Resonanzen ausgelöst, und es entsteht ein Feld von Überlappungen unterschiedlicher Energiebereiche.

Die ästhetischen Wahrnehmungen gründen sich auf die unterschiedlichen Bereiche der Wahrnehmungen, der Sinne, der Nervenzentren und des übrigen Körpers. Die Vielschichtigkeit setzt voraus, daß Prozesse gleichzeitig auf unterschiedlichen Kanälen, in unterschiedlichen Intensitäten und Ausprägungen ablaufen.

Zwischen den Bereichen des Subjektiven (Betrachter) und des ästhetischen

Vielschichtigkeit der psychischen Wahrnehmungen

("Komplexität" = Bereich des geistig Individuellen, Berührung mit dem gesellschaftlichen Allgemeinen. "Kontextualität" = Bereich der materiellen Grundlagen (chemische, physikalische), biologischer Zusammenhang über selbstorganisierende Systembildungen.)

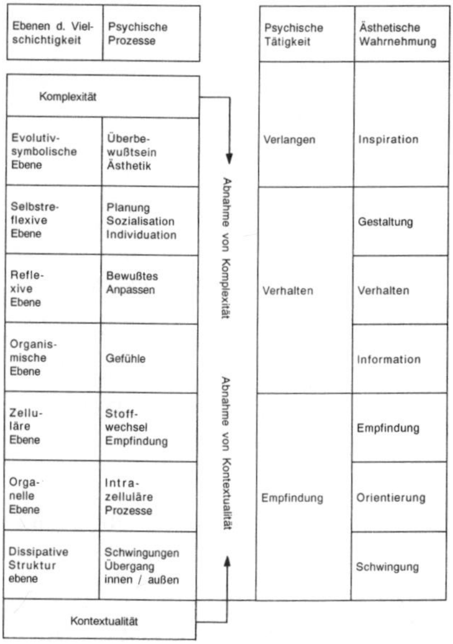

Ebenen d. Vielschichtigkeit	Psychische Prozesse		Psychische Tätigkeit	Ästhetische Wahrnehmung
Komplexität		↓ Abnahme von Komplexität		
Evolutiv-symbolische Ebene	Überbewußtsein Ästhetik		Verlangen	Inspiration
Selbstreflexive Ebene	Planung Sozialisation Individuation		Verhalten	Gestaltung
Reflexive Ebene	Bewußtes Anpassen			Verhalten
Organismische Ebene	Gefühle			Information
Zelluläre Ebene	Stoffwechsel Empfindung		Empfindung	Empfindung
Organelle Ebene	Intrazelluläre Prozesse			Orientierung
Dissipative Strukturebene	Schwingungen Übergang innen / außen			Schwingung
Kontextualität		↑ Abnahme von Kontextualität		

Objekts befindet sich der Bereich, auf dem die Resonanz stattfindet. Bei den Interaktionen oder Austauschprozessen zwischen diesen Bereichen wird Bewußtes nicht vom →Unbewußten oder Überbewußten oder den Verhaltens- und Handlungsweisen getrennt dargeboten. Vieleher besteht auch dieser Bereich der Interaktion aus Überlappungen von unterschiedlichen Feldern von Schwerpunkten.

Die *Empfindungen* setzen sich aus den Dissipativen Strukturen, den Organellen und den Zellen zusammen. Auf diesen Ebenen vollziehen sich Übereinstimmungen zwischen der psychischen Ganzheit des Individuums und seiner Abgrenzung gegenüber dem Außen. Über Schwingungen befinden wir uns in Unmittelbarkeit zur Umwelt. Auf der Haut vollziehen sich die Spannungsbezirke, über die unmittelbar →Informationen gegeben und aufgenommen werden. Die organelle Ebene vermittelt Orientierungen, mit der der Organismus mit dem Außen verbunden ist. Hier setzt sich der Organismus in eine räumlich-zeitliche Lage, wodurch die Befindlichkeit, die Stellung und die Lage in Zeit und Raum aufgehoben werden. Über organelle innerzelluläre Prozesse vermag sich der Organismus im molekularen Bereich zu orientieren. Geruch und Geschmack sind dabei Markierungen, die die Bewegungen koordinieren. Schließlich stellt die Empfindung auf der zellulären Ebene die erste komplexe Information für den Organismus dar. Dabei erfährt er unmittelbar die Nuancen, die Ober- und Untertöne, die Zwischenfarben aller Informationen. Dies ist der Bereich des Gespürs, der Erahnungen und alldessen, was alltäglich vertraut, aber schwer festzustellen ist, da es sich weitgehend der Messung (noch) entzieht.

Der Bereich des *Verhaltens* setzt sich aus den Erfahrungen zusammen, die der Organismus auf der Ebene des Organischen, der Reflexion und der Selbstreflexion sammelt und bezieht sich auf die Entwicklung der menschlichen Produktivkraft, Aktivitäten und Aneignungen der Umwelt. Er umfaßt Informationen, Verhalten und Gestaltung. Information bezieht sich auf die in Form gebrachten Bestandteile der psychischen Tätigkeiten. In der Information gelangt das Diffuse, Gespürte und Ungewisse zur →Gestalt und erreicht Gewißheit. Das psychische Verhalten ist das Tun in bezug auf einen Gegenstand und dessen Vergegenständlichung. Die schöpferische Tätigkeit meint das bewußte und zielgerichtete Herstellen von Objekten im Raum und von Ereignissen in der Zeit. Es ist das Ausfüllen der Leere des noch nicht genutzten Moments. Schließlich enthält der Bereich des Verhaltens die Durchblicke. Damit ist das Erkunden von Auswegen sowie das Strukturieren des Ungeordneten angesprochen. Durchblicke ereignen sich beim Festlegen auf den Moment in der Zeit. Daraus ergeben sich jene Symmetriebruchstellen an der Wirklichkeit, an denen sich die Wahrnehmungen schärfen. Das ergibt sich aus dem Ausfüllen des leeren Raums und der unausgefüllten Zeit mit Zweifel und Staunen.

Der dritte Bereich des Ästhetischen bezeichnet das *Verlangen.* Es bezieht sich auf jene psychische Dynamik, die über das Bewußtsein als Bewältigung der Wirklichkeit hinausgreift. Das Verlangen ist das Darüberhinausdenken, das Sehnen und Wünschen nach dem Unbekannten, dem noch nicht Gewußten und Gedachten. Im Verlangen sind die Anteile der →Phantasie, der Träume (→Traum) und der Inspiration enthalten. Die Phantasie bezieht sich, mehr noch als das Verhalten, auf das Entwerfen von Neuem. Die Phantasie beginnt dort, wo die schöpferische Tätigkeit aufhört.

Bei all diesen Wahrnehmungen stellt das Schöne eine wichtige Wertkategorie dar, nach der wir uns, unsere Erscheinung, unseren Alltag und unsere Umwelt gestalten und beurteilen. Nachdem lange Zeit Prinzipien der rationalen Zweckbestimmtheit und der Funktionalität der Vorrang eingeräumt worden ist, scheint heute der Wunsch nach dem Schönen eine Renaissance zu erleben. Dafür sprechen der Hang zu Nostalgie und Gemütlichkeit, etwa beim Wohnen, das Bekenntnis zu Kitsch, „postmoderne" Bauweisen in der Architektur, eine Rückkehr zum Bildlichen in der Kunst, die Entdeckung des 19. Jahrhunderts und der Romantik, neuaufkommende Heimatgefühle, das Florieren der Flohmärkte, usw.. Sicherlich ist Schönheit heute nicht wichtiger als früher, aber ihre Definition hat sich geändert.

Im Gegensatz dazu ist nur geringes Interesse am „Schönen" in der offiziellen Kunstszene und der Wissenschaft zu beobachten. Für Künstler und Kunsttheoretiker scheinen Schönheit und Harmonie nicht mehr die relevanten Kategorien für ästhetische Emfindungen zu sein. In der psychologischen Forschung versucht man allenfalls, Schönheit als Wahrnehmungs- oder Wertkategorie zu thematisieren. Ein Beispiel ist das Gesetz vom *„goldenen Schnitt",* das das wohlgefälligste Teilungsverhältnis von Strecken beschreibt. Der Eindruck von Harmonie entsteht dann, wenn sich der kleinere Teil einer aufgeteilten Strecke zum größeren so verhält, wie dieser zur ganzen Strecke. Auch die Anwendung experimentalpsychologischer Verfahren und der →multivariaten Datenanalyse ändern daran im Prinzip nichts. Das gilt auch für die Versuche von Berlyne (1974), mit Hilfe der →Faktorenanalyse und multidimensionaler →Skalierungen ästhetische Obkjekte zu klassifizieren oder ästhetische Urteile auf ihre wesentlichen Dimensionen zu reduzieren.

Das Schöne korrespondiert mit den vielschichtigen Wahrnehmungen. Es kann rational, symbolisch, nach künstlerischen Kriterien, auch reflexiv-automatisch wahrgenommen oder auch nur „gespürt" werden (dann als Schwingung, als Klang oder Duft). Die Wahrnehmung des Schönen richtet sich anscheinend nicht so sehr nach erlernten Kategorien als vielmehr nach körperlich-sinnlichen: Das Schöne erfreut und beglückt. Das Schöne erleichtert die Orientierung im Lebensraum. Das Schöne bereichert das Verhalten und Handeln. Das Schöne erinnert an das Andere.

Literatur: *D. E. Berlyne,* Studies in the new experimental aesthetics. Washington 1974. *W. Schurian,* Bilder als Systeme der Entwicklung. In: *E. Fuchs,* Im Zeichen der Sphinx. München 1978. *W. Schurian,* Was ist Schön? Psychologie heute, 1984, 6. *W. Schurian,* Psychologie ästhetischer Wahrnehmungen. Opladen 1986. *W. Schurian,* Kunst im Alltag. Stuttgart 1991.

Prof. Dr. *Walter Schurian,* Münster

Ätiologie

Ursachenlehre, besonders Lehre von den Ursachen der Krankheiten.

Äugigkeit

→Lateralität.

Affekt

→Emotionen.

affektive Störungen

→Depression.

Affektpsychose
Form der → Psychose, die sich vor allem durch Störungen in der Affektkontrolle mit extremen Verstimmungen darstellt. Hierzu gehören vor allem die manisch-depressive Erkrankung und die Involutionsdepression (→ Depression).

afferent
→ Afferenz
→ Nervensystem.

Afferenz
Erregungsübertragung im → Nervensystem von der Peripherie zum → ZNS.

Affinität
(Wesens-)Verwandtschaft, Anziehungskraft aufeinander;

1) in der Sozialpsychologie der → Gruppe; 2) zwischen → Persönlichkeits-Eigenschaften.

Agens
→ Skalierung.

agglomerative Methode
→ Gruppierungsprozeß bei → Clusteranalysen, bei der Objekte oder Untergruppen zu übergeordneten Clustern zusammengefaßt werden, im Unterschied zur *divisiven Methoden,* bei der eine größere Gruppe von Objekten in Untergruppen zerlegt wird.

Agglutination
medizinisch: Zusammenballung oder Verklumpung von Blutkörperchen oder antigentragender Teilchen;

psychologisch: Zusammenfassung von Wörtern zu einem neuen Gesamtbegriff; unsinnige Agglutinationen können Symptom einer → Schizophrenie sein;

statistisch: Zusammenfassung von Patienten mit bestimmten Syndrommustern zu → Typen.

aggregieren
das bloße Zusammenfassen von Elementen zu nicht weiter untergliederten Gesamtheiten;

sozialpsychologisch: die Zusammenfassung von Personen zu Gruppen, die keine innere Differenzierung aufweisen;

statistisch: das Zusammenfassen von Werten für größere Personengruppen.

Aggression
1. Aggressionsbegriff: Die meisten psychologischen Definitionsversuche verstehen Aggression als Verhalten, das eine Schädigung oder Verletzung intendiert. Eine solche Begriffsbestimmung kann man charakterisieren als (1) eng gefaßt, (2) beschreibend und (3) verhaltensbezogen. Sie ist nicht unumstritten und weicht zum Teil erheblich vom Alltagsverständnis ab.

Enger oder weiter Aggressionsbegriff: Zum engeren Typ kann man alle Definitionen rechnen, in denen von einer Schädigung die Rede ist. Untereinander variieren sie vor allem darin, wie sie versehentliche Schädigungen oder unvermeidbare Schmerzzufügungen (z.B. beim Arzt) ausklammern: etwa durch Kennzeichnungen wie „absichtlich" und „intendiert" oder – näher am Beobachtbaren – durch „aktiv und zielgerichtet" *(Fürntratt)* oder auch nur „gerichtet" *(Selg).* Unterschiede liegen auch darin, ob als Objekte der Schädigung nur Individuen oder auch Sachen genannt werden. Der weite Aggressionsbegriff umfaßt jedes offensive „In-Angriff-Nehmen", z.B. auch sozial akzeptable Formen der Selbstbehauptung, zielstrebiges Arbeiten, tatkräftiges Helfen usw. Da hier der Aggressionsbegriff seine spezifische Bedeutung verliert und fast synonym ist mit „Aktivität" schlechthin, wird er in der Psychologie nur von wenigen, meist triebtheoretisch orientierten Autoren (→ Trieb) vertreten. Ebenso gehören alltagssprachliche Ausweitungen („aggressive" Werbung, Musik usw.) nicht zum psychologischen Aggressionsbegriff. Die engere Bedeutung überschneidet sich mit dem Begriff der → Gewalt, der gewöhnlich schwerere, insbesondere körperliche Formen der Aggression meint, (nicht hingegen z.B. Schimpfen, böse Blicke usw.). Nicht mehr zur Aggression wäre die sog. „strukturelle" Gewalt zu rechnen, da hier die Schädigung (z.B. Hunger, Krankheit) nicht direkt durch sichtbare Akteure, sondern durch stille Unterdrückungsformen in einem ungerechten sozialen System herbeigeführt wird.

Beschreibender oder wertender Begriff: Während die Orientierung an den Merkmalen Schaden und Intention bzw. Gerichtetheit lediglich beschreibend gemeint ist (als Einschätzung dessen, was „ist"), spielt im Alltagsverständnis zusätzlich die Normabweichung (→Norm) bzw. Unangemessenheit (was sein „soll") eine entscheidende Rolle (*Mummendey* u.a. 1982), wodurch der Aggressionsbegriff wertenden Charakter erhält. Die intendierte Schädigung gilt hier nicht als Aggression, wenn sie „angemessen" erscheint (als Verteidigung, als Erziehungsmaßnahme o.a.). Das Urteil „aggressiv" hängt somit von den Normen ab, die der jeweilige Urteiler vertritt, ist zwangsläufig parteiisch und wird vorwiegend anderen Personen, seltener dem eigenen Verhalten zuteil. In der Psychologie wird Aggression überwiegend als (subjektiv) beschreibend verstanden. Dieselbe als „aggressiv" definierte Handlung kann demnach, je nach Standort, sowohl positiv wie negativ gewertet werden.

Verhalten oder Motivation/Emotion: Nicht in allen Definitionen heißt es, Aggression sei ein „Verhalten, welches ...". Zuweilen ist vielmehr von inneren Vorgängen (→"Emotionen", „Impulse", →„Bedürfnis" usw.) die Rede. Dies entspricht auch einem verbreiteten Alltagsverständnis („Aggressionen in sich haben"). Auf der Verhaltensebene lassen sich körperliche, sprachliche und mimisch-gestische Erscheinungsformen unterscheiden. Auf der emotional-motivationalen Ebene der Aggression gibt es zahlreiche Differenzierungen wie →Ärger, Wut, Vergeltungsdrang, Haß usw. In der empirischen Psychologie ist mit Aggression fast immer das Verhalten gemeint. Um Verwechslungen zu vermeiden, kann man auf das Wort „Aggression" auch ganz verzichten und stattdessen jeweils von aggressivem Verhalten bzw. aggressiven →Gefühlen etc. sprechen. In jedem Fall ist die Unterscheidung von Verhalten und Emotion wichtig, weil aggressive Gefühle sich nicht immer in aggressivem Verhalten ausdrücken, und aggressives Verhalten nicht immer auf aggressiven Gefühlen beruht.

2. Erklärung aggressiven Verhaltens: Mit der Frage, wie Intentionen zu schädigendem Verhalten entstehen, beschäftigen sich die sog. *Aggressionstheorien.* Als klassische Positionen in der Psychologie gelten die →Trieb-, die →Frustrations- und die →Lerntheorie. Die Annahme, im Organismus wirke eine spontan fließende Quelle aggressiver Impulse (Trieb), hat zumindest in der empirischen Psychologie kaum noch Fürsprecher. Die Frustrations- und Lerntheorie haben sich in verschiedenen Varianten zu komplexen, multifaktoriellen Erklärungsmodellen weiterentwickelt, die mit den Kernbegriffen „Frustration" bzw. „Lernen" nicht mehr zureichend gekennzeichnet sind. Darüberhinaus sind die Ansätze in verschiedener Hinsicht integrierbar. Sie enthalten zum einen gemeinsame Erklärungsaspekte, zu denen in jüngerer Zeit unter anderem die Rolle →kognitiver Faktoren (Interpretationen, Bewertungen, Handlungsstrategien u.a.) gehört (vgl. *Bandura* 1979, *Verres u. Sobez 1980, Kornadt* 1982). Zum anderen scheint es auch nicht mehr sinnvoll, alle Aggressionsphänomene einheitlich erklären zu wollen. So kann schon die Motivation hinter aggressivem Verhalten offensichtlich sehr unterschiedlich sein. Von einer aggressiven (somit →intrinsischen) Motivation wäre nur zu sprechen, wenn sie unmittelbar auf Schädigung und Schmerzzufügung drängt und daran die Befriedigung gebunden ist (wichtigster Fall: Vergeltung). Es können aber auch beliebige nichtaggressive Bedürfnisse die eigentliche Motivation bilden; so ist etwa bei Aggression zur Bereicherung, zur Durchsetzung, zur Anerkennung, zum Selbstschutz oder aus Gehorsam die intendierte Schädigung lediglich ein Mit-

Ärger-Aggression			
1. UNMUTS-ÄUSSERUNG	reaktiv	wenig zielgerichtet	impulsiver Affektausdruck; wirkt aggressiv, ist aber keine Aggression i. e. S.
2. VERGELTUNG	reaktiv	aggressiv (intrinsisch) motiviert	getragen von Groll, Haß u. ä. Gefühlen; gezielte Schmerzzufügung vermittelt innere Befriedigung (Wiederherstellung von Selbstwertgefühl und „Gerechtigkeit")
Instrumentelle Aggression			
3. ABWEHR-AGGRESSION	reaktiv	nicht aggressiv (extrinsisch) motiviert	Schadensabwendung, Schutz als Ziel; häufig mit starken Emotionen (zwischen Angst und Ärger) verbunden
4. ERLANGUNGS-AGGRESSION	aktiv	nicht aggressiv (extrinsisch) motiviert	Durchsetzung, Gewinn Beachtung, Anerkennung als Ziel, ggf. „kühl" ausgeführt Befriedigung
Spontane Aggression			
5. KAMPFLUST; SADISMUS	aktiv	aggressiv (intrinsisch) motiviert	Schmerzzufügung vermittelt emotionale Befriedigung (vermutlich Selbsterhöhung, Selbststimulierung)

tel zum Zweck (→extrinsische Motivation).

An diesem Gesichtspunkt orientiert sich häufig die Unterscheidung von Arten der Aggression. Ohne daß sich eine bestimmte Einteilung allgemein eingebürgert hätte, wird doch meist zumindest eine affektive, „ärgerliche" Aggression von einer instrumentellen, auf Nutzeffekte gerichteten unterschieden (z.B. *Feshbach, Buss*). Nach *Nolting* (1987) läßt sich beispielsweise abgebildete Einteilung vornehmen, wobei zu betonen ist, daß zwar alle Typen in reiner Form vorkommen können, sie aber häufig miteinander verquickt sind.

Während die Frustrationstheorie offensichtlich primär Ärger-Aggression im Auge hat, liegt der Akzent der Lerntheorie auf instrumentellen Formen (Lernen am Erfolg, →operantes Lernen). Ärger-Aggression und instrumentelle Aggression decken zusammen wohl den weitaus größten Teil vorkommender Aggressionen ab. Es scheint aber auch spontane Aggressionen zu geben, bei denen weder Ärger-Auslöser noch Nutzeffekte entscheidende Faktoren sind; sie sind allerdings bisher recht wenig erforscht.

Ob eine Motivation zur Aggression akut entsteht und ob sie sich auch in aggressives Verhalten umsetzt, hängt von einer ganzen Reihe personaler und situativer Faktoren ab. Zu den situativen gehören Anreger wie Provokationen, Störungen u.dgl. sowie Anreize und Erfolgschancen, weiterhin Aufforderungen, Verhaltensmodelle, Signalreize. Andere Situationsfaktoren wie Strafandrohungen, moralische Hinweise und Gegenmodelle können hemmend wirken. Das Gewicht der Situation ist besonders groß im Falle von kollektiver Aggression, zumal in organisierten Formen (wie Kriegen), da hier die Mitglieder des eigenen Kollektivs als Modelle, Befehlsgeber usw. wirken. Die Beteiligung an kollektiver Aggression ist daher psychologisch nicht mit individueller Aggression gleichzusetzen.

Die personale Disposition zu Aggression (zur Diagnostik *Selg* u.a. 1988) wird gewöhnlich global als *Aggressivität* bezeichnet, doch ist diese offenbar keine einheitliche Größe (wie schon die Unterschiedlichkeit möglicher Aggressionsmotive nahelegt). Eher wäre von verschiedenen „Aggressivitäten" auszugehen, die eine „aggressive" Person nicht alle gleichzeitig vereinigen muß. Als Personfaktoren, die der sichtbaren Aggressivität eines Menschen zugrundeliegen, sind zumindest grob drei Komplexe zu berücksichtigen: die Ausprägung möglicher *Motive für Aggression* (Neigung zu Vergeltungswünschen, Geldgier u.a.), die Ausprägung von *Aggressionshemmungen* (Motive gegen Aggression) und das *Verhaltensrepertoire* (aggressive und alternative Handlungskompetenzen) (vgl. *Kornadt* 1982).

Wieweit aggressive Dispositionen auf Anlagen beruhen oder erworben sind, ist eine alte Kontroverse. Generell angeboren sind neben der Lernfähigkeit zumindest wohl eine körperlich-affektive Aktivierung bei aversiven Ereignissen und damit verbundene „heftige" (voraggressive) Verhaltensweisen (z.B. Schreien). Auch für die individuelle Weiterentwicklung der Aggressivität sind genetische Unterschiede sicher nicht ohne Bedeutung, bislang aber wenig erforscht. Die Rolle des Lernens hingegen ist vielfältig belegt. Soziale Erfahrungen dürften vorrangig bestimmen, welche aggressiven und welche alternativen Verhaltensformen sich stabilisieren, fortentwickeln oder abbauen, für welche Ziele, bei welchen Personen, bei welchen Anlässen und Gelegenheiten Aggressionen eingesetzt werden.

3. Aggressionsverminderung: Mögliche Ansatzpunkte zur Aggressionsverminderung (s. *Nolting* 1987) liegen sowohl in der Veränderung situativer Anreger (Verhalten der Mitmenschen und andere Umweltfaktoren) als auch in der Veränderung aggressionsrelevanter Dispositionen durch Lernprozesse. Hier ist vor allem zu denken an das (kognitive) Erlernen neuer Interpretations- und Bewertungsweisen (also an die Schwächung von Aggressionsmotiven), an den Aufbau von Aggressionshemmungen, insbesondere inneren Normen (also an die Stärkung von Gegenmotiven), sowie an den Erwerb alternativen Verhaltens für den Umgang mit Gefühlen und die Bewältigung von Konfliktsituationen, wofür die klassische und kognitive →Verhaltensmodifikation von besonderem Interesse sind (vgl. *Petermann u. Petermann* 1990).

Literatur: *A. Bandura,* Aggression: Eine sozial-lerntheoretische Analyse. Stuttgart 1979. *H. J. Kornadt,* Aggressionsmotiv und Aggressionshemmung, Band I. Bern 1982. *A. Mummendey* u.a., Aggressiv sind immer die anderen. Z.f. Sozialpsychol., 1982, 13, 177–193. *H. P. Nolting,* Lernfall Aggression. Reinbek 1987 (8. Aufl.). *F. Petermann/U. Petermann,* Training mit aggressiven Kindern (4. Aufl.). München 1990. *H. Selg/U. Mees/D. Berg,* Psychologie der Aggressivität. Göttingen 1988. *R. Verres/I. Sobez,* Ärger, Aggression und soziale Kompetenz. Stuttgart 1980.

Dr. *Hans-Peter Nolting,* Göttingen

Aggressionstheorien
→Aggression.

Aggressivität
→Aggression.

agieren
→Psychoanalyse.

Agnosie
Störung der Fähigkeit, Objekte wiederzuerkennen und zu benennen. Ein Defekt der Sinnesorgane muß ausgeschlossen werden. Vielmehr liegen Läsionen oder Ausfälle in den sensiblen (oder sensorischen) Projektionsgebieten und den dazugehörenden Assoziationsgebieten im →Gehirn vor. Beispiele: akustische Agnosie („Seelentaubheit"), optische Agnosie („Seelenblindheit"), →Alexie.

Agoraphobie
Platzangst; phobische (→Phobie), unüberwindliche Angst, Straßen und freie Plätze zu betreten.

Agrammatismus
sprachliche Äußerungen ohne grammatische Struktur.

Aha-Erlebnis
das Erlebnis einer überraschenden Einsicht, eines schlagartig Überblick gewinnenden Einfalls zur Struktur eines Problems und zu Lösungsmöglichkeiten. Oft entsteht dabei das Gefühl der →Evidenz.

Akkomodation
→Assimilation.

Akquieszenz
⇒Aquiescence
bei der →Fragebogen-Beantwortung zu beobachtende Tendenz mancher Probanden, unabhängig vom Inhalt der Fragen eher die Kategorie „ja" oder „stimmt" zu wählen.

Aktivation
⇒Aktivierung
eine beobachtbare Bereitschaft zur Tätigkeit oder zu geordneten Handlungen mit ihr entsprechenden erlebnismäßigen Erregungen und einem Gefühl (→Emotion) der Anspannung. Der Grad der Aktivation kann in einem engen Bereich als unterschiedliche innere Angespanntheit von wohliger Entspannung über →Aufmerksamkeit und Aufregung bis zur höchsten Erregtheit reichen.

Biologische Extremzustände der Aktivation sind Schreckstarre und Panikreaktion auf dem einen Pol, sowie Tiefschlaf (→Schlaf) und Bewußtlosigkeit als das andere Extrem. Aktivation im weitesten Sinne ist ein →Konstrukt, das zur Erklärung des Verhaltens des Gesamtorganismus herangezogen wird. Unter den physiologischen Merkmalen ist die 1930 von *Berger* als *aktives Elektroencephalogramm* (→EEG) entdeckte Ausprägungs- und Amplitudenverminderung der →Alpha-Wellen im spontanen EEG hervorzuheben, die meist als Desynchronisierung des EEG oder als *Arousal* oder *Weckreaktion* oder Aktivation bezeichnet wird. Das allgemeine Aktivationskonzept geht von einer generalisierten →Reaktion des Organismus aus. Die Reaktion soll unabhängig sein von der Modalität und der Intensität des →Reizes unter Vernachlässigung des →individualspezifischen Reaktionsmusters. Auslöser der Aktivation können äußere Reize (Sinneseindrücke) oder innere Reize (z.B. →Schmerz) sein, aber auch zentrale Veränderungen, wie plötzlich auftretende Gedanken oder zielgerichtete Konzentration auf ein Problem. Da jeden Moment unzählige Reize auf uns einströmen, ist es unmöglich, auf alle zu reagieren. Der Organismus hat daher die Fähigkeit, auf spezielle Reize, die für ihn bedeutsam sind, wie Nahrung, „Freund" oder „Feind", zu reagieren und andere zu vernachlässigen. Der Anpassung des Organismus an seine Umwelt dienen neben →Orientierungsreaktion und →Habituation auch Aktivation und →Aufmerksamkeit, sowie ein unspezifisches →Aktivierungssystem. Jede Änderung der inneren oder äußeren Reizsituation führt zu einer Veränderung der Aktivation. Das Ausmaß der Aktivationsänderung ist jedoch von zahlreichen Faktoren abhängig, z.B. vom Aktivierungsniveau, das vor der Reizänderung bestand *(Ausgangswertgesetz)*. Auch indiviuelle genetische oder lernbedingte Unterschiede, sowie eingenommene zentral-wirksame Pharmaka und Reizcharakteristika, wie deren Modalität, Intensität, Neuheit, Monotonie oder emotionale Bedeutung, können Dauer und Intensität der Aktivierung beeinflussen. Neben dem EEG werden zur Aktivationsmessung häufig die Herzschlagfreqeunz (→EKG), der Muskeltonus (→EMG), der →Hautwiderstand und die Atmung gemessen.

aktives Elektroencephalogramm
→Aktivation.

Aktivierung
⇒Aktivation.

Aktivierungsniveau
⇒Allgemeines Aktivationsniveau
→Aktivation.

Aktivierungssystem
→Aufsteigendes Retikuläres Aktivationssystem.

Aktualgenese
In der →Gestaltpsychologie Bezeichnung für das Entstehen einer gestalthaften, prägnanten →Wahrnehmung aus diffusen ganzheitlichen Vorgestalten oder Gestaltkeimen in mehr oder weniger kurzem Zeitverlauf.

akuter Alkoholismus
→Alkoholismus.

Akzeleration
Beschleunigung der körperlichen Reifung bei Jugendlichen einer Generation im Vergleich zu den Jugendlichen früherer Generationen.

Alexie
Form der →Agnosie: Unfähigkeit, zu lesen, trotz intakten Sehvermögens, bedingt nämlich durch zentrale Ausfälle.

Algesimeter
⇒Algometer.

Algometer
⇒Algesimeter
Apparatur zur Auslösung eines Schmerzreizes zwecks Bestimmung der Schmerzempfindlichkeit; →Schmerz.

Alibidinie
Fehlen der libidinösen Antriebe (→Sexuelle Reaktion).

Alkoholabhängigkeit
durch ständigen Alkoholmißbrauch verursachte psychische und physiologische Abhängigkeit mit Verlust der Kontrolle des Alkoholkonsums (→Sucht).

Alkoholismus
Krankheitsbilder, die durch übermäßigen Konsum von Alkohol hervorgerufen werden. Die gesundheitlichen Folgen eines anhaltenden Alkoholmißbrauchs bezeichnet man als *chronischen Alkoholismus,* die Folgen einer Alkoholvergiftung wegen plötzlichen übermäßigen Konsums als *akuten Alkoholismus.*

Allgemeine Psychologie
Teilgebiet der Psychologie, das sich mit den allgemeinen Gesetzmäßigkeiten der →Wahrnehmung, der →Motivation, des →Lernens, des →Gedächtnisses und der →Emotionen befaßt.

Allgemeines Aktivationsniveau
⇒Aktivierungsniveau
→Aktivation.

Allgemeines Lineares Modell
Methode der mathematisch-statistischen Analyse (→multivariate Datenanalyse) zur Darstellung der Beziehungen zwischen mehreren Merkmalen. Dabei wird die →Varianz einer →abhängigen Variablen daraufhin analysiert, inwieweit sie sich durch eine Reihe unterschiedlich gewichteter →unabhängiger Variablen bestimmen läßt; d.h. inwieweit sich die Varianz eines zu untersuchenden Merkmals als Summe einer Reihe unterschiedlich gewichteter anderer Merkmale *(Linearkombination)* darstellen läßt.

allokative Methode
die bei der →Clusteranalyse gewählte Methode zur Bestimmung des Distanzmaßes, nach dem die Zuordnung des jeweiligen Objekts zu einem Cluster erfolgt.

Alloplastik
Einpflanzung nicht-biologischen Materials in den menschlichen Körper zur Wiederherstellung oder Verbesserung des früheren Aussehens.

Alpha-Faktorenanalyse
→Faktorenanalyse.

Alpha-Fehler
⇒Fehler der ersten Art
→Statistik
→Versuchsplanung.

Alpha-Rhythmus
→Alpha- Wellen
→EEG.

Alpha-Training
→Entspannungstraining.

Alpha-Wellen
→EEG.

Alptraum
stark angstbesetzter →Traum, oft mit dem Gefühl von Atemnot verbunden.

Alter Ego
1) in der →Psychoanalyse syn. zu →Es; 2) in der →Analytischen Psychologie das unbewußte jeweilige Korrespondenzbild (→Animus/→Anima).

Alternativhypothese
→Wahrscheinlichkeit.

Alterspsychologie
Teilgebiet der Psychologie, das sich mit den psychischen Veränderungen und dem Entstehen von Erkrankungen im Zusammenhang mit dem biologischen Alternsprozeß befaßt.

Altruismus
Selbstlosigkeit, Gegenbegriff zum Egoismus, der Selbstbezogenheit.

Ambidextrie
→Lateralität.

Ambiguitätsintoleranz
Persönlichkeitsmerkmal (→Persönlichkeit), Scheu vor Unentschiedenheit und eingeschränkte Fähigkeit zum Ertragen von Ungewißheit.

Ambilateralität
→Lateralität.

ambivalentes Verhalten
mehrdeutiges, widersprüchliches, gelegentlich schnell wechselndes Verhalten (Annäherung-Vermeidung, Kampf-Flucht), das auf das gleichzeitige Vorhandensein miteinander unvereinbarer Bedürfnisse hinweist.

Ambivalenz
konflikthafter emotionaler Zustand (→Emotionen) als Folge widersprüchlicher oder unvereinbarer Gefühle und Empfindungen (z.B. Haßliebe). Die Aufspaltung derartiger Empfindungen in ihre Einzelkomponenten kann Symptom einer →Psychose sein.

Amentia
→Bewußtsein.

Ammonshorn
basale Formation im →ZNS am Boden des Seitenventrikel-Unterhorns.

Amnesie
Gedächtnisverlust (→Gedächtnis), partieller oder vollständiger Erinnerungsverlust, Gedächtnislücke, betreffend die Ereignisse einer Zeitperiode. Man unterscheidet →retrograde und →anterograde Amnesie.

Mit progessiver Amnesie wird die fortschreitende Gedächtnisstörung oder -auflösung im Rahmen einer paralytischen oder senilen Demenz bezeichnet (→Organisch Bedingte Psychische Störungen).

Anaesthesie
Reizempfindungsstörung oder Reizunempfindlichkeit als Folge einer Erkrankung oder medikamentösen Schmerzausschaltung.

anaklitisch
gefühlsmäßig abhängig, vor allem die Abhängigkeit des Schwächeren von als stärker erlebten Bezugspersonen, z.B. die Abhängigkeit der Befriedigung der emotionalen und vitalen Grundbedürfnisse des Kleinkindes durch die Mutter oder eine vergleichbar bedeutsame Bezugsperson.

anale Phase
→psychosexuelle Entwicklung.

Analgesie
Verlust der Schmerzempfindlichkeit durch medikamentöse, verletzungsbedingte oder operativ herbeigeführte Unterbindung der Schmerzleitung.

Analogieschluß
Übertragung von Merkmalen einer Person auf andere Personen, die ihr ähnlich sind, oder →Projektion eigener Empfindungen und Bedürfnisse auf andere Personen, die sich in einer vergleichbaren Situation befinden.

Analytische Psychologie
Von *Carl Gustav Jung* (1875–1961) begründete Richtung der →Tiefenpsychologie. Aus der →Psychoanalyse übernahm *Jung,* der lange Zeit Schüler von *Sigmund Freud* (1856–1939) war, die Unterscheidung von Bewußtsein und →Unbewußtem, die Annahme eines →Ichs als vermittelnder Instanz und der →Libido als psychische Energiequelle. Im Detail unterscheiden sich die Konzepte jedoch deutlich. Die libidinöse Energie wird nicht als sexuelle Triebregung verstanden, sondern als allgemeine psychische Energie, die bei großer Intensität Willen und Affekt, bei geringerer Intensität Einstellungen und Interessen steuert. Die Psyche wird als ein sich selbst regulierendes System beschrieben, wobei seelische Krankheitssymptome als Folge der Blockierung der Energie erklärt werden. Das Unbewußte wird unterteilt in ein persönliches Unbewußtes und ein kollektives Unbewußtes. Während das *persönliche Unbewußte,* wie auch schon in der psychoanalytischen Theorie beschrieben, vor allem unterdrückte und verdrängte Bewußtseinsinhalte speichert, enthält das *kollektive Unbewußte* vererbte arttypische Vorstellungen und Verhaltensmuster, die sog. *Archetypen.* Dabei handelt es sich um zunächst unanschauliche ursprüngliche ererbte Prozesse und Bereitschaften, die sich unter bestimmten Voraussetzungen zu Bildern, Symbolen, Phantasiegestalten, Mythen, Träumen, Märchen, Sagen oder religiösen Ideen konkretisieren (Vater, Mutter, Hexe, Zauberer u.ä.).

Die individuellen Bemühungen um das Erzielen eines Gleichgewichts zwischen den Bedürfnissen des Ichs und den Anforderungen der Umwelt führen zu der Herausbildung einer mehr oder minder flexiblen Außenfassade, der *Persona*. Unter ungünstigen Voraussetzungen wird die Persona zu einer starren Maske. Über die Persona stellt sich das Ich der Außenwelt dar, hinter dem Ich liegt der *Schatten* mit den abgespaltenen und unterdrückten Anteilen des Ichs. Hinter dem Schatten liegt das *Seelenbild,* der gegengeschlechtliche Archetypus des Ichs. Bei den Männern ist es das Urbild der Frau *(Anima),* bei den Frauen das Urbild des Mannes *(Animus).* Zwischen Personen wird in diesem Modell nach einer typologischen Betrachtungsweise differenziert (→Typologien). Die Psyche wird durch vier Funktionen beschrieben, nach denen sich Menschen unterscheiden: Denken, Fühlen, Empfinden und Intuieren. Zusätzlich wird nach zwei Einstellung unterschieden, der extravertierten, an der Außenwelt orientierten und der introvertierten, an der Innenwelt orientierten →Persönlichkeit (→Extraversion).

analytische Psychotherapie
Oberbegriff für verschiedene Formen der →Psychotherapie, die sich analytischer Methoden bedienen (→Analytische Psychologie, →Psychoanalyse, →Individualpsychologie, →Transaktionale Analyse).

Anamnese
1. Wiedererinnern von Informationen aus einer (Krankheits-)Vorgeschichte, 2. Informationen aus der Krankheits- und Lebensgeschichte eines Patienten, 3. psychodiagnostische Methode. So dient das diagnostische Gespräch u.a. der Erhebung der Anamnese, um Informationen über den Patienten und seine Krankheit zu erreichen, die auf andere Weise und aus anderen Quellen nicht gewonnen werden können (z.B. emotionale Reaktionen, subjektive Deutung von Zusammenhängen, subjektive Ursachenzuschreibung u.v.m.).

Anankasmus
krankhafter Zwang (→Zwangsneurose), der zu nicht unterdrückbaren Vorstellungen, Gedanken und Handlungsweisen führt.

Androgene
männliche →Keimdrüsenhormone.

androgene Hormone
⇒Androgene
→Kortikosteroide.

androgyn
→semantischer Raum.

Anfallsleiden
⇒epileptischer Anfall
→Epilepsie.

Angeborener Auslösemechanismus
⇒AAM
Neben erworbenen Verhaltensmustern als →Reaktionen auf bestimmte →Reize oder Auslöser (→Klassisches Konditionieren, →operantes Lernen) gibt es bei Tieren auch angeborene, klar umschriebene arttypische Verhaltensmuster, die durch sog. *Schlüssel-* oder *Kennreize* ausgelöst werden. Es handelt sich dabei um selbst- oder arterhaltende Verhaltensmuster, die sich im Verlauf der →Evolution entwickelt haben und vererbt werden (Kampfverhalten, Fluchtverhalten, →Appetenzverhalten). Stichlinge reagieren aggressiv auf den roten Bauch eines männlichen Artgenossen, Haie mit Suchbewegungen auf Blutgeruch. Die verschiedenen Komponenten der Reizkonfiguration, die das artspezifische Verhalten auslösen, konnten in der →Ethologie durch sog. *Attrappenversuche* überprüft werden. Raubvogelsilhouetten an Fensterverglasungen sind Beispiele für derartige Kennreize. Sie sollen Fluchtverhalten bei anderen Vogelarten auslösen. Die schnelle Reizidentifizierung erfolgt wahrscheinlich über angeborene neurosensorische Filtermechanismen. Die durch derartige Schlüsselreize ausgelöste →Reaktion ist stabiler und intensiver als vergleichbare erlernte Reaktionsmuster. Die vergleichende Verhaltensforschung geht davon aus,

daß auch beim Menschen AAMs wirksam werden können. Als Beispiele dienen die positiven →Gefühle und Zuwendungsreaktionen, die durch das →Kindchenschema ausgelöst werden oder die überzeichneten Darstellungen des →Weibchenschemas, die sich die Werbung zunutze macht. Bei gleichzeitigem Vorhandensein mehrerer Kennreize kommt es gelegentlich zu sog. *Übersprungshandlungen* (z.B. Wechsel zwischen Drohgebärde und Futtersuche). Übersprungshandlungen werden daher häufig als Anzeichen für einen inneren →Konflikt interpretiert. Verlegenheitsgesten des Menschen (sich kratzen, Nägel kauen) werden auf analoge Mechanismen zurückgeführt.

anger-control
→Ärger.

anger-in
→Ärger.

anger-out
→Ärger.

Angewandte Psychologie
Oberbegriff für verschiedene Teilgebiete der Psychologie, die sich mit Problemen der Anwendung psychologischer Erkenntnisse in verschiedenen Lebensbereichen befassen, z.B. →Pädagogische Psychologie, →Medizinische Psychologie, →Wirtschaftspsychologie, →Klinische Psychologie, Werbepsychologie, →Betriebspsychologie.

Angst
Die Psychologie ist nur eine unter mehreren Disziplinen (darunter Medizin, Philosophie, Theologie), die sich mit dem Thema Angst befassen. Sie geht vom Alltagsbegriff Angst aus, analysiert diesen empirisch und entwickelt ihn im Rahmen ihrer Theorienbildungen erfahrungsgeleitet weiter zu einem dynamischen fachwissenschaftlichen Begriff oder →Konstrukt.

Der Alltagsbegriff Angst: Im Kern bezeichnet das Wort Angst (verwandt mit lat. angustus = eng.) in unserer Sprachgemeinschaft einen vorübergehenden Zustand der Beklemmung, den man auch körperlich verspürt. Der von Angst Ergriffene kann meistens, aber nicht immer (z.B. nicht bei der sog. frei flottierenden Angst, →Psychoanalyse) eine vermeintliche Gefährdungsquelle seiner körperlichen Unversehrtheit oder seines →Selbst (Gefährdung des →Selbstkonzepts) als Angstauslöser angeben. Solche Auslöser werden auch als „Gegenstand der Angst“ bezeichnet. Angstgegenstände werden zur Kategorisierung von Angstarten herangezogen. Eine sachlogische hierarchische Ordnung gebräuchlicher Angstarten von *Schwarzer* (1987) ist in der Abb. S. 22 wiedergegeben.

Empirische Analysen haben ergeben, daß „Schüchternheit“ und „Demut“ sowie „Abscheu“ und „Widerwille“ zu Angst eine benachbarte, „Begehren“ hingegen eine dazu konträre Gefühlsqualität aufweisen. Als bedeutungsähnlich können im Deutschen folgende Wörter gelten: Angst, Entsetzen, Furcht, Panik, Verzweiflung.

Das psychologische Konstrukt Angst ist mit dem Fortgang der Forschung permanent Veränderungen unterworfen. In Anlehnung an die Alltagssprache wird zwischen „Angst als akutem Zustand“ und „Ängstlichkeit“ als einem Merkmal der →Persönlichkeit unterschieden. Zu beiden Bereichen gibt es eine umfangreiche Forschung und Theorienbildung.

(A) Angst als Zustand *(state-Angst):* Um Angst wissenschaftlich zu beschreiben und hinsichtlich ihrer vielfachen Vernetzungen analysieren zu können, wird der Begriff von vornherein multidimensional konzipiert. Den einzelnen Ebenen wird je nach Theorie ein unterschiedliches Gewicht beigemessen.

– Die subjektive Ebene des →Gefühlserlebens: Das Angstgefühl hat eine ihm eigene, negativ getönte Gefühlsqualität (vgl. Alltagsbegriff).

– Die →Ausdrucksebene: Sie thematisiert vor allem Mimik und Gestik (auch im interkulturellen Vergleich) als Begleit- oder Folgeerscheinungen des Angstaffektes. Z.B. werden Furcht und

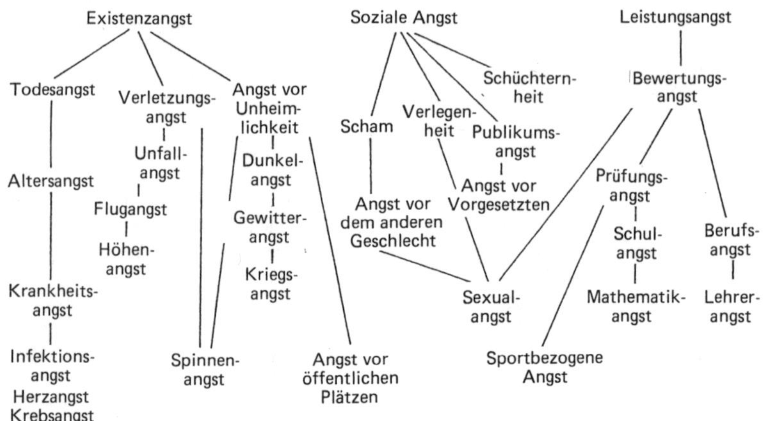

Ordnung von Ängsten nach ihrem Allgemeinheitsgrad und ihrer Thematik

Überraschung ihrem Gesichtsausdruck nach häufig miteinander verwechselt.

– Die physiologische Ebene: Mehr oder weniger zeitgleich mit dem Gefühlserlebnis ist als sog. → Arousal ein physiologisches Erregungsmuster aktiv (→ Psychophysiologische Beziehungen). Dieses bildet jedoch seiner Intensität nach kein genaues Korrelat zur subjektiv erlebten „Erregtheit". Im Gegensatz zu früher neigt man derzeit zur Auffassung, daß sich dieses Erregungsmuster bei Angst nicht wesentlich von dem bei anderen → Emotionen unterscheidet. Der auch medizinisch bedeutsame komplizierte Zusammenhang ist aber noch nicht hinreichend geklärt.

– Die → Handlungsebene: Verschiedene Handlungsbereitschafts-Komponenten, typischerweise Flucht und andere Vermeidungsreaktionen, gelten als mit Furcht vergesellschaftet. Auf dieser Ebene läßt sich auch der wichtige Fragenkomplex einordnen, wie Angstreaktionen erworben werden. Seit ca. 1920 hat über Jahrzehnte die → Lerntheorie vor allem in ihren behavioristischen Varianten (→ Behaviorismus) als die Universaltheorie des Verhaltens und seiner Störungen alle anderen Ansätze dominiert. In ihrem Rahmen wurden schon früh Erklärungen für das Erlernen von Furcht und Methoden zu ihrem Abbau entwickelt (*Jones* 1924), welche zum Ausgangspunkt für die Entwicklung der → Verhaltenstherapie in diesem Bereich wurden. Dabei spielen automatisch zustandegekommene Angstreiz- und Angstreaktionsverknüpfungen eine theoretisch bedeutsame Rolle. Die Therapie bemüht sich dann, z.B. mittels der → „Desensibilisierungsmethode", um die automatische Abschwächung unerwünschter Verknüpfungen. Auch das → Modell-Lernen wurde als wichtiges Erklärungskonzept für das Lernen und Verlernen ängstlichen Verhaltens herangezogen. Seit mehr als zwei Jahrzehnten werden aber in zunehmendem Maße Konzepte der im folgenden aufgeführten kognitiven Ebene in die Erklärung von Handlungsweisen einbezogen.

– Die → kognitive Ebene: Die Kognitionspsychologie hält automatische Verknüpfungen zwischen → Reiz und → Reaktion für vergleichsweise wenig bedeutsam. Anstelle der Abhängigkeit der Angst von einer „objektiven Reizsituation" betont sie deren Abhängigkeit von der „subjektiven, kognitiven Interpretation der Gesamtsituation (Person und Situation)". Ein bedeutsamer Ansatz dieser Richtung, der auf *Schachter* (1962) zurückgeht, nimmt an, daß der

Erlebniszustand Angst nur dann als gegeben angesehen werden darf, wenn folgende vier Sachverhalte gleichzeitig zusammenwirken: ein physiologisches Arousal, eine als bedrohlich eingestufte Situation, die Überzeugung, daß beides zusammengehöre, und schließlich die Etikettierung dieses Geschehens als Angst (→"labeling"). Dieses „labeling" ist von einigen als →„Attribution" reinterpretiert worden, wodurch ein Bezug zur zur Zeit gängigen →Kausalattributionstheorie hergestellt ist. Eine andere Theorievariante, die →Handlungskontrolltheorie, die das Kontrollkonzept in den Mittelpunkt stellt, verknüpft das Angsterleben eines Individuums mit dessen Sorge eines Kontrollverlustes.

(B) Ängstlichkeit (trait-Angst): Menschen unterscheiden sich im Grade ihrer Ängstlichkeit. Unter Ängstlichkeit wird eine überwiegend als erworben angesehene, relativ dauerhafte Erlebens- und Verhaltensdisposition verstanden. Als „Allgemeine Ängstlichkeit" ist sie mitbestimmend dafür, ob man auf relativ zahlreiche oder auf relativ wenige äußere und innere Reize (Strebungen, Vorstellungen u.dgl.) mit Zustandsangst oder mit Angstanpassungs- bzw. →Abwehrmechanismen reagiert. Ferner unterscheidet man →Dispositionen zu bereichsspezifischen Ängsten. Besonders zahlreiche Untersuchungen gibt es zum Bereich der Leistungs- oder Prüfungsangst. Bereichsspezifische Ängste mit Krankheitswert sind auch die sog. →Phobien (z.B. Platzangst, Spinnenangst u.dgl.).

Angstdiagnostik und *Angsttherapien:* Standardisierte Angstfragebogen, in denen die Probanden Selbsteinschätzungen zum Erlebens- und Verhaltenskomplex Angst vornehmen, stellen nachweislich einen wesentlichen diagnostischen Fortschritt gegenüber Fremdeinschätzungen von Ängstlichkeit durch Experten, Eltern, Lehrer usw. dar. Die meisten →Fragebogen quantifizieren Allgemeine Ängstlichkeit oder Prüfungsangst bei Schülern. Der Fragebogen STAI erfaßt Ängstlichkeit und Zustandsangst. Andere trennen neuerdings zwischen einer Besorgtheits- und einer Erregtheitskomponente der Angst (*Spielberger* 1975, *Thurner* 1978).

Angst spielt nicht nur im Alltagsleben, sondern auch bei →Neurosen und →Psychosen eine zentrale Rolle. Psychologische Therapieansätze (→Psychotherapie) sind von unterschiedlichen Theorierichtungen ausgehend entwickelt worden. Am praktisch bedeutsamsten sind die Methoden der →Psychoanalyse und der →Verhaltenstherapie. Ansätze der kognitiven (Verhaltens-) Therapie bieten sich nicht nur, aber in besonderem Maße, für existentielle Ängste an. In der therapeutischen Praxis werden die teilweise theoretisch konträren Ansätze oft miteinander vermengt. Obwohl die Ansätze teilweise konträr sind, können sie alle Erfolge nachweisen, aber nicht alle Therapieformen erscheinen für alle Angstformen gleich gut geeignet zu sein.

Literatur: *W. Butollo,* Chronische Angst. München 1979. *W. D. Fröhlich,* Angst. München 1982. *H. W. Krohne* (Hrsg.), Angstbewältigung in Leistungssituationen. Weinheim 1985. *R. Schwarzer,* Streß, Angst u. Hilflosigkeit (2. Aufl.). Stuttgart 1987. *C. D. Spielberger/I. G. Sarason* (Eds.), Stress and Anxiety, Vol. 1–10. New York 1975. *F. Thurner,* Ängstlichkeit. In: *K. J. Klauer* (Hrsg.), Handbuch der Pädgogischen Diagnostik, Bd. 2. Düsseldorf 1978, 427–437.

Prof. Dr. *Franz Thurner,* Göttingen

Angstabwehr

→Abwehrmechanismen.

Angstdiagnostik

→Angst
→Psychodiagnostik.

Angstneurose

durch eine ausgeprägte Angstsymptomatik (→Angst) gekennzeichnete neurotische Störung (→Neurosen).

Angsttherapie

→Angst
→Psychotherapie.

Anima
→ Analytische Psychologie.

Animus
→ Analytische Psychologie.

Ankern
→ Neurolinguistisches Programmieren.

Anlage-Umwelt-Diskussion
Auseinandersetzung über die Frage, ob die Enwicklung der → Persönlichkeit überwiegend von den Lernerfahrungen und den → Sozialisationsbedingungen abhängig ist oder mehr erblichkeitsbedingt erklärt werden muß. Während die erste Position vor allem von den Vertretern des klassischen → Behaviorismus und den Milieutheoretikern verteidigt wird, weisen die → Erbpsychologen stärker auf die Bedeutung genetischer Einflüsse hin. In den zahlreichen Untersuchungen zu diesem Problem wurden vor allem die Ergebnisse von → Intelligenztests und → Persönlichkeitstests von Personengruppen verglichen, die einander genetisch unterschiedlich ähnlich waren (eineiige Zwillinge, zweieiige Zwillinge, Geschwister, Eltern mit Kindern). Die Forschungsrichtung, die sich heute mit derartigen Fragestellungen befaßt, wird als Verhaltensgenetik bezeichnet (s.a. → Zwillingsforschung).

Annäherungssystem
⇒ Behavioral Activation System
⇒ BAS.

anomischer Selbstmord
→ Suizid.

Anorexia nervosa
⇒ Magersucht
⇒ Pubertätsmagersucht
überwiegend bei jüngeren Mädchen nach oder während der Pubertät zu beobachtende starke Minderung des Appetits (→ Eßstörungen), verbunden mit extremer Gewichtsabnahme, die zu lebensbedrohlichen körperlichen Funktionsstörungen führen kann. Da keine organischen Ursachen festgestellt werden können, wird dieses Krankheitsbild den → psychosomatischen Störungen zugerechnet.

Anorgasmie
→ sexuelle Störungen.

anormal
→ Norm

Anpassung
1. Im allgemeinen biologischen und ethologischen Sinn: Vorgang der Einfügung in und Abstimmung mit den Bedingungen der Umwelt, der vom einzelnen Organismus bzw. von Arten von Lebewesen geleistet werden muß, um zunächst überhaupt zu überleben, im weiteren um optimal zu leben.

2. Im engeren psychologischen Sinn: Abstimmung des Verhaltens, z.T. auch des Wahrnehmens und Erlebens eines Individuums auf die → Normen der sozialen Strukturen, in denen es lebt. Nach einschneidenden Erlebnissen (z.B. nach Krankheit oder Verlust von Fähigkeiten oder Partnern) sind oft Neu-Anpassungen notwendig, die als → Coping bezeichnet werden.

3. In physiologischen Prozessen wird von → Adaptation gesprochen.

ANS
⇒ Autonomes Nervensystem
→ Nervensystem.

anschauliches Denken
→ Denken.

Anspruchsniveau
die Anforderung, die jemand im Hinblick auf Quantität oder Qualität einer Leistung an sich selbst stellt. Bei psychologischen Leistungstests (→ Psychodiagnostik) wird das Anspruchsniveau häufig durch den Grad der Schwierigkeit der Aufgaben operationalisiert, deren Lösung sich der Proband zutraut. Die Höhe des Anspruchsniveaus ist sowohl von überdauernden → Persönlichkeitsmerkmalen als auch von Vorerfahrungen (Mißerfolgen oder Erfolgen) bei der Lösung ähnlicher Aufgaben abhängig.

Anstaltsneurose
→Neurose
→Chronisch Psychisch Kranke.

anterograde Amnesie
Löschung von Erinnerungen (→Gedächtnis) an Ereignisse, die kurz nach einem starken Schock oder cerebraler Schädigung erlebt oder wahrgenommen wurden.

Anthropologie
Wissenschaft vom Menschen, Menschenkunde.

Anthropometrie
Oberbegriff für Meßmethoden zur Bestimmung von Maßverhältnissen am menschlichen Körper; für die Erhebung psychischer Maße durch den Begriff der Psychometrie ergänzt.

Anthropomorphismus
das unreflektierte (primitive, infantile) Hineindeuten von Mustern menschlicher Verhaltensweisen und Selbstdeutungen in Tiere, Gegenstände, Naturphänomene und abstrakte Größen (z.B. Gottesvorstellungen).

Antidepressiva
Meist stimmungsaufhellende, antriebssteigernde Medikamente aus der Gruppe der →Psychopharmaka, die bei verschiedenen Formen der →Depression Anwendung finden können.

antisoziale Persönlichkeit
⇒Psychopathie
→Persönlichkeitsstörungen.

antizipatorische Nausea
Z.B. bei →Krebserkrankungen kann es i.S. von →bedingten Reflexen zu Übelkeit (→Nausea) schon dann kommen, wenn vorauseilende, vorwegnehmende (antizipatorische) Ängste (→Angst) auftreten.

Antrieb
vitaler Impuls, theoretisches →Konstrukt zur Erklärung der →Aktivierung des Verhaltens, wobei aus beobachtetem Verhalten auf →Motive, →Emotionen oder →Bedürfnisse geschlossen wird, die dieses Verhalten ausgelöst haben.

Antriebsstörungen
übersteigerte oder extrem abgeschwächte Formen des normalen →Antriebs, die häufig Symptom einer →Organisch Bedingten Psychischen Störung oder einer bipolaren →Depression sind.

Antworttendenz
⇒response set.

Anxiolyse
Angstlösung. Angstlösende →Psychopharmaka (z.B. →Tranquilizer) heißen entsprechend Anxiolytika.

Anxiolytika
→Anxiolyse.

Apathie
griech. = ohne Leidenschaft. Teilnahmslosigkeit, massiv herabgesetzte Gefühlsansprechbarkeit.

Aphasie
zentral (=im →Gehirn) bedingte →Sprachstörung, Hirnwerkzeugstörung (→sensorische Aphasie, →motorische Aphasie, →Organisch Bedingte Psychische Störungen).

Appetenz
Verlangen nach Trieb- oder Bedürfnisbefriedigungen, im Gegensatz zur →Aversion (→Adipositas, →Sexualität). In der →Ethologie wird die Anfangsphase einer Verhaltenssequenz Appetenzverhalten genannt. In dieser Phase ist ein hohes Maß an →Aktivation zu beobachten, ein „tiebhaftes" Suchen nach einer Reizsituation, die die genetisch determinierte Endhandlung auslöst.

Appetenzstörungen
→Sexualtherapie
→Appetenz.

Apraxie
→Großhirn.

Aquiescence
⇒Akquieszenz.

ARAS
⇒Aufsteigendes Retikuläres Aktivierungssystem.

Arbeitspsychologie
→ Betriebspsychologie.

Arbeitstherapie
→ Rehabilitation.

Archetypus
→ Analytische Psychologie.

ARIMA-Modell
→ Einzelfallanalyse.

Arousal
→ Aktiviation
→ Angst.

Arzneimittel
→ Arzneimittelkonsum.

Arzneimittelkonsum
Die Bezeichnung Arzneimittelkonsum kann je nach Perspektive sowohl den tatsächlichen Verbrauch als auch den Konsum mit Vorratshaltung beinhalten und bedarf zudem einer Voranstellung der Definition des Begriffs *Arzneimittel* (= Medikament, lat. medicamentum). In diesem Zusammenhang soll sowohl auf die sozio-kulturelle Wandelbarkeit als auch die Spannbreite des Begriffs Medikament bzw. Arzneimittel hingewiesen werden, die vom okkultistischen Wissen über Pflanzen, tierischen Organen, Mineralien und Naturerscheinungen zugeschriebenen Heilkräfte der Vergangenheit bis zur Massenproduktion von synthetischen Arzneien der Gegenwart reicht. Als Arzneimittel werden definiert: „spezifische Substanzen und Mittel, die gezielt eingesetzt dazu geeignet sind, einen regelwidrigen körperlichen und/oder geistigen Zustand des Menschen abzuwenden, zu lindern oder zu heilen" (*Schicke* 1974). Eine formale, etwas breiter gefaßte Definition, die sowohl diagnostische Substanzen als auch Ersatz von Körperflüssigkeit, wie z.B. Blutplasma, umfassen kann (Gesetz über den Verkehr mit Arzneimitteln v. 16.5.1961, §1), lautet: „Arzneimittel sind Stoffe und Zubereitungen aus Stoffen, die dazu bestimmt sind, durch Anwendung am oder im menschlichen Körper 1. die Beschaffenheit, den Zustand oder die Funktion des Körpers oder seelische Zustände erkennen zu lassen oder zu beeinflussen oder 2. vom menschlichen oder tierischen Körper erzeugte Wirkstoffe oder Körperflüssigkeiten zu ersetzen oder 3. Krankheitserreger, Parasiten oder körperfremde Stoffe oder Lebewesen zu beseitigen oder unschädlich zu machen". Bei vornehmlich industriell gefertigten Arzneimitteln können einzelne Arzneimittel (Arzneispezialitäten) wie folgt definiert werden: *„Arzneispezialitäten* ... sind Arzneimittel, die in gleichbleibender Zusammensetzung hergestellt und in den Verkehr gebracht werden". Anzumerken sei, daß Originalpräparate, deren Patente ausgelaufen sind, zunehmend (etwa ein Drittel des Umsatzes) durch sog. Generika, d.h. Nachahmer-Produkte, dupliziert und zu geringeren Preisen angeboten werden, ohne daß (1988) deren Zulassung in der BRD von einer regelmäßigen Qualitätskontrolle und vom Nachweis der Bioäquivalenz (wie z.B. in den USA, Japan, den Niederlanden u.a.) abhängig gemacht wäre. Unter Berücksichtigung der definitorischen Elemente des Arzneimittels ergeben sich Fragen qualitativer und quantivativer Art und zwar qualitativ zur Effektivitt des Arzneimittels, wie sie z.B. in den USA bei der Zulassungsprüfung qualifiziert wird: a) wirksam, b) wahrscheinlich wirksam, c) möglicherweise wirksam, d) unwirksam; mit Untergruppen, wirksam jedoch und als feste Kombination unwirksam. Auch in der BRD müssen Nachweise über die Hauptwirkung in Hinblick auf Nebenwirkungen bei Zulassung erbracht werden; die Effektivitätsnachweise beziehen die homöopathischen, allopathischen und phytotherapeutischen Mittel jedoch nicht ein, die nicht zugelassen, sondern lediglich registriert werden. Qualitativ werden zuweilen hinsichtlich des Ursprungs des Stoffes aus vornehmlich ideologischen Gründen synthetisch gewonnene gegenüber „natürlichen" pflanzlichen und sog. „biologischen" Stoffen abgewertet, obwohl chemisch keine Unterschiede bestehen. Neben de-

finitorischen und qualitativen Aspekten der Arzneimittel sind quantitative zu beachten. Gemäß des Bundesgesundheitsamtes (BGA 1982) gibt es nach der breiten Definition (z.B. vom „Heiltee" zum Antibiotikum) des Arzneimittelgesetzes 140 000 Fertigarzneimittel (Monosubstanzen und Kombinationspräparate in allen Darreichungsformen); davon sind etwa die Hälfte industriell gefertigt und zwar 23 000 Homöopathika und 47 000 synthetische Stoffe sowie Phytopharmaka; nicht industriell werden in Apotheken 40 000 und in Reformhäusern und Drogerien rund 30 000 Präparate gefertigt. Den obigen Gesamtmengen liegen jedoch de facto etwa 2500 chemisch definierte und 6500 davon abgeleitete Substanzen zugrunde. Einen weiteren Mengenkontrast spiegelt die Rote Liste (1989), die 8550 Fertigpräparate (davon: 6420 chemisch definierte, 1038 pflanzlicher Herkunft, 502 Organpräparate und 590 Homöopathika) mit insgesamt 10 832 Darreichungsformen verzeichnet: 3906 Präparate sind verschreibungspflichtig. Demgegenüber verschreibt der Arzt im Durchschnitt 200–300 Arzneimittel und verfügt über eine Palette bis zu etwa 500 Präparaten (→ Verordnungsverhalten). Die WHO nennt in der fünften Auflage der Liste der „essentiellen" Medikamente (insbesondere für Entwicklungsländer geeignet) lediglich 277 Arzneistoffe mit rund 1000 Darreichungsformen und Stärken. Im Jahre 1987 betrugen 200 Arzneimittel 42,1% bzw. 500 Präparate 62,7% und 2000 Medikamente 90,8% des gesamten Umsatzanteils der Apotheken (Pharma Daten 88). Insgesamt ist der Konsum verschreibungspflichtiger Medikamente in der BRD, international gesehen, relativ hoch, ungeachtet der „Negativliste", in der eine Anzahl von „Bagatellmitteln" (z.B. Mittel gegen Erkältungs- und Reisekrankheiten, Mund- und Rachentherapeutika, Abführmittel) aus dem Leistungskatalog der gesetzlichen Krankenkassen seit dem 1.4.1983 herausgenommen wurde. So wurden durchschnittlich im Jahre 1987 pro Kopf 12,7 Medikamente verschrieben oder 358 Tagesdosen verabreicht (*Schwabe* u. *Paffrath* 1988). Dementsprechend sind die Aufwendungen für Arzneimittel mit US$ 188 die höchsten im 12-Länder Vergleich (z.B. USA $ 109, Norwegen $ 50), einer Studie zufolge (OECD 1985). Dies entspricht auch der höheren Frequenz der Arzt-Patient-Kontakte, die mit etwa 11 in der BRD mehr als doppelt so hoch ist wie in den USA (4,6) oder Norwegen (4,5) und somit resultierender höherer Verschreibungshäufigkeit. Der einzelne niedergelassene Arzt in der BRD verschreibt durchschnittlich rund 10 000 Arzneimittel im Jahr und etwa 40 pro Arbeitstag. Die seit 1983 standardisierten Fertigarzneimittelpackungen (3 Normen) in der BRD bieten gegenüber den USA mit sehr flexiblen Mengenverschreibungen sowohl rein quantitativ als auch preislich Nachteile. Neben den verschreibungspflichtigen Medikamenten wird in jeder Gesellschaft zur Selbstmedikation gegriffen, die unterschiedlichen Stellenwert hat. In der BRD ist dieser Anteil in den letzten Jahren relativ unverändert geblieben und betrug 1987 etwa 16% des gesamten Apothekenumsatzes. Der Konsum nichtverschreibungspflichtiger Medikamente ist kaum als Ersatz für nichtbenaspruchte ärztliche Beratung sondern als Index einer Krankheits- und Unwohlseinstufe zu werten, die lediglich einer Selbstbehandlung bedarf. Bei der Auswahl des „Heilmittels" spielt sowohl der volkstümliche Wissens- sowie familiäre Erfahrungsschatz als auch der Glaube an die Effektivität des benutzten Mittels eine Rolle (z.B. ist ein Knoblauchpräparat das 6. meistverkaufte Arzneimittel 1987). Dabei ist nicht zu übersehen, daß diese vorwiegend geeignet sind, eher die Symptome als die Ursachen des Unwohl- bzw. Krankseins zu lindern oder zu beheben. Unter den 1987 meistverkauften 20 Arzneimitteln führen bzw. dominieren rezeptfreie Schmerzmittel (zit. bei *Glaeske* 1988). Hierzu ist anzumerken, daß Scheinpräparate (→ Placebo) u.a. auch in diesem Bereich eine große „heilsame" Suggestivwirkung zeigen können (*Evans* 1981). Die sozio-psychologischen Aspekte des Arzneimittelkonsums müssen bei verschreibungspflichtigen Medikamenten sowohl das Arzt- als auch das Verhalten des Patienten unter Berücksichtigung des →Transaktionsprozesses beider Teilnehmer einbeziehen (*Schicke* 1976). Der Verschreibungsmodus des Arztes (→Verordnungsverhalten) wird durch seinen Wissens- und Erfahrungsschatz geprägt sowie durch Vorbilder und Lehrer, Kollegen, Pharma-Literatur und -Vertreter. Hinzu kommen herausgebildete Präferenzen (z.B. Homöopathika) und →Attitüden zu Medikamenten (wie z.B. zu Tranquilizern oder Schwangerschaftsverhütungsmitteln). Dabei ist der Einfluß der jeweiligen therapeutischen Lehrmeinung oder „Schule" generell zu berücksichtigen. So werden z.B. in der BRD Antihypotonika und Antidiabetika öfter verschrieben als anderswo bei ähnlichen epidemiologischen Prävalenzen; weiterhin werden z.B. bei Herzinsuffizienen in der BRD mehr Herzglykoside verordnet, während man in den angelsächsischen Ländern eher Diuretika und Saluretika verschreibt. Abgesehen von obigen Präferenzen auf der Makroebene kann zuweilen auch ein individuelles Verschreibungsverhalten des Arztes systemunabhängig und universell beobachtet werden. So greift der Arzt nicht selten bei unzureichend diagnostisch geklärten Fällen zu →Polypragmasie bzw. zu potenteren Mitteln (z.B. Antibiotika bei ungeklärter Erkältungssymptomatik); somit betreibt er de facto zuweilen, mehr oder weniger bewußt, eine „Defensivmedizin", die er sowohl zum eigenen bzw. Schutz des Patienten rechtfertigen könnte. Andererseits, bei versicherungstechnisch ausgeübtem Druck, „ökonomisch" zu handeln, kann er dazu neigen, weniger bzw. „preiswertere" und nicht unbedingt gleichwertige Medikamente zu rezeptieren und seine Verschreibungsgewohnheiten und Erfahrungen diesen Zwängen anzupassen bzw. sogar unterzuordnen. Bezüglich der Relation zwischen verschriebenen Medikamenten und tatsächlich konsumierten Arzneien ergeben sich mengenmäßig Diskrepanzen infolge mangelhafter Befolgungsrate (→Compliance) des Patienten, die je nach Studie und Arzneimittel zwischen 30–50% schwanken kann. Infolge z.T. schlechter Befolgungsrate einerseits bzw. Abklingen von Beschwerden andererseits, kann etwa bis zu ein Drittel der verschriebenen Arzneien unverbraucht bleiben, als Vorrat gelten und auch verfallen. In der Befolgungsrate der Medikamenteneinnahme spielen u.a. neben der Ernstlichkeit der Krankheit Einnahmefehler eine Rolle, die als Falschmedikation (einschl. Über- und Unterkonsum) bezeichnet werden können. Diese Fehlmedikation kann u.a. eine Anzahl von Mengen-, Zeitpunkt- und Qualitätsfehlern beinhalten, die in der →Persönlichkeit und dem Wissensstand des Patienten liegen, sowie auch mit der Verschreibungsart des Arztes und mit dem Kommunikations- und Betreuungsmodus Arzt-Patient zusammenhängen.

Literatur: *F. J. Evans,* The placebo response in pain control, Psychopharmacol. Bull. 1981, 17, 72–76. *G. Glaeske,* Arzneimittelstatistik 1987. Hamm 1988. OECD (Hrsg.), Measuring Health Care 1960–1983. Paris 1985. *R. K. Schicke,* Arzneimittelmärkte aus sozio-ökonomischer Sicht. Pharm. Z. 1974, 119, 1415–1420. *R. K. Schicke,* Sozialpharmakologie. Stuttgart 1976. *U. Schwabe/D. Paffrath* (Hrsg.), Arzneiverordnungs-Report 88. Stuttgart 1988.

Prof. Dr. *Romuald K. Schicke,* Hannover

Arzneispezialitäten

→Arzneimittelkonsum.

Arzt-Patient-Beziehung

„Arzt" und „Patient" sind →soziale Rollen. Ihre →Interaktion ist wie jede soziale Interaktion von vielfältigen Determinanten abhängig: Jeder der beiden Teilnehmer in dieser Grundfigur und kleinsten Interaktionsform innerhalb des Gesundheitswesens hat seinen eigenen Bezugsrahmen, gegeben durch seine spezifische →Sozialisation und die jetzt für ihn bedeutsamen Referenzgruppen. Beide gemeinsam finden Rahmenbedingungen vor innerhalb der medizinischen Institution, in der sie interagieren, wie allgemein soziokulturelle, wissenschaftlich-technische und ökonomische Verhältnisse. Beide haben bestimmte Wahrnehmungsmuster (→soziale Wahrnehmung), →Erwartungen und →Bedürfnisse. Wie abhängig auch diese Größen von gesellschaftlichen und historischen Rahmenbedingungen sind, zeigt der Wandel im Verhältnis der Kranken zu ihren Ärzten.

Die inhaltliche Ausgestaltung der Interaktion zwischen Arzt und Patient läßt vielfache Formen zu. Bei Betonung der Asymmetrie (durch Fachkompetenz und Autorität des Arztes) erkennt man die Beziehungsfigur zwischen dem Experten und dem „Objekt" seiner Tätigkeit, dem Klienten. Facharztpraxen und Überweisungen, Polikliniken und Kliniken mit Schichtbetrieb und Konsiliardiensten ergeben andere Kontaktformen zwischen Arzt und Patient als die persönlichere ärztliche Begleitung von Familien über Jahre hinweg durch ihren Hausarzt. Aber auch in der Allgemeinpraxis kann der Zeitdruck das Arzt-Patient-Verhältnis prägen.

Bei Betonung der stärker persönlichen Anteile im Gegenüber von Arzt und Patient lassen sich die verschränkten →Übertragungs- und →Gegenübertragungs-Reaktionen analysieren.

Strukturiert wird die Arzt-Patient-Beziehung durch die Zielsetzung: der Patient erwartet die fachliche Benennung seiner Krankheit (→Diagnostik) und die Heilung. Wesentlichen Einfluß hat der Zeitpunkt des Arzt-Patient-Kontaktes im Kontinuum des Krankheitsverlaufs (Vorsorgeuntersuchung, Frühsymptome, Höhepunkt der Krankheit, Heilungsstadium bzw. chronischer Verlauf).

asoziale Gewalt

Sammelbegriff für jene Formen der →Gewalt, die Ausdruck dafür sind, daß sich die gewaltausübende Person nicht mit den Normen und Wertesystemen ihres gesellschaftlichen Bezugssystems identifiziert (→Psychopathie, →antisoziale Persönlichkeit).

Assimilation

⇒Angleichung

1. Sozialpsychologisch: das völlige Aufgehen einer ethnischen Gruppe oder sozialen Untergruppe in einem anderen, für sie zunächst fremden, sozialen Bezugssystem. Die Gruppe ist assimiliert, wenn sie sich nicht nur anpaßt und die entsprechenden Normen und Wertvorstellungen akzeptiert, sondern wenn sie das Bewußtsein ihrer ursprünglichen Gruppenzugehörigkeit aufgegeben hat.

2. Entwicklungspsychologisch: der Entwicklungspsychologe *Jean Piaget* (1896 bis 1980) beschreibt unter dem Begriff der Assimilation die Integration neuer Erfahrungen und Begriffe in schon vorhandene Schemata oder Konzepte. Als komplementären Vorgang beschreibt er die *Akkomodation,* bei der die Schemata so verändert werden, daß neue Informationen integriert werden können. Auf diese Weise bleiben die kognitiven Schemata (→Kognition) eines Kindes im Verlauf seiner →Entwicklung stets als strukturelle Einheit organisiert.

Assoziation

Vorgang des Erinnerns (→Gedächtnis) und Bewußtwerdens; das Auftreten neuer Ideen, Vorstellungen oder Gedächtnisinhalte, die mit den ursprünglichen nach bisher nicht eindeutig bestimmbaren Regeln verknüpft sein können, beispielsweise nach Kriterien der Ähnlichkeit, der räumlichen oder zeitlichen Nähe. Die Erforschung solcher *Assoziationsgesetze* ist Teilgebiet der →Kognitiven Psychologie.

Die →Psychoanalyse bedient sich in diesem Zusammenhang einer Technik, die als *freie Assoziation* bezeichnet wird. Sie beruht auf der Annahme, daß die spontanen Einfälle und Gedanken, die dem Klienten in den Sinn kommen, einen für ihn zunächst nicht nachvollziehbaren

Zusammenhang zu verdrängten Bewußtseinsinhalten haben (→Verdrängung, →Unbewußtes), der erst in der Analyse aufgedeckt werden kann.

Assoziationsfelder
→Großhirn.

Assoziationsgesetze
→Assoziation.

asthenisch
schmalwüchsig, kraftlos; seelisch gering belastbar = psychasthenisch.

asthenische Persönlichkeit
→Persönlichkeitsstörungen.

Ataxie
Störung in der Muskelkoordination.

attitude
⇒Attitüde
⇒Einstellung.

Attitüde
⇒attitude
⇒Einstellung
Gelegentlich wird der Begriff der Attitüde weitergehender als der der Einstellung definiert. In der Regel wird dieser Begriff jedoch in Übersetzung des englischen Begriffs attitude im Sinne von →Einstellung benutzt.

Attraktion
Anziehung, die eine Person auf andere ausübt und die darin deutlich wird, daß die anderen ihr Interesse, Aufmerksamkeit und positive Zuwendung vermitteln (→Sexualität).

Attrappenversuch
eine Versuchsanordnung, die zur Erforschung →Angeborener Auslöse-Mechanismen Nachbildungen natürlicher Reize verwendet.

Attribution
unwillkürliche, unmittelbare und unbewußte Zuschreibung von →Eigenschaften oder →Motiven, die sachlich nicht begründet, subjektiv jedoch häufig von hoher Evidenz sind (→Emotionen, →Angst, →Konstrukt). Von besonderem Interesse sind in diesem Zusammenhang die subjektiven Vorstellungen von Ursache-Wirkungs-Zusammenhängen, mit denen Personen sich ihr eigenes Erleben oder Entwicklungen von zwischenmenschlichen Beziehungen zu erklären versuchen (→Subjektive Theorien). Diese Vorgänge werden in der *Attributionsforschung* vor allem unter dem Begriff der Kausal- und Final-Attribution untersucht. Die *Kausal-Attribution* bezieht sich auf die subjektiven Wahrnehmung von Ursachen des Verhaltens, die *Final-Attribution* auf die subjektive Zuschreibung von Absichten und Zielen. Falsche Kausal-Attributionen sind der Theorie der →erlernten Hilflosigkeit zufolge wesentliche Ursachen für die Entstehung von →Depressionen.

Attributionsforschung
→Attribution.

Audioanalgesie
→Musiktherapie.

Aufforderungscharakter
⇒Valenz.

Aufmerksamkeit
Sammelbegriff für verschiedene →kognitive Funktionen und Aktivitäten auf Verhaltensebene. Aus wahrnehmungspsychologischer Sicht (→Wahrnehmung) versteht man unter Aufmerksamkeit die erhöhte Wahrnehmungsbereitschaft für und zielgerichtete Hinwendung auf innere oder äußere →Reize. Besonders gründlich untersucht wurden die Phänomene der →visuellen Aufmerksamkeit. Auf der Verhaltensebene bezeichnet man mit Aufmerksamkeit die Fähigkeit, eine bestimmte Tätigkeit über einen längeren Zeitraum planvoll und konzentriert auszuführen. Konzentrationsstörungen und erhöhte Impulsivität führen dabei zu →Aufmerksamkeitsstörungen (→hyperkinetisches Syndrom).

Aufmerksamkeitsstörungen
gehören dem Klassifikationssystem des →DSM-III zufolge zu den Entwicklungsstörungen, die man als *expansive Verhaltensstörungen* bezeichnet und deren Hauptmerkmale übermäßige Unauf-

Aufsteigendes Retikuläres Aktivierungssystem

merksamkeit, Impulsivität und →Hyperaktivität sind. Diese Störungen werden in der Schule oder in anderen Lebensbereichen beobachtet. Die Betroffenen sind kaum in der Lage, sich längere Zeit auf eine Sache zu konzentrieren und reagieren mit Unaufmerksamkeit und Impulsivität. Selten werden Aufgaben zuende geführt. Sie hören nicht zu, unterbrechen andere, werden leicht durch äußere Umstände abgelenkt, sind körperlich unruhig und können in Gruppensituationen kaum abwarten, bis sie an der Reihe sind. Besonders jüngere Kinder sind dauernd in Bewegung. Die Störung beginnt meistens vor Beginn des siebten Lebensjahres und beeinträchtigt sowohl die soziale Anpassung als auch die schulische Leistungsfähigkeit. Die Störung tritt häufiger bei Jungen als bei Mädchen auf und kann häufig im Zusammenhang mit hirnorganischen Störungen (→Organisch Bedingte Psychische Störungen), seltener bei extrem ungünstigen familiären Entwicklungsbedingungen beobachtet werden.

Aufsteigendes Retikuläres Aktivierungssystem

⇒ARAS

Die Aktivierung der Hirnrinde bei sensibler oder sensorischer Reizung geschieht nicht durch das spezifische sensorische →Projektionssystem, sondern durch die *Formatio reticularis* (FR). Die elektrische Reizung der FR führt im Tierversuch zu einer Aktivierung und Desynchronisation im →EEG, sowie zu Weckreaktionen aus dem Schlaf heraus oder zur Auslösung einer →Orientierungsreaktion im Wachzustand, die mit zunehmender Reizstärke auch →Angst- und Fluchtreaktionen auslöst. Läsionen der betreffenden Strukturen hatten →Schlaf und die zugehörigen EEG-Veränderungen zur Folge. Sinnesreize konnten die Versuchstiere – wenn überhaupt – nur momentan und nicht reizüberdauernd wecken. Das unspezifische und diffuse *Aktivierungssystem* der FR wurde wegen seiner Funktion ARAS genannt. ARAS und FR sind in ihrer Funktion jedoch nicht völlig identisch. Die FR gehört nicht zu den Kerngebieten der grauen Substanz und nicht zu den Kerngebieten der weißen Substanz des →zentralen Nervensystems, sondern nimmt mit ihren vielfältig vermaschten Interneuronen eine Zwischenstellung ein. Die FR erstreckt sich vom verlängerten Rückenmark über die →Brücke bis zum →Mittelhirn. →Afferente Verbindungen kommen direkt vom Rückenmark. Weitere afferente Verbindungen gibt es mit den sensiblen oder sensorischen Hirnnervenkernen, dem →Kleinhirn, dem lateralen →Hypothalamus, dem →Pallidum und dem sensumotorischen →Kortex. Absteigende Faserverbindungen führen zu den Motoneuronen und beeinflussen den Muskeltonus und die Bewegungskoordination. Weiter gibt es in der FR →vegetative Zentren, die auf Kreislauf, Atmung und Verdauung wirken. Die →efferenten Verbindungen zum Kortex erstrecken sich auf weitere Areale als diejenigen des spezifischen thalamo-kortikalen →Projektionssystems. Teilweise führen die Verbindungen der FR über die unspezifischen Thalamuskerne, teilweise aber auch über die spezifischen und eventuell auch direkt zum Kortex.

Diesem Aktivierungssystem wurde anfangs nur ein bahnender Einfluß auf andere Teile des →Nervensystems zugesprochen. Mittlerweile sind aber auch hemmende oder desaktivierende Einflüsse nachgewiesen. Einem medialen Gebiet unter der →Brücke wird beispielsweise eine anstoßende Wirkung auf den →Schlaf zugewiesen, die auch in der synchronisierenden Wirkung auf das →EEG zum Ausdruck kommt. Läsionen in diesen Gebieten bewirken erhöhte Schläfrigkeit, Schlaflosigkeit oder narkolepsieartige Krankheitsbilder. Dem →Thalamusanteil wird die rasche (phasische) Komponente der Weckreaktion zugeschrieben, den Hirnstammanteilen hingegen die länger andauernden, die Wachheit aufrecht erhaltenden Einflüsse.

Augenbewegungen

Durch zahlreiche →efferente Verbindungen kann die FR, außer einer Aktivierung des Kortex, eine Erregung des →Hypothalamus und autonomer Zentren, Schwellenänderungen in spinalen Motoneuronen und Änderungen des Muskeltonus, sowie Schwellenänderungen in den Sinnesorganen bewirken. Allgemein bahnt eine Sinnesreizung über die erhöhte Aktivierung die Sinnesempfindung anderer Modalitäten, z.B akustische Reize für visuelle Reize.

Das Zusammenspiel der verschiedenen aktivierenden und desaktivierenden Regionen der FR, des Thalamus und des Kortex ist noch nicht restlos geklärt. Die engen anatomischen Beziehungen zwischen Aktivierungssystem und den motorischen und vegetativen Zentren sind verantwortlich dafür, daß eine Steigerung der →Aufmerksamkeit von einer Herzfrequenzsteigerung und anderen vegetativen Symptomen begleitet wird und daß andererseits monotone Reize oder langsame rhythmische Bewegungen (Wiege, Schaukelstuhl), einen entspannenden und schlafanstoßenden Effekt haben und daß umgekehrt muskuläre Entspannungsübungen (→autogenes Training) auf psychische und vegetative Variablen zurückwirken.

Das ARAS hat somit nicht nur aufsteigende Afferenzen und Efferenzen, sondern auch afferente Verbindungen zu höheren und efferente zu niedrigeren funktionellen Ebenen. Es ist auch nicht auf die FR im engeren anatomischen Sinne begrenzt, sondern bezieht Teile des Thalamus und des Neo- und Palaeo-Kortex funktionell mit ein. Somit hat die FR nicht nur aktivierende, sondern auch hemmende Funktion.

Augenbewegungen

Augenbewegungen (AB) sind im wesentlichen horizontale und/oder vertikale Drehungen des Augapfels in der Orbita (Augenhöhle). Sie werden bewirkt durch selektive Kontraktion der sechs äußeren Augenmuskeln, z.B. zum Wechsel zwischen Fixationspunkten, um die visuellen Reize auf die Stelle des schärfsten Sehens (fovea centralis) zu projizieren.

Klassifikation von Augenbewegungen
f: Frequenz (Hz); A: Amplitude (Bogenmin. ', Bogensek. ")
t: Zeitdauer (msec); v: Geschwindigkeit °/sec, '/sec)

	Makrobewegungen	Mikrobewegungen
schnell	**Saccaden** t=10-80msec(proport.zu A); v=200-600 °/sec	**Microsaccaden** f=2Hz; A=2-20 ' ; t=10-20msec; v=200 '/sec
langsam	**Folgebewegungen** t=40-250msec (abhäng.v.A) v=20-80 °/sec **Vergenzbewegungen** (Kon- und Divergenz)	**Fixationstremor** f=70-90Hz; A=10-15 "; v < 1°/sec **Driftbewegungen** A=1-10 '; v=2-8 '/sec

Unterschieden werden dabei große („macromovements") und kleine AB („micromovements") bzw. schnelle und langsame AB.

Vergenzbewegungen entstehen bei Wechsel der Fixationen von einem Objekt in der Ferne zu einem Objekt in der Nähe bzw. umgekehrt. Bei ersterem Vorgang konvergieren die Sehachsen (Konvergenzbewegung), im entgegengesetzten Falle tritt eine Divergenzbewegung auf. Alle anderen in der Tabelle genannten AB sind sog. *konjugierte AB*, d.h. solche, bei denen sich beide Augen im Prinzip gleichsinnig bewegen.

Der *Fixationstremor* (Augenzittern während Fixieren) ist vermutlich für die Sehleistung bedeutungslos; *Microsaccaden* dienen der Kompensation von *Driftbewegungen* (langsames Weggleiten), die bei längerer willkürlicher Fixation auftreten. Fixationstremor und Driftbewegungen verhindern die Stabilisierung des Netzhautbildes und damit das „Verblassen" der visuellen Wahrnehmung.

Besonderes Interesse im Rahmen psychobiologischer bzw. kognitionspsychologischer Fragestellungen (→Kognition) finden *Saccaden* und *Folgebewegungen*. Saccaden treten als schnelle Augenbewegungen (→Rapid Eye Movements, REMs; →Schlaf) zwischen den einzelnen Fixationen (0.15 bis 2 sec Dauer) auf und dienen der Zentrierung von Objektabbildungen auf der Fovea centralis. Sie können zwar willentlich ausgelöst werden, sind jedoch dann in ihrem Ablauf (Amplitude und Geschwindigkeit) nicht mehr beeinflußbar. Um das Abbild eines bewegten Objekts auf der Fovea zentriert zu halten, sind langsamere Blickfolgebewegungen erforderlich, die bei einer Winkelgeschwindigkeit größer als 80/sec durch sog. Kompensationssaccaden unterstützt werden. Wird eine gleichmäßig sich bewegende Folge von Reizen präsentiert (z.B. beim Blick aus einem fahrenden Auto), kommt es zu einem Wechsel zwischen Folgebewegungen und (gegenläufigen) Rückstellsaccaden *(optokinetischer Nystagmus).*

Die *Steuerung* der horizontalen AB erfolgt im wesentlichen über die Paramediane Pontine Retikuläre Formation (PPRF), wohingegen die Mesencephale Retikuläre Formation (MRF) für die Steuerung der vertikalen AB zuständig zu sein scheint.

Zur *Messung der AB* werden drei Ansätze unterschieden:

1. Beobachtungsmethoden (direkte Beobachtung, Videoaufzeichnung),
2. elektrophysiologische Methode (Elektrooculogramm = EOG),
3. optische Reflexionsverfahren.

Das Grundprinzip der letzteren ist die je nach Augenstellung unterschiedliche Reflexion eines (Infrarot-) Lichtstrahls von der Cornea (Cornereflexionsmethode), basierend auf unterschiedlichen Krümmungsverhältnissen des Augapfels gegenüber der Cornea. Beim EOG wird mittels Elektroden die mit der AB einhergehende Verschiebung des cornearetinalen Potentials aufgezeichnet (Cornea elektrisch positiv gegenüber Retina).

Typische *Einsatzbereiche* von AB-Messungen sind u.a. →Pharmakopsychologie, →Neuropsychologie, Psychiatrie, →Wahrnehmungspsychologie, Ergonomie und Werbeforschung.

Pharmakopsychologische Studien konzentrieren sich hauptsächlich auf bestimmte Parameter saccadischer AB, die als Indikatoren für medikamenteninduzierte, zentralnervöse Stimulations- oder Sedierungseffekte dienen (z.B. durch Gabe von Amphetamin resp. Diazepam). Schwerpunkte *neuropsychologischer AB-Forschung* sind zum einen Untersuchungen von lateralisierten (saccadischen) AB (Lateral Eye Movements, LEMs) in Abhängigkeit von kognitiven Prozessen und zugrundeliegender differentieller hemisphärischer Aktivierung, zum anderen Untersuchungen über Auswirkungen und Behandlung von durch hirnorganische Schädigungen verursachte Sehstörungen (z.B. homonyme Gesichtsfeldausfälle). Im *psychiatrischen Bereich* steht AB-Forschung an schizophrenen Patienten (→Schizophrenie) zur Analyse sog. Eye Tracking Dysfunctions (ETD) bei Folgebewegungen im Vordergrund. In der *Wahrnehmungspsychologie* liegen Arbeiten über AB bei der Wahrnehmung von Bildern, →optischen Täuschungen usw. vor. Hierzu gehören auch Untersuchungen zur Entwicklung der visuellen Wahrnehmung und zum Leselernprozeß im Rahmen der Lese- und Legasthenieforschung (→Legasthenie). Dabei liegt der Schwerpunkt auf der Analyse saccadischer Aktivität in Kombination mit dem Fixationsverhalten. Dies gilt ebenfalls für *Ergonomie und Werbeforschung,* beispielsweise im Rahmen folgender Aufgabenstellungen: Optimierung von Bedienungs- bzw. Kontrollpulten (z.B. Verbesserung der Instrumentenanordnung im Flugzeug) oder Analyse von Produktpräsentationen (z.B. AB bei Werbeanzeigen).

Insgesamt ist im Zusammenhang mit den technologischen Fortschritten bei der Blickbewegungsmessung eine Ausweitung der grundlagen- und anwendungsorientierten AB-Forschung zu erwarten.

Literatur: *A. G. Gale/F. Johnson,* Theoretical and applied aspects of eye movement research. Amsterdam 1984. *R. Groner/C. Menz/D. F. Fisher/R. A. Monty* (Eds.), Eye movements and psychological functions: International views. Hillsdale 1983. *J. K. O'Regan/A. Levy-Schoen* (Eds.), Eye movements – From Physiology to Cognition. Amsterdam

1987. *F. W. Wilker/M. Wiemers/J. Weiß/S. Becker,* Cognitive activity and lateral eye movements. In: *G. Lüer/U. Lass* (Eds.), Fourth European Conference on Eye Movements. Volume 1: Proceedings, S. 54–57. Göttingen 1987.

Dr. *Friedrich-Wilhelm Wilker, Stefan Becker,* Mainz

Augment-Reducing
→ereigniskorreliertes Potential.

Aura
halluzinatorische Sinnesempfindungen, die als Vorboten eines epileptischen Anfalls auftreten (→Epilepsie).

Ausdruck
im weitesten Sinn alle Äußerungsformen einer Person, die Rückschlüsse auf ihre Befindlichkeit zulassen. Dazu zählen sowohl die unmittelbaren körperlichen Vorgänge und Veränderungen, wie Mimik, Gestik, Motorik oder auch die Stimme, als auch die Ergebnisse von Ausdruckshandlungen, wie beispielsweise die Schrift, Texte oder Kunstwerke. In der psychologischen Forschung werden insbesondere die verschiedenen Formen des Ausdrucks von →Emotionen untersucht (→Angst).

Ausgangsniveau
⇒Baseline.

Ausgangswertgesetz
→Aktivation.

Auslösemechanismus
→AAM.

Auslöser
Signal-Reiz, der spezifisch für die Auslösung einer bestimmten Verhaltensweise ist.

Außenseiter
jemand, der in seine →Gruppe nicht integriert ist und seine Randposition durch Äußerungen abweichender Meinungen und Ansichten aufrecht erhält.

Autismus
Der Begriff „Autismus" wurde von dem Psychiater *Bleuer* eingeführt zur Benennung eines der Grundsymptome der →Schizophrenie. Er bezeichnete mit diesem Terminus Phänomene wie „Loslösung von der Wirklichkeit" und Zurückgezogenheit auf sich selbst, verbunden mit einem relativen oder absoluten Überwiegen des Binnenlebens gegenüber der äußeren Realität. Das Syndrom des frühkindlichen Autismus wurde zum erstenmal 1943 von *Kanner* beschrieben. Als Hauptsymptome dieses →Syndroms definierte er extreme autistische Abkapselung (extreme autistic aloneness), ängstlich zwanghaftes Bestehen auf Erhaltung der Gleichartigkeit der Umwelt (anxiously obsessive desire for the maintenance of sameness) und massive Störungen der Sprache. *Kanner* grenzte die Gruppe der betreffenden Kinder ab von der großen unspezifizierten Gruppe der Kinder mit kindlicher Schizophrenie. Bis weit in die Mitte der 60er Jahre standen zwar →psychogenetische Theorien in der Autismusdiskussion im Vordergrund, in den letzten 20 Jahren hat sich hier aber ein auffälliger Wechsel vollzogen. Inzwischen gibt es eine Fülle empirischer Daten, die sich mit dem psychodynamischen Ansatz zur →Ätiologie, Genese und Therapie des frühkindlichen Autismus nicht mehr vereinbaren lassen. Diese Daten, z.B. bezüglich der →zentralen Aktivierung und der Wahrnehmungsverarbeitung, sowie Hinweise auf hirnorganische Beeinträchtigungen und neuropsychologische Defizite bei den betreffenden Kindern bilden mittlerweise den „mainstream" der Autismusforschung.

Die heute übliche Vorgehensweise bei der Diagnose (s. DSM III oder Child and Autism Rating Scale (CARS)) besteht in der Angabe der entscheidenden Symptome und der Diagnosestellung „Frühkindlicher Autimsus" bei Anwesenheit aller dieser Symptome. Begrifflich wurde hierfür der Terminus *„Summationsdiagnose"* vorgeschlagen (s. *Wilker*), denn erst das spezifische Muster der kombinierten Symptome und der Verlauf ihrer Entwicklung sind hochspezifisch für das Krankheitsbild. Die Diagnose ist so gesehen weniger problematisch als sie erscheinen mag; freilich deuten einige Untersuchungen darauf hin, daß Fehldiagnosen noch immer ein Problem sind.

Das Syndrom des frühkindlichen Autismus manifestiert sich von Geburt an oder kurz danach und bleibt während der gesamten Lebensspanne des jeweiligen Patienten bestehen. Weil die ersten Symptome oft nicht erkannt oder von den Eltern später nicht memoriert werden können, lassen sich zwei verschiedene Krankheitsverläufe beschreiben. Im ersten Fall werden abweichende Verhaltensmuster kurz nach der Geburt bemerkt, obwohl die Mütter nicht in der Lage sind, das ihnen auffallende eigenartige Verhalten ihrer Kinder zu spezifizieren.

Die zweite Variante der → Entwicklung sieht so aus, daß die Eltern eine relativ normale Entwicklung des Kindes bis zu einem Alter von etwa 18 bis 24 Monaten beschreiben. Eindeutige Symptome treten dann aber immer vor einem Alter von 30 Monaten auf.

Der spätere klinische Verlauf bleibt unabhängig von dem Alter, in dem zuerst von Symptomen berichtet wurde, derselbe. Um eine entsprechende Diagnose stellen zu können, müssen vor dem Ende des 3. Lebensjahres spezifische Störungen der Allgemeinentwicklung, der Perzeption, der Sprache und des Sozialverhaltens gesichert festgestellt sein. Gleiches gilt für die typischen motorischen Auffälligkeiten (z.B. → Stereotypien).

Die Abgrenzung anderer Krankheitsbilder vom Syndrom des frühkindlichen Autismus ist deshalb notwendig, weil einzelne, z.T. auch mehrere Symptome des frühkindlichen Autismus in Kombination damit auftreten können. Differentialdiagnostisch muß man spezifische Krankheiten berücksichtigen, von denen bekannt ist, daß sie in Verbindung mit frühkindlichem Autismus auftreten können. Dazu gehören → Phenylketonurie, → congenitale Röteln, andere spezifische → hirnorganische Syndrome, wie z.B. geistige Retardierung (→ geistige Behinderung) und cerebrale → Anfallsleiden. Zusätzlich müssen Krankheiten differentialdiagnostisch abgegrenzt werden, deren Symptome sich mit dem Syndrom des frühkindlichen Autismus überschneiden, wie psychischer → Hospitalismus bzw. mütterliche → Deprivation, → anaklitische → Depression, Entwicklungsaphasie (→ Aphasie) und sensorische Defizite in Form von Taubheit und Blindheit.

Die → Prävalenz-Rate für frühkindlichen Autismus liegt bei 4–5 auf 10000 Kinder im Alter von 5 bis 15 Jahren (im Vergleich dazu ein blindes oder sechs gehörlose Kinder pro 10000). Dabei sind Jungen häufiger betroffen als Mädchen. Das Verhältnis liegt bei etwa 3–4:1. Betroffen sind Kinder aller Rassen und ethnischen Gruppen in allen Teilen der Welt, allen Bevölkerungsschichten und den unterschiedlichsten Familien, in denen der Verbreitungsgrad von neurologischen und psychiatrischen Erkrankungen nicht größer ist als der Erwartungswert in der Normalpopulation.

Das Syndrom des frühkindlichen Autismus tritt ein auf → idiopathischer Grundlage oder im Zusammenhang mit traumatisierenden (→ Trauma) → Noxen, die das → ZNS beeinträchtigen. Die Auftretenshäufigkeit von peri-, prä- und postnatalen Komplikationen ist bei den betroffenen Kindern gegenüber (gesunden) Kontrollgruppen erhöht.

Von ätiologischen (→ Ätiologie) Gesichtspunkten aus ist auch die Möglichkeit einer Störung der familiären Beziehungen in einer frühen, kritischen Periode der Entwicklung des jeweiligen autistischen Kindes diskutiert worden. Für diese Annahme ist jedoch nie ein annähernd objektiver Nachweis erbracht worden. Dagegen zeigen Untersuchungen, daß Familien mit autistischen Kindern eine normale Familienstruktur aufweisen: Es findet sich demnach kein Hinweis auf das Vorliegen abnormer Familien- oder Persönlichkeitsstrukturen (→ Persönlichkeit) bei den Eltern autistischer Kinder und daraus möglicherweise ableitbare Beziehungsstörungen zum Kind. In Zusammenhang mit diesen hypothetischen Beziehungsproblemen soll schon vor der Geburt des Kindes bei der Mutter eine Persönlichkeitsstörung bestehen, so daß sie nicht in der Lage ist, während der ersten Lebenswochen zu dem sonst ganz normalen Säugling eine normale Mutter-Kind-Beziehung aufzubauen, und dadurch soll das entstehen, was für die Grundstörung gehalten wird – der „Autismus", – aus dem sich das übrige Syndrom entwickelt.

Eklatante Schwächen dieser Anschauung sind: 1. Es gibt keinen auch nur annähernd akzeptablen Beleg für die Richtigkeit der bloßen Vermutung, daß Mütter autistischer Kinder im Vergleich zum Durchschnitt besonders gefühlskalt usw. sind oder besondere Schwierigkeiten haben, eine gute Gefühlsbeziehung zu einem Baby herzustellen. Nach allen vorliegenden Untersuchungen scheint die Tendenz sogar eher in die umgekehrte Richtung zu gehen. 2. Die meisten Mütter autistischer Kinder haben außer einem solchen auch noch normale Kinder, d.h. es wird leicht vergessen, daß die Eltern autistischer Kinder zugleich die Eltern normaler Kinder sind. Aus psychogenetischer Sicht müßte also eine Störung der Mutter-Kind-Beziehung vorliegen, die so gravierend und so spezifisch ist, daß daraus der Frühkindliche Autismus entsteht – jedoch nur bei einem einzigen Kind, das keineswegs immer das erste ist. Die Beziehungsstörung dürfte also nicht so schwer und generell sein, daß auch die anderen Kinder betroffen würden. 3. Bei Kindern, die in einer sehr anregungsarmen Umwelt aufwachsen (z.B. von Geburt an in verschiedenen Heimen leben, ohne Möglichkeit zum Aufbau einer stabilen Beziehung zu einem Erwachsenen), besteht kein erhöhtes Risiko für das Auftreten von frühkindlichem Autismus. Folgen einer solchen →pathogenen Umwelt sind eher eine Retardierung der →Intelligenz- und Gesamtentwicklung sowie Störungen der →Persönlichkeit.

Die spezifischen Symptome des frühkindlichen Autismus aber sind Ausdruck eines – durch künftige Forschungsarbeiten noch näher zu spezifizierenden – zugrundliegenden →neuropathophysiologischen Prozesses, der die allgemeine Entwicklung, die →Modulation der →Perzeption, die Sprache, morotische (→Motorik), →kognitive und intellektuelle Strukturen und das Sozialverhalten beeinträchtigt.

Das Ziel der Behandlung des frühkindlichen Autismus ist nicht „Heilung": Man kann derzeit nicht erwarten, daß durch irgendeine, wie auch immer geartete Therapieform der „Frühkindlichen Autismus" geheilt werden kann. Ein kausal wirksames Verfahren steht nicht zur Verfügung, und so sind die therapeutischen Aktivitäten auf die vielfältigen Symptome ausgerichtet. Angestrebt werden können nur ganz allgemein eine größere Selbständigkeit und →Autonomie, verbesserte Aktionsfähigkeit und Anpassung des autistischen Kindes (*„Normalisierungsprinzip"* nach *Nirje*). Dabei kommt den verhaltenstherapeutischen Methoden (→Verhaltenstherapie, →Kinderverhaltenstherapie), deren besondere Wirksamkeit auf dem Gebiet der Modifikation abnormen Verhaltens gegenüber anderen Therapieansätzen nachgewiesen ist, besondere Bedeutung zu. Die verschiedenen Ansätze zur Behandlung des frühkindlichen Autismus reichen von →Psychotherapie und Beratung der Eltern, →Familientherapie, Psychotherapie, Heilpädagogik und Verhaltenstherapie des autistischen Kindes über →Sprachtherapie, →Entwicklungstherapie, →Reittherapie, →Musiktherapie, →Festhaltetherapie („Forced Holding" nach Welch), sensomotorischer Übungbehandlung (→Motorik) bis hin zu elektrokonvulsiver Therapie (→Elektroschock) und LSD-Behandlung (→LSD). Erweitert wird dieses Behandlungsspektrum noch durch Medikation mit verschiedenartigen →psychotropen Pharmaka, Hormonen, Megavitaminen sowie sensorische Stimulation und →sensorische Deprivation. Angesichts der ungeklärten biologischen Zusammenhänge kann eine medikamentöse Therapie zwar nur eine eng begrenzte, jedoch eine gewisse Hilfe bei der Verminderung von spezifischen Symptomen wie Schlaflosigkeit, →Hyperaktivität, →Impulsivität, →Irritierbarkeit und autoaggressivem Verhalten (→Autoaggression) sein. In immer stärkerem Maße wendet man sich heute allerdings (besonders im verhaltenstherapeutischen Bereich) von tradierten Modellen therapeutischer Versorgung ab. Die eigentliche Behandlung findet nicht mehr während einer längeren stationären Unterbringung oder ein- bzw. mehrmals wöchentlich in einer Klinik oder Beratungstelle statt, zu der die Eltern das Kind bringen und nach einer bestimmten Zeit wieder abholen, sondern sie wird so weit wie möglich in die direkte Lebenssituation des autistischen Kindes verlegt, und die Eltern werden systematisch zu →Ko-Therapeuten ausgebildet. Obwohl dieser Therapieansatz einige relevante Vorteile hat und besonders offen ist für die verschiedensten Probleme des autistischen Kindes im familiären Kontext, darf nicht übersehen werden, daß dadurch spezifische (Schul-) Sonderklassen und Trainingsprogramme für autistische Kinder nicht ersetzt werden können.

Die Prognose der Störung ist, insgesamt gesehen, nicht günstig. Autistische Kinder variieren in der Stärke ihrer Beeinträchtigungen zwar von deutlich subnormalem bis zu überdurchschnittlichem Niveau, der größte Teil tendiert aber eindeutig zu geistiger Retardierung (→Geistige Behinderung), besonders in solchen Funktionsbereichen, die das Sprachverhalten betreffen. Der Prozentsatz der als Dauerpatienten in entsprechenden Einrichtungen untergebrachten Kinder steigt mit zunehmendem Lebensalter an; gleiches gilt für die Auftretenswahrscheinlichkeit neurologisch relevanter Auffälligkeiten. Bis zu 20% der autistischen Kinder, die vorher keine derartigen klinisch eindeutigen Anzeichen zeigten, entwickeln bis zum Alter von 18 Jahren cerebrale Anfälle. Die Kinder, die cerebrale Anfälle und andere Zeichen einer spezifischen hirnorganischen Dysfunktion zeigen, sind auch fast immer diejenigen mit den stärksten Retardierungen, gravierendsten Entwicklungslücken und schwersten Verhaltensbeeinträchtigungen. Als für die Prognose bedeutsam haben sich folgende Faktoren erwiesen: 1. die Sprachentwicklung (gesprochene Sprachen betreffend); 2. das Intelligenzniveau (meist sprachfrei gemessen) bzw. das allgemeine Funktionsniveau; 3. das Ausmaß der →autogenerativen →Motorik (→Stereotypien, Selbststimulationen usw.). Die Prognose ist schlecht, wenn aktive Sprache nicht bis zum 5. Lebensjahr erworben wird. Weiterhin muß davon ausgegangen werden, daß bei einem in der Erstuntersuchung mit einem sprachfreien Verfahren getesteten Intelligenzniveau unter 50 IQ-Punkten (→IQ) dieser Wert bei der Nachuntersuchung noch abgesunken ist und sich die meisten dieser Kindern in Anstalten befinden. Außerdem ist nachgewiesen, daß das Leistungsniveau autistischer Kinder um so geringer ist, je häufiger z.B. Bewegungsstereotypien auftreten. Nur die kleine Minderheit autistischer Kinder mit einer relativ normalen intellektuellen, kognitiven und psychomotorischen Entwicklung, die dazu noch bis spätestens zum 5. Lebensjahr ein angemessenes kommunikatives Sprachverhalten zeigt, hat eine günstigere Prognose.

Literatur: *M. Rutter/E. Schopler* (Eds.), Autism. New York. London 1978. *E. Schopler/G. B. Mesibov* (Eds.), Neurobiological Issues in Autism. New York, London 1987. *F.-W. Wilker,* Autismus. Darmstadt 1989.

Dr. *Friedrich-Wilhelm Wilker,* Mainz

Autoaggression

Selbstschädigung, →Aggression gegen die eigene Person.

Autogenes Training

Das Autogene Training, auch Konzentrative Selbstentspannung genannt und den „Übenden" Verfahren der → Psychotherapie zugerechnet, wurde zwischen 1908 und 1932 von dem Psychiater *Schultz* (1884–1970) entwickelt. Er griff dabei zum einen auf Befunde des Hirnforschers *Vogt* zurück, wonach wiederholt hypnotisierte Versuchspersonen sich selbst in einen hypnotischen Zustand versetzen und gleichermaßen ruhigstellen wie entspannen können; zum anderen nahm er auf „Selbstschilderungen" hypnotisierter Probanden Bezug, in denen über Empfindungen behaglicher Ruhe und Entspannung hinaus immer wieder Gefühle körperlicher Schwere und Wärme mitgeteilt wurden.

Auf all diese Phänomene, vordem als Nebeneffekte des „eigentlichen" (psychischen) Vorgangs der → Hypnose abgetan, hob *Schultz* mit seiner logisch strukturierten ganzheitlichen Behandlungsmethode ab. Verglichen mit der passivierenden Fremdhypnose weist dieser „übende Weg zur Autohypnose" dem Probanden eine aktive Rolle zu. Unter fachkundiger Anleitung soll er auf dem Wege sukzessiv vollzogener „physiologisch-rationaler" Übungen eine spezifische „organismische Gesamtumschaltung" erreichen lernen, die hinsichtlich der „Körpergefühle" jener der Fremdhypnose gleicht. Indem der Übende sich auf sein körperliches Erleben konzentriert, so die Grundannahme, gleitet er zwanglos in einen Zustand der Versenkung.

Zunächst umfaßte das Autogene Training lediglich auf die Extremitäten gerichtete *Schwere-* und *Wärmeübungen*. Das in dem erreichten Status eingeengten → Bewußtseins (Hypnoid) auftretende Schwereerlebnis betrachtete *Schultz* als Ausweis einer Muskelentspannung, das Wärmeerlebnis als den Ausdruck einer Entspannung des Gefäßsystems.

Um eine → „trophotrope" Umschaltung sowie eine tiefere Relaxation zu erreichen, bezog der Inaugurator der Methode dann auch innere Organe in das Trainingsschema ein: die Lunge (Atmung) über eine *Atemübung* (Ziel: Atemberuhigung); das Herz über eine *Herzübung* (Ziel: Regulierung der Herzfrequenz), die Bauchorgane über eine *„Sonnengeflechtsübung"* (Ziel: Gefäßregulierung im Bereich des Leibes) und den Kopf über die sog. *Stirnkühleübung*. *Schultz* verglich die Wirkung des Verfahrens treffend mit dem eines Ruhebades. Die genannten sechs Übungen physiotrop-autosuggestiven Charakters sind für die sog. *Unterstufe des Autogenen Tranings* konstitutiv und werden heute damit weitestgehend gleichgesetzt.

Diese Konzentrative Selbstentspannung i.e.S. gehört mittlerweile (in den westlichen Ländern) zu den am häufigsten angewandten Psychotherapiemethoden und ist auch unter Laien höchst populär. In (Kur-) Kliniken, ärztlichen und psychologischen Praxen vermittelt man es einzelnen oder Gruppen von Patienten. Daß an Volkshochschulen und Sportstätten entsprechende Kurse angeboten werden, zeigt die Bedeutung des Verfahrens für Gesundheitsvorsorge (Psychohygiene; Prophylaxe von → *Streßreaktionen)* und Leistungssport. Mittlerweile ist es auch integraler Bestandteil des Programms sog. Koronargruppen (→ Typ-A-Verhalten) und des Beratungsangebots für Krebskranke, was auf sein rehabilitatives Potential verweist.

1929 fügte *Schultz* diesem Standardtraining eine „gehobene Aufgabenstufe" meditativen Charakters (die sog. *Oberstufe*) hinzu, die zu erlernen ein Beherrschen der Grundstufe voraussetzt. Diese wenig standardisierte Oberstufe, welche neben einer Selbstschau auch „Antworten aus dem Unbewußten" ermöglichen soll, ist dagegen kaum bekannt und wird selten praktiziert.

Das Autogene Training (Unterstufe) läßt sich am ehesten in einem ruhig gelegenen, wohltemperierten und abgedunkelten Raum erlernen. Der Übende ist gehalten, zwanglos gekleidet, mindestens dreimal täglich, möglichst an gleicher Stelle und in gleicher bequemer Haltung bei geschlossenen Augen und völligem Stillschweigen zu üben. Dies kann in Liegehaltung (entspannter Rükkenlage), Lehnstuhlhaltung (passiver Sitzhaltung, am besten in einem Ohrensessel) oder Droschkenkutscherhaltung (Sitzen in Katzenbuckelhaltung auf Sitzmöbel, ohne sich anzulehnen) geschehen.

Das Autogene Training gibt es nicht; jeder Übende mag die für ihn optimale Position und die ihm gemäße Form finden. Um die Selbstversenkung zu bahnen, ist ihm aufgegeben, sich zunächst auf das sog. Ruheerlebnis einzustimmen, d.h. vor seinem geistigen Auge die Stimmungsformel „Ich bin ganz ruhig" erscheinen zu lassen. Erst danach soll das eigentliche Üben einsetzen. Der Proband erarbeitet sich die *Selbstentspannung* in sechs Schritten, die jeweils durch eine spezielle körperbezogene Formel repräsentiert sind. Dabei wird ihm nahegebracht, sich *ohne jede* Willensanstrengung die entsprechenden Aussagen wie Tonband- oder Filmausschnitte zu vergegenwärtigen. Eine derartige „passive Konzentration" bedeutet: geschehen zu lassen, was sich beim Vorstellen (innerlichen Vorsprechen) der jeweiligen Formel in der betreffenden Körperregion ereignet. Die Formeln, mittels derer die einzelnen Sensationen „eingestellt" bzw. „aufgefunden" werden, lauten in der Originalversion so: 1. „Der rechte (linke) Arm ist ganz schwer." – 2. „Der rechte (linke) Arm ist ganz warm." – 3. „Das Herz schlägt ganz ruhig und kräftig" (bei leicht Erregbaren: „... ruhig und regelmäßig"). – 4. „Atmung ganz ruhig (ergänzend: „Es atmet mich"). – 5. „Sonnengeflecht strömend warm". – 6. „Die Stirn ist angenehm kühl".

Schultz empfiehlt in seiner Monographie über das Autogene Traning, die „Ruhetönung" vor die eigentliche Übungsformeln i.e.S. zu plazieren; in seinem Übungsheft schlägt er dagegen vor, sie jeweils zwischen diese einzufügen. Beides wird praktiziert, die „Stimmungsformel" nach den einzelnen physiotropen Autosuggestionen aber auch weggelassen. Andere Autoren haben die von *Schultz* propagierten Übungsformeln sprachlich mehr oder weniger abgewandelt und z.T. deren Reihenfolge geändert. Von Nutzen ist sicher, sie zwecks größerer Prägnanz zu verkürzen (z.B. „rechter Arm ganz schwer"). Der Übende soll das Schwereerlebnis auf jeden Fall zuerst in seinem „Werkzeugarm" (bei Linkshändern der linke Arm) induzieren. Zum Einstellen der Wärme empfiehlt es sich, das Wörtchen „ganz" zu vermeiden und ein kleineres Körperfeld, die Hand, anzusprechen. Nicht wenige Versuchspersonen zeigen sonst allzu massive Reaktionen. Bei der Herzübung ist es oft ratsam, daß der Betreffende sich auf das Pulserlebnis konzentriert (Formel etwa: „Puls ruhig und kräftig"); so sind unangenehme das Training störende Herzsensationen zu vermeiden. Die Atemübung sollte besser der Puls- resp. Herzübung vorangestellt werden. Statt „Sonnengeflecht" gebraucht man häufig den Terminus „Plexus" oder den Begriff „Leib"; der Versuchsperson muß ggfs. die anatomische Lage des → Plexus solaris (coeliacus) beschrieben werden. Bezüglich der Stirnkühleübung (metaphorisches Bild: „Kühl ab konzentrierter Kopf") ist Vorsicht geboten, um allfälligen Ohnmachten oder Migräneanfällen vorzubeugen. Von einem Experimentieren mit abgewandelten Formeln ist abzusehen.

Wer das Autogene Training beherrscht, hat eine derartige Synthese der Übungen erreicht, daß er rasch zu völliger Entspannung kommen kann. Diesem Ziel nähert man sich über mindestens sechs einführende Übungssitzungen und zwischenzeitlich regelmäßiges Trainieren:

In der ersten Übungsstunde führt der Trainingsleiter den einzelnen Patienten oder die Mitglieder der Tranings- resp. Therapiegruppe (empfohlen werden maximal 15 Teilnehmer) zunächst in die Methode ein. Nach der Ruhetönung wird erstmals die Schwereübung vorgegeben, d.h. die entsprechende Formel etwa sechsmal monoton wiederholt und die Armschwere eingestellt. Nach etwa einer bis drei Minuten muß der Proband „zurücknehmen“: Um das Training exakt zu beenden, beugt und streckt er bei geballten Fäusten mehrmals die Arme, atmet tief ein und aus, um dann die Augen zu öffnen; dies nach den „Kommandoformeln: „(1.) „Arme fest!“; (2.) „Tief atmen!“; (3.) „Augen auf!“.

Bis zur zweiten, nach 14 Tagen anzuberaumenden Übungsitzung stellt sich beim konstant Übenden üblicherweise zumindest eine anteiliege Generalisierung des Schweregefühls ein: Sich auf die Schwere seines Werkzeugarmes konzentrierend, erfährt er die gleiche Empfindung (oft überraschend) im anderen Arm sowie sukzessive auch in beiden Beinen und dann im ganzen Körper. Die Traningsformel wird einem solchen Übungstransfer angepaßt, von „Beide Arme ganz schwer“ zu „Arme und Beine ganz schwer“ usf. Ist das Schwereerlebnis vom Übenden gut einzustellen, wird er angeleitet, zusätzlich das Wärmegefühl zu induzieren, der „Stimmungsformel“ (Ruhetönung) und der Schwereformel also die Wärmeformel anzufügen und in dieser Abfolge zu trainieren. Danach muß jeweils wieder zurückgenommen werden. – Die weiteren mindestens vier Sitzungen sind dem Vollzug der restlichen Formeln gewidmet. Das Training nimmt bei Kursende etwa 20 bis 30 Minuten, also eine nur geringe Zeit in Anspruch. Ca. ein Vierteljahr dauert es, bis man das Verfahren beherrscht, fünf bis sechs Monate bis ein „schlagartiges Umschalten“ durch das einfache „innere Lesen“ der Begriffe „Ruhe“, „Schwere“, „Wärme“ etc. gelingt.

Nun ist der Zeitpunkt gekommen, zu dem sog. formelhafte Vorsatzbildungen eingesetzt werden können. Mit diesen, den posthypnotischen Suggestionen vergleichbaren (individuell zu wählenden) prägnant und positiv formulierten Aussagen spricht der Proband von ihm erwünschte Umstellungen seines Alltagslebens an. Beispiele sind „Ordnung ist Freiheit“ oder „Ich schlafe rasch ein“. Sie verweisen auf die intendierte Selbsterziehung bzw. Schlafförderung. – Formelhafte Vorsätze sollen vorzugsweise vor dem Einschlafen, und zwar nach Abschluß der Unterstufenübungen, eingesetzt werden. In diesem Fall ist ein Zurücknehmen nicht mehr angezeigt.

Nach *Schultz* befähigt das Autogene Training in seiner „durchschnittlichen Leistung“ zu Erholung, Selbstruhigstellung, einer Selbstregulierung unwillkürlicher Körperfunktionen, Leistungssteigerung (etwa des Gedächtnisses) und „Schmerzabstellung“. Es fördert ferner Selbstbestimmung, Selbstkritik und Selbstkontrolle.

Die angezielten somatischen Wirkungen der Methode sind über zahlreiche Kasuistiken hinaus durch psychophysiologische Studien belegt: Die muskuläre Entspannung (Unterarmflexoren etc.) ist →elektromyographisch nachgewiesen. Die →vasale Relaxation läßt sich durch die Steigerung der Hauttemperatur sowie den Abfall der (rektal gemessenen) Körperkerntemperatur während des Trainings verifizieren. Herzfrequenz und Schlagvolumen nehmen dabei nachweislich deutlich ab, der mittlere arterielle Druck steigt signifikant an. Atemfrequenz und Atemminutenvolumen werden erheblich reduziert. Die physiologischen Korrelate der Plexusübung sind unseres Wissens bislang nicht eindeutig ermittelt. Anders als von *Schultz* hinsichtlich der Kopfübung postuliert, konnte weder eine Reduktion der Hauttemperatur an der Stirn noch eine →Vasokonstriktion der dortigen Gefäße empirisch gesichert werden. Regelmäßiges Autogenes Training soll, um exemplarisch einige biochemische Parameter anzusprechen, die Serumcholesterinwerte signifikant und den Blutdruckspiegel faßbar senken.

Aussagekräftige, d.h. kontrollierte Studien zu den psychischen Effekten der Methode finden sich nur selten. Belegen läßt sich u.a. eine signifikante Zunahme des allgemeinen Wohlbefindens von Probanden im Verlaufe von Trainingskursen. Auch konnte eine deutliche Positivierung des Selbstkonzepts der betreffenden Probanden nachgewiesen werden. Mehrere Studien mittels des →Freiburger Persönlichkeitsinventars haben ergeben, daß das Verfahren eine signifikante Reduktion des Nervositätswertes, d.h. einer vorliegenden psychosomatischen Gestörtheit, mit sich bringt.

Die mitgeteilten (Langzeit-) Erfolgsquoten einer Behandlung mit dem Autogenen Training (Besserung; Heilung) schwanken zwischen 30 und 80%; zu bedenken ist allerdings die regelmäßig hohe Abbruchrate vor Ende der Therapie (ca. 30 bis 35%) sowie die z.T. nicht eben hohe wissenschaftliche Qualität der Evaluationsstudien.

Ein zumindest psychophysiologisch gut fundiertes Verfahren wie das Autogene Training läßt zwingend die Frage nach seinen Heilanzeigen stellen. Als solche werden übereinstimmend „→psychovegetative Störungen" resp. „→psychosomatische Erkrankungen" genannt. Im einzelnen empfiehlt man es bei Störungen der Atemtätigkeit (z.B. Asthma bronchiale), des Herz-Kreislaufsystems (→Herzneurose, paroxysmale →Tachykardie, Essentielle Hypertonie, vasomotorischer Kopfschmerz etc.), Störungen der gastrointestinalen Funktionen (Obstipation o.ä.) und bei Einschlafstörungen. Anzuraten ist sein Einsatz ferner zur Geburtsvorbereitung, um eine →Schmerzreduktion bei der Geburt sowie eine Verkürzung des Gebärvorgangs zu erreichen. Im Regelfall wird die Technik kombiniert mit anderen Therapiemethoden (Medikamenteneinnahme; Einzelgespräche) angewandt. Hinsichtlich psychischer Störungen ist das Autogene Training vorzugsweise bei →Phobien, chronischen Ängsten (→Angst) und psychoreaktiven →Depressionen indiziert. Hier wie auch bei Suchtkranken dient es vornehmlich der Zusatzbehandlung. Hinweise, wenn nicht gar Belege für die jeweilige Wirksamkeit des Verfahrens liegen vor. Relativ gut gesichert ist beispielsweise sein antihypertensiver Effekt.

Die Teilnahme am Autogenen Training ist nur angezeigt, wenn die betreffende Person bereit und fähig ist, ausdauernd mitzuarbeiten. Über fünf Jahre alte Kinder, Jugendliche und Erwachsene bis hin zum Greisenalter können es problemlos erfolgreich lernen; vorausgesetzt ist, daß sie keine schweren mentalen Defizite (→Oligophrenie, →Demenz) aufweisen.

Mögliche Kontraindikationen des Autogenen Trainings werden gelegentlich schlichtweg bestritten. Absolute Gegenanzeigen liegen aber etwa im Falle einer akuten →Psychose aus dem Formenkreis der →Schizophrenien, einer ausgeprägten endogenen →Depression, einer →Involutionspsychose und eines malignen →Zwangssyndroms vor, um einmal psychische Störungen anzusprechen. Gleiches gilt auf dem Felde körperlicher Erkrankungen für einen drohenden Herzinfarkt, einen akuten Myokardinfarkt mit Komplikationen, einen cerebrovaskulären Insult sowie Diabetes mellitus, wenn der Patient nur eine ungenügende →Compliance zeigt. Relative Kontraindikationen stellt eine hypochondrische Fehlhaltung (→Hypochondrie), autistische Gefährdung (sozialer Rückzug, →Autismus) und reine Konversionsreaktionen (→Konversion) dar. – In jedem Falle empfiehlt sich eine individualisierende Indikationsstellung. Autogenes Training ist ferner weder bei Bestehen aktueller Konfliktreaktionen noch bei differentialdiagnostisch nicht abgeklärter Erkrankungen anzuraten.

Man wird heute nicht mehr fordern, allein approbierte Ärzte dürften das Autogene Training vermitteln. Vor Aufnahme entsprechender Übungen sollte sich jedoch jeder Patient einer ärztlichen Untersuchung unterzogen haben. Gleiches gilt für Teilnehmer an Volkshochschulkursen o.ä.. So können Erkrankungen (z.B. ein Hirntumor als Ursache eines →pseudoneurasthenischen Syndroms) ausgeschlossen werden, welche den Einsatz des Verfahrens verböten oder nicht ratsam erscheinen ließen. Zumal Nichtärzte, welche das Autogene Training lehren, müssen mit Komplikationen vertraut sein, die während der einzelnen Übungen auftreten können (Ohnmachten; Kollapserscheinungen, paradoxe Anstiege der Herzfrequenz etc.). Auch gilt es, stets zu überlegen, ob nicht einzelne Formeln (Leibformel/Plexusübung, z.B. bei Colitis ulcerosa) besser weggelassen werden.

Nur eine qualifizierte Ausbildung berechtigt dazu, die psychophygienisch, somatohygienisch sowie (psycho-)therapeutisch so nützliche Methode des Autogenen Trainings anzuwenden. Vor einer heterosuggestiven Vermittlung ist ebenso zu warnen wie vor einem Selbststudium des Verfahrens.

Literatur: *B. Hoffmann,* Handbuch des Autogenen Trainings. München 1987, 7. Aufl. *G. Huppmann,* Zur Problematik der Anwendung des Autogenen Trainings (Unterstufe). Praxis der Psychotherapie 1977, 22, 129–137. *H. Mensen,* Autogenes Training in Prävention und Rehabilitation. Erlangen 1988. *J. H. Schultz,* Das Autogene Training. Stuttgart-New York 1987. 18. Aufl. *D. Vaitl,* Entspannungstechniken. In: *L. J. Pongratz* (Hg.), Klinische Psychologie, 2. Halbband. Handbuch der Psychologie Bd. 8. Göttingen-Toronto-Zürich 1978, 2104–2143.

Prof. *Dr. Gernot Huppmann,*
Dr. *Friedrich-Wilhelm Wilker,* Mainz

autokinetisches Phänomen

durch die ständigen unwillkürlichen →Augenbewegungen hervorgerufene Wahrnehmungstäuschung: ein feststehender Lichtpunkt scheint sich zu bewegen. Dieses Phänomen wird z.B. zur Prüfung der →Suggestibilität verwendet.

Automatismen

eingeübte Handlungsabfolgen oder Bewegungsabläufe, die nach längerem Lernprozeß nicht mehr der bewußten und willentlichen Kontrolle bedürfen (z.B. Radfahren). Unmotivierte Automatismen (z.B. Strampeln, Kaubewegungen) können Symptom einer →Psychose sein.

autonomes Nervensystem

⇒ANS
⇒vegetatives Nervensystem
→Nervensystem.

Autonomie

Persönlichkeitspsychologisch: die Bereitschaft und Fähigkeit einer Person, ihre Pläne nach eigenen Meinungen und Vorstellungen zu realisieren. Stark ausgeprägte Autonomie kann zur *Exentrizizät* führen.

Motivationspsychologisch: Loslösung und Unabhängigkeit eines →sekundären Antriebs vom →primären Antrieb, durch den er entstanden ist.

Entwicklungspsychologisch: Begriff aus dem Phasenmodell der Entwicklung von *Erik H. Erikson,* der die Entwicklung des Kindes in der Zeit vom zweiten bis zum dritten Lebensjahr beschreibt, in der das Kind die Selbstbeherrschung und die Selbständigkeit erlernt, d.h. die Phase der ersten relativen Unabhängigkeit von der Unterstützung und Fürsorge der erwachsenen Bezugspersonen bei der Befriedigung seiner vitalen Grundbedürfnisse.

Autopoesie

→Kommunikation.

autoritäre Persönlichkeit

→Syndrom von Persönlichkeitseigenschaften (→Persönlichkeit), die in der Soziologie und →Sozialpsychologie als autoritäre oder faschistische Persönlichkeit *(Adorno)* beschrieben werden. Hierzu gehören vor allem die Merkmale der Majoritätshörigkeit, der →Ambiguitätsintoleranz, Selbstgerechtigkeit, →Feindseligkeit und des Denkens und Urteilens in Extremkategorien. Bei Vorhandensein von einem dieser Merkmale spricht man noch nicht von einer autoritären Persönlichkeit, sondern erst, wenn sie sich gemeinsam in einunderselben Person manifestieren.

Autostereotyp
→ Stereotyp.

Autosuggestion
Selbstbeeinflussung eigener → Vorstellungen, beispielsweise beim → Autogenen Training.

Average-Linkage-Methode
⇒ Group-Average-Methode.

Aversion
gefühlsmäßige Ablehnung, Abneigung oder Widerwille, im Gegensatz zur → Appetenz (→ Sexualität).

Axiom
unüberprüfte Grundannahme, als wahr angenommene Aussage im Rahmen einer Theorienbildung.

B

Bahnung
systematische Steigerung von Erregungsprozessen in Nervenbahnen, wobei man das gleichzeitige Zusammentreffen von Impulsen aus verschiedenen Nervenbahnen der selben Zelle als *räumliche Bahnung* und die mehrfach kurzfristig aufeinanderfolgende Benutzung der selben Nervenbahn als *zeitliche Bahnung* bezeichnet (→Visuelle Aufmerksamkeit). Die Bahnung beeinflußt möglicherweise die Vorgänge beim →Klassischen Konditionieren.

Balint-Gruppen
eine von dem ungarischen Arzt und Psychotherapeuten *Michael Balint* (1896 bis 1970) entwickelte Methode zur →Supervision von Ärzten. Die in der Regel nicht psychotherapeutisch vorgebildeten Ärzte (→Psychotherapie) kommen regelmäßig in kleinen Gruppen zusammen und diskutieren Falldarstellungen einzelner Gruppenmitglieder unter Anleitung eines psychoanalytisch geschulten Therapeuten (→Psychoanalyse). In der Gruppe wird diskutiert und analysiert, aus welchen Gründen der vorgetragene Fall zum Problem für diesen Arzt geworden ist. In den Diskussionen soll das Verständnis der Ärzte für die krankheitsbeeinflussenden Besonderheiten der Lebensverhältnisse des Patienten erhöht werden.

BAS
⇒Behavioral Activation System.

Basalganglien
→Großhirn.

Baseline
⇒Ausgangsniveau
die von den experimentellen Bedingungen unbeeinflußten Ausgangswerte, die erhoben werden müssen, wenn der Effekt einer experimentellen Bedingung (→Experiment) durch Meßwiederholungen an ein und derselben Gruppe oder Person geprüft werden soll.

Baseline-to-peak-Maß
→ereigniskorreliertes Potential.

Basisrate
→Klassisches Konditionieren.

Bayesianische Statistik
⇒Bayes-Statistik
→Wahrscheinlichkeit
→Statistik.

Bayes-Statistik
⇒Bayesianische Statistik
→Statistik
→Wahrscheinlichkeit.

Bayes-Theorem
Lehrsatz der Wahrscheinlichkeitsrechnung des Engländers *Thomas Bayes* aus dem Jahre 1763 zur Vorhersage der →Wahrscheinlichkeit eines Ereignisses (A) unter der Bedingung, daß ein anderes Ereignis (B) bereits stattgefunden hat. Man spricht in diesem Fall von einer bedingten Wahrscheinlichkeit, für A, unter der Bedingung, daß B zutrifft. Wenn beispielsweise bekannt ist, wie hoch der Anteil der Personen mit einem bestimmten Krankheitsbild in der Bevölkerung ist und wenn ferner bekannt ist, mit welcher Wahrscheinlichkeit ein bestimmter Test dieses Krankheitsbild richtig diagnostiziert, so läßt sich für eine einzelne Person aus dieser Bevölkerungsgruppe die Wahrscheinlichkeit dafür bestimmen, daß sie dieses Krankheitsbild aufweist, falls ihr Testergebnis positiv ist. Die Anwendung des Bayes-Theorems ist nicht nur in der →Statistik und →Diagnostik (→Psychodiagnostik) von Bedeutung, sondern wird auch in der →Entscheidungstheorie zur Untersuchung individueller Entscheidungsstrategien angewandt. So interessiert hier beispielsweise die Frage, ob Einzelpersonen sich bei der Entwicklung ihrer →Hypothesen über die Wahrscheinlichkeit des Eintretens bestimmter Ereignisse so verhalten, wie es nach dem Bayes-Theorem optimal wäre oder ob sie davon abweichende subjektive Wahr-

scheinlichkeiten annehmen. Die Wahrscheinlichkeit der Merkmals- oder Ereigniskombinationen ist dem Theorem zufolge gleich dem Produkt der Einzelwahrscheinlichkeiten. Das gilt allerdings nur unter der Annahme, daß die Verteilungen der verschiedenen Merkmale oder Ereignisse unabhängig voneinander sind, was in der Praxis häufiger übersehen wird. Da die Wahrscheinlichkeitsschätzungen für die Ereignisse aus den relativen Häufigkeiten dieser Ereignisse in der Gesamtpopulation abgeleitet werden, ist die Logik, daß sich diese Wahrscheinlichkeitsaussagen auf den Einzelfall übertragen lassen, nicht uneingeschränkt nachvollziehbar. So bedeutet beispielsweise die Tatsache, daß ein bestimmter Prozentsatz von Rauchern an Krebs erkrankt, nicht notwendigerweise, daß eine bestimmte Person, die raucht, mit der entsprechenden Wahrscheinlichkeit an Krebs erkranken wird.

bedingte Reaktion
⇒ konditionierte Reaktion
→ Klassisches Konditionieren.

bedingte Reaktion höherer Ordnung
⇒ konditionierte Reaktion höherer Ordnung
→ Klassisches Konditionieren.

bedingter Reflex
eine nach dem Prinzip des → Klassischen Konditionierens gebildete → bedingte Reaktion, die dem ursprünglichen → Reflex weitgehend ähnlich ist.

bedingter Reiz
⇒ konditionierter Reiz
→ Klassisches Konditionieren.

Bedürfnis
Motiv zur Behebung eines Mangelzustandes (→ Motivation). Vitale Grundbedürfnisse (Hunger, Durst, Neugierde) werden als *primäre Bedürfnisse* bezeichnet, im Lernprozeß erworbene Bedürfnisse (nach Macht, Geld, Ansehen) als *sekundäre Bedürfnisse.*

Befindlichkeit
allgemeiner Begriff für die momentane Gesamtheit aller Stimmungen und Empfindungen und die emotionalen Zustände einer Person.

Befürchtungsarbeit
→ Coping.

Behandlungsfehler
→ Therapeutische Mißerfolge.

Behavioral Activation System
⇒ BAS
⇒ Annäherungssystem
emotionales System (→ Emotionen, → Extraversion), das dann aktiviert wird, wenn ein Annäherungslernen nach dem Prinzip des → Operanten Lernens erfolgt.

Behavioral Inhibition System
⇒ BIS
⇒ Verhaltenshemmsystem
emotionales System (→ Emotionen, → Extraversion), das bei Verletzungen von Erwartungen aktiviert wird und passives Verhalten bzw. Verhaltenshemmung bewirkt.

Behaviorismus
psychologische Richtung, die sich ausschließlich mit dem beobachtbaren Verhalten von Mensch und Tier befaßt und sich in ihrer klassischen Form zum Ziel gesetzt hat, alles Verhalten auf der Grundlage des → Klassischen Konditionierens und des → Operanten Lernens zu erklären (→ Reiz-Reaktions-Beziehung).

Behinderung
In Bezug auf den Behindertenbegriff wird heute zunehmend auf das Konzept der WHO von 1980 zurückgegriffen, wonach zwischen 3 Ebenen unterschieden wird:

(1) dem Schaden oder der Schädigung (impairment),

(2) der funktionellen Einschränkung (disability),

(3) der sozialen Beeinträchtigung (handicap).

In Medizin, Pädagogik und Psychologie ist die nach dem Kriterium der Funktionseinschränkung getroffene Unterscheidung von körperlicher, geistiger und psychischer Behinderung am gebräuchlichsten (→Geistige Behinderung). Die Zuordnung zu der einen oder anderen Kategorie ist häufig dadurch erschwert, daß es viele Mehrfachbehinderte gibt. Andere Einteilungsgesichtspunkte von Behinderung, wie z.B. angeboren oder erworben, sichtbar oder unsichtbar, können je nach praktischer oder theoretischer Problemstellung von Bedeutung sein.

Die mannigfachen Versuche, Behinderung umfassend zu definieren, sind Ausdruck für die Vielzahl von Einzelaspekten, die mit diesem Begriff assoziiert sind. Trotz des Fehlens einer allgemein akzeptierten Definition von Behinderung lassen sich nach Bintig (1980) jedoch folgende Bestimmungselemente angeben: „Das Vorliegen einer relativ schweren, langdauernden, jedoch grundsätzlich rehabilitationsfähigen körperlichen, sinnesbezogenen, geistigen oder psychischen Schädigung, die – subjektiv oder objektiv – zu Lebenserschwernissen führt und die abweichendes Verhalten zur Folge haben kann“ (S.71).

Der Schweregrad einer Behinderung ist demnach nicht nur über objektiv feststellbare Schädigungen zu erfassen, sondern auch dadurch, inwieweit die Behinderung für den Betroffenen in seinem sozialen Umfeld existent wird (Relativität der Behinderung). Stigmatisierungsprozesse (→Stigmatisierung) können häufig eine Behinderung erst manifest machen.

Folgewirkungen aufgrund einer Behinderung und/oder chronischen Erkrankungen zeigen sich als (1) persönliche Folgen (u.a. in Einschränkung der Unabhängigkeit, Beweglichkeit, Freizeitaktivitäten, sozialen Integration, wirtschaftlichen und beruflichen Möglichkeiten); (2) familiäre Folgen (u.a. durch Pflegebedarf, gestörte soziale Beziehungen, wirtschaftliche Belastungen) und (3) gesellschaftliche Folgen (u.a. durch Fürsorgeanspruch, Produktivitätsverlust, Integrationsprobleme)

In Anlehnung an Seifert (1977) hängen die Folgewirkungen aufgrund einer Schädigung in ihrer Intensität von mindestens fünf Bereichen ab: (1) Art und Ausmaß (Schwere, Umfang) der Schädigung, (2) →Persönlichkeitsstruktur (z.B. Fähigkeiten, Interessen, Werthaltungen), (3) biographische und psychosoziale Lage (z.B. individuelle Lebenssituation in Schule, Beruf und Familie), (4) →Einstellungen und →emotionale Reaktionen des Betroffenen zu seiner Behinderung, (5) gesellschaftliche Einstellungen zu Behinderten und zu Behindertsein; Art und Intensität von Hilfen.

Literatur: *A. Bintig,* Wer ist behindert? Problematisierung der Begriffe und Definitionen von Behinderung in Verwaltung, Wissenschaft und Forschung. Berlin 1980. *K. H. Seifert,* Psychologische und soziologische Grundlagen der Rehabilitation. In: *K. H. Seifert* (Hrsg.), Handbuch der Berufspsychologie. Göttingen 1977, 628–671. *World Health Organization,* International Classification of Impairments, Disabilities, and Handicaps. Genf 1980.

Dr. *Reiner Stegie,* Freiburg

Belohnungssystem
→Extraversion.

Belohnungszentrum
→Sucht
→limbisches System.

Benommenheit
→Bewußtsein.

Beschäftigungstherapie
→Rehabilitation.

Bestialität
→sexuelle Störungen.

Bestrafungszentrum
→limbisches System.

Beta-Blocker
⇒Betarezeptorenblocker.

Beta-Fehler
⇒ Fehler der zweiten Art
→ Statistik
→ Versuchsplanung.

Betarezeptorenblocker
Medikament zur Senkung des systolischen Blutdrucks, auch als Mittel gegen unkontrollierte → Angst- und → Streßreaktionen eingesetzt.

Beta-Wellen
→ EEG.

Betriebspsychologie
heute z.T. als Teiltätigkeitsfeld einer auch andere Organisationsformen umfassenden *Organisationspsychologie* gesehen, bearbeitet die Betriebspsychologie Fragen des → Human Engineering. Selektion und Placierung von Betriebsangehörigen, innerbetriebliche Ausbildung und sozialpsychologische Details im Betriebsablauf gehören zum Aufgabenfeld der Betriebspsychologie.

Beurteilungsfehler
systematische und zufällige Fehler bei der Beurteilung anderer Personen. Der *Milde-Effekt* soll bewirken, daß man dem Beurteilten Nachteile und Härten ersparen will. Beim Vermeiden von Extremurteilen entsteht der Fehler *der zentralen Tendenz*. Beim *Halo-Effekt* beeinflußt der erste Eindruck alle weiteren Wahrnehmungen und somit die Beurteilungen. Der *Kontrastfehler* entsteht durch Abgrenzung des Beurteilten von Vergleichspersonen. Bei der → *Projektion* schließt man von sich auf andere.

Beurteilungsskalen
⇒ Rating-Saklen.

Bewältigungsstrategien
⇒ Coping
→ Krebserkrankungen.

bewußt
→ Bewußtsein
→ Unbewußtes.

Bewußtlosigkeit
→ Bewußtsein.

Bewußtsein
die subjektiv unmittelbar erlebten psychischen Prozesse, insbesondere der → Wahrnehmung, → Emotionen, Gedanken und Erinnerungen (→ Gedächtnis), Handlungspläne und -abläufe. Bewußtsein ist abhängig von den Funktionen des Gehirns, ohne daß eine eindeutige Lokalisation vorgenommen werden kann. Aus Beobachtungen nach Hirnverletzungen kann vermutet werden, daß die Funktion des → Aktivierungssystems eine notwendige Voraussetzung für die Differenzierung der *Bewußtseinsgrade* oder *Bewußtseinsstufen* ist und eine gestörte Funktion mit *Bewußtseinsstörungen* einhergeht. Diese reichen von der *Benommenheit* über die *Somnolenz* (abnorme Schläfrigkeit) mit eventueller *Desorientiertheit* (Unfähigkeit, sich in der Zeit, der Umgebung oder bezüglich der eigenen Person zurechtzufinden) bis zur tiefsten *Bewußtlosigkeit (Coma)*. Bei den qualitativen Bewußtseinstörungen unterscheidet man zwischen *Delirien* mit motorischer Unruhe und Halluzinationen nach Infektionen oder akuten und chronischen Intoxikationen wie → Alkoholismus, *Dämmerzuständen* mit selektiver Einengung des Bewußseins bei Epilepsien und *Amentia* mit Verwirrtheit und Zusammenhangslosigkeit des → Denkens.

Bewußtseinsgrade
⇒ Bewußtseinsstufen
→ Bewußtsein.

Bewußtseinsstörungen
→ Bewußtsein.

Bewußtseinsstufen
⇒ Bewußtseinsgrade
→ Bewußtsein.

Bezugsgruppe
⇒ Referenzgruppe
jene soziale → Gruppe (oft auch mehrere), an der das Individuum bewußt und unbewußt seine Verhaltensweisen und → Einstellungen mißt (s.a. → soziales Netzwerk).

Bezugsperson
diejenige Person, an der sich ein Individuum vorrangig orientiert, sich mit ihren Einstellungen und Verhaltensweisen identifiziert (→ Identifikation).

Bindungstheorie
aus der → Psychoanalyse abgeleiteter theoretischer Ansatz zur Erklärung der geschlechtsspezifischen Eltern-Kind-Beziehung. Primäre Bezugsperson für das Kleinkind ist diesem Ansatz zufolge die Mutter. Im Alter zwischen sechs und acht Monaten entwickelt das Kleinkind eine → Objektpermanenz und ist dann auch in der Lage, eine gerichtete Beziehung, d.h. eine emotionale Bindung an die Mutter als diejenige Person, die seine primären vitalen Grundbedürfnisse befriedigt, zu entwickeln (→ Bedürfnis). Die Qualität dieser primären Mutter-Kind-Beziehung ist von entscheidender Bedeutung für die Entwicklung aller späteren sekundären Beziehungen. Die Kinder zeigen ein konsistentes Bindungsverhalten während der ersten drei Lebensjahre und reagieren mit Protest, wenn sie von ihrer primären Bezugsperson getrennt werden. Die Abschwächung des Bindungsverhaltens erfolgt in der → Adoleszenz.

Biofeedback
Rückkoppelung des Lernfortschrittes bei z. B. Entspannungsübungen (→ Autogenes Training) durch optische oder akustische Anzeigen. Während der Entspannungsübung werden die wichtigsten Aktivierungsparameter (vor allem Herzschlagfrequenz, Atmung, Muskeltonus) durch Sensoren erfaßt. Veränderungen in den körperlichen Regulationsvorgängen, die der Übende nicht bewußt wahrnehmen kann (→ Viszerozeption), können ihm auf einem Bildschirm oder mittels Ton erfaßbar gemacht werden. Die Rückmeldung verbessert die Lernfortschritte nach dem Prinzip des → Lernens am Erfolg.

Biorhythmus
→ circadiane Periodik.

BIS
⇒ Behavioral Inhibition System
⇒ Verhaltenshemmsystem.

Bisexualität
das Bestehen sowohl hetero- wie homosexueller Neigungen und Verhaltensweisen (→ Sexualität).

bivariabel
⇒ bivariat.

bivariat
Werden (nur) zwei → Variablen einer statistischen Analyse (→ Statistik) unterzogen, so spricht man von der Prüfung bivariater Zusammenhänge oder ⇒ bivariabler Verteilungen.

Black Box
aus der Kybernetik übernommenes Prinzip der Experimentellen Psychologie (→ Experiment), das sich auf die Bestimmung der Eingangs- und Ausgangsgrößen (→ Reiz-Reaktions-Beziehung) beschränkt, wobei aus der Analyse der Beziehungen zwischen diesen Randbedingungen auf die Funktionsweise des zu untersuchenden Systems (z.B. des → Gedächtnisses) geschlossen wird.

Blindversuch
→ Doppelblindversuch.

Blockanlage
→ Versuchsplanung.

Body-Maß-Index
→ Adipositas.

Body-Weight-Set-Point
→ Eßverhalten.

Borderline
⇒ Grenzbereich
⇒ Grenzfall
→ Borderline-Syndrom.

Borderline-Struktur
→ Borderline-Syndrom.

Borderline-Syndrom
psychiatrisches Krankheitsbild, das sowohl Merkmale einer → Neurose als auch Merkmale einer → Psychose aufweist und daher nicht eindeutig zuzuordnen ist. Der Kranke wirkt häufig vor-

dergründig angepaßt und gesund, leidet aber unter tiefgreifenden Störungen der Kernstruktur seiner →Persönlichkeit (sog. *Borderline-Struktur*) mit Einschränkungen der →Identität und des Realitätsbezugs. Die neurotischen und psychotischen Symptome können phasenweise auftreten.

Brainstorming
ein Verfahren in der Abfolge von Problemlösungsschritten, das vom einzelnen wie von Arbeitsgruppen eingesetzt werden kann: in der Phase des Brainstormings werden möglichst breit gestreute Einfälle bis hin zu freien →Assoziationen zum zu lösenden Problem gesammelt, wobei zunächst jede rationale Bewertung unterbleiben muß, um die Produktivität und Kreativität der Einfälle nicht einzuengen.

Brainwashing
⇒Gehirnwäsche
Folterform, in der mit Reizüberflutung, Qualen und Versprechungen ein Zusammenbruch des Persönlichkeitsgefüges, besonders von Haltungen und Überzeugungen, erzielt werden soll.

branched testing
→Adaptives Testen.

Broca-Referenzgewicht
→Adipositas.

Brücke
→Hirnstamm.

C

central cueing
→Visuelle Aufmerksamkeit.

Centroidmethode
in der →Faktorenanalyse: vereinfachte Rechenmethode zur Extraktion eines Faktors mit maximaler Ladungssumme, bei der die Faktoren wegen der Rechenungenauigkeit nicht völlig orthogonal sind;

in der →Clusteranalyse: Methode zur Bestimmung von Clusterkernen unter Berücksichtigung der Ähnlichkeit der zu analysierenden Elemente.

cerebrospinales Nervensystem
→Nervensystem.

Charakter
die individuell besondere Struktur aller stabilen Merkmale (→Charakterzug) der →Persönlichkeit (griechisch: geprägt, eingekerbt), früher überwiegend aus typologischer Sicht beschrieben (→Typologie). Die Entwicklung des Charakters einer Person wurde in mehreren theoretischen Ansätzen in Beziehung zur körperlichen Konstitution gesetzt. Umgangssprachlich ist der Begriff wertend gemeint, wobei man unter Charakterschwäche oder charakterlichen Mängeln die fehlende Bereitschaft einer Person versteht, sich mit den normativen Wertvorstellungen (→Normen) ihres sozialen Bezugssystems zu identifizieren oder dessen Erwartungen gerecht zu werden.

Charakteristische Profile
→Clusteranalyse.

Charakterologie
Lehre von der Entstehung und Entwicklung des →Charakters und seiner unterschiedlichen Erscheinungsformen.

Charakterstörung
wesentliche und als krankhaft angesehene Abweichung von der unter normativen und ethischen Gesichtspunkten als normal oder gesund bezeichneten Entwicklung des →Charakters.

Charakterzug
stabiles Merkmal der →Persönlichkeit, das typisch für sie ist und als relevant für die Beschreibung ihres Charakters angesehen werden kann.

cholerisch
aufbrausend und jähzornig.

cholinerges System
System von Nervenfasern vor allem des →Parasympathikus, an deren Endigungen der Überträgerstoff Azetylcholin freigesetzt wird und das vor allem für die unspezifische →Aktivierung von Bedeutung ist.

Chronisch Psychisch Krank
Der Begriff Chronisch Psychisch Krank (chronic mental ill) taucht in der Literatur als Terminus im Umfeld der Psychiatrie-Reform auf, d.h. im anglo-amerikanischen Sprachraum in den 60er und vermehrt in den 70er Jahren, in Deutschland ein Jahrzehnt später. Dieser Oberbegriff faßt zusammen: Chronisch Psychosekranke (→Psychose), chronisch Alkoholkranke, psychisch Alterskranke und geistig Behinderte (→geistige Behinderung). Bis zur Psychiatrie-Reform war diese Klientel weitgehend identisch mit den Patienten psychiatrischer Groß-Krankenhäuser. Die Diskussion um die Chronisch Psychisch Kranken ist daher unlösbar verknüpft mit der Diskussion um den → *Hospitalismus* (→Anstaltsneurose, →Institutionalismus). In Analogie zum kindlichen Hospitalismus *(Spitz)* wird ein Syndrom konzipiert, das von Apathie und Antriebslosigkeit, Unterwürfigkeit und allgemeinem Interessenverlust bestimmt ist. Als Ursache wird die Unterbringung in einer Institution ausgemacht, die charakterisiert wird von fehlendem Außenkontakt, erzwungener Untätigkeit, autoritärem Verhalten der Betreuer, Verlust von Freunden, persönlichem Besitz und Privatleben, Medikamenten, Anstaltsatmosphäre und fehlender Zukunftsperspektive außerhalb der Institution.

Die zunehmend emotionaler geführte Diskussion leitet den Paradigma-Wechsel (→ Paradigma) in der Psychiatrie des 20. Jahrhunderts ein. Psychische Krankheit wird nicht mehr als vorwiegend medizinisches Phänomen im Einzelnen gesehen, sondern – in der Extremposition – als ausschließlich psychosoziales und interaktionelles Geschehen. Publizistische Vorreiter dieser *Antipsychiatrie* waren *Cooper* und *Laing,* gestützt u.a. auch auf soziologische Studien *Goffmans.* Biologische Aspekte insbesondere der → Schizophrenie wurden vorübergehend gänzlich geleugnet, selbst die Existenz eines Krankheitsbildes „Schizophrenie" bestritten (z.B. *Szasz*). Stattdessen wurden soziologische Konzepte → abweichenden Verhaltens herangezogen, mit der unterschiedlich heftig vertretenen Schlußfolgerung, die Gesellschaft müsse verändert werden, nicht das abweichende Individuum „geheilt". Den psychisch Kranken fiel dabei die Rolle der revolutionären Avantgarde zu.

Das derzeit überwiegend akzeptierte Paradigma psychischer Krankheit geht von einem multifaktoriellen Prozeß mit biologischen und psychosozialen Komponenten in je unterschiedlicher Gewichtung aus.

Entgegen der antipsychiatrischen (Selbst-)Darstellung taucht der psychosoziale Aspekt seelischer Krankheit (Geisteskrankheit) nicht gänzlich neu im psychiatrischen Denken auf; vielmehr finden sich schon ein Jahrhundert früher sehr ähnliche Überlegungen in der Literatur. Auf breiter Basis in die Praxis umgesetzt wird dieses Denken allerdings erst in der Psychiatrie-Reform, die international sehr unterschiedliche Ausprägungen erfahren hat. Mehrheitlich steht im Vordergrund die Verkleinerung bzw. Auflösung psychiatrischer Groß-Krankenhäuser zugunsten extramuraler sozialpsychiatrischer Interventionsstrategien. Vor allem in den USA und der BRD, weit weniger in anderen westeuropäischen Staaten, führte dies zu massenhaften Verlegungen („Verschubung") Chronisch Psychisch Kranker in Heime. Diese Entwicklung wurde vereinzelt als sozialpolitische Sparmaßnahme kritisiert, für die die Sozialpsychiatrie lediglich die Ideologie geliefert habe (vgl. „Fiskal-Hypothese" von *Scull*).

Wo sie weiterhin Klienten psychiatrischer Krankenhäuser sind, werden die Chronisch Psychisch Kranken auch als *Langzeit-Patienten* (long stay patients) bezeichnet, mit der Unterscheidung in alte (old) und neue (new). Die Unterscheidungskriterien werden dabei nicht einheitlich verwandt, überwiegend gelten aber vor der Psychiatrie-Reform dauerhospitalisierte als alte, danach aufgenommene als neue Langzeit-Patienten.

Vereinzelt wird diskutiert, ob für diese Klientel eine psychiatrische Subdisziplin Chronisch-Kranken-Psychiatrie zu schaffen ist, analog zu z.B. Geronto-Psychiatrie oder Sucht-Therapie. Spezifische Konzepte und entsprechend konsistente Publikationen existieren noch nicht. Vielmehr besteht die Literatur aus einer vergleichsweise kleinen Anzahl von Publikationen zu Teilaspekten von Rehabilitation und Versorgung.

Für den therapeutischen Zugang wie auch z.B. den versorgungsrechtlichen Status gibt es keine scharfe begriffliche Unterscheidung, ob es sich bei dieser Personengruppe um psychisch Kranke oder seelisch Behinderte handelt. Geistig Behinderte ohne zusätzliche psychische Störungen gehören seit der Psychiatrie-Reform nicht mehr zur psychiatrischen Klientel. Ihre Betreuung obliegt sonderpädagogischen Instanzen.

In der Rehabilitation der Chronisch Psychisch Kranken kommen milieu- und verhaltenstherapeutische Techniken (→ Verhaltenstherapie) sowie in neuerer Zeit kognitive und soziale Trainingsmethoden zum Einsatz (*Pauchard* 1988), häufig auf dem Boden einer medizinischen und/oder psychopharmakologischen Basistherapie.

Literatur: *D. Cooper,* Psychiatrie und Antipsychiatrie. Frankfurt/M. 1977 (4.

Aufl.). *A. Finzen* (Hrsg.), Hospitalisierungsschäden in psychiatrischen Krankenhäusern. München 1974. *J.-P. Pauchard,* Therapieprogramme bei Langzeitpatienten. Psycho 1988, 14, 282–289. *A. T. Scull,* Die Anstalten öffnen? Frankfurt/M. 1980. *Th. S. Szasz,* Schizophrenie – Das heilige Symbol der Psychiatrie. Wien 1979.

Dr. *Wolfgang Weymar,* Hannover

chronischer Alkoholismus
→ Alkoholismus.

Chronobiologie
→ Circardiane Periodik.

Chunk
maximale im → Gedächtnis verfügbare Substruktur von Reizmaterial *(Simon);* die Menge der Information, die gleichzeitig vergegenwärtigt werden kann, ausgedrückt in der Anzahl der Unterelemente. Das Prinzip wurde schon beschrieben von dem schottischen Philosophen *Sir William Hamilton* (1788–1856), der darauf hinwies, daß man mehr als sechs oder sieben Gegenstände oder Objekte kaum noch mit einem Blick richtig erfassen kann. Der amerikanische Informationstheoretiker *George Miller* spricht in diesem Zusammenhang von der „magischen Nummer Sieben", die er als ungefähre obere Grenze der simultan zu verarbeitenden Informationseinheiten bezeichnet. Die Verarbeitungskapazität des aktivierten Gedächtnisses läßt sich jedoch deutlich erhöhen, wenn man die einzelnen Elemente (Chunks) umcodiert und in größere Einheiten zusammenfaßt. Die meisten Menschen dürften in der Lage sein, sich eine sechs- oder siebenstellige Telephonziffer zu merken. Kaum jemand wird sich wesentlich längere Ziffern merken können. Andererseits haben viele Personen mehrere sechsstellige Telephonziffern im Gedächtnis, aus denen sich durchaus längere Zahlenketten bilden lassen. Für den Schachanfänger ist möglicherweise die Position jeder einzelnen Figur auf dem Brett ein Chunk, für den erfahrenen Spieler meistens die gesamte Stellung auf dem Brett.

Circadiane Periodik
Das Forschungsgebiet der *Chronobiologie* befaßt sich mit biologischen Rhythmen (Wiederauftreten biologischer Ereignisse in bestimmten zeitlichen Intervallen). Innerhalb dieses Gebietes haben Rhythmen mit einer Periodenlänge von circa 24-Stunden besondere Bedeutung gewonnen. Solche circadianen (circa = ungefähr, dies = Tag) Schwankungen sind für die meisten psychologischen, physiologischen und biochemischen Funktionen nachgewiesen worden. Aufgrund der Bedeutung dieser Periodenwerte ist der Begriff „circadiane Forschung" auch für Untersuchungen in anderen Periodenbereichen übernommen worden. Hierzu gehören Untersuchungen an Variablen, die mehrfach am Tage schwanken *(ultradian)* oder die in ihrer Zyklusdauer über einen Tag hinausgehen *(infradian – circaseptane, circannuale).* Im strengeren Sinne ist der Begriff „circadian" jedoch den Rhythmen mit einer Periodenlänge um 24 Stunden vorbehalten. Beispiele für den circadianen Verlauf verschiedener Funktionen zeigt die Abbildung.

Der naheliegende Schluß, daß diese Rhythmen durch den 24-Stunden Tag bzw. die mit diesem Tag variierenden Umweltfaktoren erzeugt werden, konnte durch → Experimente widerlegt werden, in denen diese Einflußgrößen ausgeschlossen wurden. Für Versuche am Menschen bedeutete dies ein längerer Aufenthalt (ca. 4 Wochen) in einem von

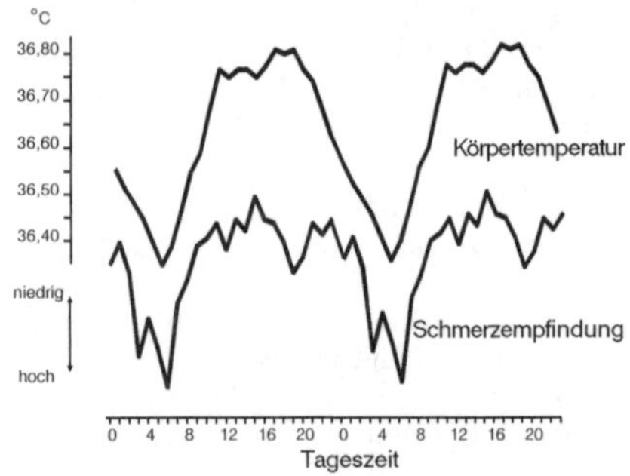

der Umwelt isolierten unterirdischen Versuchsraum (*Wever* 1979). Die Versuchspersonen lebte hier ohne Kontakt zur Umwelt (außer schriftlichen) und konnten so mit ihrem *Schlaf-Wach-Verhalten* vollständig den eigenen Bedürfnissen nachgehen. Der Schlaf-Wach-Wechsel wie auch alle psychologischen und physiologischen Funktionen verliefen in diesen Experimenten weiterhin regelmäßig und ungedämpft weiter. Bei dieser freilaufenden (auch autonomen) circadianen Periodik zeigte sich in der überwiegenden Mehrzahl eine mittlere Periode, die länger als 24 Stunden war (im Mittel 25,0 St.). Da diese Periodenlänge in der natürlichen Umwelt nicht vorkommt, wurde vor allem hieraus geschlossen, daß ein endogenes System (→endogen) für die circadianen Schwankungen der Variablen verantwortlich ist. Als eine wichtige Hirnstruktur, die für die circadiane Rhythmizität mitverantwortlich ist, wurde der →Nucleus suprachiasmaticus (SCN) im →ventralen →Hypothalamus in Tierversuchen lokalisiert (*Aschoff* et al. 1982).

Als Modell für dieses postulierte endogene Steuerungssystem wurde das Bild einer „inneren Uhr" angenommen. Diese Uhr (auch Oszillator genannt) steuert den zeitlichen Ablauf der verschiedenen Variablen und koordiniert sie im Hinblick auf eine optimale Funktionalität.

Diskutiert werden mehrere Modelle, die sich vor allem durch die Anzahl der verschiedenen „Uhren" unterscheiden, wobei das Spektrum vom *„Ein-Oszillatoren-Modell"* bis zum *„Multioszillatorenmodell"* (*Wever* 1979) reicht. In letzter Zeit wird vor allem das „Zwei-Prozeß-Modell" von *Borbély* (1987) diskutiert, ein Ein-Oszillatoren-Modell, welches neben einem circadianen Faktor (Faktor C) auch den Einfluß eines homöostatischen Faktors (S) im Sinne einer Schlafsubstanz annimmt.

Die inneren Uhren erzeugen die circadiane Periodik, können jedoch durch entsprechende periodisch auftretende Außenreize (Zeitgeber) in bestimmten Grenzen des Mitnahmebereiches (Grenzen der Synchronisierbarkeit) auch auf andere Periodenwerte synchronisiert werden.

Diese Zeitgeber stammen unter natürlichen Lebensbedingungen aus der Umwelt (z.B. die mit dem Tag-Nacht-Wechsel verbundenen Licht- und Temperaturveränderungen) und synchronisieren die circadianen Rhythmen auf 24 Stunden. Beim Menschen scheint jedoch die „soziale Bedeutung" solcher *Zeitgeberreize* ausschlaggebender zu sein, um eine synchronisierende Wirkung zu erzielen.

In Experimenten wurden durch künstliche Zeitgeber (z.B. vorgegebene Hell-Dunkel-Wechsel) die Grenzen der Synchronisierbarkeit (Mitnahmebereich) für die verschiedenen Variablen festgestellt. Auf diese Weise konnte die unterschiedliche Stärke verschiedener Zeitgeber untersucht werden.

Als schwacher Zeitgeber erwies sich beim Menschen ein reiner Hell-Dunkel-Wechsel mit normaler Raumbeleuchtung (etwa 400 Lux). Erst wenn zusätzliche Informationen (regelmäßige Gongsignale am Tage) gegeben wurden, konnten die physiologischen Variablen auf Werte zwischen 23 und 27 Stunden synchronisiert werden. Weit größer wird der Mitnahmebereich, wenn die Beleuchtungsstärke die Intensität von hellem Tageslicht hat (>2000 Lux). Durch künstliche Zeitgeber sind auch die Auswirkungen von Zeitzonenwechsel bei Transmeridianflügen simuliert worden. Es zeigte sich, daß die Resynchronisationszeit nach einer solchen Phasenverschiebung der äußeren Zeitgeber von der Anzahl der überflogenen Zeitzonen und von der Richtung des Fluges abhängt. Die Belastung durch einen solchen Flug ist bei Ostwärtsflügen größer als bei Westwärtsflügen. *Zeitzonenwechsel* bedingen eine komplette Verschiebung der äußeren Zeitinformationen. Im Unterschied hierzu bleiben bei der Schichtarbeit die externen Reize unverändert. In diesem Falle passen sich die circadianen Rhythmen nicht dem veränderten Schlaf-Wach-Plan an, sie zeigen vielmehr einen gestörten Verlauf.

Die Körpertemperatur als Repräsentant der physiologischen Funktionen und der Schlaf-Wach-Wechsel als Verhaltensparameter stellen die bedeutendsten Meßgrößen in der Human-Chronobiologie dar. Im Freilauf (s.o.) verlaufen sie in der Mehrzahl der Fälle synchron *(interne Synchronisation),* in etwa 30% der Fälle dagegen kommt es zur internen Desynchronisation.

Im Zustand der internen Synchronisation haben alle circadianen Rhythmen die gleiche Periodenlänge bei fester Phasenbeziehung (wiederholtes gleichzeitiges Auftreten bestimmter Zustände der verschiedenen Schwingungen). Dies bedeutet im normalen Alltag, daß z.B. das Minimum der Körpertemperatur meist in der zweiten Hälfte der Schlafzeit und damit in der zweiten Nachhälfte *(externe Synchronisation)* liegt. Gleiches gilt für die anderen circadianen Rhythmen. Die interne Phasenbeziehung ist hier also konstant, wie es auch bei externer Desynchronisation (z.B. unter Isolationsbedingungen wo biologischen Rhythmen vom Verlauf der Umweltperiodik abweichen) in der Mehrzahl der Fälle gilt.

Ein Übergangsstadium zwischen interner Synchronisation und Desynchronisation stellt die *interne Dissoziation* dar. Hierbei kommt es vorübergehend zu einer Phasenverschiebung mit anschließender Wiederherstellung einer festen Phasenbeziehung (z.B. jet-lag).

Mit interner Desynchronisation wird der Zustand beschrieben, in dem verschiedene *interne Rhythmen* ihre Phasenbeziehungen systematisch ändern (bestimmte Zustände der verschiedenen Schwingungen treten nicht gleichzeitig auf); sie verlaufen hierbei mit unterschiedlicher Periodenlänge. Der periodische Verlauf der Körpertemperatur bleibt in diesem Fall im circadianen Bereich, während der Schlaf-Wach-Rhythmus erheblich abweichen kann. Zu unterscheiden ist zwischen einer Verlängerungs-Desynchronisation (Schlaf-Wach-Periode nimmt Werte bis zu 50 Std. an) und einer Verkürzungsdesynchronisation (Schlaf-Wach-Periode nimmt Werte bis zu 12 Std. an). Bisher wurde dieses Phänomen jedoch nur beim Menschen gefunden. Möglicherweise handelt es sich hierbei um ein Abweichen des „subjektiven Tages“ und nicht der zugrundeliegenden Schlaf-Wach-Rhythmik von der circadianen Periodik (*Zulley* u. *Campbell* 1985). Diese Ergebnisse stützen die Annahme, daß dem Schlaf-Wach-Wechsel innerhalb des circadianen Systems, eine eher untergeordnete Rolle zukommt. Beim Menschen besteht die Möglichkeit, sowohl experimentell wie auch willkürlich den Schlaf-Wach-Rhythmus von der inneren Uhr abzukoppeln. Der Wechsel von Schlafen und Wachen ist dann nicht mehr Ausdruck des zugrundeliegenden circadianen Systems. Die Anbindung des Schlaf-Wach-Wechsels an den circadianen Oszillator zeigt sich dann aber weiterhin in der Bevorzugung bestimmter Einschlafzeitpunkte innerhalb der circadianen Periodik und in der Abhängigkeit der Schlafdauer von diesem Einschlafzeitpunkt (*Zulley* et al. 1981). Eine weitere Abhängigkeit des → *Schlafes* vom circadianen System spiegelt sich auch in der Schlafstadienstruktur wider: das Auftreten von → *REM-Schlaf* unterliegt einer circadianen Schwankung (Zulley 1979).

Die circadiane Periodik gibt mithin Phasen erhöhter Schlafbereitschaft vor; umstritten ist jedoch (siehe *Borbély*), ob für die Beschreibung des Wechsels von Schlafen und Wachen ein spezifischer Oszillator notwendig ist.

Literatur: *R. Wever,* The Circadian System of Man. New York 1979. *J. Aschoff/S. Daan/G. A. Groos,* Vertebrate Circadian Systems. Berlin 1982. *A. Borbély,* Das Geheimnis des Schlafs. München 1987. *J. Zulley,* Der Einfluß von Zeitgebern auf den Schlaf des Menschen. Frankfurt 1979. *J. Zulley/R. Wever/J. Aschoff,* The dependence of onset and duration of sleep on the dcircadian rhythm of rectal temperature. Pflügers Arch. 391, 1981, 314–318. *J. Zulley/S. Campbell,* Napping behavior during „spontanous internal desynchronisation": sleep remains in synchrony with body temperature. Human Neurobiol., 4, 1985, 123–126.

Dr. *Jürgen Zulley,* München

circannualer Rhythmus
→Circardiane Periodik.

circaseptaner Rhythmus
→Circardiane Periodik.

Circumplex-Modell
→Faktorenanalyse.

City-Block-Metrik
Methode zur quantitativen Bestimmung der Ähnlichkeit von Objekten anhand ihrer Merkmalsausprägungen, wobei diese sich aus der Summe der absoluten Merkmalsdifferenzen ergibt. Es handelt sich hier um eine bildhafte Analogie von *Attneave,* nach der die City-Block-Distanz als „Straßenentfernung" im Gegensatz zur direkten „Luftlinie" bestimmt wird.

Cluster
statistische Gruppen von →Variablen oder Elementen, die mit dem Verfahren der →Clusteranalyse nach Maßgabe ihrer →Ähnlichkeit bestimmt oder identifiziert werden.

Clusteranalyse
Die Clusteranalyse (CA) ist ein heuristisch-klassifizierendes deskriptives Verfahren der statistischen →multivariaten Datenanalyse. Ihrer Anwendung liegt die Zielsetzung zugrunde, eine unüberschaubar große Menge von

- n Erhebungs-Einheiten (im folgenden: EEen; d.s. Personen, Haushalte, Institutionen, Orte, Objekte, Zustände etc.), welche durch m-dimensionale Variablen- bzw. Merkmals-Profile im einzelnen inhaltlich bzw. empirisch definiert sind oder
- m Variablen bzw. deren n-dimensionale Meßwertreihen

auf eine überschaubare Menge von k möglichst überlappungsfreien Teilmengen (= Cluster) zu reduzieren. Im ersten Fall handelt es sich um eine *Profil-Clusteranalyse (PCA),* im letzteren um eine *Variablen-Clusteranalyse* (VCA). Das Ziel einer CA ist dann erreicht, wenn jedes der k Cluster möglichst groß, möglichst homogen und von den anderen k-1 Clustern möglichst verschieden (heterogen) ist und k dabei so klein wie möglich, jedoch so groß wie notwendig ist, um unter den genannten Bedingungen die clusteranalytisch zu unterteilende Gesamtheit von EEen bzw. Variablen hinreichend zu repräsentieren.

Im Falle einer PCA kann ein Cluster durch das mittlere Merkmalsprofil der EEen dieses Clusters inhaltlich spezifiziert werden. In solchen mittleren Profilen, auch *charakteristische Profile* genannt, ist das zentrale Ergebnis einer PCA zu erblicken: Hierin manifestieren sich gruppen- bzw. populations-spezifische Merkmalszusammenhänge, weshalb auch der Schwerpunkt clusteranalytischer Anwendungen auf der PCA-Version der CA liegt. Die betreffenden Merkmalszusammenhänge sind – im Gegensatz zur faktorenanalytischen Darstellungsweise – nicht an formale Konstrukte, wie Linearität und →Orthogonalität, gebunden, sondern folgen offenen Formen von Wenn-Dann-Beziehungen.

Im Falle einer VCA kann die Interdependenzstruktur der Variablen durch Projektionen bzw. Cluster-Ladungen auf k Koordinaten, welche auf die →*Centroide* der k Cluster ausgerichtet sind (vergleichbar Centroid-Achsen der →Faktorenanalyse), verdeutlicht werden. Wichtigster Anwendungszweck der VCA besteht darin, die zu Variablen-Clustern gebündelten Variablen, nach Cluster-Ladungen gewichtet, zu mitteln und die so zu bildenden Cluster-Variablen (vergleichbar Faktorwerten) anstelle der ursprünglichen Variablen in der PCA zu verwenden. Unter dieser Bedingung kann

- die Durchführung einer PCA ökonomischer gestaltet bzw. im Falle großer Variablen-Sätze überhaupt erst ermöglicht werden,
- der Einfluß kovariierender Variablen in der PCA tendenziell nivelliert werden sowie auch
- eine VCA von großen Variablen-Sätzen schrittweise ausgeführt werden.

Jeder CA liegt eine n*m Datenmatrix X zugrunde, deren Spalten die Meßwertreihen der Variablen und deren Zeilen die Merkmalsprofile der EEen enthalten. Diese Daten müssen mindestens Ordinalskalenqualität (→ Ordinalsskala) besitzen. Die Datenmatrix wird i.d.R. spaltenweise standardisiert (d.h. zu → Standard-z-Werten transformiert), wie in der multivariaten Analyse i.a. verbindlich, um die Vergleichbarkeit der Meßwerte verschiedener Variablen zu gewährleisten.

Mit den so veränderten Daten werden nun zunächst Distanzwerte D zwischen je 2 EEen (PCA) bzw. je 2 Variablen (VCA) nach der allgemeinen Form

$$D_{pq} = (\sum |X_{pi} - X_{qi}|^r / m)^{1/r}$$

für $i = 1, 2, \ldots, m$
und $r = 1, 2, \ldots$

bestimmt, wobei $r = 1$ → *City-Block-Metrik* und $r = 2$ → *euklidische Metrik* bedeuten. Letztere Metrik ist i.a. aus Gründen der höheren Gewähr für Eindeutigkeit der Funktion vorzugsweise zu verwenden. Möchte man den Einfluß von größeren Meßwert-Differenzen auf die clusteranalytischen Resultate verstärken, ist $r > 2$ zu setzen. Die so zu bestimmenden Distanzen werden anschließend nach der Beziehung

$$Ä_{pq} = (E - D_{pq})/E$$

zu Ähnlichkeitswerten transformiert. Dabei ist E der metrikspezifische Erwartungswert der zugehörigen Stichprobenverteilung; er lautet 1.14 für $r = 1$ und 1.41 für $r = 2$ und ist für $r > 2$ zu schätzen oder im → *Monte-Carlo-Verfahren* exakt zu ermitteln. Obige Formeln gelten nur unter der Bedingung z-standardisierter Meßwertreihen. Auf diese Weise bestimmte Ähnlichkeitswerte sind wie → Korrelationskoeffizienten dimensioniert und vergleichbar zu interpretieren. Ihre Überlegenheit gegenüber Korrelationskoeffizienten beruht vor allem auf prinzipieller Verteilungs-Unabhängigkeit sowie auf der Fähigkeit, Niveau und Verlaufsform von Merkmalsprofilen höchst differenziert zu relativieren und nach zentraler Tendenz zu extrahieren.

Diese Ähnlichkeitswerte werden nun einer clusteranalytischen Prozedur unterzogen. Hierfür existiert eine Vielzahl verschiedener Methoden, welche zu mehr oder weniger brauchbaren Resultaten führen. Diese lassen sich überschlägig nach → *allokativen,* → *divisiven* und → *agglomerativen Methoden* unterscheiden. Umfangreiche und differenzierte methodologische Studien zur CA, insbesondere die wegweisenden Untersuchungen von *Milligan* (1980, 1981), haben ergeben, daß allokative und divisive Methoden sowie die Mehrzahl der agglomerativen Methoden den hohen Ansprüchen ihrer Anwender nicht zu genügen vermögen und insbesondere an dem harten Kriterium der 'recovery rate' scheitern. Als effizient und zuverlässig kann dagegen die von *Sokal & Mitchner* (1958) entwickelte Methode → *group average,* auch → *weighted average linkage* genannt, hervorgehoben werden. An zweiter Stelle wäre die Methode → *minimum variance* (*Ward* 1963) zu nennen, die verbreitet erfolgreich angewendet werden konnte. Beide Methoden sind in bekannten EDV-Programmsystemen implementiert, z.B. SPSS und CLUSTAN, sie sind dort jedoch nur auf relativ kleine Datensätze ($n \leq 100$) anwendbar; große Datensätze werden bei den genannten Systemen weitgehend untauglichen, jedoch schnell konvergierenden allokativen Verfahren ausgesetzt. Es besteht somit ein aktuelles Defizit an spezieller clusteranalytischer Software, welche die beiden herausgestellten Methoden auch auf große Datensätze anzuwenden gestattet. Hierzu existieren bereits vereinzelte funktionstüchtige Ansätze, die bisher jedoch nur engeren Benutzerzirkeln zugänglich sind.

Der clusteranalytische Agglomerationsprozeß erzeugt auf verschiedenen Ähnlichkeitsstufen verschiedene Partitionen der zu unterteilenden Gesamtheit. Dabei nimmt die Anzahl der Cluster pro Partition mit sinkendem Ähnlichkeits-Niveau kontinuierlich ab. Bei Anwendung der vorgenannten Methoden stehen sämtliche resultierenden Partitionen in einem hierarchischen Verhältnis zueinander – derart, daß Cluster niederer Ähnlichkeits-Stufen grundsätzlich aus Clustern höherer Ähnlichkeits-Stufen zusammengesetzt sind. Diese hierarchische Ordnung kann in der Form von →*Dendrogrammen* übersichtlich und eindrucksvoll veranschaulicht werden.

Das allgemeine clusteranalytische Prozedere bietet dem Anwender also eine Vielfalt verschiedener Lösungen bzw. Partitionen an. I.d.R. ist der Anwender nicht in der Lage vorauszubestimmen, auf welchem Ähnlichkeits-Niveau die ‚richtigen' bzw. ‚optimalen' Cluster bzw. die optimale Partition realisiert werden. Es ist daher unumgänglich, aus der Vielzahl der resultierenden Partitionen unter Rückgriff auf ein Dendrogramm ‚interessant' erscheindende Partitionen einzugrenzen, diese auf der Basis von charakteristischen Profilen (PCA) bzw. Clusterladungen (VCA) eingehend zu studieren und die ‚besten' Cluster nach inhaltlichen Erwägungen auszuwählen. Dieser insbesondere für große n bzw. m aufwendige und zeitraubende Auswertungs- und Entscheidungsprozeß kann durch formale Gütekriterien, welche u-förmigen Funktionen mit eindeutigen Maxima oder Minima folgen, nennenswert unterstützt bzw. erleichtert werden. Entsprechende Kennwerte wurden bereits formuliert und erprobt, jedoch bisher nicht einschlägig publiziert.

Gemessen an der Zahl der Publikationen clusteranalytischer Anwendungen, ist die sozialwissenschaftliche Praxis bisher noch wenig vom clusteranalytischen Denkansatz berührt. Im Falle heuristisch angelegter Datenanalysen dominiert nach wie vor der faktorenanalytische Ansatz (→Faktorenanalyse). Es ist zu vermuten, daß sich mit zunehmender kritischer Relativierung der angewandten Methoden die CA gegenüber der FA durchsetzen wird.

Literatur: *M. S. Aldenderfer/R. K. Blashfield,* Cluster Analysis. New York 1984. *H. H. Bock,* Automatische Klassifikation. Göttingen 1974. *T. Eckes/H. Roßbach,* Clusteranalysen. Stuttgart 1980. *N. Jardine/R. Sibson,* Mathematical taxonomy. London 1971. *G. W. Milligan,* An examination of the effect of six types of error perturbation in fifteen clustering algorithms. Psychometrika, 1980, 45, 325–342. *G. W. Milligan,* A review of monte carlo tests of cluster analysis. Multiv. Behav. Res, 1981, 16, 379–407. *O. Schlosser,* Einführung in die sozialwissenschaftliche Zusammenhangsanalyse. Reinbek 1976. *R. R. Sokal/C. D. Mitchener,* A statistical method for evaluating systematic relationship. Univ. of Kansas Science Bull., 1958, 38, 1409–1438. *H. Späth,* Cluster-Formation und -Analyse. München 1983. *D. Steinhausen/K. Langer,* Clusteranalyse – Einführung in Mathematik und Verfahren der automatischen Klassifikation. Berlin 1977. *J. H. Ward,* Hierarchical grouping to optimize an objective function. J. of the Am. Statist. Ass., 1963, 58, 236–244

Prof. Dr. *Otto Schlosser,* Berlin

CNV

⇒Contingent Negative Variation
→Ereigniskorreliertes Potential.

Cold-Pressure-Test

→Laborstreß.

Coma

⇒Koma
⇒Bewußtlosigkeit
→Bewußtsein.

Compliance

Zur Bezeichnung des Ausmaßes, in dem Patienten ärztliche Verordnungen hinsichtlich der Einnahme von Medikamenten (→Arzneimittelkonsum), des Einhaltens von Diät, der Änderung des Lebensstils (Rauchen, Bewegung), des Einhaltens von Untersuchungsterminen und des Wahrnehmens von Früherkennungsuntersuchungen befolgen bzw. nicht befolgen, haben sich international die Begriffe Compliance und Noncompliance durchgesetzt. Compliance ist zu definieren als das Verhältnis eines Ist-Wertes (= tatsächliche Therapiedurchführung) zu einem Soll-Wert (= vorgegebener Therapiestandard). Der numerisch dargestellte *Compliance-Quotient* kann Werte zwischen größer und kleiner als 1 annehmen, wobei der Wert 1 eine exakte Übereinstimmung von Ist- und Soll-Wert darstellt. Eine angemessene operationale Definition von Compliance/Noncompliance ist die Voraussetzung für eine sinnvolle Messung derselben. Grundsätzlich werden zwei verschiedene methodische Ansätze zur Compliancebestimmung unterschieden: sog. direkte Meßmethoden (z.B. Blutprobenuntersuchung) und sog. indirekte Meßmethoden (z.B. Patientenbefragung).

Bezogen auf ihre Objektivität ergibt sich die in der folgenden Tabelle dargestellte Rangreihe:

Rangreihe der Verfahren zur Compliancemessung

Direkte Verfahren	1. – Untersuchung von Blut-, Urin-, Fäces- und Speichelproben zum Nachweis relevanter Substanzen, z. B. Metaboliten, Marker etc. (größte Objektivität) 2. – Verhaltensbeobachtung (z. B. durch Familienmitglieder, Pflegepersonal)
Indirekte Verfahren	3. – Zählen nichteingenommener Tabletten 4. – Feststellen des Behandlungserfolges 5. – Arzteinschätzung der Patientenkooperation 6. – Patientenauskunft (geringste Objektivität)

Jede dieser Methoden hat ihre spezifischen Vor- und Nachteile. Insgesamt erscheinen die „direkten" Verfahren zwar objektiver, aber auch aufwendiger, d.h. kosten-, personal- und zeitintensiver als die „indirekten" Verfahren. Beobachtungsmethoden z.B. können nur eingesetzt werden, wenn ein teilnehmender Beobachter (z.B. Familienmitglied, Arbeitskollege usw.) zur Verfügung steht, der systematisch die erforderlichen Daten bezüglich des Befolgungsverhaltens erhebt. Demgegenüber sind Patientenauskünfte natürlich wesentlich leichter zu erhalten, aber ihre Genauigkeit ist in der Regel gering. Zur Optimierung der Compliancebestimmung werden multiple Messungen vorgeschlagen, d.h. der parallele Einsatz verschiedener Verfahren (z.B. spezifische Urinproben zur Absicherung der Ergebnisse des Tablettenzählens). Besonders wichtig bei Langzeitbehandlungen sind zusätzlich Wiederholungsmessungen, um mögliche Fluktuationen der Befolgungsrate über längere Zeiträume (Wochen, Monate) zu erfassen.

Eine potentielle Fehlerquelle bei allen Compliancemessungen ist das Wissen des Patienten darum, was zumindest zeitweise das entsprechende Verhalten beeinflussen und so die Meßergebnisse verfälschen kann. Durch Zufalls- und/ oder nicht angekündigte Messungen ist es möglich, dem zu begegnen. Geht man von Expertenschätzungen aus, wonach zumindest 20% aller Medikamente ungenutzt bleiben, dann wären allein 1980 Arzneimittel im Wert von ca. 2,5 Milliarden DM durch mangelndes Befolgungsverhalten verschwendet worden. Über die ökonomische Komponente hinaus hat die Medikamenten-Noncompliance wichtige Implikationen für die medizinische Forschung. Die Interpretation klinischer Untersuchungen ist oft nicht sinnvoll möglich ohne Bestimmung der Compliancerate, weil die Untersuchungsergebnisse bezüglich Medikamentenwirkungen und Nebenwirkungen durch Nicht-Einnahme verfälscht und verzerrt werden.

Compliance

Das *Ausmaß der Noncompliance* läßt sich aufgrund sorgfältiger Analysen einer großen Anzahl empirischer Studien generalisiert folgendermaßen zusammenfassen:

1.) Patienten nehmen ein Viertel der Arzttermine, die sie selbst gewünscht und vereinbart haben, nicht wahr und halten nur die Hälfte der Termine, die auf Arztinitiative hin direkt mit ihnen oder für sie vereinbart wurden (z.B. Nachuntersuchungstermine), ein.

2.) Bei Kurzzeitbehandlungen (z.B. mit Antibiotika) nimmt die Compliancerate – möglicherweise konform mit der Symptomreduktion – schnell ab. Auch im Falle kurzfristiger präventiver Maßnahmen (z.B. Immunisierung durch wiederholte Impfungen) sinkt die Compliancerate um insgesamt 25%.

3.) Bei langfristigen präventiven Maßnahmen (z.B. Rheuma-Prophylaxe) wird die Hälfte aller verschriebenen Dosen nicht eingenommen.

4.) Die Noncompliance bei medikamentösen Therapiemaßnahmen liegt im Durchschnitt bei 50% und fällt im Laufe der Behandlung drastisch ab.

5.) Ärztliche Anordnungen zur Veränderung der Lebensgewohnheiten (z.B. bezüglich Rauch- und Eßverhalten) werden von den Patienten mehrheitlich nicht befolgt. Nur jeder fünfte Teilnehmer einer Raucherentwöhnungsgruppe wird langfristig zum Nichtraucher.

Eine Übersicht relevanter positiv oder negativ wirksamer Einflußfaktoren auf die Patientenkooperation (siehe folgende Tabelle) läßt weder einen „complianten Patiententyp" noch einen „noncomplianten Patiententyp" erkennen. Die meisten Kranken befolgen offensichtlich hin und wieder in mehr oder weniger großem Ausmaß ärztliche Anordnungen nicht.

Insgesamt scheint das, was in der jeweiligen →Interaktion zwischen Arzt und Patient geschieht, entscheidend für die Compliance zu sein. Zum einen sind die Möglichkeiten des Arztes, den Patienten

Merkmale mit positivem oder negativem Einfluß auf die Compliance (Übersicht)

Merkmal	Einfluß auf die Compliance	
	positiv	negativ
Einfluß der Patientenfamilie/ Stabilität der Familie	+	
psychische Erkrankung diagnostiziert		–
viele Krankheitssymptome		–
deutliche Leistungseinschränkung durch die Krankheit	+	
Patient ist überzeugt von:		
1. einer allgemeinen Krankheitsanfälligkeit	+	
2. einer speziellen Anfälligkeit gegenüber seiner Krankheit	+	
3. der Ernsthaftigkeit seiner Erkrankung	+	
4. der Wirksamkeit der Behandlung	+	
hohe Komplexität des Therapieschemas		–
umfangreiche Verhaltensänderung des Patienten notwendig		–
lange Behandlungsdauer		–
lange Wartezeit		–
große Zeitspanne zwischen Überweisung und Arzttermin		–
Individuelle Terminvereinbarung	+	
Überwachung des Patienten durch den Arzt möglich	+	
Eingehen des Arztes auf Erwartungen und Bedürfnisse des Patienten	+	
Zufriedenheit des Patienten mit medizinischer Betreuung	+	

diesbezüglich zu „überwachen", relevant: Stationäre Patienten zeigen eine höhere Compliancerate etc. als Patienten einer Klinikambulanz und letztere wiederum höhere Complianceraten als Patienten niedergelassener Ärzte; zum anderen steht das Gefühl der Zufriedenheit des Patienten mit der medizinischen Betreuung und, verbunden damit, auch das angemessene Eingehen des Arztes auf seine jeweiligen Erwartungen und Bedürfnisse in einem positiven Zusammenhang zu seiner Mitarbeit. Die Patientenzufriedenheit wiederum hängt von unterschiedlichen Bedingungen ab. Sie sinkt wenn:

- der behandelnde Arzt vom Patienten als förmlich „geschäftsmäßig“ und emotional kalt oder passiv/uninteressiert erlebt wird,
- der behandelnde Arzt vom Patienten als autoritär/direktiv und feindselig oder nicht verständnisvoll empfunden wird,
- der Behandler nicht in der Lage ist, situative Spannungen zwischen sich und dem Patienten während der Konsultation zu reduzieren,
- Mütter behandelter Kinder, sozusagen als „Sekundärpatienten“, den Arzt als schlechten Gesprächspartner empfinden und von ihm erwartete Informationen nicht bekommen.

Was den Aspekt der „Informationsvermittlung“ in der Arzt-Patient-Beziehung anbetrifft, wird im Schrifttum die enge Verbindung zwischen der Verständlichkeit der vom Arzt gegebenen Informationen, der Behaltensleistung des Patienten, seiner Zufriedenheit mit dem Arzt einerseits und seiner Behandlungskooperation andererseits betont: Versteht der Patient, was ihm der Arzt sagt, kann er sich dies auch gut merken. Er wird daher zufrieden aus der Sprechstunde gehen und sehr wahrscheinlich das tun, was der Arzt mit ihm vereinbart hat.

Obwohl es nicht an Vorschlägen dazu fehlt, wie das Befolgungsverhalten von Patienten positiv zu beeinflussen sei, wurden erst relativ wenige der angewandten Methoden empirisch überprüft. Wenn überhaupt, dann haben sie selten einer kritischen Testung standgehalten. Grundsätzlich sollte bei der Diskussion entsprechender Interventionen berücksichtigt werden, daß Compliancedefizite auch „unfreiwillig“ entstehen können, weil der Patient etwas nicht weiß (z.B. Tablettenzahl) bzw. nicht oder falsch verstanden hat usw.. Zur Vermeidung dieser Art von Noncompliance wird folgendes Vorgehen empfohlen: 1. Therapievereinbarungen schriftlich zu fixieren, 2. den Patienten (besonders den älteren) zu bitten, diese vorzulesen, 3. ihn zu ermuntern, Fragen zu stellen, 4. ihn beim nächsten Termin zu fragen, wann und in welcher Menge er seine Medikamente eingenommen habe.

Zu unterscheiden sind sechs unterschiedliche Ansätze, die Patientenkooperation zu verbessern:

1.) Information/Belehrung (z.B. in Form von Gesundheitserziehung, schriftlichen Instruktionen, spezieller Beratung)

2.) Erinnerung/Hinweise (z.B. telefonische oder briefliche Benachrichtigung über vereinbarte Sprechstundentermine, Arzneimitteleinnahmekalender, Abstimmung der Medikamenteneinnahme auf die alltägliche Routine des Patienten)

3.) Beseitigung von Compliancebarrieren (z.B. Einsatz alternativer Behandlungsmethoden, Verkürzung von Wartezeiten, Aufbau familiärer und sozialer Unterstützung, Reduktion der Behandlungsvielfalt und Vereinfachung des Behandlungsplans)

4.) Maßnahmen zur unmittelbaren therapierelevanten Verhaltensänderung (z.B. mündliche und schriftliche Verpflichtung des Patienten, Kontrolle der Patientenmitarbeit, Förderung der Selbstkontrolle des Patienten, Bekräftigung „complianten“ Verhaltens)

5.) Verstärkte ärztliche Überwachung (z.B. durch Hausbesuche und Nachkontrollen, durch Einweisung in stationäre Behandlung resp. Spezialkliniken)

6.) Maßnahmen des Apothekers (z.B. Beratung, Verwendung spezieller „Verschreibungsetiketten“, Ausgabe spezieller Arzneimittelpackungen)

Aufgrund entsprechender Studien nachweislich erfolgreiche Maßnahmen zur Verbesserung der Compliance finden sich in folgender Aufstellung (S. 61).

Das Vereinfachen des Einnahmeschemas/Therapieplans stellt eine der wirksamsten Methoden dar, Compliance zu verbessern, bei gleichzeitiger edukativer

Problemfeld	Empfohlene Maßnahmen
Überweisungen	schriftliche Erinnerung Assistenz durch medizinische Hilfskraft Instruktion des Patienten (kurze Überweisungszeit)
Terminabsprachen	schriftliche Erinnerung telefonische Erinnerung (gute klinische Terminplanung)
Kurzzeittherapie	genaue schriftliche und mündliche Anweisung parenterale Applikation spezielle Konfektionierung Tabletteneinnahmekalender Hausbesuche durch Schwester
Langzeittherapie	Kontrolle des Serumarzneimittelspiegels parenterale Applikation intensive Überwachung Änderung des Patientenverhaltens ärztliche Belehrung

Förderung des Behandlungsverständnisses seitens des Patienten. Beachtenswert (vielleicht sogar zukunftweisend) sind auch erste Ansätze zur Verbesserung der Patientencompliance durch eine verstärkte Überwachung und Führung von sogenannten Problempatienten (z.B. Diabetiker, Hypertoniker) mit Hilfe von Praxis-EDV-Systemen.

Es besteht sicherlich allgemein Konsens darüber, daß durch Noncompliance volkswirtschaftliche Verluste in Milliardenhöhe sowohl durch die Vergeudung teurer Medikamente als auch teurer „Arztzeit" entstehen. Nicht so eindeutig ist die Verbindung zwischen Befolgungsverhalten und Gesundung des Patienten, weil nicht unbedingt davon ausgegangen werden kann, daß jede vom Arzt verordnete Therapiemaßnahme tatsächlich effektiv ist. Die nachgewiesene Wirksamkeit einer Behandlung erst legitimiert Ärzte, Patienten therapeutische Anweisungen zu geben. Eine Lösung dieses Dilemmas wird darin gesehen, daß bestimmte Voraussetzungen erfüllt sind, bevor complianceverbessernde Maßnahmen eingeleitet werden: 1.) Die gestellte Diagnose ist zutreffend; 2.) die Wirksamkeit der Therapie ist gewährleistet; 3.) Noncompliance ist mehr oder weniger nachgewiesen; 4.) effektive Maßnahmen zur Complianceverbesserung sind verfügbar; 5.) der Patient kann frei entscheiden, ist informiert und einverstanden.

Nur unter diesen Bedingungen erscheint der Versuch, die Behandlungskooperation eines Patienten zu verbessern, ethisch gerechtfertigt. Analoges gilt für die Tätigkeit der Angehörigen anderer „Gesundheitsberufe" (z.B. Klinische Psychologen, Sozialpädagogen).

Literatur: *R. B. Haynes/D. W. Taylor/D. L. Sackett* (Hrsg.), Compliance-Handbuch. München 1982. *N. Linden,* Compliance. In: *W. Dölle/B. Müller-Oerlinghausen/U. Schwabe* (Hrsg.), Grundlagen der Arzneimitteltherapie. Wien 1986. *Th. Schneller/M. Kühner* (Hrsg.), Mitarbeit des Patienten in der Zahnheilkunde – Aspekte der Complianceforschung. Köln 1989. *F.-W. Wilker,* Comliance. In: *G. Huppmann/F.-W. Wilker,* Medizinische Psychologie/Medizinische Soziologie. München 1988.

Dr. *Friedrich-Wilhelm Wilker,*
Prof. Dr. *Gernot Huppmann,* Mainz

Compliance-Quotient
→Compliance.

Concurrent-Validität
→Testkonstruktion.

congenitale Röteln
im frühembryonalen Entwicklungszustand erworbene Infektion des Fötus durch die an Röteln erkrankte Mutter, die neben organischen Mißbildungen auch geistige Retardierung (→Geistige Behinderung) zur Folge haben kann.

Context-Updating
→Ereigniskorreliertes Potential.

Contingent-Negative-Variation
⇒CNV
→Ereigniskorreliertes Potential.

Coping
Von engl. to cope: fertig werden mit etwas; im Deutschen meist als Bewältigung bezeichnete Auseinandersetzung mit belastenden Ereignissen oder Erlebnissen (→Stressoren). Dabei sind neben physiologischen und →emotionalen auch →kognitive Prozesse, insbesondere Bewertungen beteiligt, die sich auch auf

die Beurteilung der vorhandenen Verhaltensmöglichkeiten (→Reaktionsebenen) beziehen, z.B. darauf, ob Einflußnahme auf die belastende Situation möglich ist oder nicht. Bewältigungsversuche erscheinen manchmal „unvernünftig", z.B. wenn →Schmerzen bagatellisiert werden oder →Angst vor Krebs die Vorsorgeuntersuchung vermeiden läßt. Bewältigungsmechanismen ähneln dann oft →Abwehrmechanismen.

Manche Autoren (so z.B. *Haan* 1977) unterscheiden Abwehr als gleichsam mißlingende Bewältigung von einer erfolgreichen Bewältigung belastender Situationen. Demnach ist Coping zweckbestimmt und zweckmäßig, flexibel, gezielt, also realitätsangemessen und an den vorhandenen Möglichkeiten orientiert. *Abwehr* dagegen ist gekennzeichnet durch →Rigidität, Realitätsverzerrung, Fehleinschätzung der eigenen Möglichkeiten usw. Coping findet eher bewußt statt, während Abwehr eher einer unbewußten Logik folgt. Im konkreten Fall verwischen sich die Unterschiede oft, und eine klare Einordnung des Verhaltens ist unmöglich. Ein Abwehrmechanismus wie →Verleugnung kann in manchen Situationen realitätsangemessen sein und wäre dann als Copingmechanismus zu betrachten. *Lazarus* u. *Launier* (1978) unterscheiden demgegenüber Abwehrprozesse als intrapsychische Copingweisen von nach außen gerichteten wie Handeln oder Suche nach zusätzlicher Information und sehen so Coping eher als Oberbegriff. In ähnlicher Weise differenzieren neuerdings *Steffens* u. *Kächele* (1988) zwischen Abwehrvorgängen, die das →Selbst vor einem traumatischen Verlust seiner basalen Sicherheit schützen sollen, und Bewältigungsvorgängen, die den flexiblen Umgang mit den wechselnden Anforderungen der Außenwelt gewährleisten, und schlagen eine integrative Sichtweise vor, die das Ineinandergreifen beider Prozesse als Voraussetzung für erfolgreiche Auseinandersetzung mit Belastungen und Anforderungen betrachtet.

Eine eindeutige begriffliche Klärung liegt bisher nicht vor. Auf der →phänomenologischen Ebene und unter praktischem Gesichtspunkt lassen sich verschiedene Bewältigungsformen beschreiben. *Heim* u.a. (1983) unterscheiden einen Bereich des (beobachtbaren) Handelns, (abfragbare) →kognitive Prozesse und andere (ableitbare) intrapsychische Vorgänge. Beispiele für Handeln: →Kompensation, Zuwendung, Rückzug, Wut ausleben, Zupacken; für Kognition: Ablenken, Selbstaufwertung, Vermeiden, →Stoizismus; für intrapsychisch-emotionale Bewältigung: Haltung bewahren, →Fatalismus, Selbstbeschuldigung, Religiosität.

Viele Copingmechanismen lassen sich auf einer Polarität von kognitiver Vermeidung der Auseinandersetzung mit Bedrohung und Belastung und aktiver Zuwendung (→Vigilanz, →Sensitivierung) anordnen, entweder als situationsbezogene Copingweise oder als →Persönlichkeitsdimension (→Persönlichkeit) im Sinne von *Byrnes* Unterscheidung von →Repressors und →Sensitizers.

Unter den Abwehrmechanismen haben insbesondere →Verleugnung, →Verdrängung und →Regression zuweilen die Funktion von Bewältigungsmechanismen, etwa wenn Krebskranke zeitweilig ihre Diagnose „vergessen" oder die Regression in der Patientenrolle die Akzeptierung von Behandlungsmaßnahmen erleichtert.

Die Erfassung und Beurteilung von Copingvorgängen hat z.B. im Umgang mit Patienten oft große praktische Bedeutung, stützt sich jedoch allzu oft auf von →Vorurteilen und →Gegenübertragungen getrübte subjektive Eindrücke. Systematischere Erfassung wird versucht über →Fragebögen oder teilstrukturierte →Interviews.

Wenig ist darüber bekannt, welche Copingformen von welchen Individuen bevorzugt werden (i.S. eines →Persönlichkeitsmerkmals), welche Regelhaftigkeiten hinsichtlich des Wechsels und der

Stabilität von Copingprozessen bei längerdauernden Belastungssituationen (z.B. chronischen Krankheiten) bestehen, und bei welchen Gelegenheiten welche Copingtechniken bei welchen Menschen besonders wirksam sind.

Da psychologische „Laborexperimente" mit belastenden Situationen im allgemeinen wenig aussagekräftig sind (→ Laborstreß), kommt Untersuchungen z.B. in medizinischen Belastungssituationen besondere Bedeutung bei. *Davies-Osterkamp* u. *Salm* (1985) fanden z.B. vor Herzoperationen bzw. Herzkatheteruntersuchungen bei Patienten mehrere ganz unterschiedliche *Copingstile* (im Sinne typologischer Verfestigung) bei Patienten : eine angstvoll- hilflose Verfassung, eine vigilante Einstellung bei intensiver Beschäftigung mit Befürchtungen und Risiken, Vermeidung, Selbstaufwertung, Zukunftsorientierung und sachlich-technische Einstellung.

Einen Hinweis auf die Schwierigkeit der Beurteilung der Effektivität solcher Copingversuche gibt eine frühe Untersuchung von *Janis* (1958) wonach sowohl besonders ängstliche als auch besonders wenig ängstliche (möglicherweise Angst verleugnende) chirurgische Patienten postoperativ in schlechterer Verfassung waren als Patienten mit mittlerer Ängstlichkeit. Der von *Janis* in Analogie zur → „Trauerarbeit" geprägte Begriff der notwendigen *„Befürchtungsarbeit"* (work of worrying) vor drohenden Belastungen deutet an, in welche Richtung die noch unbefriedigende theoretische Durcharbeitung der Copingprozesse gehen könnte.

Literatur: *S. Davies-Osterkamp/A. Salm,* Psychische Bewältigungsprozesse in kardiologischen Belastungssituationen. In: *W. Langosch* (Hrsg.), Psychische Bewältigung der chronischen Herzerkrankung. Berlin 1985, 170–176. *N. Haan,* Coping and defending. New York 1977. *E. Heim/K. Augustiny/A. Blaser,* Krankheitsbewältigung (Coping) – ein integriertes Modell. Psychother. med. Psychol. 33, 1983, 35–40. *I. L. Janis,* Psychological stress; psychoanalytic and behavioral studies of surgical patients. New York 1958. *R. S. Lazarus/S. Folkman,* Stress, appraisal and coping. New York 1974. *R. S. Lazarus/L. Launier,* Stress-related transactions between person and environment. In: *L. A. Pervin/M. Lewis* (Eds.), Perspectives in interactional psychology. New York 1978. *W. Steffens/H. Kächele,* Abwehr und Bewältigung – Vorschläge zu einer integrativen Sichtweise. Psychother. med. Psychol. 38, 1988, 3–7.

Prof. Dr. *Jörn W. Scheer,* Gießen

Copingstile
→ Coping.

Coronary-Prone-Behavior
→ Typ-A-Verhalten.

Cortex
⇒ Kortex.

Cost-Benefit-Effekt
→ Visuelle Aufmerksamkeit.

Covering-Law-Modell
⇒ Subsumptionsmodell
→ Verstehen.

Cox-Modell für Überlebenskurven
→ Multivariate Datenanalyse.

Cue
charakteristisches Merkmal eines Reizes, das spezifische Reaktionen auslöst (→ Reiz-Reaktions-Beziehung) oder für die Reizdiskrimination bedeutsam ist.

D

Dämmerzustand
→Bewußtsein.

Debilität
→Geistige Behinderung.

Déja-vu
Die vom beurteilenden Bewußtsein als trügerisch erkennbare Empfindung, etwas bereits schon einmal gesehen oder erlebt zu haben.

Delinquenz
→Jugend.

Delir
→Psychose.

Delta-Wellen
→EEG.

Demenz
→Organisch Bedingte Psychische Störungen
→Psychose.

Dendogramm
Verzweigung, Stammbaum, graphische Darstellung der Ergebnisse einer →Clusteranalyse.

Denken
Oberbegriff für verschiedene geistige Vorgänge, die unterschiedliche Formen →kognitiver Verarbeitung von →Information beschreiben. Wesentliche Merkmale des Denkvermögens sind die Fähigkeiten des Verallgemeinerns und des Abstrahierens. Die Fähigkeit des *schlußfolgernden Denkens* ermöglicht es dem Menschen, auf der Grundlage eines logischen Systems von Regeln aus gegebenen Voraussetzungen folgerichtige Rückschlüsse zu ziehen. Das *produktive Denken* ermöglicht die Entwicklung und Bewertung neuer Ideen und die Einordnung älterer Ideen in neue Zusammenhänge. Die Denkvorgänge können sich stark an formal-logischen Kriterien ausrichten (Schachspiel, Programmiertätigkeit) oder mehr intuitiv ablaufen. Man unterscheidet ferner zwischen *anschaulichem Denken,* bei dem sich jemand Handlungsabläufe bildhaft vergegenwärtigt, und *abstraktem Denken* unter Verwendung von Symbolen und Formeln, wie beispielsweise in der Mathematik.

Denkstörungen
Grundsymptome der →Schizophrenie.
Formale Denkstörungen: Wortschöpfungen *(Neologismen),* fragmentatarische und nur locker miteinander verknüpfte Äußerungen zum selben Thema *(Inkohärenz)* oder die Aneinanderreihung von Wörtern aufgrund ihrer Klangassoziationen ohne logischen Sinnzusammenhang.

Inhaltliche Denkstörungen: Vorstellungen, Gedanken, Überzeugungen ohne Realitätsbezug *(Wahn);* z.B. Beziehungswahn, Beeinträchtigungswahn, Größenwahn, Beeinflussungswahn. Verschiedene Wahnvorstellungen können sich zu einem Wahnsystem ausweiten.

denotativ
→semantischer Raum
→Kommunikation.

Depersonalisation
⇒Entfremdungserlebnis.

Depression
Oberbegriff für eine Vielzahl affektiver Störungen unterschiedlicher Genese und Verlaufsform. Häufige Symptome sind gedrückte Stimmungslage, Ängstlichkeit, Selbstunsicherheit, Erschöpfung, Hilflosigkeit, Hoffnungslosigkeit, machmal verbunden mit Selbsttötungsgedanken (→Suizid). Oft sind die vitalen Grundbedürfnisse gehemmt (Schlafstörungen, sexuelle Antriebsarmut, Appetitlosigkeit). Sprache und Bewegungen sind verlangsamt, der Gesichtsausdruck traurig und besorgt, das Konzentrationsvermögen stark beeinträchtigt, verbunden mit Motivationsverlust und Unentschlossenheit. Den Gegenpol mit gehobener Stimmungslage, Erregtheit, Rastlosigkeit, unbegründeter Euphorie und Selbstüberschätzung bezeichnet man als

Manie, in abgeschwächter Form als *Hypomanie*.

Unterscheidung nach Schweregrad: Unter *Depressivität* versteht man ein Persönlichkeitsmerkmal (→ Persönlichkeit), das durch Selbstunsicherheit und Ängstlichkeit gekennzeichnet ist und mit einer erhöhten Neigung zu depressiven Verstimmungen einhergeht. Mit *Dysthymie* bezeichnet man die eher milden Verlaufsformen depressiver Erkrankungen. Treten depressive und manische Phasen im Wechsel auf, so spricht man von einer *bipolaren Affektpsychose*. Bei einer *unipolaren Affektpsychose* beschränkt sich der Krankheitsverlauf entweder auf depressive oder auf manische Phasen. Die Phasen können mit unterschiedlicher Häufigkeit auftreten und von unterschiedlicher Dauer sein. Manche Patienten leiden an ständig in gleichen Zeitabständen wiederkehrenden Phasen mit recht genau vorhersagbarer Dauer. Unipolare Verläufe beginnen in der Regel in einem späteren Lebensalter als bipolare.

Die phasischen Depressionen bezeichnet man als anlagebedingte oder *endogene Depressionen*. Bei Depressionen als Folge von belastenden Lebensereignissen spricht man von *reaktiven Depressionen*. Wenn die Depressionen als Begleiterscheinung von körperlichen Erkrankungen auftreten, spricht man von *somatogenen Depressionen*. Ursachen können z.B. sein: organische Gehirnerkrankungen, Tumore, hormonelle Veränderungen. Als *neurotische Depression* bezeichnet man unangemessen starke Gefühlsstörungen depressiver Art bei Belastungen, die von anderen Personen noch adäquat verarbeitet werden. Zu Fehldiagnosen kommt es leicht, wenn die Affektstörung vom Patienten nicht bewußt erlebt wird und dieser in erster Linie über körperliche Mißempfindungen und Antriebsstörungen klagt. In solchen fällen spricht man von einer *larvierten Depression*.

Depressivität
→ Depression.

Deprivation
⇒ Entzug, Entbehrung
Die Deprivationsforschung befaßt sich im weitesten Sinne mit der Untersuchung der Folgen mangelnder Befriedigung der vitalen biologischen Grundbedürfnisse. Untersucht wurden vor allem die Folgen von Flüssigkeits- und Nahrungsdeprivation (→ Eßstörungen), *sensorische Deprivation* (Verhinderung aller Sinneseindrücke durch Isolierung) und Schlafentzug (→ Schlaf). Unter dem Begriff der *sozialen Deprivation* wurden unterschiedliche Fragestellungen untersucht. Hierzu gehören Untersuchungen über die Folgen sozialer Isolation (Einzelhaft, Polarstationen, Weltraumflüge), Untersuchungen zu den Folgen des Verlustes gewohnter sozialer Bindungen (→ Trauer) und zur Entbehrung der Zuwendung von Bezugspersonen bei Kindern.

Desensibilisierung
→ Verhaltenstherapie
→ Angst.

deskritive Statistik
→ Statistik.

Desorientierung
Verwirrtheit, verbunden mit der Unfähigkeit, sich in der Zeit, der Umgebung oder der Beziehung der eigenen Person zu anderen zurechtzufinden (→ Organisch Bedingte Psychische Störungen).

Devianz
Abweichung von der Norm; Kriterium zur Einschätzung sozialer Verhaltensweisen.

Dezil
→ Statistik.

Diabetes mellitus
⇒ Zuckerkrankheit
ererbte oder erworbene Störung des Stoffwechsels, mit Erhöhung des Blutzuckers einhergehend, bedingt durch Insulinmagel oder verminderte Insulinwirksamkeit.

Diätverhalten
→ Eßverhalten.

Diagnoseverschleppung
→Krebserkrankungen.

Diagnostik
→Psychodiagnostik.

Dialog-Konsens
→Verstehen.

Dieters Dilemma
→Adipositas.

Differentielle Psychologie
→Persönlichkeit.

Differenztheorie
→Geistige Behinderung.

Diskriminanzanalyse
→Multivariate Datenanalyse.

Diskrimination
Antagonist im Begriffspaar Diskrimination/*Generalisation.* Allgemein bezeichnet Diskrimination die Leistung und das Ergebnis einer Unterscheidung, das Feststellen von Unterschieden. Die Wortform *Diskriminierung* wird in Sozialpsychologie und Soziologie speziell für das soziale Phänomen der Ächtung einzelner Menschen und Gruppen verwendet: die *soziale Distanz* zu *Minoritäten* (Minderheiten), Rand- oder Nachbargruppen wird erhöht, die oft minimalen Unterschiede werden militant betont. Dieses allgemeine Moment der Abgrenzung trifft zu auch für den stärker lern- und wahrnehmungspsychologisch verwendeten Terminus Diskrimination. Ergebnisse der Reizdiskrimination werden sichtbar, wenn Menschen sich unterschiedlichen Stimuli gegenüber unterschiedlich verhalten. Im Lernexperiment werden Diskriminationsleistungen so erzielt und überprüfbar gemacht, daß zwei differente Stimuli mit alternativen Verhaltenskonsequenzen gekoppelt werden. Reaktionen auf Reiz A würden z.B. immer mit Belohnung, solche auf Reiz B immer mit Bestrafung verbunden (Lernen am Erfolg, →Operantes Lernen). Derartige eindeutige Verstärkerpläne erbringen bei Versuchstieren wie bei Versuchspersonen sehr schnell die erwarteten diskriminativen Verhaltensweisen. Auf der Grundlage dieser Ergebnisse lassen sich u.a. →Wahrnehmungsschwellen zwischen ähnlichen Reizen ermitteln. Falsche oder fehlende Diskrimination *(Diskriminationsfehler)* sind ein Indiz z.B. für Grenzen der Wahrnehmungsfähigkeit.

Ein *experimenteller Konflikt* wird erzeugt, wenn die beiden Reize einander zunehmend angeglichen werden, also ähnlicher erscheinen und die Unterscheidungsleistung erschweren bis unmöglich machen. Im Konflikt der beiden bereitgestellten Verhaltensalternativen bricht angepaßtes Verhalten zusammen.

Diskriminationsleistungen werden jedem Menschen von den frühesten Lebenstagen an abverlangt. Beispiele: feinste Unterscheidungen innerhalb akustischer Reizvorlagen beim Spracherwerb; sensible Registrierung sozialer Reizmuster zur Auswahl jeweils situationsangemessenen Verhaltens (z.B. „Artigsein").

Therapeutisch wird *Diskriminationstraining* eingesetzt, wenn es z.B. darum geht, das generalisierte Vermeidungsverhalten eines Patienten soweit aufzuschlüsseln, daß er dann höchstens noch eng umschriebene Situationen meidet.

Diskriminationsfehler
→Diskrimination.

Diskriminationstraining
→Diskrimination.

Diskriminierung
→Diskrimination.

Disposition
erhöhte Neigung oder Bereitschaft, auf bestimmte Reize (z.B. Gefahren oder vorgestellte Bedrohungen) in spezifischer Form zu reagieren (z.B. mit erhöhter Angst).

Dissimulation
bewußtes Verheimlichen und Verschweigen von Befindensstörungen und Krankheitssymptomen, im Unterschied zum unbewußten Nicht-wahrhaben-wollen und →Verdrängen.

Dissonanz
→ kognitive Dissonanz.

Dissoziation
Abtrennung, Verunreinigung: Zerfall eines ursprünglich integrierten Systems in gesonderte Einzelprozesse

1. → *psychopathologisch:* Zerfall von Denkvorgängen und Handlungsprozessen (→ Denken, → Handlung) in einzelne unkoordinierte Bestandteile. Abspaltung von Gedanken, → Einstellungen, Vorstellungen, Verhaltensweisen und anderen psychischen Prozessen von der übrigen → Persönlichkeit, in die sie ursprünglich integriert waren. Sie funktionieren dann selbständig weiter (Beispiele: → gespaltene Persönlichkeit, → Regression, → Verdrängung, manche → Wahnideen, → Hypnotismus, → hysterische → Amnesie, Störungen der integrierenden Hirnfunktionen nach Schädigung, → Halluzinationen, → Schlafwandeln);

2. *psychotherapeutisch* (→ Psychotherapie): Auflösung eines → Komplexes (nach *E. Kretschmer*);

3. *soziologisch:* Abspaltung des Zusammengehörigkeitsgefühls oder des interaktiven Handelns von anderen Gruppenprozessen (→ Dissoziatives Verhalten);

4. *sensorische Dissoziation* (⇒ *Empfindungsdissoziation*): Ausfall der → Wahrnehmung einzelner Empfindungsqualitäten (z.B. Kälte, → Schmerz) bei gleichzeitiger Intaktheit anderer (z.B. Druck);

5. *psychophysiologisch:* Störung des homöostatischen Zusammenwirkens (→ homöostatisches Gleichgewicht) verschiedener vegetativer Reaktionen und Funktionen (→ Circardiane Periodik);

6. *ophtalmologisch:* Störung der Blickmotorik, d.h. der beidseitig koordinierten → Augenbewegungen.

Dissoziatives Verhalten
Unter dissoziativem Verhalten versteht man in der Sozialpsychologie in Abgrenzung zu anderen Verwendungsformen des Begriffs der → Dissoziation den Verlust von Zusammengehörigkeitsgefühl, des kooperativen Verhaltens und der → Kohäsion in Gruppen. Verhalten und Handeln vollziehen sich nicht willkürlich, sondern im realen gesellschaftlichen Lebensprozeß. Produktivkräfte und Produktionsverhältnisse sind nicht nur objektive Systeme, in denen sich die arbeitenden Individuen bewegen. Wenn sie handelnd erfahren und bewußtseinsmäßig verarbeitet werden, bedingen diese Systeme schließlich subjektive Handlungen. Die Intensität von Wahrnehmung und Erkenntnis sozialer Zusammenhänge korrespondiert mit den subjektiven Aktivitäten innerhalb dieser Zusammenhänge. Die gesellschaftlich lebenden Individuen bewegen sich nicht nur zufällig oder wechselhaft handelnd in den Systemen von Produktivkräften und Produktionsverhältnissen. Durch die Arbeit und die Form ihrer Wiederholung sind auch die Voraussetzungen zur internalisierenden Verarbeitung äußerer Gegebenheiten im Subjekt selbst geschaffen.

Das produktive und das strukturelle Normensystem charakterisieren zwei Seiten des gesellschaftlichen Systems von Handlungsnormen. Dieses System realisiert sich auf der Grundlage (1) der besonderen *Klassen-* oder *Schichtzugehörigkeit* (→ Klasse, → Schicht), (2) der spezifischen Beziehung oder der Mitgliedschaft in → *Gruppen* und (3) des einzelnen, jeweils einmaligen Erlebniszusammenhangs im Verlauf individueller Entwicklung.

Da → *Normen* im System der menschlichen Arbeit begründbar sind, ist die Ebene der Klassen- und Schichtzugehörigkeit in diesem Zusammenhang von besonderer Bedeutung, weil sich die Zuordnung der Individuen zu Klassen und Schichten aus der Stellung in der Arbeit ergibt. Ob jemand zur Arbeiterklasse oder zu den selbständigen oder lohnabhängigen Zwischenschichten gehört, entscheidet sein Verhältnis zu den Produktionsmitteln. Dieses Verhältnis steht in wechselseitigem Zusammenhang mit

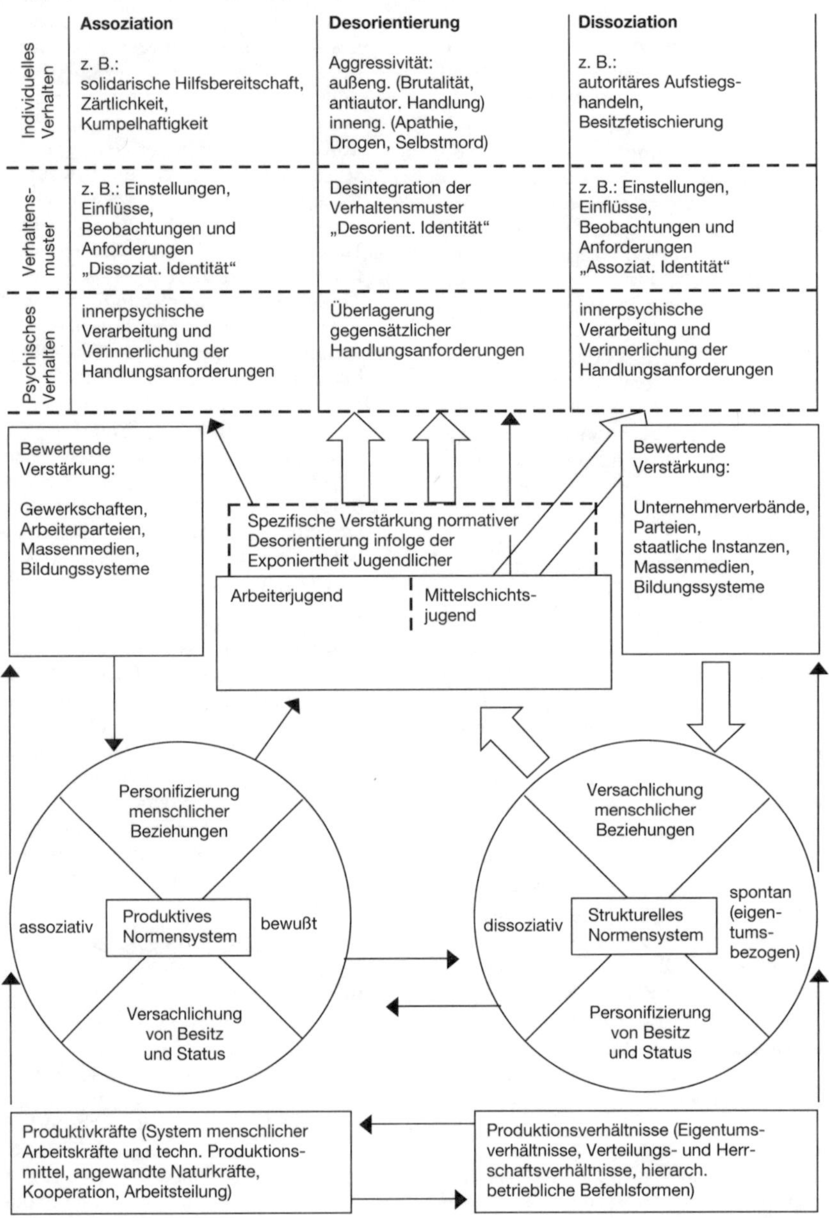
Jugendliche Handlungsstrukturen und gesellschaftliche Normen
Individuelles Verhalten
Verhaltensmuster
Psychisches Verhalten
Assoziation
z. B.: solidarische Hilfsbereitschaft, Zärtlichkeit, Kumpelhaftigkeit
Desorientierung
Aggressivität: außeng. (Brutalität, antiautor. Handlung) inneng. (Apathie, Drogen, Selbstmord)
Dissoziation
z. B.: autoritäres Aufstiegshandeln, Besitzfetischierung
z. B.: Einstellungen, Einflüsse, Beobachtungen und Anforderungen „Dissoziat. Identität“
Desintegration der Verhaltensmuster „Desorient. Identität“
z. B.: Einstellungen, Einflüsse, Beobachtungen und Anforderungen „Assoziat. Identität“
innerpsychische Verarbeitung und Verinnerlichung der Handlungsanforderungen
Überlagerung gegensätzlicher Handlungsanforderungen
innerpsychische Verarbeitung und Verinnerlichung der Handlungsanforderungen
Bewertende Verstärkung: Gewerkschaften, Arbeiterparteien, Massenmedien, Bildungssysteme
Spezifische Verstärkung normativer Desorientierung infolge der Exponiertheit Jugendlicher
Arbeiterjugend
Mittelschichtsjugend
Bewertende Verstärkung: Unternehmerverbände, Parteien, staatliche Instanzen, Massenmedien, Bildungssysteme
Personifizierung menschlicher Beziehungen
assoziativ
Produktives Normensystem
bewußt
Versachlichung von Besitz und Status
Versachlichung menschlicher Beziehungen
dissoziativ
Strukturelles Normensystem
spontan (eigentumsbezogen)
Personifizierung von Besitz und Status
Produktivkräfte (System menschlicher Arbeitskräfte und techn. Produktionsmittel, angewandte Naturkräfte, Kooperation, Arbeitsteilung)
Produktionsverhältnisse (Eigentumsverhältnisse, Verteilungs- und Herrschaftsverhältnisse, hierarch. betriebliche Befehlsformen)

dem Platz in der gesellschaftlichen Organisation der Arbeit. Dieser ist seinerseits gegeben durch die rangmäßig hierarchische Stellung, Dispositionsbefugnis, Arbeitsdisponibilität und ferner durch die Art und Weise der Arbeit. Andere soziale Merkmale wie Einkommens- und Wohnverhältnisse, soziale Herkunft und Bildung sind in diesem Zusammenhang sekundär, weil sie von diesen Arbeitsbestimmungen abhängen. Beziehung und Platz des Einzelnen im System von Produktivkräften und Produktionsverhältnissen sind eng mit der materiellen Klasse verbunden.

Jugendliche aus verschiedenen sozialen Schichten zeigen auch unterschiedliche Normenorientierung. Es hat den Anschein, daß sich Handlungsformen von Jugendlichen aus der Mittelschicht tendenziell stärker an den Elementen des strukturellen Normensystems ausrichten. Besonders ihnen wird eine Orientierung sowohl durch das Herkunftsmilieu als auch über Instanzen wie Gymnasium und Universität nahegebracht. Es ist eine Orientierung auf Erfolg, Unabhängigkeit, Selbstbehauptung und individueller Leistung; sie mündet in der Regel in einer gehobenen Statusplazierung. In ihr zeigt sich die Perspektive zur Profilierung individueller Persönlichkeitsmerkmale (→ Persönlichkeit), die sich in der dissoziativ ausgerichteten Konkurrenz gegenüber anderen manifestiert.

Bei Arbeiterjugendlichen ist eine tendenzielle Orientierung auf produktive Normen zu beobachten. Ein Jugendlicher, der im Milieu eines Arbeiterviertels aufgewachsen ist, entwickelt Beziehungen in Spielgruppen von Kindern aus dem Nachbarschaftsmilieu, lernt, wie seine Eltern, eine Sprache, die durch Ungezwungenheit, Affektivität, Gestik und unmittelbar-konkreter Anschaulichkeit gekennzeichnet ist. Er entwickelt zu seiner Umwelt ein praktisches, tätigkeitsbezogenes Verhältnis, aus dem sich seine Fähigkeiten zur kognitiven Aneignung der Umwelt ableiten. Außerdem zeigen solche Kinder eine höhere Befähigung zur → Rollenübernahme als Kinder aus der Mittelschicht.

Andererseits verhalten sich etwa Studenten, die sich zwar mitunter auch sozial engagiert geben, dissoziativ. Wie eine bundesdeutsche Befragung zeigt (*Speierer* u. *Weidelt* 1984) überschätzen beispielsweise Medizinstudenten ihre eigenen Qualitäten, und sie schätzen andere Studenten, auch Kommilitonen, negativ ein. Der „Verdrängungswettbewerb“ und „mangelnde Kollegialität“ unter Medizinern zeigt sich bereits im Studium.

Die Autoren schließen daraus, daß Mediziner schon als Studenten einander mißtrauen und wenig freundlich miteinander umgehen. Sie erleben einander als wenig solidarisch und kooperationsbereit. Diese dissoziative Haltung sei auf Elitegefühle und Überlegenheitsbedürfnisse zurückzuführen, die mit der Neigung verbunden seien, das wahre → Ich bedeckt zu halten, eigene Schwächen und Probleme zu verdecken oder sie gar projektiv bei anderen wahrzunehmen (→ Projektion).

Dissoziatives Verhalten zeigt sich in der Bürokratie und, in äußerster Konsequenz, beim Militär (*Mantell* 1972). Zwischen assoziativem und dissoziativem Verhalten erstreckt sich der Bereich der Desorientierung. Dieser zeigt sich besonders bei Jugendlichen in Formen von Brutalität, antiautoritärem Handeln, → Aggression, Apathie, Drogengebrauch, Selbstmord (→ Suizid).

Literatur: *D. Mantell,* Familie und Aggression. Frankfurt/M. 1972. *W. Schurian/K. W. ter Horst,* Autorität und Jugend. München 1976. *W. Schurian,* Psychologie des Jugendalters. Opladen 1989. *G. W. Speierer/J. Weidelt,* Wie Medizinstudenten sich selbst und ihre Kommilitonen sehen. Münchner Mediz. Wochenzeitschr., 1984, 126, 1.

Prof. Dr. *Walter Schurian,* Münster

Dissoziieren

→ Neurolinguistisches Programmieren.

distale Reaktion
→ Reiz-Reaktions-Beziehung.

distaler Reiz
→ Reiz-Reaktions-Beziehung.

Distanzlosigkeit
Symptom einer kindlichen Entwicklungsstörung, die sich darin ausdrückt, daß das Kind auch völlig fremden Personen gegenüber nicht die als natürlich erlebte räumliche Distanz einzuhalten vermag. Das Kind sucht vermehrt die enge körperliche Nähe und geht auch mit fremden Personen mit (→ Organisch Bedingte Psychische Störungen).

Distreß
→ Streß.

divisive Methode
→ agglomerative Methode.

Dopamin
als → Neurotransmitter wirkendes Hormon, das bei Mangel oder Überproduktion vermutlich bei der Entstehung psychiatrischer Erkrankungen (→ Schizophrenie) eine Rolle spielt. Möglicherweise weist das Gehirn schizophrener Patienten mehr Dopamninrezeptoren auf und ist daher empfänglicher für Dopamin.

dopaminerges System
→ Dopamin.

Doppelbindungs-Beziehung
⇒ Double bind
lebenswichtige Beziehung oder Abhängigkeitsbeziehung, die dadurch gekennzeichnet ist, daß der schwächere Partner dauernd mit inkonsistenten, widersprüchlichen Mitteilungen und Aufforderungen konfrontiert wird, auf die er einerseits reagieren muß, die ihm andererseits jedoch keinen Ausweg lassen. Welcher Mitteilung er auch folgt, es entstehen immer nur Nachteile. Gelegentlich wird behauptet, daß Doppelbindungs-Situationen bei nicht aufkündbarer emotionaler Bindung und faktischer Abhängigkeit (wie z.B. in der Mutter-Kind-Beziehung) die Ursache der → Schizophrenie sind.

Doppel-Blindversuch
Versuchsanordnung (→ Experiment), die vor allem bei der Untersuchung von Arzneimittelwirkungen angewandt wird. Von einem *einfachen Blindversuch* spricht man, wenn die Versuchsperson nicht weiß, ob sie ein Medikament oder ein → Placebo erhalten hat. Zur Vermeidung von → Versuchsleiter-Erwartungseffekten läßt man häufig auch den Versuchsleiter, der die Ergebniskontrolle vornimmt, darüber uninformiert, welche Patienten das Medikament und welche Patienten das Placebo erhalten haben. In diesem Fall spricht man von einem Doppel-Blindversuch.

Double bind
⇒ Doppelbindungs-Beziehung.

Drei-Parameter-Modell
→ Adaptives Testen.

Driftbewegungen
→ Augenbewegungen.

Drogenabhängigkeit
→ Sucht.

Drogenpostulat
→ Sucht.

Drogensucht
→ Sucht.

DSM-III
dritte Version des Diagnostischen und Statistischen Manuals der American Psychiatric Association, das sich aus der Klassifikation der Geistesstörungen von *Emil Kraepelin* (1865–1926) entwickelt hat, und auch zahlreiche Elemente aus der Theorie der → Psychoanalyse übernommen hat.

Dualismus
→ Verstehen.

Dunkelfeld
sozialpsychologisch: Bereich des sozialen Gefüges und der zwischenmenschlichen Beziehungen, der einer systematischen, direkten Beobachtung und Untersuchung nicht zugänglich ist, beispielsweise Sexualpraktiken, die die Ausbrei-

tung des AIDS-Virus fördern (→Sexualität) oder →Gewalt in der Familie;

testpsychologisch (→Psychodiagnostik): verdunkelter Hintergrund, vor dem eine visuelle Testvorlage mit langsam zunehmender Helligkeit dargeboten wird, zur suggestiven oder aufmerksamkeitsfördernden Einwirkung auf den Probanden.

Duplex-Transaktion
→Transaktionale Analyse.

Duplizität
Der term. techn. „Duplizität" (vgl. *Herrmann* 1974) oder „Duplizität der Zufälle" bezeichnet eine von Grund auf neue und zukunftsweisende Forschungstechnik in der Frage der Datengewinnung und -sicherung. Seit langem wird von kritischen Methodologen beklagt, daß die Eingangsdaten in der empirischen (Sozial-) Forschung oft in ungeprüfter Weise fehlerbehaftet und, insbesondere in Relation zu den anschließend verwendeten differenzierten inferenzstatistischen Verfahren (→Statistik), unzureichend sind. Diesem gravierenden Mangel läßt sich jetzt durch den konsequenten Einsatz von geeichten Zufallsgeneratoren begegnen (→Wahrscheinlichkeit). Dadurch wird endlich die Datenqualität eineindeutig, und der sonst übliche enorme Arbeitsaufwand bei der Datenbeschaffung minimiert (vgl. Sonderforschungsbereich 444, Kostendämpfung im Forschungswesen). Allerdings muß dann auch die traditionell eitle Suche nach →Signifikanzen i.S. einer Abgrenzung vom Zufall unterbleiben. Dieses dürfte wiederum dazu beitragen, die traditionell negativen Einstellungen von Ethikkommissionen gegenüber psychologischen Forschungsvorhaben zu mildern, da die Orientierung am Duplizitäts-Konzept einen humaneren Umgang mit →Null-Hypothesen erlaubt. Zwar meint *Feingold* (1988) nachgewiesen zu haben, daß Null-Hypothesen keinen seelischen Schaden nehmen, wenn man sie zurückweist, was allerdings nur für die einmalige Ablehnung gilt. Überblickt man aber die Veröffentlichungen in den experimentalpsychologischen (→Experiment) Zeitschriften der letzten Jahre, so fällt doch ein besorgniserregender Anstieg der Akzeptanz von Alternativ-Hypothesen auf, sodaß nicht ganz auszuschließen ist, daß es bei den häufiger zurückgewiesenen Null-Hypothesen längerfristig zu narzistischen (→Narzismus) Kränkungen kommt und diese sich daraufhin überhaupt nicht mehr prüfen lassen.

Die konsequente Anwendung des Duplizitäts-Konstrukts (→Konstrukt) würde aber auch die Klärung bisher offener Fragen der Psychologie unter völlig neuen Gesichtspunkten ermöglichen. Von besonderem Interesse dürfte in diesem Zusammenhang das Phänomen des →Déjà-vu sein, das den meisten Forschern durchaus geläufig ist (*Hofstätter* 1984), ohne daß es sich bisher als konkret faßbar erwiesen hat. (Richtungsweisend dürften in diesem Zusammenhang die Arbeiten von *Agin* u. *Agin* (1975) sowie die klassische Arbeit von *Faulti* u. *Amnesis* aus dem Jahre 1955 sein.)

Innerhalb des neuen Forschungsparadigmas (→Paradigma) ist per Def. die Zufallssuche überflüssig, wodurch personelle und materielle Ressourcen eingespart werden. Zur Sicherung der Eingangsdaten für alle weiteren Analyseschritte sollte neben einer Diskette eine Kopie (sog. Doublette) auf einer Festplatte angelegt werden, damit so sorgfältig die „Duplizität der Zufälle" garantiert wird.

Literatur: *H. Agin/L. Agin*, Everything you always wanted to know about Déjà-vu but thought you already knew. Am. Paramnesis Quarterly, Spring 1975. *Z. Faulti/Y. Amnesis*, Remember Déjà-vu? New England Memory Quarterly, Aug. 1955. *A. Feingold*, A beginners guide to statistical terms in the psychological literature. J. of Polymorphous Perversity, 1988, 5, 9–10. *Th. W. Herrmann* (Hrsg.), Dichotomie und Duplizität. Bern 1974. *P. R. Hofstätter*, Psychologie zwischen Kenntnis und Kult. München 1984.

Prof. Dr. *Ernst A. Dölle,* Konstanz

Dyspareunie
→ Sexualität.

Dysphorie
emotionale Verstimmung ohne tiefgreifende äußere Ursachen.

Dysthymie
→ Depression.

E

Ebbinghaus-Gesetz
→Gedächtnis.

echte Neurose
→Neurosen.

EDA
⇒elektrodermale Aktivität
→Hautwiderstand.

EEG
⇒Elektroencephalogramm
Massenableitung bioelektrischer Signale, wobei die Potentialdifferenzen meist über den intakten Schädel mit Oberflächenelektroden abgegriffen und anschließend verstärkt werden. Die konventionelle Einteilung nach Frequenzbereichen, die auf den Entdecker des menschlichen EEG, *Hans Berger* im Jahre 1929 zurückgeht, kennt folgende Grapho-Elemente:

Beta-Wellen: über 12,5/sec.
Alpha-Wellen: 7,5 bis 12,5/sec.
Theta-Wellen: 3,5 bis 7,5/sec.
Delta-Wellen: unter 3,5/sec.

Die höheren Frequenzen zeigen gewöhnlich niedrigere Aplituden. Die vorherrschende Frequenz nimmt mit der Hirnreifung bis etwa zum 15. Lebensjahr zu. Die Frequenzzusammensetzung (Überwiegen von Alpha- oder Beta-Wellen, Beimischung von Theta-Aktivität) ist im Erwachsenenalter relativ konstant, die interindividuellen Unterschiede sind hingegen groß. Die Frequenzen ändern sich in Abhängigkeit vom Grad der Aktivierung des Organismus, des Bewußtseins (→visuelle Aufmerksamkeit), im →Schlaf oder nach neurologischen Störungen. In den letzten Jahren fanden Computer-EEG-Analysen zunehmende Beachtung (→Ereigniskorrelierte Potentiale).

Effektgesetz
von *Edward Lee Thorndike* (1874–1949) beschriebene Abhängigkeit des Verhaltens von den Konsequenzen, die dieses Verhalten nach sich zieht und derzufolge Verhaltensweisen, die als negativ erlebte Zustände nach sich ziehen, vermieden werden, während solche Verhaltensweisen, die angenehme oder als positiv erlebte Zustände nach sich ziehen, wahrscheinlicher werden.

Effektualphase
→Initialphase.

efferent
→Nervenssystem.

Efferenz
die vom zentralen →Nervensystem zu den peripheren Systemen bzw. zu den Effektoren geleitete Erregung.

Ego
⇒Ich.

Eichung
→Testkontruktion.

Eigenschaften
Der Begriff der Eigenschaften wird umgangssprachlich in zweifacher Weise verwendet: Erstens fragt man nach Eigenschaften im Sinne der Beschreibung einer Person. Dabei will man wissen, ob sie z.B. fröhlich, ängstlich, gesellig, hilfsbereit oder auch leistungsfähig ist. Zweitens wird der Begriff i.S. der Überlegung gebraucht, in welcher Eigenschaft (Funktion, →Rolle) eine Person auftritt (*Graumann* 1960).

Die Persönlichkeitspsychologie (→Persönlichkeit) benutzt den Begriff der Eigenschaft (engl.: *trait*) zur Kennzeichnung interindividueller Unterschiede in der Bereitschaft, auf eine funktional äquivalente Klasse von Situationen mit einer funktional äquivalenten Klasse von Reaktionen zu antworten. Beispielsweise wird ein Individuum dann als hilfsbereit zu bezeichnen sein, wenn es auf eine Reihe von sozialen Situationen, die es als hilfsbereitschaftsrelevant beurteilt, zwar mit unterschiedlichen Verhaltensweisen reagiert, diese jedoch allesamt der Kategorie „hilfsbereit" und damit der Eigenschaft Hilfsbereitschaft zuzuordnen sind.

Allgemeine Merkmale für die Definition von Eigenschaften sind ihre zeitliche Stabilität, transsituative Konsistenz sowie ihre Universalität. *Zeitliche Stabilität* bedeutet, daß eine Person so handelt, wie sie früher in derselben Situation gehandelt hat. *Transsituative Konsistenz* charakterisiert den Sachverhalt, daß eine Person in ähnlichen Situationen ähnlich, d.h. funktional äquivalent handelt. *Universalität* bedeutet, daß die Eigenschaft qualitativ bei allen Individuen einer Population prinzipiell vorhanden ist, Unterschiede aber hinsichtlich des Ausprägungsgrades bestehen.

Mit *Allport* (z.B. 1937) kann man zwischen *persönlichen* und *allgemeinen* Eigenschaften unterscheiden. Persönliche Eigenschaften haben eine Bedeutung für die Art und Weise, wie ein Individuum (und nur dieses) handelt. Es gelten die Bedingungen der zeitlichen Stabilität und der transsituativen Konsistenz, nicht aber die Bedingung der Universalität. Persönliche Eigenschaften bestimmen so die Einzigartigkeit eines Individuums.

Für allgemeine Eigenschaften gelten alle drei Bedingungen, so auch die der Universalität. Die Einzigartigkeit eines Individuums ist damit nicht durch die Konstellation persönlicher Eigenschaften, sondern vielmehr durch die unterschiedlichen Ausprägungsgrade der Eigenschaften, d.h. das Eigenschaftsmuster bestimmt.

Eigenschaften sind häufig als verhaltensbestimmende Kräfte, als erschlossene Entitäten, als Wesensmerkmale aufgefaßt worden (so insbesondere in der deutschsprachig orientierten →Ganzheitspsychologie. Typische Vertreter sind *Allport, Lersch, Wellek*). Davon zu unterscheiden ist ihre Konstruktion als Abstraktion aus beobachtbaren oder gemessenen Sachverhalten, welche zeitlich stabil, transsituativ konsistent und universell sind. Solche empirischen Sachverhalte sind als Indikatoren für Eigenschaften, als *hypothetische →Konstrukte,* aufzufassen, denen jedoch keine „Wesensaussage" zukommen. Eine solche Eigenschaftsauffassung ist *nomothetisch* orientiert und dient – pragmatisch gesehen – der Erfassung interindividueller Unterschiede. Diese Position findet sich vor allem im angloamerikanischen Sprachraum; typische Vertreter sind *Cattell, Eysenck* und *Guilford.*

Kritik an einer Eigenschaftskonzeption der →Persönlichkeit ist vor allem von *Mischel* (1969) vorgebracht worden. Nach *Mischel* werden zeitliche Stabilität und transsituative Konsistenz von Verhalten weit überschätzt. Scheinbar kommen sie nur zustande, weil Eigenschaften kognitive Kategorien (→Kognition), Denkgewohnheiten repräsentieren, die jedoch auf Verhaltensebene kaum nachzuvollziehen sind. Verhalten ist demgegenüber adaptiv, situationsabhängig flexibel und ändert sich in der Zeit. Die nur geringe →Korrelation von Eigenschaftsindizes mit Verhaltenskriterien in Höhe von durchschnittlich r = .30 (gemeinsamer →Varianzanteil bis zu 10%) lassen den Wert von Eigenschaften für die Beschreibung, Erklärung und Vorhersage von Verhalten bezweifeln.

Diese Kritik veranlaßte *Epstein* (1983) zu einer Doppelbetrachtung von Eigenschaften. In den Feststellungen (1) ‚Verhalten ist in hohem Maße situationsspezifisch' und (2) ‚Verhalten ist über Situationen hinweg konsistent' sieht er keinen Gegensatz, sondern eine notwendige Ergänzung zweier Extrempositionen. Verhalten verlangt einerseits eine flexible Anpassung an die jeweiligen situativen Gegebenheiten, muß sich andererseits aber aus Ökonomiegründen an einer begrenzten Anzahl von Verhaltensdispositionen (Eigenschaften) orientieren. So ist durchaus denkbar, daß sich Verhalten bei unzureichender situationsspezifischer Informationslage an allgemeinen Dispositionen orientiert, während mit zunehmender Lernerfahrung eine situationsspezifische Anpassung stattfindet (empirische Befunde dazu bei *Schwenkmezger* 1985).

In der *Interaktionismusdebatte* ist schon immer auf die verhaltensdeterminierende Wirkung von personbezogenen Eigenschaften, situativen Bedingungen und deren →Wechselwirkung hingewiesen worden. Deshalb ist in der Persönlichkeitspsychologie auch schon sehr früh vorgeschlagen worden, Eigenschaftsmessungen um *Zustandsindikatoren* zu ergänzen. Ein solches interaktionistisches Konzept wird im folgenden am Beispiel eines Angstkonstrukts (→Angst) aufgeführt, da es insbesondere hier zu einem fruchtbaren Forschungsansatz geführt hat (*Spielberger* 1972).

Zustandsangst wird als vorübergehende emotionale Befindlichkeit des menschlichen Organismus definiert, die hinsichtlich ihrer Intensität variiert und zeitlich instabil ist. Der Zustand wird mit subjektiven, bewußt wahrgenommenen Gefühlen von Spannung, Irritationen und ängstlicher Erwartung, verbunden mit einer Erhöhung der Aktivität des →autonomen Nervensystems, beschrieben. In Situationen, die von einem Individuum als bedrohlich wahrgenommen werden, steigt die Intensität der Zustandsreaktion an. Dabei muß die subjektive Einschätzung der Bedrohung nicht mit der objektiven Gefahr übereinstimmen.

Der Begriff der *Eigenschaftsangst* bezieht sich demgegenüber auf die Bezeichnung relativ stabiler interindividueller Unterschiede in der Anfälligkeit für Angstreaktionen, d.h. in der Tendenz, ein breites Spektrum an Situationen als gefährlich oder bedrohlich wahrzunehmen und auf eine solche Bedrohung mit Zustandsangst zu reagieren. Die Angstdisposition spiegelt interindividuelle Unterschiede in der Häufigkeit und Intensität wider, mit der Angstzustände in der Vergangenheit aufgetreten sind und gibt auch Anhaltspunkte für die →Wahrscheinlichkeit, mit der sie in Zukunft auftreten können. Personen mit hohem Eigenschaftsangstniveau tendieren gegenüber solchen mit niedrigem Niveau dazu, eine höhere Anzahl von Situationen als gefährlich und bedrohlich wahrzunehmen. Dieser Aspekt wird auch als *Extensitätsbeziehung* bezeichnet. Diesem steht eine *Intensitätsbeziehung* gegenüber: In bedrohlichen Situationen wird der Anstieg der Zustandsangst bei Hochängstlichen höher sein als bei Niedrigängstlichen.

Eine solche Konzeption von Eigenschafts- und Zustandsangst ist prinzipiell auf andere Eigenschaften übertragbar. Sie erscheint insbesondere dann für Verhaltensvorhersagen fruchtbar, wenn man eine bereichsspezifische Einschränkung vornimmt. So ist beispielsweise in bezug auf Ängstlichkeit die Differenzierung nach Prüfungsängstlichkeit, Bewertungsängstlichkeit, Ängstlichkeit in sozialen Situationen, Ängstlichkeit in physischen Bedrohungssituationen u.a. vorgenommen worden.

Unter methodischen Gesichtspunkten wurde die Eigenschafts-Zustandsdifferenzierung zumeist an Kriterien der klassischen →Testtheorie festgemacht. Für Zustandsskalen forderte man u.a. eine hohe →interne Konsistenz, während für Eigenschaftsskalen zusätzlich die Bedingung einer hohen →Retestkorrelation (zeitliche Stabilität) erfüllt sein soll. Wie jüngere Analysen zeigen, sind methodische Verbesserungen denkbar, wenn Eigenschaften und Zustände nicht als manifeste Variablen konzipiert sind, sondern als →latente Variablen in einem simultanen Modell definiert werden (vgl. *Schwenkmezger* & *Steyer,* 1989). Ein solches Modell erlaubt es, Konsistenz und Spezifität nicht über fragwürdige →Gütekriterien der Meßinstrumente zu definieren, sondern in Abhängigkeit von situativen Bedingungen empirisch exakt zu bestimmen.

Literatur: *G. W. Allport,* Personality. A psychological interpretation. New York 1937. *S. Epstein,* Aggregation and beyond. Some basic issues in the prediction of behavior. J. Personality, 1983, 51, 360–392. *C.-F. Graumann,* Eigenschaften als Problem der Persönlichkeitsforschung. In: *P. Lersch/H. Thomae* (Hrsg.), Persönlichkeitsforschung und Persönlichkeitstheorie. Handbuch der Psychologie (Bd. 4, 76–154). Göttingen 1960. *W. Mischel,* Continuity and change in personality. Am. Psychologist, 1969, 24, 1012–1018. *P. Schwenkmezger,* Modelle der Eigenschafts- und Zustandsangst. Göttingen 1985. *P. Schwenkmezger/R. Steyer,* State-Trait-Ansätze: Neue methodische und inhaltliche Entwicklungen. In: *W. Schönpflug* (Hrsg.), Bericht über den 32. Kongress der DGfPs in Berlin (Bd. 2, 501–504). Göttingen 1989. *C. D. Spielberger,* Anxiety as an emotional state. In: *C. D. Spielberger* (Ed.), Anxiety: Current trends in theory and research. Vol. 1, 23–49. New York 1972.

Prof. Dr. *Peter Schwenkmezger,* Trier

Eigenschaftsangst
→ Eigenschaften.

Eindruck
Anmutung, Gesamtbild, das man von einer anderen Person erhält.

einfache randomisierte Versuchsanlage
→ Versuchsplanung.

Ein-Oszillatoren-Modell
→ Circardiane Periodik.

Einstellung
in verschiedenen Bedeutungszusammenhängen verwendeter Begriff, der die Nachwirkungen früherer Erfahrungen auf das aktuelle Erleben und Verhalten und insbesondere auf die Wahrnehmung der aktuellen Gegebenheiten beschreibt. Allgemein beschreibt die Einstellung die Position, aus der heraus man die Dinge wahrnimmt und bewertend einordnet. Der Begriff wird häufig im Sinne von → Attitüde oder → Attitude verwendet.

Einzelfallanalyse
Es waren oft experimentelle Fallstudien, die in nicht geringem Maß zur Theorienbildung beigetragen haben. Zu den klassischen Einzelfallexperimenten (→ Experiment) zählen u.a. die Untersuchungen von *Hermann Ebbinghaus* (1850–1909) „Über das → Gedächtnis" (1885) oder die Selbstversuche von *George Malcom Stratton* (1865–1957) zum Phänomen des umgekehrten Netzhautbildes. *William Stern* (1871–1938) sah in der Analyse von Einzelfällen sowohl ein inhaltliches als auch ein methodisches Desiderat der Psychologie. Der dritte Hauptteil seiner → „Differentiellen Psychologie", den Stern der „Erforschung der Individualitäten" widmete, ist ein einzigartiges Plädoyer für eine einzelfallorientierte Psychologie.

Unter einer experimentellen Fallstudie oder einem *„Einzelfallexperiment"* (→ Experiment) versteht man die „intensive Untersuchung eines Phänomens durch systematische Variation der Bedingungen bei *einem* Individuum, wobei die Beobachtungen quantitativ ausgewertet und (nach Möglichkeit) zufallskritisch abgesichert werden" (*Huber* 1973, S. 28). Experimentelle Fallstudien sind also immer dann angezeigt, wenn im Bereich der Diagnostik (→ Psychodiagnostik), der therapeutischen Kontrolle oder im explorativen Forschungsexperiment „singuläre" oder → „idiographische" Hypothesen zu prüfen sind. Leider ist in der Praxis die Kontrolle über die unabhängigen Variablen oft nur bedingt möglich, weshalb man sich vielfach mit „Quasi-Experimenten" begnügen muß.

Große praktische Bedeutung hat das Einzelfallexperiment im Rahmen der Verhaltensdiagnostik und individuellen Therapiekontrolle (→ Psychotherapie) erhalten. Die einfachste Versuchsanordnung (→ Versuchsplan) ist der sogenannte A-B-Plan, der aus einer *Vorbehandlungsphase A* (→ „baseline" bzw. „Grundkurve") und einer *Behandlungsphase B* besteht. A-B-Pläne, in welchen das zu verändernde Verhalten in bestimmten Zeitabständen fortlaufend beobachtet wird, werden auch *Zeitreihenpläne* genannt. Die Kontrolle reversibler Behandlungseffekte kann mit Hilfe eines *Behandlungsentzugs- bzw. Umkehrplans* („with-drawal" bzw. „reversal design") vom Typ A-B-A-B vorgenommen werden. Dabei erfolgt in der dritten Phase eine *Behandlungsausblendung,* indem die Grundkurvenbedingung A wieder eingeführt wird. Zur Kontrolle irreversibler Behandlungseffekte greift man häufig auf einen *multiplen Grundkurvenplan* („multiple base-line design") zurück. Diese Versuchsanordnung stellt eine multivariate Form (→multivariate Datenanalyse) eines A-B-Plans dar, da verschiedene (mehr oder weniger unabhängige Verhaltensweisen) eines Patienten gleichzeitig registriert werden. Die Einleitung der Behandlungsphase B für die zu modifizierenden Verhaltensweisen wird allerdings sequentiell vorgenommen, weshalb die einzelnen Grundkurven eine unterschiedliche Länge aufweisen. Wenn das Verhalten eines Patienten in verschiedenen Situationen unterschiedlichen Kontingenzverhältnissen unterworfen wird, dann spricht man von einem *Reizdiskriminationsplan* („stimulus discrimination" bzw. „multiple schedule design"); im Vergleich dazu prüft ein multipler Grundkurvenplan eine *Reaktionsdiskrimination* („response discrimination"). Einen Überblick über neuere Entwicklungen in der einzelfallorientierten Evaluationsmethodologie geben die Arbeiten von *Roth* (1985) und *Petermann* (1989).

In der klinisch-diagnostischen Praxis werden die diversen Ausblendungs-, Umkehr- und multiplen Grundkurvenpläne in der Regel nach graphisch-deskriptiven Kriterien ausgewertet. Die visuelle Analyse von Zeitreihen kann allerdings nur ein exploratives Vorstadium einer nachfolgenden statistischen Auswertung sein (→Statistik).

Seit *Zubin* (1950) die „Axiome" der Einzelfallstatistik formulierte, bemüht man sich um mathematische Methoden, die zur Analyse von Einzelfalldaten geeignet sein könnten. Bei der Auswertung seriell abhängiger Beobachtungswerte lassen sich grundsätzlich zwei Ansätze unterscheiden: a) Permutations- bzw. Randomisierungstests und b) zeitreihentheoretische Methoden.

Randomisierungstests können bei der Auswertung von Einzelfallexperimenten die Methode der Wahl sein, wenn sich die geplanten Behandlungsmaßnahmen den vorgesehenen Untersuchungszeiten nach dem Zufall zuordnen lassen. Ist ein behandlungsspezifischer Transfereffekt zu befürchten, ist mit irreversiblen Behandlungseffekten zu rechnen oder erscheint eine randomisierte Behandlungsabfolge aus therapeutischen Gründen kontraindiziert, dann empfiehlt es sich, den Interventionszeitpunkt nach dem Zufall festzulegen.

Randomisierungstests sind →nonparametrische Verfahren, die es gestatten, Informationen über die Intervalle zwischen den Meßwerten beizubehalten. Bestehen jedoch Zweifel an der →Intervallskalenqualität der Daten, so können die Meßwerte jederzeit durch ihre Ränge (→Rangskala) ersetzt werden. Verteilungstheoretisch wird der im Einzelfall erhaltene intraindividuelle Meßwertvektor (→Vektor) als Realisation einer mehrdimensionalen Zufallsvariable betrachtet. Die Plausibilität der →Nullhypothese, unter der für alle Permutationen der Meßwertvektoren gleiche →Wahrscheinlichkeiten postuliert werden, wird durch die →Randomisierung der Versuchsanlage gewährleistet. Behandlungsspezifische Meßwertabhängigkeiten stören die Gleichverteilungsannahme für die Permutationen nicht; es dürfen allerdings unter der Nullhypothese keine Unterschiede in den →Korrelationen zwischen den Zeitpunkten innerhalb der Behandlungsbedingungen bestehen. Ein großer Vorteil der Randomisierungstests ist also darin zu sehen, daß die volle, als unbekannt akzeptierte behandlungsspezifische Abhängigkeitsstruktur auch unter der Nullhypothese beibehalten wird (vgl. *Krauth* 1981).

Die *zeitreihenanalytischen Methoden* rekurrieren in der Regel auf die allgemeine Klasse der *ARIMA-Modelle* (*Box* u. *Jenkins* 1970). Das Akronym ARIMA bedeutet „autoregressive integrated moving average". Die Strukturparameter p, d und q beschreiben die Beziehungen zwischen den Zufallskomponenten und den restlichen Anteilen einer Zeitreihe; der Parameter d bezeichnet den Grad der Differenzbildung, p die Ordnung des autoregressiven Prozesses und q die Ordnung des Gleitmittelprozesses. Eine Interventionseffektanalyse ist bei einem Zeitreihenplan erst dann möglich, wenn eventuelle Trendanteile sowie Autoregressions- und Gleitmittelprozeßkomponenten unter statistischer Kontrolle gehalten werden können. Je nach Latenz und Verlauf der Behandlungswirkung kann man verschiedene Interventionseffekttypen spezifizieren.

Auf der Grundlage der an Einzelfällen gewonnenen Erfahrungen erhebt sich häufig die Frage, ob die an dem einen oder anderen Patienten einer bestimmten Behandlungsgruppe erzielten Ergebnisse auch an weiteren Patienten mit ähnlichen Störungen replizierbar sind. Mit anderen Worten: Es wird der Versuch unternommen, eine durch kumulative Erfahrungsverwertung entstandene „quasi-universelle" Hypothese durch die Prüfung entsprechender fallbezogener „singulärer" und „idiographischer" Hypothesen an einer Reihe von systematisch oder zufällig ausgewählten Patienten relativ zum Hintergrundwissen zu bestätigen.

Bei der → Agglutination homologer Einzelfallexperimente, die an zufällig ausgewählten Personen einer definierten Population durchgeführt wurden, kann man analog wie bei Gruppenstudien verfahren und die einzelfallstatistischen Prüfgrößen oder die entsprechenden Überschreitungswahrscheinlichkeiten zu einer statistischen Gesamtaussage zusammenfassen. Derartige Agglutinationsverfahren werden unter dem Begriff → *Meta-Analyse* subsumiert.

Literatur: *H. P. Huber,* Psychometrische Einzelfalldiagnostik. Weinheim 1973. *J. Krauth,* Statistische Methoden zur Veränderungsmessung. In: *U. Baumann/H. Berbalk/G. Seidenstücker* (Hrsg.), Klinische Psychologie. Trends in Forschung und Praxis (Bd. IV, 98–131). Bern 1981. *F. Petermann* (Hrsg.), Einzelfallanalyse (2. Aufl.). München 1989. *W. L. Roth,* Praxisorientierte Evaluationsmethodologietrends in der Einzelfallversuchsplanung. Ztschr. Klin. Psychol., 1985, 14, 113–129. *J. Zubin,* Symposium on statistics for the clinician. J. Clin. Psychol., 1950, 6, 1–6.

Prof. Dr. *Helmuth P. Huber,* Graz

Einzelfallhilfe
→ Schulpsychologischer Dienst.

ejakulatorische Impotenz
→ Sexuelle Störungen.

Ekstase
Rausch, extreme Verzückung, fanatische Begeisterung.

Elektrakomplex
→ Ödipuskomplex.

elektrodermale Aktivität
⇒ EDA
→ Hautwiderstand.

Elektroencephalogramm
⇒ EEG.

Elektrokardiogramm
Das Elektrokardiogramm (EKG) wird für die medizinisch kardiologische Routinediagnostik als nicht invasives Verfahren eingesetzt. Dabei werden bioelektrische Signale zur Darstellung physiologischer Phänomene und zur Krankheitsdiagnostik verwandt (→ Psychophysiologische Beziehungen).

Durch die Bewegung eines jeden Muskels werden elektrische Potentiale freigesetzt, die entsprechend ableitbar sind. Der Herzmuskel ist ständig in Bewegung, so daß immer Ströme abzuleiten sind. Um ein ungestörtes Elektrogramm abzuleiten, muß der Proband alle Muskeln entspannen, um ein Muskelzittern, das sich auch in der Registrierung des EKG zeigen würde, zu vermeiden. Ableitung und Messung der Herzströme geschieht unter Verwendung bestimmter Elektrodenplazierungen an den Gliedmaßen und auf der Brustwand. Die EKG-Ableitungen können als Projektionswände aufgefaßt werden. Um zu einer genauen Rekonstruktion dieser Projektion zu gelangen, sind mehrere Ableitungen notwendig, da das Herz einen mit einer Kugel vergleichbaren Körper darstellt. Dazu werden in der Standardelektrokardiographie verschiedene Ableitungen verwendet: zur Darstellung der Vertikalebene die bipolare Extremitätenableitung nach *Einthoven* (sog. Einthoven-Dreieck) sowie eine verstärkte unipolare Ableitung nach *Goldberg,* darüber hinaus die Ableitung in der Horizontalebene nach *Wilson,* das sind unipolare Brustwandableitungen, die V_1 bis V_6 genannt werden und bestimmte Positionen auf der Brustwand inne haben. Um die Brustwandkabel anzulegen, sind Basiskenntnissse über die Thoraxanatomie notwendig, denn von der richtigen Ableitung ist die Aussagekraft des EKG abhängig.

Zur Erfassung der Herzfrequenz unter Zuhilfenahme der Herzaktionspotentiale und zur Beurteilung der Veränderungen der Herzhinterwand, stellt die Ableitung nach *Nehb* eine wichtige Ergänzung dar. Hierbei werden über drei Extremitätenableitugen die Aktionspotentiale an der Brustwand aufgenommen. Eine leichte Modifikation sowie eine Verschiebung der Nehb'schen Elektrodenplazierung wird zur reinen Herzfrequenzaufzeichnung in der Aktivierungsforschung verwandt.

Eine weitere Möglichkeit der EKG-Ableitung ist die des intramyokardialen Elektrogramms. Dabei wird eine Elektrode direkt im Myokard fest verankert und auf diese Weise ein störungsfreies Aktionspotential abgeleitet. Diese Form der EKG-Ableitung findet in der nicht invasiven Abstoßungsdiagnostik nach Herztransplantation seine Anwendung *(Warnecke).* Diese Methode stellt eine Modifikation des intrakardial abgeleiteten Elektrogramms dar, das zur Differenzierung von Rhythmusstörungen und zur Orientierung über die Lage der Elektrodenspitze bei passageren Schrittmachersonden verwendet wird.

Aus Lage und Form der Zacken der Ableitungen lassen sich sowohl Schlüsse auf die Funktionsweise des Herzens als auch auf Schädigungen des Herzmuskels ziehen.

Generell werden die Zacken und Wellen nach alphabetischer Reihenfolge (PQRST) benannt.

Man unterscheidet positive und negative Zacken und Wellen. Die P-Welle ist die Abbildung der Vorhoferregung. Der QRS-Komplex stellt die Kammererregung (Depolarisation) dar. Die Erregungsrückbildung (Repolarisation) wird durch die T-Welle aufgezeichnet.

Herz- oder Pulsfrequenz werden in der →Aktivierungs-, →Emotions- oder →Streßforschung als häufigstes physiologisches Maß verwendet. Dabei werden die R-R-Abstände als Maß für die Herzfrequenz gebraucht. Dieses sehr einfach zu erhebende physiologische Instrumentarium gibt die Maße des kardiovaskulären Systems auf eindrucksvolle Weise wieder und ermöglicht Verknüpfungen mit Verhaltensdaten (Anstieg der Herzfrequenz bei der Inspiration).

Zur Auswertung eines EKG sind elektrophysiologische Grundlagen sowie umfangreiche Erfahrungen über Form-

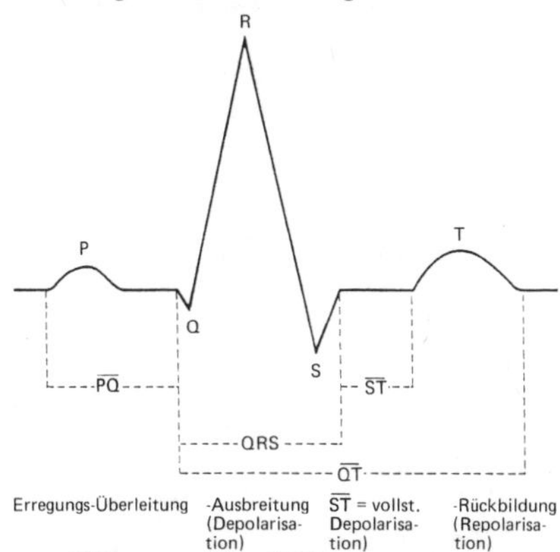

Schema einer elektrischen Herzaktion. P = P-Welle (Vorhofwelle); QRS = QRS-Komplex, Erregungsausbreitungskomplex der Kammern; T = T-Welle, Erregungsrückbildungswelle der Kammern; PQ = Überleitungszeit: Beginn der P-Welle bis Beginn des QRS-Komplexes; ST = ST-Strecke, Zeit der totalen Kammererregung; QT = totale elektrische Kammeraktion: Erregungsausbreitung und -rückbildung (Kling, 1984).

veränderungen zur Differenzierung eines pathologischen EKG unerläßlich.

Bei der Schwangerschaftsvorsorge wird zur Überprüfung des Gesundheitszustandes des Feten ein dem EKG verwandes Biosignal, das *Kardiotokogramm* (CTG), an der mütterlichen Bauchwand aufgenommen. Von Bedeutung ist hier u.a. die fetale Herzfrequenz. In der Psychologie wird das EKG im Bereich der Psychophysiologie, hier im Bereich der Aktivierungsforschung primär zur Kontrolle der Herzfrequenz genutzt, oder aber in der →Streß- als auch in der Emotionsforschung (→Emotionen) zur Darstellung physiologischer Veränderungen. Dabei dient das EKG der Erfassung spezieller Beziehungen zwischen beobachteteten Verhalten, physiologischer Veränderungen des zentralen und vegetativen Nervensystems und dem Erleben des Individuums (→Psychophysiologische Beziehungen). Diese physiologischen Daten werden mit →Persönlichkeitsmerkmalen in Verbindung gebracht und dienen so der Beschreibung →interindividueller Differenzen (vgl. z.B. *Fahrenberg* 1979) Herzsensationen gehören in diesem Zusammenhang mit zu den häufigen am Herzen festgestellten Veränderungen. Sie treten als Herzklopfen, →Tachykardie, Hyperkinesis cordis, Rhythmusstörungen, →Stenokardien, →Angst, Beklemmung, Unruhe, Todesangst und →Depression auf (*Parade* 1970). Diese Beschwerden treten oft anfallsartig auf und können zwischen 10 Minuten und 1 Stunde dauern. Patienten, die zur Abklärung dieser Problematik bei ihrem Arzt erschienen, waren oft darüber verwundert, daß eine elektrokardiographische Aufzeichnung ohne Befund blieb. *Freud* kannte diese Erkrankung u.a. aus Selbsterfahrung und nannte diesen Symptomkomplex *Angstneurose*. In neuerer Literatur werden diese Herzbeschwerden als *Herzneurosen* bezeichnet. Bei diesen anfallsartigen Beschwerden findet man Herzfrequenzbeschleunigungen bis auf 140–150 Schläge pro Minute bei schwacher Blutdrucksteigerung (*Richter* u. *Beckmann* 1973). Im EKG finden sich bei Herzneurotikern in allen Ableitungen selten Auffälligkeiten, trotzdem werden oft z.B. →Betablocker verordnet (→iatrogene Fixierung). Es gibt kein typisches Herzneurotiker-EKG. Wohl findet man häufig Veränderungen im Orthostaseversuch, diese scheinen sich jedoch sekundär unter dem Einfluß der ängstlichen Aktivitätsvermeidung einzustellen. EKG-Besonderheiten bei Herzneurotikern gehören demnach zu den neurovegetativ vermittelten EKG-Zeichen. Tachykardien und →Extrasystolen treten stärker auf. Statistische Untersuchungen konnten belegen, daß die Wahrscheinlichkeit für einen Herzneurotiker, an einer Herzerkrankung zu sterben, als niedrig anzusehen sind. Es konnte nachgewiesen werden, daß für die o.g. Symtomatik vorwiegend Katecholamine auf die beta-Rezeptoren einwirken. Im Gegensatz zu organisch bedingten Kreislaufveränderungen besteht die Besonderheit der herzneurotischen Beschwerden darin, daß hierbei die auslösende Aufregung oder die körperliche Anstrengung zu fehlen scheint. Oberflächlich betrachtet erscheinen die Attacken grundlos. *Richter* u. *Beckmann* gehen deshalb der Frage nach, ob es in der experimentellen Physiologie vergleichbare Befunde gibt. Sie zitieren einen der klassischen *Pawlow*schen Konditionierungsversuche (→klassisches Konditionieren), bei dem ein Hund auf einen Lichtreiz (→bedingten Reiz) hin bei gleichzeitigem elektrischen Schlag in die Pfote (→unbedingter Reiz) diese zu heben beginnt. Nach einigen Versuchen reicht der bedingte Reiz allein, um die Pfote ohne elektrischen Schlag zu heben und Puls und Blutdruck zu erhöhen. Nachdem dieser bedingte Reflex „gelöscht" wurde, konnte man noch über Jahre hinweg (z.T. bis zu 15 Jahren) Herzfreqenzanstieg und Blutdrucksteigerung beobachten.

Tierexperimentelle Ergebnisse lassen sich nicht einfach auf den Menschen übertragen. Im Zusammenhang mit der Herzneurose ist dennoch die Frage der

Konditionierbarkeit vegetativer Reaktionen wichtig. Am Cardiovascular Research Institute in San Francisco konnte im Konditionierungsexperiment am Menschen bewiesen werden, daß Herzschlagbeschleunigungen prinzipiell erlernbar sind, und zwar leichter als Verlangsamungen, sogar Extrasystolen ließen sich erlernen (*Engel* u. *Chism* 1967). Da auch für die Herzneurose von Bedeutung, sei in diesem Zusammenhang auch die Lernbarkeit von Extrasystolen erwähnt.

Das Persönlichkeitsbild des Herzneurotikers ist ausführlich von *Sigmund Freud* (1856–1939) beschrieben worden. Auslösesituationen für die Herzneurose sind danach oft Trennungserlebnisse von nahestehenden Menschen mit konflikthaften Anklammerungswünschen. Diese Problematik weist in die frühe Phase der individuellen → Entwicklung zurück, in der eine Trennung von der Mutter das Kleinkind zugrunde gehen lassen würde. Da Herzneurotiker unter Vereinsamungs- und Todesängsten (→ Angst) leiden, unterstreicht dieser Auslösemechanismus die Verknüpfung von Trennung und Tod.

Oft folgen die Anfälle auch einer beunruhigenden Beobachtung am eigenen Körper, z.B. infolge einer momentanen Erschöpfung oder übermäßigen Alkohol- oder Kaffeegenusses. Der → hypochondrische Patient erlebt diese Beobachtung als Zeichen des bevorstehenden eigenen Todes. Die Herzneurotiker leiden um so häufiger an ihren Anfällen, je untätiger sie sind, daraus folgend mehr Zeit aufwenden können, ihren Körper ängstlich zu belauschen. Nach solch einem Anfall beobachtet er forthin ängstlich sein Herz. *Richter* u. *Beckmann* sahen als Hauptakzente die Abhängigkeits- und Trennungsproblematik innerhalb dieses psychodynamischen Geschehens. Dabei unterschieden sie zwischen A-Typ und B-Typ. In diesem Zusammenhang ist Typ-A anklammernd und den eigenen Wünschen nach Abhängigkeit ausgeliefert. Der (seltene) Typ-B verdrängt das Gefühl der ohnmächtigen Abhängigkeit aus seinem Bewußtsein durch Überaktivität und Forschheit.

Die Behandlung erstreckt sich über Bewegungstherapie bis zur Ermutigung durch den Arzt und zur Signalisierung der Anerkennung ihres Schutzbedürfnisses (Typ-B) bzw. zu zusätzlich zugemuteten Belastungen (Typ-A) z. B. durch Verlängerung der Besprechungstermine. Dabei darf nicht außer acht gelassen werden, daß Herzneurotiker während eines Anfalls außerordentlich belastet sind, sie sind keine Simulanten. Man kommt dem Bedürfnis der Patienten entgegen, wenn man versichert, die Störung ernstzunehmen. Dabei wird seine Krankheit nicht verstärkt und das Gespräch öffnet dem Arzt die Tür zum Patienten, der womöglich schon oft bei verschiedenen Ärzten ohne Befund entlassen wurde. Wie stets bei der → Psychogenese von Leiden muß der Patient selbst schrittweise derartige Zusammenhänge durchleuchten lernen. Forsche Hinweise des Arztes auf die vermuteten Hintergründe sind dabei meist eher hinderlich.

Literatur: *B. T. Engel/A. Chism,* Operant conditioning of the heart rate speeding. Psychophysiology 1967, 3, 418f. *J. Fahrenberg,* Psychophysiologie. In: *K. P. Kisker/J.-E. Meyer/C. Müller/E. Strömgren* (Hrsg.), Psychiatrie der Gegenwart, Bd. I/1. Berlin 1979. *R. Klinge,* Das Elektrokardiogramm. Stuttgart 1984. *G. W. Parade,* Orthostasestörung und zentral wirkende Substanzen. Ärztl. Prax. 1970, 22, 4255f. *H.-E. Richter/D. Beckmann,* Herzneurose. Stuttgart 1973. *H. Warnecke/S. Schüler/H.-J. Goetze* et al., Noninvasive monitoring of cardiac allograft rejection by intramyocardial electrogram recordings ciculation, 74 (Suppl. 3). New York 1986, 72f.

Dr. *Hans-Joachim Goetze,* Wuppertal

Elektrokrampftherapie

⇒ Elektroschock

durch elektrische Stromstöße in das Gehirn künstlich herbeigeführte Krampfanfälle zur Linderung von → Depressionen.

Elektromyogramm
⇒EMG.

Elektrookulogramm
⇒EOG.

Elektroschock
⇒Elektrokrampftherapie.

Elementenpsychologie
psychologische Richtung, die Ende des 19. Jahrhunderts entstand und sich mit der Untersuchung der Elemente des Seelenlebens befaßt, insbesondere der →Empfindungen und →Assoziationen.

Eltern-Ich
→Transaktionale Analyse.

Eltern-Kind-Beziehung
die wechselseitigen dauerhaften emotionalen Bindungen zwischen Eltern und Kindern, die für die Entwicklung der →Persönlichkeit von entscheidender Bedeutung sind, gründlich analysiert und beschrieben von den meisten analytische orientierten Theorien (→Psychonanalyse, →Transaktionale Analyse, →Individualpsychologie) und den →Bindungstheorien.

EMG
⇒Elektromyogramm
Ableitung einzelner motorischer Einheiten der Skelettmuskulatur durch Oberflächenelektroden oder bipolare Nadelelektroden. Als Maß für die muskuläre Spannung oder Entspannung werden meistens die integrierten Summenpotentiale dargestellt, deren Rückmeldung an den Patienten im Sinne des →Bio-Feedbacks den Lernerfolg beim →Entspannungstraining fördern kann, insbesondere auch durch Messungen am Stirnmuskel bei der Behandlung des Spannungskopfschmerzes.

emotional
⇒gefühlsmäßig
→Emotionen.

emotionale Labilität
→Neurotizismus.

emotionale Stabilität
→Neurotizismus.

Emotionen
Emotionen oder Gefühle sind gestalthafte Grundphänomene menschlichen Verhaltens, die erlebnismäßig beispielsweise als Freude, →Angst, Scham oder Glück für ein Individuum unmittelbar evident sind, sich jedoch einer vollständigen objektiven Betrachtung noch entziehen. Die Analyse emotionalen Verhaltens ist so schwierig, weil daran auf komplexe Weise verschiedene Systeme des Gesamtorganismus beteiligt sind, die auch für sich genommen nicht völlig verstanden werden. In einer groben Einteilung werden Emotionen von Stimmungen und →Affekten abgegrenzt. Stimmungen sind überdauernde Zustände, die das individuelle Erleben in seiner Qualität gefühlsmäßig tönen, aber wenig intensiv sind. Emotionen sind, nach dieser Einteilung, umschriebene Erlebnisqualitäten, die sich aus den eher diffusen Stimmungen herauskristallisieren können oder durch innere bzw. äußere Reize ausgelöst werden. Affekte sind emotionale Zustände großer Intensität, die kurzfristig und mit großer Heftigkeit eine Person vollständig ergreifen und beherrschen.

Emotionen stehen in enger Beziehung zu körperlichen Empfindungen wie Geschmack oder Geruch und zu motivationalen Zuständen (→Motiv). Während jedoch Motive als Hunger, Durst oder Sexualität zu zielgerichtetem Handeln führen, werden Handlungen von Emotionen eher unspezifisch unterbrochen oder modifiziert. Emotion und Motivation können auch als verschiedene Aspekte eines Prozesses gesehen werden (*Buck* 1985).
Es gibt weder eine einheitliche Theorie der Emotionen noch eine interdisziplinär akzeptierte Definition. Die Komplexität emotionalen Verhaltens erfordert einerseits die Beteiligung verschiedener wissenschaftlicher Disziplinen am Forschungsprozeß, andererseits tragen die verschiedenen Konzepte dieser Wissenschaften, da sie auf Emotionen angewendet werden, zur Heterogenität einer Theorie emotionalen Verhaltens bei.

Dieses Dilemma ist vorerst nicht auflösbar.

Die *Expressionstheorien* der Emotionen basieren auf evolutionären Annahmen (*Darwin*-Tradition). Sie sehen Emotionen als Anpassungsprozesse der Individuum-Umwelt-Schnittstelle, die einst starre Reiz-Reaktionsmechanismen entkoppeln und sie durch flexible, kommunizierbare Handlungs- und Reaktionsmuster ersetzen. Beteiligt sind neuronale und endokrine →Aktivierungen, die wesentlich das subjektive Erleben und die nonverbalen Ausdrucksmuster determinieren. Der Expressionstheorie zufolge korrespondieren physiologische, expressive und subjektive Muster mit diskreten Emotionen. Für die Entstehung subjektiven Erlebens wird der Rückkopplung expressiver Muskelaktivität eine besondere Bedeutung zugemessen (facial feedback hypothesis).

Muster der Aktivität des →autonomen Nervensystems (ANS), die als Folge emotionaler Stimuli entstehen und von Individuen als Emotion wahrgenommen und subjektiv erlebt werden, werden von der *Aktivationstheorie* (*James-Lange*-Tradition) in den Vordergrund ihres Emotionsverständnisses gestellt. Obwohl diese Theorie wegen der „ungenügenden Differenziertheit" des viszeralen Systems (→Viszerozeption) schon früh kritisiert wurde, hat sie die psychophysiologische Forschung stark beeinflußt. Auf ihr basieren letztlich die Annahmen von Reaktionsstereotypien, die Grundlage der psychosomatischen Krankheitslehre sind (→Psychosomatik). Während ältere, mit starken emotionalen Reaktionen arbeitende wissenschaftliche Experimente (die heute schwerlich eine Ethikkommission passieren würden) mit meistens univariaten Methoden verschiedene Emotionen in Reaktionen des ANS erfolgreich differenzieren konnten, fehlen eindeutige Replikationen dieser Studien mit Emotionen mittlerer Intensität.

Der Nachweis emotionsspezifischer ANS-Muster ist aber nicht nur konzeptuell schwierig, sondern auch deshalb, weil das ANS selbst sehr komplex ist und immer nur begrenzt operationalisiert werden kann. Die Muster der Gesichtsmuskelaktivität diskriminieren einige Emotionen hingegen sehr gut. Mehr als vegetativen Maße, sind sie auch als rückgekoppelte periphere Prozesse am subjektiven Erleben stark beteiligt. Neuere Methoden, die mit Hilfe von Kodiersystemen des Gesichtsausdrucks „reine" Emotionen identifizieren konnten, erbrachten auch relativ robuste ANS-Pattern für verschiedene Emotionen.

Neurobiologische Emotionstheorien (*Cannon-Bard*-Tradition) verstehen Emotionen als zentralnervöse Aktivität spezifischer emotionaler Hirnstrukturen. Im Mittelpunkt steht dabei das limbische System, aber auch die differentielle Bedeutung der linken Hirnhemisphäre für positive und der rechten Hemisphäre für negative Emotionen (→Lateralität). Während ursprünglich von emotionalen Kernen im limbischen System ausgegangen wurde, zeigen neuere Studien mit elektrischer Hirnstimulierung dissoziierte emotionale Reaktionen. Es werden bei solchen Reizungen beispielsweise expressive Muster erzeugt, die in Kontrast zum subjektiven Erleben stehen. Strukturen innerhalb und außerhalb des limbischen Systems müssen deshalb als integrierendes Gesamtsystem gesehen werden. Ganz wesentlich organisiert das limbische System den Vergleich von sensorischer Information mit Gedächtnisinhalten (→Gedächtnis). In Abhängigkeit von früheren Bewertungen werden dabei Informationen in autonome und motorische Strukturen und in den →Kortex gesendet. Daraus folgt, daß subjektives emotionales Erleben und behaviorale Komponenten der Emotionen den autonomen Reaktionen vorausgehen, sie begleiten oder ihnen nachfolgen können.

Neben den neuronalen Hirnstrukturen werden zunehmend die →monoaminergen Systeme für die globale Regulation emotionalen Verhaltens diskutiert. Bestimmte Psychopharmaka (z.B. Benzodiazepine) beeinflussen das →serotonerge System und dämpfen damit →Angst und depressive Zustände (→Depression). Die gleichzeitige Aktivität des dopominergen und des noradrenergen Systems durch Selbstreizung kann zu lustvollen emotionalen Empfinden führen.

Für eine neurobiologische Basis bestimmter Emotionen sprechen auch Befunde nach denen bestimmte Stimuli mit „evolutionärer" Bedeutung wie Schlangen, Spinnen etc. zu starken autonomen Reaktionen führen, die nicht oder nur wenig bei wiederholter Darbietung habituieren (→Habituation), obwohl die Reizmuster kognitiv als wenig bedeutsam bewertet werden (prepared emotion).

Als das Resultat konfligierender Triebenergien (→Trieb) werden Emotionen von der *psychoanalytischen Emotionstheorie* (*Freud*-Tradition, →Psychoanalyse) gesehen. Die zentralen Aussagen sind: 1. Sinneswahrnehmungen des Organismus werden unbewußt bewertet und mobilisieren relevante Triebenergien. 2. Die aktivierten Triebenergien des →„Es" sind im Konflikt mit anderen Instanzen. 3. Ist wegen der Konflikthaftigkeit der ausgelösten Triebenergien keine Triebbefriedigung möglich, kommt es zu Emotionsausdruck, emotionalem Erleben und zu neurophysiologischen Veränderungen an Stelle von zielgerichtetem Handeln. Gegenwärtige psychoanalytisch orientierte Theoretiker orientieren sich jedoch stark an der Expressionstheorie.

Als zentrale Idee der *Kognitions-Aktivationstheorie* (*Schachter-Singer*-Tradition) werden Emotionen als Interaktionen zwischen unspezifischer autonomer Erregung und kognitiver Bewertung dieser Erregung unter Berücksichtigung von Außenreizen verstanden. Die am emotionalen Prozeß beteiligten →Kognitionen enthalten Objekt- und Selbstrepräsentanzen, Schemata und Pläne, die zur unspezifischen Erregung und zu den sozialen Umgebungsbedingungen in Beziehung gesetzt werden. Die Kognitions-Aktivationstheorie, bezieht die folgenden Überlegungen der Aktivationstheorie, der Theorie kognitiven Verhaltens und der Copingforschung (→Coping) in ihre Emotionsvorstellung ein. 1. Physiologische Aktivität ist eine notwendige aber nicht hinreichende Bedingung für emotionales Verhalten. 2. Sind Personen physiologisch erregt, suchen sie nach den Ursachen für diese Erregung. 3. Die →Attributionen zu solchen Ursachen sind aus Situationsmerkmalen und Kognitionen zusammengesetzt. 4. Die Kognitionen sind ein notwendiges Element und bestimmen die Emotionsqualität und 5. Emotionen sind Resultate von Situationsbewertungen, nicht der Situation selbst.

Aus *systemtheoretischer Sicht* (→Systemtheorie) kann ein primäres und ein kognitiv-affektives Emotionsssystem (basic emotional and social emotional) unterschieden werden. Interkulturelle Vergleiche und Beobachtungen der frühkindlichen Entwicklung bzw. von blind geborenen Kindern sprechen für die interindividuelle Stabilität und zentralnervöse Determiniertheit der primären Emotionen Freude, Trauer, Angst, →Ärger, Ekel und Überraschung. Bestimmte Hirnläsionen gehen mit der Unfähigkeit zum willkürlichen Gesichtsausdruck einher, obwohl spontane emotionale Erregung noch zum Ausdruck von primären Emotionen führen kann. Auch der umgekehrte klinische Fall ist dokumentiert: Läsionen des →extrapyramidalen Systems reduzieren den spontanen Ausdruck von Emotionen, während willkürlicher Ausdruck ungestört möglich ist. Das primäre Emotionssystem kann auch ohne kognitive Beteiligung expressiv-motorische, autonome und endokrine Reaktionen auslösen. Das kognitiv-affektive Emotionssystem kontrolliert und beeinflußt in begrenztem Ausmaß das primäre Emotionssystem. Dabei werden vor allem langfristige Verhaltensregulationen verfolgt, indem soziale und kulturelle Bewertungen berücksichtigt werden. So führt →soziales

Lernen häufig zu einer Hemmung von starker emotionaler Expressivität.

Trotz unterschiedlicher Akzente in den Emotionstheorien, die sich vor allem auf die Gewichtung einzelner Komponenten beziehen, kann folgende Konzeptualisierung emotionalen Verhaltens als minimaler Konsens einer Emotionstheorie gelten:

1. Emotionen dienen der Individuum-Umwelt-Anpassung. Die emotionalen Strukturen und Funktionen haben sich in einem evolutionären Prozeß des Nervensystems und der sozialen Lebensform des Menschen entwickelt. Zwei wesentliche Konsequenzen folgen daraus: die evolutionsgeschichtlich neueren Strukturen überlagern die alten Strukturen, heben deren Funktion jedoch nicht vollständig auf, sondern machen sie kontrollierbar. Darüber hinaus stehen Emotionen und ihre individuelle Entwicklung in engem Zusammenhang mit der sozialen Lebensform des Menschen. Sie sind ein wichtiges interindividuelles Signalsystem, mit dem internale Zustände und Handlungsabsichten kommuniziert werden.

2. Während ältere Emotionstheorien einzelne Aspekte von emotionalen Regulationsmechanismen in den Vordergrund stellen, betonen neuere Theorien die Bedeutung des gesamten Nerven- und Neurotransmittersystems für emotionale Prozesse. Sensorischer Apparat, subortikale Area und der → Neokortex sind integriert an Emotionen beteiligt. Dem sensorischen Apparat werden dabei präemotionale Phänomene (z.B. Schreck) zugeordnet. Subkortikal werden frühe „good-bad"-Bewertungen vorgenommen. Dort wird die motivationale Lage des Organismus integriert und die ZNS-Erregung zu primären Emotionen mit ihren neuronalen Mustern präaktiviert. Auf kortikaler Ebene verarbeitet die rechte Hemisphäre diese komplexen Aktivationsmuster der subkortikalen Area zu primären Emotionen, die als Gestalten subjektiv erlebbar werden. Die linke sprachnahe Hemisphäre verarbeitet durch kognitive Prozesse neben den primären Emotionen alle Emotionen des kognitiv-affektiven Emotionssystems (z.B. Schuld, Scham, Begeisterung, Eifersucht), die eine Berücksichtigung von → Normen, → Einstellungen, Bewertungen und Antizipationen voraussetzen.

3. Emotionen können als Prozeß verstanden werden, der anderes Verhalten initiiert, reguliert oder unterbricht (Interrupt-Funktion). Die für die somatischen Komponenten (autonomen, endokrinen und motorischen Reaktionen) wichtigen subkortikalen Area können sowohl von externalen und internalen Stimuli als auch von übergeordneten kortikalen Systemen aktiviert werden. Die an Emotionen beteiligten Prozesse sind hierarchisch strukturiert und umfassen verschiedene Hirnebenen, vom sensorischen Apparat bis zum Neokortex. Auf jeder Ebene gibt es jedoch automatische und selbstregulierende Mechanismen, die eine vollständige Kontrolle durch ein übergeordnetes System vereiteln. Die Subsysteme sind durch Feedback- und Feedforward-Regelmechanismen verbunden.

4. Emotionale Prozesse sind bei geringer Intensität eher spezifisch mit zentraler und motorischer Aktivität und unspezifisch mit autonomer Aktivität verbunden. Dabei sind die zentralen Regulationen wichtiger als das periphere → Feedback. Theoretisch leitet sich dieses aus der evolutionär begründeten Kommunikationsfunktion des emotionalen Verhaltens ab. Empirische Evidenz dieser Annahme folgt aus der Stabilität und interindividuellen Übereinstimmung emotionalen Ausdrucksverhaltens und der Unspezifität autonomer Korrelate. Bei Emotionen großer Intensität werden die autonomen und damit lebenserhaltenden Funktionen bedeutsamer und dominieren die kognitiven Prozesse.

5. Nach der Auslösung des emotionalen Prozesses durch externale oder internale Stimuli greifen die kortikalen Mechanismen über Bewertung, Stimuluskontrolle, Ausdrucks- und Verhaltenskontrolle

entscheidend in den Prozeß ein. Diese Kontrollmechanismen können ihrerseits durch primäre Emotionen wie →Angst (soziale Angst) initiiert werden. Willkürliche Kontrolle der Gesichtsmotorik kann dabei mit spontanen Mustern, die subkortikal ausgelöst werden, konkurrieren und zur Intensivierung der Emotionen führen *(Leventhal-Effekt)*. Mechanismen der Emotionshemmung können an motorischer und autonomer Aktivität wesentlich beteiligt sein und zur Entstehung und Aufrechterhaltung psychosomatischer Erkrankungen beitragen (*Traue* 1989).

6. Die subjektive Erlebnisqualität der Emotionen wird aus verschiedenen Quellen gespeist. Im Vordergrund stehen dabei zentralnervöse und autonome Aktivierungen und das Feedback afferenter (→Afferenz) Information aus der mimischen Muskulatur. Langanhaltende Emotionen wie Ängste, depressive Verstimmungen oder andere affektive Störungen werden ganz erheblich durch dauerhafte Veränderungen des neurobiochemischen Milieus erzeugt. Emotionen können aber subjektiv auch nur auf der Ebene von Vorstellungen, Bildern und sprachlichen Kategorien erlebt werden.

Literatur: *R. Buck,* Prime theory: An integrated view of motivation and emotion. Psychol. Rev., 1985, 92, 38–413. *G. Stemmler,* Psychphysiologische Emotionsmuster. Frankfurt 1984. *H. C. Traue,* Gefühlsausdruck, Hemmung und Muskelspannung unter sozialem Streß. Göttingen 1989.

PD Dr. *Harald C. Traue,* Ulm

Empathie

Ärzte, Psychologen, Personalchefs und in vielen anderen Berufen Tätige müssen beruflich leisten, was alle Menschen, meist aber unreflektiert, im Alltag einsetzen: sie müssen Informationen der verschiedensten Art, die sie von anderen Menschen erhalten, verarbeiten und einem Urteilsprozeß unterziehen. Ein *Erster Eindruck* von einem bis dahin völlig fremden Menschen wird bereits in wenigen Minuten, gar Sekunden, erreicht. Dabei läuft relativ unbewußt, schnell und ökonomisch ein Urteilsprozeß ab, der sicher nicht rational additiv als Interpretation isolierter Einzelzeichen funktioniert, sondern eher diffus ganzheitlich. Dabei wird ansatzweise wohl immer auch Empathie eingesetzt: fremdes Verhalten löst Resonanz, Nacherleben, Einfühlung aus, das bis zu partieller Identifikation gehen kann. Parallelen, Analogien zu eigenem Erleben (→Introspektion) und rudimentäre Nachahmung fremden Verhaltens dürften beim Versuch des Sich-hinein-Versetzens in andere Menschen eine Rolle spielen.

Methodisch ist Vorsicht geboten. Als eigenständige Form der Erkenntnisgewinnung propagiert (Methode des →Verstehens, Intuition), entsteht die Gefahr der Verschleierung. Der komplexe Vorgang, der zu Urteilen über den inneren Zustand anderer Menschen führt, sollte aufmerksam analysiert, nicht aber ideologisiert werden.

Empfindung

einfachste und nicht weiter zu untergliedernde Form der →Wahrnehmung sinnesphysiologischer, affektiver (→Emotionen) oder aesthetischer Reize (→Aesthetische Wahrnehmung).

Empfindungsdissoziation

⇒sensorische Dissoziation
→Dissoziation.

Encounter-Gruppe

eher personen- als themenzentriert unter Anleitung eines Trainers arbeitende Kleingruppe (Encounter = Begegnung). Ziel ist die Förderung der Selbsterfahrung durch Analyse der Vorgänge in der Gruppe. Die Gruppensituation bleibt weitgehend unstrukturiert. Die Teilnehmer versuchen, einander kennenzulernen und können mit gegenseitiger Rückmeldung neue Kommunikations- und Interaktionsformen ausprobieren. Der Trainer wird in die Gruppe einbezogen. Er fördert Gruppenpresse, steuert sie jedoch nicht. Dabei werden eher emotionale (→Gefühle) als →kognitive Lernziele verfolgt. Die Gruppemitglieder sollen lernen, eigene Gefühle besser und spontaner auszudrücken und einfühlsamer auf die Gefühle anderer einzugehen. Ungeklärt ist, welche Gefährdungen sich aus den sponatanen Gefühlsäußerungen ergeben können und ob die Erfahrungen und Veränderungen auf den Lebensalltag übertragbar sind.

Endhirn
⇒ Großhirn.

endogen
anlagebedingt oder aus inneren Ursachen hervorgehend.

endogene Depression
→ Depression.

endogene Orientierung
⇒ central cueing
→ Visuelle Aufmerksamkeit.

endogene Psychose
→ Psychosen.

Endorphine
⇒ endogene Morphine
körpereigene Opiate, die möglicherweise bei der Entstehung der Drogenabhängigkeit (→ Sucht) eine Rolle spielen, da sie die Toleranz gegen die Drogenwirkung beeinflussen.

Enkodierung
Entschlüsselung, z.B. der kodierten Inhalte des → Gedächtnisses.

Enkopresis
Kotschmieren, bei älteren Kindern nach Abschluß der Reinlichkeitserziehung als milieubedingte Entwicklungsstörung im Sinne der → Regression auf frühere Entwicklungsstadien zu beobachten.

Entfremdung
⇒ Entfremdungserlebnis.

Entfremdungserlebnis
unbestimmtes Gefühl der Fremd- und Neuartigkeit von bisher Vertrautem, gelegentliches unspezifisches Symptom einer psychischen Erkrankung (→ Psychose, → Neurose), früher auch als *Depersonalisation* bezeichnet.

Entscheidungsexperiment
→ Experiment.

Entscheidungstheorie
Die Entscheidungstheorie ist wie die → Spieltheorie nach dem 2. Weltkrieg entstanden aus dem Bemühen mathematisch orientierter Wirtschaftswissenschaftler (*von Neuman/Morgenstern* 1944/1947), normative Modelle zur Maximierung des erwarteten Gewinnes oder Minimierung des Risikos (möglicher Verluste) aufzustellen. Insofern Menschen in Alltags- und Laborsituationen ebenfalls bemüht sind, ein wie auch immer definiertes Wohlbefinden zu maximieren oder dessen Verlust zu vermeiden und ihnen oft der Weg dazu nicht klar ist, kann die Entscheidungstheorie, auch zur → Motivation und zum → Problemlösen des Menschen etwas beitragen.

Das klassische *Erwartungsmaximierungsmodell* nahm an, daß der rationale Mensch bestrebt sein sollte, den erwarteten Gewinn (= Summe der möglichen Gewinne mal ihrer → Wahrscheinlichkeit) maximieren sollte; aber schon frühere Versuche in den 50er Jahren (*Edwards* 1954) zeigten, daß dieses Modell das tatsächliche Verhalten von Menschen in solchen Situationen nicht beschreibt. Die objektiven Komponenten des Modells wurden durch subjektive ersetzt: eine subjektive Wahrscheinlichkeit als eine Art Grad des Glaubens an das Eintreten eines Ereignisses, und ein subjektiver Nutzen des Gewinnes anstelle des objektiven Geldwertes (SEU-Modell: subjective expected utility statt EV-Modell: expected value). Spätere Erweiterungen und Modifizierungen schlossen die Möglichkeit ein, daß der subjektive Nutzen einer Alternative aus mehreren Komponenten additiv oder multiplikativ zusammengesetzt sein kann: multiattributive Nutzenfunktionen, in denen die Eigenschaften der Alternativen mit

Gewichtsfaktoren gewichtet werden (beispielsweise sind Größe, Mietpreis und Lage einer Wohnung Merkmale, die von verschiedenen Wohnungssuchenden unterschiedlich hoch bewertet werden können).

Zu anderen zeigte sich, daß bei vielen Entscheidungen nicht allein dieser subjektiv erwartete, individuell multiattributiv gewichtete Nutzen ausschlaggebend war, sondern daß auch das Risiko eine Rolle spielte, die Möglichkeit, eine weniger attraktive Alternative zu erhalten. Während *Coombs* (1975) in seiner *Portfolio-Theorie* vermutete, daß jeder Mensch ein „ideales Risiko" sucht (höheres ist ihm zu gefährlich, niedrigeres zu langweilig), gehen *Kahneman/ Tversky* (1974) in ihrer *Prospect-Theorie* davon aus, daß jeder Risiko lieber vermeidet, daß aber bei der Beurteilung des Risikos verschiedener Alternativen bestimmte kognitive Heuristiken (→Kognition, →Heuristik) angewandt werden, die manchmal zu Widersprüchen und paradoxen Ergebnissen führen. Während sich nun ein Zweig der Entscheidungsforschung (meistens Psychologen) weiter diagnostisch um die Klärung der menschlichen Unzulänglichkeit in Entscheidungssituationen und um die Beschreibung der dabei benutzten Heuristiken (und Fehlschlüsse) bemüht, geht der andere Zweig (meistens Wirtschaftswissenschaftler) sozusagen therapeutisch vor, durch die Entwicklung von Entscheidungshilfeverfahren, die eben diese Unzulänglichkeiten im Management im Zuge von Unternehmensberatung zu überbrücken suchen.

Literatur: *C. H. Coombs,* Portfolio-theory and the measurement of risk. In: *M. F. Kaplan/S. Schwartz* (Eds.), Human Judgement and Decision Processes. New York 1975, 64–85. *W. Edwards,* The theory of decision making. Psychol. Bull., 1954, 51, 380–417. *D. Kahneman/A. Tversky,* Prospect theory: An analysis of decision under risk. Econometrica, 1979, 47, 263–291. *J. von Neuman/O. Morgenstern,* Theory of Games and Economic Behavior. Princeton 1944. *D. Wendt,* Entscheidungstheorie. In: *R. Asanger/G. Wenninger* (Hrsg.), Handwörterbuch der Psychologie. Weinheim 1980.

Prof. Dr. *Dirk Wendt,* Kiel

Entspannungstraining

Oberbegriff für eine Vielzahl unterschiedlicher Übungen zur geistigen und körperlichen Entspannung. Hierzu gehören insbesondere die *Meditation,* mit einer zielgerichteten Konzentration der Gedankenabläufe auf einen Gegenstand, ein Symbol oder einen Gedankeninhalt bei Nichtbeachtung der Umgebungsreize (→Transzendentale Meditation), das *Alpha-Training* mit EEG-Biofeedback-Geräten (→EEG, →Biofeedback), das →*Autogene Training* mit Selbstkontrolle der körperlichen Entspannung und die *Hypnose* mit Fremdsuggestion (→Hypnotherapie). Die Hypnose kann unter anderem die Herabsetzung der Schmerzempfindlichkeit, die Steigerung des Erinnerungsvermögens oder die Ausführung posthypnotischer Aufträge bewirken. Dies geschieht durch Einengung der Aufmerksamkeit auf die Anweisung des Hypnotiseurs, Unterbrechung des inneren Sprechens und die Aufhebung der eigenen Handlungsplanung zugunsten der Fremdbeeinflussung durch den Hypnotiseur. Bei der Methode der *Progressiven Muskelrelaxation* wird die Entspannung durch gezielte Aktivierung und Lockerung einzelner Muskelgruppen bewirkt.

Entspannungsübungen

→Entspannungstraining.

Entwicklung

Entwicklung ist ein grundlegendes Kennzeichen alles Lebendigen. Auf den Menschen bezogen umfaßt sie sowohl somatische als auch psychische Prozesse (*Nickel* 1982). Bereits im vorwissenschaftlichen Sprachgebrauch wird sie als zielgerichteter, dynamischer Vorgang verstanden, der die Erreichung immer höherer Qualitätsstufen in allen Bereichen des Verhaltens anstrebt. Idealisierte, modellhafte Beispiele dafür finden sich seit alters her in literarischen Überlieferungen aller Kulturkreise, besonders in den Lebensdarstellungen herausragender Persönlichkeiten. Diese gipfeln in den sog. Entwicklungsromanen des letzten Jahrhunderts, von denen zugleich wesentliche Anstöße für eine wissenschaftlich-psychologische Betrachtung der →Persönlichkeitsentwicklung im →Jugend- und frühen Erwachsenenalter ausgingen (*Nickel* 1979).

Im philosophischen Denken spielt der Entwicklungsbegriff schon bei *Platon* und *Aristoteles* eine wichtige Rolle, seither war er allerdings vielfältigen Wandlungen unterworfen. Besonders ein *dialektisches Verständnis von Entwicklung* in Anlehnung an *Hegel* und seine Schüler wirkt noch in den gegenwärtigen wissenschaftlich-psychologischen Entwicklungskonzepten nach. Das gilt ebenso für die biologisch-evolutionären Denkansätze des 19. Jahrhunderts, vor allem in Anlehnung an *Darvin*. Sowohl aus philosophischer als auch aus naturwissenschaftlicher Sicht handelt es sich bei Entwicklung um einen Prozeß der allmählichen Entfaltung mehr oder weniger präformierter Strukturen. Diese Annahme schlug sich insbesondere in den verschiedenen *Stufen- und Phasentheorien* menschlicher Entwicklung nieder, die in →endogenen, genetisch bedingten Faktoren die eigentlichen Impulsgeber des Entwicklungsgeschehens erblickten (vgl. *Nickel* 1973).

Eine grundlegende Abkehr von biogenetisch bestimmten Entwicklungskonzepten erfolgte unter dem Einfluß *behavioristischer Vorstellungen* (→Behaviorismus), denen zufolge Entwicklung stets als Ergebnis von Lernprozessen zu verstehen ist. In Umkehrung der bisherigen Positionen wurde nunmehr den äußeren Einflüssen (→exogenen Faktoren) die entscheidende Bedeutung zugesprochen und der Entwicklungbegriff teilweise ganz durch den der →Sozialisation ersetzt. Da sich dieser Vorgang weitgehend auf das Kindes- und Jugendalter beschränkt, wurde das Erwachsenenalter überhaupt nicht mehr unter dem Entwicklungsaspekt betrachtet. Demgegenüber betont die entwicklungspsychologische *Strukturtheorie*, vor allem in Anlehnung an den Genfer Erkenntnistheoretiker, Biologen und genetischen Psychologen *Jean Piaget*, ausdrücklich die Eigenart und Besonderheit von Entwicklungsprozessen gegenüber reinen Lernvorgängen (→Lernen). Danach ist unter Entwicklung ein wesentlich komplexerer Prozeß zu verstehen, der sich von einfachen Lernvorgängen vor allem dadurch unterscheidet, daß er zu relativ überdauernden Veränderungen führt, wogegen Lernvorgänge auch kurzzeitige Verhaltensänderungen hervorrufen können. Insbesondere aber bezieht sich Entwicklung nicht nur auf einzelne Verhaltensaspekte oder Leistungen, sondern stets auf ein System, das sich in seinen Strukturen ändert, und zwar sowohl bezüglich des Gefüges als auch der Wirkungsweise dieses Systems.

In einem ersten systematischen Ansatz versuchte *Thomae* (1959/1972) die verschiedenen theoretischen Annahmen zum Entwicklungskonzept in einer *übergreifenden Definition* zusammenzufassen, indem er auf jegliche hypothetische Annahmen über determinierende Faktoren und den Verlauf des Entwicklungsvorganges verzichtete. So kennzeichnete er Entwicklung als „Reihe von miteinander zusammenhängenden Veränderungen, die bestimmten Orten des zeitlichen Kontinuums eines individuellen Lebenslaufes zuzuordnen sind". Diese Begriffsbestimmung impliziert zugleich die *Hauptkriterien*, die bis dahin allgemein zur Kennzeichnung von Entwicklungsvorgängen dienten: (1) *Prozessualität* als ein in einer bestimmten Zeit ablaufender Prozeß; (2) *Sequentialität* im Sinne einer Veränderungsreihe mit einer bestimmten Abfolge; (3) *Kontinuität* als innerer Zusammenhang dieser Veränderungen; (4) *Unidirektionalität* als Verlauf auf ein bestimmtes Ziel und (5) Irreversibilität in dem Sinne, daß keine Rückkehr zum Ausgangspunkt der Ver-

änderungsreihe möglich ist. Mit seiner Definition versuchte Thomae außerdem, den Entwicklungsbegriff nicht nur auf das Kindes- und Jugendalter festzulegen, sondern die gesamte Lebensspanne einzubeziehen (vgl. *Nickel* 1982).
Wesentliche Anstöße erhielt ein Verständnis von Entwicklung als lebenslangem Prozeß im Verlauf der siebziger Jahre durch die sog. West-Virginia-Konferenzen. Die Wiedereinbeziehung des Erwachsenenalters in die entwicklungspsychologische Betrachtung verstärkte zugleich die Kritik an der Bedeutung von Alterswerten für die Kennzeichnung von Entwicklungsfortschritten. Mußten diese bereits für das Kindesalter in ihrer Rolle als generelle Entwicklungsnormen erheblich relativiert werden, so erwiesen sie sich zur Kennzeichnung von Entwicklungsverläufen bei Erwachsenen als völlig ungeeignet. Darüber hinaus förderten entwicklungspsychologische Analysen zum Erwachsenenalter die Erkenntnis, daß Entwicklung nicht nur mit Veränderungen gleichgesetzt werden darf, sondern daß der Verhaltenskonstanz in bestimmten Zeitabschnitten des Lebenslaufs eine gleich große Bedeutung zukommt (*Thomae* 1978).

Eine andere grundlegende Erweiterung erfuhr das Entwicklungskonzept durch den Einfluß *ökopsychologischer* Vorstellungen. Entwicklung erfolgt danach immer in bestimmten ökologischen Kontexten, die ein vielschichtiges System bilden, das sowohl die belebte (soziale) als auch die unbelebte (physikalische) Umwelt einschließt (*Bronfenbrenner* 1981). Die Entwicklung eines Individuums ist daher nur zu verstehen als Ergebnis einer aktiven Auseinandersetzung mit seiner Ökologie, unter gleichzeitiger Berücksichtigung der verschiedenen Lebenssituationen (Settings), in denen sie sich vollzieht (*Nickel* 1985). Dabei kommt es weniger auf die objektiven Gegebenheiten als solche an als vielmehr auf deren Wahrnehmung und Verarbeitung durch das Individuum selbst, das sie selegierend rezipiert und seinerseits verändernd auf sie einwirkt (*Oerter* 1978). Ein ökologisches oder systemisches (d.h. auf Veränderungsprozesse in Systemen gerichtetes) Verständnis von Entwicklung überwindet nicht nur die dialektische Spannung zwischen der Bedeutung von biogenetischen Faktoren und Umweltvariablen auf einer höheren Ebene, sondern ebenso die zwischen fortschreitender Veränderung und relativer Konstanz im Verhalten und Erleben, da Entwicklung wesentlich vom Wandel bzw. Gleichbleiben der Lebensbedingungen eines Individuums mitbestimmt wird. Darüber hinaus schließt die ökologisch-systemische Orientierung auch eine Berücksichtigung der geschichtlichen Dimension von Entwicklung ein, da die jeweilige historische Zeit, in der ein Individuum lebt, seine Entwicklung grundlegend beeinflussen kann (*Nickel* 1982).

Sowohl die ökopsychologische Entwicklungstheorie als auch das Konzept einer lebenslangen Entwicklung förderten wesentlich die Erkenntnis, daß es →interindividuell sehr unterschiedliche Verlaufsformen der →intraindividuellen Entwicklung geben kann und daß insbesondere das Ausmaß an Veränderungen und Konstanz im Verhalten und Erleben im Verlauf der Lebensspanne zwischen verschiedenen Menschen stark variiert. Dies schlug sich im Konzept einer *Differentiellen Entwicklungspsychologie* nieder, die den Anspruch aufgibt, universelle Gesetzmäßigkeiten im Entwicklungsverlauf aufzudecken, und sich statt dessen auf die Analyse gruppenspezifischer Verläufe beschränkt (*Lehr* 1978).

Diese verschiedenen konzeptionellen Erweiterungen des Entwicklungsbegriffs führten dazu, daß er sich mit den o.a. fünf eindimensionalen Kategorien nicht mehr hinreichend kennzeichnen läßt. Entwicklung stellt sich heute vielmehr als ein Prozeß vielschichtiger Veränderungen bei gleichzeitiger relativer Konstanz dar, der sich in enger Wechselwirkung zwischen biologischen und ökologischen Faktoren, unter aktiver Beteiligung des Individuums vollzieht. Angesichts dieser Komplexität des Entwicklungsgeschehens verzichten in neuerer Zeit zahlreiche Autoren überhaupt auf eine nähere Bestimmung bzw. Abgrenzung des Entwicklungsbegriffs und begnügen sich statt dessen mit einer Art operationaler Definition durch die Kennzeichnung von Gegenstand und Aufgaben der Entwicklungspsychologie. Da es jedoch keinen allgemein verbindlichen Aufgabenkatalog gibt, birgt das nicht nur die Gefahr der Beliebigkeit, sondern muß auch zu Überschneidungen mit anderen Wissenschaftsdisziplinen führen.

Bezüglich der *Aufgaben einer empirischen Entwicklungspsychologie* besteht gegenwärtig allerdings weitgehende Übereinstimmung darin, daß zu ihren grundlegenden Forschungsanliegen einerseits die Beobachtung, Darstellung und Analyse von Veränderungsreihen gehört, andererseits die Aufdeckung der verschiedenen Einflußgrößen, die diesen zugrundeliegenden, d.h. jener Faktoren, die Entwicklungsprozesse auslösen, aufrechterhalten und steuern. Dazu bedarf sie der interdisziplinären Zusammenarbeit nicht nur mit anderen Teildisziplinen der Psychologie (insbesondere mit der → Allgemeinen Psychologie, der → Differentiellen Psychologie und der → Sozialpsychologie), sondern darüber hinaus auch mit zahlreichen weiteren Wissenschaftsgebieten aus Biologie und Medizin sowie aus dem kultur- bzw. sozialwissenschaftlichen Bereich (*Nickel* 1982).

Weiterhin besitzt die Entwicklungspsychologie bereits seit ihrer Entstehung im 19. Jahrhundert neben einem grundlagenwissenschaftlichen Anliegen auch einen explizit anwendungsbezogenen Anspruch, der in letzter Zeit wieder verstärkt betont wird. So gehört es zu den wesentlichen *Aufgaben einer Angewandten Entwicklungspsychologie*, Entwicklungs- und Interventionsziele zu begründen, geeignete Interventionsmaßnahmen zu planen und entsprechende Entwicklungsinterventionen auch zu evaluieren. Auf diesem Gebiet ergibt sich ebenfalls die Notwendigkeit zur interdisziplinären Kooperation mit jenen Humanwissenschaften, die ähnliche Aufgaben verfolgen, insbesondere bezüglich der Erarbeitung von Interventionen bzw. spezieller Förderungsmaßnahmen bei defizitärer Entwicklung (s.u.a. → Geistige Behinderung, → Psychosozialer Minderwuchs, → Hyperkinetisches Syndrom), jene können wiederum die Entwicklungspsychologie fruchtbar beeinflussen. Dazu gehören neben der → Pädagogischen und → Klinischen Psychologie vor allem die Psychiatrie, Pädiatrie und Gerontologie einerseits und die Erziehungwissenschaft (s.a. → Erziehungsstile, → Schulpsychologischer Dienst) andererseits.

Literatur: *U. Bronfenbrenner,* Die Ökologie der menschlichen Entwicklung. Stuttgart 1981. *U. Lehr,* Das mittlere Erwachsenenalter – ein vernachlässigtes Gebiet der Entwicklungspsychologie, In: *R. Oerter* (Hrsg.), Entwicklung als lebenslanger Prozeß. Hamburg 1978, 147–177. *H. Nickel,* Zum Verhältnis von Entwicklungspsychologie und praktischer Pädagogik. In: *H. Nickel/E. Langhorst* (Hrsg.), Brennpunkte der pädagogischen Psychologie. Bern 1973, 13–29. *H. Nickel,* Entwicklungspsychologie des Kindes- und Jugendalters, Bd. 1 (4. Aufl.). Bern 1982. Bd. 2 (3. Aufl.). Bern 1979. *H. Nickel,* Die ökopsychologische Entwicklungstheorie und Ansätze einer Periodisierung der Ontogenese, In: *L. Montada* (Hrsg.), Ber. 7. Tagung Entwicklungspsychologie. Trier 1985, 412–414. *R. Oerter,* Entwicklung im Jugendalter – Ein umweltorientierter Ansatz. In: *H. Rauh* (Hrsg.), Jahrb. f. Entwicklungspsych. Bd. 1. Stuttgart 1978, 83–156. *H. Thomae,* Entwicklungsbegriff und Entwicklungstheorie. In: *H. Thomae* (Hrsg.), Entwicklungspsychologie, Handb. d. Psych. Bd. 3. Göttingen 1972, 3–20. *H. Thomae,* Zur Problematik des Entwicklungsbegriffs im mittleren und höheren Erwachsenenalter. In: *R.*

Oerter (Hrsg.), Entwicklung als lebenslanger Prozeß. Hamburg 1978, 21–32.

Prof. Dr. *Horst Nickel*, Düsseldorf.

Entwicklungspsychologie

psychologische Richtung, die sich mit der →Entwicklung der menschlichen Persönlichkeit befaßt, früher überwiegend mit der Entwicklung des Kindes bis zum Erwachsenenalter, heute in der Regel mit der menschlichen Entwicklung während der gesamten Lebensspanne.

Entwicklungstest

→Psychodiagnostik.

Entwöhnung

Herbeiführung von Abstinenz nach Gewöhnung an suchterzeugende Drogen (→Sucht).

Entzug

→Sucht

→Entwöhnung.

Entzugsphänomene

→Sucht.

Enuresis

Einnässen, unbeabsichtigtes Harnlassen; sofern keine organische (z.B. entzündliche) Ursache vorliegt bei Kindern häufig Symptom eines inneren →Konflikts.

EOG

⇒Elektrookulogramm

Registrierung des sich bei →Augenbewegungen verschiebenden Potentials zwischen Netzhaut (negativ) und Hornhaut des Augapfels mittels an den äußeren Augenwinkeln schräg angelegten Ableitelektroden.

Epilepsie

Oberbegriff für eine Reihe von Anfallsleiden, die mit Veränderungen des Bewußtseinszustandes, Änderungen der hirnelektrische Aktivitäten (→EEG) und Krampfanfällen einhergehen können und längerfristig zu einer epileptischen Wesensveränderung (→Organisch Bedingte Psychische Störungen) führen können.

Erbkoordination

→Instinkt.

Ereigniskorreliertes Potential

Definition: Unter ereigniskorrelierten Potentialen, kurz *EKP* (im Englischen: Event-Related Potentials, ERP) versteht man systematische, auf definierte Ereignisse bezogene Änderungen der hirnelektrischen Aktivität, wie sie sich von der Schädeloberfläche ableiten läßt. Als Ereignisse werden im →Experiment meist kurze, externe →Reize verwendet, die das EKP evozieren (Evoziertes Potential, evoked potential). Auslösende Ereignisse können jedoch auch interne Vorgänge sein, wie die Erwartung eines – dann ausbleibenden – Reizes, kognitive Verarbeitungsprozesse von Reizinformationen sowie die mentale und/oder motorische Vorbereitung auf eine geforderte Reaktion (endogene Komponenten des EKP).

Gewinnung des EKP: Die ereigniskorrelierten Potentiale haben eine so geringe Amplitude, daß sie in der wesentlich stärkeren elektrischen Spontanaktivität des Gehirns *(Elektroenzephalogramm: EEG)* nicht direkt erkennbar sind. Um sie aus dem Spontan-EEG zu extrahieren, bedient man sich der Mittelungstechnik. Ausgangspunkt ist dabei die Annahme, daß oftmals wiederholte, physikalisch und/oder ihrer psychologischen Bedeutung nach identische Ereignisse EKPs immer *gleicher Form* erzeugen, während die EEG-Spontanaktivität in Bezug auf den Ereigniszeitpunkt zufällig fluktuiert. Mittelt man nun die n EEG-Meßstrecken zeitsynchron zu den definierten n identischen Ereignissen, so mittelt sich die EEG-Spontanaktivität (Rauschen) annähernd zu einer Nullinie auf, und das EKP (Signal) wird sichtbar. Je größer die Anzahl n identischer Ereignisse ist, umso fehlerfreier läßt sich das EKP durch die Mittelungstechnik extrahieren: Der Signal-Rausch-Abstand wird besser.

Komponenten des EKP: Das ereigniskorrelierte Potential besteht aus mehreren positiven und negativen Spannungsmaxima, relativen Maxima oder langsameren Spannungsänderungen, die in Abhängigkeit von physikalischen und/oder psychologischen Aspekten des auslösenden Ereignisses systematisch variieren. Man nennt sie Komponenten des EKP. Die für die Psychologie wichtigsten Komponenten sind in der folgenden Abb. dargestellt.

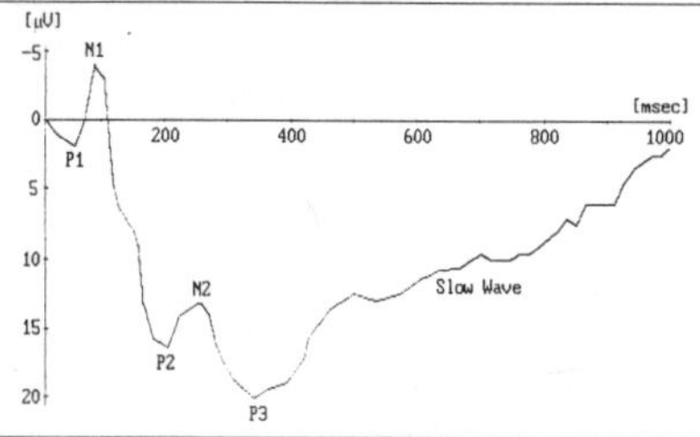

Diese Komponenten sind durch ihre *Polarität* (positives oder negatives Spannungsmaximum), durch ihre *Gipfellatenz* (gemessen in Millisekunden nach Reizdarbietung) sowie durch ihre *Skalpverteilung* definiert. Mit Skalpverteilung ist die unterschiedlich starke Ausprägung eines Potentialmaximums an verschiedenen Stellen der Schädeloberfläche gemeint. Bezeichnet werden die einzelnen Komponenten je nach ihrer Polarität mit P für positive oder N für negative Maxima sowie mit einer arabischen Ordnungszahl (siehe Abbildung). Diese Ordnungszahl wird oft ersetzt durch die entsprechende Gipfellatenz der betreffenden Komponente (z.B. P50, N100, P200, P300).

Man unterteilt die Komponenten in frühe (0–50 msec, auch Hirnstammpotentiale, in Abb. 1 nicht erkennbar), mittlere (50–200 msec) und späte Komponenten. Eine Einteilung nach der funktionellen Bedeutung unterscheidet exogene Komponenten, die von physikalischen Reizcharakteristiken abhängen und vor allem den frühen Komponenten entsprechen, und endogene Komponenten, die von pschologischen Reizmerkmalen beeinflußt werden, was vor allem bei den späten Komponenten der Fall ist. Die mittleren Komponenten N1 und P2 werden endogen und exogen determiniert.

Die frühen Komponenten bilden die Aktivität subkortikaler Strukturen wie die Reizleitung vom →Rezeptor zu den primären →Projektionsfeldern ab. Sie sind unabhängig vom Erregungszustand der Person und auch im →Schlaf oder →Koma nachweisbar. Psychologisch sind sie nur von geringem Interesse. Sie erlauben jedoch die Überprüfung der Funktionstüchtigkeit der Nervenbahnen zum →Kortex. Ihre Nomenklatur weicht von der der mittleren und späteren Komponenten ab.

Die mittleren Komponenten hängen nicht nur von physikalischen Reizeigenschaften ab, sondern beispielsweise auch von der Zuwendung zu diesen Reizen. Hier machen sich bereits psychologische Variablen wie →Aufmerksamkeit der Versuchsperson oder semantische Bedeutung des Reizes und ähnliches bemerkbar. Die Skalpverteilung der mittleren Komponenten ist wie die der frühen spezifisch für die Sinnesmodalität, in der der Reiz gegeben wird.

Die späten Komponenten werden fast ausschließlich von psychologischen Variablen wie subjektive Reizbedeutung, Informationsgehalt (→Information) oder Aufgabenrelevanz der Reize beeinflußt. Sie werden hauptsächlich als Indikatoren der Informationsverarbeitung interpretiert. Ihre Skalpverteilung ist modalitätsunspezifisch und unabhängig von den physikalischen Reizeigenschaften. Die Grenze zu den mittleren Komponenten ist jedoch nicht ganz scharf zu ziehen.

Die Parametrisierung des EKP: Um die Komponenten quantifizieren zu können, wird meist eine empirische Nullinie (→baseline) durch Mit-Mittelung einer EEG-Meßstecke von ca. 100 msec vor Reizdarbietung bestimmt. Von dieser Nullinie oder von elektrisch Null aus kann dann die Amplitude jedes Komponentengipfels in μV gemessen werden *(baseline-to-peak-Maß).* An Stelle solcher Maximalamplituden werden vor allem bei Komponenten ohne deutlichen Gipfel auch Maße für die Fläche, die eine Komponente und die Nullinie einschließen, verwendet. In älteren Untersuchungen findet man auch die Differenz zwischen benachbarten negativen und positiven Komponentengipfeln in μV als Maß für die Ausprägungsstärke von Komponenten *(peak-to-peak-Maße)*. In jüngerer Zeit wurde der Einsatz multivariater (z.B. faktorenanalytischer) Methoden zur Parametrisierung des EKP diskutiert (→multivariate Datenanalyse, →Faktorenanalyse), die den Vorteil haben könnten, einander überlagernde Komponenten zu dekomponieren, jedoch den Nachteil, recht willkürliche Modellannahmen machen zu müssen, haben.

EKP und Aufmerksamkeit: Die mittleren Komponenten, vor allem die N1 und die N2, stehen mit frühen Aufmerksamkeitsprozessen in Zusammenhang. Die N1 indiziert eine kurzfristige, reizgesteuerte, nicht willentlich beeinflußbare Aufmerksamkeitsverschiebung, die immer auftritt, wenn ein akustischer Reiz nach einer längeren Pause einsetzt oder ein über längere Zeit dargebotener Reiz plötzlich aufhört. Diese Komponente ist selbst dann beobachtbar, wenn die Versuchspersonen instruiert werden, den Reiz zu ignorieren, sie ist jedoch deutlich höher, wenn der Reiz beachtet wird (selektive Aufmerksamkeit). Die N1 zeigt so die Aktivierung eines von vielen parallelen Input-Kanälen an.

Die N2 oder *„Mismatch Negativity"* tritt auf, wenn in eine Serie gleicher Reize seltene, abweichende Reize eingestreut werden. Ihre Amplitude ist umso größer, je schwieriger die Diskrimination der Reize ist. Auch hierbei handelt es sich um einen automatischen Prozeß, bei dem Aufmerksamkeit auf eine Veränderung im sensorischen Input gelenkt wird. Die entscheidende auslösende Bedingung ist, daß ein Reiz von seinen physikalischen Eigenschaften her nicht in die Reizserie paßt. Eine semantische Auswertung der Reize findet offensichtlich noch nicht statt.

Den zugrundeliegenden Prozessen beider Komponenten ist gemeinsam, daß sie unabhängig von der willentlich gesteuerten Aufmerksamkeitsverteilung ablaufen und auf physikalische Reizeigenschaften ansprechen. Eine weitergehende Informationsverarbeitung wird durch diese beiden Komponenten nicht angezeigt: Ihre Ausprägung ist unabhängig von der Aufgabenrelevanz der Reize, die sie auslösen.

EKP und Informationsverarbeitung: Prozesse der Informationsverarbeitung, d.h. der Bewertung der Reize oder der Auswertung ihres Informationsgehaltes über ihre physikalischen Eigenschaften hinaus, spiegeln sich in den späten, endogenen Komponenten wider.

Die P3 ist die in der Psychologie am intensivsten untersuchte Komponente des EKP. Es handelt sich um eine endogene Komponente, die modalitätsunspezifisch ist und meist ein →zentro-parietales Maximum aufweist. Ihre Latenz kann zwischen 300 und 800 msec variieren. Sie zerfällt unter bestimmten Bedingungen in verschiedene Einzelkomponenten (P3a, P3b), die eine unterschiedliche funktionale Bedeutung haben. Prinzipiell tritt die P3 nur bei im jeweiligen Kontext bedeutsamen Reizen auf. Auch die in manchen experimentellen →Paradigmen noch später auftretenden Positivierungen, die oft nur langsam und ohne deutlichen Gipfel zur Nullinie abfallen (slow wave), haben offensichtlich mit kontrollierten, willentlichen Informationsverarbeitungsprozessen zu tun.

Die Amplitude der P3 ist besonders hoch, wenn unerwartete Reize gegeben werden, die für die Versuchsperson aufgabenrelevant sind. Der Unterschied zu den früheren Komponenten N1 und N2 liegt darin, daß nicht jeder unerwartete Reiz, der eine Orientierungsreaktion auslöst, sich auch auf die P3 auswirkt, sondern nur dann, wenn Aufgabenrelevanz gegeben ist.

Reize, die in ein bereits gebildetes →kognitives Schema passen, also antipiziert werden können, erzeugen keine deutliche P3. Ein klassisches Experiment hierzu ist das *„Oddball-Paradigma"*, in dem zwei verschiedene Reize in einer Sinnesmodalität mit unterschiedlichen Häufigkeiten (meist 80:20) gegeben werden, wobei die seltenen Reize mit einer Aufgabe (z.B. seltenen Reiz zählen oder auf ihn eine bestimmte motorische Reaktion ausführen) verknüpft sind. Bei den zu beachtenden Reizen tritt eine höhere P3 auf, die umso deutlicher ausfällt, je seltener diese Reize sind.

Die funktionale, psychologische Bedeutung der P3 ist umstritten. *Donchin & Coles* (1988) interpretieren die P3 als Indikator für *„Context Updating":* Die P3 tritt dann auf, wenn relevante Reize nicht in vorbereitete kognitive Schemata passen.

Auch bezüglich der Bedeutung der Slow Wave besteht Unsicherheit: Während einige Autoren in der Slow Wave lediglich die Rückbildung der P3 sehen, betonen andere Autoren eine funktionale Eigenständigkeit dieser Komponente.

EKP und →Gedächtnis: Da das EKP offensichtlich verschiedene Stadien des Informationsverarbeitungsprozesses widerspiegelt, liegt es nahe, Zusammenhänge auch mit Gedächtnisprozessen zu vermuten. Hierbei bietet das EKP gegenüber den üblichen Gedächtnistests den Vorteil, daß bereits die Prozesse bei der →Enkodierung der Information beobachtbar sind. So findet man bei Wörtern, die später erinnert werden, bereits bei der Darbietung deutlich höhere Amplituden sowohl bei der P3 als auch bei der Slow Wave gegenüber nicht erinnerten Wörtern.

Bereitstellung kognitiver Energie: In einem Zwei-Stimulus-Paradigma tritt zwischen dem ersten Reiz (Warn- oder Hinweisreiz) und dem zweiten Reiz, auf den eine Reaktion erfolgen soll, eine deutliche negative Gleichspannungsverschiebung auf, die als *Contingent Negative Variation (CNV)* bezeichnet wird. Ist das Zeitintervall zwischen den Reizen lange genug (über drei Sekunden), so zeigt sich ein zweiphasiger Verlauf der CNV, die vor allem dann entsteht, wenn die beiden Reize mit konstantem Zeitabstand mehrmals gegeben werden.

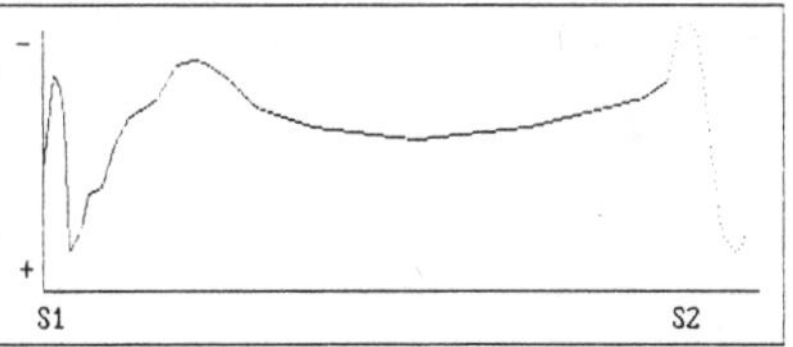

Das Ausmaß der Negativierung der CNV variiert mit verschiedenen psychologischen Variablen wie Erwartung, →Motivation, →Aufmerksamkeit oder mit der subjektiven Einschätzung der auf den zweiten Reiz zu erbringenden Reaktion. Die meisten Befunde legen eine Interpretation der CNV als Indikator für die Bereitstellung von →mentaler Energie nahe. Eine detaillierte Beschreibung verschiedener CNV-Phänomene findet sich bei *Rockstroh et al.* (1982).

EKP und → Persönlichkeit: Auf der Basis physiologisch orientierter Persönlichkeitstheorien wie der Extraversionstheorie von *H. J. Eysenck* (→Extraversion) oder der Theorie zum Sensation-Seeking von *Zuckerman* wird versucht, systematische interindividuelle Unterschiede im EKP aufzufinden und zu erklären. Die Befundlage ist widersprüchlich; Unterschiede zwischen Extra- und Introvertierten scheinen eher bei den späteren Komponenten aufzutreten. Einen Überblick findet man bei *Bartussek* (1984).

Direkt aus dem EKP abgeleitet ist das Persönlichkeitskonstrukt des *Augmenting-Reducing,* das sich auf die mittleren Komponenten bezieht: Während Augmenter bei zunehmender Reizintensität immer stärkere Amplituden aufweisen, treten bei Reducern ab einer bestimmten Reizstärke Hemmungsprozesse auf, die zu einem Abfall der Intensitäts-Amplituden-Funktion führen.

Klinische Bedeutung: Die frühen Komponenten, die die Reizleitung zum Kortex widerspiegeln, sind für die neurologische Funktionsdiagnostik von Bedeutung. Auch zur P3 liegen klinische Befunde vor: Schizophrene (→Schizophrenie) zeigen eine signifikant verminderte Amplitude. Eine verlängerte Latenz findet sich bei Dementen (→geistige Behimnderung), bei Personen mit organisch bedingter →Hirnleistungsschwäche sowie bei Patienten mit Schädel-Hirn-Traumen im Stadium der posttraumatischen →Amnesie. Bei Patienten mit sowohl →hirnorganischen Psychosyndromen als auch Schädel-Hirn-Traumen konnte eine zur Besserung des klinischen Befundes parallele Normalisierung der P3-Latenz beobachtet werden.

Literatur: *D. Bartussek,* Extraversion und EEG: Ein Forschungsparadigma in der Sackgasse? In: *M. Amelang/H. J. Ahrens* (Hrsg.) Brennpunkte der Persönlichkeitsforschung. Göttingen 1984. *E. Donchin/M. G. H. Coles,* Is the P300 component manifestation of context updating? Behavioral and Brain Sciences, 1988, 11, 343–408. *B. Rockstroh/T. Elbert/N. Birbaumer/W. Lutzenberger,* Slow Brain Potentials and Behavior. München, 1982.

Prof. Dr. *Dieter Bartussek,*
Dipl.-Psych. *Oliver Diedrich,* Trier

Erektionsstörungen
→Sexuelle Störungen.

Erethie
Ruhelosigkeit, erhöhter Bewegungsdrang mit gesteigerter Erregbarkeit.

Ergonomie
Anpassung von Maschinen und anderen technischen Systemen an die psychologischen und biologischen Anforderungen oder Möglichkeiten des Menschen.

Ergotherapie
⇒Beschäftigungstherapie
→Rehabilitation.

Erholungsmodell
→Schlaf.

Erinnern
Abruf bzw. Bewußtmachung erlernter und behaltener Gedächtnisinhalte (→Gedächtnis).

Erkenntnistheorie
philosophische Richtung, die sich mit den Regeln, sowie den Möglichkeiten und Grenzen der wissenschaftlichen und außerwissenschaftlichen Formen der Erkenntnis befaßt.

Erkundungsexperiment
→Experiment.

erlernte Hilflosigkeit
lerntheoretisches Modell (→Lernen) zur Erklärung der Entstehung von →Depressionen. Die Erfahrung, daß man seine Probleme in bestimmten Situationen nicht selbst lösen kann, wird verallgemeinert, so daß der Betreffende meint, überhaupt nichts mehr für sich tun zu können. Dadurch werden Gefühle der Unzulänglichkeit, Selbstunsicherheit und Verängstigung im Sinne depressiver Symptome ausgelöst.

Ernährungsentscheidung
→Eßverhalten.

Erotik
→Sexualität.

Erregung
⇒Aktivierung.

Erwachsenen-Ich
→Transaktionale Analyse.

Erwartungen
aus früheren Erfahrungen abgeleitete Einschätzungen der →Wahrscheinlichkeit zukünftiger Ereignisse.

Erwartungsmaximierungsmodell
→Entscheidungstheorie.

Erwartungswert
Wert für die statistische →Wahrscheinlichkeit des Auftretens eines Ereignisses.

Erziehungsberatung
→Schulpsychologischer Dienst.

Erziehungsstile
Der Begriff „Erziehungsstile“ bezieht sich auf eine Gruppe theoretischer Konstruktionen in der Psychologie, mit de-

nen →interindividuell variable, aber →intraindividuell vergleichsweise stabile (d.h. zeit- und situationsübergreifende) Tendenzen von Erziehungspersonen (Eltern, Lehrer) beschrieben werden, spezifische kindbezogene Verhaltensweisen zu zeigen (*Krohne* 1988). So definieren etwa *Stapf et al.* (1972) den Erziehungsstil „Strenge" als die variable Tendenz von Eltern, ein Verhalten ihres Kindes, das sie als unerwünscht einschätzen, zu bestrafen. „Variabel" meint dabei vor allem die Häufigkeit, mit der Verhaltensweisen, die einem bestimmten Stil zugeordnet werden, in entsprechenden erziehungsthematischen Situationen auftreten. Daneben werden als weitere wichtige Parameter des Erziehungsverhaltens dessen Intensität (insbesondere beim Strafen) sowie Konsistenz (das Ausmaß der Vorhersagbarkeit aus bestimmten Antezedenzien) analysiert.

Innerhalb der Erziehungsstilforschung lassen sich vier Aufgaben unterscheiden:

(1) Die Entwicklung von Systemen zur Beschreibung intraindividuell vergleichsweise stabiler Unterschiede zwischen Erziehungspersonen hinsichtlich ihrer kindbezogenen Verhaltensweisen (Erziehungsstil als deskriptives →Konstrukt).

(2) Die Analyse und Erklärung der Beziehung zwischen stilrelevanten Verhaltensweisen der Erziehung und der Merkmalsausprägung beim Erzogenen (Erziehungsstil als explikatives Konstrukt).

(3) Analyse der Bedingungen des Erziehungsverhaltens (Erziehungsstil als zu erklärende Variable).

(4) Entwicklung von Interventionsstrategien zur Modifikation spezifischer Verhaltensweisen der Erziehung, wenn diese sich hinsichtlich der Entwicklung bestimmter Erzogenenmerkmale als problematisch erwiesen haben.

Schwerpunktmäßig hat sich die Erziehungsstilforschung bislang den beiden ersten Aufgabenstellungen zugewandt. In jüngster Zeit hat jedoch auch das Problem der Modifikation von (insbesondere elterlichem) Erziehungsverhalten verstärkte Aufmerksamkeit erfahren. Bei der Ausarbeitung deskriptiver und explikativer Erziehungsstilkonstrukte lassen sich zwei Strategien unterscheiden (*Stapf et al.* 1972), eine induktiv-klassifikatorische und eine apriorische.

Induktiv-klassifikatorische Theorien sind durch folgende Merkmale gekennzeichnet: Es wird zunächst der Versuch unternommen, die verschiedenen Aspekte des Erziehungsverhaltens sowie der infragekommenden Merkmale des Erzogenen bei der Datenerhebung möglichst umfassend zu berücksichtigen. Anschließend erfolgt dann eine empirisch (meist über →Faktorenanalysen) gesteuerte Reduktion des komplexen Datenmaterials. Verzichtet wird hier also darauf, der Untersuchung eine Theorie voranzustellen, aus der sowohl Aussagen zur Klassifikation von Verhaltensweisen der Erziehung wie zu deren Wirkung auf den Erzogenen abgeleitet werden können. Trotz dieses Theoriedefizits besteht zwischen den meisten dieser Ansätze ein hohes Maß an Übereinstimmung hinsichtlich Zahl und inhaltlicher Bestimmung empirisch ermittelter Erziehungsstildimensionen. So bestimmte *Schaefer* (1961) nach dem Circumplex-Faktorenmodell (→Faktorenanalyse) zwei →orthogonale Dimensionen der Erziehung: „Liebe vs. Feindseligkeit" und „Autonomie vs. Kontrolle". Neben diesen beiden Stilen, die in vielen anderen Untersuchungen, wenn auch zum Teil mit unterschiedlichen Bezeichnungen, gesichert werden konnten und somit offenbar Grunddimensionen statistisch-klassifikatorischer Ansätze darstellen, wurde in verschiedenen Modellen noch ein dritter Stil „gelassene Distanziertheit vs. ängstliches Involviertsein" (*Becker* 1964) spezifiziert. Die zahlreichen Untersuchungen zu diesen Erziehungsstildimensionen haben eine Fülle allerdings in sich widersprüchlicher Ergebnisse erbracht. Diese unbefriedigende Befundlage ist Konsequenz des Fehlens theoretisch abgeleiteter Hypothesen über zu erwartende Zusammenhänge zwischen Erziehungsstilen und Erzogenenmerkmalen. Stattdessen werden in diesen Ansätzen →Hypothesen, die meist eklektisch aus den Annahmen verschiedener Theorien gewonnen wurden, häufig erst nach der Datenerhebung spezifiziert (s.a. →Versuchsplanung). Ein derartiges Vorgehen ist gegen Falsifikation weitgehend immunisiert und verhindert somit einen Erkenntnisfortschritt in diesem Bereich.

Für *apriorisch orientierte Forschungsstrategien* sind folgende Merkmale charakteristisch (vgl. *Stapf et al.* 1972): Dem Ansatz wird eine allgemeine psychologische Theorie (insbesondere des Lernens) vorangestellt, auf deren Basis die zu berücksichtigenden Aspekte des Erziehungsverhaltens sowie der Erzogenenmerkmale genauer beschrieben werden können. Erziehungsstile werden dann als explikative Konstrukte behandelt und Erzogenenmerkmale als daraus zu erklärende →Dispositionen. Aus der zugrundegelegten Theorie werden in der Regel nur wenige Annahmen abgeleitet, mit deren Hilfe auch nur jeweils spezifische Aspekte des Erzogenenverhaltens aus der Kenntnis bestimmter Erziehungsstilausprägungen vorhergesagt werden können (Apriori-Modelle als Teilbereichstheorien). Eine theoriegeleitete Operationalisierung der zentralen Konstrukte wird angestrebt. Typisch für das apriorische Vorgehen in der Erziehungsstilsforschung ist die Entwicklung und Überprüfung von zwei Theorien elterlicher Erziehungsstile: das „Zweikomponenten-Modell" (*Stapf et al.* 1972) und das „Zweiprozeß-Modell" (*Krohne* 1985).

Das *Zweikomponenten-Modell* erklärt den Zusammenhang zwischen elterlichem Erziehungsverhalten und der Ausprägung bestimmter Merkmale beim Erzogenen über das Konzept des Bekräftigungslernens (→Operantes Konditionieren). Merkmale der elterlichen Erziehung werden mittels der Konstrukte „Unterstützung" und „Strenge" und Erzogenenmerkmale durch die Dispositionsbegriffe „Gebots-" und „Verbotsorientierung" beschrieben. Unter elterlicher Unterstützung bzw. Strenge werden die Tendenzen von Erziehern verstanden, auf erwünschtes Verhalten der Erzogenen mit Belohnung bzw. auf unerwünschtes Verhalten mit Bestrafung zu reagieren. Beide Erziehungsstile sollen unabhängig voneinander variieren. Gebots- und Verbotsorientierung werden als die variable Neigung der Erzogenen zur Manifestation erwünschten bzw. zur Unterlassung unerwünschten Verhaltens bestimmt. Es wird vorhergesagt, daß Unterstützung mit Merkmalen der Gebotsorientierung (Kulturelle Fertigkeiten, insbesondere schulische und soziale Kompetenz) und Strenge mit Merkmalen der Verbotsorientiertheit (vermeidendes Verhalten, →Ängstlichkeit) positiv korrellieren. Die aus den Annahmen des Modells abgeleiteten Hypothesen wurden in zahlreichen empirischen Untersuchungen überprüft, wobei viele modellkonforme (vgl. *Stapf et al.* 1972), aber auch eine Reihe erwartungswidriger Befunde registriert werden konnten.

Grundlage des *Zweiprozeß-Modells* sind kognitive soziale Lerntheorien der →Persönlichkeit (*Mischel* 1973). Das Modell beschränkt sich zunächst auf die Erklärung der Entwicklung von Ängstlichkeit (→Angst) und Angstbewältigungsdispositionen (*Krohne* 1985). Im Sinne der von *Mischel* unternommenen kognitiven Neubestimmung derart weiter Persönlichkeitskonstrukte werden dabei verschiedene Grade von Ängstlichkeit bzw. bestimmte Formen der Angstbewältigung als Kombination spezifischer Ausprägungen der Erzogenenmerkmale Problemlösekompetenz sowie Kompetenz- und Konsequenzerwartungen definiert.

Problemlösekompetenz meint die variable Fähigkeit von Erzogenen, in Problemsituationen ein spezifisches Bewältigungsverhalten zeigen zu können. *Kompetenzerwartung* betrifft die Selbsteinschätzung, in derartigen Situationen ein erfolgreiches Verhalten zeigen zu können. Konsequenzerwartungen beziehen sich auf die wahrscheinlichen Folgen von bestimmten Ereignissen. Zur Vorhersage dieser Erzogenenmerkmale werden die Erziehungsstildimensionen Häufigkeit positiver und negativer Rückmeldung („Lob" und „Tadel"), Konsistenz der Rückmeldung, Intensität von Bestrafung sowie elterliche Unterstützung und Einschränkung betrachtet. Während die Definition von positiver und negativer Rückmeldung der im Zweikomponenten-Modell für Unterstützung und Strenge gegebenen entspricht, wird im Zweiprozeß-Modell Unterstützung als die Tendenz des Erziehenden definiert, dem Kind beim Aufbau von Problemlösestrategien zu helfen sowie bei ihm materielle, motivationale und emotionale Voraussetzungen für erfolgreiches Problemlösen zu schaffen. Einschränkung bezeichnet die variable Neigung, die Orientierung des Kindes an vorgegebenen Normen und Autoritätsmeinungen, die Übernahme von Wissensinhalten und fertigen Lösungen sowie die Aufrechterhaltung der Abhängigkeit vom Erzieher zu begünstigen. Häufigkeit, Intensität und Konsistenz elterlicher Rückmeldungen sollen in erster Linie zum Aufbau des Systems der Konsequenzerwartungen, Unterstützung und Einschränkung dagegen vorwiegend zur Entwicklung von Kompetenzen und Kompetenzerwartungen beim Kind beitragen. Empirische Untersuchungen zu den Erziehungsstildeterminanten kognitiver Kompetenz und Kompetenzerwartung sowie hoher Ängstlichkeit und spezifischer Angstbewältigungsformen konnten bislang zahlreiche erwartungskonforme Zusammenhänge sichern (vgl. *Krohne* 1988).

Literatur: *W. C. Becker,* Consequences of different kinds of parental discipline. In: *M. L. Hoffman/L. W. Hoffmann* (Eds.), Review of Child Development Research, 1. New York 1964, 169–208. *H. W. Krohne,* Entwicklungsbedingungen von Ängstlichkeit und Angstbewältigung, In: *H. W. Krohne* (Hrsg.), Angstbewältigung in Leistungssituationen. Weinheim 1985, 135–160. *H. W. Krohne,* Erziehungsstilforschung. Z. f. Päd. Psych., 1988, 2, 157–172. *W. Mischel,* Toward a cognitive social learning reconceptualization of personality. Psych. Rev., 1973, 80, 252–283. *E. S. Schaefer,* Converging conceptual models for maternal behavior and for child behavior. In: *J. C. Glidewell* (Ed.), Parental attitudes and child behavoir. Springfield 1961, 124–146. *K. H. Stapf/T. Herrmann/A. Stapf/K. H. Stäcker,* Psychologie des elterlichen Erziehungsstils. Bern 1972.

Prof. Dr. *Heinz Walter Krohne,* Mainz

Es

Reservoir des meist unbewußten ursprünglichen und undifferenzierten Triebpotentials der menschlichen →Persönlichkeit (→Psychoanalyse, →Unbewußtes).

Eßstörungen

Unter Eßstörungen werden solche Muster des Eßverhaltens verstanden, die zu einer Ernährungssituation führen, die als subjektive psychische Belastung und/oder als objektive gesundheitliche Beeinträchtigung verstanden wird.

Im engeren klinischen Sinne werden unter Eßstörungen die im →DSM-III-R definierten Syndrome Anorexia nervosa (307.10), Bulimia nervosa (307.51), →Pica (307.52), →Rumination im Kindesalter (307.53) und anderweitig nicht klassifizierte Eßstörungen (307.50) verstanden. Die →Adipositas wird nicht zu den Eßstörungen gezählt.

Von praktischer klinischer Bedeutung sind vor allem *Anorexia nervosa* und *Bulimia nervosa.* Von beiden Krankheitsbildern sind primär Mädchen bzw. junge Frauen betroffen, der Anteil der männlichen Patienten wird auf 5 bis 10 Prozent geschätzt. Das Erkrankungsalter liegt für Anorexia nervosa zwischen dem Ende der Pubertät und dem 25. Lebensjahr, bei Bulimia nervosa zwischen 15 und 35 Jahren.

Leitsymptom der Anorexia nervosa ist die Weigerung, das Körpergewicht über

Eßstörungen

einem für Alter und Körpergröße angemessenen Minimum zu halten. Das hieraus resultierende strenge Diäthalten und Fasten führt zu einem starken Gewichtsverlust von mehr als 15% bzw. in der Wachstumsperiode zu einem Ausbleiben des zu erwartenden Gewichtsanstiegs. Motiviert (→Motivation) wird das extrem gezügelte Eßverhalten durch eine intensive →Angst vor dem „Dicksein" bzw. „Dickwerden", die selbst bei starkem Untergewicht noch weiter besteht. Diese Angst verbindet sich mit Störungen des Körperbildes, d.h. die Patientin empfindet sich insgesamt oder einzelne Körperpartien als zu fett, obwohl deutliches Untergewicht bis hin zur Kachexie vorliegt. Dabei ist es charakteristisch, daß der Krankheitswert des körperlichen Zustandes von den Patientinnen geleugnet wird.

Während geringes Körpergewicht ein wesentliches diagnostisches Kriterium der Anorexia nervosa darstellt, ist das Körpergewicht bei einem Großteil der Bulimia nervosa-Patientinnen im Normalbereich. Kernsymptom der Bulimia nervosa sind wiederkehrende Eßanfälle, in denen große Mengen an Nahrung verzehrt werden. Solche Eßanfälle werden als unkontrollierbar und nicht willkürlich beendbar erlebt. Um einen Gewichtsanstieg zu vermeiden, wird strenges Diäthalten, selbstinduziertes Erbrechen, intensives sportliches Training oder der Mißbrauch von Laxantien oder Diuretika eingesetzt. Der sich entwikkelnde Teufelskreis aus Diäthalten, Eßanfall, Erbrechen und erneutem Diäthalten wird von einer überwertigen Besorgnis um die eigene Figur und das eigene Gewicht motiviert.

Bulimische Symptomatik, Eßanfälle mit nachfolgendem Erbrechen, sind auch für einen Teil der Anorexia nervosa-Patientinnen charakteristisch. Der Anteil bulimischer Anorexie-Patientinnen wird mit bis zu 50 Prozent angegeben. Anorexie-Patientinnen, die ihr niedriges Körpergewicht ausschließlich durch Fasten und durch übersteigertes sportliches Training erzielen, werden als „restriktive Anorexien" bezeichnet. Von Russell wurde 1979 die Bulimia nervosa zunächst als eine „unheilverkündende Variante der Anorexia nervosa" beschrieben. Erst in der dritten Auflage der Diagnostischen Kriterien DSM-III (1980) wurden die Bulimia als eigenständiges Krankheitsbild aufgenommen. Dabei wurden Bulimia und Anorexia nervosa als sich gegenseitig ausschließende Diagnosen verstanden. Befunde, die belegten, daß sich normalgewichtige Bulimie-Patientinnen und Anorexie-Patientinnen mit bulimischer Symptomatik in ihrem klinischen Bild und ihren Persönlichkeitszügen (→Persönlichkeit, →Eigenschaft) ähnlicher sind als Anorexie-Patientinnen mit bulimischer Symptomatik und rein restriktive Anorexien, führten in DSM-III-R zu einer Revision dieser Festlegung. So kann nun bei Zutreffen der entsprechenden Kriterien sowohl Anorexia nervosa als auch Bulimia nervosa für eine Person diagnostiziert werden.

Als eine der notwendigen Voraussetzung für die Entstehung von Eßanfällen kann das Vorliegen von gezügeltem →Eßverhalten verstanden werden. Der aus gezügeltem Eßverhalten resultierende Deprivationszustand (→Deprivation) führt zu einer erhöhten Anreizvalenz von Nahrung und zu einem Verlernen der Wahrnehmung und adäquaten Beantwortung konditionierter Sättigungssignale. So korreliert auch bei normalgewichtigen, nicht klinisch eßgestörten Frauen die Anzahl angegebener Eßanfälle mit dem Ausmaß gezügelten Eßverhaltens, und bulimische Patientinnen berichten, daß Eßanfälle erstmals nach einer Diät auftraten.

Da jedoch nicht alle gezügelten Esser, auch nicht alle gezügelten Esser mit Eßanfällen, ein bulimisches Störungsbild entwickeln, müssen qualitative Unterschiede in der funktionalen Bedeutung der Eßanfälle für bulimische Patientinnen für die Entwicklung einer Eßstörung verantwortlich gemacht werden. So werden →Frustration, Langeweile und →Ärger von Bulimikerinnen als begünstigende Faktoren für Eßanfälle genannt. Eßanfälle dienen damit eher der Befriedigung emotionaler Bedürfnisse (→Emotionen) und können als inadäquate, aber wirksame Strategie zur Spannungsreduktion verstanden werden. Im Krankheitsverlauf kommt es zu einem immer weitergehendem Verlust adäquater Problem- und Streßbewältigungsmechanismen (→Streß), die einen Rückgriff auf Eßanfälle zur Bewältigung von Spannungssituationen (→Coping) immer wahrscheinlicher machen.

Als Rahmenbedingung für die zunehmende, fast epidemieartige Verbreitung von Eßstörungen in den letzten Jahren kann das gesellschaftliche Schlankheitsideal und das hieraus resultierende kollektive Diätverhalten von Frauen verstanden werden (→Eßverhalten).

Kognitiv-verhaltenstherapeutische Behandlungsansätze (→Verhaltenstherapie) für Eßstörungen zielen vor allem auf eine Veränderung des Eßverhaltens und auf eine Modifikation der →Einstellungen und Überzeugungen in Bezug auf Figur und Körpergewicht ab.

Literatur: *T. Paul/V. Pudel,* Bulimia nervosa: Suchtartiges Eßverhalten als Folge von Diätabusus. Ernährungsumschau, 1985, 32, 74–79. *T. Paul/J. E. Meyer/V. Pudel,* Bulimia nervosa – Das Krankheitsbild in seiner nosologischen Zuordnung. Nervenarzt, 1987, 58, 461–470. *J. Westenhöfer/V. Pudel,* Verhaltensmedizinische Überlegungen zu Entstehung und Behandlung von Eßstörungen. In: *Wahl/Hautzinger,* Verhaltensmedizin. Köln 1989.

Prof. Dr. *Volker Pudel,*
Joachim Westenhöfer, Göttingen

Eßverhalten

Das Eßverhalten des Menschen stellt als komplexe Lebensäußerung einen vielfältig determinierten Prozeß dar. Es unterliegt als Verhalten, das der Nahrungsaufnahme und damit der Sicherung der Lebens- und Überlebensfähigkeit dient, einer kurzfristigen und langfristigen Regulation durch Signale von Hunger, Appetit und Sättigung. Darüber hinaus erfüllt das Eßverhalten auch eine Reihe psychologischer und sozialer Funktionen.

Die Steuerungsmechanismen der Nahrungsaufnahme sind noch weitgehend ungeklärt, da die einzelnen Steuerungskomponenten auf höchst komplexe Weise miteinander verknüpft sind. Zentral für das Verständnis dieser Regulationsprozesse sind die Begriffe Hunger, Appetit und Sättigung, die die Wahrnehmung von Körpergefühlen bezeichnen, die im Sinn von Start- und Stopsignalen die Nahrungsaufnahme beginnen und beenden lassen. Gleichwohl ist der Mensch auch in der Lage, unabhängig von Empfindungen wie Hunger mit dem Essen zu beginnen, und unabhängig von Sättigung das Essen zu beenden.

Die vorliegenden Befunde deuten darauf hin, daß die Nahrungsaufnahme zu Beginn des Lebens ausschließlich durch innere Regulationsmechanismen bestimmt wird. Mit zunehmendem Lebensalter gewinnen dann äußere Einflußfaktoren wie Erziehung, Gewohnheiten, Nahrungsangebot, entwickelte Vorlieben und gesellschaftliche Organisationsformen der Nahrungsaufnahme immer stärkere Bedeutung. Schließlich entwickelt sich im Kindes- und Jugendalter eine bewußte, kognitive Steuerung (→Kognition) der Nahrungsaufnahme durch Einstellungen und Überzeugungen (siehe Abb. „Drei-Komponenten-Modell").

Eine Ernährungssituation, die durch Mangel und Not gekennzeichnet ist, ist

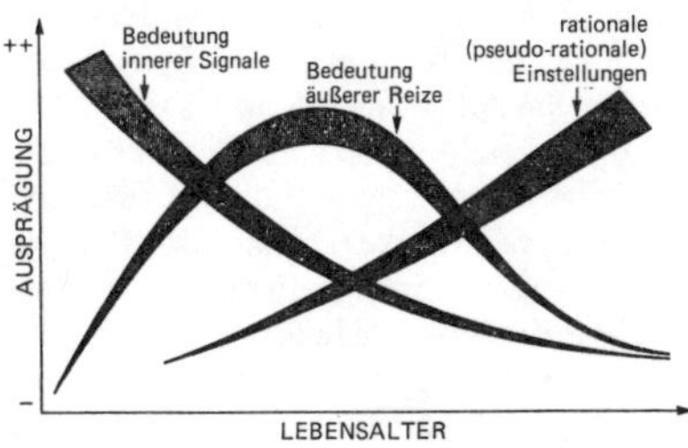

noch heute charakteristisch für die Mehrheit der Weltbevölkerung. Die Menschen sind gezwungen, ihre Nahrungsauswahl dem knappen Angebot anzupassen, es besteht keine oder nur eine geringe Freiheit bei der Auswahl. Demgegenüber hat sich die Ernährungssituation in den Industrienationen im Lauf der letzten Jahrzehnte grundlegend verändert. Mit zunehmendem Angebot und dem sich entwickelnden Lebensmittelüberfluß wurde die Möglichkeit, sogar der Zwang zur Auswahl zwischen verschiedenen Lebensmitteln geschaffen. Mit den Wahlmöglichkeiten entwikkeln sich Eßbedürfnisse, die, über den biologischen Bedarf des Körpers hinaus, Eßverhalten motivieren und steuern. Damit wird die angebotsabhängige Ernährungsweise früherer Jahrhunderte durch eine *Ernährungsentscheidung* ersetzt, in die unterschiedlichste motivationale Faktoren (→Motivation) eingehen. Solche motivationalen Faktoren können kognitiver Art (Kostenaspekt, Gesundheitswert, Umweltverträglichkeit), sozialer Art (Sozialprestige) und affektiver Art (sensorischer Genuß) sein. Dabei gehen in die individuelle Ernährungsentscheidung neben einer subjektiven Gewichtung der einzelnen Faktoren auch situative Gewichtungen ein: einzelne Motivationsfaktoren können für ein und die selbe Person in verschiedenen Situationen eine unterschiedliche Bedeutung haben und zu einer jeweils anderen Ernährungsentscheidung führen.

Als einzelner motivationaler Faktor, der das Eßverhalten weiter Teile der vor allem weiblichen Bevölkerung nachhaltig prägt, kann das derzeit herrschende Schönheits- und Schlankheitsideal gesehen werden, das bei einem Body-Mass-Index (→Adipositas) von 18 bis 20 im Grenzbereich zwischen Normal- und Untergewicht angesiedelt ist. Dieses kulturell vermittelte Schlankheitsmotiv führt – vor allem bei Frauen – zu einer weitverbreiteten Unzufriedenheit mit der eigenen Figur und dem eigenen Körpergewicht. Als vermeintlich wirksame Maßnahme zur Beeinflussung des Körpergewichts wird das Eßverhalten in Richtung einer Reduktion der Energiezufuhr verändert. Dies kann in Form einzelner, zeitlich begrenzter Maßnahmen wie totales Fasten oder verschiedenster Diäten geschehen, oder in Form eines zeitlich relativ überdauernden gezügelten Eßverhaltens. Etwa jede zweite Frau in der Bundesrepublik Deutschland gibt an, bereits mindestens eine Diät durchgeführt zu haben, ca. 13% der Frauen geben an, regelmäßig oder so gut wie immer Diät zu halten. Solche Befunde verdeutlichen, daß von einem kollektiven *Diätverhalten* der weiblichen Bevölkerung gesprochen werden kann. In einer Situation des Nahrungsüberflusses ist nicht mehr das spontane, ungezügelte Eßverhalten, sondern das gezügelte Essen – zumindest statistisch – zum Normalfall geworden (→Eßstörungen).

Unter *gezügeltem Eßverhalten* (restrained eating) wird ein Verhaltensmuster verstanden, das durch eine kognitive Übersteuerung physiologischer Hunger- und psychologischer Appetenzsignale gekennzeichnet ist und das auf eine geringere Kalorienzufuhr mit dem Ziel der Gewichtskontrolle gerichtet ist. Obwohl sich gezügeltes Eßverhalten somit durch eine kognitive Kontrolle der Nahrungsaufnahme auszeichnet, kann es nicht in jedem Falle als selbstkontrolliert im Sinn von selbstreguliert verstanden werden. Häufig ist gezügeltes Eßverhalten vielmehr durch starre, rigide (→Rigidität) Verhaltensschemata geprägt. Ein solches rigide gezügeltes Eßverhalten kann als „pseudo-kontrolliert" bezeichnet werden.

In Laborexperimenten zeigen gezügelte Esser im Vergleich zu spontanen Essern Störungen des Eßverhaltens wie stärkere Außenreiz-Abhängigkeit, Sättigungsstörungen, verzögerter oder abgeschwächter Appetenzverlust und ein ebenfalls verzögertes oder abgeschwächtes Einsetzen einer Geschmacksaversion. In einer Feldstudie wurde gefunden, daß der Anteil von Befragten mit Schwierigkeiten im Eßverhalten mit zunehmender Anzahl bereits durchgeführter Diäten zunimmt. Solche Befunde legen es nahe, Verhaltensdispositionen wie erhöhte → Externalität, streßbedingte → Hyperphagie (→ Streß) und Störungen der Appetit- und Sättigungsregulation als eine Folge des durch gezügeltes Eßverhalten herbeigeführten Deprivationszustandes (→ Deprivation) des Organismus zu verstehen.

In diesem Zusammenhang wird die Annahme eines *body-weight-set-point* diskutiert, wonach der Körper über verschiedene Regulationsmechanismen verfügt, die auf eine langfristige Stabilisierung des Körpergewichts abzielen (→ Adipositas). Wenngleich die genaue Funktionsweise dieses Regulationssystems noch nicht geklärt ist, können physiologische Adaptationsprozesse (→ Adaptation) wie die Veränderung des Energieverbrauchs sowie die beschriebenen Verhaltensdispositionen als Effektoren dieses Regulationssystems verstanden werden.

Literatur: Deutsche Gesellschaft für Ernährung: Einflüsse auf die Nahrungsaufnahme des Menschen. In: Ernährungsbericht 1988. Frankfurt 1988. *V. Pudel,* Ernährungsproblem Überfluß: Die nicht bedarfsgerechten Bedürfnisse. Ernährung/Nutrition, 1987, 11, 823–830. *J. Westenhöfer/V. Pudel/N. Maus/G. Schlaf,* Das kollektive Diätverhalten deutscher Frauen als Risikofaktor für Eßstörungen. Aktuelle Ernährungsmedizin, 1987, 12, 154–159.

Joachim Westenhöfer, Göttingen

Ethologie
⇒ vergleichende Verhaltensforschung
→ Verhaltensforschung.

Etikettierung
→ Norm.

Erster Eindruck
→ Empathie.

euklidische Metrik
→ euklidischer Abstand.

euklidischer Abstand
Distanz- bzw. Ähnlichkeitsmaß bei der → Skalierung oder der → Clusteranalyse; der gradlinige Abstand zwischen zwei Punkten in einem zweidimensionalen Raum.

Eustreß
→ Streß.

Evaluation
Bewertung der Güte oder Effektivität von Handlungen und Maßnahmen.

Evidenzerlebnis
das Erlebnis hoher subjektiver Gewißheit (s.a. → Aha-Erlebnis).

evoziertes Potential
⇒ Ereigniskorreliertes Potential
→ Visuelle Aufmerksamkeit.

Exhibitionismus
→ Sexuelle Störungen.

exogene Orientierung
⇒ peripheral cueing
→ Visuelle Aufmerksamkeit.

exogene Psychose
→ Psychosen.

expansive Verhaltensstörungen
→ Aufmerksamkeitsstörungen.

Experiment
Geleitet vom Wissenschaftsideal der Physik wurde das Experiment im Rahmen der sog. → Psychophysik Mitte des letzten Jahrhunderts als eine der klassischen Forschungsmethoden der Psychologie entwickelt und eingesetzt (u.a. durch *Fechner, von Helmholtz, Müller, Weber, Wundt*). Als herausragendes Datum dieser historischen Entwicklung wird allgemein die Gründung des ersten psychologischen Instituts bzw. Laboratoriums durch *Wilhelm Wundt* in Leipzig (1879) angesehen.

Im psychologischen Experiment werden zur Prüfung von wissenschaftlichen (Kausal-) Hypothesen unter kontrollierten Bedingungen bestimmte Erlebens- und/oder Verhaltensreaktionen durch spezifische → Reize ausgelöst und beobachtet bzw. gemessen.

Grundprinzipien: Wundt (1832–1920) charakterisierte das psychogische Experiment durch die Merkmals-Trias *Willkürlichkeit, Wiederholbarkeit* und *Variierbarkeit. Willkürlichkeit* bedeutet die absichtliche und planmäßige Auslösung bestimmter Erlebens- und/oder Verhaltensreaktionen unter kontrollierten Rahmenbedingungen, zu denen u.a. die Auswahl von Versuchspersonen (Vpn), sowie Ort und Zeitpunkt des Experiments gehören. Die willkürliche Erzeugung der experimentellen Situation impliziert deren beliebige *Wiederholbarkeit.* Dem stehen in der psychologischen Forschung u.a. Lern- und Übungseffekte entgegen, die es oft unmöglich machen, ein Experiment mit den gleichen Vpn zu wiederholen. Das Kriterium der Wiederholbarkeit muß deshalb auf die prinzipielle Replizierbarkeit mit Vpn aus der statistisch gleichen Population eingeschränkt werden. Die willkürliche Herstellung der experimentellen Bedingungen eröffnet dem Wissenschaftler die Möglichkeit, gezielt Variablen zu verändern und die Effekte dieser *Variation* systematisch zu beobachten. Andere potentiell störende Einflußfaktoren (z.B. Tageszeit, Raumtemperatur) müssen dagegen konstant gehalten werden *(Prinzip der isolierenden Variation).*

Von der Fragestellung zum Versuchsplan: Oft wird das Experiment (siehe dazu Übersichtsschema) zur Generierung von differenzierteren Hypothesen in noch wenig erforschten Problembereichen eingesetzt. Man spricht dann von *Erkundungsexperimenten* oder *Pilotstudien.* Typischerweise jedoch dient das Experiment der Entscheidung über die Richtigkeit von wissenschaftlichen *Hypothesen* und damit der Stützung bzw. Falsifikation einer Theorie, aus der sie abgeleitet wurden *(Entscheidungsexperiment).*

Die Bedingung, die variiert bzw. manipuliert wird, nennt man die *unabhängige Variable (UV)* (z.B. Alkoholgabe in unterschiedlicher Menge). Das Ereignis, welches als Folge der Manipulation der UV beobachtet wird, heißt *abhängige Variable (AV).* Die Messung der AV kann auf den Ebenen „Erleben" (z.B. Gefühl des Alkoholisiertseins) und/oder „Verhalten" bzw. „Leistung" (z.B. Fehler bei einer Fahrsimulation) erfolgen.

Die Zuordnung der in der Hypothese verwendeten Begriffe zu empirisch meßbaren Variablen wird als *Operationalisierung* bezeichnet. Ziel der Operationalisierung und der Versuchsplanung ist es, die experimentellen Bedingungen so zu wählen, daß die Effekte der UV *ma*ximiert werden, der Einfluß systematischer Störvariablen auf die AV *kon*trolliert und deren unsystematische Zufallsvariation *min*imiert wird (*Max-kon-Min-Prinzip* nach *Kerlinger*).

Die Operationalisierung stellt ein entscheidendes Problem des Experimentierens dar. Die Umsetzung der theoretischen Begriffe in Forschungsoperationen ist weder eindeutig, noch ist ihre Güte ausreichend bestimmbar. Ein Kriterium für die Wahl einer bestimmten Operationalisierung kann in dem Ausmaß der *Generalisierbarkeit* der experimentellen Ergebnisse gesehen werden und damit in der Beantwortung der Frage nach der Übertragbarkeit der (Labor-) Befunde auf andere Situationen und Bedingungen *(externe → Validität).*

Störvariablen: Kann die Variation der AV mit großer Sicherheit eindeutig auf die Manipulation der UV zurückgeführt werden, spricht man von einem hohen Maß *interner Validität* des Experiments. Die Eindeutigkeit der Beziehung zwischen UV und AV ist jedoch in jedem Experiment durch sogenannte Störvariablen gefährdet, welche entweder die experimentellen Effekte reduzieren oder gemeinsam mit der UV *(Konfundierung)* – im Extremfall sogar alleine – die Veränderungen der AV verursachen. Die Störvariablen können prinzipiell wie folgt gruppiert werden: *Vpn-Effekte, Effekte der experimentellen Situation* und *Effekte des experimentellen Designs.* In der experimentellen Methodologie wurde eine Vielzahl von Techniken zur

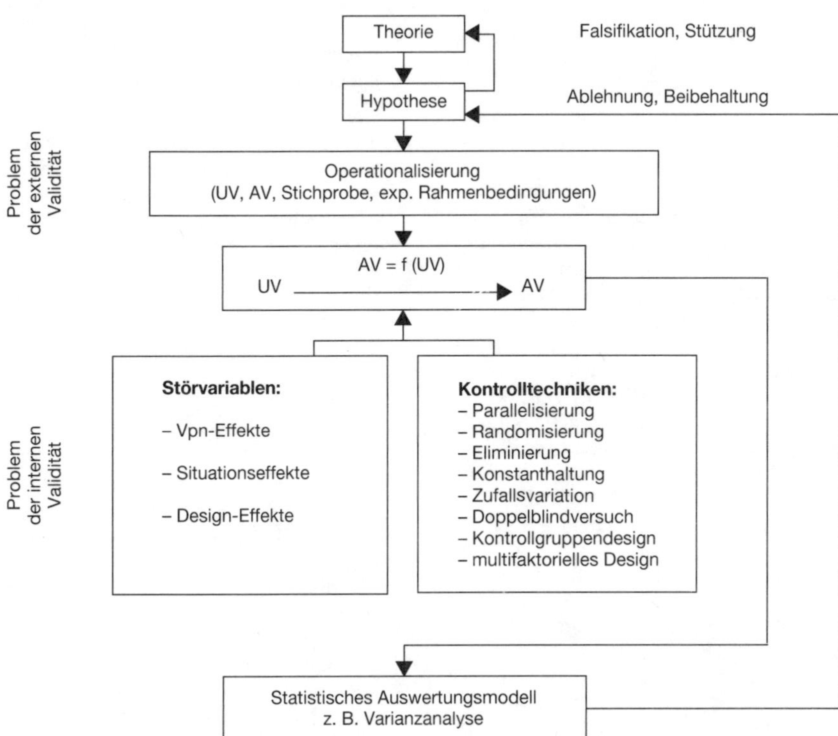

Kontrolle der Störvariablen entwickelt. Ohne die Kontrolle von möglichen Störgrößen ist die interne Validität des Experimentes eingeschränkt; die gemessenen Effekte können nicht eindeutig im Sinne der zu prüfenden Hypothese interpretiert werden, da verschiedene Alternativerklärungen nicht ausgeschlossen werden können.

– *Kontrolle der Vpn-Effekte:* Jede Vp bringt bestimmte Eigenschaften in das Experiment ein (z.B. Alter, Geschlecht, Ängstlichkeit). Von manchen dieser Merkmale kann ein Einfluß auf die AV angenommen werden (siehe z.B. die Altersabhängigkeit der Leistung am Fahrsimulator). Zur Kontrolle dieser ungewollten Einflußfaktoren bieten sich zwei Techniken an: Parallelisierung und Randomisierung der Vpn-Gruppen. Bei der *Parallelisierung* besteht der erste Schritt in der Erfassung des potentiell „störenden“ Personmerkmals, daraufhin wird eine Gleichverteilung der Vpn hinsichtlich der Störvariablen in den Versuchsgruppen angestrebt. Bei der *Randomisierung* wird versucht, dies durch eine Aufteilung der Vpn in Gruppen nach Zufall zu erreichen. Insbesondere bei kleinen Stichproben besteht dennoch die Gefahr der Bildung von Extremgruppen in bezug auf eine oder mehrere Störvariablen.

– *Kontrolle der Situationseffekte:* Die experimentelle Situation kann über physikalische (z.B. Lärm, Raumtemperatur) und soziale (z.B. unbeabsichtigte Hinweise durch den Vl) Störvariablen die Untersuchungsergebnisse verfälschen. Möglichkeiten der Kontrolle bieten Elimination, Konstanthaltung und Zufallsvariation.

Zur *Eliminierung* von physikalischen Störfaktoren dient beispielsweise die Schallisolation in Laboratorien. Andere physikalische Variablen wie z.B. Raumtemperatur und Beleuchtungsverhältnisse lassen sich durch die Verwendung einer Klimaanlage und künstlicher Beleuchtung *konstanthalten*. Zu den sozialen Störvariablen zählt insbesondere der sogenannte Versuchsleitereffekt, unter dem sowohl Einflüsse des Interaktionsstils als auch die ungewollte Übertragung von Verhaltenserwartungen des Vl an die Vp subsumiert werden (Vl-Erwartungseffekt, → Rosenthal-Effekt). Andererseits wird das Verhalten der Vp durch ihre eigenen Vermutungen bzgl. Ziel und Zweck der Untersuchung, ja sogar durch das bloße Wissen um die Teilnahme an einem Experiment beeinflußt (→ Hawthorne-Effekt). Wirksame Kontrolltechniken sind hier die weitestgehende Elimination von Kenntnissen über die zu prüfende Hypothese bei Vl und Vp (→ Doppel-Blind-Versuch) und die Konstanthaltung der experimentellen Prozedur (z.B. durch Standardisierung von Instruktion und Versuchsablauf). Vl-Effekte lassen sich darüber hinaus noch durch *Zufallsvariation* vermeiden, indem mehrere an einem Experiment beteiligte Vl per Zufall den einzelnen Vpn zugeordnet werden.

– *Kontrolle der Design-Effekte:* Hierunter werden vor allem Effekte verstanden, die aus einer längeren Experimentierzeit (z.B. Ermüdung) bzw. mehrmaliger Meßwiederholung (reaktiver Effekt der ersten Messung) resultieren. Solche Störgrößen können über die Einführung einer anders behandelten bzw. unbehandelten *Kontrollgruppe* erfaßt werden.

Über die genannten Techniken hinaus kann die Kontrolle von Störvariablen auch dadurch erreicht werden, daß man deren Einfluß zu einem weiteren Untersuchungsgegenstand macht, die „Stör"-Variable also als zusätzliche UV in das Versuchsdesign einbringt (multifaktorielles Design, → Versuchsplanung). Zum Beispiel könnten auf diese Weise Geschlechtseffekte in einer pharmakologischen Studie mitberücksichtigt werden (siehe Abb.).

Statistische Auswertung der erhobenen Daten (→ Statistik): Das z.Zt. am häufigsten verwendete Auswertungsverfahren ist die sog. Varianzanalyse (→ multivariate Datenanalyse), welche die Effekte einer oder mehrerer UVn separat (Hauptwirkung) oder in deren Interaktion (→ Wechselwirkung) auf statistische → Signifikanz prüft).

Grenzen und Abgrenzung der experimentellen Vorgehensweise: Aus den konstituierenden Merkmalen experimenteller Forschung (Operationalisierung von UV und AV; Kontrolle von Störvariablen) resultiert, daß diese Methode, wie keine andere, in der Lage ist, Kausalbeziehungen plausibel zu machen (beispielsweise der Nachweis des Alkohols als Ursache für die Verschlechterung der Leistung im Fahrsimulator). Aus der dazu erforderlichen hohen Kontrolle der experimentellen Situation ergibt sich aber auch der wesentliche Nachteil des (Labor-) Experimentes: die Künstlichkeit. Es bleibt fraglich, wie sich der Proband außerhalb des Labors in seiner sozialen Umwelt ohne Beeinflussung durch einen Vl spontan verhält. Das Verhalten von

Zweifaktorielles varianzanalytisches Design

Faktor „Geschlecht"

Faktor „Alkoholgabe": Faktorstufe	Faktor „Geschlecht" männlich	weiblich
0 ml Alkohol pro kg Körpergewicht	Vp 1 Vp 2 Vp 3 ...	Vp 11 Vp 12 Vp 13 ...
1 ml Alkohol pro kg Körpergewicht	Vp 21 Vp 22 Vp 23 ...	Vp 31 Vp 32 Vp 33 ...
2 ml Alkohol pro kg Körpergewicht	Vp 41 Vp 42 Vp 43 ...	Vp 51 Vp 52 Vp 53 ...

Menschen in deren natürlicher Umwelt zu erfassen, ist Aufgabe der sog. → Feldforschung. Experiment und Feldstudie stehen nicht in Konkurrenz zueinander, sondern ergänzen sich. Methodologisch stellt das Quasi-Experiment (Feldexperiment) ein Bindeglied zwischen beiden Forschungsansätzen dar; zwar werden Bedingungen variiert, doch aufgrund der Beobachtung im „Feld" (z.B. Arbeitsplatz) ist keine optimale Kontrolle von Störvariablen möglich, insbesondere kann die Zuordnung der Probanden meist nicht randomisiert erfolgen.

Literatur: *J. Bredenkamp,* Theorie und Planung psychologischer Experimente. Darmstadt 1980. *O. Huber,* Das psychologische Experiment. Eine Einführung. Bern 1987. *V. Sarris/L. Parducci,* Die Zukunft der experimentellen Psychologie. Weinheim 1986. *S. Schwartz,* Wie Pawlow auf den Hund kam ... Die 15 klassischen Experimente der Psychologie. Weinheim 1988. *K. H. Stapf,* Laboruntersuchungen. In: *E. Roth* (Hrsg.), Sozialwissenschaftliche Methoden. München 1984.

Stefan Becker, Hans Günter Haaf,
Köln, Mainz

experimenteller Konflikt
→ Diskrimination.

Expertensysteme
→ Künstliche Intelligenz.

explorative Datenanalyse
→ Multivariate Datenanalyse.

explosive Persönlichkeit
→ Persönlichkeitsstörungen.

Expositionsverhalten
→ Krebserkrankungen.

Externalisierung
Prozeß der → Attribution, bei dem eigenes Erleben und Verhalten auf äußere Anlässen zurückgeführt wird.

Externalität
Persönlichkeitseigenschaft (→ Persönlichkeit) im Sinne einer erhöhten Neigung zur → Externalisierung.

Externalitätshypothese
Annahme der Ernährungspsychologie, daß Eßstörungen im Sinne einer stark erhöhten Nahrungsaufnahme (→ Adipositas) darauf zurückzuführen sind, daß man sich beim Essen nicht an einem internen Sättigungsgefühl sondern an externen Reizen (Nahrungsangebot) orientiert.

externe Synchronisation
→ Circardiane Periodik.

externe Validität
→ Experiment
→ Validität.

Extinktion
⇒ Löschung
⇒ Abschwächung
Verringerung der → Wahrscheinlichkeit des Erinnerns von Gelerntem (→ Gedächtnis); Abnahme der Häufigkeit des Auftretens von Reaktionen oder Verhaltensweisen, die nach dem Prinzip des → Klassischen Konditionierens oder → Operanten Lernens erworben wurden. Die Extinktion einer klassisch konditionierten Reaktion setzt ein, wenn längere Zeit nur noch der konditionierte Reiz ohne den unkonditionierten Reiz dargeboten wird, die Extinktion einer Reaktion, die nach dem Prinzip des Operanten Konditionierens elernt wurde, wenn die → Verstärkung ausbleibt. Häufig kommt es nach einer gewissen Zeit zu einer *Spontanerholung,* d.h. zu einem phasischen Wiederauftreten der gelöschten Reaktion.

extrapyramidales System
⇒ extrapyramidalmotorisches System
Strukturen des Gehirns und Leitungsbahnen zum Rückenmark außerhalb der Pyramide, wichtig für die willkürlichen und automatisierten Körperbewegungen.

extrapyramidalmotorisches System
⇒ extrapyramidales System.

Extrasystole
Störung des Grundrhythmus beim Herzen durch verfrühte Muskelkontaktion,

in der Regel nicht als Anzeichen einer Herzerkrankung zu werten.

Extraversion

1. *Definition:* Mit *Extraversion* und *Introversion* bezeichnet man heute die Pole eines inhaltlich breit konzipierten → Persönlichkeitsmerkmales, das interindividuell als relativ stabil gilt. Extravertierte werden danach als offene, gesellige, der Umwelt zugewandte, dominante, aktive, abenteuerlustige und impulsive Personen beschrieben. Introvertierte sind dagegen eher verschlossene, zurückhaltende, in sich gekehrte, eigenständige und kontrollierte Menschen.

Im Gegensatz zu den Annahmen alter typologischer Konzepte (→ Typologie) der Extraversion findet man starke Extravertiertheit und starke Introvertiertheit vergleichsweise selten. Mittlere Ausprägungsgrade auf diesem Persönlichkeitsmerkmal herrschen vor.

Inhaltlich umfaßt das Extraversionskonzept eine Reihe spezifischerer Persönlichkeitseigenschaften (→ Eigenschaften), die untereinander zwar korrelieren (→ Korrelation), jedoch nicht so hoch, daß mit sehr hoher → Wahrscheinlichkeit von einer spezifischen Extraversionseigenschaft auf andere geschlossen werden könnte.

2. *Geschichte:* Grundlage der beginnenden Erforschung des Extraversionsbereiches war zum einen der Versuch, spekulative Konzeptionen der Extraversion – vor allem aus der Typologie von *Carl Gustav Jung* (1875–1961) – durch objektiv auswertbare Test- und Beurteilungsverfahren der empirischen Forschung zugänglich zu machen: In den 30er Jahren entstand so eine Reihe verschiedener Extraversionstests. Zum anderen war es die → Faktorenanalyse, die – aufbauend auf der Untersuchung der korrelationsstatistischen Zusammenhänge zwischen den verschiedenen empirischen Extraversionsmaßen – zu verschiedenen Strukturmodellen der Extraversion führte. Diese unterscheiden sich vor allem in den → Primärfaktoren, aus denen sich die Extraversion als faktorenanalytisch definierte Gemeinsamkeit (→ Sekundärfaktor) ergibt.

In entscheidender Weise wurde die weitere Erforschung der Extraversion durch *Eysenck* beeinflußt, der als erster experimentell (→ Experiment) prüfbare Erklärungstheorien zur Extraversion formulierte. Diese haben eine heute kaum mehr übersehbare Fülle experimenteller Arbeiten über Unterschiede zwischen Extravertierten und Introvertierten in verschiedenen Verhaltensbereichen angeregt (s. *Bartussek* 1985).

3. → *Primärfaktoren der Extraversion:* Es waren vor allem *Guilford* und seine Mitarbeiter, die in den 30er Jahren die damals meist rational-spekulativ konstruierten Persönlichkeitsfragebogen (→ Fragebogen) der Extraversion und auch anderer Persönlichkeitsbereiche mit Hilfe der → Faktorenanalyse untersuchten und dabei jene Primärfaktoren fanden, die man noch heute als wichtige Faktoren des Extraversionsbereichs betrachten muß. Nach *Guilford* sind es folgende zwei Primäreigenschaften, die über viele Untersuchungen hinweg zu ungefähr r = 0,37 (→ Korrelation) miteinander korrelieren und den Sekundärfaktor Extraversion definieren: R (Rhathymia versus Restraint: Ausgelassenheit, Sorglosigkeit versus Vorsorglichkeit) und – mit umgekehrtem Vorzeichen – T (Thoughtfullness, früher Thinking Introversion: Neigung zur Reflexion, gedankliche Introversion).

Von anderen Autoren werden auch noch folgende Primärfaktoren von *Guilford,* die dieser einem eigenständigen Sekundärfaktor SA (Social Activity) zuordnet, mit dem Extraversionsbereich in Verbindung gebracht: A (Ascendance: Durchsetzung, Zivilcourage), S (Sociability, früher Social Extraversion: Geselligkeitsbedürfnis versus Zurückgezogenheit, Schüchternheit) und – mit einem etwas weniger engen Zusammenhang – G (General Activity: Genereller Betätigungstrieb, Energie).

Ende der 40er Jahre konnte *Eysenck* zeigen, daß – im Unterschied zu *Guilfords*

Konzeption – viele →Items der Skala S (Sociability) von Guilford nicht unabhängig von R waren. *Eysenck* kombinierte nun die *Guilford*'sche R-Skala mit den mit R korrelierenden Items aus der S-Skala zu seiner ersten Extraversions-Skala, die später zur Extraversionsskala des *Eysenck Personality Inventory* (→Extraversionstests) weiter entwickelt wurde. Der Extraversionsfaktor im Sinne von *Eysenck* stellt somit auch einen Faktor zweiter Ordnung (Sekundärfaktor) dar, der jedoch neben dem Aspekt der Guilford'schen Rhathymia – von Eysenck als Impulsivität interpretiert – den Aspekt der Soziabilität als Primärfaktoren enthält.

Die Kontroverse zwischen *Guilford* und *Eysenck,* ob Extraversion als Sekundärfaktor aus R und T (–) oder aus R und S aufgefaßt werden soll, hat in jüngerer Zeit auch im deutschen Sprachraum zu einem empirischen Klärungsversuch geführt (*Amelang & Borkenau* 1982): Dieser legt nahe, daß die *Guilford*'schen Primärfaktoren S und R sowie – etwas weniger korrelierend – auch G einen gemeinsamen Sekundärfaktor aufmachen (von den Autoren „Leichtlebigkeit" genannt). Zusammen mit einem zweiten Faktor auf Sekundärniveau („Ascendance/Submission"), der den Primärfaktor A, aber auch andere Primärfaktoren aus dem Bereich der Emotionalität (→Emotion) und den Faktor „Maskulinität von Interessen" enthält, definiert „Leichtlebigkeit" nun einen Faktor dritter Ordnung Extraversion, der jedoch – ganz im Sinne *Eysenck*'s – am stärksten mit S und R korreliert und keinen Zusammenhang mit T aufweist.

Einen ganz anderen Ansatz für die faktorenanalytische Persönlichkeitsforschung wählte *R. B. Cattell* ebenfalls Ende der 40er Jahre: Ausgehend von der Vielzahl alltagssprachlicher Eigenschaftsbegriffe, mit denen sich Persönlichkeitsunterschiede beschreiben lassen, suchte er die Gesamtpersönlichkeit möglichst umfassend zu erfassen und die resultierenden Beschreibungen faktorenanalytisch auf die zugrunde liegenden Beschreibungsdimensionen der →Persönlichkeit zu reduzieren. Für diese – zunächst ja nur semantisch verankerten Persönlichkeitsdimensionen – wurden sodann Fragebogenskalen (→Fragebogen) konstruiert, die dieselben Dimensionen und einige weitere, nur mit Hilfe der Fragebogenmethode definierbare Persönlichkeitsfaktoren erfaßten. Von den insgesamt 16 resultierenden Persönlichkeitsfaktoren *Cattell*'s erwiesen sich folgende immer wieder als Primärfaktoren eines Sekundärfaktors der Extraversion (die deutschsprachigen Faktorenbezeichnungen sind der neuen deutschen Bearbeitung des *16-Persönlichkeits-Faktoren-Tests* von *Schneewind, Schröder & Cattell* 1986 entnommen): A (Cyclothymia-Schizothymia: Kontaktorientierung-Sachorientierung), E (Dominance-Submissiveness: Selbstbehauptung-soziale Anpassung), F (Surgency-Desurgency: Begeisterungsfähigkeit-Besonnenheit), H (Parmia-Threctia: Selbstsicherheit-Zurückhaltung) und – mit umgekehrten Vorzeichen – Q (Selfsufficiency-Group Adherence: Unabhängigkeit-Gruppenverbundenheit).

Gemeinsame Faktorenanalysen der *Guilford-, Eysenck-* und *Cattell*-Skalen auch im deutschen Sprachraum (*Amelang & Borkenau* 1982) legen nahe, daß *Guilford*'s S- und R-Faktoren, und *Cattell*'s F-, H,- und Q-Faktoren, etwas weniger konsistent auch *Cattell*'s A-Faktor und mit niedriger Ladung auch der E-Faktor den „Sekundärfaktor der Extraversion im Sinne von *Eysenck*" aufmachen, während *Guilford*'s G- und A-Faktoren gemeinsam mit anderen *Guilford*-Faktoren sowie mit *Cattell*'s E-Faktor und weiteren Faktoren des Emotionalitätsbereiches einen „Sekundärfaktor der Sozialen Dominanz" ergeben. *Guilford*'s T-Faktor hingegen scheint nach den neueren Untersuchungen mit diesen beiden Extraversionsbereichen nicht zu korrelieren.

4. *Theorien der Extraversion:* Ausgehend von Befunden, nach denen ein Großteil

der beobachteten →Varianz in Extraversion genetisch determiniert ist, postulierte *Eysenck* in seiner aktuellen Extraversionstheorie angeborene Unterschiede in der Empfindlichkeit des *„Aufsteigenden Retikulären Aktivierungssystems“* (ARAS) als Erklärungskonstrukt für Extraversion: Das ARAS, ein diffuses Nervengeflecht im verlängerten Rückenmark, reguliert über seine aufsteigenden Bahnen das Erregungsniveau der Großhirnrinde, die ihrerseits über absteigende Bahnen die Aktivität des ARAS beeinflußt. Dieses wird unter anderem von den →affereten sensorischen Bahnen über →Kollaterale innerviert, so daß sensorische Reizung über das ARAS zu einer Erregung der Großhirnrinde führt, die für die Weiterverarbeitung der Reizinformation verantwortlich ist. Nach *Eysenck's* Theorie haben nun Extravertierte eine niedrigere Erregungsschwelle des ARAS als Introvertierte, so daß Extraversion – grob gesprochen – im großen und ganzen mit niedrigerer kortikaler Erregung einhergeht, woraus sich – oftmals mit Hilfe zusätzlicher theoretischer Annahmen – eine Fülle von Verhaltensunterschieden zwischen Extravertierten und Introvertierten vorhersagen oder erklären lassen. Die Verknüpfung des →Konstruktes *„kortikales Erregungsniveau“* mit globalen sozialen Verhaltensweisen, in denen sich Extravertierte und Introvertierte unterscheiden, erfolgt nach *Eysenck's* Theorie über zwei weitere hypothetische Konstrukte: Zum einen über die Annahme schlechterer Konditionierbarkeit Extravertierter, bedingt durch ihr niedrigeres kortikales Erregungsniveau, was – bei gleichen Umweltbedingungen – zu schlechterer →Sozialisation Extravertierter führt, zum anderen über die Annahme eines größeren *„Reizhungers“* Extravertierter, der durch Aufsuchen von stimulierenden Situationen zu einem höheren und als angenehmer erlebten kortikalen Erregungsniveau führen soll.

Eine Modifikation erfuhr *Eysenck's* Extraversions-Theorie durch *Gray* (1981). Neben unterschiedlichen Erregungsschwellen des ARAS bei Extravertierten und Introvertierten macht er die unterschiedliche Empfindlichkeit zweier neuraler Strukturen im Großhirn für Extraversion und →Neurotizismus verantwortlich: Die eine nennt er das „Behavioural Inhibition System“ (BIS). Es umfaßt u.a. das Septum, den Hippocampus und den Frontallappen des Kortex (septo-hippokampales System). Das BIS reagiert auf neue sowie auf konditionierte Straf- und Nicht-Belohnungsreize (→Klassisches Konditionieren) und steuert das Verhalten auf solche Reize. Introvertierte sollen niedrigere Schwellen in diesem System haben als Extravertierte, vor allem, wenn sie hoch in Neurotizismus sind. Das andere System nennt er „Behavioural Activation System“ (BAS) oder *Belohnungssystem.* Seine neuralen Strukturen sind weniger klar. Es reagiert auf konditionierte Belohnungs- und Nicht-Bestrafungsreize und steuert das Verhalten auf diese Reize. Extravertierte haben in diesem System niedrigere Schwellen, vor allem, wenn sie hoch in Neurotizismus sind. In Bezug auf Extraversion ergibt sich aus *Grays* Theorie die Vorhersage einer größeren Empfindlichkeit für Strafen bei Introvertierten. Die Konditionierbarkeitshypothese von *Eysenck* wird abgelehnt und durch diese Annahmen ersetzt.

Es gibt eine Fülle von Versuchen, diese – und noch weitere hier nicht genannte – Theorien der Extraversion experimentell (→Experiment) zu prüfen. Dabei zeigt sich, daß im Bereich psychophysiologischer Maße (→Psychophysiologie), im Bereich des motorischen und des verbalen →Lernens, im Leistungsbereich oder bei der Toleranz gegenüber →sensorischer Deprivation und auch gegenüber Überstimulation die theoretisch erwarteten Unterschiede zwischen Extravertierten und Introvertierten gefunden werden können. Dennoch ist die Befundlage in allen diesen Bereichen nicht ohne Widersprüchlichkeit. Versuche zur Aufklärung solcher Widersprüchlichkeiten führen oft zu Spezifikationen der Bedingungen, unter denen die erwarteten Unterschiede gefunden werden können, und damit zur Entdeckung und zum (theoretischen) Verständnis von Situations- und Persönlichkeitsvariablen, mit denen Extraversion als Determinante spezieller Verhaltensweisen in Wechselwirkung steht.

5. *Extraversion und Sozialverhalten:* Daß die Verwendung des Extraversionskonzeptes und der damit verknüpften Konstrukte zur Vorhersage und Erklärung von Unterschieden in komplexeren Verhaltensweisen auf noch viel größere Schwierigkeiten stoßen muß als in der rein experimentellen Forschung, wird unmittelbar einleuchten. Die Zusammenhänge zwischen Extraversion und komplexem Sozialverhalten können nicht annähernd perfekt sein. Das folgt direkt aus der Extraversionstheorie, die ja angeborene physiologische Unterschiede betont und daraus unterschiedliche Sozialisationsergebnisse bei Extravertierten und Introvertierten ableitet – unter der Annahme identischer Sozialisationsbedingungen. Diese Annahme ist – so sinnvoll sie als →heuristische Annahme hier ist – natürlich unrealistisch, und in dem Ausmaß, in dem Sozialisationsbedingungen variieren, werden die Zusammenhänge zwischen Extraversion und Alltagsverhalten nur gering sein können. Umso mehr spricht es für die Extraversions-Theorie, daß sie Unterschiede zwischen Extravertierten und Introvertierten zum Beispiel im Bereich der Sexualität (der größere Stimulus-Hunger Extravertierter führt zu größerem sexuellen Interesse und entsprechenden Aktivitäten), im Bereich des Rauchens (Extravertierte rauchen mehr, erklärbar über ihren größeren Stimulus-Hunger), im Bereich delinquenter Auffälligkeiten (Delinquente sind eher extravertiert, erklärt über die schlechtere Sozialisation aufgrund geringerer Konditionierbarkeit) und in vielen weiteren Bereichen vorhersagen kann. Daß die vorhergesagten Zusammenhänge nicht sehr stark sind, liegt nicht nur daran, daß Sozialisationsbedingungen in der Extraversionstheorie als Randbedingungen für solche Vorhersagen bisher kaum expliziert wurden, sondern ebenso daran, daß die vorhergesagten Verhaltensaspekte von einer Fülle weiterer Variablen abhängen, die zudem mit Extraversion – mehr noch als in der experimentellen Extraversionsforschung – in Wechselwirkung stehen können.

Literatur: *M. Amelang/P. Borkenau,* Über die faktorielle Struktur und externe Validität einiger Fragebogen-Skalen zur Erfassung von Dimensionen der Extraversion und emotionalen Labilität. Ztschr. Different. u. Diagnost. Psychol., 1982, 3, 119–146. *D. Bartussek.* Extraversion-Introversion. In: *T. Herrmann/E. D. Lantermann* (Hrsg.), Persönlichkeitspsychologie, ein Handbuch in Schlüsselbegriffen. München 1985. *H. J. Eysenck/M. W. Eysenck,* Personality and Individual Differences. New York 1985. *J. A. Gray,* A critique of Eysenck's theory of personality. In: *H. J. Eysenck* (Hrsg.), A model for personality. Berlin 1981. *J. P. Guilford,* Factors and Factors of Personality. Psychol. Bull., 1975, 82, 802–814. *K. A. Schneewind/G. Schröder/R. B. Cattell,* Der 16-Persönlichkeits-Faktoren-Test (2. Aufl.). Bern 1986).

Prof. Dr. *Dieter Bartussek,* Trier

Extraversionstest

Von den unterschiedlichen Auffassungen der →Extraversion hat sich die von *Eysenck,* der Extraversion als →Sekundärfaktor versteht, am meisten durchgesetzt. Zur Messung dieses Sekundärfaktors steht vor allem die *Fragebogenmethode* (→Fragebogen) zur Verfügung, obwohl es nicht an Versuchen fehlt, das Merkmal Extraversion auch mit nichtsprachlichen, vom Probanden hinsichtlich der diagnostischen Zielsetzung nicht durchschaubaren →Tests zu erfassen.

Für die Erfassung der *Guilford-Faktoren* liegt das vielfach untersuchte und auch in der Praxis bewährte Guilford-Zimmermann-Temperament-Survey vor, für das jedoch keine deutsche Bearbeitung publiziert wurde.

Die *Cattell-Faktoren* können mit der vor kurzem publizierten deutschen Form des 16-Persönlichkeits-Faktoren-Tests gemessen werden, von der jedoch noch zu wenig bekannt ist, wie gut sie dem englischsprachigen Original entspricht und ob die vielen, in einem umfangreichen Handbuch zusammengetragenen praktischen Anwendungshinweise auf deutsche Verhältnisse übertragbar sind.

Zur Messung des Sekundärfaktors der Extraversion im Sinne von *Eysenck* gibt es eine ganze Reihe deutscher Bearbeitungen der Original-Eysenck-Inventare aus den letzten 30er Jahren. Von all diesen Skalen dürfte die Extraversionsskala aus der Form A des deutschsprachigen Eysenck-Personality-Inventory (EPI) von *Eggert* den Sekundärfaktor der Extraversion im Sinne von *Eysenck,* mit ungefähr gleicher Gewichtung der Impulsivitäts- und der Soziabilitätskomponente, am besten erfassen.

Da der Sekundärfaktor der Extraversion im Sinne von *Eysenck* im Unterschied zu anderen Faktoren aus dem Extraversionsbereich (im weiteren Sinne) als gut repliziert gelten kann, lassen sich verwandte Fragebogenskalen nennen, von denen bekannt ist, daß sie mit diesem Faktor stabile Zusammenhänge aufweisen. So lädt die Skala 5 (Geselligkeit) aus dem Freiburger Persönlichkeitsinventar (FPI) auf diesem Sekundärfaktor ebenso hoch wie die *Eysenck'*schen Extraversionsskalen selbst. Ähnliches dürfte auch für die im FPI enthaltene Extraversionsskala gelten, wenn auch nicht so deutlich. Auch im Gießen-Test (G-T) sind zwei Skalen enthalten, nämlich die Skalen 5 (Durchlässigkeit) und 6 (Soziale Potenz), die den hier genannten Sekundärfaktor der Extraversion markieren. Das gleiche läßt sich mit umgekehrtem Vorzeichen von der Skala „Solidität" der Marke-Nyman-Temperament-Skala sowie von der Skala „Soziale Introversion" aus der deutschen Version des Minnesota Multiphasic Personality Inventory (MMPI-Saarbrükken) sagen. Mit positivem Vorzeichen laden auf dem Sekundärfaktor Extraversion im Sinne von *Eysenck* außerdem noch die Skala „Selbst- und Weltbejahung" von *Bottenberg & Keller,* die „Empathie-Skala" von *Hogan,* die Skala „Externe Abwechslung" von *Wacker & Nohl,* die Skalen „Extraversion" und „Soziale Aktivität" aus dem Biographischen Inventar zur Diagnose von Verhaltensstörungen (BIV), die Skala „Fordern können" aus dem Unsicherheitsfragebogen sowie die Skalen „Play" und „Exhibition" aus der Deutschen Personality Research Form (PRF). Sehr niedrig hingegen lädt die Skala „Extraversion" aus dem Persönlichkeits-Interessen-Test (PIT).

Da der oft mit Extraversion in Zusammenhang gebrachte Sekundärfaktor „Soziale Dominanz" (→Extraversion) als eigenständiger Faktor weniger gut gesichert ist, lassen sich mit hinreichender Sicherheit nur die Skala E (Dominance) aus dem 16-PF sowie die Skala 7 (Dominanz) aus dem FPI dafür als Markiertests nennen, die jedoch →Korrelationen mit Merkmalen aus den Bereichen der Emotionalität und der Aggressivität aufweisen.

Der Sekundärfaktor „Selbstbestimmung und introvertierte kognitive Orientierung" (→Extraversion), der in deutschsprachigen Fragebögen in ähnlicher Form sowohl von *Amelang & Borkenau* (1982) wie von *Andresen & Stemmler* (1982) berichtet wird und dem Introversions-Extraversions-Faktor im Sinne von *Guilford,* vor allem dessen Primärfaktor T (Thoughtfullness), recht gut entsprechen dürfte, wird in beiden Untersuchungen übereinstimmend durch die 16-PF-Skala G (Pflichtbewußtsein versus Flexibilität) mit negativem Vorzeichen sowie die 16-PF-Skalen I (Sensibilität versus Robustheit) und M (Unkonventionalität versus Pragmatismus) mit positivem Vorzeichen markiert.

Literatur: *M. Amelang/P. Borkenau,* Über die faktorielle Struktur und externe Validität einiger Fragebogen-Skalen zur Erfassung von Dimensionen der Extraversion und emotionalen Labilität. Ztschr. Diagn. u. Different. Psychol., 1982, 3, 119–146. *B. Andresen/G. Stemmler,* Eine Dimensionsanalyse von 61 Persönlichkeitsskalen unter besonderer Berücksichtigung des Extraversions- und Emotionalitätskomplexes. Diagnostica, 1982, 28, 340–347. *D. Bartussek,* Beurteilung der deutschen Form des 16-PF-Tests. Diagnostica, 1988, 4. *H. J. Eysenck,* Der MPI-Test auf Deutsch. Göttingen 1960.

Prof. Dr. *Dieter Bartussek,* Trier

Extravertierte

→Extraversion.

extrinsisch

Begriff aus der Motivationsforschung (→Motivation), wobei man unter einem *extrinsischen* Motiv ein von außen herangetragenes Motiv versteht, während das *intrinsische* Motiv um seiner selbst Willen, also von innen heraus wirkt (→Aggression).

Exzentrizität

→Autonomie.

F

Fähigkeit
die in einer Person gegebene Vorausetzung und Bereitschaft, eine bestimmte Leistung zu erbringen. Fähigkeiten lassen sich nach formalen Kriterien beschreiben und werden in der → Psychodiagnostik mit → Fähigkeitstests gemessen.

Fähigkeitstest
→ Psychodiagnostik.

Faktor
→ Faktorenanalyse.

Faktorenanalyse
Begriff und Definition: Die Faktorenanalyse ist eine statistische multivariate Methode (→ multivariate Datenanalyse) zur Untersuchung der Beziehungen zwischen zufälligen Variablen (Merkmalen) mit dem Ziel, diese verschiedenen Merkmale auf einige wenige gemeinsame Faktoren zurückzuführen. Diese Faktoren können als Linearkombinationen der zufälligen Variablen dargestellt werden und geben somit die Beziehungen der Variablen untereinander wieder. Das Ersetzen der vielen Variablen durch wenige Faktoren kennzeichnet die Faktorenanalyse als ein Verfahren zur Datenreduktion.

Das *faktorenanalytische Modell* postuliert, daß die beobachteten oder manifesten Variablen z_j lineare Funktionen der latenten Variablen oder Faktoren F_i sind, die ergänzt werden durch die Restterme u_j. Die Gleichung dieses statistischen Modells ist

$$z_j = a_{j1} F_1 + a_{j2} F_2 + \ldots + a_{jm} F_m + u_j Y_j \qquad (j = 1, 2, \ldots, n)$$

dabei ist z_j der Zufallsvektor der Beobachtungen, F_i der Vektor der Faktoren oder latenten Variablen, a_{jp} die Matrix der Regressionsgewichte (→ Regression) oder *Faktorladungen* und u_j Y_j ein zufälliger Fehlervektor. z_j und u_j sind statistisch unabhängig. Der zufällige Fehlervektor läßt sich zerlegen in die untereinander nicht korrelierten Zufallsgrößen S_j, den sogenannten spezifischen Faktoren, die einzig und allein das Merkmal z_j beeinflussen und den Fehler E_j, so daß die vollständige Gleichung des Faktorenmodells lautet:

$$z_j = a_{j1} F_1 + a_{j2} F_2 + \ldots + a_{jm} F_m + b_j S_j + e_j E_j \qquad (j = 1, 2, \ldots, n)$$

Die → Varianz einer beobachteten Variablen oder eines Merkmals kann nun durch die Ladungen dargestellt werden:

$$s^2_j = 1 = a^2_{j1} + a^2_{j2} + \ldots + a^2_{jm} + b^2_j + e^2_j.$$

Sie setzt sich danach aus dem Beitrag der gemeinsamen Faktoren, dem des spezifischen Faktors und dem des Fehlers zusammen. Den Beitrag der gemeinsamen Faktoren bezeichnet man als *Kommunalität.*

Die Faktorenanalyse liefert nun Punktschätzungen der Ladungen a_{ji} und b_j nach verschiedenen Methoden, wobei die Korrelationsmatrix der beobachteten Merkmale durch die Matrix der Ladungen und die Korrelationsmatrix (→ Korrelation) der Faktoren darstellbar sein muß (Fundamentaltheorem der Faktorenanalyse nach *Thurstone*).

1. Methode der *Hauptkomponenten*
Bei diesem Modell geht man bei der Schätzung der Ladungen so vor, daß der erste Faktor für alle Variablen eine hohe Ladung trägt, der zweite eine etwas niedrigere und so weiter. Der Komponentenanalyse liegt ein Modell ohne spezifische Faktoren (also $b_j = e_j = 0$) zu Grunde, wogegen man bei der Hauptfaktorenmethode die Kommunalitäten in einer reduzierten Korrelationsmatrix berücksichtigt, in der die Diagonalelemente die Kommunalitäten sind.

2. *Zentroid- oder Schwerpunkt-Methode*
Diese von *Thurstone* entwickelte Methode ist eine Approximation zur Hauptachsentransformation, die den Rechenaufwand deutlich verringert. Da-

bei wählt man in dem Koordinatensystem der beobachteten Daten die Hauptachsen, die den Faktoren entsprechen, so, daß sie durch den Schwerpunkt des Datenpunktsystems gehen. Die Faktorladungen ergeben sich dann als Projektionen der Variablen auf die Hauptachsen. Da die Rechenvorteile dieser Methode heute nicht mehr wesentlich sind, hat diese Methode an Bedeutung verloren.

3. *Maximum-likelihood-Methode*
Bei dieser Methode wird eine Hypothese zur Zahl der gemeinsamen Faktoren gebildet, und dann werden die Ladungen nach der Maximum-Likelihood-Methode geschätzt. Diese Methode wurde bereits 1940 von *Lawley* entwickelt, gewann aber erst mit der modernen Rechentechnik eine größere Bedeutung.

4. Andere Methoden
Es gibt noch eine ganze Reihe weiterer spezifischer Verfahren, die besondere Eigenschaften der Variablen oder besondere Hypothesen berücksichtigen. So werden bei der *Image-Faktorenanalyse* die Hauptkomponenten der Variablen berechnet, die durch die übrigen Variablen durch lineare Regression bestimmt werden können. Die Zuverlässigkeit der Faktoren wird bei der *Alphafaktorenanalyse* als Nebenbedingung maximiert.

Mit der Bestimmung der Faktoren ist erst ein Teil der gestellten Aufgabe gelöst. Die gefundenen Faktoren sind nicht untereinander korrelliert (orthogonal), reproduzieren zusammen mit der Ladungsmatrix die →Korrelationen der Variablen und können als ein neues Koordinatensystem im Variablenraum angesehen werden. Im allgemeinen ist diese Lösung nicht eindeutig und es sollte durch eine geschickte Drehung dieses Koordinatensystems möglich sein, die Faktoren auch inhaltlich zu interpretieren. Die Faktoren sind dann gut zu interpretieren, wenn kein Faktor mit allen Variablen und umgekehrt korreliert ist. Das wird mit den verschiedenen *Rotationsverfahren* versucht. Die *Varimax-Rotation* dreht die Faktoren so, daß die quadrierten Ladungen möglichst nahe 0 oder 1 sind, was dann der Fall ist, wenn die Varianzen maximiert werden. Die *Quartimax-Rotation* transformiert dagegen so, daß möglichst wenige Faktoren zur Erklärung einer Variablen benötigt werden. Andere Transformationen heben die Orthogonalität der Faktoren auf und lassen miteinander korrelierte Faktoren zu (*schiefwinklige* oder oblique *Rotation*).

Voraussetzung für die Anwendung der Faktorenanalyse sind Messungen der Merkmale auf →Intervall- oder metrischen Skalen. Da die faktorenanalytischen Verfahren die Kovarianz- bzw. Korrelationsmatrix benötigen, gehen auch die Verteilungsbedingungen ein – die Variablen sollten normal (→Normalverteilung) oder wenigstens symmetrisch verteilt sein.

Bei der Anwendung der Faktorenanalyse sollten drei Problembereiche beachtet werden:

1. die Anzahl der zu extrahierenden Faktoren,
2. die Berechnung der Kommunalitäten,
3. die Unbestimmtheit der Rotation.

Es gibt keine eindeutigen Kriterien, die festlegen, wieviele Faktoren bei einem bestimmten Problem extrahiert werden sollten, was mitunter dazu führt, daß die Bearbeitung des gleichen Problems durch verschiedene Autoren zu sehr unterschiedlichen Lösungen führt. Das Kommunalitätenproblem beruht darauf, daß zur Bestimmung der Faktoren die Kommunalitäten bekannt sein müssen, diese aber erst nach der Extraktion der Faktoren genau berechnet werden können. Deshalb beginnt man das Verfahren mit einer Kommunalitätenschätzung. Unterschiedliche Schätzungen können aber mitunter das Ergebnis beträchtlich beeinflussen. Die Rotationsverfahren zur besseren Interpretation der Faktoren maximieren (oder minimieren) eine bestimmte Funktion, wobei jedoch auch relative Extrema ‚erwischt' werden können, so daß es keine Gewähr gibt, daß die Rotation in der optimalen Position zum Stillstand kommt.

Konfirmatorische Faktorenanalyse: Gewöhnlich wird die Faktorenanalyse zur explorativen Datenanalyse verwandt, um die vielen Variablen durch einige wenige Faktoren zu ersetzen und einige Erkenntnisse über die Datenstruktur zu gewinnen. In den letzten Jahren wird aber auch versucht, die Faktorenanalyse zur Überprüfung einer Hypothese oder einer hypothetischen Faktorenlösung einzusetzen. Mit dieser konfirmatorischen Faktorenanalyse werden auf der Grundlage der empirischen Datenmatrix solche Faktoren gesucht, die die hypothetischen Korrelationen wiedergeben und spezifische Hypothesen über die Korrelationsmatrix getestet. Die konfirmatorische Faktorenanalyse ist ein Spezialfall des allgemeinen →LISREL-Modells (Linear Structural Relationship), um das sich besonders *K. G. Jöreskog* verdient gemacht hat. Es geht davon aus, daß ‚hinter' den beobachtbaren Merkmalen die ‚eigentlichen' oder genauer latenten Variablen stehen (Meßmodell) und zwischen diesen latenten Variablen lineare Beziehungen bestehen, die durch die Strukturgleichungen wiedergegeben werden.

Die Faktorenanalyse ist nicht das einzige Verfahren zur *Dimensionsreduzierung* der Daten; ein anderes ist die →Clusteranalyse. Während jedoch die Faktorenanalyse nach Komponenten infolge bestehender Korrelationen zerlegt und damit die Variablen untersucht, werden bei der Clusteranalyse Muster oder ähnliche Fälle extrahiert. Damit ist die Clusteranalyse anders als die Faktorenanalyse mehr ein beschreibendes Verfahren.

Historisches: Lange Zeit und in der psychologischen Literatur mitunter auch noch heute steht der Begriff Faktorenanalyse für eine Gruppe psychologischer Theorien der →Intelligenz, die Ende des letzten und zu Beginn dieses Jahrhunderts entwickelt wurden. *Spearman* (1863–1945) analysierte bei Tests gewonnene Korrelationsmatrizen, um die zugrunde liegenden Fähigkeiten (Faktoren) aufzudecken. An diesem Problem wurde dann auch die statistische Methode Faktorenanalyse entwickelt, so daß das Synonym nicht ganz unberechtigt ist.

Zunächst nahm *Spearman* an, daß zwei Faktoren die menschliche Intelligenz bestimmen, ein allgemeiner und ein spezifischer. Der allgemeine oder *Generalfaktor* beeinflußt alle Variablen in starkem Maße, wogegen der spezifische Faktor (oder später auch mehrere spezifische Faktoren) nur je auf eine Variable einwirken sollte. Es zeigte sich jedoch, daß dieses Modell für die Intelligenzstruktur nicht zutrifft. *Guttman* entwickelte daher als Alternative das *Simplex-Modell,* nach dem die Variablen eine hierarchische Komplexität haben: Merkmal 1 wird nur von Faktor 1 beeinflußt, Merkmal 2 von Faktor 1 und Faktor 2 und so weiter. Dieses Modell der Komplexitätsabstufung wurde von Guttman noch weiter entwickelt zu dem *Circumplex-Modell,* nach dem es eine zirkuläre oder zyklische Beziehung zwischen den verschiedenen Aspekten der Intelligenz gibt.

Obwohl die Entwicklung der statistischen Faktorenanalyse immer eng mit den Untersuchungen zur menschlichen Intelligenz verbunden blieb, wurde die Faktorenanalyse vor allem mit der Einführung der maschinellen Rechentechnik ein multivariates statistisches Verfahren, das in vielen Bereichen von den Naturwissenschaften über Medizin und den Sozialwissenschaften bis hin zur Wirtschaftswissenschaft und Regionalplanung angewendet wird.

Literatur: *H. H. Harman,* Modern Factor Analysis. Chicago 1976. *D. N. Lawley/A. E. Maxwell,* Factor analysis as a statistical method. London 1963. *D. Revenstorf,* Lehrbuch der Faktorenanalyse. Stuttgart 1976. *B. S. Everitt,* An Introduction to Latent Variable Models. London 1984. *R. Kail/J. W. Pellegrino,* Menschliche Intelligenz. Heidelberg 1988

Dr. *Ludwig Kühn,* Hannover

Faktorenrotation
⇒ Rotationsverfahren
→ Faktorenanalyse.

faktorielle Validität
→ Testkonstruktion
→ Validität.

Faktorladung
→ Faktorenanalyse

Fallkontrollstudie
→ Versuchsplanung.

Fallsimulationen
Die Methode der Fallsimulation kann als beispielhaft für den Nutzen der → Angewandten Psychologie in der klinischen Lehre und Ausbildung angesehen werden. Fallsimulationen sind je nach Konstruktion Ausbildungsinstrument oder Prüfungsinstrument für ärztliche oder psychologische Kompetenz. Fallsimulationen können zur Vermittlung von Fakten-, Handlungswissen und entscheidungsanalytischen Denkstrukturen z.B. in der klinischen Ausbildung zur Überprüfung der Güte der eigenen Diagnosefindung und Therapieplanung eingesetzt werden. Eine Fallsimulation ist die Konfrontation mit einem realen Problem aus dem klinischen Alltag, das gelöst werden soll. Dazu können Informationen aus → Anamnese, klinische Untersuchungsergebnisse, Laborwerte und weiterführende Zusatzuntersuchungen abgerufen und Entscheidungen inbezug auf Diagnostik, Organisation und Therapieplanung getroffen werden.

Fallsimulationen bereiten direkt auf jene Aufgaben vor, die man mit „Lösen von Patientenproblemen" beschreiben kann. Ist die Lösung eines Problems bekannt, so ist es kein Problem mehr, sondern eine Aufgabe. Ist die Lösung eines Problems nicht bekannt, so muß es mit dem verfügbaren Wissen gelöst werden. Beim → Problemlösen versucht man, einen unerwünschten Anfangszustand in einen erwünschten Zielzustand zu transformieren. Ein solcher Transformationsprozeß setzt Wissen voraus und die Kenntnis von Operationen und Handlungswissen. Eine Theorie, wie man Wissen im Rahmen von Problemlösen nutzen kann, entwickelte *Anderson* (1983) mit seiner „adaptive control of thought". Bei der Bearbeitung einer Fallsimulation ist die Wissensnutzung gefordert, es kommt zum Aufbau von Denkstrukturen (→ Denken). Fallsimulationen sind eine Möglichkeit, Studenten auf den Kontakt mit Patienten vorzubereiten. Das Lösen von Patientenproblemen kann geübt werden.

Aus pädagogischer Sicht stellen Fallsimulationen eine effektive Art zu lernen dar. *Billroth* formulierte bereits 1876 den pädagogischen Grundsatz: effektives Lernen geschieht nur beim verpflichtenden und verantwortungsvollen Lösen konkreter Aufgaben.

Auch aus lerntheoretischer (→ Lernen) Sicht ist die Fallsimulation ein gutes Ausbildungsinstrument, da kontingentes, motivationales (→ Motivation) und informatives → Feedback gegeben werden kann. Mit ihrer Hilfe kann sowohl die Bereitschaft erhöht werden, mehr Fälle zu bearbeiten, als auch direkt auf den Lernprozeß Einfluß genommen werden. Über Fehler kann auch gelernt werden, ohne daß Patienten zu Schaden kommen.

Aus motivationspsychologischer Sicht (→ Motivation) erfüllt die Fallsimulation die fünf von *Heckhausen* (1974) geforderten Eigenschaften einer zur Leistung motivierenden Handlungssituation. Die Handlung hinterläßt am Ende ein aufweisbares Ergebnis. Das Produkt ist nach Güte und Menge bewertbar. Die Handlung ist so konstruiert, daß sie weder zu schwer noch zu leicht ist. Es liegen Vergleichsmaßstäbe vor. Der Student kann sich mit einem Experten aber auch mit der Leistung seiner Kommilitonen vergleichen. Die Handlung ist gewollt, das Ergebnis vom Handelnden selbst bewirkt.

Aus motivationspsychologischer, lerntheoretischer und pädagogischer Sicht ist die Fallsimulation ein zur Leistung motivierendes, die Wissensnutzung aktivierendes, strukturierendes und effektives Lerninstrument.

Es gibt drei Arten von Fallsimulationen: direkte, schriftliche und computerisierte Fallsimulationen. Bei den direkten Fallsimulationen spielt ein Student, eine speziell ausgebildete Person oder ein Arzt die Rolle eines Patienten und ein anderer Student den Arzt. Vorteil dieser Art von Fallsimulation ist es, daß der Student nur auf sich selbst gestellt ist und keine Hilfe bei der Lösung des Falles durch Hinweisreize bekommt. Deshalb ist diese Art der Simulation zur Prüfung gut geeignet, da im Vergleich zur realen Situation immer die gleiche Prüfungssituation vorgegeben wird.

In der Konstruktion unterscheiden sich schriftliche und computerisierte Fallsimulationen nicht. Es gibt linear und verzweigt konstruierte Fälle, sequentielle Fallsimulationen und Fallsimulationen, die nur diagnostische oder therapeutische Probleme umfassen und solche, die die Abklärung eines ganzen Falles entweder unter Notfall-, stationären oder ambulanten Bedingungen verlangen.

Was vermitteln Fallsimulationen? Da medizinische Fallsimulationen – im englischen Schrifttum PMP (Patient Management Problem) genannt – seit 1961 in den schriftlichen Prüfungen des National Board of Medical Examiners und vieler anderer medizinischer Fakultäten als Prüfungsinstrument zum Messen klinischer Kompetenz anstelle der Prüfungen am Krankenbett eingesetzt werden, liegt ein umfangreiches Schrifttum über →Reliabilität und →Validität der Fallsimulationen vor.

McGuire (1963) beschrieb Fallsimulationen als objektives (→Objektivität) Instrument zum Messen von Komponenten klinischer Kompetenz, die mit anderen Meßinstrumenten nicht erfaßt werden. Bei einer →Faktorenanalyse luden →Multiple-Choice-Aufgaben auf dem Faktor „recall of information" und PMP auf den Faktoren „persistence of inductive inquiry" und „decisiveness and efficiency". *Donnelly et al.* (1974) und *Juul et al.* (1979) bestätigten im Wesentlichen diese faktorenanalytischen Ergebnisse.

Die →Inhaltsvalidität ist unbestritten. Fallsimulationen spiegeln die klinische oder ambulante Situation realitätsnah wieder. Die →Concurrent-Validität liegt in der Literatur zwischen .20 und .40. Daraus läßt sich ableiten, daß PMPs etwas anderes messen als andere Prüfungsinstrumente und Testverfahren (→Test). Die Untersuchungen zur →Konstrukt-Validität sind nicht konsistent in ihren Aussagen. Die →Reliabilität der linearen PMPs liegt zwischen .80 und .85, die der verzweigten Fälle ist schwieriger zu bestimmen.

Bewertung und Auswertung von Fallsimulationen: Bei *McGuire* werden alle →Items einer Fallsimulationen dahingehend bewertet, ob sie für die Lösung des Falles sehr wichtig, wichtig, Routine-Fragen, inadäquat oder schädlich sind. Das →Scoring-System geht von +2 bis −2. Dann werden fünf Kennwerte, wie Effizienz, Leistung, Auslaßfehler, Entscheidungsfehler und allgemeine Kompetenz berechnet. Nachteil dieser Auswertung ist, daß Kompensationen in den Parametern Leistung und allgemeine Kompetenz möglich sind. Bewertet man alle Items einer Fallsimulationen dahingehend ob sie relevant oder irrelevant für die Datenerhebung oder Entscheidungsfindung sind, so kann man zwei Parameter jeweils für Datenerhebung und Entscheidungsfindung berechnen: Die *Effizienz* (gewonnene relevante Informationsmenge/gewählte Informationsmenge) und *Kompetenz* (gewonnene Informationsmenge/Gesamtinformationsmenge). Dieses Modell läßt keine Kompensationen zu. Kompetenz gestattet einen Rückschluß auf Fähigkeiten wie Sorgfalt und Umsicht im Handeln und Denken über die zu verwendenden →Heuristiken zur Eingrenzung des Problemraumes. Über die Ökonomie des Vorgehens macht der Parameter Effizienz eine Aussage. Bewertet man alle

Items einer Fallsimulationen dahingehend, ob sie für die Diagnosefindung, Therapieplanung, Ganzheitsbetrachtung oder für das eigene Lernen notwendig sind oder nicht, erhält man über die Berechnung der Kompetenz (gewonnene Informationsmenge / Gesamtinformationsmenge) in diesen Kategorien weitere Parameter zur Charakterisierung des Ausbildungsstandes, die durch andere Prüfungsinstrumente nur schwer zu erfassen sein dürften.

Bei der Konstruktion von Fallsimulationen ist deren Zweck zu berücksichtigen. Fallsimulationen für Prüfungszwecke sind nach den Kriterien der klassischen Testtheorie zu konstruieren. Für Prüfungszwecke müssen ungefähr gleich viele relevante und irrelevante Items in einer Fallsimulation enthalten sein. Lernhilfen in Form von informativem Feedback in Form von Items müssen entfallen. Es muß eine am Experten ausgerichtete Auswertung der erbrachten Leistung erfolgen.

Fallsimulationen als Ausbildungsinstrument sollten einen Datenerhebungsteil und einen Managementteil haben. Der Datenerhebungsteil ist ein offenes System, in dem Informationen frei aus verschiedenen Kategorien abgerufen werden können. Im Managementteil, einem geschlossenen System, bekommt der Student nach einer Entscheidung solange informatives Feedback, bis er die richtige Lösung, d.h., die richtige Diagnose und die richtige Therapie wählt.

Über die Anzahl der irrelevanten Items und ihrer Ähnlichkeit zu den relevanten Items kann die Schwierigkeit einer Fallsimulation verändert werden. Eine weitere Möglichkeit, den Schwierigkeitsgrad einer Fallsimulation zu variieren, ist die Einbeziehung von Bildmaterial. Dadurch kann einmal Lernen auf konkret anschaulichem Niveau erfolgen aber auch die Schwierigkeit erhöht werden, indem die Befunde ohne Interpretation vorgegeben werden. Eine Bewertung der Leistung steigert die Lernmotivation.

Wie eigene Untersuchungen zeigten, sind Fallsimulationen sowohl unter induktiven als auch deduktiven Lernbedingungen einzusetzen. Bei speziellen Krankheitsbildern profitierten die Studenten vom vorgeschalteten Unterricht.

Literatur: *U. Fuchs/H. E. Renschler,* Die Fallsimultion als Ausbildungsinstrument. Mediz. Ausbildung, 1988, 5, 40–46. *U. Fuchs/H. E. Renschler,* Praxisnähere Ausbildung in Gynäkologie und Geburtshilfe durch den Einsatz von Fallsimulationen. Mitteilungen der Deutschen Gesellschaft für Gynäkologie und Geburtshilfe, 1988, 12, 7–13. *U. Fuchs/R. Autenrieth,* Sequentielle Fallsimulationen als Übungen zur Vorlesung. Mediz. Ausbildung, 1988, 5, 125–129. *U. Fuchs,* Computer in der Ärzteausbildung – am Beispiel Gynäkologie. In: Medizinische Informatik und Statistik. Berlin 1989.

Dr. *Ute Fuchs,* Tübingen

Familienskulptur

psychotherapeutische Technik in der → Gruppentherapie, → Familientherapie: eine von den Teilnehmern in „plastischer" Gestaltung dargestellte (Familien-) Situation wird anschließend mehrdimensional analysiert und aufgearbeitet.

Familientherapie

Familientherapie (→ Psychotherapie) ist ein Oberbegriff für ein aus verschiedenen familientherapeutischen Richtungen bestehendes Grundkonzept, das im Gegensatz zu individuumzentrierten Therapieverfahren, wie z.B. → Gesprächstherapie oder → Verhaltenstherapie, die Bedeutung von familiären Interaktionsprozessen (→ Interaktion) bei der Entwicklung von psychischen Störungen (→ Neurosen, → Psychosen) und im Hinblick auf deren Veränderung in den Mittelpunkt der Betrachtung stellt. Trotz der Unterschiedlichkeit einzelner familientherapeutischer Richtungen hinsichtlich theoretischer Annahmen und Interventionsmethoden haben alle Ansätze dieses Konzeptes die Grundannahme, daß die Familie ein System darstellt, das als Ganzes zu betrachten ist und somit als Behandlungseinheit konzeptualisiert wird. Symptome eines Familienmitgliedes werden als Ausdruck gestörter familiärer Beziehungsprozesse betrachtet. Der Patient wird als Symptomträger gesehen, der die oft latenten → Konfliktmuster innerhalb der Familie widerspiegelt, wodurch zunächst ein Gleichgewicht im System hergestellt wird. Durch Veränderung des familiären Interaktionsnetzes kann die Störung des Patienten behoben werden. Ziel der Familientherapie ist eine Modifikation des Familiensystems und der → Interaktionsmuster, Lösung von Konflikten innerhalb der Familie, → Individuation und → Autonomie, eine Verbesserung interpersonaler Beziehungen und eine Veränderung des Verhaltens und Erlebens einzelner Familienmitglieder. Eine Übersicht geben z.B. *Brunner* (1986), *Nichols* (1984), *Schneider* (1983) und *Textor* (1984).

Im Rahmen der Familientherapie haben sich verschiedene Ansätze entwickelt, die von *Textor* (1984) nach folgenden Richtungen unterschieden werden:

(1) *Psychodynamische Familientherapie* (z.B. *Stierlin, Richter*) setzt die → Persönlichkeitsentwicklung des Individuums in Beziehung zur Familiendynamik, wobei u.a. wechselseitige → Übertragungen und → Projektionen sowie → unbewußte Verträge, Auftragskonflikte und Loyalitätsbindungen unter Berücksichtigung einer Mehrgenerationenperspektive betrachtet werden.

(2) *Strukturelle Familientherapie* (z.B. *Haley, Minuchin*) stellt die Organisation des Familiensystems, die Anordnung und Abgrenzung von Subsystemen und deren → Transaktion heraus, wobei das therapeutische Vorgehen anhand klarer normativer Vorstellungen an der Struktur des Systems ausgerichtet ist.

(3) *Strategische Familientherapie (z.B. Selvini-Palazzoli*) umfaßt Ansätze, die auf der Grundlage einer systemischen und → kommunikationstheoretischen Betrachtungsweise familiäre Systemprozesse in den Mittelpunkt stellt, die sich in familiärer Homöostase, Systemregeln, → Transaktionen, → Kommunikations- und → Feedback-Prozessen zeigen.

(4) *Erfahrungszentrierte bzw. entwicklungsorientierte Familientherapie* (z.B. *Satir*) konzentriert sich auf die gegenseitigen Erfahrungen der Familienmitglieder in ihren Interaktionen im Hinblick auf Gefühle, Selbsterleben und Bedürfnisse sowie bisherige Erfahrungen als Hintergrund des gegenwärtigen Geschehens, wobei eine Verbindung zwischen gefühlsmäßigen Inhalten und systemischer Struktur hergestellt wird.

Darüber hinaus können auch andere Therapieverfahren im Rahmen von Familientherapie eingesetzt werden. *Schneider* (1985) weist u.a. auf → gestalttherapeutische, → transaktionsanalytische, → psychodramatische und → musiktherapeutische Therapiemethoden in Verbindung mit Familientherapie hin.

Schulenübergreifende familientherapeutische Interventionsmethoden im Sinne spezifischer familientherapeutischer Techniken sind u.a. nach *v. Schlippe* (1984):

(a) *Joining* als ein therapeutisches Arbeitsbündnis zum Aufbau eines emotional tragfähigen Kontaktes zu jedem Familienmitglied als Grundlage für alle weiteren Interventionen und als erster Schritt zur Veränderung des Familiensystems.

(b) *Stockwerkarbeit* als Methode, um verschiedene Sichtweisen der einzelnen Familienmitglieder im Hinblick auf ein bestimmtes Problem oder Thema in der Familie zu explorieren.

(c) Herstellen netzförmiger Interaktionen als Mittel, um direkt miteinander zu kommunizieren, ohne dabei den Therapeuten in die Interaktion miteinzubeziehen.

(d) *Reframing* als Umdeutung des Problems zur Entlastung des Symptomträgers, indem die Bedeutung von Ereignissen in einen anderen Kontext gestellt wird.

(e) Arbeit an den Grenzen zur klareren Abgrenzung von familiären Subsystemen.

(f) *Paradoxe Intervention* (= *Symptomverschreibung*) als Methode, die unter Berücksichtigung der Vernetzung des Symptoms mit dem Gesamtsystem durch Umbenennung des Problems (Reframing) eine Anweisung des Therapeuten ist, bei deren Befolgung das Gegenteil von dem erreicht wird, was scheinbar erreicht werden soll.

(g) Familienanamnese zur biograhischen Analyse der Familiengeschichte und das *Genogramm* zur Erhebung von wichtigen Familienereignissen und -daten.

(h) *Familienskulptur* als Methode zur Darstellung der familiären Beziehungen durch das Einnehmen von Positionen und Haltungen der einzelnen Familienmitglieder in Form eines Standbildes von der Familie.

Familientherapie hat in verschiedenen psychosozialen Anwendungsfeldern, wie z.B. Erziehungberatung, sonderpädagogischen Institutionen, Kinder- und Jugendpsychiatrie und → Psychosomatik eine weite Verbreitung und Anerkennung gefunden. Ebenso wie bei anderen Therapieverfahren liegen jedoch kaum Evaluationsstudien vor (→ Therapieerfolgskontrolle), die die Effektivität dieses Ansatzes auf empirischer Grundlage nachweisen können (vgl. *Heekerens* 1988).

Literatur: *E. J. Brunner,* Grundfragen der Familientherapie, Systemische Theorie und Methodologie. Berlin 1986. *P. M. Nichols,* Family therapy, Concepts and methods. New York 1984. *A. v. Schlippe,* Familientherapie im Überblick, Basiskonzepte, Formen, Anwendungsmöglichkeiten. Paderborn 1984. *K. Schneider* (Hrsg.), Familientherapie in der Sicht verschiedener psychotherapeutischer Schulen. Paderborn 1983. *M. R. Textor* (Hrsg.), Das Buch der Familientherapie, Sechs Schulen in Theorie und Praxis. Eschborn 1984. *H. Heekerens,* Systemische Familientherapie auf dem Prüfstand. Z. Klin. Psych. 1988, 17, 93–105.

Dr. *Ingeborg Titze,* Hannover

Fatalismus

Überzeugung, daß das, was mit einem geschieht oder einem zustößt, unabwendbar und schicksalshaft ist.

Fechnersches Gesetz

von *Gustav Theodor Fechner* (1801 bis 1887) beschriebene Beziehung zwischen physikalischer Reizintensität und subjektiver → Empfindung, die eine Erweiterung des *Weberschen Gesetzes* darstellt und daher häufig fälschlicherweise als *Weber-Fechnersches Gesetz* bezeichnet wird. *Ernst Heinrich Weber* (1795–1878) hatte nachgewiesen, daß der gerade noch wahrnehmbare Reizzuwachs in einem konstanten Verhältnis zur Intensität des Ausgangsreizes steht. *Fechner* konnte zusätzlich zeigen, daß der physikalische Reiz (Licht, Ton) geometrisch zunehmen muß, um eine arithmetische Zunahme der subjektiven Intensität der → Empfindung zu bewirken.

Fehler der ersten Art

⇒ Alpha-Fehler
→ Statistik
→ Versuchsplanung

Fehler, den man begeht, wenn man die → Nullhypothese verwirft, obwohl sie zutrifft.

Fehler der zweiten Art

⇒ Beta-Fehler
→ Statistik
→ Versuchsplanung

Fehler, den man begeht, wenn man die → Nullhypothese beibehält, obwohl sie falsch ist.

Fehlleistung

→ Psychonanalyse.

Feindseligkeit

erhöhte, generelle Neigung, auf tatsächliche oder vermeindliche Beeinträchtigungen durch Andere mit → Aggression, → Ärger oder Wut zu reagieren und andere zu schädigen (→Jugendfeindlichkeit); als →Persönlichkeitsmerkmal möglicherweise den Risikofaktoren für koronare Herzerkrankungen zuzurechnen (→Typ-A-Verhalten).

Feindseligkeitstriade
→Feindseligkeit
→Ärger.

Feldforschung
Untersuchung in der „natürlichen" Umgebung der Organismen oder Personen, im Gegensatz zum →Experiment, in dem die Auswirkungen systematischer Veränderungen der Bedingungen untersucht werden.

Fertilität
Fruchtbarkeit; im Gegensatz zur Sterilität die Fähigkeit, Nachkommen hervorzubringen.

Festhaltetherapie
von *Jirina Prekop* empfohlene Methode zur Behandlung von verhaltensgestörten Kindern. Das Kind wird gegen jeden Widerstand, bisweilen über mehrere Stunden, solange in enger Umarmung festgehalten, bis es sich beruhigt hat. Die Methode wurde an Kindern mit →geistigen Behinderungen, an hyperaktiven Kindern, sowie an ängstlichen und trotzigen Kindern erprobt. Die ungeprüfte Grundannahme dieser Maßnahme ist, daß sich das gestörte Kind in einem *Nähe-Distanz-Konflikt* befindet. Dem Wunsch nach Nähe steht die →Angst vor engem Kontak entgegen.

Fetischismus
→Sexuelle Störungen.

Figur-Grund-Relation
→Wahrnehmung.

Final-Attribution
→Attribution.

Fixationstremor
→Augenbewegungen.

Fixierung
Begriff der →Psychoanalyse, mit dem das partielle Verhaften an einer frühen Stufe der →psychosexuellen Entwicklung beschrieben wird, die zur Folge hat, daß auch von der erwachsenen Person noch Formen der Bedürfnisbefriedigung gewählt werden, die eher der unreifen kindlichen Triebbefriedigung entsprechen.

Fließgleichgewicht
⇒Steady State
→homöostatisches Gleichgewicht
Konstanthaltung eines inneren Milieus (z.B. Wasserhaushalt im Körper, Blutzuckerspiegel) trotz wechselnder außer- und innerorganismischer Bedingungen.

Flooding
⇒Reizüberflutung
→Verhaltenstherapie.

Förderdiagnostik
→sonderpädagogische Diagnsotik.

Folgebewegungen
→Augenbewegungen.

Formatio reticularis
⇒Retikulärformation
→Aufsteigendes Retikuläres Aktivierungssystem.

Foveation
→Visuelle Aufmerksamkeit.

Fragebogen
Der Fragebogen ist das am weitesten verbreitete Instrument der Sozialwissenschaften. Dies basiert vermutlich auf dem Fehlschluß, daß die Vorgabe des Fragebogens die einfachste und natürlichste Möglichkeit ist, um Informationen von einem Ego (einem Alter als Befrager gegenüberstehend) zu erhalten. Möglicherweise liegen die Ursachen hier in der Syntaktik der Sprache, die als Pendant zur Aussage die Frage vorsieht. Mit *Holm* (1975) unterscheiden wir die folgenden Fragebogen-Klassen: Fakt-Fragebogen, Wissens-Fragebogen, demographische Fragebogen, Einschätzungs-Fragebogen, Einstellungs-Fragebogen, Handlungs-Fragebogen.

Die Verwendung von Fragebögen setzt folgende logische Annahmen voraus:

a) Ego ist die ökonomischste Informationsquelle über Ego.

b) Ego ist der genaueste Informant über Ego.

c) Verschiedene Ego's unterscheiden sich nicht in ihrer Fähigkeit zur → Introspektion.

d) Für die Beantwortung der Fragen spielt es keine Rolle, ob die Prozesse bekannt sind, die zur Antwort führen.

e) Ego's deuten den Inhalt von Fragen konsensuell.

Alle diese Vorannahmen sind bei den einzelnen Fragebogen in unterschiedlicher Weise nicht gegeben.

Selbst bei Faktfragen und demographischen Fragebogen sind die Postulate a) und b) in Frage zu stellen, da hier bei Ego das Wissen, das → Gedächtnis und die → Motivation als → intervenierende Variable berücksichtigt werden müssen. Die Postulate c) und d) sind nicht haltbar, da einerseits das → Konstrukt „Introspektion" bereits eine dynamische (es kann gelernt werden) und eine kapazitative (es gibt eine Merkmalsverteilung) Vorannahme enthält, andererseits zahlreiche → Prozeß-, → Moderator- und → Suppressorvariable bekannt sind, die zur Antwort-Variabilität führen.

Fragebogen sind nur für den Diagnostiker ökonomische Instrumente. Um ihre → Gütekriterien zu erhöhen, gibt es verschiedene Möglichkeiten:

a) *Kontrollskalen:* Diese sollen → Motivation, Sozialbezug und → Aufmerksamkeit berücksichtigen (→ social desirability, → Acquiescence, → Lügenskalen).

b) *Situatives Arrangement:* Hier wird einerseits in der Frageformulierung die höhere Situationsspezifität, andererseits in der Vorgabesituation eine höhere Uniformität oder Kontrolle angestrebt.

c) *Fragebogenkonstruktion und -gestaltung: Angleiter et al.* (1978) weisen darauf hin, daß es durch die expost-Klassifikation von Frageinhalten zu → Persönlichkeitsmerkmalen, wie sie durch den → Konstruktivismus (vgl. Baumgärtel 1986) favorisiert wird, zu einer willkürlichen Zuordnung der erfragten Informationen zu unterschiedlichen Konstrukten kommt. *Loevinger* (1957) spricht hier von „substantiver → Validität". Ausführliche Untersuchungen von *Micklin et al.* (1969) weisen nach, daß sprachformale Aspekte (Satzlänge, aktiv/passiv, Affirmation/Negation, transitive/intransitive Verben, Relativsätze, Tempus, Person, Frage-/Aussagesätze) bereits einen so großen Einfluß haben, daß inhaltlich parallele Testformen zu deutlich verschiedenem Antwortverhalten führt, wenn die formalen Sprachaspekte unterschiedlich sind.

Von großer Bedeutung ist die Gestaltung der Antwortformate: Alternativantworten (richtig/falsch) lassen sich schneller beantworten, verführen aber den Probanden zur Flüchtigkeit und weisen methodisch Auswertungsprobleme auf. Kontinua zwischen „richtig" und „falsch" werden vom Probanden (Pb) als zutreffender beurteilt, als interessanter und eindeutiger. Deutlich besser schneiden Kontinua mit verbalen oder optischen Ankern (Keile, verschieden große Kreise, Zahlen) ab. Die optimale Zahl von Ankern liegt zwischen sieben und neun. → Multiple-Choice-Formen (der Pb. entscheidet sich zwischen mehreren Aussagen zum gleichen Thema) weisen in der Regel Äquivalenzprobleme bei den Inhalten auf, besonders in der sozialen Wertigkeit und in der Auftretenshäufigkeit der erfragten Inhalte. Bei bipolaren Fragebogen (z.B. → Gießen-Test oder → Polaritätsprofil) ist die Verwendung der Mittelkategorie besonders problematisch: Sie wird selten als mittlerer Ausprägungsgrad des jeweiligen Inhaltes interpretiert, sondern Pb. verwenden sie, um eine Mehrdeutigkeit, die Indifferenz gegenüber dem Inhalt oder eine spezifische Haltung gegenüber der Urteilssituation selbst (→ responseset) anzuzeigen.

Mit dem Wandel von der statischen Eigenschaftsdiagnostik (→ Eigenschaften) zur Verhaltens- oder Veränderungsdiagnostik (→ Psychodiagnostik) trat ein weiteres Problem auf, das bis heute noch nicht für die normative Diagnostik gelöst ist: Je stärker Fragen nach zeitlich, strukturell und inhaltlich variablen Vorgängen verwendet werden, desto geringer wird der Anteil der semantischen Komponente und desto stärker tritt die Pragmatik, d.h. die individuelle Verknüpfung zwischen inneren oder äußeren Ereignissen mit sprachlichen Zeichen, in den Vordergrund. Dies hat dazu geführt, daß die meisten Verfahren (in der Regel aus dem klinischen/psychiatrischen Grenzbereich) heute weder den methodischen noch ethischen Anforderungen für eine Anwendung genügen. Der zu beobachtende Rückzug auf die hermeneutische Methode (→Hermeneutik) ist auch nicht gangbar, da er weder den Kriterien der praktischen, der gesellschaftlichen noch der ethischen Relevanz genügt.

Literatur: *A. Angleitner/S. Hamm/A. Lohmann/J. Löhr,* Formalsyntaktische Merkmale der Items von Persönlichkeitsfragebogen. Berichte aus dem Psychologischen Institut Bonn, Nr. 22. Bonn 1978. *F. Baumgärtel,* Richtungen der Psychologie. In: *W. Sarges/R. Fricke* (Hrsg.), Psychologie in der Erwachsenenbildung-Weiterbildung. Göttingen 1986. *H. Holm,* Die Befragung, Vol. 1. München 1975. *J. Loevinger,* Objective tests and instruments of psychological theory. Psychol. Reports, 1957, 3, 635–694. *M. Micklin/M. Durbin,* Syntactic dimensions of attitude scaling techniques. Sources of variation and bias. Sociometry, 1969, 32, 194–206.

Prof. Dr. *Frank Baumgärtel,* Bremen

fraktionierte faktorielle Versuchsanlage
→Versuchsplanung.

Freiburger Persönlichkeitsinventar
Selbstbeurteilungsfragebogen (→Fragebogen) zur Erfassung von neun wesentlichen →Persönlichkeitsmerkmalen.

freie Assoziation
→Assoziation.

frei-flottierende Angst
→Angst

Freizügigkeit
→Norm.

frühkindlicher Autismus
Störung im frühen Kindesalter, bei der sich das Kind völlig von der Außenwelt abschließt, kaum ansprechbar ist, auch nicht selbst spricht und alle körperlichen und sozialen Kontakte verweigert.

Frustration
Vereitelung der Befiedigung von Bedürfnissen.

Frustrationstheorie
Erklärung der Zusammenhänge zwischen →Frustration und →Aggression. Älteren Ansätzen zufolge löst Frustration stets Aggression aus, wobei sich die Aggression nach Außen oder gegen die eigene Person (→Autoaggression) richten kann. In neueren Ansätzen beschreibt man auch die konstruktiven Formen der Verarbeitung von Frustrationserlebnissen.

funktionale Norm
→Norm.

funktionelle Psychose
→Psychose.

Furcht
Affektreaktion, die physiologisch starke Übereinstimmung mit der →Angst aufweist, im Gegensatz zu dieser jedoch durch konkrete Gefährdung ausgelöst wird.

Fuzzy-Logik
→Wahrscheinlichkeit.

G

Galvanische Hautreaktion
⇒hautgalvanische Reaktion
⇒galvanic skin response
⇒GSR
→elektrodermale Aktivität

Ganzheitspsychologie
Gegenrichtung zur →Elementenpsychologie, die sich zu Beginn dieses Jahrhunderts entwickelte und von der Annahme ausgeht, daß das Ganze nicht durch die Summe seiner Teile beschreibbar oder durch die Zergliederung in seine Elemente erklärbar ist.

Gating
→Visuelle Aufmerksamkeit.

Gedächtnis
Gedächtnis bezeichnet den Sachverhalt, daß Mensch und Tier Eindrücke, Erlebnisse (zumeist aus der Umwelt) sich einzuprägen, zu behalten und später wieder bewußt oder überhaupt für die Gegenwart nutzbar zu machen vermögen. Als Gedächtnis wird der (oder die Gesamtheit der) Informationsspeicher bezeichnet, aus dem/der er Nachrichten über vergangene Ereignisse abrufen kann. Das Gedächtnis gibt den gegenwärtigen Erlebnissen a) ihre charakteristische gefühlsmäßige Tönung (intentionaler Aspekt) als auch b) ihre das weitere Handeln/Verständnis beeinflussende kognitive Interpretation (kognitiver Aspekt, →Kognition).

Während die klassische Gedächtnis-Psychologie die Gedächtnisleistungen als ein Phänomen des →Bewußtseins ansieht (*Hermann Ebbinghaus,* Begründer der experimentellen Gedächtnis-Psychologie, 1850–1909; *Georg Elias Müller,* 1850–1934) und auf Assoziationsbildung (→Assoziation) zwischen den Elementen zurückführt, geht die eher biologische Auffassung (*Ewald Hering,* 1834–1918; *Ernst Mach,* 1838–1916) davon aus, daß Gedächtnisleistung eine Funktion der lebenden Substanz überhaupt sei, bis hin zu niederen Organismen oder nichtbewußten physiologischen Prozessen. (Konditionierung autonomer Reaktionen).

Das Arbeitsfeld der Gedächtnis-Psychologie ist die Erforschung der verschiedenen Gedächtnis-Phasen, in die der Gedächtnisprozeß unterteilt wird: (1) Einprägen = →Lernen, Enkodierung, (2) Behalten/Vergessen, Speicherung, (3) Wiedergeben, Erinnern, Rückruf, sowie in letzter Zeit auch die Erforschung der neurophysiologischen Vorgänge innerhalb dieser Phasen. *Enkodierung* bezieht sich dabei auf die Transformation der eingehenden physikalischen Information in die Form und die Kodierungsart, die das Gedächtnis annehmen und verarbeiten kann. *Speicherung* bezieht sich auf das Behalten und Verankern der kodierten Information, und Rückruf, *Wiedererinnern* auf die Prozesse, die beim Wieder-Verfügbarmachen der gespeicherten Information ablaufen. Es wird angenommen, daß diese drei Stufen des Gedächtnises unterschiedlich ablaufen (und unterschiedlich gestört sein können), je nachdem, ob es sich um ein nur kurzzeitiges (Sekunden bis Minuten) Behalten handelt (*Kurzzeitgedächtnis,* KZ, früher auch: „Merkfähigkeit") oder um das Speichern und Behalten für längere Intervalle (*Langzeitgedächtnis,* bzw. -Speicher, LZ). In neuerer Zeit konnte daneben noch eine *Ultrakurzzeit-* (= sensorische) Speicherung (die sinnesspezifisch ist) nachgewiesen werden.

In der Regel kann nur das später erinnert oder wiedererkannt werden, was einst oberhalb der →Wahrnehmungsschwelle lag. Aber auch nicht alle aufgenommenen und eingespeicherten Informationen stehen zu jeder Zeit vollständig und unverändert zur Verfügung. Die *Behaltensleistung* ist vor allem abhängig:

a) von den Bedingungen beim Erwerb der G.-Inhalte: Umfang des Lernmaterials – der Lernaufwand wächst unverhältnismäßig stark bei einfacher Verdoppelung des Lernmaterials *(Ebbinghaus Ge-*

setz); Anzahl Wiederholungen und Verteilung der Lerndurchgänge über die Zeit – die Gedächtnisleistungen wachsen mit der Zahl der Wiederholungen in Abhängigkeit von ihrem „Alter" *(Jostsche Sätze)* oder der aufgewendeten Zeit („verteiltes Lernen" statt „massiert"). Das Gelernte wird vielfach in einer gleichen oder ähnlichen wie der Lernsituation/Umgebung besser erinnert („state dependent learning"). Das zu Lernende muß zuerst in kürzeren, dann in immer längeren Abständen wiederholt werden, um verfügbar zu bleiben. Dieser parabolischen Leistungskurve entspricht die umgekehrt parabolische *Vergessenskurve (Ebbinghaus);* zur Erklärung nimmt die Spurenzerfallshypothese an, daß die „Gedächtnisspur" im Laufe der Zeit bei Nichtauffrischung langsam verschwindet. Die Interferenztheorie führt den Schwund darauf zurück, daß spätere Erfahrungen das vorhandene Gedächtnis stören.

b) von der Beschaffenheit des Lernmaterials: z.B. Position innerhalb einer Lernreihe (Positionseffekt), Gestaltcharakter *(von Restoff-Effekt),* (leichter) Assoziierbarkeit, Sinnhaftigkeit, Differenziertheit, Kategorisierbarkeit.

c) vom physischen und motivationalen Zustand der Person: Begabung, Gesundheitszustand, Ermüdungsgrad, Einstellung zum Lerninhalt, Aufmerksamkeit, Konzentration sowie innere Bereitschaft (→Motivation).

Informationsverluste *(„Vergessen")* bzw. Nichtverfügbarkeiten können weiter dann entstehen, wenn mehrere Dinge oder Sachverhalte gleichzeitig oder in großer zeitlicher Nähe einzuprägen sind und sich in dieser Hinsicht gegenseitig hemmen: →*proaktive* – *und* →*retroaktive* – (= das früher Gelernte beeinträchtigende) *Hemmung* bzw. →Interferenz. Interferenzen können ebenfalls auftreten (bei Einprägung oder Abruf), wenn die einzuprägenden oder zu erinnernden Sachverhalte einen hohen Ähnlichkeitsgrad aufweisen (Ähnlichkeitsinterferenz).

Bei über →Konditionierung erlernten Verhaltensweisen kommt es zu Vergessensphänomenen („verlernen") durch →Extinktion: Ein gelerntes Verhalten wird dann nicht mehr gezeigt, wenn es mehrfach durch einen (konditionierten) Stimulus ausgelöst und jeweils nicht mehr belohnt (bekräftigt) wird (→Operantes Lernen). In der Regel tritt jedoch nach längerem Nichtgebrauch eine →Spontanerholung der offenbar nur „gehemmten" Verhaltensweise auf.

Gedächtnisinhalte unterliegen ferner (wohl während der Behaltensphase) sowohl einer Modifikation (Verformung) als auch einer Selektion (Auswahl), wobei z.T. vor allem die für das Individuum unangenehmen Gedächtnisinhalte betroffen sind, die beunruhigen und die die Maßstäbe, die jemand an sich selbst anlegt, in Frage stellen. Nach *Bartlett* (1932) ist das Gedächtnis sowohl produktiv als auch reproduktiv wobei die Produktivität bestimmte vorhersagbare Veränderungen des gespeicherten Materials bewirkt, die nach Prinzipien der →Rationalisierung und Konventionalisierung verlaufen (Vermeidung von Widersprüchen, nachträgliche Sinnverleihung). Sie stehen z.T. deutlich unter dem Einfluß emotionaler Faktoren (Wünsche, Befürchtungen). Nach *Neisser* (1967) rekonstruieren wir unsere Gedächtnisinhalte auf der Basis nur einiger weniger Elemente, indem wir das aufgenommene Material an vorhandene →Stereotype oder andere Formen bereits entwickelter (erlernter) Schemata anpassen. Aus →tiefenpsychologischer Sicht erfolgt das Vergessen unbewußt und dient der Konstanthaltung des psychodynamischen Gleichgewichts durch →Verdrängung unverträglicher (affektbesetzter) G.-inhalte.

Man geht heute davon aus, daß es drei Gedächtnissysteme gibt, die beständig interagieren. Dafür sprechen insbesondere neurophysiologische wie aber auch lern- (→Lernen) und faktorenanalytische (→Faktorenanalyse) Untersuchungen (*Katzenberger* 1967).

a) Der *sensorische Informationsspeicher* behält die Information nur für Bruchteile einer Sekunde, solange, wie sie für die unmittelbare Wahrnehmung von Bedeutung ist (→Mustererkennung, geteilte →Aufmerksamkeit).

b) Im *Kurzzeitspeicher* (KZ) wird die Information vornehmlich akustisch enkodiert, wenngleich auch andere Kodierungen, wie visuelle, benutzt werden können. (Merken einer Telefonnummer). Das KZ wird als bioelektrischer Prozeß verstanden, in Form eines geschlossenen in sich zurückkehrenden Neuronenkreises. Er ist dementsprechend recht störanfällig, z.B. bei →retrograder Amnesie (= dem Gedächtnisverlust für die einer Hirnverletzung oder einem Schock unmittelbar vorangegangenen Ereignisse). Charakteristisch ist ferner, daß die Speicherkapazität des KZ begrenzt zu sein scheint auf 7 ± 2 Einheiten oder →Chunks. Wenn diese Grenze erreicht ist, kann ein neuer Inhalt (ein neues →Item) nur unter Wegfall (Vergessen) eines alten aufgenommen werden. Allerdings können Einzel-Items unter Verwendung von Zusatzinformationen aus dem LZ in größere sinnvolle Einheiten (= Chunks) zusammengefaßt und als solche im KZ gespeichert werden, womit die Kapazität erweiterungsfähig erscheint.

c) Im *Langzeitspeicher* (LZ) werden die Gedächtnisinhalte nach heutiger Auffassung wesentlich nach Bedeutung und Sinn kodiert. Das Behalten kann durch zusätzliche Sinngabe/Verknüpfung verbessert werden.

Nichterinnernkönnen ist in vielen Fällen auf Mißlingen des Rückholprozesses (retrieval) zurückzuführen: Der Gedächtnisinhalt existiert zwar im LZ, kann aber (z.Z. oder unter bestimmten Bedingungen) nicht gefunden werden. Gründe: Interferenzen, Nichtübereinstimmen von Rückruf-Cue (→Cue) und Gedächtnisorganisation, emotionale Faktoren. Nach der *Zweistufentheorie des Gedächtnisses* wird ein Transfer vom KZ ins LZ

	Sensorisches Gedächtnis	**Primäres Gedächtnis**	**Sekundäres Gedächtnis**	**Tertiäres Gedächtnis**
Kapazität	Begrenzt durch die vom Receptor übertragene Information	Gering	Sehr groß	Sehr groß
Dauer	Bruchteile einer Sekunde	Mehrere Sekunden	Mehrere Minuten bis mehrere Jahre	Dauernd
Aufnahme in den Speicher	Automatisch bei Wahrnehmung	Verbalisierung	Üben	Sehr häufiges Üben
Organisation	Abbild des physikalischen Reizes	Zeitliche Ordnung	Semantisch und nach zeitlich-räumlichen Zusammenhängen (Gestalt-Lernen)	?
Zugriff zum Speicher	Nur begrenzt durch Geschwindigkeit der Ausgabe	Sehr schneller Zugriff	Langsamer Zugriff	Sehr schneller Zugriff
Art der Information	Sensorisch	Verbal (unter anderem?)	Alle Formen	Alle Formen
Art des Vergessens	Verblassen und Auslöschen	Neue Information ersetzt alte	Interferenz, proaktiv und retroaktiv	Möglicherweise kein Vergessen

angenommen (vgl. Abb. S. 128), der durch den Prozeß des „rehearsals" (Wiederholungen) zustande kommt: Phase der Konsolidierung, die sich offenbar in den Hirnarealen des →Hippocampus, der →Mandelkerne und des →Anmonshorns abspielt. Bei ihrer Läsion kommt es zur Lernunfähigkeit im LZ (→anterograde Amnesie).

Physiologisch ist das LZ wesentlich an die Ganglienzellen der grauen Hirnrinde sowie die verbindenden Fasern des Großhirns gebunden und wird als biochemischer Speicher verstanden. In Konditionierungsexperimenten, verbunden mit biochemischen Analysen, konnte gezeigt werden, daß die Langzeitspeicherung gelernten Verhaltens mit der Eiweißsynthese am →Ribosom der Zellen zusammenhängt. Wenngleich noch nicht endgültig geklärt, sprechen viele Untersuchungsergebnisse dafür, daß Gedächtnisinhalte in Form eines biochemischen Kodierungsprozesses unter Mitwirkung von →RNS durch kodegemäße Aneinanderlagerung von Peptid-Eiweißbausteinen zu Proteinketten gespeichert werden, womit sich die alte Theorie der „*Engramm*"-Bildung zu be-

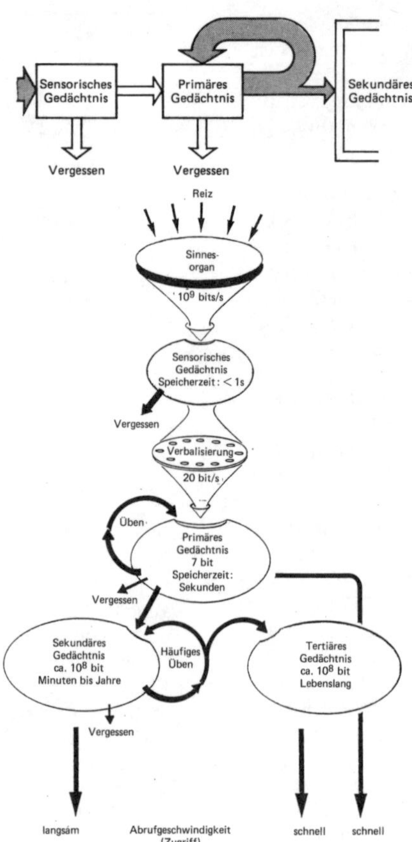

stätigen scheint in Form relativ überdauernder Molekülstrukturen. Zur Erklärung des Informationsabrufs wird angenommen, daß das neugebildete Protein schließlich eine entsprechende Änderung der neuronalen Reaktivität an den beteiligten →Synapsen und somit einen entsprechend veränderten Informationsoutput zur Folge hat (*John* 1967; *Becker-Carus* 1981).

Einen anderen Ansatz zur Gedächtniserklärung bietet die „Levels of Processing"-Theorie oder *Theorie der Verarbeitungstiefe*. Hier wird angenommen, daß im sprachlichen Lernen die zu lernenden →Items auf verschiedenen semantischen Stufen (Schreibweise, Wortklang, einfache/komplexe Bedeutungsverankerung) analysiert und verarbeitet werden. Je tiefer die Verarbeitung vordringt, desto stärker sind die verbleibenden Spuren und damit das Behalten (*Craig* 1979).

Literatur: *F. C. Bartlett,* Remembering: A study in experimental and social psychology. Cambridge 1932. *C. Becker-Carus,* Grundriß der physiologischen Psychologie. Heidelberg 1981. *M. Craig,* Human memory. Ann. Rev. Psychol., 1979, 30, 63–102. *E. R. John,* Brain mechanisms of memory. In: *McGaugh* (Ed.), Psychobiology. New York 1971. *Katzenberger,* Gedächtnis oder Gedächtnisse. München 1967. *U. Neisser,* Cognitive Psychology. New York 1967.

Prof. Dr. *Christian Becker-Carus,* Münster

Gefangenen-Dilemma
→Spieltheorie.

Gefühl
→Emotionen
→Angst
→Depression.

Gegenübertragung
→Übertragung.

Gehirn
unterhalb der Schädeldecke gelegene komplex geordnete Ansammlung von Nervenzellen und ihren Ausläufern, von denen die Neuriten oder Axone die Nervenbahnen zu dem Körper oder einem der meist zahlreichen zuführenden Nervenzellenausläufern (den Dendriten) von anderen Neuronen darstellen. Umgeben werden die Nervenzellen von *Gliazellen,* die ernährende, stützende, elektrisch isolierende und bei Schädigung Fremdkörper abwehrende und reparative Funktion haben. Die Einteilung des Gehirns erfolgt nach entwicklungsgeschichtlichen makroskopisch-anatomischen und nach funktionellen Gesichtspunkten. Wesentliche Funktionseinheiten sind →Cortex, →Kleinhirn, →Mittelhirn, →Großhirn, →Formatio reticularis, →Thalamus und →Hypothalamus.

Geistige Behinderung
Die grundlegenden Definitionen der geistigen Behinderung (früher: *Schwachsinn;* englisch: mental deficiency, mental retardation) als psychologische Kategorie haben sich in der Folge eines Paradigmenwechsels (→Paradigma) in den letzten zwanzig Jahren sehr stark verändert. Da die Versuche zur Definition stets auch eine unmittelbare Praxisrelevanz in bezug auf die behindertenpädagogische Förderung hatten, sind Wechsel in den Definitionsansätzen unmittelbar in der Praxis wirksam gewesen und umgekehrt.

Die frühen Sichtweisen des Schwachsinns können am besten durch einen naiven klassifikatorischen Optimismus auf der Grundlage der Annahme der Unveränderbarkeit des Phänomens, der negativen Differenz zu Nichtbehinderten und einem übergroßen Vertrauen in die Brauchbarkeit von psychometrischen →Tests gekennzeichet werden.

Traditionelle Definitionsversuche sind durch die Annahme einer Intelligenzschädigung (→Intelligenz) und damit verbundener weiterer Störungen der →Persönlichkeit gekennzeichnet. So faßt *Sarason* 1959 (nach *Eggert* 1970) die Elemente der Definitionen zusammen: 1.) Der geistige Defekt des Individuums entstand vor, während oder nach der Geburt. 2.) Der Defekt zeigt sich in geistigen und sozialen Schwächen, die den Menschen davon abhalten, Probleme wie andere Menschen gleichen Alters zu lösen. 3.) Wegen dieser geistigen und sozialen Schwäche braucht das Individuum die Hilfe anderer Menschen und wird sie immer brauchen. 4.) Schwachsinn ist im wesentlichen unheilbar.

In Deutschland herrschte seit der Jahrhundertwende unter dem „Schwachsinnsbegriff“ eine Sichtweise der geistigen Behinderung vor, die bis in die sechziger Jahre dominant blieb. Unter „Schwachsinn“ wurden dabei Defekte der Intelligenz, des →Charakters und der sozialen Anpassung zusammen verstanden. Als Ursache wurde von genetischen und/oder umweltbedingten Schädigungen oder Defiziten ausgegangen. Der Schwachsinn wurde in leichte *(Debilität),* mittlere *(Imbezillität)* und schwere Formen *(Idiotie)* aufgeteilt. Pädagogisch wurden leichtere Formen später als „Lernbehinderungen“ und mittlere und schwere Formen als „geistige Behinderung“ im weiteren Sinne begriffen.

Mit Intelligenztestergebnissen wurde lange Zeit versucht, verschiedene Grade der geistigen Behinderung klassifikatorisch zu unterscheiden. So zog z.B. die WHO folgende Grenzen: IQ 0–19 =

Idiotie; IQ 20–49 = Imbezillität; IQ 50–69 = Debilität. Gegen → *Intelligenztests* als primäres Klassifikationsmerkmal wurden aber schon in den sechziger Jahren ernsthafte Einwände angeführt: die tatsächliche soziale Anpassungsfähigkeit entspricht nicht dem IQ; die gemessenen Werte fluktuieren sehr stark und sind bei verschiedenen Tests zudem sehr unterschiedlich etc. In der Praxis zeigte sich, daß national und international stark divergierende Grenzwerte verwendet wurden, so daß trotz der Verwendung desselben Begriffs „geistige Behinderung" darunter oft sehr unterschiedliche Gruppen beschrieben wurden.

Neben der Kritik an der Unzulänglichkeit der Intelligenztests wurde mit der *Anti-Labeling-Kampagne* (→ Labeling) in den siebziger Jahren auch an den psychologischen Klassifikationen der geistigen Behinderung (vgl. *Bremer-Hübler* u. *Eggert* 1989) massive Kritik geübt. Daneben ergaben sich durch eine veränderte Gesetzgebung in den USA sehr große Veränderungen in der Praxis. Während in Deutschland im Laufe der siebziger Jahre sehr viele hoch spezialisierte Sonderschulen zur Unterrichtung geistig behinderter und anderer behinderter Kinder geschaffen wurden, setzen sich in den USA starke Tendenzen zur Auflösung gerade dieser Sonder-Institutionen unter den Begriffen der Normalisierung, der Deinstitutionalisierung und des → *Mainstreaming* durch.

Kernstück dieser Bemühungen war der aus Skandinavien und seiner Sozialgesetzgebung übernommene Begriff der „Normalisierung", d.h. der Versuch, die Zielvorstellung zu verwirklichen, daß jeder Behinderte eine Erziehung und eine soziale Umwelt für sich haben sollte, die so nah wie irgend möglich am normalen Leben in der größeren gesellschaftlichen Gemeinschaft liegen sollte (*Wolfensberger* 1972).

Theoretische Veränderungen im Denken über den (geistig) behinderten Menschen, Kritik an der Gültigkeit schulischer Auslese- und Klassifikationsprozesse und eine zunehmend höhere Akzeptanz der Behinderten in der Öffentlichkeit hatten zu diesem Prozeß geführt. *Zigler* u. *Balla* (1982) u.a. konnten nachweisen, daß viele vermeintliche Defekte gerade geistig behinderter Menschen nicht zum Wesen ihrer Behinderung gehörten, sondern eher durch die Unterbringung und Unterrichtung in „isolierenden Einrichtungen" hervorgerufen oder verstärkt wurden. So konnten sie zeigen, daß psychologische Folgen der Unterbringung in großen Institutionen z.B. in der Verringerung → kognitiver Fähigkeiten und in einer motivationalen Verarmung durch das Vorenthalten sozialer Verstärker (→ operantes Kondionieren) gesehen werden können.

Die gemeinsame Unterrichtung von behinderten und nichtbehinderten Kindern in der Regelschule wurde im „Mainstreaming" praktiziert. Den Schulen wurden therapeutische Hilfsmittel zugewiesen und Sonderpädagogen zugeordnet, damit soweit wie möglich der gemeinsame Unterricht behinderter und nichtbehinderter Kinder in der Regelschule mit Erfolg erreicht werden konnte.

Versucht man die psychologischen Theorien zur geistigen Behinderung zu beschreiben, so fällt auf, daß historisch im Vordergrund des Interesses stets die Frage nach den Erscheinungsformen, ihren Ursachen und den Möglichkeiten ihrer möglichst quantitativen Erfassung gestanden hat. Dabei ist vorrangig zuerst die Frage nach der Messung der → Intelligenz gestellt und dann erst die Frage nach den Auswirkungen herabgesetzter Intelligenz untersucht worden. Die Frage nach dem Charakter und dem Wesen des Phänomens ist angesichts der Dominanz der Frage nach der Intelligenz selten und erst historisch später gestellt worden. Lange Zeit ist fast ausschließlich in Kategorien des „medizinischen Modells" mit dem Phänomen der geistigen Behinderung umgegangen worden.

Ein grundsätzliches Problem der Erklärungsversuche der geistigen Behinderung zeichnet sich schon am Anfang des 19. Jahrhunderts in der wissenschaftlichen Kontroverse um „Victor, das Wildkind von Aveyron" ab (vgl. *Eggert* 1989). Der „Schwachsinn" Victors war für den Psychiater *Pinel* Ausdruck einer unveränderbaren genetischen Schädigung und für den Arzt und Pädagogen *Itard* eine ausgebliebene Sozialisation, also ein Umweltproblem, das korrigierbar erschien. In diesem Gegensatz von psychiatrischem Pessimismus und pädagogischem, milieutheoretischen Optimismus spielt sich später die dann folgende wissenschaftliche Auseinandersetzung mit dem Phänomen ab. Der Widerspruch zwischen der Annahme eines letztlich als unveränderbar angesehenen Phänomens in der Folge von Schädigungen und dem psychiatrischen Interesse an seiner Beschreibung und Klassifikation einerseits und dem pädagogisch-psychologischen Interesse an einer Untersuchung der Bedingungen zu einer möglichen Veränderung gestörter Entwicklungsprozesse andererseits bestimmt in der Folge der *Pinel-Itard-Kontroverse* Begriffsbildung und Forschungsrichtungen. Später zeigt sich dieser Gegensatz erneut in der Kontroverse zwischen Differenz- und Entwicklungsmodellen der Theorien der geistigen Behinderung (vgl. *Zigler & Balla* 1982).

Die Differenz-Position auf der Grundlage empirischer Studien war in den sechziger Jahren die beherschende psychologische Theorie der geistigen Behinderung (*Wendeler* 1976). Arbeiten dazu stammen aus der →Gestaltpsychologie oder der →kognitiven Psychologie, wie z.B. die *Rigiditätstheorie* von *Lewin* und *Kounin* oder die Annahme einer verringerten sprachlichen Steuerung der Handlungen von *Luria*. Viele empirische Untersuchungen stammen von *Ellis*. Die Rigiditäts-Theorie spricht geistig Behinderten starre Wahrnehmungsmuster zu. *Lewin* und *Kounin* waren der Ansicht, daß retardierte Kinder nach ihren Untersuchungen „starrer = rigider" in dem Sinne waren, daß sie nur eine geringe Fähigkeit zu dynamischen Umordnungen in ihrem psychischen System zeigten. Eine Sättigung bei monotoner Arbeit trat deshalb bei ihnen später auf. Ähnlich der Rigiditätstheorie nimmt die *Theorie des Hemmungsdefizits* an, daß bei geistig Behinderten nicht nur neues Verhalten weniger effektiv aufgebaut werden kann, sondern daß bei geistig Behinderten auch eine erhöhte Resistenz gegenüber dem Verlernen alten Lernens besteht. In seinen Studien hat *Ellis* als dominanter Vertreter der *Differenztheorie* trotz der Kritik *Ziglers* genügend Hinweise für die prinzipielle Gültigkeit seiner Differenztheorie (*Ellis* 1963) gesehen. Seiner Meinung nach unterscheiden sich geistig behinderte und normale Menschen unbestreitbar, auch wenn Intelligenz und Entwicklungsquotient diese Unterschiede nur unvollkommen repräsentieren. In den gemessenen Differenzen in einer Fülle von Tests sieht er deutliche Bestätigungen für die Annahme, daß geistig Behinderte durch Defizite und Defekte in ihrer Persönlichkeit gekennzeichnet sind, die nicht allein durch motivationale oder institutionelle Faktoren erklärt werden können, sondern auf ätiologische Faktoren zurückzuführen seien.

Aus der Sicht der *Entwicklungstheorie* konnte Zigler die Rigiditätstheorie und die Theorie der Sättigung experimentell widerlegen und auf Effekte der institutionellen Betreung in Anstalten zurückführen. Rigidität wird nicht hervorgerufen durch spezifische Eigenheiten „des" geistig Behinderten, sondern durch Hospitalisierung und Anregungsarmut der Umwelt. Erfolgserlebnisse ermuntern auch geistig Behinderte zu längerem Durchhalten, vor allem wenn ihnen eine breite Skala gut dosierter sozialer und materieller Verstärker (→operantes Lernen) geboten wird. Aus der Sicht *Ziglers* sind die differenzorientierten Theorien bestenfalls als ätiologie-differenzierende Diagnostik zu verstehen. Den Vorteil der Entwicklungstheorien sieht er vor allem darin, daß Strategien einer pädagogischen und psychologischen Intervention damit besser planbar und begründbar erscheinen.

Unterschiede zwischen geistig behinderten und normalen Menschen werden in den Entwicklungstheorien nicht in prinzipiellen Defekten sondern in einem unterschiedlichen Entwicklungstempo und einer anderen →Motivation gesehen, welche die Lerngeschichte ständig beeinflussen. Deshalb werden bei empirischen Untersuchungen oft ältere geistig Behinderte mit jüngeren „Normalen" verglichen. Die Annahmen der Mißerfolgserwartung, der erhöhten sozialen Motivation und der Außengerichtetheit geistig Behinderter stehen im Mittelpunkt der Theorienbildung.

Vor allem in seinem Aufsatz über „Das geistig behinderte Kind als ganze Person" von 1973 macht *Zigler* deutlich, daß keine kognitive Theorie jemals auch eine vollständige Theorie des Verhaltens geistig Behinderter sein könne: „Das Verhalten des Behinderten spiegelt – wie das Verhalten anderer Gruppen von Menschen – andere als nur kognitive Faktoren wider. Der geistig Behinderte ist als „ganze Person" eine ebenso komplexe und differenzierte Persönlichkeit, wie jeder andere Mensch auch."

Literatur: *U. Bremer-Hübler/D. Eggert,* Psychodiagnostik, in: *G. Neuhäuser/M. Steinhausen* (Hrsg.), Geistige Behinderung. Stuttgart 1989. *D. Eggert/R. Altemöller/E. Schomburg* (Hrsg.), Familie, Umwelt und Leistungsentwicklung geistig behinderter Kinder. Bern/Stuttgart 1980. *D. Eggert,* Tests für geistig Behinderte. Weinheim 1970. *D. Eggert,* Psychologische Theorien der geistigen Behinderung, in: *G. Neuhäuser/M. Steinhausen* (Hrsg.), Geistige Behinderung. Stuttgart 1989. *N. R. Ellis,* Handbook of Mental Deficiency – Psychological theory and research. New York 1963. *N. Kugel/L. Wolfensberger,* Geistig Behinderte – Eingliederung oder Bewahrung? Stuttgart 1974. *N. M. Robinson/H. B. Robinson,* The Mentally Retarded Child. New York 1972. *O. Spreen,* Geistige Behinderung. Berlin 1978. *J. Wendeler,* Psychologische Analysen geistiger Behinderung. Weinheim 1976. *E. Zigler/D. A. Balla,* Mental Retardation. The Developmental-Difference Controversy. London 1982

Prof. Dr. *Dietrich Eggert,* Hannover

gekreuzte Dominanz
→Lateralität.

gekreuzte Transaktion
→Transaktionale Analyse.

Gemeindepsychologie
psychologischer Ansatz, der sich mit Problemen der →Prävention und →Rehabilitation von Menschen in Gemeinden oder Gemeinschaften (Betrieben, Organisationen, Schulen) befaßt. Das Individuum wird nicht herausgelöst aus seinem sozialen Umfeld als isioliertes Einzelwesen betrachtet, sondern als Teil seiner Gemeinschaft. Die Intervention bezieht sich daher nicht primär auf einzelne Personen, sondern vor allem auf die Analyse und die Umstrukturierung der Situation, in der diese Personen leben.

Gemeinschaftsgefühl
→Individualpsychologie.

Generalfaktor
→Faktorenanalyse.

Generalisation
→Diskrimination.

Genie
Höchstbegabung, Person mit extrem hoher Intelligenz.

Genogramm
graphische Darstellung der wichtigsten Verwandschaftsbeziehungen eines Patienten, bes. in der →Familientherapie. Die schlichten Daten aus der Familienkonstellation bieten oft den Ausgangspunkt für relevante Informationen über Interaktionen und Beziehungsmuster.

Genotyp
Gesamtheit der bei sexueller Fortpflanzung von beiden Eltern an das Kind weitergegebenen Erbinformation. Ent-

wicklungsfördernde und beeinträchtigende Umweltbedingungen führen zur Herausbildung des jeweiligen →Phänotyps.

genotypisch
⇒erbbedingt
→Genotyp.

Gerontopsychologie
⇒Alterpsychologie.

Geschlechtsdysphorie
→Sexuelle Störungen.

Geschlechtshormone
Körpergestalt, Körperfunktionen und Sexualverhalten (→Sexualität) werden von Geschlechtshormonen beeinflußt. Man unterscheidet männliche Geschlechtshormone (Androgene), weibliche (Östrogene) und das Mutterschaftshormon (Progesteron).

Die wichtigsten Androgene sind das Testosteron, das Androstendion und das Androsteron, die wichtigsten Östrogene Östriol, Östradiol und Östron. Geschlechtshormone werden in den männlichen Gonaden (Testes), in den weiblichen Gonaden (Ovarien) und in den Nebennieren gebildet. Jede dieser endrokrinen Drüsen bildet jedes Geschlechtshormon, jedes Geschlecht produziert also auch die Hormone des anderen Geschlechts. Geschlechtsspezifisch ist nicht die Art sondern die Menge der in den Nebennieren und in den Gonaden gebildeten Geschlechtshormone (→Sexualität).

Geschlechtsidentität
→Sexualität.

Geschwisterposition
In fast allen Kulturen wurden stereotype Vorstellungen darüber gebildet, welche besonderen Eigenschaften Kinder aus verschiedener Position in der Geschwisterreihe entwickeln und welche typischen Unterschiede zwischen ihnen bestehen. So wird der Geschwisterposition des ersten, mittleren, jüngsten oder einzigen Kindes ein eigenständiger, möglicherweise dauerhafter Einfluß auf verschiedene Bereiche der →Persönlichkeitsbildung und der geistigen →Entwicklung zugeschrieben.

Eine Sonderstellung des Erstgeborenen zeigt sich bereits in alttestamentarischen Schriften und zahlreichen Märchen und Mythen. Typischerweise fällt hierbei dem Ersten die Rolle des Starken, Klugen, aber auch Bösen zu. Zweitgeborene erscheinen öfter als ehrgeizig und rivalisierend. Jüngste Kinder weisen hingegen, je nach Geschlecht, besondere Begabungen auf; sie reden mit Tieren und treten in Kontakt zu geheimnisvollen Mächten der Natur. Ihre typische Entwicklung in der mythischen Tradition kann auch als Abbild der Kompensation von Unzulänglichkeitsgefühlen eines Einzelmenschen gegenüber Natur und Gesellschaft interpretiert werden: Nach mehreren Stationen →narzißtischer Kränkung erreichen Jüngste zum Schluß doch das verdiente Glück, z.B. die „Königstochter“ oder den Prinzen. Von großer Bedeutung für reale gesellschaftliche Machtstrukturen war die dynastische und bäuerliche Erbfolgeregelung, die männlichen Erstgeborenen über Jahrhunderte hinweg Sonderrechte zukommen ließ.

Unter den Klassikern der →Tiefenpsychologie entwickelte besonders *Alfred Adler* (1870–1937) differenzierte Vorstellungen zu Auswirkungen der Geschwisterposition. Er beschrieb u.a. das „Entthronungserlebnis“, welches Erstgeborene aufgrund ihrer Sonderstellung als zunächst einziges Kind bei Geburt eines Geschwisters erleiden können. Die Verarbeitung dieses Erlebnisses erfolgt danach in Abhängigkeit von frühkindlichen Erfahrungen und elterlichem →Erziehungsstil und kann zu Bewältigung, mit stärkerer Orientierung des Erstgeborenen an Werten der Erwachsenenwelt, etwa Verantwortung für die jüngeren Geschwister, aber auch zu resignativem Rückzug führen. Zweite Kinder erlernen nach diesem Ansatz leichter die Kooperation, da sie Zuwendungen der Umwelt von Anfang an teilen müssen; sie konkurrieren jedoch mit dem ersten („Geschwisterrivalität"), wobei die psychische Dynamik zwischen den Kindern von ihrem Geburtsintervall mitbestimmt wird. Jüngste werden wegen ihrer Randstellung nie entthront, sehen sich aber stets in der Situation als Kleinste und Schwächste und fühlen sich häufig nicht ernst genommen. Kompensatorisch können sie die älteren Geschwister zu übertreffen suchen, wobei nicht selten als Folge innerfamiliärer Rollenzuweisungen (→Rollentherapie) Polarisierungsprozesse eintreten. Die Beobachtungen *Adlers,* der stets vor starren Schemata warnte, regten zahlreiche Forscher zu empirischen Studien an.

Untersuchungen zum Einfluß der Geschwisterposition müssen somit prüfen, ob und unter welchen Voraussetzungen spezifische Sozialisationsbedingungen für Kinder einer bestimmten Geschwisterposition im Familien- und Umweltsystem bestehen. Auch biologische Faktoren, wie altersabhängige Reproduktionsfähigkeit der Eltern, könnten eine Rolle spielen. Als Kriteriumsvariable sollten möglichst objektive Leistungs- und Fähigkeitsprüfungen dienen.

Vom Ende des Zweiten Weltkriegs bis Anfang der achtziger Jahre erschienen etwa 1200 bis 1500 Arbeiten, die sich direkt oder als Nebenrgebnis mit dem Thema Geschwisterposition befassen. Die mehr als einhundertjährige Geschichte empirischer Positionsforschung (*Francis Galton* fand 1874 eine überzufällige Häufung von Erstgeborenen unter genialen Männern) präsentiert sich jedoch heute als eindrucksvolle Sammlung wissenschaftlicher Mystifikationen. Der größte Teil der Untersuchungsergebnisse beruht auf statistischen Artefakten. Sie ergaben sich durch Nichterkennen oder Mißachtung eines außerordentlich komplexen Wirkungsgefüges von sozialen Hintergrundsmerkmalen, die mit der scheinbar eindeutig definierten Variable „Geschwisterposition" verknüpft sind. Sehr häufig wurde mit inadäquater Methodik gearbeitet. Die Darstellung der methodischen Problematik, die auch in anderen Forschungsbereichen besteht, führt beim gegenwärtigen Stand weiter als eine Auflistung ungesicherter, widersprüchlicher und teils chaotischer Hypothesen und Resultate. Vorab: Selbst in schlecht kontrollierten Studien beträgt die von der Position erklärte →Varianz der Testintelligenz (→Intelligenz), also für ein relativ zuverlässig reproduzierbares Maß, meist nur zwischen 1 und 5%.

Methodenkritische Hinweise: Die Position wurde oft einfach als →abhängige Variable des interessierenden Merkmals (bestimmte →Persönlichkeitseigenschaften, Schulleistungstests, Sprachleistung, →Intelligenz) behandelt, ohne daß Familiengröße und Sozialschicht in den Stichproben, die sich mehrheitlich aus nicht miteinander verwandten Kindern zusammensetzen, kontrolliert wurden. Hier ergeben sich viele Artefaktmöglichkeiten: Frühergeborene stammen, empirisch belegbar, mit größerer Wahrscheinlichkeit aus kleineren Familien, welche in Staaten der technischen Zivilisation eher höheren sozialen Schichten angehören. Spätergeborene kommen dagegen mit höherer Wahrscheinlichkeit aus größeren Familien mit sozialschichtsbedingt geringeren Bildungsmöglichkeiten für Kinder. Der typische und häufigste Befund von Studien, die weder Familiengröße noch Sozialschicht kontrollieren (Erstgeborene erzielen z.B. meist die höchsten →IQ-Werte) muß als Artefakt sozialer Hintergrundsmerkmale gewertet werden. Untersuchungen zum Positionseffekt ohne differenzierte Kontrolle des sozialen Umfeldes können als wertlos betrachtet werden. Bereits einfache →bivariate Zusammenhänge erwiesen sich als statistische Fallen. Pearson et al. fanden um 1910, daß die Träger eines bestimmten Merkmals (wie Erkrankung an Tuberkulose oder Verwicklung in kriminelle Aktivitäten) im Durchschnitt aus sehr kinderreichen Familien stammten. *Greenwood* u. *Yule* kritisierten 1914 diese Studien: Es war übersehen worden, daß die →Wahrscheinlichkeit für Personen aus einer bestimmten Familiengröße-Kategorie, in die merkmalsbezogene Stichprobe zu gelangen, direkt proportional mit dieser Kategorie wächst. Für Merkmalsträger aus n-Kind-Familien ist sie n-mal höher als für Einzelkinder. Auf dem gleichen Artefaktprinzip beruht die früher regelmäßig beschriebene Überrepräsentation von Erstgeborenen unter den Trägern eines Merkmals. Hier erhöht sich der relative Anteil der Erstgeborenen unter den Trägern scheinbar dadurch, daß als Berechnungsgrundlage der Merkmalsverteilungen die Subpopulation der Trägerfamilien und nicht die Gesamtpopulation gewählt wird. Die gern zitierte Überlegenheit von Erstgeborenen aus Wissenschaft, Kunst und Politik ist häufig durch diesen Artefakt erklärbar. *Greewood* u. *Yule* entwickelten eine Korrekturformel zur Berechnung der mittleren Familiengröße in merkmalsbezogenen Stichproben:

$$\text{mittl. } K_{korr} = \frac{N^*_{ges}}{\sum_{i=1}^{n} \frac{N^*_k}{k}}$$

wobei gilt

N^*_{ges} = Gesamtzahl aller Merkmalsträger

N^*_k = Summe der Träger innerhalb einer bestimmten Familiengrößenkategorie k

K = Kategorie der Familiengröße (Anzahl der Kinder einschl. des Trägers in der zugehörigen Familie)

i = Laufindex

n = Höchstzahl der verwendeten Familiengrößenkategorien

Die *Greenwood-Yule-Korrektur* bewirkt folgendes: 1. Die Häufigkeitsverteilung der Geschwisterposition innerhalb der Subpopulation der Trägerfamilien (= HPos) entspricht ihrer Verteilung in der gesamten Population. 2. Außerdem entspricht HPos der Verteilung der Geschwisterposition auf die Merkmalsträger. Wird die Korrektur bei der genannten Erhebungsmethode unterlassen, erscheinen bei Verteilungsprüfungen innerhalb der Stichprobe große Familien und unter den Merkmalsträgern Erstgeborene überrepräsentiert. Als Folge wachsen auch die Korrelationen von Variablen mit diesen Elementen. Die meisten Studien zum Positionseffekt haben solche Artefakte nicht beachtet. Die Greenwood-Yule-Korrektur impliziert jedoch, daß die Ausprägungen der Geschwisterposition innerhalb der einzelnen Kategorien der Familiengröße gleichverteilt sind (z.B. wird der relative Anteil von Zweitgeborenen in 3-Kind-Familien mit einem Drittel angenommen). Diese Annahme gilt aber nur für Populationen, die sich in einem stabilen Reproduktionszustand befinden. Zahlreiche soziodemographische Faktoren können die Verteilung von Position und Familiengröße in Stichproben variieren. Altersbezogene Stichproben, die Jahrgänge aus Zeiten eines Geburtenanstiegs enthalten, zeigen Frühergeborene überrepräsentiert; ein Abfall der Geburtenrate bewirkt hingegen eine Überrepräsentation von Spätergeborenen. Zusätzlich können Änderungen der Reproduktionsrate, wobei sich die Zahl der gegründeten Familien und/oder deren durchschnittliche Kinderzahl ändern kann, in der Gesamtpopulation oder nur in Populationssegmenten, dort auch noch zeitlich gegeneinander versetzt, eintreten (hier sind schichtspezifisch, regional oder religiös bedingte Unterschiede empirisch belegt). Weitere Artefaktmöglichkeiten: Der Faktor „Soziale Schichtzugehörigkeit" wurde in den meisten Studien undifferenziert behandelt. Noch Ende der siebziger Jahre wurde nach Einsatz von zwei oder drei Sozialschichtskategorien (etwa „manuell" vs. „nichtmanuell") behauptet, man habe damit Einflüsse des sozialen Umfeldes „kontrolliert". Differenzierte Verteilungsprüfungen zu sozialschichtsabhängigen Bildungsmöglichkeiten für Kinder aus verschiedenen Familiengrößenkategorien wurden kaum durchgeführt. Wird die Geschwisterposition als →unabhängige Variable eingesetzt, so ist nicht gewährleistet, daß Erst- und Spätergeborene in der Stichprobe ein vergleichbares psychosoziales Umfeld aufweisen. Verschiedene Positionen sind assoziiert mit unterschiedlichen Familiengrößen. Dieses Merkmal ist mit spezifischen Reproduktionsraten in unterschiedlichen Sozialschichten vernetzt, zusätzlich ergeben sich daraus Unterschiede z.B. in Religionszugehörigkeit, Alter der Eltern, Präsenz von Bezugspersonen, Wohnumgebung und Bildungsmöglichkeiten für die Kinder. Einige mögliche qualitative Beziehungen zeigt folgende Abbildung.

Einige Beziehungen der Variable "Familiengröße"

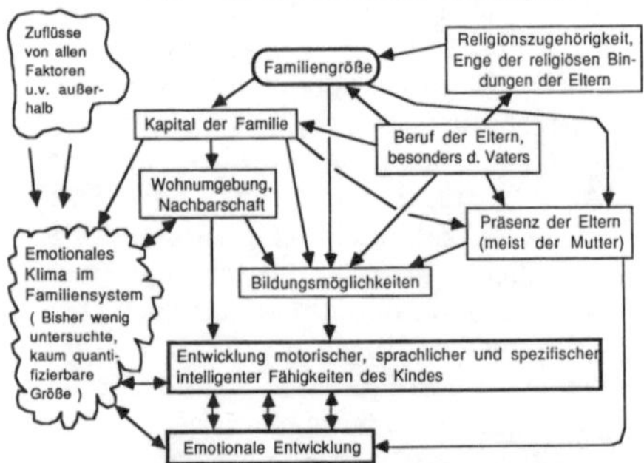

Das einfache, metrisch erfaßbare Merkmal „Familiengröße“ in enger Verbindung damit das Merkmal „Geschwisterposition“ ist mit zahlreichen Umweltbedingungen vernetzt, von denen die Lernerfahrungen und Erlebnismöglichkeiten eines Kindes geprägt werden. Mangelnde Kontrolle dieser Faktoren führt zu statistischen Artefakten, z.B. Überschätzung des Einflusses der Geschwisterposition auf spezifische Persönlichkeits- oder Fähigkeitsmaße. (*Gehde* 1987, S.103)

Methodisch vorzuziehen sind Vergleiche innerhalb derselben Familie. Aber auch hier ergeben sich die genannten Probleme durch die notwendige Datenaggregation, wenn möglichst homogene Stichproben gebildet werden sollen.

Erklärungsansätze zum Positionseffekt: Die Untersuchungsergebnisse sind umstritten, eine allgemein akzeptierte Theorie fehlt; umso umfangreicher sind die Hypothesen zu kausalen Mechanismen des Positionseffekts.

Biologische Faktoren: Erstgeborene sowie Spätergeborene aus großen Familien tragen nach epidemiologischen Daten zwar das höchste Risiko für biologische bedingte Entwicklungsschäden während Fetal- und Perinatalzeit, innerhalb der normalen Variationsbreite bleiben diese Risiken jedoch ebenso ohne Auswirkungen wie geringfüge, mit der Position assoziierte Unterschiede im Geburtsgewicht. Zahlreiche Studien zu biologischen Faktoren kontrollieren konfundierende Variablen des sozialen Umfeldes ungenügend und sind artefaktbehaftet. Reduktionistische biologistische Erklärungsmodelle müssen als nicht zureichend betrachtet werden.

Familiendynamisches Modell: Geht aus von der Vorstellung unterschiedlicher Behandlung der Kinder durch die Eltern je nach Position, in Wechselwirkung dazu auch von unterschiedlichem kindlichen Verhalten innerhalb des Familiensystems und in Sozialkontakten. Empirische Belege, z.B. für ein „Entthronungserlebnis“ oder den zeitweise etwas engeren Kontakt von Erstgeborenen zu den Eltern, konnten zwar auch in intrafamiliären Untersuchungsdesigns erbracht werden, jedoch weisen Studien an Probanden im Schulalter eher auf ein Verschwinden dieser Unterschiede hin. Für die Bildung konsistenter →Typologien (anhand von →„personality traits“) besteht keine empirische Grundlage.

Konfluenzmodell von Zajonc: Betrachtet die Familie als informationsenthaltendes und -vermittelndes System („intellectual environment“), dessen die kognitive Entwicklung fördernde Qualität sich durch wechselseitige Beeinflussung seiner Mitglieder verändert. Das Modell wurde Ende der siebziger Jahre mathematisch formuliert, wobei die mentale Entwicklung jeden Kindes einer Sigmoidfunktion folgt, die sich aus und in Interaktion mit Funktionen der übrigen Familienmitglieder errechnen läßt („Konfluenz"). Durch Weggang eines Erwachsenen oder Geburt eines Kindes erfolgt eine „Verdünnung" des Systems („dilution"); antagonistisch dazu erhöht die Lehrfunktion („teaching function") älterer gegenüber jüngeren Geschwistern die beiderseitige Entwicklungsgeschwindigkeit und somit auch den Gesamtsystemlevel. „Dilution" und „teaching" werden in den Modellgleichungen vom Geburtsintervall („spacing") und der Familiengröße beeinflußt; der Positionseffekt wird als Resultat solcher Systemzusammenhänge interpretiert. Erstgeborene erfahren danach die stärkste, Jüngste die schwächste Entwicklungsstimulation. In Computersimulationen zeigten sich zwar hohe →Korrelationen des Konfluenzmodells mit empirischen Daten, eklatante inhaltliche Schwächen erwiesen den Ansatz aber leider als nicht weiterführende mechanistische Simplifikation (vgl. *Gehde* 1987).

Sozialpsychologisch-soziologischer Ansatz: Unterschiedliche Entwicklungsmöglichkeiten für Früher- und Spätergeborene ergeben sich aus den veränderten Rahmenbedingungen bei wachsender Familiengröße (z.B. Verknappung an Ressourcen wie Wohnraum, elterliche Anwesenheit und Kapital). Demnach könnte die Ausprägung des Positionseffekts mit den Sozialschichten variieren, die in verschiedenem Ausmaß in der Lage sind, nachteilige Folgen größerer Familien auszugleichen. So sind Versorgungseinschränkungen bei Geburt weiterer Kinder für Familien aus unterprivilegierten Schichten empirisch belegt; in wichtigen großen Stichproben ist der Positionseffekt in der Kategorie der ländlichen Großfamilien inkonsistent.

Artefakthypothese: Sie postuliert, daß empirische Befunde, die für einen eigenständigen Effekt der Geschwisterposition sprechen, in Wirklichkeit Unterschiede von Probanden mit verschiedenen soziokulturellen Hintergrundsmerkmalen wiedergeben. An simulierten Modellpopulationen konnte z.B. gezeigt werden, daß altersbezogene Stichproben empfindlich auf Änderungen der Reproduktionsrate reagieren und den Einfluß der Position auf das untersuchte Merkmal auch bei Korrekturversuchen, etwa partiellen Korrelationen, überschätzen. Zunehmende Kontrolle sozialer Hintergrundsdaten vermindert die von der Position erklärte →Varianz in den Testwerten (*Gehde* 1987).

Zusammenfassung: Aus der methodischen Problematik folgt, daß ein Positionseffekt auf intellektuelle Leistungen bisher weder zweifelsfrei nachgewiesen noch endgültig falsifiziert werden konnte. Die Ergebnisse für Maße aus dem Bereich der Persönlichkeitspsychologie (→Persönlichkeit) sind wegen deren geringerer →Validität noch ungünstiger einzuschätzen und weisen ebenfalls meist unzureichende Kontrolle sozialer Hintergrundsdaten auf. Als gesichert kann gelten: Das intellektuelle Begabungsniveau, insbesondere im Bereich der sprachlichen Fähigkeiten, wird, wenn überhaupt, nur in sehr geringem Ausmaß durch die Geschwisterposition mitbestimmt. Studien zum Effekt der Geschwisterposition sind größtenteils methodisch unzureichend und artefaktbehaftet.

Literatur: *C. Ernst/J. Angst,* Birth Order, Its Influence on Personality. Berlin 1983. *E. Gehde,* Methodenkritische Untersuchungen zum Einfluß der Geschwisterposition auf Testintelligenz und Sprachleistung bei Kindern. Diss., Med. Hochschule Hannover 1987. *R. B. Zajonc,* Validating the Confluence Model. Psychol. Bull. 1983, 93, 457–480.

Dr. *Eckhardt Gehde,* Hannover

Gesetz der Geschlossenheit
→Gestaltpsychologie.

Gesetz der Gleichartigkeit
→Gestaltpsychologie.

Gesetz der großen Zahl
→Wahrscheinlichkeit.

Gesetz der guten Kurve
→Gestaltpsychologie.

Gesetz der Nähe
→Gestaltpsychologie.

Gesichtsfeld
Bereich, der vom unbewegten Auge erfaßt wird.

Gesprächspsychotherapie
Definition und Abgrenzung: Die Gesprächspsychotherapie gehört neben der →Psychoanalyse und der →Verhaltenstherapie zu den bedeutendsten und wirkungsvollsten psychotherapeutischen Verfahren (→Psychotherapie). Sie wurde Anfang der 40er Jahre von dem amerikanischen Psychologen *Carl R. Rogers* begründet und durch seine Arbeiten entscheidend beeinflußt. Sie entstammt der klinisch-psychologischen Praxis und wurde in Abgrenzung zur direktiven Beratung und zur psychoanalytischen Behandlung entwickelt.

Zentrale Annahme der Gesprächspsychotherapie ist, daß dem psychisch gestörten Klienten eine therapeutische Beziehung zu helfen vermag, die durch Empathie, Wertschätzung und Kongruenz seitens des Therapeuten gekennzeichnet ist. Im Gegensatz zur direktiven Beratung betont die Gesprächspsychotherapie, daß der Klient seine Probleme selbst analysieren und Lösungen selbst erarbeiten muß, sie verzichtet bewußt auf Ratschläge und Anweisungen. Der Therapeut hat die Aufgabe, eine möglichst angstfreie Atmosphäre (→Angst) zu schaffen und die Probleme in der Sichtweise des Klienten zu besprechen. Im Vergleich zur psychoanalytischen Behandlung werden Veränderungen in erster Linie nicht dadurch erreicht, daß die Entstehung der psychischen Störung analysiert und erklärt wird, entscheidend sind die unmittelbaren Erfahrungen des Klienten in der Therapie. Die Gesprächspsychotherapie beachtet auch stärker die Gegenwart und die Zukunft des Klienten. Von der Verhaltenstherapie unterscheidet sich die Gesprächspsychotherapie durch ihre stärkere Beachtung von →Wahrnehmungen und Gefühlen (→Emotionen), statt von sozialer Beeinflussung spricht sie von korrigierender Beziehungserfahrung.

Die Gesprächspsychotherapie hat seit ihrem Beginn eine Reihe von Veränderungen erfahren. Der ursprünglich psychotherapeutische Ansatz wurde bald auf andere Lebensbereiche wie Erziehung und Unterricht sowie Industrie und Verwaltung ausgeweitet. Zunehmend wurden die Prinzipien der Gesprächspsychotherapie auch als allgemeine Regeln für die Gestaltung zwischenmenschlicher Beziehungen verstanden. Heute reicht die Auffassung von der Gesprächspsychotherapie von einem Psychotherapieverfahren über eine Grundhaltung im psychosozialen Bereich bis hin zu einer Weltanschauung.

Anthropologische Grundlagen: Die Gesprächspsychotherapie geht von der Annahme aus, daß der Mensch seinem Wesen und seiner Natur nach „gut“ und psychisch gesund ist. Der Mensch besitze eine angeborene Tendenz zur Selbstverwirklichung: er strebe nach größerer Differenziertheit, Selbstverantwortlichkeit und Reife. Störungen in der Persönlichkeitsentwicklung (→Persönlichkeit, →Entwicklung) treten nach dieser Auffassung nur dann auf, wenn man ihm gleichsam Steine in den Weg gelegt hat. Im Einklang mit der →Humanistischen Psychologie hebt der gesprächspsychotherapeutische Ansatz die Individualität und Einzigartigkeit eines jeden Menschen hervor. Weiterhin läßt sich der Mensch eher durch Subjektivität und Freiheit denn durch Objektivität und Determination charakterisieren. Menschliches Handeln wird als sinn- und zielorientiert verstanden (→Handlung), womit gleichzeitig Werten und Zielen eine erhebliche Bedeutung eingeräumt wird. Einer Aufgliederung des Menschen steht die Gesprächspsychotherapie skeptisch gegenüber, stattdessen betont sie die Einheit von →kognitiven, →emotionalen und somatischen

Aspekten und fordert eine ganzheitliche Betrachtung des Menschen.

Klientenzentrierte Theorie: Die theoretischen Grundlagen der Gesprächspsychotherapie wurden von *Rogers* erarbeitet: sein Theoriengebäude besteht aus drei Teilen: (1) Theorie der →Persönlichkeit, (2) Theorie der →Psychotherapie und (3) Theorie der →interpersonellen Beziehungen. Bei diesen Überlegungen handelt es sich allerdings nur bedingt um Theorien im streng wissenschaftlichen Sinne, da sie viele Definitionen und Annahmen enthalten, die einer empirischen Prüfung nicht zugänglich sind.

Rogers geht in seiner *Persönlichkeitstheorie,* die die Grundlage für seine Therapietheorie darstellt, davon aus, daß jedes Individuum „in einer sich ständig ändernden Welt der Erfahrung" existiert und sich selbst in dieser Welt als deren Mittelpunkt erlebt. Das Individuum reagiert nicht auf die Realität an sich, sondern auf seine Wahrnehmungen dieser Realität. Aufgabe des Therapeuten ist es daher, sich in „das innere Bezugssystem" des Klienten hineinzuversetzen. Im Laufe der individuellen Entwicklung bildet sich in der Interaktion mit der Umwelt das →Selbst heraus. Zu einer Persönlichkeitsentwicklung im Sinne einer Selbstverwirklichung kommt es dann, wenn das Individuum seine Erfahrungen adäquat symbolisieren kann und sein Bedürfnis nach Zuwendung und Wertschätzung durch die Umwelt befriedigt wird. →Inkongruenzen zwischen Erfahrung und Selbst bilden die Grundlage für die Entstehung „psychischer Fehlanpassung". Erfahrungen, die dem Selbst widersprechen, werden entweder selektiv oder verzerrt wahrgenommen oder teilweise oder ganz vom →Bewußtsein verleugnet. Folge der Inkongruenzen zwischen Erfahrung und Selbst sind Inkongruenzen im Erleben und Verhalten. Die Gesprächspsychotherapie zielt auf eine Aufhebung dieser Inkongruenzen.

Voraussetzung für die Entstehung eines *therapeutischen Prozesses* ist, daß

- zwei Personen eine Beziehung zueinander aufnehmen, aufeinander reagieren und einander etwas bedeuten;
- der Klient sich in einem Zustand der Inkongruenz befindet und mit sich selbst uneins, verletzbar und ängstlich ist;
- der Therapeut sich in das innere Bezugssystem des Klienten hineinversetzen kann und ihm gegenüber einfühlendes Verständnis zeigt;
- der Therapeut unbedingte Wertschätzung und emotionale Wärme gegenüber dem Klienten erlebt;
- der Therapeut in seiner Beziehung zum Klienten kongruent und echt ist;
- der Klient zumindest in Ansätzen in der Lage ist, das Beziehungsangebot des Therapeuten wahrzunehmen.

Die Realisierung von einfühlendem Verständnis, unbedingter Wertschätzung und emotionaler Wärme sowie Kongruenz und Echtheit setzt eine bestimmte Einstellung und Orientierung des Therapeuten voraus. Der Therapeut muß vom Wert und der Bedeutung des Individuums überzeugt sein und uneingeschränkt an die Möglichkeiten und Fähigkeiten des Individuums, sich konstruktiv zu verändern und sich selbst zu verwirklichen, glauben. Damit werden an den Gesprächspsychotherapeuten erhebliche persönliche Anforderungen gestellt. Die Gesprächspsychotherapie ist daher eher als ein System von →Einstellungen und Orientierungen des Therapeuten zu verstehen, das von therapeutischen Techniken ergänzt wird, als eine Methode oder Technik, die der Therapeut anwendet.

Sind diese Bedingungen seitens des Klienten und des Therapeuten erfüllt, entsteht beim Klienten ein Prozeß der Integration von Erfahrung und Selbst. Der Klient wird zunehmend freier im Ausdruck seiner Gefühle, spricht häufiger seine →Inkongruenzen an und erlebt voll und bewußt Gefühle, die in der Vergangenheit verzerrt oder verleugnet wurden. Sein Selbstkonzept wird reorganisiert, und neue Erfahrungen werden zunehmend adäquat symbolisiert. Weiterhin empfindet der Klient zunehmend mehr Selbstwertschätzung und erlebt sich verstärkt als Ausgangspunkt von Bewertungen und Entscheidungen. Zwischen dem Prozeß und dem Ergebnis der Therapie gibt es keine deutliche Trennung. Jedes Prozeßgeschehen stellt ein Ergebnis und jedes Ergebnis ein Prozeßgeschehen dar.

Mit seiner *Theorie der interpersonellen Beziehungen* hat *Rogers* den Versuch unternommen, seine Ausführungen zur Gestaltung der therapeutischen Beziehung zu erweitern und die Gesetzmäßigkeiten, die allen zwischenmenschlichen Beziehungen zugrunde liegen, zu formulieren. Eine (normale) zwischenmenschliche Beziehung ist danach dann befriedigend, wenn beide Partner sich kongruent verhalten, sich wechselseitig wertschätzen und einander verstehen.

Der wichtigste Anwendungsbereich der klientenzentrierten Theorie liegt in der Behandlung seelischer Störungen. In der Regel findet die Gesprächspsychotherapie als Einzeltherapie statt, wird aber zunehmend auch mit Paaren und in Gruppen mit Erfolg durchgeführt.

Empirische Prüfung und Indikationsstellung: Übereinstimmend wird die Gesprächspsychotherapie als ein therapeutisch wirksames Verfahren beschrieben. Strittig ist hingegen die Breite der Indikation. Während Rogers davon ausgeht, daß die Gesprächspsychotherapie bei fast allen Klienten mit Erfolg angewendet werden kann, weist die empirische Forschung auf verschiedene Einschränkungen hin.

Die Bereitschaft zur Annahme von Hilfe und das Bedürfnis nach Hilfe sind wichtige Voraussetzungen seitens des Klienten für eine erfolgreiche Therapie. Zu hohe und zu geringe Erwartungen wirken sich eher negativ, mittlere Erwartungen demgegenüber eher positiv auf die Therapie aus. Kongruenz der Erwartungen von Therapeut und Klient hinsichtlich der Art der Therapie und der Therapieziele wirken sich ebenfalls positiv aus. Weiterhin bestimmen die Art der Problemdarstellung wie das Ausmaß an Ichnähe, Konkretheit und Differenziertheit den Therapieerfolg.

Die Gesprächspsychotherapie ist auch nicht bei allen Störungsformen indiziert. Mit Erfolg wird sie vor allem bei neurotischen Beeinträchtigungen (→Neurose) angewandt, insbesondere bei allgemeinen Ängsten (→Angst), emotionaler Unruhe, mangelndem Selbstvertrauen, depressiven Verstimmungen (→Depression), sozialen Kontaktstörungen sowie familiären und beruflichen Problemen, oft auch bei sexuellen Schwierigkeiten (→sexuelle Störungen) und psychosomatischen Beschwerden (→Psychosomatik). Demgegenüber ist sie bei schweren →Charakterstörungen, →Phobien, →Zwängen, →Psychosen und chronischen Abhängigkeiten nur teilweise und nur begrenzt hilfreich, in vielen Fällen sogar ausgesprochen kontraindiziert.

Der klientenzentrierte Ansatz ist vielfach kritisiert worden. Die Vorwürfe betreffen die geringe Elaboriertheit der theoretischen Grundlagen, die optimistischen Vorstellungen von der Fähigkeit zur Selbstaktualisierung und die noch nicht befriedigend gelöste Indikationsfrage. In der Vergangenheit wurde mehrfach der Versuch einer neuen theoretischen Grundlegung der Gesprächspsychotherapie unternommen, allerdings ohne durchschlagenden Erfolg. Die Gesprächspsychotherapie beschäftigt sich heute wieder zunehmend mit der Auslegung und Differenzierung der *Rogerschen* Position.

Literatur: *E. Biermann-Ratjen/J. Ekkert/H.-J. Schwartz,* Gesprächspsychotherapie. Veränderung durch Verstehen. Stuttgart 1986 (4. Aufl.). *C. R. Rogers,* Die klientenzentrierte Gesprächspsychotherapie. München 1972. *W. Schulz,* Klassifikation und Indikation in der Gesprächspsychotherapie. In: *W.-R. Minsel/R. Scheller,* Brennpunkte in der Klinischen Psychologie. Band 1: Psychotherapie. München 1981, 184–207. *W. Schulz,* Gesprächspsychotherapie. Die Kerbe, 1984, 2, 23–26. *D. Tscheulin* (Hrsg.), Beziehung und Technik in der klientenzentrierten Therapie. Weinheim 1983.

Prof. Dr. *Wolfgang Schulz,* Braunschweig

Gestalt

→ Gestaltpsychologie.

Gestaltgesetze

→ Gestaltpsychologie.

Gestaltpsychologie

Richtung der → Wahrnehmungspsychologie, die auf die Arbeiten von *Christian von Ehrenfells* (1859–1932) zurückgeht und sich durch die Untersuchungen von *Max Wertheimer* (1880–1943) als Teilgebiet der Psychologie etablierte. Unter einer Gestalt versteht man ein Schema oder ein Gebilde, das als Ganzes andere Qualitäten aufweist als seine einzelnen Elemente und Strukturen. Die Gestaltgesetze sollen erklären, wie sich aus den Elementen und Strukturen Gestalten mit eigener Qualität ergeben. Letztlich beschreiben die Gestaltgesetze Regeln der → Wahrnehmung. Hierzu gehören insbesondere das *Gesetz der Nähe,* demzufolge Elemente mit geringeren Abständen zusammengesehen werden, das *Gesetz der Gleichartigkeit,* demzufolge gleiche Elemente leichter zusammengefaßt werden als unterschiedliche oder das *Gesetz der guten Kurve* und das *Gesetz der Geschlossenheit,* nach denen Elemente eher in einem Zusammenhang gesehen werden, wenn sie in einer „guten Kurve" angeordnet sind und geschlossene Linie schneller als ein Ganzes erfaßt werden als unterbrochene Linien.

Die Beziehungen zwischen den Elementen sind transponierbar, d.h. eine visuelle Gestalt bleibt auch dann erhalten, wenn man ihre Farben oder ihre Größe ändert oder eine Melodie auch bei Veränderung der Tonlage.

Gestalttherapie

Von *Fritz Perls* (1893–1970) entwickelte ganzheitliche Form der → Psychotherapie. Die Therapie zielt darauf ab, den Menschen bewußter für sich selbst zu machen und seinen Handlungsspielraum zu erweitern, d.h. ihm zu mehr Selbstverantwortung zu verhelfen. Die Gestalttherapie beruft sich u.a. auf fernöstliches und existentialistisches Gedankengut. Der Mensch wird als selbstregulierendes ganzheitliches System in seinem Umfeld betrachtet. Ihm wohnt die Tendenz inne, ein inneres Gleichgewicht herzustellen (→ homöostatisches Gleichgewicht). Eine Störung der inneren Harmonie und des inneren Gleichgewichts entsteht z.B. durch unkritische Übernahme elterlicher Einstellungen, die nicht mit dem Rest der Persönlichkeit im Einklang stehen. Die Patienten reaktivieren in der Therapie Konflikte durch, erproben neue Formen der Selbstäußerung und üben sich darin, sich selbst besser zu verstehen und abgespaltete Teile ihrer Persönlichkeit wieder zu integrieren. Der Therapeut interpretiert nicht, sondern lenkt die Aufmerksamkeit des Patienten auf das, was in ihm vorgeht.

Gewalt

Folgt man dem Friedensforscher *Galtung* (1971), so ist Gewalt etwas, das ‚einem Menschen Schaden zufügt ... sofern dieser Schaden als prinzipiell vermeidbar angesehen werden kann.' Diese Definition hat folgende Vorzüge: – Sie ist umfassend: sowohl *physische* (z.B. Banküberfall mit vorgehalter Waffe) als auch *psychische* Gewalt (z.B. Erzwingen eines Geständnisses durch Drohungen), *legitime* (z.B. Verhaftung eines sich sträubenden Tatverdächtigen) und *illegitime* Gewalt (z.B. Terrorismus), *individuelle* (z.B. Ermordung eines Nebenbuhlers) sowie *strukturelle* (z.B. Ausbeutung von Unterprivilegierten) Formen von Gewalt lassen sich unter diese Definition subsumieren. – Sie ermöglicht eine begriffliche Abgrenzung gegenüber → Aggression. Sie begreift Gewalt als zwischenmenschliches Phänomen, klammert also zerstörerische Handlungen gegen Sachen aus. Gewalt wird – und darin sind sich Definitionen unterschiedlicher Herkunft einig- als grundsätzlich vermeidbar angesehen, eine Einigkeit, die z.B. beim →Konstrukt Aggression (noch) nicht besteht. Nicht beantwortet sind damit jedoch Fragen danach, wie Gewalt – insbesondere zwischen Menschen – entsteht, wodurch sie begünstigt wird- und wie sie vermieden werden kann.

Auf der Suche nach Antworten auf derartige Fragen stößt man auf Grenzen, mit denen auch kriminologische Forschung zu kämpfen hat: sichtbare Formen von Gewalt sind oft Spitzen eines Eisberges, dessen wahres Ausmaß man nur ahnen kann. Das Dunkelfeld (bzw. die Dunkelziffer) von Gewalt macht sowohl ihre Erforschung als auch ihre →Prävention zu einer nur schwer lösbaren Aufgabe (vgl. *Sack* 1985).

Während sich soziologische bzw. sozialwissenschaftliche Forschung primär mit Aspekten struktureller Gewalt beschäftigt, mit der Frage also, welche gesellschaftlichen Voraussetzungen Gewalt begünstigen, ist im Rahmen (sozial-) psychologischer Forschung das Problem innerfamilialer Gewalt in den letzten Jahren stärker ins Blickfeld gerückt: der Gewalt gegen Frauen, Kinder, aber auch alte Menschen (kurz: Gewalt gegen Schwächere) im Rahmen einer Institution, von der eher Geborgenheit und Schutz, nicht aber Bedrohung erwartet wird. Diese Entwicklung ist auf dem Hintergrund sich insbesondere im 20. Jahrhundert verändernder Ansichten sowohl über gewaltförmige Auseinandersetzungen zwischen Menschen als auch über die gesellschaftliche Stellung von Frauen, Kindern und Alten auch in der Familie zu sehen, die sich ebenfalls in veränderten Erziehungszielen und →Erziehungsstilen manifestieren (*De Mause* 1977).

Gewalt gegen alte Menschen in Institutionen (auch in der Familie) wird als Problem dadurch verschärft, daß immer mehr Menschen ein hohes Lebensalter erreichen und durch psychische und physische Beeinträchtigungen auf Hilfe angewiesen sind (*Burns* 1988). Insbesondere dem in die USA emigrierten deutschen Pädiater *Kempe* und seinem Forschungsteam ist es zu verdanken, daß Gewalt gegen Kinder *(„Kindesmißhandlung")* seit den 60er Jahren als Problem immer mehr ins Bewußtsein einer breiteren Öffentlichkeit dringt (*Kempe* u. *Kempe* 1980). Auch die Frauenbewegung und die sich in den 70-er Jahren parallel breiter etablierende Selbsthilfebewegung trugen – insbesondere, was sexuelle Gewalt bzw. *sexuellen Mißbrauch* angeht – dazu bei, daß zwischenmenschliche Gewalt (wieder) diskutiert und thematisiert wurde und wird (*Zenz* 1979, *Honig* 1986).

Über die Entstehungsbedingungen von Gewalt zwischen Menschen gibt es auch im Rahmen psychologischer Theorie und Praxis eine Fülle sich z.T. ergänzender Vorstellungen. Zunächst dominierten täterzentrierte Erklärungsmodelle, die Gewalthandlungen als Folge abnormer →Persönlichkeitsentwicklung (→‚Psychopathie') z.B. durch frühe Störungen infolge Liebesentzug, Vernachlässigung etc, aber auch als Folgen von Alkohol- und Drogenmißbrauch ansahen. Diese Erklärungsansätze, deren ‚Nebenwirkung' auch darin bestand, daß ‚Gewalt' zum Problem von Randgruppen (‚Asozialen') gemacht und damit abgewehrt bzw entschärft werden konnte, wurden durch Überlegungen erweitert, die sowohl (potentielle) Opfer von Gewalttaten einbeziehen- als auch die Rahmenbedingungen, unter denen Gewalttaten besonders naheliegend sind. Wurde zunächst gewalttätiges Verhalten durch Triebhaftigkeit, Verantwortungslosigkeit, Unbeherrschtheit und z.T. auch niedere Intelligenz ‚erklärt', richten erweiterte Erklärungsmodelle den Blick darauf, daß Gewalt auch aus Hilflosigkeit und Ohnmacht erwachsen kann. Der folgende ‚Krisenzyklus' – modifiziert nach *Wittenhagen* u. *Wolff* (1980) – betrachtet Gewalt als eine unter

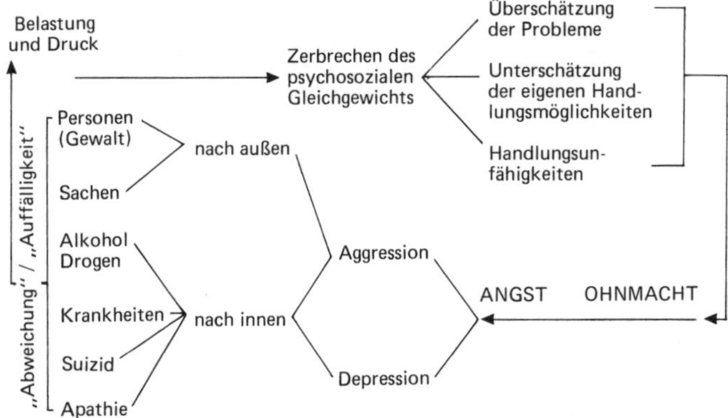

mehreren möglichen Konsequenzen reduzierter Handlungsfähigkeit (Abb.).

Zentrale Ergebnisse von Gewaltforschungen, die *Täter, Opfer* und *Situation* einbeziehen, lassen sich dahingehend zusammmenfassen, daß gewalttätige Auseinandersetzungen zwischen Menschen nicht ‚zufällig' entstehen: so konnte zum Beispiel nachgewiesen werden, daß ehemalige Opfer von Gewalt mit größerer Wahrscheinlichkeit später auch zu Tätern werden (*Engfer* 1986). Außerdem gibt es sowohl für Kindesmißhandlung und -vernachlässigung als auch sexuellen Mißbrauch sowie gewalttätige Auseinandersetzungen zwischen erwachsenen (Ehe-) Partnern Hinweise darauf, daß bestimmte Personen dazu prädestiniert sind, Opfer zu werden: so haben ‚Teufelskreise von Gewalt' gute Chanchen, aufrechterhalten zu werden.

Doch auch ihr Durchbrechen ist möglich: insbesondere durch Ansätze, die Gewalt nicht als bloß individuelles Problem ansehen, sondern als Indikator für gestörte Beziehungen. Innerhalb solcher Ansätze bleibt es nicht dabei, Täter und Opfer zu trennen (z.B. durch Verhängung einer Gefängnisstrafe, Unterbringung des schwächeren Partners in einem Heim, Frauenhaus o.ä.) Es wird vielmehr versucht, zu analysieren, warum es innerhalb einer Beziehung immer wieder zu gewaltförmigen Auseinandersetzungen kommt. Solche Spurensuche ist sowohl im Laiensystem (z.B. in entsprechenden Selbsthilfegruppen: zu nennen wären in der BRD Gruppen wie ‚Männer gegen Männergewalt', ‚anonyme eltern', ‚Wildwasser' etc) möglich als auch durch professionelle Unterstützung: hierbei sind insbesondere familientherapeutische Vorgehensweisen (→Familientherapie) zu erwähnen. Auch präventiven Ansätze auf familienpolitischer Ebene (z.B. materielle und moralische Unterstützung von Familien) kommt dabei große Bedeutung zu.

Neueren Ansätzen, gewalttätige Auseinandersetzungen zu reduzieren, ist gemeinsam, daß sie sich auf das Prinzip ‚Helfen statt Strafen' berufen. Dadurch soll es auch durch gewalttätiges Verhalten auffällig Gewordenen erleichtert werden, Alternativen zu finden, die über Rechtfertigung und Verherrlichung hinausgehen. Die Notwendigkeit solcher Ansätze fassen *Büttner et al.* (1984) so zusammen: „Der Kreislauf der Gewalt resultiert aus der Verschleppung unerledigter Konflikte von einer Situation zur nächsten, von einer Lebensphase zur nächsten, von einer Generation zur nächsten; aus ihrer jeweiligen Perspektive sind alle Familienmitglieder an den Prozessen beteiligt, die schließlich zur Gewalt führen, auch ihre augenscheinlichen Opfer; um Gewalt in der Familie zu vermindern, genügt es nicht, nach den ‚Schuldigen' zu suchen, seien dies die Männer, die Mütter oder die gesellschaftlichen Verhältnisse ..." Diese

Überlegungen lassen sich sicher auch auf Gewalt in Institutionen (Kindergärten, Krankenhäuser, Gefängnisse, Altenheime etc.) übertragen, Bereiche, in denen gewaltförmige Prozesse z.Zt. (noch) weniger erforscht bzw. im öffentlichen Bewußtsein verankert sind.

Literatur: *J. Galtung,* Gewalt, Frieden, Friedensforschung. In: *D. Senghaas* (Hrsg.): Kritische Friedensforschung. Frankfurt 1971, 55–104. *F. Sack,* Dunkelfeld. In: *G. Kaiser et al.* (Hrsg.), Kleines kriminologisches Wörterbuch. Heidelberg 1985. *L. de Mause,* Hört ihr die Kinder weinen? Eine psychogenetische Geschichte der Kindheit. Frankfurt 1977. *E. A. Burns,* Crisis Intervention. In: *R. B. Taylor* (Ed.), Family Medicine. New York 1988. *R. S. Kempe/H. C. Kempe,* Kindesmißhandlung. Stuttgart 1980. *G. Zenz,* Kindesmißhandlung und Kindesrechte. Frankfurt 1979. *M. S. Honig,* Verhäuslichte Gewalt. Frankfurt 1986. *U. Wittenhagen/R. Wolff,* Kindesmißhandlung, Kinderschutz, Ein Überblick. Bonn 1980. *A. Engfer,* Kindesmißhandlung. Stuttgart 1987. *Ch. Büttner* et al., Wenn Liebe zuschlägt. München 1984.

Dr. *Ursula Kaul-Hecker,* Hannover

Gewerkschaftsdilemma
→Spieltheorie.

Gewinner
→Transaktionale Analyse.

Gewohnheit, Gewöhnung
→Habituation.

Gießen-Test
Selbstbeurteilungsfragebogen (→Fragebogen) zur Erfassung von sechs wesentlichen →Persönlichkeitsmerkmalen auf →psychodynamischer Grundlage.

Gliazellen
→Gehirn.

Globus pallidus
⇒Pallidum
→Großhirn.

Glukokortikoide
→Kortikosteroide.

Goldener Schnitt
das unter ästhetischen Gesichtspunkten (→Ästhetische Wahrnehmung) optimale Verhältnis zweier Teilstrecken zueinander. Trennt man eine Strecke in zwei verschieden große Teile, so entsteht am ehesten der Eindruck eines harmonischen Zueinanderpassens, wenn das Verhältnis vom kleineren Teil zum größeren dem Verhältnis vom größeren Teil zum Ganzen entspricht.

Gradienten-Modell
→Visuelle Aufmerksamkeit.

Gradienten-Verfahren
Verfahren der numerischen Mathematik bei der Bestimmung der Maxima oder Minima einer Funktion, die von mehreren Variablen abhängt (→Skalierung).

Graphologie
Lehre von der diagnostische Analyse der Handschrift, die es sich insbesondere zum Ziel gesetzt hat, Merkmale der Handschrift daraufhin zu untersuchen, ob sie eine Aussagekraft im Hinblick auf den Ausprägungsgrad von →Persönlichkeitsmerkmalen haben.

Greenwood-Yule-Korrektur
→Geschwisterposition.

Grenzbereich
⇒Grenzfall
→Borderline-Syndrom.

Grenzfall
⇒Grenzbereich
→Borderline-Syndrom.

Grid
Gitter, Matrix. *Kelly* (1955) entwickelte das Role Repertory Grid zur Erfassung persönlicher →Konstrukte.

Größenkonstanz
→Wahrnehmung.

Großhirn
⇒Endhirn
aus den beiden Hemisphären bestehend; in diesen werden Großhirnrinde *(Neo-*

kortex), phylogentetisch alte Rindenanteile (das sogenannte *limbische System*) und die für die Bewegungskoordination wichtigen *Basalganglien* (Nucleus caudatus, Putamen, Claustrum und – obwohl entwicklungsgeschichtlich zum Hypothalamus gehörig – funktionell auch *Globus pallidus*) unterschieden. Die Großhirnrinde hat eine gefaltete Oberfläche. Furchen trennen Windungen (Gyri) und größere Einheiten, die *Hirnlappen,* von denen vor der Zentralfurche (Sulcus centralis) der Stirnlappen (Lobus frontalis), dahinter der Scheitellappen (Lobus parietalis) und unterhalb von diesem – durch die Lateralspalte (Fissura lateralis) getrennt – der Schläfenlappen (Lobus temporalis) unterschieden werden. Der vierte Hirnlappen, der Hinterhauptslappen (Lobus occipitalis), wird von dem Scheitellappen ebenfalls durch eine Furche (Sulcus parieto-occipitalis) getrennt. Faserssteme gibt es von den Thalamuskernen zu den motorischen Kernen des Rückenmarks (die sogenannten Projektionsfasern), innerhalb einer Hemisphäre (Assoziationsfasern) und zwischen beiden Hemisphären (Kommissurfasern); dort hauptsächlich der Balken (Corpus callosum).

Die in den spezifischen Sinnessystemen über spezifische Thalamuskerne verschaltete Information gelangt als „Empfindung" und →„Wahrnehmung" für die *Hautsinne* in den Gyrus hinter der Zentralfurche (im Scheitellappen), für das *Sehen* in den Hinterhauptslappen und für das *Hören* und sprachliche Verstehen in Teile des Temporallappens (Area 22 nach *Brodmann*). Läsionen in diesen sensiblen oder sensorischen *Projektionsfeldern* und den dazugehörigen *Assoziationsfeldern* haben Störungen der jeweiligen Wahrnehmungsqualitäten zur Folge (Agnosien; z.B. optische Agnosien oder Seelenblindheit und akustische Agnosien oder – gebräuchlicher – *sensorische Aphasie*).

Komplexe Bewegungen sind bei Reizungen im Gyrus paracentralis des Stirnlappens auslösbar. Nach Läsion in den entsprechenden motorischen Projektionsfeldern und den angrenzenden Assoziationsfeldern kommt es zu Störungen des Handelns, zu den sogenannten *Apraxien,* wie z.B der *motorischen Aphasie* bei Läsion der Areae 44 und 45 nach *Brodmann* (Gyrus frontalis inferior). Die angegebene Störbarkeit gilt für die dominante Hemisphäre, die bei Rechtshändern (93% der Bevölkerung) meist (96%) die linke Hemisphäre ist. Die *Hirnsphärendominanz* (→Lateralität) der Sprachfunktion (links bei erwachsenen Rechtshändern) hat zur Folge, daß die totale Zerstörung der Sprachgebiete in der dominanten Hemisphäre bei Erwachsenen eine nicht mehr vollständig reversible Störung verursacht. Von Kindern im Schulalter kann die zunächst gestörte Sprachfunktion noch weitgehend wieder erworben werden. Kinder unter fünf Jahren zeigen meist eine nur geringe und rasch vorübergehende Beeinträchtigung des noch nicht voll beherrschten Sprechens und eine nur schwache Beeinträchtigung des weiteren Spracherwerbs.

Group-Average-Methode
⇒Average-Linkage-Methode
bei der →Clusteranalyse angewandte Methode zur Konstruktion eines hierarchischen Clustersystems, bei der die Cluster auf jeder Ebene so bestimmt werden, daß der Durchschnitt der Distanzen zwischen allen zu analysierenden Objekten minimal ist.

Grundgesamtheit
→Wahrscheinlichkeit.

Gruppe
Zusammenschluß von zwei oder mehr Personen, die über das bloße Nebeneinander hinaus miteinander interagieren und kommunizieren (→Interaktion, →Kommunikation), was in der Regel zur Verständigung über gemeinsame Ziele und der Herausbildung von Gruppenstrukturen führt. Die Dynamik der Entstehung von Gruppen und ihrer Strukturierung bezeichnet man auch als *Gruppendynamik.* Die Sympathie der Mitglieder einer Gruppe füreinander,

die Attraktivität ihrer Ziele und das Ausmaß, in dem die Bedürfnisse des Einzelnen in der Gruppe erfüllt werden können, fördert den Zusammenhalt in der Gruppe, den man auch als *Gruppenkohäsion* bezeichnet.

Gruppendynamik
→Gruppe.

Gruppenkohäsion
→Gruppe.

Gruppen-Rollenspiel
→Rollentheorie.

Gruppentherapie
Methode der →Psychotherapie, bei der mehrere Klienten gemeinsam in der →Gruppe behandelt werden. In manchen Fällen dient die Gruppentherapie auch der Behandlung von Kommunikations- und Interaktionsstörungen (→Kommunikation, →Interaktion) in einer Gruppe, wie beispielsweise in der →Familientherapie oder beim →Psychodrama.

Gültigkeit
⇒Validität.

Gütekriterien
→Psychodiagnostik.

Guttman-Skala
Methode zur →Skalierung von Fragen oder Aufgaben, die überwiegend in der Einstellungsforschung angewandt wird. Die →Items einer nach dieser Methode entwickelten Skala sind homogen und streng hierarchisch angeordnet. Ein bestimmtes Item innerhalb der Hierarchie kann nur unter der Voraussetzung bejaht werden, daß alle in der Hierarchie darunter stehenden Items ebenfalls bejaht wurden.

Gyrus cinguli
→limbisches System.

H

Habit
kleinste Lerneinheit bei Verhaltensweisen, die nach dem Prinzip des →Klassischen Konditionierens erworben werden.

Habituation
⇒Habituierung
Gewöhnung, die dann eintritt, wenn ein Reiz wiederholt dargeboten wird (→Reiz-Reaktions-Beziehung). Diese besteht in einer Abschwächung bis zum völligen Verschwinden der Reaktion nach einer zentralen Verarbeitung des ankommenden Reizes und unterscheidet sich somit von der →Adaptation. Von Habituation spricht man nur bei Lernvorgängen nach dem Prinzip des →Klassischen Konditionierens. Ein wichtiges Beispiel einer habituierenden Reaktion ist die →Orientierungsreaktion auf neue Reize. Habituation kann aber auch als einfachste Form des →Lernens aufgefaßt werden, die dann einsetzt, wenn Reize keine neuen Informationen mehr bieten.

Habituierung
⇒Habituation.

Händigkeit
→Lateralität.

Halluzination
Täuschung der Wahrnehmung, bei der nicht-vorhandene Objekte oder Situationen erlebt werden und nicht von realen Objekten und Situationen unterschieden werden können. Visuelle Halluzinationen kommen besonders bei →Delirien, akustische Halluzinationen und Halluzinationen anderer Sinnesmodalitäten bei Formen der →Schizophrenie vor. Im Gegensatz dazu werden bei den *Illusionen* vorhande Objekte oder Situationen wahrgenommen aber falsch gedeutet.

Halo-Effekt
→Beurteilungsfehler.

Hamburg-Wechsler-Tests
von *Curt Bondy* in den 50er Jahren herausgegebene Versionen der Wechsler-Skalen, die aus sechs verbalen Untertests und fünf Handlungsskalen bestehen. Seit den 30er Jahren hatte *David Wechsler* sich darum bemüht, aus verschiedenen →Intelligenztests, die auf der Grundlage des Intelligenzkonzepts von *Alfred Binet* entwickelt worden waren (→Intelligenz) Skalen zusammenzustellen und zu modifizieren, die zur Diagnostik (→Psychodiagnostik) von Entwicklungsstörungen und krankheitsbedingten Beeinträchtigungen der geistigen Leistungsfähigkeit geeignet sind. Im deutschsprachigen Bereich fanden vor allem der Hamburg-Wechsler-Intelligenztest für Erwachsene (HAWIE) und der Hamburg-Wechsler-Intelligenztest für Kinder (HAWIK) Beachtung, sowie die später von *Dietrich Eggert* herausgegebene Form für das Vorschulalter (HAWIVA).

Handlung
Basisbegriff einer Psychologie, die sich als Wissenschaft von mit Unbestimmtheit behafteten Regulationen eines widersprüchlichen Mensch-Umwelt-Verhältnisses versteht. Er ist vom Stellenwert her dem Begriff „Verhalten" in behavioristisch orientierten Konzeptionen vergleichbar, repräsentiert jedoch ein anderes Menschenbild. „Handlung" bezeichnet eine Grundeinheit menschlicher Lebensaktivität, die durch absichtsvoll gesetzte Ziele zweckbestimmt und weitgehend bewußt abläuft. Handlungen sind somit kognitionsgeleitet (→Kognition) und damit reflektiert über Ziele gesteuert. Dahinter steht eine Konzeption vom Menschen als intentionales, zielgerichtet wirkendes und zugleich durch seine Umweltbedingungen bestimmtes Subjekt, das in einem stetigen widerspruchslösenden Regulationsprozeß stehend objektive Bedeutungsgegebenheiten als subjektive Sinngehalte zu rekonstruieren versucht. Subjektive Re-

flexionen und bedingungsverändernde Aktivität durch Handeln bilden dabei eine Einheit. Konstitutive Merkmale von Handlungen sind 1. die Anforderungsstruktur der objektiven Situation (→Problemlösen ist als Spezialfall planvollen Handelns zu verstehen), 2. die subjektive Modellierung objektiver und subjektiver Aspekte der Situation in einem „Situationskonzept", 3. alternative Ziele, 4. Handlungsprogramme. Unter *Handlungsregulation* sind die der „äußeren" Handlung zugrunde liegenden psychischen Vorgänge zu verstehen. Dazu gehören Identifikations-, Bewertungs- und Antizipationsprozesse in der Phase der Situationsanalyse und der Zielbestimmung, Entscheidungen über Ziele und Vorgehensweise, Handlungsplanung, Realisierungsaktivitäten und Ergebnisbewertungen.

Handlungspläne sind nicht allein in einer zeitlichen Abfolge von Aktivitätssequenzen organisiert, sondern beziehen auch in einer hierarchischen Organisationsrichtung verschiedene Regulationsebenen ein (motorische, begriffliche, intellektuelle, personal-evaluative). Damit legt der Akteur seine aktionale Feindisposition fest, die er zu verwirklichen gedenkt. Beim Abarbeiten der Planungsschritte vergleicht er prozeßbegleitend den erreichten mit dem geplanten Verlauf, paßt seine Teilaktivitäten an, verändert Planelemente mit Blick auf das komplexe Handlungsziel. Abschließende Interpretationen beziehen sich auf den durchmessenen Weg, auf das Endziel und in der Regel auch auf die Effizienz des Prozesses sowie auf Ursachen und Bedingungen für das Zustandekommen des jeweiligen Ergebnisses (→Kausalattributionen). Die Qualität von Handlungen hängt von der Schwierigkeit der Anforderungssituation für das handelnde Individuum, von den verfügbaren personalen und außerpersonalen Ressourcen und damit ganz wesentlich von den anforderungsbezogenen psychischen Handlungsvoraussetzungen ab. Als solche handlungsrelevante *Persönlichkeitsbesonderheiten* (→Persönlichkeit) fungieren: →kognitive Strukturen über entsprechende Umweltausschnitte (Umweltkonzepte), Selbstkonzepte als gespeicherte Erfahrungen über Fähigkeiten und Wirksamkeiten der eigenen Person (→Selbst), Verhaltensprogramme i.S. von instrumentellen Operationen, Verhaltenstechniken und -strategien, habituelle Mechanismen und Stile von handlungsregulatorischen Sequenzen (wie Abwehr- und Selbstbildstabilisierungstechniken, Charakteristika des Entscheidungsverhaltens, →Entscheidungstheorie), Motivstrukturen (→Motivation) und übergreifende Wertsysteme des Menschen, interpersonale Fähigkeiten. Sie beeinflussen i.S. von Moderatoren einzelne Phasen der Handlungsorganisation (etwa die Bewertung des Bedrohungsgehaltes von Belastungen und der Bewältigungschance mittels eigener Fähigkeiten, die Entscheidung für ein Ziel, Wege und Modi der Zielerreichung, Bewertungsreflexionen).

Handlungen repräsentieren lediglich die instrumentelle, zweckrationale Charakteristik menschlicher Aktivität, die vom Umfang her durch die jeweiligen Ziele abgesteckt sind. Sie sind Bestandteil makroprozessualer Bedeutungseinheiten, die (sensu *Leontjew* 1979) als *Tätigkeiten* bezeichnet werden. Tätigkeiten sind als übergeordnete Einheiten bedürfnisbestimmt und emotionsgesteuert und realisieren sich im Lebensstrom mikroprozessual über Handlungen. Als Untereinheit von Handlungen wiederum fungieren einzelne *Operationen,* die durch die äußeren, gegenständlichen Bedingungen determiniert werden. Die Qualität einer funktionierenden Anforderung-Ziel-Handlungsrealisierung wird unter rein instrumentellem Gesichtspunkt als *Handlungskompetenz* bezeichnet. Sie erfährt eine über funktionale und Effizienzaussagen hinausgehende gesellschaftliche Bedeutung und individuelle Sinnzumessung erst unter Einbezug des mit dem Begriff „Tätigkeit" gefaßten höheren Bezugssystems. Aktuelle Handlungen eines Menschen sind aus der konkreten Situation heraus meist nicht verstehbar und in Bezug auf gesellschaftliche Normative nicht zu bewerten. Eine Handlung kann in sehr verschiedene Tätigkeitsbezüge eingefügt sein und im Dienst unterschiedlicher Grundmotivationen stehen. So kann beispielsweise die Handlung „Lesen von Texten", die über psychische Operationen wie Buchstabenerkennen usw. realisiert wird, wissenschaftlichem Erkenntnisstreben dienen, auf eine Erweiterung von allgemeinen Umweltbezügen abzielen, pure Unterhaltung sein oder auch realitätsflüchtig zu einer Welt reiner Phantasie führen. Der Begriff *individuelle Handlungsfähigkeit* ist der überindividuellen Bedeutungsebene von Aktivität verpflichtet. Er meint die Berücksichtigung von Interessen der Partner im eigenen Handeln und damit eine kooperative Erweiterung gemeinsamer Handlungsmöglichkeiten im Hinblick auf bessere Wirklichkeitskontrolle und persönlichkeitsförderliche Gestaltung praktischer Lebensverhältnisse.

Handlungen kristallisieren sich aus der Abfolge von Verhaltensroutinen in der Regel dann heraus, wenn →*Emotionen* als Indikatoren des jeweiligen Bedürfnis-Tätigkeitsverhältnisses eine Situation anzeigen, die besser über reflektierte, kognitiv-analytische Handlungsregulation zu bestehen ist. Ebenso oft liegen von außen gesetzte Handlungserfordernisse vor, die zweckrationale Lösungsmittel verlangen. Emotionen sind die motivbezogen-ganzheitlichen Begleit- und Basisinformationen menschlicher Aktivität und liefern gegebenenfalls dem potentiellen Akteur den Verhaltensrahmen, innerhalb dessen dann die auf kognitiver Analyse fußende Situationsbewältigung (→Coping) als Handlung abläuft. Nichtproduktiv lösbare Widersprüche zwischen →Motiven und Handlungszielen, Tätigkeitsbedingungen und Motiven, Fähigkeiten und Motiven einerseits und objektiven Anforderungen der Lebenssituation andererseits sind von *psychopathogenetischer Bedeutung*. Quellen für Streßzustände (→Streß) ergeben sich durch Fehlsteuerung und Fehlregulation innerhalb einzelner Sequenzen der Handlungsorganisation: 1. bei der Modellkonstruktion (z.B. undifferenzierte, unvollständige und unrealistische Repräsentation des Problems, der Handlungsbedingungen und der eigenen Person), 2. der Zielbestimmung (z.B. unrealistische Ziele, probleminadäquate Teilziele), 3. der Strategiebildung und Handlungsausführung (z.B. hoher Regulationsaufwand, Ziel- und Handlungsunsicherheit), 4. aus der Rückkopplungsinformation (verzerrte Information, unrealistische Attribuierung, Abwehr bzw. Verzicht auf Kenntnisnahme von Mißerfolgen). Ein großer Teil psychosozialer Krankheitsdeterminanten bei somatisch manifestierten Erkrankungsformen ist als generalisierte oder partielle Handlungsinsuffizienz gegeben. Von daher ergeben sich wesentliche Impulse für psychologische Therapie- und Trainingsziele sowie die Bestimmung von psychologischen Diagnostizierungs- und Interventionsgegenständen (→Psychotherapie, →Psychodiagnostik). Eine ebenso große pathogenetische Relevanz haben Tätigkeitsbedingungen, die nur partialisierte Tätigkeiten und damit nur unvollständige Handlungen zulassen, geringe Handlungsspielräume aufweisen und insgesamt die Selbstverfügbarkeit des Subjektes über die Gestaltung seiner Tätigkeit i.S. eines Ausübens von *Tätigkeitskontrolle* behindern.

Literatur: *D. Kleiber* (Hrsg.), Handlungstheorie in der Anwendung. Deutsche Gesellschaft für Verhaltenstherapie E.V., Sonderheft IV/1981 der Mitteilungen. *G. Krampen,* Handlungstheoretische Persönlichkeitspsychologie. Göttingen 1987. *E. D. Lantermann,* Handlung und Emotion. In: *H. E. Euler/H. Mandl* (Hrsg.), Emotionspsychologie. München 1983, 273–281. H.Schröder, Strukturanalyse interpersonaler Fähigkeiten. In: *M. Vorwerg/H. Schröder* (Hrsg.), Persönlichkeitspsychologische Grundlagen interpersonalen Verhaltens. Leipzig 1980,

98–275. *K. Scheuch/H. Schröder,* Mensch unter Belastung. Berlin 1990.

Prof. Dr. *Harry Schröder,* Leipzig

Handlungskompetenz
→ Handlung.

Handlungspläne
→ Handlung.

Handlungsregulation
→ Handlung.

Hauptkomponenten-Methode
→ Faktorenanalyse.

hautgalvanische Reaktion
→ Hautwiderstand.

Hautwiderstand
⇒ psychogalvanische Reaktion
⇒ hautgalvanische Reaktion
⇒ Elektrodermale Aktivität
⇒ EDA
Änderung der Leitfähigkeit, bzw. des Widerstandes der Haut, die durch Anlegen einer konstanten Spannung (bis 0,5 V.) oder eines schwachen konstanten Stromes (z.B. 8 Mikroampere/cm^2) gemessen werden. Diese Veränderungen stehen im Zusammenhang mit der Tätigkeit der Schweißdrüsen. Messungen an der Innenhand, den Fußsohlen und der Stirn sind am ehesten mit allgemeiner → Aktiviation oder unspezifischer → Emotion wie → Angst korreliert. Die übrigen Hautbezirke weisen überwiegend thermoregulatorisch wirkende Schweißdrüsen auf. Die interindividuellen Unterschiede sind erheblich. Die Lage der → Ausgangswerte und deren Einflüsse auf die phasischen Veränderungen und die tageszeitlichen Schwankungen (→ Circardiane Periodik) begrenzen die Einsatzmöglichkeiten dieser Methode.

HAWIE
→ Hamburg-Wechsler-Tests.

HAWIK
→ Hamburg-Wechsler-Tests.

HAWIVA
→ Hamburg-Wechsler-Tests.

Hawthorne-Effekt
Effekt, der sich in den dreißiger Jahren bei betriebspsychologischen Untersuchungen in den Hawthorne-Werken zeigte. Bei der Überprüfung der Auswirkungen unterschiedlicher Arbeitsbedingungen auf die Arbeitsleistungen wurde festgestellt, daß im Grunde jede Änderung in den Arbeitsbedingungen zu einer Verbesserung der Leistungen führte. Man vermutete, daß sich das Arbeitsergebnis schon allein deswegen verbesserte, weil die betreffenden Arbeiter sich beobachtet und kontrolliert fühlten. In der → Versuchsplanung und beim → Experiment versteht man heute darunter im weitesten Sinne jeden Effekt, der nicht primär durch die zu überprüfende Versuchsbedingung selbst erzielt wird, sondern auf die Tatsache zurückzuführen ist, daß überhaupt eine Untersuchung durchgeführt wird.

Health-Belief-Modell
→ Prävention.

Heilpädagogik
Wissenschaftlich begründete Lehre von der Erziehung entwicklungsgestörter Kinder und Jugendlicher.

Hemisphäre
→ Großhirn.

Hemisphärendominanz
→ Großhirn
→ Lateralität.

Hemmung
allgemeine Bezeichnung für Störungen des normalen Ablaufs körperlicher und psychischer Regulationsvorgänge. Hemmungen können auftreten im sprachlichen Ausdrucksvermögen, im Gefühlsausdruck, im Kontaktverhalten, in den Denkabläufen oder im zielgerichteten Handeln. Bei Störungen der Widergabe gelernten Materials unterscheidet man zwischen → retroaktiver Hemmung und → proaktiver Hemmung.

Hemmungsdefizit
→ Geistige Behinderung.

Hermeneutik
Lehre des Erklärens und der Deutung im Sinne des Verstehens.

hermeneutisch
erklärend, verstehend, im Gegensatz zur experimentellen Überprüfung (→Experiment).

Herzneurose
→Organneurose, die sich als anfallsartig auftretende Herzschmerzen ohne vorhergehende Belastung oder organisch bedingte Störungen manifestiert (→Elektrokardiogramm).

Heterostereotyp
→Stereotyp.

Heuristik
→Verstehen.

Hilflosigkeit
→erlernte Hilflosigkeit.

Hippokampus
⇒Ammonshorn
→limbisches System.

Hirnanhangsdrüse
⇒Hypophyse.

Hirnlappen
→Großhirn.

Hirnleistungsschwäche
→Organisch Bedingte Psychische Störungen.

Hirnorganisches Psychosyndrom
→Organisch Bedingte Psychische Störungen.

hirnorganische Wesenveränderung
→Organisch Bedingte Psychische Störungen.

Hirnstamm
Medulla oblongata, →Brücke und →Mittelhirn, manchmal auch Teile des Zwischenhirns, werden deskriptiv als Hirnstamm zusammengefaßt. Das an das *Rückenmark* unmittelbar anschließende verlängerte Mark (Medulla oblongata) enthält entsprechend den in den Rückenmarksegmenten anzutreffenden motorischen und →vegetativen Nervenzellansammlungen für die peripheren Nerven sensible, motorische und vegetative Kerne für den 9. bis 12. Hirnnerv. Bahnensysteme von und zum Rükkenmark ziehen sich durch die Medulla oblongata hindurch oder enden an vegetativen Zentren für Herzschlag, Atembewegungen oder Blutdruckregulation und haben Verbindung zum Aktivierungssystem der Formatio reticularis (→Aufsteigendes Retikuläres Aktivationssystem). Die *Brücke* (Pons) enthält Hirnnervenkerne und Verbindungen zwischen Kleinhirn einerseits und Rückenmark, Basalganglien und Rindengebieten des Endhirns andererseits. Das Zwischen Brücke und Zwischenhirn gelegene *Mittelhirn* ist Durchgangsstation für auf- und absteigende Bahnen, hat selbst Verbindungen zu allen benachbarten Hirnteilen und nimmt an den wichtigen sensorischen Stationen für Sehen, Hören und Gleichgewicht im sog. Tectum und den Hirnnervenkernen drei und vier und den Kernen Nucleus ruber und Substantia nigra an der Koordination von Augen- und Körperbewegungen teil.

histrionische Persönlichkeit
⇒hysterische Persönlichkeit
→Persönlichkeitsstörungen.

Hochbegabung
→Intelligenz.

Hoffnungslosigkeit
negative Erwartung im Hinblick auf die Möglichkeiten, Pläne nach eigenen Vorstellungen realisieren zu können oder positive Entwicklungen zu erleben, vom Betroffenen häufig als Kontrollverlust wahrgenommen (→erlernte Hilflosigkeit).

Homöostase
→homoöstatisches Gleichgewicht.

homöostatisches Gleichgewicht
⇒Homöostase
das innere Gleichgewicht, das der Organismus einzuhalten und nach Störungen wieder zu erreichen versucht. Die an der Konstanthaltung des inneren Gleichgewichts beteiligten Prozesse reichen von

physikalisch-chemischen über biochemische bis zu komplexeren, die →Triebe und →Bedürfnisse regulierenden Vorgängen. Die beteiligten Systeme sind Strukturen im →Hypothalamus und anderen Teilen des →vegetativen Nervensystems, das →endokrine System einschließlich der →Hypophyse und Teile des →ZNS, wie das →Aktivierungssystem und das →limbische System. Das kybernetische Modell der Homöstase ist im einfachsten Fall das eines Regelkreises mit negativem →Feeback, bei dem die jeweilige Differenz eines Ist-Wertes zu einem Soll-Wert ausgeglichen wird. Bei einigen dieser selbstregulatorischen Prozesse werden die Diskrepanzen zwischen Ist- und Soll-wert als →Bedürfnisse wahrgenommen und sind aus dem Verhalten erkennbar. Dies trifft vor allem auf Hunger, Durst und Temperaturausgleichsbedürfnisse zu, die deswegen *homöostatische Triebe* genannt werden.

homöostatische Triebe
→homöostatisches Gleichgewicht.

Homosexualität
→Sexuelle Störungen.

Hospitalismus
Beeinträchtigungen der körperlichen und/oder psychischen Gesundheit, die durch Krankenhausaufenthalte (Hospitalisierung) hervorgerufen werden, beispielweise durch Infektionen, seelische Belastungen oder soziale →Deprivationen (→Chronisch Psychisch Kranke).

Human Engineering
Teilgebiet der →Angewandten Psychologie, daß sich mit Mensch-Maschine-Systemen in der Arbeitswelt befaßt und sowohl die Qualifikation des Personals für den Umgang mit bestimmten Maschinen und Geräten prüft als auch die Optimierung von Bedienungsmöglichkeiten der Maschinen durch den Menschen zu erzielen versucht.

Human Relations
Teilgebiet der →Angewandten Psychologie, das sich mit den zwischenmenschlichen Beziehungen am Arbeitsplatz und deren Bedeutung für die Arbeitsleistung befaßt.

Humanistische Psychologie
Oberbegriff für mehrere Theorien der →Persönlichkeit und sich daraus entwickelnder Formen der →Psychotherapie (→Gestalttherapie, →Gesprächspsychotherapie), die sich neben den analytisch (→Psychoanalyse) und den verhaltenswissenschaftlich orientierten Ansätzen (→Verhaltenstherapie) als dritte Richtung etabliert haben. Die humanistischen Theorien betrachten den Menschen als Ganzheit in seinen Lebenszusammenhängen. Der gesunde Mensch ist fähig, seine Persönlichkeit voll zu entfalten *(Selbstverwirklichung)* und sein Leben aktiv handelnd, eigenverantwortlich und kreativ zu gestalten.

humanistische Psychotherapien
Oberbegriff für eine Vielzahl von Formen der →Psychotherapie, die auf der Grundlage der →Humanistischen Psychologie entwickelt wurden.

humoral
über die Körperflüssigkeiten wirkend.

Hyperaktivität
Störung in der frühen Kindheit (→Hyperkinetisches Syndrom), bei der es zu unkontrolliertem Bewegungsdrang, →Aufmerksamkeitsstörungen und häufig wechselnden unruhigen Aktivitäten kommt.

Hyperkinetisches Syndrom (HKS)
⇒Aufmerksamkeitsdefizitstörung, Attentional Deficit Syndrome, Attentional Deficit Hyperaktivity Disorder.

Häufigkeitsschätzungen des Hyperkinetischen Syndroms reichen von 3–15% der Schulkinder, Jungen sind 3–9fach häufiger betroffen als Mädchen.

Symptomatik: motorische Unruhe, Ablenkbarkeit, →Aufmerksamkeits- bzw. →Konzentrationsschwäche, Impulsivität und Schwierigkeiten in der sozialen Integration. Diese Leitsymptome sind bei Kindern mit HKS in der Regel von Geburt an überdurchschnittlich ausgeprägt, zeigen jedoch in Abhängigkeit von bestimmten Situationen eine quantitative wie auch qualitative Ausprägungsvarianz.

In den meisten Fällen wird das Verhalten hyperkinetischer Kind als auffällig bzw. interventionsbedürftig erstmals im Kindergarten oder in den ersten Schuljahren erlebt. In diesen Situationen, die durch hohe Reizfülle und durch Anforderungen an eigene →Verhaltenskontrolle gekennzeichnet sind, tritt das hyperkinetische Verhalten deutlich verstärkt auf: das betreffende Kind ist in ständiger motorischer Bewegung (von den Beobachtern als „Unruhe“ erlebt); es ist sehr leicht abgelenkt, kann folglich dem jeweiligen Tun nur kurzfristig →Aufmerksamkeit zuwenden, bleibt nicht bei der Sache. Es beansprucht, immer schon alles zu können, gestellte (Schul-)Aufgaben seien „ganz leicht“, aber auch noch im mittleren Schulalter kann das HKS-Kind nicht die erforderliche → Konzentration aufbringen, um Aufgabenstellungen zu erarbeiten und zu lösen. Sein Verhalten ist anhaltend impulsiv-ungestüm. Es kann schon kleine Enttäuschungen schlecht aushalten, reagiert heftig mit Nörgeln, Empörung oder Wut, versucht immer wieder, seine spontanen Wünsche durchzusetzen. In der Kontaktaufnahme ist es spontan-aktiv, meist angstfrei bis distanzlos-aufdringlich; es mischt sich gern in Spielgruppen ein, versucht, das Spielgeschehen zu bestimmen, kann Ärger-provozierend dominant sein (→Ärger) oder aber, wenn es Ablehnung erfährt, sich rasch enttäuscht-verärgert zurückziehen. Die Heftigkeit seiner Reaktionen und Beanspruchungen wird von vielen als aggressiv (→Aggression) erlebt, obwohl HKS-Kinder i.d.R. nicht →intentional aggressiv sind. Bei ungestörtem und frei gewähltem Spiel kann sich das Kind meist anhaltend beschäftigen, spontan sucht es – oft nachdrücklich – die gemeinsame Beschäftigung mit *einem* Spielkameraden oder mit *einem* Erwachsenen. Zwar versucht es auch dann, Beschäftigung oder Gesprächsinhalte zu bestimmen, die hyperkinetische Symptomatik ist aber im Vergleich zu Gruppensituationen deutlich gemildert. Hier werden dann auch diagnostisch wie therapeutisch relevante prosoziale Verhaltensmerkmale erkennbar: Fürsorglichkeit, spontane Hilfsbereitschaft, die Fähigkeit, kleinere Kinder gut zu beschäftigen, und die meist impulsive Bereitschaft, sich für ungerecht behandelte Kinder einzusetzen.

Mit der Pubertät verringert sich bei einem Großteil der Jugendlichen die Symptomatik spontan.

Pathogenese: Die Pathogenese ist bisher weitgehend ungeklärt. Als Ursachen werden diskutiert: →ZNS-Schädigungen (Hypoxien, Intoxikationen); →Neurotransmitter-Imbalanz; allergische Reaktion auf Nahrungsmittel/-zusätze (z.B. Farbstoffe, Phosphat).

Diagnostik: Eingehende Verhaltensanamnese (→Anamnese) und →Verhaltensbeobachtungen unter Hinzuziehung von Verhaltensbeschreibungen durch Erzieherinnen und Lehrerinnen; ggf. psychologische Testuntersuchungen (→Tests) (Teilleistungsstörungen fakultativ); EEG (→Elektroencephalogramm) und neurologisch-pädiatrische Untersuchung.

Differentialdiagnostik: „Physiologische“ →Hyperaktivität im Vorschulalter; psychogene Hyperaktivität bei akuten Belastungen oder chronischen →Konflikt-, →Angst- und →Depressionszuständen; postenzephalitisches Syndrom; →Oligophrenie mit →Erethie; akute →Psychosen; →Chorea minor; →Hyperthyreose; (unbehandelte) →Phenylketonurie.

Therapie: Im Vordergrund stehen Aufklärung sowie anhaltende, verhaltenstherapeutische Beratungen (→Verhaltenstherapie) der Eltern und Lehrer. Ggf. sind auf die Behebung von Teilleistungsstörungen gerichtete Übungshandlungen indiziert. Bei einem kleineren Teil der hyperkinetischen Kinder bedarf es eingehender psychotherapeutischer Behandlungen (Einzel- oder →Familientherapie). Dies gilt, wenn z.B. →neurotische Erziehungshaltungen die seelische Belastung verstärken, die regelhaft aus den Schwierigkeiten im erzieherischen Umgang mit dem HKS für Kind und Eltern resultieren und zu psychischen Symptomen führen. Die genannten psychologischen Behandlungsformen sind oft erst einsetzbar, wenn eine *Stimulantientherapie* (Ritalin (R) 0,25–0,8 mg/kgKG; DL-Amphetaminsaft 0,1–0,5 mg/kgKG) eingeleitet wird. Von untergeordneter therapeutischer Bedeutung sind →Antidepressiva und →Neuroleptika. Die Stimulantientherapie ist auch bei Kindern indiziert, deren HKS möglicherweise durch Nahrungsmittelunverträglichkeit (mit-) verursacht ist, wenn allein mit „oligoantigener" Diät die für die schulische und soziale Integration des Kindes erforderliche Symtommilderung nicht erreichbar ist.

Nebenwirkungen der Stimulatien sind gering, Suchtgefahr besteht im Kindes- und Jugendlichenalter nicht. Selbstverständlich muß die Stimulantientherapie in Zusammenarbeit mit Kinderarzt, -Neurologe oder -Psychiater erfolgen.

Literatur: *H. Ch. Steinhausen* (Hrsg.), Das konzentrationsgestörte und hyperaktive Kind. Stuttgart 1982. *J. Egger et al.,* Controlled trial of oligoantigenic treatment in the hyperkinetic syndrome. Lancet 1985.

Dr. *Georg Wolff,* Hannover

Hyperlipidämie
erhöhter Fettstoffgehalt des Blutes.

Hyperphagie
→limbisches System.

Hypersomnie
→Schlaf.

Hypertonie
normabweichende Erhöhung des Drucks oder der Spannung, insbesondere der Muskulatur und des Blutdrucks.

Hyperurikämie
erhöhter Harnsäuregehalt des Blutes, kann zur Gicht führen.

Hypnose
→Entspannungstraining
→Hypnotherapie.

Hypnotherapie
Der Einsatz fremdsuggestiver Methoden (→Entspannungstraining) in der →Psychotherapie, insbesondere bei neurotischen (→Neurosen) oder funktionellen Störungen und als Mittel der Schmerzkontrolle. Die *Hypnose* wurde als therapeutische Methode zunächst von dem Wiener Arzt *Franz Anton Mesmer* (1734–1815) propagiert, später von *Josef Breuer* (1842–1925) und zeitweise von dessen Schüler *Sigmund Freud* (1856 bis 1939) eingesetzt. Heute gehören zu den Methoden der Hypnotherapie neben den in Trance ausgelösten Veränderungen des Erlebens und Verhaltens auch die indirekten Suggestionsformen, bei denen der Patient im Verlauf eines Gesprächs mehrfach und in vielfach abgewandelter Form für ihn unmerklich mit bestimmten Anweisungen oder Geboten konfrontiert wird.

Hypnotismus
Lehre von der →Hypnose.

Hypochondrie
übertriebene Besorgnis um die eigene Gesundheit, die sich zur unbegründeten *Krankheitsüberzeugung* oder zum *Krankheitswahn* steigern kann und die manchmal Begleitsymptom einer →Psychose oder →Neurose ist.

hypochondrisch
zur →Hypochondie neigend, sich überbesorgt selbst beobchtend.

Hypomanie
→Depression.

Hypophyse
⇒Hirnanhangsdrüse
an der Hirnbasis lokalisierte Drüse, die das →ACTH ausschüttet, das wiederum die Drüsen in der Körperperipherie zur Hormonproduktion anregt, z.B. die Produktion des männlichen Sexualhormons durch die Hoden, das wiederum sexuelles und aggressives Verhalten beeinflußt.

Die Hypophyse ist unterteilt in den *Hypophysenvorderlappen,* den *Hypophysenmittellappen* und den *Hypophysenhinterlappen.*

Hypophysenlappen
→ Hypophyse.

Hypostasieren
eine in unseren archaischen, nichtrationalen Denkstrukturen angelegte Tendenz, nichtdingliche Ideen, Begriffe, → Konstrukte, zu verdinglichen, zu vergegenständlichen.

Hypothalamus
unterhalb des → Thalamus gelegener Teil des → Zwischenhirns.

Hypothese
→ Wahrscheinlichkeit.

hypothetisches Konstrukt
→ Konstrukt.

Hystherie
→ Neurosen.

hysterische Persönlichkeit
⇒ histrionische Persönlichkeit
→ Persönlichkeitsstörungen.

I

Ich
Begriff aus der →Psychoanalyse; Instanz der →Persönlichkeit, die die inneren Bedürfnisse und Antriebe des →Es und die Anforderungen des →Über-Ichs mit den Gegebenheiten der Realität in Einklang zu bringen versucht.

Ich-Identität
nach *Erik H. Erikson* der Grad an Persönlichkeitsreife, den das Individuum am Ende der →Adoleszenz aus der Fülle seiner Kindheitserfahrungen gewonnen haben muß, um für die Aufgaben des Erwachsenenlebens gerüstet zu sein.

Ich-Stärke
Fähigkeit der Person, sich in ihrem Erleben und Verhalten am →Realitätsprinzip zu orientieren. Der Begriff kommt aus der Theorie der →Psychoanalyse und beschreibt die integrativen Kräfte des →Ichs bei den Bemühungen, die Triebpotentiale aus dem →Es und die normativen Anforderungen des →Über-Ichs mit den Gegebenheiten der Realität in Einklang zu bringen.

Ideal-Norm
→Norm.

Idealtypen
reine, unverfälschte Formen von Typen, wie sie in den verschiedenen →Typologien beschrieben werden. In den Sozialwissenschaften versteht man darunter die reinen, konstruierten Typen, die vergleichende Aussagen zulassen (der „typische Mananger", die „typische Hausfrau").

Identifikation
⇒Identifizierung
das bewußte oder unbewußte Übernehmen von Haltungen und Verhaltensweisen anderer Personen in das eigene →Ich, sich mit dem Anderen gleichsetzen (identisch = gleich), gleichfühlen. Als Form der Angstabwehr wird die →*Identifikation mit dem Angreifer* eingesetzt, ein Mechanismus aus der Reihe der →Abwehrmechanismen.

Identifikation mit dem Angreifer
⇒negative Identifikation
→Identifikation.
→Lernen am Modell.

Identifizierung
⇒Identifikation.

Identität
→Selbst.

ideographisch
→nomothetisch

Idiotie
→Geistige Behinderung

Illusion
→Halluzination

Image-Faktorenanalyse
→Faktorenanalyse

Imagination
Einbildungskraft; Fähigkeit, bildhaft anschauliche Vorstellungen vor dem „inneren Auge" entstehen zu lassen.

Imaginationstechnik
eine Form aus dem Rahmen der Entspannungstechniken. Imaginative Verfahren arbeiten dabei mit bildhaften Vorstellungen. Imaginationstechniken werden vor allem in der →Hypnose und in der Oberstufe des →Autogenen Trainings eingesetzt.

Imago
Scheinbild oder verinnerlichtes Bild, das sich die Person in ihrer frühkindlichen Entwicklungsphase von Anderen macht, insbesondere von Bezugspersonen, in deren Abhängigkeit es sich erlebt (Mutter, Vater). Der Theorie der →Analytischen Psychologie zufolge bleibt dieses Bild, das durch →unbewußte →Ängste und Erwartungen ausgeformt ist, „imaginär", beeinflußt jedoch auch in späteren Lebensphasen noch das Verhalten. Neurotisch gestörte Personen (→Neuro-

sen) sind häufig nicht in der Lage, klar zwischen Imago und realer →Persönlichkeit des Anderen zu unterscheiden.

Imbezillität
→Geistige Behinderung.

Imitation
→Modell-Lernen.

Imitations-Lernen
⇒Modell-Lernen.

Immunsystem
Das Immunsystem stellt eine die Immunität bewirkende Funktionseinheit mit drei Funktionskreisen dar: 1. das Knochenmark als Nachschub- und Ausgangsbasis für Immunzellen; 2. zentrale oder primäre Immunorgane: Thymus (Prägung von T-Lymphozyten), darmnahe Lymphorgane, und 3. periphere und sekundäre Immunorgane (Milz, Lymphknoten, Tonsillen, Appendix und Peyersche Plaques). Unter *Immunität* wird die durch Immunisierung herbeigeführte und durch Auftreten spezifischer Antikörper (Humorale Immunität) und Zellen (zellvermittelte Immunität) gekennzeichnete veränderte Reaktionsbereitschaft des Immunsystems gegenüber Antigenen (Viren, Bakterien, Fremdeiweiß) verstanden. Das Immunsystem besitzt die Fähigkeit, körpereigene Strukturen von körperfremden Strukturen zu unterscheiden, wobei als „selbst" erkannte Strukturen toleriert, „fremde" Strukturen jedoch aus dem Verband eigener Zellen und Organe eliminiert werden. Ist diese Unterscheidungsfähigkeit gestört, können Erkrankungen die Folge sein. Beeinträchtigte Immunfunktionen liegen u.a. bei Infektionen, Allergien (Asthma, Ekzem), Autoaggressionskrankheiten (Colitis ulcerosa, rheumatoider Arthritis, Diabetes mellitus Typ I, evtl. multipler Sklerose), wie auch bestimmten neoplastischen Erkrankungen zugrunde.

Das Immunsystem ist im wesentlichen zu drei Leistungen befähigt: 1. zur *Erkennung* von fremden Strukturen; 2. zu deren *Eliminiation* durch eine Reihe humoraler und zellulärer Mechanismen; und 3. zur *Speicherung* von Informationen über bereits erfolgte Reaktionen gegen fremde Antigene, die im Bedarfsfall wieder abgerufen werden können. Diese Eigenschaften des immunologischen Gedächtnisses äußern sich in der Erfahrung, daß Individuen, die bereits einmal eine bestimmte Infektionserkrankung überstanden haben (Masern, Röteln), nicht wieder oder in sehr abgeschwächter Form an dieser erkranken.

Für das Individuum stellt ein gut funktionierendes Immunsystem die Möglichkeit zur Bewahrung der eigenen Identität gegenüber einer Vielzahl von äußeren und inneren Bedrohungen dar. Evolutionstheoretisch war die Entwicklung des Immunsystems eine der Voraussetzungen dafür, daß sich ein individualisiertes Leben in großer Vielzahl entwikkeln konnte.

Unter *Immunologie* ist die Lehre von den spezifischen Reaktionen des Organismus gegen alle körperfremden Substanzen und Strukturen zu verstehen, ihr Hauptkriterium ist die Antigenspezifität. Die Immunologie hat heute einen ausgesprochen interdisziplinären Charakter, so haben sich zahlreiche Subdisziplinen, wie Immunchemie, Immunpathologie, Immunpharmakologie, Tumorimmunologie, Transplantationsimmunologie und Psychoneuroimmunologie entwikkelt.

Lange Zeit wurde das Immunsystem als ein unabhängig arbeitendes System angesehen, die Forschung der letzten zwei Dezennien hat aber erkennen lassen, daß zwischen dem Nervensystem und dem Immunsystem intensive Beziehungen bestehen. Das Immunsystem ist in seinen Funktionen als dem →vegetativen Nervensystem vergleichbar beschrieben worden.

Das Nervensystem tritt mit dem Immunsystem auf zwei Wegen in Verbindung:

1) direkte neuronale Verbindungen zu immunbezogenen Organen (Milz, Lymphknoten, Thymus, Knochenmark und dem vaskulären System);

2) über das endokrine System (langzeitwirksame Hormone) und Rückkopplung vom Zielorgan.

Zusammenhänge von seelischen Zuständen und Erkrankungen sind schon von alters her vermutet worden, auch die Alltagserfahrung beweist, daß Menschen, die besonderen seelischen Belastungen (wie Examen, Tod von nahestehenden Angehörigen, Arbeitslosigkeit, ehelichen Zerwürfnissen, usw.) ausgesetzt sind, häufiger zu erkranken scheinen, als Personen, die in psychisch und sozial stabilen Verhältnissen leben. Diese Beobachtungen haben zu einem Konzept geführt, in dem versucht wird, psychosoziale →Stressoren in Beziehung zu Beeinträchtigungen des Immunsystems zu setzen. Diese sind wiederum verantwortlich für die herabgesetzte Abwehrlage des Organismus, der für Krankheiten empfänglicher wird. Das Studium dieser Beziehungen hat zur Entwicklung einer neuen Subdisziplin der Immunologie, der *Psychoneuroimmunologie (Ader, Solomon)* geführt, synonym wird auch der Begriff *Neuroimmunomudulation (Spector)* verwandt. Obschon die Erforschung der Relationen zwischen psychosozialen Stressoren (→Streß) und immunologischen Funktionen noch im Anfangsstudium ist (vgl. →Psychophysiologische Beziehungen) und infolgedessen auch mit methodischen Schwierigkeiten behaftet ist, gibt es nach Solomon die Möglichkeit, bestimmte „Verbindungsglieder" zu definieren:

1) Emotionale Störungen und Distress (→Streß), Persönlichkeitsmerkmale und Bewältigungsstrategien können die →Inzidenz und/oder den Verlauf von Krankheiten, gegen die es normalerweise eine Immunabwehr gibt (Infektionen, Neoplasien) ändern; 2) schwere emotionale Störungen (z.B. →Schizophrenie, →Depression) sind von Abweichungen im Immunbereich begleitet; 3) Hormone, die durch das Zentralnervensystem gesteuert werden, beeinflussen die Immunfunktion; 4) die experimentelle Manipulation bestimmter Teile des Zentralnervensystems durch Streß oder frühe Erfahrungen führt zu Veränderungen von Funktionen des Immunsystem; 5) Immunologisch kompetente Zellen haben Rezeptoren für neuroendokrine und Neurotransmittersubstanzen oder für solche, die durch diese reguliert werden; 6) die Aktivierung des Immunsystems ist wahrscheinlich von Vorgängen im Zentralnervensystem (→ZNS) begleitet, was auf einem →Feedback-Mechanismus in der Immunregulation via ZNS beruht.

Die Konzeption eines eng verbundenen Neuro-Immuno-Systems muß allerdings gegenwärtig noch als hypothetisch gelten, da längst noch nicht alle Interaktionen geklärt sind und sicherlich auch die funktionelle Bedeutung und klinische Relevanz von in Tierexperimenten und in vitro-Systemen wahrscheinlich gemachten Zusammenhängen noch tiefer erarbeitet werden muß. Immerhin muß festgestellt werden, daß es anatomische Verbindungen zwischen Nervensystem und Immunsystem gibt, daß von beiden gemeinsame Mediatoren benutzt werden, die durchaus systemisch wirken, wie daß für diese Botenstoffe distinkte Rezeptoren auf den jeweiligen Zellen existieren, und daß das Immunsystem als ein sensorisches Organ verstanden werden kann.

Zusammenhänge zwischen psychosozialen Faktoren und Immunfunktionen haben eine Reihe von Studien erbracht, in welchen Personen experimentellen oder realen Stressoren ausgesetzt waren. Problematisch erscheint hier, wie auch verschiedentlich in Tierexperimenten, die Definition und Quantifizierung der Stressoren. Eine neuere operationale Definition legt fest, daß Streß eine Einflußnahme darstellt, die beim psychophysiologisch nicht adaptierten Organismus den Ablauf biologischer Prozesse verändert und somit seine Reaktivität beeinflußt. Die Folgen können immunverstärkend sein, aber auch immunabschwächend oder gar destruktiv. Als

Modalitäten kommen akuter wie chronischer Streß in Frage, wobei akuter Streß u.U. eher transiente, mehr die humorale Immunität betreffende Folgen haben dürfte. Entscheidend dürfte u.a. aber auch sein, welche emotionalen →Copingstrategien dem Individuum zur Verfügung stehen.

Einige Untersuchungen zeigen auf, daß die Proliferationsfähigkeit isolierter Lymphozyten nach Stimulation mit dem Mitogen ConA bei Personen, die in stabiler ehelicher Gemeinschaft leben, deutlich höher ist als bei geschiedenen Personen und solchen, die in zerrütteten ehelichen Verhältnissen leben. Das Maß der Proliferationsfähigkeit wird gern als Ausdruck der Funktionsfähigkeit des Immunsystems angenommen. Deutliche Unterschiede zwischen beiden Gruppen fanden sich auch bei den T-Helferzellen, die in der stabilen Ehegruppe einen signifikant höheren Anteil an der Gesamtlymphozytenpopulation haben und somit ein funktionstüchtiges Immunsystem signalisieren. Als Ausdruck der beeinträchtigten zellulären Immunität wird auch der vikariierende Anstieg des Anti-EBV-Titers im Serum der Gruppe mit belasteten Partnerbeziehungen gewertet. Die Funktion der Natürlichen Killerzellen (NK) ist gestört, also versucht der Organismus, sich durch Erhöhung er spezifischen Antikörper vor möglichen Infektionen zu schützen.

Ähnliche Verhältnisse wurden auch bei Examenskandidaten während der Prüfungssituation gesehen. Auch hier kam es zum Abfall der T-Helferzellen und zum Absinken der NK-Zellfunktionen. Ebenso konnte der vikariierende Anstieg des Anti-EBV-Titers bei dieser Probandengruppe gefunden werden. An isolierten Lymphozyten wurde außerdem nach Stimulation mit dem T-Zell-Mitogen ConA eine massive Beeinträchtigung der Interferonproduktion festgestellt.

Weitere Studien befassen sich mit dem Einfluß von Verlusterlebnissen und den diese begleitenden Affekten auf Immunfunktionen. Mehrere Untersuchungen wiesen nach, daß der Verlust eines Partners sowohl die humorale als auch die zellvermittelte Immunität beeinflussen können. So wurden verminderte Lymphoblastentransformation nach Mitogenstimulation, sowie eine herabgesetzte B- und T-Zellfunktion festgestellt. Diese Befunde waren am ausgeprägtesten in der Gruppe von Hinterbliebenden mit den höchsten Depressionswerten. Der Verlust eines nahestehenden Angehörigen wird in der Literatur vielfach als Vorläufer organischer Erkrankungen, insbesondere Malignomen beschrieben. Beeindruckend in diesem Zusammenhang waren auch Untersuchungen, in welchen Ratten schmerzhaften elektrischen Schocks an den Fußsohlen ausgesetzt worden waren: In einem Experiment konnten sich die Ratten vor den Schocks retten (escapable footshock) und in der zweiten Versuchsanordnung nicht (unescapable footshock). Bei der letzten Versuchsgruppe zeigten implantierte Hauttumoren intensives Wachstum und die Tiere verendeten, während bei den Tieren mit escapable footshock ein Tumorwachstum nicht zu beobachten war. Auch hier konnte in der zweiten Gruppe eine Hemmung der Funktion der NK-Zellen, von denen angenommen wird, daß sie das Tumorwachstum bremsen, festgestellt werden. Die psychologische Reaktion der Tiere des zweiten Versuchs dürfte mit der des →giving up und der Hoffnungslosigkeit vergleichbar sein, wie sie häufig im Vorfeld von Krebserkrankungen festgestellt worden sind.

NK-Zellfunktionen wurden zudem bei Personen mit den verschiedensten psychopathologischen Symptomen gemessen. Patienten mit schlechter sozialer Anpassung und mit →hypochondrischen Tendenzen boten deutlich verminderte NK-Zellfunktionen, ähnlich auch →paranoide Patienten. Hingegen fanden sich positive Veränderungen in der NK-Zellfunktion bei Personen mit ausgeprägter →Ich-Stärke.

Neueste Untersuchungen konnten zudem aufzeigen, daß die NK-Zellaktivität bei Patientinnen mit Brustkrebs ein deutlicher Prognoseindikator ist. Während drei Monate nach erfolgter Chemo- und Radiotherapie die NK-Zellaktivität sich als nicht durch das therapeutische Vorgehen beeinflußt herausstellte, korrelierte die NK-Zellaktivität deutlich mit der psychosozialen Anpassung, Mangel an sozialer Unterstützung und mit Überlastungs- und Depressionswerten.

Neuere Studien lassen ferner einen Einfluß von Arbeitslosigkeit auf Immunfunktionen erkennen. Bei Frauen, die länger als acht Monate arbeitslos waren, fand sich ein signifkanter Abfall der Phytohaemagglutininaktivität der Lymphozyten, dieser wurde auch nicht durch die Einführung eines psychologischen Hilfsprogramms ausgeglichen. Hingegen konnten keine Unterschiede im Immunverhalten von festangestellten Frauen nachgewiesen werden.

Ein deutlicher Zusammenhang besteht zwischen kritischen Lebensereignisssen (→life events), der Entwicklkung von →Depressionen und Immunfunktionen. Auch hier war die Schwere der Depression korreliert (→Korrelation) mit hearbgesetzter NK-Aktivität und dem absoluten Verlust von Suppressor/cytotoxischen Zellen.

Die Immunantwort kann auch durch →klassische Konditionierung beeinflußt werden. So konnte in Tierexperimenten durch Konditionierung eine Immunsuppression erzielt werden (*Ader* u. *Cohen*), neuere Untersuchungen weisen darauf hin, daß auch beim Menschen eine Steigerung der NK-Aktivität durch Konditionierung erreicht werden kann.

Die Reduktion von →Streß scheint durch psychologische Intervention positiv immunologisch beeinflußt zu werden. Bei Altersheiminsassen fand sich nach 12 Sitzungen eines Entspannungstrainings nach einem Monat ein deutlicher Anstieg der NK-Zellaktivität, während nach Besuchsgesprächen sich keine Veränderung zeigte. Schließlich mehren sich auch Berichte, daß durch positive Einflußnahme auf die psychische Situation von Kranken durch psychologische Intervention eine Verbesserung der Immunitätslage erreicht werden kann. Erste Erfahrungberichte über die Verlängerung der Überlebensrate bei Krebspatienten nach psychotherapeutischen Maßnahmen lassen für den klinischen Einsatz auf zusätzliche therapeutische Einflußmöglichkeiten, nicht nur im onkologischen Bereich, hoffen.

→Psychosomatische Korrelate sind bei einer Anzahl von Krankheiten, denen immunologische Beeinträchtigungen und Störungen zugrundeliegen, wie Infektionen (z.B. Erkältungskrankheiten, infektiöse Mononukleose, Tuberkulose), Allergien (z.B. Asthma bronchiale, Ekzem), Autoimmunkrankheiten (z.B. rheumatische Arthritis, Colitis ulcerosa, Diabetes mellitus Typ I, multiple Sklerose) und einer Anzahl von →Tumorerkrankungen aufgewiesen worden. Viele dieser Untersuchungen sind mit methodologischen Schwierigkeiten behaftet und bedürfen einer psychoneuroimmunologischen Ergänzung.

Es ist deutlich, daß es eine bedeutsame Interaktion zwischen psychischen Faktoren, dem →Gehirn und Nervensystem und dem Immunsystem gibt, dennoch befindet sich die Psychoneuroimmunologie in ihren ersten Anfängen. Die Forschung der nächsten Jahrzehnte wird zeigen, wieweit sich die Ansprüche dieser neuen Subdisziplin der Immunologie realisieren lassen und welche klinischen Implikationen aus ihnen sich entwikkeln.

Literatur: *R. Ader* (Ed.), Psychoneuroimmunology. New York 1981. *H. J. F. Baltrusch/I. Schedel/W. Stangel/M. Waltz,* Biobehavioral perspectives on the environment-immunology interface. In: *N. H. Spector* (Ed.), Neuroimmunomodulation, Proceedings of the 1st Internal. Workshop on Neuroimmunomodulation. Bethesda 1985, 278–282. *H. J. F. Baltrusch/J. Seidel/W. Stangel/M.*

Waltz, Psychosocial stress, aging and cancer. Ann. N.Y. Acad.Sci. 1988, 521, 1–15. *J. J. Cohen,* Immunity and behavior. J. Allerg. Clin. Immunol. 1987, 79, 1–5. *J. K. Kiecolt-Glaser/R. Glaser,* Methodological issues in behavioral immunology research with humans, Brain, Behavior and Immunity. 1988, 2, 67–78. *G. F. Solomon,* Psychoneuroimmunology: interactions between central nervous system and immune system. J. Neuroscience Res. 1987, 18, 1–9. *G. Solomon/T. Strom* (Eds.), Foundations of Psychoneuroimmunolgy, New York 1985.

Prof. Dr. *Hans-Joachim Baltrusch* und Dr. *Jochen Seidel,* Hannover

implizite Persönlichkeitstheorie
laienhafte Vorstellung von der menschlichen →Persönlichkeit (→Subjektive Theorien).

Implosion
→Verhaltenstherapie.

Impulsivität
Neigung zu spontanen, unkontrollierten, meist von starken →Affekten begleiteten Handlungen.

Incentives
→Motivation.

indirekte Befragungsform
→Polaritätenprofil.

Individualpsychologie
von *Alfred Adler* (1870–1937) entwickelte Richtung der →Tiefenpsychologie, die sowohl eine Theorie der →Persönlichkeit als auch eine darauf basierende Form der →Psychotherapie beschreibt. Das Individuum wird als zielorientierte Einheit aufgefaßt. Im Gegensatz zur kausalen, nach Ursachen suchenden Sichtweise der →Psychoanalyse fragt die Individualpsychologie mehr nach der Zweckhaftigkeit des akuten Erlebens und Verhaltens (finale Betrachtungsweise). Grundantriebe des menschlichen Verhaltens sind die Bedürfnisse nach Macht und Vollkommenheit, nach Nähe und Zärtlichkeit, sowie das Gemeinschaftsgefühl. Das *Machtstreben* entwickelt sich kompensatorisch aus dem Erleben von Schwäche und Hilflosigkeit des Kindes, d.h. aus seiner biologischen Unterlegenheit gegenüber dem Erwachsenen. Körperliche Mängel, soziale Benachteiligungen oder Kränkungen können das Gefühl der biologischen Minderwertigkeit zu einem *psychischen Minderwertigkeitskomplex* verstärken. Das *Zärtlichkeitsbedürfnis* entwickelt sich aus dem →primären Bedürfnis des Kleinkindes nach Zuwendung, Nähe und Geborgenheit; das *Gemeinschaftsgefühl* aus dem Bedürfnis nach Mitmenschlichkeit und Dazugehörigkeit. Diese Grundbedürfnisse gestalten sich zu einem Lebensstil oder *Lebensplan,* der zu einer individuellen Zielsetzung führt und vorgibt, in welcher Art und Weise das Individuum den Umgang mit sich selbst und seiner Umwelt organisiert. Die gesunde Persönlichkeit entwickelt einen realisierbaren Lebensplan. Die neurotisch gestörte Persönlichkeit (→Neurosen) ist durch Minderwertigkeitskomplexe belastet, neigt zur *Überkompensation,* die sich sowohl als Streben nach Geltung und Dominanz, als auch in Form von übertriebenen Sicherungstendenzen und Selbstentwertungen manifestieren kann und weist einen fehlerhaften Lebensplan auf. Wenn Lebenspläne von Personen, die aufeinander angewiesen sind, nicht miteinander in Einklang zu bringen sind, so führt dies zu Beziehungskonflikten, die sich (beispielsweise in Zweierbeziehungen oder bei Familienangehörigen) bis hin zur neurotischen Verschränkung gegenseitig verstärken können.

individualspezifisches Reaktionsmuster
die intraindividuell konstante Reaktion einer Versuchsperson (→Experiment) auf unterschiedliche emotionale Reize (→Emotionen) oder Stressoren (→Streß). Bestimmte Komponenten des autonomen und neuromuskulären →Nervensystems scheinen auf eine Belastung eher anzusprechen als andere. Auf einunddenselben Stressor reagieren manche Versuchspersonen mit einer Er-

höhung der Herzschlagfrequenz, andere eher mit einer Veränderung des →Hautwiderstandes usw. Bei Patienten kommt es in diesem Zusammenhang häufig zu einer *Symptomspezifität,* d.h. manche Patienten reagieren auf Belastungen mit Kopfschmerz, andere beispielsweise mit Magenbeschwerden. Außerdem unterscheiden sich die Versuchspersonen nach der Intensität ihrer physiologischen Reaktionen. Individualspezifisch kann auch die Rückkehr veränderter Meßwerte zum Ausgangswert sein. Neuere Ansätze berücksichtigen auch die Tatsache, daß die gleiche Belastung von Situation zu Situation je nach Bewertung durch das betreffende Individuum unterschiedliche Reaktionen auslöst. Dieses Prinzip, das auch die →kognitiven Faktoren berücksichtigt, bezeichnet man auch als *motivationsspezifisches Reaktionsmuster.*

Individuation
die Entwicklung der Person im Verlauf ihrer Lebensgeschichte zu ihrer individuellen Einzigartigkeit, bzw. zu ihrer →Ich-Identität. Die →Analytische Psychologie versteht unter Individuation auch die Integration vorher →unbewußter Triebregungen und Vorstellungen in das →Bewußtsein.

Inferenz
→Künstliche Intelligenz.

Inferenzstatistik
Verfahren der →Statistik, bei dem man aus Stichprobenkennwerten Rückschlüsse auf die Kennwerte der Population zieht.

Information
→Informationstheorie
→Kommunikation.

Informationstheorie
mathematisch-statistische Theorie, die sich aus den Kommunikationswissenschaften entwickelt hat. Sie liefert Modelle zur quantitativen Bestimmung des Informationsgehalts von Nachrichten. Da man unter *Information* das verstehen kann, was Ungewißheit mindert oder beseitigt, kann mit Hilfe informationstheoretischer Modelle die Zahl der Elemente einer Nachricht bestimmt werden, die notwendig ist, um sie zu identifizieren, bzw. die Ungewißheit über das Ereignis, über das berichtet wird, zu elimenieren.

infradianer Rhythmus
→Circardiane Periodik.

Inhaltsanalyse
Oberbegriff für eine Vielzahl formaler statistischer Methoden (→Statistik) zur Erfassung quantitativer und qualitativer Merkmale von Texten. Im einfachsten Fall können quantitative Merkmale, wie Satzlänge, Häufigkeiten von Satzkonstruktionen oder einzelner Wörter bestimmt werden. Die Texte können aber auch an Hand vorgegebener Kategorien nach Themen und Inhalten ausgezählt werden. Die qualitativen Aspekte werden bestimmt, indem man sie von sachkundigen Beurteilern nach Kriterien wie Interessantheitsgrad, Aktualität, Überzeugungskraft oder auch nach ästhetischen Merkmalen (→Ästhetische Wahrnehmung) unter Verwendung von Beurteilungsskalen einschätzen läßt.

Inhaltsvalidität
→Validität
→Testkonstruktion.

Initialphase
⇒Initialstadium
Veränderungen im →Immunsystem nach Eindringen eines Antigens bei vorhandener Immunität, im Gegensatz zur *Effektualphase,* die die dadurch hervorgerufenen Körperreaktionen beschreibt.

Initialstadium
⇒Initialphase.

Initiationsriten
→Jugend.

Inkohärenz
→Denkstörungen.

Inkongruenz
→Kongruenz
→Gesprächstherapie.

innere Uhr
→Circardiane Periodik.

Insomnie
→Schlaf.

Instinkt
überholter Begriff für ungelernte, angeborene Tendenzen menschlichen und tierischen Verhaltens, im engeren Sinne nicht-gelerntes und trotzdem zweckvolles Verhalten (z.B. Brutverhalten, Paarungsverhalten, Fütterungsverhalten). Wesentliche Merkmale des Instinktverhaltens, heute eher als *Erbkoordination* bezeichnet, sind ihre lebens- und arterhaltende Funktion, sowie ihre zielgerichtete Koordination.

Institutionalismus
→Chronisch Psychisch Kranke.

Insuffizienzgefühl
⇒Minderwertigkeitsgefühl.

Integrationstheorien
→Soziale Schicht.

Intellektualisierung
das Auffangen von Ängsten durch intellektuelle Schemata; ein innerpsychischer Mechanismus aus der Reihe der →Abwehrmechanismen.

Intelligenz
Intelligenz ist ein hypothetisches →Konstrukt, das zur Erklärung der Feststellung gemacht wurde, daß Personen sich darin unterscheiden, wie gut oder schlecht sie bei sehr unterschiedlichen Testaufgaben abschneiden, mit denen das Gedächtnis, die praktische Urteilsfähigkeit, die Vorstellungskraft, bestimmte numerische Fähigkeiten und andere kognitive Leistungsbereiche (→Kognition) erfaßt werden. Erste systematische Ansätze zur Untersuchung derartiger Unterschiede an größeren Stichproben gehen auf die Arbeiten von *Binet* u. *Simon* an französischen Schulkindern zu Beginn dieses Jahrhunderts zurück. Die Intelligenzforschung befaßt sich in erster Linie mit der Frage, welche Einflüsse zu derartigen interindividuellen Unterschieden beitragen und welche und gegebenenfalls wieviele Einzelmerkmale zur Erklärung derartiger Unterschiede notwendig sind.

Eine allgemeine als verbindlich angesehene *Definition* der Intelligenz gibt es bisher nicht, obwohl es seit etwa 100 Jahren eine systematische Erforschung der Intelligenz gibt. Definitionen wie die von *William Stern* (1871–1938), der Intelligenz als Flexibilität des Denkens und die Fähigkeit zur Anpassung an die Erfordernisse neuer Situationen beschreibt oder die von *Hofstätter* (1966), der unter Intelligenz die Fähigkeit zum Erkennen von →Redundanzen oder Ordnung versteht, bleiben ebenso deskriptiv und unverbindlich wie die Bemühungen, Intelligenz in Begriffen einzelner Fähigkeiten oder Fertigkeiten wie z.B. Gedächtnis, schlußfolgerndes Denken oder räumliches Vorstellungsvermögen zu beschreiben, da diese Merkmale ebenfalls nur hypothetische Konstrukte darstellen, die nicht unmittelbar zugänglich sind.

Die Entwicklung des Intelligenzbegriffs ist eng mit der Entwicklung psychologischer Testverfahren (→Test) zur Messung der Intelligenz verknüpft. Schon auf einer Fachtagung im Jahre 1923 mißlang der Versuch, sich auf einen einheitlichen Intelligenzbegriff bzw. eine allgemein gültige Definition zu einigen. *Boring* faßte damals die Ergebnisse dieser Bemühungen dahingehend zusammen, daß Intelligenz das sei, was ein Intelligenztest mißt bzw. daß Intelligenz die Fähigkeit beschreibe, in einem Intelligenztest gute Ergebnisse zu erzielen.

Konstruiert und eingesetzt wurden *Intelligenztests* überwiegend im Rahmen der Bemühungen, den Erfolg oder Mißerfolg Einzelner oder bestimmter Personengruppen im Hinblick auf schulische oder berufliche Anforderungen vorherzusagen. Schon vor mehr als 100 Jahren versuchte der Engländer *Francis Galton* (1822–1911) durch systematische Untersuchungen Bedingungen für die Entstehung von Hochbegabungen zu untersuchen. Die Franzosen *Binet* u. *Simon* entwickelten zu Beginn dieses Jahrhunderts im Auftrage der französischen Regierung Testverfahren zur Vorhersage des Schulerfolgs bzw. Mißerfolgs. In den Vereinigten Staaten wurden im ersten Drittel dieses Jahrhunderts Testverfahren zur Selektion von Rekruten entwikkelt. Bis heute werden Intelligenztests auch in der beruflichen Selektionsdiagnostik (→Psychodiagnostik) eingesetzt. Das Ergebnis im Intelligenztest gilt als ein Kriterium von mehreren zur Feststellung der beruflichen Eignung. Vor dem Hintergrund dieser Entwicklung ist auch der Definitionsversuch von *Anne Anastasi* (1958) zu verstehen, die Intelligenz als diejenige Fähigkeit beschreibt, in der sich kulturell erfolgreiche von weniger erfolgreichen Personen unterscheiden. Die meisten Definitionen heben jedoch die Flexibilität und das Adaptationsvermögen (→Adaptation) der Denkvorgänge als wesentliche Merkmale der Intelligenz hervor. Intelligente Personen unterscheiden sich demzufolge von weniger intelligenten darin, daß es ihnen leichter fällt, sich in neuen Situationen zurechtzufinden, wesentliche Aspekte von unwesentlichen zu unterscheiden, Beziehungen zu erkennen, die vordergründig nicht sofort einsichtig sind, Strategien zur Lösung von Problemen zu entwickeln und diese auf ihre Effektivität hin zu vergleichen und auch gemäß der Einsicht in ein Problem zu handeln.

Die traditionelle *Intelligenzforschung* setzt sich in methodischer Hinsicht vor allem mit den Fragen auseinander, welche und wieviele separate Leistungsmerkmale als Bausteine der Intelligenz identifiziert werden können und wie die Intelligenzleistungen quantifiziert bzw. skaliert (→Skalierung) werden können. Inhaltlich interessieren vor allem die differentiellen Fragestellungen, in diesem Zusammenhang insbesondere die Frage, wie stabil interindividuelle Intelligenzunterschiede sind und welche Bedingungen der Intelligenzentwicklung förderlich oder abträglich sind.

In den letzten Jahren fanden zunehmend neuere Konzepte Beachtung, die sich mit der Fähigkeit des Menschen zur Lösung komplexer Probleme befaßten. Untersucht wurde hier insbesondere das *Problemlösen* beim Umgang mit vernetzten Systemen (*Dörner* 1976). Das Testsystem ist in diesem Fall ein Netzwerk von Variablen, mit dessen Hilfe komplexe Systeme des menschlichen Erfahrungsbereichs (z.B. Betriebe, Gemeinden oder Staaten) simuliert werden, wobei es Aufgabe des Probanden ist, die Effektivität eines komplexen Systems im Hinblick auf vorgegebene Kriterien zu verbessern. Bisherige Ergebnisse deuten darauf hin, daß die Leistungen im Intelligenztest nur ein sehr unzulängliches Kriterium zur Vorhersage des Erfolgs im Umgang mit derartigen komplexen Systemen darstellt.

Die Fortschritte auf dem Gebiet der Entwicklung informationsverarbeitender Systeme in den letzten Jahren führten dazu, daß man sich auch mehr mit Fragen der Speicherung und Organisation von Informationen befaßte und Strategien untersuchte und entwickelte, die es ermöglichen, Informationen möglichst effektiv zur Lösung von Problemen einzusetzen. Im Bereich der Entwicklung von informationsverarbeitenden Systemen spricht man in diesem Zusammenhang von →*künstlicher Intelligenz*. Die Ergebnisse dieser Forschungsrichtung vermitteln möglicherweise auch neue Erkenntnisse über die Funktionsweise des menschlichen Gehirns als informationsverarbeitendes System und liefern der Intelligenzforschung neue Anregungen. Erkenntnisse erwartet man dabei insbesondere von der Simulation kognitiver Prozesse.

Die Erforschung der Struktur der Intelligenz ist eng mit Entwicklung der statistischen Methode der →Faktorenanalyse verknüpft. Dabei wird in erster Linie untersucht, wieviele, voneinander unabhängige Merkmalsdimensionen notwendig sind, um die →Kovarianzen der Leistungen größerer Personengruppen bei verschiedenen Testaufgaben zu erklären. Die Zahl der Schätzungen für die Anzahl voneinander unabhängiger, unterscheidbarer Intelligenzleistungen schwanken zwischen sieben Fähigkeitsbereichen (*Thurstone* 1938) und 120 Leistungsbereichen (*Guilford* 1967). Unterschieden wird auch nach der Spezifität der Leistungsmerkmale (Faktoren). *Charles Spearman* (1863–1945) kam schon zu Beginn dieses Jahrhunderts aufgrund seiner korrelationsanalytischen Untersuchungen (→Korrelation) zu dem Schluß, daß die Leistungsunterschiede bei der Lösung von Intelligenztestaufgaben sowohl auf einen allgemeinen Begabungsfaktor als auch auf spezifische Fähigkeiten, die für die Lösung des jeweiligen Aufgabentyps erforderlich sind, zurückzuführen sind. *Vernon* (1969) entwickelte daraus später ein hierarchisches Modell, das ebenfalls einen allgemeinen Begabungsfaktor postuliert, dem sich jedoch auf verschiedenen hierarchisch angeordneten Ebenen Faktoren unterschiedlicher Spezifität zuordnen lassen.

Unterschieden wird ferner zwischen flüssiger und kristalliner Intelligenz, wobei unter ersterer die Flexibilität und das Adaptationsvermögen an neue Aufgaben und Situationen verstanden wird, während letztere das Differenzierungsvermögen und die Urteilskompetenz beschreibt.

Die Leistung in einem Intelligenztest wird in der Regel in Form eines *Intelligenzquotienten* ausgedrückt. Ursprünglich verstand man darunter die Differenz (und später den Quotienten) zwischen Entwicklungsalter und Lebensalter. Ein Kind, das beispielsweise die Testaufgaben lösen konnte, die in der Regel von Zehnjährigen gelöst werden, erhielt das Intelligenzalter von zehn Jahren zugewiesen, unabhängig davon, ob es jünger oder älter war. Das Verhältnis von Intelligenzalter zu Lebensalter sagt zwar etwas über den relativen Entwicklungsstand eines Kindes zu seiner Altersgruppe aus, läßt sich jedoch nicht über alle Altersgruppen vergleichen. Ein Unterschied zwischen Intelligenz- und Lebensalter von zwei Jahren bei einem vierjährigen Kind ist nicht mit dem selben Unterschied bei einem Fünfzehnjährigen zu vergleichen. Auf die Skalierung der Leistungen von erwachsenen Probanden läßt sich dieses Konzept ohnehin nicht anwenden. Heute wird die Testleistung in der Regel in Form eines *Abweichungswertes* bestimmt. Anhand einer repräsentativen Stichprobe aus der Gesamtbevölkerung wird für jede Altersgruppe der Erwartungswert und die Testwertstreuung erfaßt. Für jede Altersgruppe werden die Werte dann standardisiert, wobei der Mittelwert = 100 Punkte gesetzt wird und die Standardabweichung = 15 Punkte. Der Intelligenzquotient eines einzelnen Probanden drückt dann aus, in wievielen Anteilen der →Standardabweichung seine Leistung vom Erwartungswert seiner altersspezifischen Bezugsgruppe abweicht.

Literatur: *A. Anastasi,* Differential Psychology. Toronto 1958. *D. Dörner,* Problemlösen als Informationsverarbeitung. Stuttgart 1976. *J. P. Guilford,* The nature of human intelligence. New York 1967. *P. R. Hofstätter,* Zum Begriff der Intelligenz. Psychol. Rundschau, 1966, 17, 229–248. *L. L. Thurstone,* Primary mental abilities, Psychol. Monogr., 1938, No. 1. *P. E. Vernon,* Intelligence and cultural environment. London 1969.

Prof. Dr. *Uwe Tewes,* Hannover

Intelligenzquotient

⇒IQ
→Intelligenz.

Intelligenzstruktur

die individuelle Struktur der Merkmalsausprägungen einer Person auf verschiedenen Intelligenzfaktoren (→Intelligenz).

Intelligenztest

→Intelligenz
→Psychodiagnostik
→Skalierung
→Geistige Behinderung.

intensional
durch innere Anspannung hervorgerufen.

intentional
beabsichtigt, zielgerichtet.

Interaktion
⇒Wechselwirkung.

Interaktionismus-Debatte
→Eigenschaft.

Interferenz
wechselseitige Beeinflussungen von alten und neuen Gedächtnisinhalten (→Gedächtnis), die im Zusammenhang gesehen werden müssen mit den Merkmalen, Kategorien und Oberbegriffen, die beim →Lernen von Bedeutung sind. Diese schaffen die „Rahmenbedingungen", unter denen die Gedächtnisinhalte gespeichert werden. Ob neues Material leicht oder schwer zu erlernen ist, hängt auch davon ab, ob diese Ordnungsmerkmale schon durch früher gelerntes Material „besetzt" sind. In diesem Fall wird das Erlernen des neuen Materials erschwert. Man bezeichnet diesen Vorgang als *proaktive Hemmung*. Von *retroaktiver Hemmung* spricht man hingegen, wenn die Reproduktion früher erlernter Materialien durch das Erlernen neuer Inhalte erschwert wird. Die Ordnungskategorien und Bezugssysteme werden in diesem Fall von den neu zu lernenden Materialien besetzt, so daß der Zugriff zu älteren Gedächtnisinhalten erschwert wird.

Interferenzintervall
→Zeiterleben.

Interferenzstatistik
→Statistik.

Interferenztheorie
→Interferenz
→Gedächtnis.

interindividuell
zwischen zwei oder mehreren Individuen ablaufend, mehrere Individuen betreffend, im sprachlichen Gegensatz zu →intraindividuell. In Beobachtungsreihen registrierte Meßwerte einer →Variablen können Unterschiede sowohl zwischen den beobachteten Personen (=interindividuell) ergeben als auch (z.B. zeit- oder stimmungsabhängig) variierende Werte innerhalb eines Menschen (=intraindividuell).

→Konflikte werden sowohl inter- als auch intraindividuell ausgetragen.

intermittierend
eine Verhaltensweise durch Pausen oder Überlegungen unterbrechend.

intermittierende Verstärkung
→Operantes Lernen.

interne Desynchronisation
→Circardiane Periodik.

interne Dissoziation
→Circardiane Periodik
→Dissoziation.

interne Konsistenz
Kennwert für die →Reliabilität einer psychologischen Testskala (→Testkonstruktion), der angibt, in welchem Ausmaß die verschiedenen →Items einer Testskala dasselbe messen. Im Extremfall besonders hoher interner Konsistenz werden alle Items gleichsinnig beantwortet oder gelöst. Bei sehr geringer interner Konsistenz ist die →Korrelation zwischen den Items sehr niedrig.

interne Synchronisation
→Circardiane Periodik.

interne Validität
→Experiment
→Validität.

Interozeption
→Viszerozeption.

interpersonelle Beziehung
⇒zwischenmenschliche Beziehung
Gesamtheit aller →Interaktionen zwischen zwei oder mehreren Personen.

Intersexualität
Ausprägung männlicher und weiblicher Geschlechtsmerkmale bei einer Person.

Intervallskala

Messungen haben dann Intervallskalenqualität, wenn ihnen nicht nur entnommen werden kann, in welcher Rangfolge die Elemente hinsichtlich des gemessenen Merkmals zueinander stehen, sondern gleichzeitig auch Aussagen über die relativen Unterschiede verschiedener Elemente hinsichtlich dieses Merkmals zulässig sind. Zwischen den gemessenen Elementen und den ihnen zugewiesenen Maßzahlen besteht in diesem Fall eine Eins-zu-Eins-Beziehung. Der Nullpunkt und die jeweilige Maßeinheit dieser Skala sind willkürlich gewählt, die Abstände zwischen den Maßzahlen konstant. Daher dürfen nur lineare Transformationen durchgeführt werden, weil auf diese Weise die Gleichheit der Differenzen zwischen den verschiedenen Skalenwerten gewährleistet bleibt. Intervallskalenqualität haben beispielsweise die Temperaturmessungen, sofern sie sich nicht am absoluten Nullpunkt orientieren, oder Ergebnisse von →Intelligenztests.

intervenierende Variable

Die Beziehungen zwischen zwei Variablen werden häufig durch zwischengeschaltete Variablen beeinflußt, die nicht in jedem Fall direkt erfaßbar sein müssen, bei der Interpretation der Beziehungen jedoch berücksichtigt werden müssen. So muß beispielsweise eine nachgewiesene →Korrelation zwischen Streßbelastung und →Krebserkankung nicht notwendigerweise eine unmittelbare Kausalbeziehung beschreiben, mit der bewiesen wäre, daß →Streß direkt die Tumorentsstehung auslöst. Es wäre auch denkbar, daß Streß einen Einfluß auf eine zwischengeschaltete Variable hat, die wiederum die Tumorentwicklung begünstigt. Diese intervenierende Variable könnte der erhöhte Konsum von Nikotin oder Alkohol unter Streß sein, der wiederum das →Immunsystem schwächt.

Interview

Begriff und Formen: Psychologische Daten lassen sich durch Beobachtung oder durch Befragung gewinnen. Von den Befragungsinstrumenten (mündlichen oder schriftlichen) ist das Interview das am meisten benutzte. Wir verstehen mit *Keßler* (1988) unter einem Interview „eine zielgerichtete mündliche →Kommunikation zwischen einem oder mehreren Befragern und einem oder mehreren Befragten, wobei eine Informationssammlung über das Verhalten und Erleben der zu befragenden Person(en) im Vordergrund steht".

Das Ziel kann z.B. darin bestehen, die Ursachen und stabilisierenden Bedingungen der Prüfungsangst eines Klienten herauszufinden, geeignetes Verkaufspersonal für den Außendienst einer Firma auszuwählen, die Flucht eines politisch Verfolgten zu beschreiben oder die mögliche Meinungsänderung von Zuschauern nach einer bestimmten Fernsehsendung zu messen.

Wenn auch die Kommunikation mündlich ist (schriftliche Befragungen lassen wir hier außer Betracht), so fallen parallel auch non-verbale Informationen des Ausdrucks von Stimme, Gesicht (Mimik) und Körper (Gestik i.w.S.) an, die im Zusammenwirken mit den verbalen Informationen verarbeitet, u.a. auch auf Stimmigkeit geprüft werden.

Üblicherweise gibt es beim Interview einen Befrager und einen Befragten. Andere Interviewformen (eher selten) arbeiten mit mehreren Befragern und/oder Befragten (Panel-, Gruppen-Interviews u.a.).

Eines der bedeutendsten Unterscheidungsmerkmale von Interviews ist der Grad der Strukturierung, d.h. der Grad der verbindlichen Vorgabe von Wortlaut und Abfolge der Fragen, evtl. auch der Antwortkategorien. *Hochstrukturierte (standardisierte) Interviews* sind dann geeignet, wenn erstens es sich um einen engeren Themenbereich handelt, über den schon viel Wissen vorliegt und der emotional nicht stärker belastet ist, und wenn zweitens den zu Befragenden eine solche Strukturierung zuzumuten ist (kein allzu großes Bedürfnis nach spontanen Äußerungen in der Erhebungssituation). Unstrukturierte Interviews geben lediglich den thematischen Rahmen vor, die Gesprächsführung bleibt dem Lauf des Interviews überlassen. Sie sind geeignet, wenn man im Sinne der Exploration einen Überblick über einen Themenbereich erhalten möchte, oder auch bei →Einzelfallanalysen. Hier ist natürlich die Persönlichkeit des Interviewers, seine Einfühlung und Fähigkeit, auch bei schwierigen Inhalten den Gesprächsfluß aufrechtzuerhalten, sein Vermögen zu ordnen und inbeziehungzusetzen etc., von entscheidender Bedeutung. Zwischen diesen beiden Extremen gibt es viel Raum für allerlei Kombinationen mit teils offenen, teils geschlossenen Fragen und unterschiedlicher Standardisierung der Interviewdurchführung *(halb- bzw. teilstrukturierte/-standardisierte Interviews),* wobei ein Interview-Leitfaden Inhalte und Art der Gesprächsführung (vgl. *Scheuch* 1973) bestimmt.

Das Interview ist zwar i.d.R. nicht einseitig, doch asymmetrisch: der Befrager lenkt den Befragten mehr als umgekehrt. Daraus und auch aus sonstigen Haltungen des Interviewers (z.B. dem Grad der Abneigung dem Befragten gegenüber) können sog. Beziehungsprobleme entstehen, d.h. daß der Befragte sich partiell bevormundet bzw. nicht wertgeschätzt fühlt. Entsprechendes kann natürlich auch vom Befragten auf den Befrager ausgehen. In solchen Fällen kommen dann Wechselwirkungsprozesse ingang, denen nur noch schwer gegenzusteuern ist und die die Informationssammlung obsolet werden lassen. Zur Prophylaxe sind geeignet: einerseits eine klare Definition des Rollensettings (der Befragte muß es als legitim empfinden, daß der Befrager ihn zu diesem Thema interviewt) und andererseits, zumindest seitens des Befragers, eine grundsätzliche Wertschätzung anderer Menschen (unabhängig davon, ob deren Verhalten oder Ansichten mit dem eigenen Wertsystem übereinstimmen).

Die bisher geringe Beachtung der sozialen Situation des Interviews seitens der Wissenschaft, die Reduktion auf Stimulus-Response-Kategorien und zugehöriges Handwerk von Formulierung und Reihung der Fragen etc. sind bedauerlich, aber erklärbar durch die jahrzehntelange Dominanz behavioristischen Denkens.

Anwendungsfelder und -zwecke: 1. Interviews in Medizin, Psychiatrie, klinischer Psychologie und Psychotherapie: In Medizin, Psychiatrie und Klinischer Psychologie gibt es zwei wesentliche Zwecke von Interviews: einerseits die ätiologisch orientierte Suche nach Ausgangsbedingungen (Ursachen und Einflußgrößen) von Merkmalen (körperlichen und seelischen Zuständen) und andererseits das maßnahmenorientierte Entscheiden bzgl. Zuweisungen (Therapien, Beratungen). Die Informationssammlung bezieht sich auf äußere Fakten und innere Phänomene (Erleben bzw. das Verhalten, Tun oder Handeln des Befragten). Wir meinen mit Interview u.a. das explorierende Informationensammeln, dessen Strukturiertheitsgrad verschieden hoch sein kann. Die Übergänge zu auch beratenden oder therapeutischen Anteilen am Gesamtgespräch sind aber mitunter fließend; oft auch weisen Gespräche mit solchen Anteilen und Absichten immer wieder Zwischenphasen des Explorierens auf. In allen Formen der psychotherapeutischen Intervention ist natürlich die (positive) Beeinflussung des Klienten das Ziel, meist mit Hilfe des Gesprächs; dabei sind allerdings die Informationssammlung zum Zwecke der Diagnose (→Psychodiagnostik) und die Beeinflussung zum Zwecke der Therapie nicht immer genau voneinander abzugrenzen. So wie die Therapieformen (→Psychotherapie) im Grundkonzept verschieden sind, so unterscheiden sie sich auch in den Diagnosemethoden. In den tiefenpsychologischen (→Tiefenpsychologie) Richtungen (*Freud, Jung, Adler* u.a.) hängt es von der Gesprächsführungs- und -deutekunst des Therapeuten ab, welche Äußerungen er beim Klienten evoziert und welchen Aufschluß er aus seinen Äußerungen über die aktuellen und früheren Konflikte des Klienten erhält. In den →humanistischen Psychotherapien (→klientenzentrierte Psychotherapie, →Gestalttherapie, →Transaktions-Analyse u.a.) dient das erkundende Gespräch mehr der Selbstexploration und der eigenen Sinndeutung durch den Klienten, um ihm frühzeitig auch für sein Selbstverständnis die Verantwortung wieder zurückzugeben. Dementsprechend ist hier die „Kunst" der Gesprächsführung (und -deutung) weniger bedeutungsvoll als in den tiefenpsychologischen Therapierichtungen. In den verhaltenstherapeutischen Varianten (→Verhaltenstherapie) reicht die Orientierung von akribisch-objektivierenden (behavioristischen) Erhebungs- und Beschreibungs-Standards für die motivierenden, auslösenden und aufrechterhaltenden Bedingungen eines Symptoms/Syndroms (klassische Verhaltensanalyse) bis hin zu auch konfrontativen Sinndeute-Angeboten seitens des Therapeuten (neuere kognitive Verhaltenstherapien) 2. Interviews in der Schul-, Berufs- und Bildungsberatung: Auch hier ist die Beratung der Hauptzweck; dennoch gibt es viel diagnostische Anteile zu Beginn und während des Beratungsgespräches. Unsere Erfahrungen im Rahmen einer laufenden Studie zur Berufsberatung gehen dahin, daß der diagnostischen Phase (Eignungen, Neigungen, Einschränkungen, Möglichkeiten etc. abklären) nicht immer die Bedeutung beigemessen wird, die ihr gebührt: zu schnell wird auf erstbeste Lösungen gesprungen, die dem Berater und/oder dem Ratsuchenden plausibel oder leicht machbar erscheinen. Für Zwecke der pädagogischen Selektion wird das Interview gelegentlich unterstützend zu anderen, „härteren" Testverfahren eingesetzt (z.B. bei der Zulassung zum Medizinstudium). 3. Interviews in Arbeitsorganisationen: Interviews dienen hier vorwiegend der Auswahl von geeigneten Mitarbeitern, d.h. der Abschätzung der Könnens- und Wollenskomponenten von Bewerbern (vgl. *Sarges* 1990), daneben aber gibt es auch noch andere wichtige Anwendungsgebiete: Beurteilungs- und Potentialfeststellungen, therapienahe Beratungsgespräche, Beschwerde- und Disziplingespräche, und last not least Interviews zur Informationsbeschaffung jedweder Art (vgl. *Hodgson* 1987). 4. Interviews in der Markt- und Meinungsforschung: Hier dominiert das strukturierte Interview, weil meist eine große Stichprobe von Befragten durch austauschbare Interviewer (v.a. Laien), die kommunikativ eher abstinent sein sollen, interviewt werden muß (vgl. *Noelle,* 1963). 5. Interviews in sonstigen berufsbezogenen Anwendungen: Nur der Vollständigkeit halber soll erwähnt werden, daß das Interview als Informationsmittel in vielen beruflichen (und natürlich auch privaten) Feldern seinen unentbehrlichen Platz hat, z.B. beim Verkauf komplexerer Produkte und Dienste, bei Explorationen in der Rechtspraxis, bei Verhandlungen etc. In all diesen Fällen dominieren die unstrukturierteren Interviewformen. 6. Interviews in der wissenschaftlichen Forschung: In der Grundlagen- und anwendungsorientierten Forschung werden nicht selten auch Interviews der unterschiedlichsten Form als Meßinstrument eingesetzt. Interessant dabei sind v.a. Neuentwicklungen wie z.B. die →Heidelberger-Struktur-Lege-Technik (→Subjektive Theorien), die auch für die obigen Anwendungsfelder interessant sein dürften.

Gütekriterien: Allgemein steht das Interview in nicht allzu gutem Ruf hinsichtlich der klassischen Testgütekriterien (→Testtheorie, →Testkonstruktion). Aber: es dürfte unmittelbar einsichtig sein, daß es bei der Vielzahl unterschiedlicher Zwecke, Formen und Handhabungsvarianten von Interviews eine globale Zuverlässigkeit und Gültigkeit von Interviewdaten nicht geben kann. Hier muß man differenzieren, denn es gibt sehr wohl Bereiche mit günstiger →Reliabilität und →Validität. Und darüberhinaus ist insbesondere das

Kriterium der Nützlichkeit heranzuziehen.

Zunächst zu den klassischen Kriterien der Reliabilität und Gültigkeit: Bzgl. bewußter Verfälschungstendenzen z.B. ist nach dem Zweck zu unterscheiden, ob es sich für den Befragten um eine reine Erhebungssituation (z.B. Markt-/Meinungsforschung), eine Beratungssituation (z.B. Berufs- oder Therapieberatung) oder eine Selektionssituation (z.B. Arbeitsstelle, Aufnahmeprüfungen) handelt: In einer Beratungssituation, die der Befragte im eigenen Interesse gewollt hat, wird seine Öffnungsbereitschaft und Ehrlichkeit am größten sein; diesbzgl. eine Mittelposition nimmt die Befragung für Anwendungs- oder Forschungszwecke ein, in der der Befragte selbst keine Konsequenzen zu erwarten hat, sondern nur „Versuchsperson" ist; kritisch kann es werden in Selektionssituationen, wo es für ihn i.d.R. um die Gewinnung von Vorteilen geht.

Auch hinsichtlich unterschiedlicher Kategorien von Informationen dürfte die Güte der erhaltenen Daten differieren: Bei einfachem Feststellen von prinzipiell nachprüfbaren Fakten dürfte die Validität kein Problem sein – es sei denn, der Befragte meint, etwas verbergen zu müssen wegen des für ihn heiklen Inhalts der Frage oder wegen eines ungünstigen Rollenverhältnisses bzw. einer besonders kritischen Interaktion zwischen Interviewer und Befragtem. Auch wichtige Aspekte des Sprachverhaltens lassen sich hinlänglich gut erfassen. Andere Fähigkeiten und Fertigkeiten sollten eher über besser geeignete Verfahren ermittelt werden. Eventuell schwierig kann es im Bereich von Interessen, Neigungen, Einstellungen, Motiven und Handlungsbereitschaften werden, abhängig von der introspektiven Zugänglichkeit für den Befragten sowie vom Zweck der Erhebungssituation und dem Beziehungsverhältnis zwischen Interviewer und Befragtem.

Zum ergänzenden Kriterium der Nützlichkeit: Keinen Ersatz für das Interview gibt es, wenn man – z.B. im Rahmen eines mehrstufigen diagnostischen Prozesses – in der Breite feststellen möchte, wo besondere Schwachstellen oder Stärken eines Befragten liegen könnten, um auf der Basis so gewonnener Hypothesen spezifischere und validere Verfahren einsetzen zu können.

Fazit: Interviews sind unersetzlich, weil sie grundsätzlich zur Informationssammlung und vor allem als Breitbandverfahren flexibel handhabbar, universell einsetzbar und sehr ökonomisch sind. Und für den Einstieg in die subjektive Wirklichkeit einer anderen Person sind sie oft die Methode der Wahl.

Literatur: *P. Hodgson,* A practical guide to successful interviewing. London 1987. *B. H. Keßler* (1988). Daten aus dem Interview. In *R. S. Jäger* (Hrsg.), Psychologische Diagnostik – Ein Lehrbuch. München–Weinheim 1988. *E. Noelle,* Umfragen in der Massengesellschaft – Einführung in die Methoden der Demoskopie. Reinbek 1963. *W. Sarges,* Interviews. In *W. Sarges* (Hrsg.), Management-Diagnostik. Göttingen 1990. *E. K. Scheuch,* Das Interview in der Sozialforschung. In *R. König* (Hrsg.), Handbuch der empirischen Sozialforschung (Bd. 2). Stuttgart 1973.

Prof. Dr. *Werner Sarges,* Hamburg

Intimität
→Intimsphäre.

Intimsphäre
innerster Eigenbereich, den die Person als schützenswert erachtet und dessen Verletzung durch Andere Schamgefühle auslöst. Scheu und Takt bilden die Hürden, die es einem erschweren, die Intimsphäre eines Anderen zu verletzen.

intraindividuell
innerhalb eines Individuums ablaufend (vgl. →interindividuell).

intrapsychisch
innerhalb der Psyche.

intrinsich
→extrinsisch.

Introjektion
das unbewußte Hineinnehmen von Haltungen und Wertsystemen anderer Personen in die eigene (→Über-) →Ich-Struktur; ein innerpsychischer Mechanismus aus der Reihe der →Abwehrmechanismen.

Introspektion
Analyse psychischer Vorgänge mittels Selbstbeobachtung, d.h. der Wahrnehmung seelischer Vorgänge an sich selbst.

Introversion
→Extraversion.

Intuition
mit →Evidenzerlebnis einhergehende Erkenntnis- und Urteilsform, die nicht analytische Reflexion und rationale Denkformen sondern unmittelbare, ganzheitliche Zusammenschau einsetzt. Ergebnisse intuitiven Denkens sollten, sofern sie sich auf belangvolle Urteilsgegenstände (z.B. Personenbeurteilung) beziehen, einer kritischen Überprüfung unterzogen werden.

Invarianz
Konstanz von Objektmerkmalen unter verschiedenen Wahrnehmungsbedingungen (z.B. gleich eingeschätze Größenunterschiede bei verschiedener Entfernung).

Involutionsdepression
umstrittener Sammelbegriff für depressive Symptome (→Depression) ohne erkennbare organische Ursache im letzten Lebensdrittel mit übertriebener Besorgtheit um die körperliche Gesundheit, melancholischer Gemütslage und Neigung zu übermäßiger Verschlossenheit und Gewissenhaftigkeit.

Involutionspsychose
Sammelbegriff für psychotische Erkrankungen (→Psychosen), die erst im höheren Lebensalter ausbrechen (z.B. →Involutionsdepressionen).

Ipsation
⇒Masturbation.

IQ
⇒Intelligenzquotient
→Intelligenz.

IQ-Skala
Skala, auf der die Ergebnisse von →Intelligenztests abgebildet werden, mit einem Mittelwert von 100 Punkten und einer →Standardabweichung von 15 Punkten.

Irritierbarkeit
erhöhte Störbarkeit in den Gedankenabläufen.

Isolierung
das Abtrennen von Gefühlen und Affekten von angstauslösenden Denkinhalten, ein innerpsychischer Mechanismus aus der Reihe der →Abwehrmechanismen.

isomorph
→Skalierung.

Item
Einzelaufgabe oder Einzelfrage einer Testskala.

Itemanalyse
Bestimmung statistischer Kennwerte von →Items mit dem Ziel, die →innere Konsistenz der Gesamtskala, die aus diesen Items gebildet wird, durch Eliminierung jener Items zu verbessern, die ungünstige Kennwerte aufweisen. Die wichtigsten Kennwerte sind die →Itemschwierigkeit und die →Trennschärfe.

Itemcharakteristik
→Testtheorie.

Item-Response-Theorie
probabilistisches Modell zur Aufgabenanalyse von Testitems (→Item, →Testtheorie, →Adaptives Testen).

Itemschwierigkeit
Maß für die Lösungswahrscheinlichkeit von Testitems, das durch den relativen Anteil der Probanden bestimmt ist, die dieses →Item im Sinne des zu messenden Kriteriums richtig beantworten. Ein leichtes Item hat somit eine hohe Lösungswahrscheinlichkeit.

J

Ja-Sage-Tendenz
→ Responset.

Joining
→ Familientherapie.

Jostsche Sätze
→ Gedächtnis.

Jugend
1. Begriff: Jugend wird am besten als Zeit des Übergangs, als *Statuspassage* beschrieben. Junge Leute beginnen sich aus den Bezügen der Kindheit zu lösen und sich in die Welt der Erwachsenen, deren Rechte, Privilegien und Verantwortlichkeiten, hinein zu finden. Bei manchen Naturvölkern erfolgt dieses Geschehen im Rahmen eines Initiationsritus, der beispielsweise die Beschneidung, verschiedene Mutproben und die Teilhabe an neuen Gesellungsformen umfaßt. Im Verlauf der europäischen Geschichte sind rituelle Übergangsformen entweder ganz verschwunden oder in ihrer Bedeutung stark eingeschränkt worden, wie am heutigen Bild von Konfirmation, Reifeprüfung oder Hochzeit ersichtlich ist. In dem Maße, in dem der Übergang ohne eindeutige Symbole erfolgt, außerdem je nach Thematik zu unterschiedlichen Zeitpunkten im Lebenslauf, ist er für die Umwelt wie für die Jugendlichen schwerer faßbar, als dies noch zu Beginn des Jahrhunderts der Fall war.

Insbesondere den Anfang der Jugendphase sieht man mit der Pubertät verbunden. Die hierfür ausschlaggebende Zunahme der Produktion von Geschlechtshormonen beginnt schon mit etwa sieben Jahren, wobei körperliche Veränderungen, wie die Entwicklung der Schambehaarung oder der weiblichen Brust, erst vier bis fünf Jahre später sichtbar werden, bei Mädchen je nach dem betrachteten Merkmal ein bis zwei Jahre früher als bei Jungen. Zeitpunkt, Verlauf und psychische Bedeutung der Pubertät sind, neben genetischen Dispositionen, auch stark von sozialen Faktoren abhängig. Ein Beispiel ist die säkulare → Akzeleration des Zeitpunkts der → Menarche als Folge geänderter Ernährungsgewohnheiten, verbesserter Gesundheitsversorgung und Vorbereitung durch Eltern und Schule, wobei Unterschiede zwischen Kulturen, sozialen Schichten und Lebensstilen nach wie vor bestehen.

Schwerer ist es, für das Ende des Übergangs in die Welt der Erwachsenen eindeutige psychosoziale Kriterien anzugeben. Altersnormen, wie sie beispielsweise aus der Rechtssprechung vorliegen („Kind im Sinne des Gesetzes ist, wer noch nicht vierzehn, Jugendlicher, wer vierzehn, aber noch nicht achtzehn Jahre alt ist"), sind für die Entwicklung Jugendlicher bedeutsam, schon weil sie Ansprüche verbriefen und Erwartungen begründen.

Jugendliche unterscheiden sich von Kindern durch ein anderes Verhältnis von Person und Umwelt. Ihnen wird nicht nur mehr Autonomie als Kindern zugebilligt, sie beanspruchen dies auch zunehmend selbst. Jugendliche haben einen weit größeren Aktionsradius, der Räume fern der elterlichen Wohnung einschließt, wobei zugleich Privatheit, also die gewollte Unzugänglichkeit gegenüber Dritten, zu einem wichtigen Thema wird (*Lynch* 1977). Jugendliche nutzen nicht nur vorgefundene Orte auf ihre Weise, sie schaffen sich auch ihre eigene Umwelt, vor allem im Freizeitbereich, um Erfahrungen zu gewinnen, die sie ihren persönlichen Entwicklungszielen näher bringen (*Noack, Silbereisen u. Kastner,* 1989). Dieses neue Verständnis der Umwelt und ihrer Anregungspotentiale für die eigene → Entwicklung, wäre ohne die Fortschritte in der kognitiven Entwicklung (→ Kognition), die Möglichkeit zu abstraktem und relativistischem → Denken, nicht denkbar.

2. Historische und kulturelle Unterschiede: Was als Jugend verstanden wird und wie sich Jugendliche entwickeln, zeichnet sich im kulturellen Vergleich durch eine große Vielfalt aus. Selbst zwischen ähnlich hochindustrialisierten Ländern bestehen Unterschiede. Schon von 16jährigen Zuverlässigkeit im Handeln und Überlegtheit im Zukunftsbezug zu erwarten, ist in unserem gesellschaftlichen Umfeld, das für Teile eines Jahrgangs den Beginn systematischer Berufsausbildung so früh im Lebenslauf ansetzt, eher üblich als beispielsweise in den USA, wo für Jugendliche dieses Alter, soweit sie nicht das College besuchen, Gelegenheitsjobs ohne Perspektive die Regel sind und als Jugendlichen angemessen betrachtet werden.

Auch in historischer Perspektive unterliegt der Übergang beträchtlichem Wandel. Allgemein gilt, daß eine Tendenz vorherrscht zu immer weiterer Differenzierung des Übergangs in eine Vielzahl kleinerer Schritte, die je nach Lebenslage in unterschiedlicher Abfolge durchlaufen werden können. Während früher die Zeitpunkte der einzelnen Übergänge stark von familialen Bedingungen, beispielsweise der Versorgung jüngerer Geschwister, abhängig waren und daher im Alter streuten, kann man heute eher von einer Chronologisierung der Jugendphase sprechen, die vor allem von den im Schulsystem vorgesehenen Zäsuren ausgeht (*Mitterauer* 1986). Das um die Jahrhundertwende im bürgerlichen Milieu entstandene Verständnis von Jugend als Moratorium, als Zeit des Erprobens der Erwachsenenrolle (→ Rolle) in einer Art Schonraum, wurde für breite Schichten erstmals in den fünfziger Jahren verwirklicht. Mit den sozialen und wirtschaftlichen Problemen der neunziger Jahre hat sich die Lage aber schon wieder geändert. In der früher ungewohnten Kombination von Freiheit in der Gestaltung intimer Beziehungen mit wirtschaftlicher Abhängigkeit, die insbesondere für weiterführende Bildungsgänge typisch ist, kann man eine Besonderheit unserer Zeit sehen, die zuweilen als *Postadoleszenz* (vgl. *Keniston* 1971) bezeichnet wird.

Mit zum Wandel von Jugend in historischer Perspektive gehört der demographische Wandel: Verschiebungen im Anteil der Generationen an der Gesamtbevölkerung, die vor allem durch fallende Geburtenziffern und steigende Lebenserwartung bedingt sind. Bis zum Jahr 2030 wird sich das zahlenmäßige Verhältnis von Alt und Jung an der Gesamtpopulation gegenüber 1950 etwa verkehrt haben: einem Anteil von 16% Jugendlichen und Kindern unter 20 stehen 37% Alte über 60 Jahren gegenüber. Hiermit gehen Verschiebungen der öffentlichen Aufmerksamkeit und eine neue Verteilung der Lasten für das Gemeinwesen einher, die das Verhältnis der Generationen zueinander verändern können.

3. Entwicklungsziele und Risikofaktoren: Was müssen Jugendliche für sich und als Mitglieder der Gesellschaft aus psychologischer Perspektive leisten, welche Entwicklungsaufgaben sind zu bewältigen? Hierzu gibt es einheitliche, wenn auch sehr spekulative und wegen ihrer Allgemeinheit empirisch kaum abgesicherte Ansätze, wie den von Erikson (1974), der die lebenslange Persönlichkeitsentwicklung (→ Persönlichkeit, → Entwicklung) als Serie aufeinander folgender Entwicklungskrisen und deren Bewältigung sieht. Obwohl die Gültigkeit solcher Theorien fraglich ist, haben sie doch die Schwerpunkte der jüngeren Forschung bestimmt. Um welche Themen geht es?

Zuvorderst ist die Entwicklung der → *Identität* zu nennen, also die Antwort auf die Frage, wer man eigentlich ist und wohin man strebt. Das → Selbstbild wird über die → *Adoleszenz* im allgemeinen stärker differenziert und zugleich integriert. Probleme ergeben sich vor allem, wenn dies nicht gelingt, weil Teile des → Selbst miteinander unvereinbar sind, oder weil die Suche nach alternativen Optionen für das eigene Leben zu früh beendet wird. Die Identitätsfindung wird kaum vor dem 20. Lebensjahr erfolgen, wobei neue Optionen über die gesamte Lebensspanne möglich bleiben.

Bei der →*Autonomie* im →Denken und Handeln (→Handlung), einer weiteren Entwicklungsaufgabe, geht es um die gefühlsmäßige Ablösung, um die Freiheit und Überlegtheit beim Entscheiden, und um die Ausbildung von Werten als Maxime des Handelns. Der zunächst stärkere Einfluß von Gleichaltrigen schwindet über die Jugendzeit, und steht ohnehin nur selten im Gegensatz zur Familie.

Adoleszenz ist auch die Zeit zur Ausbildung von *Offenheit und Vertrauen* in zwischenmenschlichen Beziehungen. Hierbei gewinnt die Gemeinsamkeit von Werthaltungen als Grundlage von Freundschaft eine immer stärkere Betonung. Jugendliche müssen lernen, ihre →Sexualität und die Formen ihres Auslebens in solche vertrauensvolle Beziehungen einzubringen. Die Unterschiede zwischen den Geschlechtern im Entwicklungstempo sind hier besonders bemerkbar. Einen verantwortlichen, die Gesundheit fördernden Lebensstil zu entwickeln, ist nicht erst seit der epidemischen Ausbreitung von Aids wichtig.

Schließlich geht es um *Leistungen* in Ausbildung und Beruf als Voraussetzung weiterer Entwicklungschancen. Die hierzu erforderliche langfristige und häufig Jugendlichen wie Erwachsenen unklare Perspektive ist eine große Anforderung.

Früher glaubte man, daß die Bewältigung solcher Entwicklungsaufgaben grundsätzlich nicht ohne psychische Konflikte und Spannungen im Verhältnis zu den Eltern und anderen Mitmenschen gelingen könnte (→Jugendfeindlichkeit). Heute ist jedoch festzustellen, daß das Selbstwertgefühl, das man als allgemeines Indiz psychischer Gesundheit nehmen kann, über die Jugendzeit hin ansteigt und daß sich die Position eines Jugendlichen relativ zur Gesamtheit kaum verändert (Stabilität).

Problematisch ist es, wenn Jugendliche in Abweichung zur Mehrzahl ihrer Altersgleich geraten (→dissoziatives Verhalten): beschleunigte oder verzögerte körperliche Reife, zu frühe Übernahme von Erwachsenenrollen wie Vater- oder Mutterschaft, ökonomische Belastungen und unfreiwillige Arbeitslosigkeit in der Familie und deren Folgen sind einige Beispiele. Hier droht die Gefahr der Ablehnung und sogar Ausgrenzung aus altersgerechten Bezugsgruppen, etwa in der Schule.

Solange aber Jugendliche die Chance sehen, sich wenigstens in einem ihnen wichtigen Lebensbereich zu verwirklichen, stehen sie unter keinem besonderen Risiko für Fehlanpassungen und Entwicklungsschwierigkeiten („arena of comfort"). Selbstachtung, die Verfügbarkeit eines →sozialen Netzwerks, sowie die Überzeugung, über ein Mindestmaß an Kontrolle über die Folgen des eigenen Verhaltens zu verfügen, sind weitere Voraussetzungen der *Unverwundbarkeit,* die manche Jugendliche belastende Lebensereignisse und selbst feindselige Umwelten nahezu ohne Schaden überstehen läßt.

4. Jugend und gesellschaftlicher Wandel: Die Besonderheit der Lebenslage Jugendlicher, ihre →Marginalität, vermittelt Anstöße zur Entwicklung von Gruppen mit eigener (sub-)kultureller Orientierung, die häufig durch ihren besonderen Einfallsreichtum im Prägen von →Normen des Verhaltens und Stilen der äußeren Erscheinung auffallen. Von solchen Gruppen können Anstöße für gesellschaftliche Veränderungen ausgehen, die allerdings häufig durch Kommerzialisierung zur bloßen Mode werden. In der jüngeren Vergangenheit gehörten Jugendliche zu den „Vorreitern" bei Themen wie Frieden, Sinnlichkeit oder Naturbewahrung. Jugendliche nutzen ihre Phantasie, ohne schon durch die für viele Erwachsene typische „konservative" Haltung gebremst zu sein.

Neben diesen positiven Beispielen stehen andere, wie etwa Jugendsekten oder Jugendbanden, die den Wunsch nach Orientierung und Rückhalt auf eine Weise verwirklichen, die für sie selbst wie für andere abträglich ist. Ihnen gehören aber nur etwa 1% aller Jugendlichen an.

5. *Problemverhalten:* Unter Problemverhalten wird Verschiedenes verstanden. Ist ein Verstoß gegen soziale Normen impliziert, spricht man spezifischer von Delinquenz; Problemverhalten liegt aber auch vor, wenn Wohlbefinden, Gesundheit oder die Persönlichkeitsentwicklung behindert werden, ohne notwendig gegen Normen zu verstoßen. Beides kann zusammenkommen, wie etwa beim Gebrauch illegaler Drogen.

Auf Jugendliche und junge Erwachsene entfällt zwar der größte Anteil vieler Problemverhaltensweisen in der Gesamtpopulation. Zuvorderst drückt sich hierin aber die größere Aktivität aus: Übergänge erfordern, neue Verhaltensweisen und Kontexte zu erkunden; Regelverstöße sind dabei schon aus Unerfahrenheit naheliegend. Weiterhin ist es so, daß Problemverhalten Jugendlicher häufig nur dem Zeitpunkt, nicht dem Inhalt nach, einen Verstoß darstellt. Zu langes Wegbleiben beispielsweise oder Alkohol im Übermaß können mit positiven Entwicklungszielen, wie dem Aufbau von Freundschaften, verbunden sein (*Silbereisen u. Kastner* 1987). Solches Problemverhalten wird in vielen Fällen ohne bleibenden Schaden wieder aufgegeben, wenn entwicklungstypische Belastungen, wie etwa die Unsicherheit angesichts unklarer Zukunftsperspektiven, erst überwunden sind.

Davon unabhängig gibt es eine beträchtliche Zahl Jugendlicher, die in Problemverhalten einen Ersatz für vermeintlich oder tatsächlich verschlossene Entwicklungschancen gefunden zu haben glauben. Fehlernährung bis hin zur Magersucht (→Anorexia nervosa), übermäßiges Trinken, regelmäßiger Gebrauch von Drogen, Suizidversuche (→Suizid) – gemeinsam ist solchen Verhaltensweisen, daß sie in einer Art von Notfallfunktion beim Versagen normaler Bewältigungsmöglichkeiten (→Coping) einspringen können. In den Augen der Jugendlichen handelt es sich dabei oft um die einzige Chance, Kontrolle über sich und andere zu gewinnen. Der von den Gefahren ausgehende Reiz und die Anerkennung, die manche solcher Verhaltensweisen innerhalb einer Gruppe hervorrufen kann, vermag zur Verfestigung beizutragen.

Literatur: *E. H. Erikson,* Jugend und Krise. Stuttgart 1974. *K. Keniston,* Youth and dissent, New York 1971. *K. Lynch,* Growing up in cities. Cambridge 1977. *M. Mitterauer,* Sozialgeschichte der Jugend. Frankfurt/M. 1986. *P. Noack/R. K. Silbereisen/P. Kastner,* Jugendliche und ihre Umwelt. Hagen 1989. *R. K. Silbereisen/P. Kastner,* Jugend und Problemverhalten: Entwicklungspsychologische Perspektiven. In: *R. Oerter/L. Montada* (Hrsg.), Entwicklungspsychologie. München 1987, 2. Aufl.

Prof. Dr. *Rainer K. Silbereisen,* Gießen

Jugendfeindlichkeit

Obwohl in der →*Jugend* ein breites Spektrum an Gefühlen, Einstellungen und Zuschreibungen beobachtet werden kann und dieser Lebensabschnitt mal als statusniedrig oder statushoch, mal als hormonal oder gesellschaftlich gesteuert, oder als fremd- oder eigenbestimmt erlebt werden kann, bleibt eine Eigenschaft trotz aller unterschiedlichen Zustände durchgängig: der Aspekt der *Marginalität,* der Jugendliche im Übergang, in Grenzstellung, als Randfigur. Eine der Auswirkungen einer solchen Mehrheit-Minderheit-Konstellation ist die Ausbildung von gegenseitigen Ressentiments, zu denen insbesondere die feindliche Haltungen der Älteren gegenüber Jugendlichen und auch die feindliche Haltungen der Jugendlichen gegenüber Älteren gehört.

Empirisch belegen läßt sich diese These beispielsweise an einer Einstellungsuntersuchung *(Shell-Studie),* deren Ergebnisse zeigen, daß →Einstellungen zu Jugendlichen auch mit allgemein konservativ-autoritären Einstellungen zusammenhängen. Diese Vorurteile gegenüber

Jugendlichen bestehen aus: autoritär-aggressiven Tendenzen (→Aggressivität, →Feindseligkeit), Destruktivität und Zynismus, konventionellen Wertvorstellungen und reformfeindlichem, konservativ-hierokratischem Denken.

Jugendfeindlichkeit drückt sich demnach aus, wenn Gehorsam, Respekt und Anpassung von der Jugend an die gegebenen Gesellschaftsstrukturen verlangt werden und wenn von einer „natürlichen Rangordnung" zwischen den Generationen gesprochen wird, in der die Älteren die „natürlich" Ranghöheren, zu Respektierenden sind. Jugendfeindlichkeit impliziert die uneingeschränkten Privilegien und Führungsansprüche der älteren Generation. Gründe dafür liegen in der sozialen Ambivalenz der Jugendlichen heute. Sie ergibt sich aus der Konkurrenz- und Leistungssituation (Arbeitslosigkeit), der Machtstruktur (Machtlosigkeit) und dem Erziehungs- und Ausbildungssystem (Rangniedrige Plazierung).

Gleichzeitig provozieren Jugendliche Eltern und Erwachsene, oder diese fühlen sich provoziert. Sei es im sogenannten Generationskonflikt, bei dem die Jüngeren das einseitig gewichtete System der Generationen stören, sei es durch die Jugendkultur, die als so andersartig von der übrigen Gesellschaft in Erscheinung tritt, sei es die sexuelle Attraktivität (→Sexualität), die von Jugendlichen zur Schau gestellt wird, oder sei es in der fehlenden Respektierung der Erwachsenen, ihrer angeblichen Vorbildfunktion. Jugendliche als Zielgruppe öffentlicher Meinungsbildung und wirtschaftlicher Konsumorientierung erhöhen selbst das Provozierungsniveau.

Einstellungen der Erwachsenen gegenüber Jugendlichen können durch Beschützerverhalten einerseits und feindliche Einstellungen andererseits charakterisiert werden. Zum einen versuchen die Erwachsenen, Jugendliche vor Gefahren zu bewahren, insbesondere vor sexuellen und moralischen. Dieser Schutz ist jedoch eher ein Selbstschutz, weil dadurch die eigenen, auf die attraktiveren Jugendlichen bezogenen sexuellen Wünsche abgeschirmt werden können (→Projektion). Die sexuelle Komponente in der Beziehung zwischen Erwachsenen und Jugendlichen ist vielleicht die auffälligste, aber auch die verschleierteste. In vielen Psychologien und Soziologien des Jugendalters bleibt sie auffälligerweise unerwähnt, oder sie wird nur als unwichtiges Attribut beiläufig angeführt (Ausnahmen sind u.a. *Reich, Bernfeld, Davis, Friedenberg*).

Neben allgemeinen Trends der Feindlichkeit aus sexueller Faszination heraus, hat *Friedenberg,* angeregt durch die Untersuchungen von *Adorno* über die →*Autoritäre Persönlichkeit,* auch eine homosexuelle Komponente hervorgehoben. Er geht davon aus, daß Heranwachsende durch ihr Jungsein Verunsicherungen hervorrufen. Die heranwachsenden Jungen lösen demzufolge bei Erwachsenen latente homosexuelle Gefühle aus. →Homosexualität ist oft an Gefühle wie →Angst, →Abwehr, →Feindseligkeit und Terror gekoppelt.

Außerdem spielen Ressentiments und Neidgefühle bei der Ausbildung von feindlichen Einstellungen gegenüber Jugendlichen eine Rolle. Gegenwärtig stellt Jugendlichkeit das Ziel vieler Wünsche, Bedürfnisse und Interessen der Erwachsenen dar. Die Ausrichtung der Konsumindustrie auf die Zielgruppe der Jugendlichen ist ein treibendes Moment. Mit Jungsein wird das unerwünschte Altsein überdeckt, mit Jungsein werden Illusionen und Produkte verkauft und Hoffnungen geweckt.

Schließlich entsteht Jugendfeindlichkeit aus der „Angst vor dem Chaos". Je größer die Angst vor der vermeintlichen oder der realen Unordnung (→*Ambiguitätsintoleranz*) beim Erwachsenen ist, umso nachdrücklicher stellt sich bei ihm die Forderung nach Ordnung für die Jugendlichen ein. Je größer die reale oder imaginierte Unsicherheit scheint, umso größer ist das zwanghafte Befolgen von

Anordnungen und das Achten darauf, daß andere das gleiche tun.

Das Irrationale an der Angst vor der Unordnung zeigt sich noch an einem weiteren Punkt. Wenn Ordnung für das persönliche Verhalten ein Grundmuster liefert, so ist sie gleichbedeutend mit Existieren, Dasein und Leben; andererseits ist dann die Unordnung gleichbedeutend mit Chaos, Tod, und dem Nichts. Die Angst vor der Unordnung scheint mit der Angst vor dem Tod verbunden, wenn nicht gar mit ihr identisch zu sein.

Die →Rolle der Alten ist heute eine tragische. War Altern einstmals mit Gewinn an Status, Prestige und Sicherheit verbunden, so bedeutet es heute deren Abnahme und Verlust. Kompensiert wird das Vakuum daher u.a. durch Forderungen nach Autorität, Respekt und Ordnung.

Zwischen Jugend und Alter existiert eine grundsätzliche Unvereinbarkeit. Alte Menschen werden in ihrer gegenwärtig „tragischen" Situation durch die Jugendlichen an ihr eigenes Alter und ihre Nähe zum Tod erinnert, weil diese durch ihr Jungsein und die größere Ungezwungenheit, mit der sie in Erscheinung treten, heute mehr auffallen als früher und weil sich die Medien stärker auf die Kultur und den Kult der Jugend konzentrieren. Gelegentliche Exzesse jugendlichen Verhaltens werden ungebührlich angeprangert. Die Folge dieser Verstärkung von Negativeinstellungen liegt auch in der Ausbildung von Abwehrverhalten.

Das Bild, das der Erwachsene sich mitunter von den heutigen Jugendlichen macht, ist ein Zerrbild. Obwohl es als solches eine sich selbst erfüllende Prophezeihung darstellt, formt dieses Zerrbild die latenten Gefühle der Erwachsenen für Jugendliche auch in feindliche um.

Literatur: *W. Schurian,* Jugendfeindlichkeit: Jugendliche als diskriminierte Minderheit. Weinheim 1976. *W. Schurian,* Jugendfeindlichkeit und die Angst vor der Unordnung. Psychologie und Gesellschaftskritik, 1984, 29/30. *W. Schurian,* Psychologie des Jugendalters. Opladen 1989. *A. Bruder-Bezzel/K. J. Bruder,* Jugend, Psychologie einer Kultur. München 1984. *Shell-Studie:* Jugend '85 – Jugendliche und Erwachsene. Leverkusen 1985.

Prof. Dr. *Walter Schurian,* Münster

K

Kanalkapazität
höchstmögliche Anzahl von Elementen oder Informationseinheiten (→ Information), die ein informationsverabreitendes System gleichzeitig aufnehmen und verarbeiten kann.

Kannphase
→ Klassisches Konditionieren.

Kastrationsangst
→ Ödipuskomplex
→ psychosexuelle Entwicklung.

Katamnese
Krankenbericht nach Abschluß der Behandlung, ggflls. mit Prognose.

Katecholamine
aromatische Amine, die das → zentrale Nervensystem, das → vegetative Nervensystem und das motorische System beeinflussen. Primäre Kathecholamine sind Noradrenalin (→ Nebennierenmark) und → Dopamin, sekundäres Kathecholamin das Adrenalin (→ Nebennierenmark).

Katathymes Bilderleben
erlebniszentrierte Form der → Psychotherapie, bei der magische, symbolhaltige Bilder (→ Imaginationstechnik) während eines → Trancezustandes ausgelöst werden. Sie dient der Sichtbarmachung von Affektüberlagerungen (→ Affekte) rationaler Vorgänge.

Katharsis
Entlastung durch Ausleben oder Abreagieren von → Gefühlen, die man als seelische Belastung erlebt.

Kausalanalyse
→ Strukturgleichungsmodell.

Kausal-Attribution
→ Attribution.

Kennreiz
⇒ Schlüsselreiz
→ Angeborener Auslösermechanismus.

KFA
⇒ Konfigurations-Frequenz-Analyse
→ Multivariate Datenanalyse.

Kindchenschema
typische Körpermerkmale des Kleinkindes oder Jungtieres, wie vorgewölbte Stirn, große Augen, „Stupsnase“, die Zuwendungs-, Schutz- und Pflegereaktionen auch beim Menschen auslösen können und daher als → Schlüsselreize dienen können.

Kinderverhaltenstherapie
Begriff. Kinderverhaltenstherapie setzt verhaltenstherapeutische Behandlungsmethoden (→ Verhaltenstherapie) in ein kindgerechtes Vorgehen um. Umfassend werden dabei ältere und neue Theorien und daraus abgeleitete Verfahren berücksichtigt. Es kann sich dabei je nach Indikation um die Anwendung einzelner Techniken wie um komplexe Trainings handeln. Eine Rolle spielen → klassisches Konditionieren und → operantes Lernen, die Theorie der → erlernten Hilflosigkeit und vor allem die soziale Lerntheorie (→ soziales Lernen).

Die Kinderverhaltenstherapie umfaßt ein weites Spektrum von Behandlungsmöglichkeiten, da Kinder in vielfältiger Weise für psychische Störungen anfällig sind, die sich sowohl aus ihrer → Entwicklung als auch aus ihrer Familiensituation ergeben können (*Ross u. Petermann* 1987). Deshalb ist eine Kinderverhaltenstherapie immer auch notwendigerweise mit einer Familienberatung gekoppelt. Globales Ziel einer Kinderverhaltenstherapie ist, verschiedene Lernprozesse in Gang zu bringen, sei es Neulernen, sei es Umlernen, und zwar auf motivationaler (→ Motivation), kognitiver (→ Kognition) und Verhaltensebene. Die Umsetzung verhaltenstherapeutischer Methoden in ein kindgerechtes Vorgehen erfolgt dadurch, daß vielfältige Materialien entwickelt werden müssen.

Kinderverhaltenstherapie

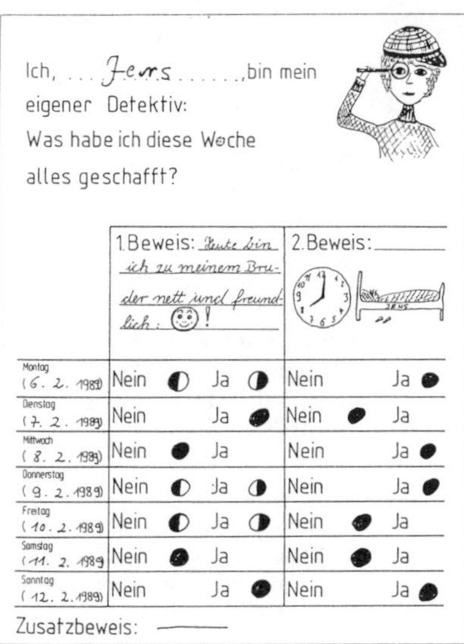

Ich, ... Jens ......, bin mein eigener Detektiv:
Was habe ich diese Woche alles geschafft?

	1. Beweis: Heute bin ich zu meinem Bruder nett und freundlich!		2. Beweis:	
Montag (6. 2. 1989)	Nein	Ja	Nein	Ja
Dienstag (7. 2. 1989)	Nein	Ja	Nein	Ja
Mittwoch (8. 2. 1989)	Nein	Ja	Nein	Ja
Donnerstag (9. 2. 1989)	Nein	Ja	Nein	Ja
Freitag (10. 2. 1989)	Nein	Ja	Nein	Ja
Samstag (11. 2. 1989)	Nein	Ja	Nein	Ja
Sonntag (12. 2. 1989)	Nein	Ja	Nein	Ja

Zusatzbeweis: ———

Indikation. Die Kinderverhaltenstherapie ist bei folgenden Symptomen angezeigt: (a) →Soziale Isolation, sozial unsicheres Verhalten; (b) →Sprachstörungen; (c) →Aufmerksamkeitsstörungen; (d) →Hyperaktivität, exzessive Aktivität; (e) Einnässen und Einkoten; (f) Aggressives Verhalten (→Aggression); (g) →Ängste und →Phobien; (h) Somatische Störungen, z.B. Magersucht (→Anorexia nervosa), Asthma; (i) Chronische Krankheiten, z.B. Diabetes mellitus (vgl. Ross & Petermann, 1987); (j) Arbeits- und Sozialverhaltensstörungen bei Jugendlichen (*Petermann* u. *Petermann* 1987). Drei Ebenen der psychologischen Indikationsstellung lassen sich neben medizinischen Diagnoseverfahren unterscheiden: 1. →Fragebögen zur Erfassung von →Einstellungen, →Motivationen, →Konzentration, →Intelligenz usw. 2. Verhaltensbeobachtung mit systematischen und konkreten Kategorien sowie Bewertungsschlüsseln, um Verhalten in Alltagssituationen standardisiert festzuhalten. 3. Elternexplorationsbögen zur Erhellung der Entwicklungs- und Krankheitsgeschichte des Kindes sowie zur Feststellung lerntheoretisch (→Lerntheorien) begründbarer Verhaltenszusammenhänge in der Familie (vgl. z.B. *Petermann* u. *Petermann* 1988).

Einzelne Techniken. Eine wichtige Voraussetzung zum Lernen und zur Verhaltensänderung ist die Beobachtungsfähigkeit, und zwar bezüglich der eigenen Person wie bezüglich der Wahrnehmung anderer Personen und →Interaktionen. Um nun die Beobachtungsfähigkeit beispielsweise bei aggressiven Kindern zu trainieren, werden verschiedene Wahrnehmungsübungen durchgeführt. Zur Wahrnehmung anderer betrachtet das Kind Bilderfolgen und muß den Handlungsablauf erkennen, oder es sieht einen kurzen Videofilm und muß das Geschehen erfassen und bewerten. Zur Selbstbeobachtung erhält das Kind einen sogenannten Detektivbogen, mit dem es sich täglich systematisch überprüft. Es werden dabei kleine, klar abgegrenzte und konkrete Verhaltensweisen als Beobachtungsaufgabe gegeben (vgl. Abb.). Auch sozial unsichere, ängstliche und isolierte Kinder erhalten einen Detektivbogen zur Selbstbeobachtung (*Petermann* u. *Petermann* 1989), und Jugendliche führen ein Tagebuch (*Petermann* u. *Petermann* 1987).

Kinder und Jugendliche werden auch angeleitet, günstige Selbstverbalisationen zur Bewältigung von schwierigen sozialen Konfliktsituationen (→Konflikt) oder zur Modifikation von Problemlöseverhalten (→Problemlösen) zu verwenden. Sie lernen dies mit Hilfe von →Modell-Lernen, →Rollenspielen und Instruktionskärtchen. Die Instruktionskärtchen, in Hosentaschengröße, enthalten ein Symbol oder ein lustiges Bild, welche mit einem bestimmten Verhalten im Rollenspiel verknüpft werden. Bei Kindern, die lesen können, wird auch die Schriftsprache einbezogen, z.B. „Ruhig Blut, dann geht alles gut!" oder „Ich zähle zuerst bis 20 und handle dann!". Dies sind Instruktionen für aggressive und hyperaktive Kinder. Die Rollenspiele werden anhand einer vorgegebenen Geschichte und mit einer geregelten Struktur durchgeführt (*Petermann* u.

Petermann 1988; Ross u. Petermann 1987).

Komplexe Trainings. Bei vielen Störungen, besonders im Sozialverhalten, ist nur ein komplexes Training erfolgversprechend. In ihm sind einzelne Techniken, wie oben beispielhaft beschrieben, integriert. Wichtig ist dabei, nach einer hierarchischen Zielstruktur vorzugehen und dieser die Techniken mit dem Material zuzuordnen, um so neues, alternatives Verhalten aufzubauen. Bei →Verhaltensstörungen wird davon ausgegangen, daß die Ausdifferenzierung des Verhaltensrepertoires im Rahmen von Trainings zur Reduktion des problematischen Verhaltens führt. Dazu ist sowohl die Arbeit mit dem einzelnen Kind (Einzeltraining) als auch mit einer Kindergruppe (3 bis 4 Kinder im Gruppentraining) vonnöten (*Petermann* u. *Petermann* 1987; 1988; 1989).

Bei der Arbeit mit Kindern findet zudem standardgemäß eine Familienberatung statt, wenn möglich und sinnvoll als Hausbesuch. An ihr nehmen Mutter und Vater, teilweise andere wichtige Bezugspersonen und Geschwister sowie das Trainingskind freiwillig teil. Die Familienberatung ist ebenso zeitintensiv wie das Kindertraining. Sie erfolgt ebenfalls nach verhaltenstherapeutischen Maßstäben. Das bedeutet, auch die Eltern lernen Verhaltensbeobachtung, um Zusammenhänge in der familiären Interaktion richtig zu erkennen. Sie erfahren einiges darüber, welche Reize Verhalten auslösen können und welche Konsequenzen Verhalten stark beeinflussen. Es wird ihnen auch verdeutlicht, daß sie immer als Vorbild ihrer Kinder wirken. Es gilt in einer kinderverhaltenstherapeutischen Familienberatung die Balance zu finden zwischen einerseits Entlastung für und Einfühlung in die Eltern und andererseits sie nicht aus der Pflicht lassen, wenn es um die Veränderung ihres Erziehungsverhaltens geht (*Petermann* u. *Petermann* 1988, 1989).

Effektivität. Die Effektivität einzelner Techniken ist empirisch gut gesichert. Bei den komplexen Trainings liegen vor allem einzelfallstatistische (→Einzelfallanalyse) Effektivitätsprüfungen vor (*Petermann* 1987; 1989). Sie zeigen, daß solche Trainings in hohem Maße und auch langfristig stabil wirken. Dies ist vor allem dann gegeben, wenn zur Kinderverhaltenstherapie (Einzel- und Gruppentraining) eine ebenso strukturierte und umfangreiche Familienberatung hinzukommt.

Literatur: *F. Petermann* (Hrsg.), Verhaltensgestörtenpädagogik. Berlin 1987. *F. Petermann/U. Petermann,* Training mit Jugendlichen. Weinheim 1987. *F. Petermann/U. Petermann,* Training mit aggressiven Kindern. Weinheim 1988 (3. Aufl.). *F. Petermann* (Hrsg.), Einzelfallanalyse. München 1989 (2. Aufl.). *U. Petermann/F. Petermann,* Training mit sozial unsicheren Kindern. Weinheim 1989 (3. Aufl.). *A. O. Ross/F. Petermann,* Verhaltenstherapie mit Kindern und Jugendlichen. Stuttgart 1987.

Prof. Dr. *Ulrike Petermann,* München

Kindesmißhandlung
→Gewalt.

Kind-Ich
→Transaktionale Analyse.

K-Komplex
→Schlaf.

Klasse
sozialpsychologisch: Kategorie für die Einteilung der Bevölkerung nach ihrem sozio-ökonomischen Status;

statistisch: Kategorie für die Einteilung von Elementen nach gemeinsamen Merkmalen.

Klassisches Konditionieren
1. Definition: Klassische →Konditionierung hat dann stattgefunden, wenn ein vormals neutraler →Reiz – aufgrund wiederholter Paarung mit einem →unbedingten Reiz – imstande ist, dieselbe →Reaktion hervorzurufen wie der unbedingte Reiz.
2. Beispiele: Schon beim Anblick eines saftigen Steaks läuft uns das Wasser im Munde zusammen (wir speicheln). Ein

Klassisches Konditionieren

Hund bekommt, jedes Mal, wenn ihm Futter geboten wird, einen Ton dargeboten. Nach wiederholter Paarung dieser Reize fängt der Hund an zu speicheln, auch wenn nur der Ton dargeboten wird.

3. → Paradigma:

UCS ----------→ UCR
Futter ---------→ Speicheln
CS ----→ UCS ---→ R
Ton ---→ Futter ---→ Speicheln
CS -----------→ CR
Ton ----------→ Speicheln

Hier ist
UCS = → unkonditionierter Reiz (unbedingter Reiz)
UCR = → unkonditionierte Reaktion (unbedingte Reaktion)
CS = → konditionierter Reiz (bedingter Reiz)
R = → Reaktion
CR = → konditionierte Reaktion (bedingte Reaktion)

Während des Konditionierungsvorgangs kann man die Reaktion weder als UCR (unkonditionierte) noch als CR (konditionierte) Reaktion bezeichnen; daher die Bezeichnung R (= Reaktion).

4. Phasen des Klassischen Konditionierens:
Basisrate: Hier prüft man, ob der CS imstande ist, die Reaktion – ohne vorherige Paarung mit dem UCS – auszulösen. Ist dies der Fall, dann hat man es nicht mit einem CS sondern mit einem UCS zu tun.

Lernphase: Der CS wird wiederholt mit einem UCS dargeboten.

Kannphase: Diese tritt dann ein, wenn der CS alleine imstande ist, eine konditionierte Reaktion hervorzurufen.

Abschwächung: Hier wird nur der CS dargeboten, bis die CR gehemmt ist.

Spontanerholung: Nach der Abschwächung – meist einen Tag oder später – wird der CS wiederum dargeboten und die CR erscheint wieder, allerdings in verringertem Maße.

5. Arten des Klassischen Konditionierens: bei der Klassischen Konditionierung ist vor allem das zeitliche Verhältnis zwischen CS und UCS wichtig und definiert gleichzeitig die verschiedenen Arten der Konditionierung.

Spontanbedingte Reaktion: Hier überlappt der CS zeitlich mit dem UCS:

CS
UCS
------- 7,5 sec -------

Verzögerte bedingte Reaktion: Ist das Zeitintervall zwischen dem Beginn des CS und dem Beginn des UCS länger als 5 sec und die Überlappung dennoch beibehalten, so spricht man von einer verzögerten bedingten Reaktion.

CS
UCS
------- 7,5 sec -------

Spuren-bedingte Reaktion: Bei dieser Konditionierung gibt es keine zeitliche Überschneidung des CS und UCS. Liegt das Zeitintervall zwischen 0 und 5 sec, spricht man von einer kurzspurig-bedingten Reaktion; ist das Zeitintervall länger, nennt man die konditionierte Reaktion langspurig. Hier wird das Zeitintervall vom Ende des bedingten Reizes bis zum Beginn des unbedingten Reizes gemessen. Diese Reaktion ist schwieriger zu konditionieren als die simultanbedingte Reaktion. Als Beispiel eine kurzspurig-bedingte Reaktion:

CS
UCS
------- 4 sec -------

Rückwärts bedingte Reaktion: Bei dieser Konditionierung geht der UCS dem CS voraus, überschneidet sich aber mit diesem.

UCS
CS
------- 4 sec -------

Bedingte Reaktion höherer Ordnung: Hier wird der CS in der ersten Konditionierung als UCS bei der zweiten Konditionierung eingesetzt, etc. Diese Reaktion ist sehr schwierig zu konditionieren; höchstens vier Ordnungen wurden je erreicht. Als Beispiel eine Konditionierung 1. und 2. Ordnung:

CS ---→ UCS --→ R
Ton ---→ Futter --→ Speichelung
CS -----------→ CR 1. Ordnung
Ton ----------→ Speichelung
CS ---→ UCS --→ R
Licht ---→ Ton --→ Speichelung
CS -----------→ CR
Licht ---------→ Speichelung
2. Ordnung

Daneben gibt es noch eine Reihe anderer klassischer Konditionierungsmethoden (*Angermeier* u. *Peters* 1973).

Positive und negative konditionierte Reaktion: Der UCS kann – je nach seiner Beschaffenheit – eine positive Reaktion hervorrufen (z.B. Speicheln bei Futter) – oder eine negative Reaktion (z.B. Flucht oder Vermeidung) bedingen. Diese entsprechende Fähigkeit übernimmt dann nach der Konditionierung der CS. Hier ein Beispiel für den Einsatz eines negativen UCS (führt zu einer Abwehrreaktion):

UCS -------→ UCR
Elektroschock → der Hund hebt das Bein

CS --→ UCS -------→ R
Ton → Elektroschock → der Hund hebt das Bein

CS --------→ CR
Ton -------→ der Hund hebt das Bein

7. Anwendungsbereiche: Die Klassische Konditionierung findet ihre Anwendung vor allem beim →Biofeedback und bei →Entspannungstraining. *Biofeedback* ist das Sichtbarmachen physiologischer Veränderungen in unserem Körper (z.B. erscheint auf einem Bildschirm eine Kurve, welche den Blutdruck anzeigt; oder es ertönt ein Ton, wenn die Herzfrequenz beispielsweise um 1% gesenkt wurde). Bei *Entspannungsübungen* wird angenommen, daß sich physiologische Veränderungen mit bestimmte verbalen Anweisungen assoziieren. Auch sekundäre Verstärkung beim →operanten Lernen kommt anscheinend durch Klassische Konditionierung zustande.

Literatur: *W. F. Angermeier/M. Peters,* Bedingte Reaktionen. Heidelberg 1973. *I. P. Pawlow,* Conditioned Reflexes. London 1927.

Prof. Dr. *Wilhelm F. Angermeier,* Köln

Klassische Testtheorie
→Testtheorie.

Klaustrophopie
panische →Angst bei Aufenthalt in geschlossenen Räumen.

Kleinhirn
⇒Cerebellum
ist wie das →Großhirn unterteilbar in gefaltete Rindenanteile an der Oberfläche, Mark und Kernbezirke; hat Verbindungen mit den Rezeptoren von Muskeln, Sehnen und Gelenken, sowie dem Gleichgewichtsapparat im Innenohr, den Basalganglien und den Augenmuskelkernen. Es ist beteiligt an der Regulation des Muskeltonus, der Balance und des Gleichgewichts, sowie der koordinierten Augen-, Kopf- und Körperbewegung.

Kleptomanie
zwanghafte Neigung zum Stehlen, bei der nicht der erwartete Nutzen, sondern die Begleitumstände der Tatausführung das →Motiv darstellen.

klientenzentrierte Psychotherapie
→Gesprächspsyhotherapie.

klientenzentrierte Theorie
theoretische Grundlage der →Gesprächspsychotherapie.

Klimakterium
Lebensphase zwischen Geschlechtsreife und Alter, in der die sexuelle Aktivität (→Sexualität) des Mannes nachläßt und die →Menstruation der Frau aufhört.

Klinische Psychologie
Teilgebiet der Psychologie, das sich mit

der Entstehung und Behandlung psychischer Störungen befaßt.

Klüver-Bucy-Syndrom
→limbisches System.

Koalitionsspiel
→Spieltheorie.

Kodierung
⇒Verschlüsselung
Umsetzung qualitativer Informationen in einen numerischen Kode im Rahmen der Datenanalyse, im weitesten Sinne das Verschlüsseln von Informationen zum Zwecke ihrer Speicherung.

Körperbautypen
in den →Typologien der →Persönlichkeit beschriebene Zusammenhänge zwischen körperlicher Konstitution und →Eigenschaften der Persönlichkeit.

Körperschema
Körperempfindungen und subjektives Bild, das sich jemand von der Position seines Körpers im Raum macht und das sich aus den Wechselbeziehungen zwischen Gesichtssinn, Gleichgewichtssinn und der Vorstellung von der eigenen Leibgestalt ergibt.

Kognition
Oberbegriff für die höheren geistigen Funktionen, insbesondere →Denken, →Wahrnehmung, Erkennen und Verstand.

kognitiv
erkennend, wahrnehmend, verstandesmäßig.

kognitive Dissonanz
→Dissonanz.

kognitive Kontrolle
verstandesmäßige Kontrolle.

kognitive Prozesse
innere Vorgänge, die die Gedanken, das Erkennen, die Wahrnehmung oder den Verstand betreffen.

kognitive Psychologie
Teilgebiet der Psychologie, das sich mit den →Kognitionen und den →kognitiven Prozessen befaßt.

kognitives Schema
im Verlauf der individuellen Entwicklung gebildetes und durch Erfahrungen ausgeformtes, gedankliches Bezugssystem, das die Ordnungskriterien liefert, nach denen neue Erkenntnisse und Erfahrungen assimiliert werden (→Assimiliation).

kognitive Umstrukturierung
→rational-emotive Therapie.

Kohärenz
im physikalischen Sinne die Konstanz der Phasendifferenz zweier Wellen; psychologisch der Bezug des →Ichs zur Umwelt (→Realitätsprinzip).

Kohäsion
sozialpsychologischer Begriff zur Beschreibung der integrierenden Vorgänge bei Gruppenprozessen (→dissoziatives Verhalten, →Gruppenkohäsion).

Kohortenstudie
Untersuchung einer Gruppe über einen längeren Zeitraum, deren Mitglieder nach einem bestimmten demographischen Merkmal ausgewählt wurden (z.B. nach dem selben Geburtsjahr oder sie alle zeitgleich betreffenden Ereignisse, wie z.B. das Kriegsende).

Kollateralen
Nebenäste von Blutbahnen und Nervenfasern.

kollektives Unbewußtes
→Analytische Psychologie.

Koma
⇒Coma
Zustand tiefer Bewußtlosigkeit oder Betäubung ohne Reaktionsfähigkeit nach Schädigung oder Erkrankung des →Gehirns (Verletzung, Schlaganfall, Stoffwechselentgleisungen).

Kommunalität
derjenige Anteil der →Varianz einer Variablen, der durch die bei einer →Faktorenanalyse extrahierten gemeinsamen Faktoren erklärt wird.

Kommunikation

Kommunikation

Dieser Begriff wird abgeleitet aus dem Lateinischen und bedeutet „Verbindung". Allgemein wird Kommunikation als ein Austausch von Informationen gesehen. *Information* ist jede bedeutungshaltige Charakteristik, die eine bestehende Unsicherheit reduziert. *Reale Informationen* sind solche, die Eigenschaften von etwas sind. Wir sprechen hier auch von →denotativen Beschreibungen. *Abstrakte Informationen* weisen per definitionem Eigenschaften zu, um diese Eigenschaftsträger von anderen abzugrenzen (→konotative Beschreibung). Informationen werden grundsätzlich von einem *Sender* an einen *Empfänger* weitergegeben. Diese Weitergabe erfolgt über den *Austauschweg* resp. den Übermittlungskanal. Hier ist es von Bedeutung, daß die Information häufig dem Austauschweg angepaßt werden muß (Kodierung/Dekodierung). Dieser Austauschweg kann Beschränkungen oder Störungen unterliegen (→Kanalkapazität, „Rauschen" d.h. irrelevante Zugaben, die nicht zur Informationen gehören). Die (reduzierte) tatsächliche übertragene Information wird auch als *Transinformation,* der Anteil verlorengegangener Informationen als *Äquivokation* bezeichnet. Beim menschlichen Informationsaustausch, der in der Regel durch Verhalten (Aktion) erfolgt, spricht man deshalb präziser von →Transaktion.

Information ist nicht singulär, sondern steht meist in einem Zusammenhang mit anderen Informationen, die zu den Entitäten gehören, zu denen sie selbst gehören: Sie sind somit durch ein System (meist von Regeln, wie der →Sprache) verbunden, das ihnen zusätzliche Bedeutung verleiht (syntaktische Funktion) oder ihre Bedeutung überdeterminiert, indem andere Zeichen des Systems überschneidende Bedeutung haben. Bei Berücksichtigung der *Zeitkomponente* ergeben sich verschiedene Abhängigkeiten für das Ausmaß des Informationsaustausches:

- die Entitäten beim Sender können sich mit der Zeit verändern,
- sie können sich durch den Informationsaustausch verändern,
- der Empfänger kann einem Prozeß unterliegen, der unabhängig von der gesendeten und übertragenen Informationen die Dekodierungsregeln und die Bedeutungssysteme des Empfängers verändern.

Diese Einflußnahmen führen dazu, daß objektiv gleiche Zeichen subjektiv verschiedene Bedeutung erhalten können (pragmatische Funktion). Diese Funktion finden wir jedoch insgesamt zur Zeit grundsätzlich nur bei lebenden (biologischen oder psychologischen) Kommunikationsteilnehmern, die sich, entlang welcher Dimension auch immer, entwickeln.

- Außerdem ergeben sich durch die Berücksichtigung der Zeit(-einheit) Unterschiede im Informationsprozeß bei diskreten und kontinuierlichen Entitäten:

Ein *einseitiger Informationsfluß,* der *kontinuierlich* verläuft, ermöglicht die Übermittlung beider Arten ohne Verfälschung. Bei *einseitigem Informationsfluß* der *diskret* verläuft, ist das Ausmaß der übertragenen Information abhängig von der zeitlichen Dauer der diskreten Informationsübertragung (i.a. als Auflösungsvermögen bezeichnet): Besteht eine Synchronisierung der Dauer, werden diskrete Informationen vollständig übertragen; ist die Auflösung zu gering, geht Information verloren; ist sie zu hoch, werden →Redundanzen übertragen.

Bei *diskreter Übertragung* und *kontinuierlichen Entitäten* richtet sich das Maß der übertragenen Information nach der Dauer der übertragenen Informationseinheiten: Bei hoher Frequenz können die diskreten Informationen den Eindruck der Kontinuität hervorrufen. Bei Menschen haben die Sinnesorgane als Empfänger festgelegte Auflösungen (→Psychophysik; gustativ 10/sec; olfaktorisch bis 10^2, akustisch bis $5*10^4$, taktil

$2*10^5$, optisch $3*10^6$). Praktisch ist die Übertragung einer so hohen Informationsdichte jedoch nur für reflexhafte →Wahrnehmung möglich: Bewußtseinsinhalte (→Bewußtsein) haben maximal (etwa im 20. Lebensjahr) eine Verarbeitungsdichte von 2^{16}/sec, soll diese Information im Gedächtnis gespeichert werden, so reduziert sich die Auflösung auf 1,4/sec. Aus diesem Umstand ist erklärlich, daß *Watzlawik et al.* (1968) in ihrer Darstellung menschlicher Kommunikation undifferenziert und irrtümlich von analogen und digitalen Prozessen ausgehen. Sie vermengen dabei mehrere Charakteristiken in verschiedener Weise, um dann scheinbar distinkte Gruppe von Informationsübertragungs-Prozessen zu beschreiben: einerseits phylogenetisch determinierte, reflexartige (→Reflex) Informationsübertragungen, ohne Beteiligung des Bewußtseins und mit einer hohen Auflösung der Kodierung-Dekodierungsensoren, bei der die Information im wesentlichen durch syntaktische Aspekte bestimmt wird, andererseits bewußtseinsgesteuerte, durch Lernprozesse mehr oder minder vollständig vorhandene und damit nur teilweise kompatible (pragmatische) Zeichensysteme hoher Komplexität, die weitgehend konotativ sind, deren Information wesentlich durch semantische Aspekte bestimmt wird.

Bei der Betrachtung der *mehrseitigen Informationsübertragung* ergeben sich mehrere zusätzliche Aspekte: im einfachsten Falle einer zweiseitigen Informationsübertragung ist nur zu entscheiden, ob die Informationsübertragung parallel erfolgen soll, dann sind mindestens zwei Kanäle erforderlich, oder sukzessive, dann muß die Reihenfolge festgelegt werden, in der die Beteiligten wechselseitig als Sender und Empfänger fungieren. Für den Fall, daß die Intervalle nicht festgelegt sind, in denen dieser Wechsel stattfindet, müssen Zeichen vereinbart werden, die Anfang und Ende der Informationsübertragung kennzeichnen. Diese Zeichen sind dann nicht informationshaltig für die zu übermittelnden Nachrichten, sondern Interpunktions- oder →*Metakommunikations*zeichen.

Hier beginnt der Übergang von der Informationsübertragung zur *Kommunikation:* bei der Kommunikation ist die Bedeutung der Zeichen und ihrer Systeme, sowie die Festlegung des Ablaufs, der Komplexität und der Kanäle selbst, als bedeutungshaltig und adaptibel, Gegenstand von kommunikativen Akten. Es entsteht die Hierarchie der Informationsübertragungs-Prozesse. Bei der Informationsübertragung zwischen mehr als zwei Partnern sind verschiedene Formen der Informationswege möglich (Stern, Ring, Netz, Kette). Dabei wird eine dritte Funktion möglich: der *Überträger.* Dieser fungiert als Empfänger und gleichzeitig als Sender, ohne daß er die Informationen verändert.

Informationsübertragung zwischen Menschen ist überwiegend Kommunikation, d.h. während des Ablaufs werden die prozeßbestimmenden Informationsübertragungs-Funktionen definiert und adaptiert. Es tritt jedoch eine Sonderform bei lern- und entwicklungsfähigen Partnern auf: diese können auf Informationen zurückgreifen, die sie nicht selbst durch die aktuelle Kommunikation geschaffen haben. Das Ausmaß ihrer Verwendung ist somit informativ im Hinblick auf den jeweiligen Sender. In der Psychologie spricht man von →Ausdruck, im kommunikationstheoretischen Sinne ist dieser Aspekt eher metakommunikativ. Dem steht beim Empfänger der entwicklungs- und lern- bzw. erfahrungsbedingte Aspekt gegenüber, der den Eindruck des Empfängers bestimmt. Motivational und volitiv gesteuerte Kommunikationspartner haben darüber hinaus die Möglichkeit, Informationsübertragung und Kommunikation durch Auswahl zu steuern, d.i. zu *intendieren* und zu *formen* sowie *zielgerichtet* zu verwenden.

Diese Aspekte, die sowohl bei einseitiger Informationsübertragung wie bei wechselseitiger Kommunikation von Bedeutung sind, leiten über zur → *Interaktion*. Dort ist die wechselseitige Beeinflussung i.S. eine Veränderung des Zeichen- wie Verhaltenssystems der Interaktionsbeteiligten einer definitive Notwendigkeit. In diesem Sinne sind alle sozialen Entitäten des Menschen interaktiv und nicht nur kommunikativ entstanden. In diesem Sinne ist auch die Vereinfachung von Lernprozessen auf kommunikative Aspekte zu kurz gegriffen. *Bachhausen* (1974) weist mit Recht darauf hin, daß bei den „konstitutiven Bedingungen kommunikationsfähiger Verhaltenssysteme" ein Aspekt bisher vernachlässigt wurde, der bei den Kommunikations- (richtig Interaktions-)Partnern von wesentlicher Bedeutung ist: die Fähigkeit zur Theoriebildung. Diese ermöglicht eine individuelle Erfahrungsbildung und daraus abgeleitet eine individuelle Gestaltung der Informationsübertragung. Im Bereich der psychologischen →Systemtheorie spricht man fälschlich von der Fähigkeit zur Autopaesie (*Luhmann* 1987) oder von Informationsschöpfung in Systemen (*Deissler* 1985). Es handelt sich hierbei lediglich um eine (individuelle) theoriegeleitete, andersartige pragmatische Verknüpfung von übertragener und im Erfahrungsbildungsprozeß aufgenommener Information.

Zeitliche, räumliche und wertende Komponenten sind bestimmend für das menschliche Erleben und Verhalten. Dies gilt sowohl für die innerpsychischen wie die situativen (i.e.S. sozialen) Bedingungen. In der Kommunikation werden alle diese Komponenten zusammengefaßt und die Überschneidung der Sender- und Empfängersysteme als → *Kontingenz* bezeichnet. In der Interaktionstheorie spricht man bei jenen Kommunikationsakten oder -prozessen, die auf ein zeitliches Intervall gemeinsamer Erfahrungsbildung oder Kommunikationsadaptation aufbauen, von Beziehungen. Diese haben, wie aus der Ableitung ersichtlich, einen sehr hohen pragmatischen Anteil, greifen aber auch auf semantische, überindividuelle Aspekte zurück. Menschliche Kommunikation zeichnet sich noch durch einen letzten Aspekt aus: der Mensch kann Dinge schaffen und formen, die unabhängig vom Prozeß des Erschaffen und Ändern einen Informationsgehalt besitzen. Man spricht hier von Symbolen (→symbolischer Interaktionismus). *Bühler* (1929) hat dies als *Gebildeaspekt* am Beispiel der Sprache beschrieben. *Hofstätter* (1957) hat die kommunikativen Aspekte zu einem Dreieck zusammengefügt. Um dieses Kommunikationsdreieck auf die verschiedenen „Kanäle" menschlicher Kommunikation anwendbar zu machen, hat *Baumgärtel* (1983) eine Verknüpfung mit den Dimensionen menschlichen Verhaltens (→kognitiv, →motivational, →emotional, →aktional) vorgenommen. Dadurch wurde die Anwendbarkeit für die Diagnose (→Psychodiagnostik) wie für die Therapie (→Psychotherapie) deutlich erweitert. Eine Erweiterung auf die Analyse von Interaktionen setzt jedoch voraus, daß mehr Erkenntnisse über die Trennung von semantischen wie pragmatischen Aspekten gewonnen werden. Bei der außerordentlichen Komplexität (besonders im nonverbalen Bereich, hier isolierte *Frey*, 1982, allein 104 Dimensionen) wird dies noch einige Zeit auf sich warten lassen. Im Bereich der →klinischen Psychologie dominierten angesichts dieser Schwierigkeiten lange Zeit heuristische Ansätze. Deren Beitrag zur Psychologietheorie besteht jedoch im umgekehrten Verhältnis zum Umfang ihrer Anwendung (z.B. in der →Psychoanalyse und der systemischen →Familientherapie), so daß mit einiger Berechtigung die →Heuristik in der Interaktionsanalyse als Sackgasse bewertet werden muß. Der experimentalpsychologische Ansatz der →Sozialpsychologie mit synthetischen Gruppen hat zwar im Bereich der syntaktischen Aspekte der Kommunikation und Informationen viele verwertbare Ergebnisse gebracht, zur Trennung von semantischen und pragmatischen Aspekten bedarf es jedoch kontrollierter Studien mit Gruppen, die bereits eine *Beziehung* aufgebaut haben, wie es z.B. bei Familien oder Arbeitskollektiven der Fall ist.

Literatur: *W. J. Backhausen,* Entwicklung eines Kommunikationsmodells als ST-System. Z. f. Psychologie, 1974, 182, 414–431. *F. Baumgärtel,* Konzepte, Methoden und Ergebnisse der Familiendiagnostik. In: *W. R. Minsel/R. Scheller* (Hrsg.), Diagnostik. München 1983, 35–61. *K. Bühler,* Die Krise der Psychologie. 1927, unveränd. Nachdruck, Frankfurt/M. 1978. *K. G. Deissler,* Beiträge zur sytemischen Therapie. Marburg 1989. *P. R. Hofstätter,* Einführung in die Sozialpsychologie. Berlin 1957. *N. Luhmann,* Grundkonzepte der Theorie autopoietischer Systeme. Z. f. systemische Therapie, 1987, 5, 4–25. *P. Watzlawik/J. H. Beavin/D. D. Jackson,* Menschliche Kommunikation. Bern 1968.

Prof. Dr. *Frank Baumgärtel,* Bremen

Kommunikationstheorie
→Kommunikation.

Kompensation
wechselseitiger Ausgleich, z.B. nach Ausfall eines Sinnesorganes, wie das Auge, das kompensatorische Training anderer Sinnesnorgane, wie den Tastsinn und den Gehörsinn; in der →Individualpsychologie der Ausgleich vermeintlicher oder tatsächlicher Minderwertigkeiten durch vermehrte Anstrengungen.

komplementäre Transaktion
→Transaktionale Analyse.

Komplentärrollen
einander wechselseitig ergänzende →Rollen.

Komplex
allgemein: Menge zusammengehöriger Einzelelemente;

denkpsychologisch (→Denken, →Kognition): strukturiertes System assoziierter Komponenten;

tiefenpsychologisch: aus dem Bewußtsein verdrängte (→Verdrängung) unerwünschte und unangenehme, miteinander verknüpfte →Gefühle, Erlebniserinnerungen und Vorstellungen (→Dissoziation), die meist in der Kindheit entstanden sind und auch später noch indirekt auf das bewußte Erleben und Verhalten einwirken (z.B. →Ödipuskomplex).

konditionieren
Koppelung einer reflektorischen Reaktion mit einem neuen Reiz, der dann stellvertretend für den ursprünglichen Reiz zum Auslöser dieser Reaktion wird (→Klassisches Konditionieren).

konditionierte Reaktion
⇒bedingte Reaktion
→Klassisches Konditionieren.

konditionierte Reaktion höherer Ordnung
⇒bedingte Reaktion höherer Ordnung
→Klassisches Konditionieren.

konditionierter Reiz
⇒bedingter Reiz
→Klassisches Konditionieren.

Konditionierung
→konditionieren
→Klassisches Konditionieren.

Konfabulation
das Erzählen erfundener, pseudologisch anmutender Geschichten, die vom Erzählenden selbst jedoch als wahr erlebt werden. Es handelt sich dabei um ein Ausfüllen von Erinnerungslücken, das häufig bei erkrankungsbedingten Gedächtnisausfällen zu beobachten ist (→Organisch Bedingte Psychische Störungen, →Korsakow-Syndrom).

Konfidenzintervall
⇒Vertrauensintervall
das für jeden Stichprobenkennwert bestimmbare Intervall, in dem mit einer vorgegebenen →Wahrscheinlichkeit der entsprechende Populationskennwert liegt.

Konfigurations-Frequenz-Analyse
⇒KFA
→Multivariate Datenanalyse.

konfirmatorische Datenanalyse
→Multivariate Datenanalyse.

konfirmatorische Faktorenanalyse
→Faktorenanalyse
→Multivariate Datenanalyse.

Konflikt
Reaktion auf widersprüchliche oder unvereinbare Verhaltenstendenzen. (→Spieltheorie, →Familientherapie, →hyperkinetisches Syndrom, →Sexualität, →Soziale Schicht).

Konflikttheorien
→Konflikt
→Soziale Schicht.

Konfluenzmodell
→Geschwisterposition.

Konformität
Orientierung des Denkens und Handelns an den →Normen und Wertvorstellungen der Gruppe, der man angehört.

Konfundierung
→Experiment.

Kongruenz
Begriff aus der →Gesprächstherapie, der den Grad der Übereinstimmung zwischen der Struktur des →Selbst und den Erfahrungen beschreibt.

konnotativ
→semantischer Raum.

Konstitution
körperlich-seelische Gesamtverfassung.

Konstrukt
1. Merkmale, Zustände oder Instanzen, die nicht direkt beobachtbar sind, sondern aufgrund von (Verhaltens-) Beobachtungen erschlossen werden müssen, werden nach *Groeben* u. *Westmeyer* (1975) als (hypothetische) Konstrukte bezeichnet (z.B. →Intelligenz).

2. *G. A. Kelly* (1955) nannte *„persönliche Konstrukte“* die Vorstellungen, die das Individuum von sich selbst und seiner Umwelt entwickelt. Wir „antizipieren“ Ereignisse und Erfahrungen und sind bestrebt, sie zu beeinflussen und ihre Auswirkungen zu kontrollieren. Diese Art von impliziter Hypothesenbildung und -überprüfung im Alltag ließ *Kelly* die Methapher vom „Menschen als Wissenschaftler“ prägen. Die Psychologie der persönlichen Konstrukte, die erst neuerdings im Zusammenhang mit der „kognitiven Wende“ in engeren Austausch mit anderen psychologischen Disziplinen (wie der Kognitionspsychologie, →Kognition) getreten ist, läßt in ihren Konzepten Beziehungen erkennen u.a. zur Attributionstheorie (→Attribution), z.B. hinsichtlich der Zuschreibung von Ursachen von Ereignissen oder zur Konzeption der →Kontrollüberzeugungen, welche sich auch als persönliche Konstrukte deuten lassen.

Zur Erfassung persönlicher Konstrukte entwickelte *Kelly* das *Role Repertory Grid* (= Gitter), bei dem eine Person zunächst wichtige Personen (oder Rollenträger wie „mein bester Freund“) benennt (sog. Elemente) und dann zu ihrer Kennzeichnung bipolare →Eigenschaften (Konstrukte) formuliert (meist in Triadenvergleichen). Werden dann alle Elemente hinsichtlich aller Konstrukte beurteilt, ergibt sich eine →Matrix, die statistischer Bearbeitung, etwa durch →Faktoren- oder →Clusteranalysen, zugänglich ist, so daß man individuelle Konstrukträume erhält, in denen sich die wichtigen Bezugspersonen lokalisieren lassen.

Die seit *Kelly* weiterentwickelte *Repgrid-Technik* (*Fransella* u. *Bannister* 1977) ist in methodischer Sicht ein →idiographisches Verfahren, da das Individuum seine Beurteilungsvariablen (vergleichbar den →Items in →nomothetisch konzipierten →Fragebögen) selbst „konstruiert“. →Statistische Vergleiche zwischen Personen sind nur auf Umwegen oder über abgeleitete Maße möglich. So ist z.B. die in einem Grid enthaltene →Information (abschätzbar durch die Anzahl von →Hauptkomponenten oder durch den Varianzanteil der 1. Komponente bei der Faktorenanalyse eines Grids) als Maß für „kognitive Komplexität“ *(Bieri)* verwendet worden, die einer Person zum gegebenen Zeitpunkt bei der Beurteilung wichtiger Personen zu Gebote steht. Der besondere Reiz des *Kellyschen* Ansatzes liegt jedoch in der Möglichkeit, in der → Psychodiagnostik die ganz individuelle Vorstellungswelt eines Menschen zu erfassen, ohne auf Objektivierung zu verzichten.

Persönliche Konstrukte betreffen im übrigen nicht nur Personen, sondern können sich auf ganz unterschiedliche Sachverhalte wie z.B. Beziehungen, Landschaften oder Körperteile beziehen. Die Repgrid-Technik ist daher auch in so unterschiedlichen Gebieten wie der Pädagogik, der → Marktforschung oder der Musikpsychologie (→ Musikerleben) verwendet worden.

Literatur: *F. Fransella/D. Bannister,* A manual for repertory grid technique. London 1977. *N. Groeben/H. Westmeyer,* Kriterien psychologischer Forschung. München 1975. *G. A. Kelly,* The psychology of personal constructs, Vols I u. II, New York 1955 (dt: Die Psychologie der persönlichen Konstrukte. Paderborn 1985).

Prof. Dr. *Jörn W. Scheer,* Gießen

Konstruktivismus
eine wissenschaftstheoretische Position, die betont, daß wissenschaftliche Daten nicht unabhängig vom Forscher, dessen Theorien (→ Paradigma) und Forschungsinstrumenten sind. In dieser Sicht können Daten nicht zur unabhängigen Prüfung der Theorie herangezogen werden.

Konstruktvalidität
→ Validität
→ Testkonstruktion.

Kontiguität
zeitliche Abfolge oder räumliche Aneinanderreihung.

Kontingenz
statistischer Zusammenhang (→ Statistik, → Kontingenzkoeffizient) von qualitativen Merkmalen.

Kontingenzkoeffizient
Maß für den Zusammenhang zweier Merkmale, die auf → Nominalskalenniveau erfaßt wurden.

Kontrastfehler
→ Beurteilungsfehler.

Kontrollgruppe
→ Experiment.

Kontrollüberzeugung
subjektive Vorstellung darüber, ob man sein Verhalten in bestimmten Situationen selbst kontrollieren kann oder ob es durch äußere Einwirkungen bestimmt wird (→ Kausalattribution).

Konvention
→ Norm.

Konversion
das Umwandeln von Affektenergien in körperliche Symptome; ein innerpsychischer Mechanismus aus der Reihe der → Abwehrmechanismen.

Konzentration
gerichtete → Aufmerksamkeit.

Korrelation
Zusammenhang oder Wechselbeziehung zwischen Merkmalen oder gemeinsames Auftreten von Ereignissen.

Korrelationskoeffizient
statistisches Maß (→ Statistik) für die → Korrelation zweier Meßwertreihen (→ Variablen). Der Korrelationskoeffizient ist bis auf wenige Ausnahmen so standardisiert, daß die Werte zwischen +1 und −1 variieren können, wobei +1 die maximale positive Beziehung und −1 die maximale gegenläufige Beziehung beschreibt, während bei einer Korrelation von 0 keine Beziehung vorliegt. Das bekannteste Korrelationsmaß ist die *Produkt-Moment-Korrelation,* die bei linearen Zusammenhängen von Merkmalen mit → Intervallskalenqualität berechnet werden kann. Dieser Koeffizient ergibt sich aus der → Kovarianz beider Merkmale, dividiert durch das Produkt ihrer → Standardabweichungen.

Korsakow-Syndrom
Beeinträchtigung des Kurzzeitgedächtnisses bei intaktem Langzeitgedächtnis (→ Gedächtnis) und wacher Bewußtseinslage (→ Bewußtsein), häufig einher-

gehend mit →Konfabulationen und Orientierungsstörungen. Häufige Ursachen sind krankhafte Veränderungen des →Gehirns, Vergiftungen oder →chronischer Alkoholismus (→Organisch Bedingte Psychische Störungen).

Kortex
⇒Cortex
⇒Hirnrinde
äußere Schicht des Hirnmantels (→Großhirn).

kortikales Erregungsniveau
→Kortex
→Extraversion.

Kortikoide
⇒Kortikosteroide.

Kortikosteroide
⇒Kortikoide
Hormone, die in der *Nebennierenrinde* gebildet werden. Die *Glukokortikoide* steuern den Eiweiß- und Kohlehydratstoffwechsel, die *Mineralkortikoide* die Retention von Natrium und die Ausscheidung von Kalium in der Niere. Die *androgenen Hormone* entsprechen in ihrer Wirkung den männlichen Sexualhormonen und beeinflussen Eiweißsynthese und Maskulinisierung. Die Kortikoidausschüttung wird durch die →ACTH-Produktion des Hypophysenvorderlappens gesteuert.

Ko-Therapeut
Mitarbeiter des Therapeuten bei einer →Gruppentherapie.

Kovarianz
Ausmaß, in dem zwei Meßwertreihen miteinander variieren. Bei linearen Beziehungen und →Intervallskalenqualität erhält man die Kovarianz, indem man die Abweichung des Meßwertes eines jeden Meßwertpaares vom dazugehörigen Mittelwert errechnet und die Produkte aller paarweisen Abweichungen mittelt.

Kovarianzanalyse
→Kovarianz
→Multivariate Datenanalyse.

Kovarianzmatrix
→Multivariate Datenanalyse.

Krankheitsbewältigung
Unter Krankheitsbewältigung versteht man die Bewältigungsanstrengungen eines Individuums, bestehende oder zu erwartende Belastungen und Anforderungen durch die Krankheit innerpsychisch (emotional-kognitiv) oder durch zielgerichtetes Handeln zu reduzieren, auszugleichen oder zu verarbeiten (Heim 1986).

Chronische oder lebensbedrohliche Erkrankungen sind z.B. mit folgenden psychosozialen Belastungen verbunden, die zu bewältigen sind:

(1) Veränderungen in der Körperintegrität durch das Erleben der Krankheit und deren Behandlung,

(2) Beeinträchtigung von Selbstbild und Selbstwertgefühl (→Selbstkonzept) sowie ein gestörtes →emotionales Gleichgewicht,

(3) Veränderung der Zukunftsperspektive infolge der Ungewißheit über den Krankheitsverlauf,

(4) Anpassung an die institutionellen und sozialen Rahmenbedingungen der Behandlung,

(5) Konfrontation mit Krankheit und Tod.

Die Verarbeitung chronischer oder lebensbedrohlicher Erkrankungen ist ein komplexes Phänomen, das von einer Vielzahl von Faktoren beeinflußt wird und sowohl über die Zeit als auch über Situationen hinweg eine inter- und intraindividuelle Variabilität aufweisen kann.

Der gegenwärtige Forschungsstand des Belastungs-Bewältigungs-Paradigmas (→Paradigma) läßt sich durch eine Heterogenität in Begriffsbestimmung und Konzeptbildung von Bewältigung (→Coping) sowie in den Meßmethoden charakterisieren. Konzeptualisierungen von Bewältigung werden u.a. im Kontext psychoanalytischer (→Psychoanalyse), neobehavioristischer (→Behaviorismus), transaktionistischer, informationstheoretischer (→Informationstheorie), sozialpsychologischer und familienpsychologischer (→Familientherapie) sowie verhaltensbiologischer (→Verhaltensmedizin) Modellbildungen betrachtet (vgl. *Brüderl* 1988). Diese unterschiedlichen theoretischen Modelle der Bewältigungsforschung verdeutlichen, daß zum gegenwärtigen Zeitpunkt infolge der begrifflichen und methodischen Differenzierung und Entwicklung nicht von einem einheitlichen Forschungsbereich ausgegangen werden kann. Von einer einheitlichen Konzeptualisierung von Bewältigungsprozessen bei Krankheiten ist die Forschung noch weit entfernt.

Im Rahmen von Untersuchungen und Analysen zur Krankheitsverarbeitung wurden lange Zeit insbesondere psychoanalytische Modellbildungen auf der Grundlage des Konzeptes von →Abwehrmechanismen herangezogen. Vor dem Hintergrund des →Traitkonzeptes wird bei diesem Ansatz von einer Stabilität von Abwehrverhalten in verschiedenen Situationen ausgegangen. Die Situations- und Zeitspezifität von krankheitsbezogenen Belastungen und deren Bewältigung wird nicht hinreichend berücksichtigt.

Für die Analyse von Prozessen der Krankheitsverarbeitung wird zunehmend das im Rahmen der →Streßforschung entwickelte transaktionale Modell von *Lazarus* u. *Folkman* (1984) als theoretisches Rahmenkonzept zugrunde gelegt. Dieses Personen-Situations-Transaktionsmodell geht von der Annahme aus, daß nicht der objektive →Stressor, sondern die →kognitive Bewertung und Einschätzung des Stressors für dessen Bewältigung von Bedeutung ist. Kognitive Bewertung und Bewältigung werden als Mediatoren der Person-Umwelt-Beziehung betrachtet. Eine Vielzahl von individuellen und Umgebungsfaktoren bestimmt die Bewertung und Bewältigung des Stressors. Belastende Ereignisse werden in einem sich ständig wiederholenden mehrstufigen Bewertungs- und Bewältigungsprozeß verarbeitet. Diese Konzeptualisierung von Bewältigung impliziert eine Abwendung vom Trait-Ansatz. Die Frage nach einer Übertragbarkeit dieses Modells auf Prozesse der Krankheitsverarbeitung läßt sich jedoch gegenwärtig noch nicht beantworten.

Krankheitsverarbeitung umfaßt somit komplexe Prozesse, die im Rahmen des transaktionalen Belastungs-Bewältigungs-Paradigmas als wechselseitige Beeinflussung von personalen und situativen Faktoren bestimmt werden. Für eine Analyse von Krankheitsbewältigungsprozessen ist eine Betrachtung verschiedener Ebenen, wie der individuellen (z.B. →Persönlichkeitsmerkmale), der interpersonellen (z.B. →Arzt-Patient-Beziehung) und von relevanten Variablen der Erkrankung und des Behandlungsverlaufes sowie deren Auswirkungen auf verschiedene Lebensbereiche (z.B. Familie, Beruf) sinnvoll bzw. notwendig.

Für ein Verständnis von Krankheitsverarbeitungsprozessen sind darüber hinaus u.a. die Konzepte von sozialer Unterstützung, →Kontrollüberzeugungen, →Kausalattributionen sowie bestimmte Persönlichkeitsmerkmale, wie z.B. →Angst, →Depression und →Selbstkonzept von Bedeutung, die als →Moderatorvariablen oder Mediatoren einen Einfluß auf den Bewältigungsprozeß haben. Sie bestimmen als interne oder externe Copingressourcen das Ergebnis der Bewältigung (vgl. *Titze* 1989). Eine Zusammenfassung bisher vorliegender Untersuchungsbefunde zu verschiedenen Krankheitsbildern und einen Überblick über theoretische Konzeptionen zur Krankheitsbewältigung gibt *Beutel* (1988).

Im Hinblick auf die Meßmethodik umfassen die Erhebungsinstrumente zur Erfassung von Bewältigungsprozessen zum einen Selbstberichte des Probanden in Form von standardisierten →Fragebögen und zum anderen semistrukturierte Interviews. Es besteht jedoch noch ein

Mangel an geeigneten psychometrischen Verfahren, die die Anforderungen nach →Veränderungssensitivität, Bereichsspezifität im Sinne einer Erfassung krankheitsspezifischer Variablen und →Validität hinreichend erfüllen.

Forschungsstrategien zur Untersuchung von Krankheitsbewältigungsprozessen sind Verlaufsuntersuchungen im Rahmen von →Längsschnittstudien zur Erfassung der Transaktion von Person und Situation, um Veränderungen von Bewältigungsverhalten über die Zeit und verschiedene Situationen erfassen zu können. Ebenso sind →Querschnittanalysen zur Erhebung grundlegender relevanter Dimensionen von Verarbeitungsprozessen erforderlich.

Darüber hinaus könnte der Forschungsansatz der *Psychoneuroimmunologie* (*Ader* 1981), der von der Annahme wechselseitiger Beziehungen zwischen Nervensystem, Verhalten und Befinden, sowie endokrinen und immunologischen Parametern ausgeht, für die Zukunft richtungsweisend sein, da Untersuchungen in diesem Forschungsbereich auf Korrelate von Bewältigungsstrategien und somatischen Faktoren hinweisen. Ausgehend von einem multifaktoriellen Modell von Krankheit (*Solomon* 1987) könnten psychosoziale Faktoren in der Entwicklung und Progression von Krankheiten mit somatischen Parametern in Zusammenhang gestellt werden (vgl. *Titze* 1988).

Der Kenntnisstand über Krankheitsverarbeitungsprozesse ist insgesamt noch wenig zufriedenstellend, um gezieltere und effektivere psychotherapeutische Interventionen ggf. zur Veränderung von Bewältigungsstrategien entwickeln zu können. Für den Bereich der →Prävention und →Rehabilitation von Patienten mit chronischen oder lebensbedrohlichen Erkrankungen sind weitere Erkenntnisse über Bewältigungsprozesse und →Adaptation gerade auch unter dieser Zielsetzung erforderlich.

Literatur: *R. Ader* (Ed.), Psychoneuroimmunologie. New York 1981. *M. Beutel,* Bewältigungsprozesse bei chronischen Erkrankungen. Weinheim 1988. *L. Brüderl* (Hrsg.), Theorien und Methoden der Bewältigungsforschung. Weinheim 1988. *E. Heim,* Coping und Adaptivität: Gibt es ein geeignetes oder ungeeignetes Coping? Psychother., Psychosom., Med. Psychol., 1988, 38, 8–18. *R. S. Lazarus/S. Folkman,* Stress, Appraisal and Coping. New York 1984. *G. Solomon,* Psychoneuroimmunologie: Interactions between central nervous system and immune system. J. Neuroscience Research, 1988, 18, 1–9. *I. Titze,* Psychosomatic and Psychosocial Aspects of Childhood Cancer: Psychological Concepts and Methodological Issues in Pediatric Oncology, Sympos. on Biobehav. Oncology. Milan 1988. *I. Titze/M. Schedlowski,* Psychologische Konzepte und methodische Überlegungen zur Psychoneuroimmunologie, Psychosom. Med., Solothurn, 1989.

Dr. *Ingeborg Titze,* Hannover

Krankheitsgewinn

der subjektive Nutzen, den jemand aus seiner Krankheit zieht; dabei wird unterschieden zwischen *primärem Krankheitsgewinn,* der sich aus der ärztlichen und pflegerischen Fürsorge und der Minderung der Beschwerden ergibt und dem sekundären *Krankheitsgewinn,* der in der Entlastung von beruflichen und privaten Verpflichtungen besteht.

Krankheitsüberzeugung

→Hypochondrie.

Krankheitswahn

→Hypochondrie.

Kreativität

allgemeiner Begriff für Denk- und Problemlösevorgänge, die durch besonderen Einfallsreichtum, Originalität und Flexibilität gekennzeichet sind.

Krebserkrankungen

Die Frage nach der Wirksamkeit psychosozialer Faktoren auf die Entwicklung und den Verlauf bösartiger Geschwülste ist nicht neu, sie ist wiederholt seit der Frühzeit der Medizin bis zum heutigen Tag aufgeworfen worden. Erst in den letzten Jahrzehnten hat sich eine organisierte psychoonkologische Forschung entwickelt. In der *Psychoonkologie* lassen sich, schematisiert gesehen, zwei miteinander verzahnte und sich ergänzende Arbeitsrichtungen aufzeigen:

(1) Die Untersuchung der Fragestellung, wieweit psychosoziale Stressoren (→Streß) als mitbedingende Ursachen in der →Ätiologie →maligner Erkrankungen eine Rolle spielen und wieweit diese, sowie bestimmte →Persönlichkeitsmerkmale und Verhaltensweisen, bzw. Bewältigungsstrategien als Vorläufer, bzw. Promotoren einer Krebserkrankung von Bedeutung sind und den Verlauf dieser beeinflussen können;

(2) Die Untersuchung der psychischen Verarbeitung (→Coping) des Leidens durch den Kranken und hiermit verbunden, auch die Einbeziehung der Reaktionen der Mitwelt des Kranken.

Zu (1): Eine Überschau der Ergebnisse der bisher an Krebskranken durchgeführten Studien legt nahe, daß psychosoziale Stressoren als Promotoren der klinischen Manifestationen von Neoplasien eine bedeutsame Rolle spielen dürften. In der Mehrzahl der an Krebskranken mit unterschiedlichen Lokalisationen durchgeführten Studien zeigte sich, daß diese zur Zeit der Diagnosestellung mit kritischen Lebenssituationen (→Life events) zu kämpfen hatten, die sie nicht adäquat bewältigen konnten. Diese Situationen schließen ein den Verlust nahestehender Beziehungspersonen durch Trennung oder Tod, einschneidende Veränderungen der familiären Situation (Weggang erwachsener Kinder), im Berufsleben (Karrierebrüche, Berentung) oder Aufgabe von wichtigen Lebenszielen; sie sind häufig begleitet von Gefühlen der →Hilf- und Hoffnungslosigkeit, →Depression und/oder →Verzweiflung. Neuere Studien lassen zudem erkennen, daß nicht nur interpersonaler Streß, sondern auch ungünstige Einflüsse der sozialen Umwelt für die Entwicklung von Krebskrankheiten bedeutsam sein können. Erhöhte Krebsmortalität bei Männern erwies sich als mit Scheidung, Trennung, wie auch mit Einpersonenhaushalt, isolierter Wohnlage, unzureichender →sozialer Unterstützung und Arbeitslosigkeit positiv korreliert (→Korrelation).

Die Analyse der Untersuchungen an mehr als 20000 Krebskranken verschiedener Lokalisationen ergab ein verhältnismäßig einheitliches Bild der bei Krebskranken aufgefundenen Verhaltensmerkmale:

- Vernachlässigung der eigenen Gesundheit und Nichtbeachtung von körperlichen Warnsignalen (Expositionsverhalten);
- harmonisierendes Verhalten, Selbstaufopferung, übersteigerter →Altruismus;
- Vorwiegen einer rationalistischen Einstellung;
- →Konfliktvermeidung und Unterdrückung von wichtigen eigenen →Bedürfnissen;
- Unterdrückung, bzw. →Verdrängung von →Angst, →Tensionen und →Aggressionen;
- starke →Autarkiebestrebungen und Schwierigkeiten in der Akzeptanz von sozialer Unterstützung;
- soziale Überanpassung, starke Gebundenheit an →soziale Normen.

Diese Verhaltensmerkmale haben in jüngster Zeit in Analogie zum →Typ A-Verhalten zur Entwicklung eines *Typ C-Konstruktes* geführt. Es wird davon ausgegangen, daß übermäßige Ableugnung, Unterdrückung und Verdrängung zur Veränderung neuroendokriner und immunologischer Parameter führt, insbes. ist die immunsuppressive Wirkung von Depressionen bekannt. Es wird ferner angenommen, daß repressive Streßbewältigungsstrategien (→Streß) zur Abschwächung der körperlichen Abwehrlage nicht nur gegenüber infektiösen, sondern auch gegenüber carcinogenen Noxen führen können. In neuesten Untersuchungen stellt die Intensität des

Typ C-Verhaltens (insbes. die Unterdrückung, bzw. Verdrängung von Angst und Aggressionen, Konfliktvermeidung und hohe Anpassung an sozial erwünschtes Verhalten) einen prognostischen Faktor bei Melanompatienten dar; hohes Typ C-Verhalten korrelierte deutlich mit dickeren und mehr invasiveren Tumoren und führte somit zu einer beschleunigten Tumorprogression bei Melanompatienten.

Untersuchungen der →primären Sozialisationsphase von Personen, die im Laufe des Lebens an einer Neoplasie erkranken, lassen ferner erkennen, daß frühe Störungen der →Eltern-Kind-Beziehungen eine Grundlage für ein späteres psychologisches und immunologisches Versagen in der Verarbeitung und Bewältigung von psychosozialem Streß bilden. Eine Familienstruktur mit starkem Anpassungsdruck und Mangel an liebevoll-zuwendender Gefühlsäußerung in der frühen Sozialisationsphase (→Sozialisation) scheint die Entwicklung von →Verdrängungs- und Abwehrtendenzen, sowie die Ausbildung einer innerlich verfremdeten, aber äußerlich gut angepaßten Persönlichkeitskonfiguration des späteren Krebskranken zu fördern.

Im Hinblick auf die hier aufgeführten Befunde gibt es eine Reihe von kritischen Einwänden. So wird kritisiert, daß ein Teil der durchgeführten Studien gar nicht oder nur unzureichend kontrolliert wurden, auch wurden die aufgefundenen psychologischen Variablen ungenügend →operationalisiert. Vor allem wird hervorgehoben, daß in der Mehrheit retrospektive Untersuchungen an Kranken, die bereits Krebs haben, durchgeführt worden sind. Dabei lassen sich somatopsychische Auswirkungen nicht trennen, da die Erkrankung mit ihren oft lebensbedrohlichen Folgen häufig zur →Depression des Betroffenen führe und somit auch seine →Wahrnehmung unbewußt negativ koloriere. Außerdem sei zu bedenken, daß ein durch die Erkrankung schon im Beginn veränderter Organismus auch die psychische Befindlichkeit des Betroffenen verändere. Hier bieten sich prospektive Untersuchungen an, die jedoch zeit- und kostenaufwendig sind. Jedoch ist hervorzuheben, daß einige der in retrospektiven Untersuchungen erhobenen Befunde auch in prospektiven Studien bestätigt werden konnten. So konnte u.a. aufgezeigt werden, daß das Krebsrisiko für Personen mit Depressionen über einen Zeitram von 17 Jahren zweimal größer ist, als das von Personen mit nicht-depressivem Verhalten.

Daß nicht adäquat bewältigter psychosozialer Streß den Verlauf einer Neoplasie ungünstig beeinflussen kann, wird heute mehr und mehr anerkannt. Vor allem bei Frauen mit Brustkrebs wird gefunden, daß ein metastasenfreies Überleben mehr bei Frauen, die auf ihre Erkrankung anfangs mehr mit Ableugnung oder aber mit ausgeprägt kämpferischer Haltung reagierten, vorkam, während Frauen, die auf ihre Erkrankung mit stoischer Akzeptierung oder mit Gefühlen der Hilf- oder Hoffnungslosigkeit reagierten, zu Kurzverläufen tendierten. Andere Untersuchungen zeigten auf, daß Frauen mit Mammacarcinomen, die in weniger als einem Jahr verstarben, deutlich geringere Aggressionswerte zeigten (→Aggression), im Gegensatz hierzu wiesen Langzeitüberlebende höhere →Angst- und →Entfremdungswerte auf entsprechenden Skalen, mehr psychische Symptome und ein erhöhtes →Dysphorieniveau (Depressionen und Schuldgefühle verbal geäußert) auf.

– *Diagnoseverschleppung:* Es ist bekannt, daß Personen mit Krebssymptomen stärker als Kranke mit anderen chronischen Erkrankungen zur Verschleppung der Diagnose und damit der Initialbehandlung neigen. Augenscheinlich findet hier ein Zusammenwirken von →emotionalen Faktoren, Lebensgewohnheiten und sozio-kulturellen Faktoren statt. Auch das „Wissen" um die Natur bösartiger Geschwülste scheint bedeutsam zu sein, wie auch die eigene

Einstellung gegenüber der Erkrankung, die von Personen, die zur Verschleppung neigen, häufig als „hoffnungslos“ oder „unheilbar“ angesehen wird. Ein weiterer Grund zur Verschleppung ist das hohe aber stark verdrängte Angstpotential des Krebskranken, wie auch die nach wie vor bestehende →Tabuisierung des Krebsleidens in der Öffentlichkeit, da von vielen Betroffenen eine Krebserkrankung mit der Gefahr →sozialer Isolation verbunden wird.

Zu (2): Das Erfahren der Diagnose Krebs stellt in jedem Falle eine schwere Bedrohung dar und bringt für den Betroffenen vielfältige Gefahren mit sich:

- den zusätzlichen Verlust von Beziehungsobjekten durch den drohenden Verlust von Körperteilen oder durch die Einschränkung körperlicher Funktionen, Verlust von Ich-Idealen, Lebenszielen, sozialer Unterstützung und Gefahr der sozialen Isolation;
- Bedrohung der körperlichen Identität und Konfrontation mit dem Tod;
- Versagung von aggressiven und sexuellen →Bedürfnissen.

Die Mitteilung der Diagnose stößt oft auf Ungläubigkeit und Ablehnung, da die Konfrontation mit der bedrohlichen Erkrankung und mit ihren möglichen fatalen Konsequenzen zu Unruhe, Angst und häufig zu einer Paralysierung der eigenen Orientierungsmöglichkeiten und Aktivitäten führt. Diese affektive Ohnmacht des Patienten schließt die Kundgabe von intensiven →affektiven Bedürfnissen aus, da der Kranke befürchtet, die Möglichkeit der Annäherung und Abhängigkeit gegenüber Angehörigen und Ärzten zu verlieren. Diese Form der Aggressionsabwehr stellt häufig eine wesentliche Determinante für die Entwicklung von Depressionen dar. Auch die verschiedenen Stadien der Erkrankung (→Initialstadium, →Progredienz und →Terminalphase), wie auch die verschiedenen zur Anwendung kommenden Therapieverfahren (Operation, Strahlen- und Chemotherapie) stellen für den Patienten schwere Belastungen dar und erfordern erhebliche psychische →Anpassungsprozesse. Hier ist es Aufgabe des Arztes, des Psychoonkologen, der Onkologieschwester, des Pflegers und des Sozialarbeiters, dem Patienten zu helfen, sich an den neuen Realitäten zu orientieren. Im Arbeitsbündnis zwischen Arzt, Behandlungsteam und Patienten geht es darum, die rationale Langzeitbehandlung der Krankheit und eine auf diese abgestimmte sinnvolle Umstellung der Lebensweise des Kranken zu erreichen. In diesem Zusammenhang ist auch die Einbeziehung des familiären Umfeldes des Kranken von Wichtigkeit. Je besser die Kommunikation mit der Familie ist, um so weniger muß der Kranke eine Bedrohung seiner persönlichen Identität durch die Erkrankung aus seinem Bewußtsein fernhalten.

- Psychologische Intervention bei Krebskranken: In der *Krebsnachsorge* sind zwei Bereiche als gleichwertig in ihrer Bedeutung für den Krebskranken anzusehen:

(1) die →Rehabilitation, die nicht nur der Wiederherstellung der physischen Gesundheit zum Ziel hat, sondern auch den Kranken in die Lage versetzen soll, wieder aktiv am Leben teilzunehmen;

(2) die →Sekundärprävention als Vermittlung von Information über Risikofaktoren mit dem Ziel der Einleitung von kognitiven Prozessen zur Veränderung von Lebenseinstellungen, Problembewältigungen und Gewohnheiten.

Beide Ziele müssen nicht nur im rein medizinischen, sondern auch im sozialen Bereich angestrebt werden, um ggf. umfassende Veränderungen des Patienten und auch seines familiären Umfeldes zu erreichen. Ein solches Modell psychosozialer Krebsnachsorge vertritt die Auffassung, daß auch Neoplasien, wie andere körperliche Krankheiten auch, nicht vom psychosozialen Umfeld ihrer Entstehung und Verursachung gelöst werden können. Im Rahmen der Gesamtbehandlung, Nachsorge und Rehabilitation kommen neuerdings auch psychologische Interventionsverfahren zur Anwendung. Dabei scheint es zwei unterschiedliche Zielsetzungen zu geben:

1. die Förderung der psychischen Anpassungsprozesse des Patienten an seine Erkrankung. Dabei konzentrieren sich die Hilfsangebote wesentlich auf Kranke, die psychische Auffälligkeiten zeigen. Hauptinterventionsformen sind dabei Information und Unterstützung. Es wird bei diesem →supportiven Vorgehen nicht vorausgesetzt, daß die Intervention den Verlauf der Erkrankung beeinflußt, da dieser als unabhängiger biologischer Prozeß gesehen wird. Kritisch ist aber einzuwenden, ob eine solche Art der Intervention nicht daraufhinarbeitet, eigentlich verständliche Reaktionen des Patienten zu übergehen und einen Zustand wiederherzustellen, der für den Kranken möglicherweise belastender ist, als seine von ihm offen geäußerten Klagen und Beschwerden. Ergebnisse der Verlaufsforschung zeigen ja gerade, daß gut angepaßte, aber isolierte Haltungen die Prognose eher ungünstig gestalten, während „unbequeme" Patienten, die ihre →Angst, Wut und →Trauer offen ausdrücken, eher zu Langverläufen tendieren.

2. Bei der Intervention mit dem Ziel der Zweitprävention wird ein längeres Überlegen mit gesteigerter Lebensqualität, oder gar die Heilung des Leidens angestrebt. Inzwischen gibt es Hinweise, daß unter günstig ablaufender psychosozialer Intervention ein Anstieg der →Katecholamine und ein Abfall der →Kortikosteroide erfolgt, und daß die Aktivität der →NK-Zellen und anderer immunologischer Funktionen gesteigert werden kann, wie auch, daß Abwehrmuster der →Verleugnung und des emotionalen Rückzugs mit erhöhten Kortikosteroidwerten korreliert sind und somit zur Schwächung der Immunabwehr beitragen. Es ist also daran zu denken, daß eine günstig ablaufende Intervention nicht nur das subjektive Befinden des Krebskranken verbessern kann (Reduktion von Seiteneffekten von Radio- und Chemotherapie, Löschung oder Abschwächung →bedingter Reflexe, z.B. →antizipatorische Nausea), sondern nachweislich auch heilungsfördernde biochemische und immunologische Veränderungen im Organismus bewirken kann.

Jedes psychoonkologische Vorgehen hat sich immer an der Person des Erkrankten und an der jeweiligen Erkrankungsform zu orientieren und sollte möglichst früh bereits in der diagnostischen Phase einsetzen. Die Funktion des Psychoonkologen erscheint nur dann praktikabel, wenn dieser ein integrierter Teil des Behandlungsteams ist.

Literatur: *H. J. F. Baltrusch/W. Stangel/M. E. Waltz,* Cancer from the biobehavioral perspective: the Type C pattern. Act.nerv.sup. (Praha) 1988, 30, 18–21. *H. J. F. Baltrusch/M. Waltz,* Stress and Cancer: A Sociobiological Approach to Aging, Neuroimmunomodulation and the Host-Tumor Relationship, Human Stress, Current Selected Research, Vol. 2. New York 1987, 153–200. *H. J. F. Baltrusch/E. M. Waltz,* Theoretical Framework for Developing Measures of Quality of Life and Morale. In: *N. K. Aaronsson/J. Beckmann* (Eds.), The Quality of Life of Cancer Patients. New York 1987, 25–35. *H. J. F. Baltrusch/M. Waltz,* Cancer from a biobehavioral and social epidemiological perspective. Soc. Sci. Med. 1985, 20, 789–794. *H. J. F. Baltrusch,* Psychosozialer Streß, Krebs und Krankheitsbewältigung. GBK Mitteilungsdienst 1984, 12, 7–12. *J. Cohen/J. W. Cullen/L. R. Martin* (Eds.), Psychosocial Aspects of Cancer. New York 1982. *C. L. Cooper* (Ed.), Psychosocial Stress and Cancer. Chichester 1984. *S. Levy* (Ed.), Biological Mediators of Behavior and Disease: Neoplasia. New York 1982. *F. Meerwein* (Hrsg.), Einführung in die Psycho-Onkologie (3. Aufl.). Bern 1985.

Prof. Dr. *Hans-Joachim Baltrusch,*
Oldenburg

Krebsnachsorge
→ Krebserkrankungen.

kriteriumsbezogene Validität
⇒ Kriteriumsvalidität
→ Testkonstruktion.

Kriteriumsvalidität
⇒ kriteriumsbezogene Validität.

Kriteriumsvariable
⇒ abhängige Variable.

Künstliche Intelligenz
Künstliche → Intelligenz (KI) ist ein aktuelles Forschungs- und Anwendungsgebiet der *Informatik* (Lehre vom Computer, Computer Science). Das Ziel ist es, die menschlichen Fähigkeiten zum kreativen und lernfähigen Lösen von Problemen (→ Problemlösen) soweit wie möglich auf Computer zu übertragen, um eine Synergie zwischen intelligentem Verhalten und den Vorzügen der Computer zu erreichen.

Zur Definition der KI sind im folgenden zwei Zitate ausgewählt.

Minsky (1966): „Künstliche Intelligenz ist die Wissenschaft, Maschinen etwas tun zu lassen, das Intelligenz erforderte, wenn Menschen es machen würden".

Charniak u. *McDermott* (1985): „KI ist das Studium des menschlichen Verstehens unter Nutzung von auf Computern realisierten Modellen".

Eine abschließende Definition der KI ist wegen der zunehmenden Aktivitäten auf diesem Gebiet noch nicht möglich. Insbesondere kann der Begriff KI als wörtliche Übersetzung von „Artificial Intelligence" zu Mißverständnissen führen.

Historie: Seit dem Beginn der KI als wissenschaftliche Disziplin in den fünfziger Jahren lassen sich rückblickend drei Perioden abgrenzen, die sich durch die behandelten Themen und die Verschiedenartigkeit der Problemlösungsansätze unterscheiden:

1. Die theoretische Periode: Von den Anfängen bis etwa Mitte der sechziger Jahre konzentrierte sich die KI-Forschung auf möglichst generelle Problemlösungsmethoden. Dabei standen Spiele, z.B. Schach, und automatische Beweisverfahren im Vordergrund des Interesses. Daran wurde grundlegendes Wissen über Problemlösungsstrategien erarbeitet.

2. Die romantische Periode: Von der Mitte der sechziger Jahre bis etwa Ende der siebziger Jahre widmete man sich besonders der Idee des Computerverstehens (gemäß der zweiten KI-Definition). Dazu entwickelte man hochspezialisierte Programme sowohl für die Verarbeitung von natürlicher Sprache, zur → Mustererkennung und Bildverarbeitung, als auch für Bewegungssteuerung (Robotik).

3. Die pragmatische Periode: Ab der zweiten Hälfte der siebziger Jahre bis heute steht eine stark pragmatische Ausrichtung der KI im Vordergrund. Die bisher erarbeiteten Methoden wurden auf klar abgegrenzte Problemstellungen angewandt und führten zur Entwicklung von sog. *Expertensystemen,* die als Ziel die Nachbildung des intelligenten Verhaltens eines menschlichen Experten auf seinem Spezialgebiet haben. Diese Systeme bilden den Kern der heute angewandten KI.

Sachgebiete der KI: Die Einsicht, daß die Komplexität des Gegenstandes generelle Lösungen verhindert, führte zu einer relativ stark aufgefächerten, weitgehenden Spezialisierung in folgenden Anwendungsgebieten:

1. Strategieprogramme (→ Spieltheorie): Für militärische Anwendungen, zur Unternehmensführung (auch simuliert als Managertraining = Unternehmensspiele), Börsenstrategien, Schachprogramme mit neuen, „kreativen" Strategien, und Abenteuerspiele.

2. → Mustererkennung: In der Luftbildauswertung, z.B. für archäologische Zwecke, in der Bildverarbeitung sowie im Klarschriftleser, aber auch als KI-interne Technik zur Ähnlichkeitsbewertung.

3. Spracherkennung: Die Spracherkennung hätte ohne Methoden der KI nicht den heutigen hohen Stand erreicht, wo individuelle Spracherkennung ebenso möglich ist wie sprecherunabhängige Spracheingabe (innerhalb eines begrenzten Vokabulars). Die gleichen Techniken dienen dann auch der intelligent modulierten Sprachausgabe (Wortmelodie, Satzmelodie).

4. Robotik: Während zu Forschungszwecken immer perfektere und universellere Roboter gebaut werden, steht bei Anwendungen in der Industrie-Robotik der hoch spezialisierte Roboter im Vordergrund. Mit verschiedensten Sensoren ausgerüstet (optisch, druckempfindlich, magnetisch, etc.), führt er ein-, zwei- oder dreidimensionale Bewegungen aus, von kleinsten, feinmechanischen Aufgaben bis zum größten Krafteinsatz (z.B. Schweißroboter in der Autofertigung). Nur mit Mitteln der KI sind diese hochkomplexen Automaten steuerbar.

5. Expertensysteme: Ziel eines *Expertensystems* ist es, die Nutzung des hochgradig spezialisierten Fachwissens eines Experten soweit zu automatisieren, daß eine computergestützte intelligente Problembehandlung möglich ist. Das im System repräsentierte Wissen bezieht sich nicht nur auf Fakten aus dem Spezialgebiet, sondern auch auf Regeln, die dort gelten, bis hin zu Erfahrungsregeln („Faustregeln") sowie Vorgehensweisen und Strategien zur Problemlösung, die ein menschlicher Experte anwenden würde. Expertensysteme gibt es heute bereits auf einer Vielzahl von Fachgebieten. Die wohl bekanntesten sind:

- Der Medizinexperte – zur Ermittlung medizinischer Diagnosen und Therapievorschläge.
- Verschiedene Beratungsexperten, die Kundenwünsche abfragen und dann Vorschläge machen, z.B. für Ferienreisen oder im Telefonladen.
- Verschiedene Konfigurationsexperten, die Konfigurationen komplexer, technischer Systeme aufgrund der speziellen Anforderungen jedes Einsatzfalles zusammenstellen.
- Zunehmend an Bedeutung gewinnt die KI-Unterstützung des SW-Erstellungsprozesses („Software-Experte").

Um klarzumachen, wie weit die möglichen Anwendungen der KI heute schon gehen, sei noch an die zunehmend intelligente, kreative Computerkunst (in Musik wie Malerei) erinnert.

Methoden der KI: Wesentliche Methoden und Werkzeuge der angewandten KI dienen dem Erwerb, der Repräsentation und der Pflege von Wissen einerseits und der Wissensauswertung *(Inferenz)* und ihrer Begründung andererseits. Derartige Methoden werden realisiert in den Grundkomponenten eines Expertensystems: der Wissensbasis, der Inferenzmaschine, der Wissenserwerbskomponente und der Erklärungskomponente.

Der *Wissensrepräsentation* in einer Wissensbasis kommt große Bedeutung aufgrund der Erkenntnis zu, daß das Wissen eine zentrale Rolle für die Intelligenz spielt. Zur Repräsentation von Expertenwissen in der Wissensbasis haben sich bis heute im wesentlichen drei verschiedene Ansätze ergeben: Fakten und Regeln, strukturierte Objekte und Prädikatenlogik.

Inferenz umfaßt bei Expertensystemen das Schließen aus vorhandenem Wissen sowie die Behandlung von Problemlösungsstrategien und die Steuerung des Dialogs zwischen Mensch und Maschine. Die meisten wichtigen Probleme können nur durch den kombinierten Einsatz mehrerer Schlußfolgerungsverfahren gelöst werden. Häufig angewandt werden formale und heuristische Verfahren (→ Heuristik). Das formale Schließen basiert auf mathematischer Logik. Das heuristische Schließen leitet aus ungenauem und unvollständigen Wissen eine wahrscheinliche Lösung ab.

Die *Wissenserwerbskomponente* ermöglicht die Pflege und Erweiterung der Wissensbasis. In der Regel geschieht die

Eingabe von Wissen mittels der Wissenserwerbskomponente in expliziter Form. Eine höhere Form des Wissenserwerbs für Expertensysteme ist das „automatische Lernen". Hierzu existieren verschiedene Verfahren, die fast alle von den Lerngewohnheiten des menschlichen Experten ausgehen. Der Bereich des „automatischen Lernens" ist noch in den Anfängen.

Durch die *Erklärungskomponente* wird dem Benutzer von Expertensystemen nicht nur die Lösung einer Anfrage, sondern auch eine Begründung mitgeliefert, zumindest darüber, wie das System zur Lösung gekommen ist.

Werkzeuge der KI: Die häufigst verwendeten Programmiersprachen in der KI sind LISP (List Programming), PROLOG (Programming in Logic) und SMALLTALK. Für sie gibt es zur effizienten Softwareerstellung von KI-Systemen sogenannte Entwicklungsumgebungen. Ferner existieren Expertensystem-Shells. Das sind Expertensysteme mit leerer Wissensbasis. Durch Füllen der Wissensbasis mit Expertenwissen entsteht auf diese Weise ein spezielles Expertensystem.

Zukunftsaspekte: Die Disziplin „KI" ist noch immer in einem jungen Stadium, d.h. ihre Möglichkeiten sind bei weitem noch nicht erschöpft, ja z.T. noch nicht einmal ausgelotet. Insbesondere für KI besser geeignete Datenbanktechniken werden in den nächsten Jahren weitere Fortschritte ermöglichen. Das bezieht sich sowohl auf die Erschließung weiterer Anwendungsfelder, als auch auf neue, mächtigere Methoden der KI. Es ist eine Zunahme der „Lernfähigkeit" (Abspeichern von hinzugewonnenem Erfahrungswissen) sowie der →„Kreativität" (immer komplexerer Strategien) zu erwarten. Für KI wie für alle modernen Hochtechnologien gilt, daß nicht die technische Machbarkeit bestimmen darf, was realisiert wird, sondern die von einer breiten Diskussion getragene Technologiefolgenabschätzung muß die nächsten Entwicklungsziele abstecken und kontrollieren.

Literatur: *E. Charniak/D. V. McDermott,* Artificial Intelligence. New York 1985. *M. E. Minsky,* Artificial Intelligence. New York 1966.

Prof. Dr. *Peter Wildenauer,*
Dipl.-Phys. *Eberhard Wildgrube,*
München

Kurzzeitgedächtnis
→Gedächtnis.

L

Labeling

sozialpsychologisch: Etikettierung von Personen auf Grund objektivierbarer Merkmale (→Geistige Behinderung).

kognitionspsychologisch: Bewertung, Zuweisung von Bedeutungen, beispielsweise die Bewertung eines Reizes als bedrohlich.

Laborstreß

Psychologische und physiologische Reaktionen des Individuums auf →Streß sind im wesentlichen unter Laborbedingungen untersucht worden. Anders als im Feld, also unter Alltagsbedingungen, lassen sich so Ausmaß und Intensität der Belastung *(Stressor)* besser quantifizieren, die physiologische Streßreaktion ist präzise erfaßbar. Ausgehend von einer möglichst stabilen Ruhelage werden →Reize appliziert, die mit multivariaten Aktivierungsprozessen des →zentralen Nervensystems beantwortet werden. Halten diese externen Reize ausreichend lange an, bildet sich für eine gewisse Zeit ein stabiles Belastungsniveau aus. *Abhängige Variablen* (→Experiment), z.B. Blutdruck, Herzfrequenz, Atemfrequenz, lassen sich also als Ruhe- und Belastungswerte sowie für den Sprung von Ruhe- und Belastungsbedingung als Reaktivitätswert beschreiben.

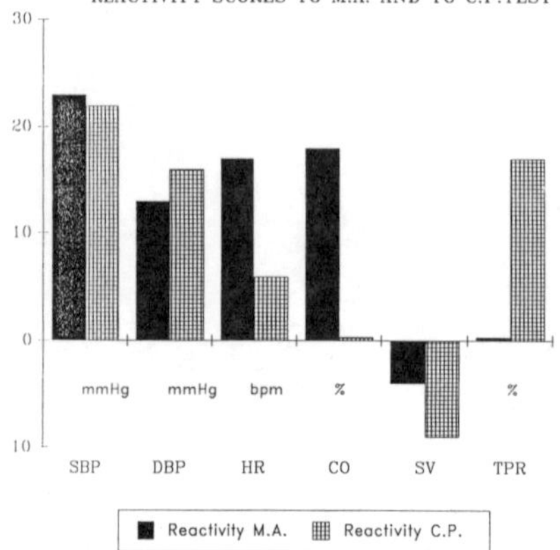

Da bei Streßuntersuchungen im Labor in erster Linie →Varianz in physiologischen Streßreaktionen interessiert, sollte die interindividuelle Varianz in der Aufgabenschwierigkeit so klein wie möglich gehalten werden (*Langewitz* 1987).

Grundsätzlich problematisch an Laboruntersuchungen ist die unsichere Übertragbarkeit auf Streßreaktionen im Alltag, da hier das Individuum meist mit komplexen Anforderungen konfrontiert wird, die bestenfalls in Teilaspekten den gängigen Labor-Stressoren entsprechen.

Streß-Paradigmata in Laboruntersuchungen: Mit *Obrist* (1981) lassen sich die gebräuchlichen Streßtests darin unterscheiden, ob das Individuum rein passiv mit einer Belastung konfrontiert wird, oder ob es sich aktiv mit der Belastung auseinandersetzt. Typische Beispiele für einen Stressor, dem das Individuum ohne eigene Bearbeitungsmöglichkeiten ausgesetzt ist, sind der *Cold-Pressor-Test* (Eintauchen der Hand in eiskaltes Wasser für 90 Sekunden) oder aversive akustische Stimuli (Präsentierung lauter 85–95 dB(A) Geräusche über Kopfhörer). Streßparadigmata (→Paradigma), in denen sich das Individuum aktiv mit der Anforderungssituation auseinandersetzt, sind in der Regel Leistungstests (→Test), bei denen z.B. über fünf Minuten Kopfrechenaufgaben gelöst oder bestimmte Zielsymbole in einer →Matrix von Zufallssymbolen diskriminiert werden sollen. Auch Reiz-Reaktionstests, in denen jeder →Stimulus mit einer bestimmten →Reaktion beantwortet werden muß, gehören in diese Gruppe. Wie die folgende Abbildung zeigt, führt der Rechentest zu einer deutlichen Zunahme der Herzfrequenz (HR) und des Herzminutenvolumens (CO), während beim Cold-Pressor-Test die kardialen Stressreaktionen weniger ausgeprägt sind, dafür aber der totale periphere Widerstand (TPR) besonders deutlich reagiert.

Das Problem der Standardisierung mentaler Belastungstests: Selbst unter Laborbedingungen ist es schwierig, ein interindividuell vergleichbares Belastungsniveau zu gewährleisten. Dies folgt aus der Tatsache, daß z.B. beim Rechentest die eigentliche Auseinandersetzung zwischen Individuum und Stressor im Kopf des Probanden, sozusagen in einer →„black box", stattfindet. Meßbar sind nur Phänomene, die wie Blutdruck, Atemfrequenz, Herzschlag oder peripherer Widerstand die Antwort peripherer Effektorsysteme auf die Summe unbekannt bleibender zentraler Verarbeitungsvorgänge darstellen. Der ideale Laborstressor sollte unterschiedliche Individuen so belasten, daß die jeweils vorhandenen und zur Bewältigung der Testaufgabe eingesetzten Verarbeitungsmöglichkeiten jedes Einzelnen berücksichtigt werden. Nur dann werden unterschiedliche Probanden tatsächlich gleich belastet. Es liegt auf der Hand, daß die Testschwierigkeit einer Rechenaufgabe (z.B.: „Substrahieren Sie fortlaufend 17 von 1074!") mit der Ausprägung mathematischer Begabung variiert. Die physiologische Reaktion ist also nicht unmittelbar und ausschließlich Folge der mentalen Belastung, sondern auch durch individuelle →Moderatorvariablen (z.B. Zahlenverständnis) bestimmt. Das Beispiel eines rechner-gestützten Reiz-Reaktionstests zeigt, daß es im Prinzip möglich ist, Streßparadigmata mit hoher zeitlicher Stabilität von Leistungsdaten einzusetzen: Über ein Intervall von 20 Monaten sind →Test-Retest-Korrelationen von r=.56 bis r=.84 für Arbeitstempo und Reaktionszeiten erreichbar (*Langewitz* 1987).

Die Stabilität physiologischer Veränderungen unter Laborstreß: Die publizierten Ergebnisse zur Stabilität physiologischer streßinduzierter Veränderungen ergeben im Prinzip ein einheitliches Bild: Belastungs- und Ruhewerte weisen eine größere zeitliche Stabilität auf als Reaktivitätswerte (*Fahrenberg et al.* 1985; *Langewitz et al.* 1989a). Bei einem Test-Retest-Intervall von 4 bis 12 Wochen ist von folgenden Stabilitätskoeffizienten (Test-Retest-Korrelationen) der nicht transformierten Werte auszugehen:

	Test-Retest-Intervall		
	4 Wochen	8 Wochen	12 Wochen
systolischer Blutdruck			
Ruhewert	.75	.51	.44
Belastungswert	.83	.64	.54
Reaktivitätswert	.73	.54	.55
diastolischer Blutdruck			
Ruhewert	.70	.64	.50
Belastungswert	.72	.63	.45
Reaktivitätswert	.39	.25	.33
Herzperioden			
Ruhewert	.74	.55	.42
Belastungswert	.73	.59	.40
Reaktivitätswert	.64	.43	.42
Atemwegszustände			
Ruhewert	.45	.25	.25
Belastungswert	.45	.45	.40
Reaktivitätswert	.36	.21	.21

Klinische Relevanz von Laborstreß: Zusammenhänge zwischen psychologischen und/oder physiologischen Reaktionen auf experimentelle Stressoren im Labor und der Entstehung oder dem Fortschreiten von Krankheitsbildern sind vor allem für Erkrankungen des Herz-Kreislaufsystems (Hochdruck, koronare Herzkrankheit, Arteriosklerose) untersucht worden. Zwar ergeben sich einige Hinweise auf eine prospektive Bedeutung gesteigerter Reaktivität auf Laborstressoren vor allem bei der Entstehung von Hochdruck oder bei der Ausbildung von Arteriosklerose, insgesamt gesehen sind diese Zusammenhänge aber im Vergleich zu klassischen kardiovaskulären Risikofaktoren wie erhöhte Blutfette oder Rauchen qualitativ und quantitativ unzureichend belegt.

Das Fehlen überzeugender epidemiologischer Daten hängt zum einen mit der Schwierigkeit zusammen, mentale Belastungssituationen ähnlich gut zu standardisieren wie die Messung von Körpergewicht, die Erfragung von Rauchgewohnheiten oder die labortechnische Bestimmung von Blutfetten. Zum anderen stellt sich bei den gängigen Belastungsverfahren im Labor die Frage, ob sie tatsächlich für die physiologischen und psychologischen Korrelate alltäglicher Belastungssituationen relevant sind (*Langewitz* et al. 1989b).

Literatur: *W. Langewitz/H. Bieling/J. A. Stephan/H. Otten,* A new self-adjusting reaction time device (BonnDet) with high test-retest reliability. J. Psychophysiol 1987, 67–77. *W. Langewitz/H. Rüddel/H. Noack/K. Wachtarz,* The reliability of psychophysiological examinations under field conditions: Result of a repetitive mental stress testing in middle-aged men. European Heart J., 1989a European Heart J. 1989, 657–665). *W. Langewitz/H. Rüddel/H. Schächinger/R. Schmieder,* Standardized stress testing in the cardiovascular laboratory: Has it any bearing on ambulatory blood pressure values? J. Hypertens. 1989b J. Hypertension 1989, 41–48. *P. A. Obrist,* Cardiovascular psychophysiology. A perspective. New York 1981. *J. Fahrenberg/H. J. Schneider/F. Foerster/M. Myrtek/W. Müller,* The quantification of cardiovascular reactivity in longitudinal studies. In: *A. Steptoe/H. Rüddel/H. Neus* (Eds.), Clinical and methodological issues in cardiovascular psychophysiology. Berlin 1985, 107–120.

Dr. *Wolf Langewitz,* Basel

Längsschnitt
→Längsschnittmethodik
→Längsschnittstudie
→Veränderungsmessung
→Versuchsplanung.

Längsschnittsmethodik
→Veränderungsmessung.

Längsschnittsstudie
→Versuchsplanung.

Langzeitgedächtnis
→Gedächtnis.

larvierte Depression
→Depression.

Lateinisches Quadrat
→Versuchsplanung.

Latent Class Analysis
→Multivariate Datenanalyse.

latente Dimension
⇒latente Variable.

latenter Trauminhalt
→Trauminhalt.

latente Variable
hypothetisches →Konstrukt, nicht direkt zugängliches Merkmal, auf das auf Grund meßbarer Kriterien rückgeschlossen werden kann (→Eigenschaften, →Strukturgleichungsmodell).

Latenzphase
→psychsosexuelle Entwicklung.

laterale Dominanz
→Lateralität.

Lateral Eye Movements
⇒LEM
→Augenbewegungen.

Lateralität
Die Begriffe Lateralität oder *laterale Dominanz* bezeichnen entweder die morphologische Asymmetrie oder aber die funktionelle Überlegenheit einer Seite bei paarig bzw. spiegelbildlich angelegten Organen. Für den Fall, daß bei verschiedenen Organen keine gleichsinnige Dominanz vorliegt, wird der Begriff *gekreuzte Dominanz* gebraucht (z.B. Rechtsäugigkeit bei Linkshändigkeit), für den Fall einer nicht eindeutig zu bestimmenden Dominanz der Begriff Ambilateralität (in Bezug auf handmotorische Funktionen auch *Ambidextrie*).

Unter morphologischen Gesichtspunkten existieren neben Asymmetrien peripherer Organe (z.B. Größen- und Umfangsunterschiede der Arme) zahlreiche cerebrale Asymmetrien, deren Erklärungswert für Funktionsdifferenzen allerdings umstritten ist. Cerebrale Dominanz beschreibt die funktionelle Überlegenheit einer Hirnhemisphäre. Da bereits in der Antike, später u.a. von *Broca,* häufig die Kombination von rechtsseitiger Lähmung und Sprachstörungen bei Verletzungen der linken Großhirnhemisphäre beobachtet wurde, hat sich zunächst die Vorstellung von einer allgemein dominanten (zumeist linken) Hirnhemisphäre entwickelt, deren Überlegenheit nicht nur Sprache und Willkürmotorik betrifft, sondern gleichermaßen zahlreiche andere Funktionen. Diese Vorstellung ist jedoch überholt. Klinische und experimentelle Befunde zeigen, daß die Dominanz der Hemisphären sowohl qualitativ variiert (d.h. im Hinblick auf verschiedene Funktionen) als auch quantitativ (d.h. im Hinblick auf den Ausprägungsgrad der Überlegenheit bei verschiedenen Funktionen). So ist beispielsweise die rechte Hemisphäre in der Regel bei bestimmten räumlichen oder musikalischen Aufgaben überlegen.

Für die Prüfung der cerebralen Dominanz kommen praktisch alle beobachtbaren sensorischen und motorischen Funktionen in Frage. Während mit einigen Methoden unmittelbar die Dominanz jeweils einer Hemisphäre bestimmt wird (z.B. über die Erfassung →evozierter Potentiale), zielt die Mehrzahl der Methoden auf eine periphere Funktionsprüfung und damit gleichzeitig (über die Kenntnis der Anteile kreuzender und nicht-kreuzender Leitungsbahnen) auf die mittelbare Bestimmung der cerebralen Dominanz. Unter den peripheren Funktionsprüfungen wiederum spielt die Handmotorik eine besondere Rolle, weil *Händigkeit* häufig entweder als Klassifikationskriterium oder aber als Zielvariable bei Gruppenvergleichen herangezogen wird (z.B. Untersuchung der Leseleistungen von Rechts- und Linkshändern oder Feststellung von Rechts- und Linkshänderanteilen in verschiedenen klinischen Gruppen). Prinzipiell lassen sich zur Bestimmung der Händigkeit (wie auch zur Bestimmung von Augen-, Ohren- oder Fußdominanz) zwei Gruppen von Verfahren unterscheiden (*Steingrüber* 1991):

Leistungsdominanzmaße: Beide Seiten werden geprüft, und die Dominanz wird über das Ausmaß der Leistungsüberlegenheit einer Seite bestimmt. Hierzu zählen: Einhandprüfungen (z.B. Tapping), Zweihandprüfungen (beide Hände werden gleichzeitig zu verschiedenen Leistungen veranlaßt, z.B. Einfädeln) sowie Simultanprüfungen (beide Hände werden gleichzeitig zu gleichen Leistungen veranlaßt, z.B. Simultanschreiben);

Präferenzmaße: Die Dominanz wird über die Wahl einer Seite für die Bewältigung bestimmter Aufgaben festgelegt. Hierzu zählen einmal Präferenzfragebogen (für Tätigkeiten wie Ballwerfen, Zähneputzen etc.), zum anderen Präferenzproben (d.h. Tätigkeiten wie Ballwerfen etc. werden entweder real oder gestisch ausgeführt).

Für die Händigkeitsbeurteilung besteht dabei das Problem einer tätigkeits- bzw. methodenabhängigen Variation der Leistungsdominanz bzw. Präferenz, abzulesen u.a. an Korrelationsanalysen, die zeigen, daß sich verschiedene Händigkeitsmaße auf mehrere, voneinander unabhängige Faktoren zurückführen lassen (*Steingrüber, Pflugmacher* u. *Lübke* 1981). Vermutlich können derartige methodenspezifische Bedingungen (neben systematischen Stichprobeneffekten) zu einem großen Teil die in der Literatur vorhandenen Schwankungen in den Angaben über Linkshänderanteile erklären (ca. 1–30%, wobei die Mehrzahl der Angaben allerdings zwischen 5% und 12% liegt).

Zumindest für den Bereich der *Äugigkeit* ist nach bisher vorliegenden Ergebnissen ebenfalls mit einer mehrfaktoriellen Dominanzstruktur zu rechnen, d.h. Präferenzmaße (z.B. monokulares Zielen), Leistungsdominanzmaße, die auf binokularen Wettstreitprüfungen beruhen, sowie Leistungsdominanzmaße, die auf dichoptischen Sehprüfungen beruhen, erlauben offenbar voneinander unabhängige Klassifikationen der Äugigkeit (*Coran* u. *Kaplan* 1973).

Berichte über einen Zusammenhang zwischen Linkslateralisierung und verschiedenen Auffälligkeiten oder Störungen (seltener auch: besonderen Begabungen und Fähigkeiten) haben eine lange Tradition. Sie stützen sich zumeist auf Vergleiche von Rechts- und Linkshändern oder aber auf den Vergleich von Normal- und Extremgruppen (im

Hinblick auf Rechts- und Linkshänderanteile). Linkslateralisierung wird auf dieser Grundlage assoziiert mit Lesestörungen, Stottern, Schielen, emotionaler Instabilität (→Emotionen), besonders schlechten – aber auch besonders guten – Schulleistungen, bestimmten Immunkrankheiten u.a.m.. Die Ergebnisse sind allerdings oft genug widersprüchlich, was hauptsächlich darauf zurückzuführen ist, daß neben dem bereits genannten Problem einer methodenabhängigen Klassifikation von lateraler Dominanz die Trennung verschiedener Fragestellungen nicht genügend Beachtung findet. Zu unterscheiden sind jedoch mindestens die folgenden Problembereiche:

- Rechtslateralität versus Linkslateralität;
- Ausgeprägte Lateralität versus Ambilateralität;
- Gleichsinnige Lateralität versus gekreuzte Lateralität;
- Genuine Lateralität versus veränderte (umerzogene) Lateralität.

Die Abgrenzung dieser Bereiche und die Klärung ihrer wechselseitigen Beziehungen (evtl. die Identifikation bestimmter Lateralitätstypen) sind Voraussetzungen für das Verständnis einer differentiellen Lateralität, einschließlich der mit bestimmten Lateralitätsformen verbundenen Funktionsanomalien.

Literatur: *S. Coren/C. P. Kaplan,* Patterns of ocular dominance. Am. J. Optom. and Arch. Am. Acad. Optom., 1973, 50, 283–292. *S. P. Springer/G. Deutsch,* Linkes, rechtes Gehirn. Funktionelle Asymmetrien. Heidelberg 1987. *H.-J. Steingrüber/C. Pflugmacher/Ch. Lübke,* Untersuchungen zur Faktorenstruktur der Händigkeit. In: *W. Janke* (Hrsg.), Beiträge zur Methodik in der differentiellen, diagnostischen und klinischen Psychologie. Königstein/Ts. 1981. *H.-J. Steingüber,* Erfassung der Seitendominanz. In: *R. Knußmann* (Hrsg.), Anthropologie – Handbuch der vergleichenden Biologie des Menschen, Bd. I/2. Stuttgart 1991.

Prof. Dr. *Hans-Joachim Steingrüber,* Düsseldorf

Lebensplan
→Individualpsychologie
→Transaktionale Analyse.

Lebensstil
→Teleoanalyse.

Legasthenie
⇒Schreibleseschwäche
Oberbegriff für alle schweren Störungen der Lese- und Rechtschreibfähigkeit bei ansonsten normaler geistiger Entwicklung.

Leistungstest
→Psychodiagnostik.

LEM
⇒Lateral Eye Movements
→Augenbewegungen.

Lernbehinderung
→Geistige Behinderung.

Lerndisposition
→Prägung.

Lernen
Oberbegriff für alle Verhaltensänderungen auf Grund von Erfahrungen und somit abgrenzbar gegen jene Verhaltensänderungen, die sich auf Grund von Reifung, Ermüdung, Erkrankungen, mechanischen Einflüsse und Drogeneinwirkungen ergeben. Dazu gehören insbesondere die →Habituation, die →Prägung, das →Klassische Konditionieren, das →Operante Lernen, das →Lernen am Modell und das →Problemlösen.

Lernen am Erfolg
→Lernen
→Operantes Lernen.

Lernen am Modell
⇒Imitationslernen
⇒Nachahmung
Form des →Lernens, bei der komplexe Verhaltensformen in einem Lernvorgang und ohne →Verstärkung erworben werden. Die Tendenz zur Nachahmung

wird in verschiedenen Theorien unterschiedlich erklärt. Die →Psychoanalyse spricht in diesem Zusammenhang von *Identifikation* und unterscheidet dabei zwei verschiedene Formen: man entwikkelt eine *positive Identifikation* mit Personen, denen man ein hohes Maß an Wertschätzung entgegenbringt, um diesen Personen möglichst ähnlich zu sein. Die *negative Identifikation,* auch als *Identifikation mit dem Angreifer* bezeichnet, dient in erster Linie der Angstvermeidung (→Abwehrmechanismen). Das Individuum ist bemüht, sich der Person, vor der es →Furcht empfindet, möglichst anzupassen. Es erwartet sich davon, daß der Angreifer sich weniger aggressiv gegen eine Person verhält, die ihm möglichst ähnlich ist.

In den früheren Ansätzen der Theorien des *sozialen Lernens* ging man von der Annahme aus, daß nachahmendes Verhalten von Kindern durch die Eltern meistens verstärkt wird, so daß sich die Tendenz zur Nachahmung im Verlauf der kindlichen Entwicklung erhöht. Inzwischen wird das Lernen am Modell als eigenständige Form des menschlichen und tierischen Lernens erklärt. Es beschreibt die Fähigkeit zur Übernahme zuvor nicht erworbener komplexer Verhaltensmuster. Die →Verstärkung bestimmt nicht den Erwerb, sondern die Wahrscheinlichkeit des Auftretens der auf diese Weise gelernten Verhaltensweisen. Die Wahrscheinlichkeit ist außerdem davon abhängig, welche Verstärkungen man bei anderen Personen, die das gleiche Verhalten zeigen, wahrnimmt. Die Nachahmung kann auf unterschiedlichen Verhaltensebenen erfolgen. Nachgeahmt werden beispielsweise Bewegungen, aber auch beobachtete →Handlungen oder das →Rollenverhalten. Die Nachahmung hat unterschiedliche Funktionen. Sie dient nicht nur dem Erwerb neuer komplexer Verhaltensmuster, die zuvor nicht verstärkt werden konnten. Je nach Konsequenzen, die das am Modell beobachtete Verhalten nach sich ziehen, fördert oder hemmt die Beobachtung die Auslösung von schon im Repertoire vorhandenen Verhaltensformen. Im Rahmen der →sozialen Interaktionen fördert das Nachahmen die Auslösung von Verhaltensweisen, die den Verhaltensmustern der Interaktionspartner entsprechen. Nachahmungfördernde Bedingungen sind Selbstunsicherheit und Suggestibilität, sowie Abhängigkeitsneigungen. Außerdem sind die Lernmotivation (→Motivation) und das →Aktivierungsniveau von Bedeutung. Das Vorbild wird eher nachgeahmt, wenn der Beobachter erregt ist, das beobachtete Verhalten positive Konsequenzen nach sich zieht und einen hohen funktionalen Wert für den Beobachtenden hat und wenn das Vorbild dem Beobachtenden möglichst ähnlich ist. Statusüberlegene Personen werden eher nachgeahmt als statusniedrigere. Wenn das Verhalten von mehreren Personen gleichzeitig beobachtet wird, kann sowohl diejenige Person, die Belohnungen zu vergeben hat, als auch diejenige Person, welche die Belohnungen empfängt, imitiert werden. Kinder scheinen den Belohnungsgeber attraktiver zu finden und diesen häufiger zu imitieren.

Lernmodell
⇒Vorbild
→Lernen am Modell.

Lernphase
→Klassisches Konditionieren.

Lerntheorien
theoretische Ansätze zur Erklärung von Lernvorgängen. Die meisten dieser Theorien beschreiben nur Teilaspekte der komplexen Lernvorgänge. Die Assoziationstheorien erklären das Entstehen komplexer Ideen oder →Assoziationen aus elementaren Sinneseindrücken. Die Theorie des Lernens nach →Versuch-und-Irrtum erklärt die Entstehung neuer Verhaltensweisen mit Hilfe des →Effektgesetzes, das →Klassische Konditionieren die Entstehung →bedingter Reaktionen, das →Operante Lernen das Lernen durch →Verstärkung und das →Lernen am Modell das Nachahmen komplexer Verhaltensmuster.

Leventhal-Effekt
→ Emotionen.

Libido
⇒ Sexualtrieb
→ psychosexuelle Entwicklung.

Lieblingsgefühl
→ Transaktionale Analyse.

Life-Events
kritische Lebensereignisse mit positiver oder negativer Bedeutung, die einen Einfluß auf die akute psychische oder körperliche Gesundheit haben.

Likelihood-Funktion
→ Wahrscheinlichkeit.

Likelihood-Quotient
→ Wahrscheinlichkeit.

limbisches System
Das limbische System liegt wie ein Gürtel um Hirnstamm und Balken (→ Gehirn) und hat außer zum Nervus olfactorius (Riechnerv) besonders zu den angrenzenden Hirnstrukturen (→ Hypothalamus, → Thalamus, → Aktivierungssystem der Formatio reticularis, Stirn- und Schläfenlappen) Verbindungen. Das Konzept des limbischen Systems als Zusammenfassung von phylogenetisch alten Hirnrindenanteilen, Kerngebieten und Faserzügen (Verbindungssystemen) ist schon auf der Ebene der anatomischen Beschreibungen und der Einteilungsversuche sehr uneinheitlich und nicht ganz unproblematisch. Die phylogenetisch alten Hirnrindenanteile und Kerngebiete des limbischen Systems sind bei allen Säugetieren vorhanden, machen aber nicht die bei den höheren Säugetieren bis zum Menschen beobachtete Ausdifferenzierung des Neocortex mit, sondern bleiben relativ gleich groß. Von den für nicht-homöostatische Triebe (→ Homöostase, → Motivation), → Emotionen und → Lernen bedeutsamen Anteile des limbischen Systems sind vor allem wichtig die Rindenanteile, die subcorticalen Kerngebiete, jene Verbindungssysteme innerhalb des limbischen Systems, die geschlossene Kreissysteme bilden, und die Verbindungen mit dem → Hypothalamus und besonders mit dem Aktivierungssystem der Formatio reticularis. Sowohl die Geschlossenheit der neuronalen Kreissysteme, die neurologisch mit einer Neigung zur Erregungsausbreitung korreliert, als auch die vielfachen engen Verbindungen mit dem → Hypothalamus und dem → Aktivierungssystem sind in Beziehung gesetzt worden zu dem Phänomen der Verselbständigung und des Aufschaukelns der Emotionen und der dabei auftretenden physiologischen Reaktionen des vegetativen → Nervensystems. Die Funktionen der morphologischen Einheiten des limbischen Systems sind nicht klar trennbar.

Die *Hippokampusformation* spielt eine wichtige Rolle für das → Gedächtnis. Nach Untersuchungen an Patienten mit unterschiedlich weit ausgedehnten Zerstörungen im Bereich des Hippokampus beider Hemisphären sind nicht das Altgedächtnis und der Kurzzeitspeicher für die unmittelbare Wiedergabe von gerade erhaltener Information beeinträchtigt, sondern der Vorgang des Behaltens, d.h. der Einprägung von Informationen für spätere Reproduktionen. Damit hängt auch die nach Hippokampuszerstörung auftretende Unfähigkeit zur → Habituation auf nicht mehr bedeutsame Reize aus der Umwelt und als Folge davon die immer wieder neue → Orientierungsreaktion zusammen.

Im *Mandelkernkomplex* können Reizung und Läsion (Zerstörung) einzelner Untereinheiten → Aggression oder Flucht, Zahmheit oder Furchtlosigkeit auslösen.

Nach Zerstörung des *Gyrus cinguli* wird aktives Vermeidungsverhalten weniger gut erlernt. Die Versuchstiere zeigen weniger Reaktionen auf → Frustrationen.

Die Zerstörung der *Septumkerne* hat teilweise gegenteiligen Effekt. Aktives Verhalten erscheint enthemmt, die Reagibilität auf belohnende wie bestrafende Reize wird erhöht. In Selbstreizungsversuchen ziehen Ratten die elektrische Reizung des Septums anderen Belohnungen (Futter, Sexualpartner) vor. Nicht so gut wie die *Belohnungszentren,* die außer im Septum besonders in dem Verbindungssystem des medialen Vorderhirnbündes gefunden wurden, waren *Bestrafungsszentren* zu lokalisieren, die in periventrikulären Systemen nachgewiesen wurden.

Nach beidseitiger Entfernung des *Temporallappens* mit Mandelkern und Hippokampus (→Gehirn) sind beim Rhesusaffen von *Klüver* und *Bucy* schon 1939 Verhaltensänderungen beschrieben worden, die seither als *Klüver-Bucy-Syndrom* bekannt sind: Vorher aggressive Tiere werden zahm; Eßbares können sie nicht mehr allein visuell von nicht Eßbarem unterscheiden, sondern müssen es erst in den Mund nehmen oder betasten *(visuelle Agnosie);* dazu gehören ferner orale Tendenzen, alles anzulecken und anzubeißen und dabei mehr zu essen *(Hyperphagie),* mangelnde →Habituation auf bekannte Reize und Hypersexualität mit wahllosen sexuellen Attakken. Vergleichbare Symptome sind bei Patienten mit beidseitigem Temporallappenschwund (sog. *Pick'sche Atrophie*) und bei Patienten, bei denen man zuvor wegen nicht behandelbarer Epilepsie beidseitige Abtragungen des Temporallappens vorgenommen hatte, beobachtet worden.

Insgesamt scheint das limbische System im Zusammenwirken mit anderen Hirnstrukturen wie dem →Zwischenhirn und dem →Aktivierungssystem bei arterhaltenden und selbsterhaltenden Verhaltensweisen und emotionalen Erlebnissen von zentraler Bedeutung zu sein. Dabei bestimmt das Aktivierungssystem die allgemeine Erregung und die Heftigkeit der Emotion und das limbische System die Richtung der Emotion. Das dem limbischen System untergeordnete →Zwischenhirn-System ermöglicht schließlich die Bereitstellung komplexer Verhaltensweisen.

Linearkombination
→Allgemeines Lineares Modell.

LISREL
→Multivariate Datenanalyse
→Strukturgleichungsmodell.

Löschung
⇒Extinktion.

logistische Itemcharakteristik
→Testtheorie.

logistisches Testmodell
→Adaptives Testen.

loglineares Modell
→Multivariate Datenanalyse.

Logopädie
⇒Sprachtherapie.

Logotherapie
von *Viktor E. Frankl* (geb. 1905) entwickelte Methode der →Psychotherapie, deren Ziel darin besteht, dem Patienten bei der Suche nach seinem Daseinssinn zu helfen *(sinnzentrierte Therapie).* Zu diesem Zweck entwickelte *Frankl* eine Wertekategorisierung, wobei er zwischen Erlebniswerten, Einstellungswerten und kreativen Werten unterscheidet. Das →primäre Motiv des menschlichen Erlebens und Verhaltens ist die Suche nach dem Daseinssinn. Es entwickelt sich aus den Bedürfnissen nach Selbstverantwortlichkeit und Ausschöpfung aller Potentialitäten. Der Patient wird ermutigt, die eigene Beschränkung und Unvollkommenheit zu akzeptieren und das Beste aus seinen Möglichkeiten zu machen. Der Neurotiker (→Neurosen) ist unfähig, sein Leiden anzunehmen. Er übertreibt vielmehr die Selbstbeobachtung seiner Probleme und Symptome und entwickelt dabei soviel Furcht vor ihnen, daß er sie nicht mehr annehmen kann, und beginnt, sie zu bekämpfen. In der Therapie übt der Patient, sich dem zu stellen, was er fürchtet, Mut zum Leiden zu finden, seine Entscheidungsangst durch Übung der Entscheidungsfähigkeit zu mindern und die Möglichkeiten, die sich ihm unter den gegebenen Umständen bieten, zu erkennen, statt sich den Umständen ausgeliefert zu fühlen.

Longitudinalstudie
⇒ Längsschnittstudie
→ Versuchsplanung.

LOS KF 18
aus 18 → Items bestehende deutsche Kurzform der Lincoln-Oseretzky Motor Developement Scale zur Erfassung motorischer Leistungsmerkmale (→ Motorik, → Geistige Behinderung), zurückgehend auf die Untersuchungen des russischen Psychiaters *Oseretzky* aus dem Jahre 1923.

LSD
⇒ Lysergsäurediäthylamid
synthetisierte Droge mit halluzinogener, meskalinähnlicher Wirkung.

Lügendetektor
Gerät zur Erfassung minimaler Veränderungen der → Aktivation durch Erhebung verschiedener physiologischer Meßwerte (→ EMG, → EKG, → EDA), das gelegentlich zum Nachweis von Falschaussagen bei polizeilichen Verhören eingesetzt wurde. Man ging dabei von der nicht immer zutreffenden Annahme aus, daß die Falschaussage zu einer nicht bewußt kontrollierbaren geringen Veränderung des physiologischen Erregungszustandes führt.

Lügenskala
Kontrollskala in → Fragebögen zur Überprüfung der Antworten im Hinblick auf systematische Verfälschungstenzen. Lügenskalen bestehen in der Regel aus → Items, mit denen sich überprüfen läßt, ob bestimmte Personen auch solches Fehlverhalten bestreiten, das in der Regel von den meisten Probanden eingestanden wird.

Lustprinzip
→ Primärprozeß.

M

Machtstreben
→Individualpsychologie.

Magersucht
⇒Anorexia nervosa.

Mainstream
saloppe Umschreibung für →Paradigma.

maligne Erkrankungen
bösartige Erkrankungen (→Krebserkrankungen).

Mandelkernkomplex
→limbisches System.

Manie
→Depression.

manifester Trauminhalt
→Trauminhalt.

MANOVA
→Multivariate Datenanalyse.

Mantra
→Transzendentale Meditation.

marginale Persönlichkeit
→Marginalität.

marginales Erleben
→Marginalität.

Marginalfeld
→Marginalität.

Marginalität
Oberbegriff für verschiedene Bereiche der Unsicherheit oder Ungewißheit, z.B. zwischen zwei Entscheidungsalternativen; beim *marginalen Erleben* der Randbereich des Unbestimmten oder das *Marginalfeld* im Bereich der Netzhaut; als *marginale Persönlichkeit* die Person an der Grenze zwischen verschiedenen Gruppenzugehörigkeiten, so z.B. die *Marginalität Jugendlicher* im Grenzbereich zum Erwachsenwerden.

Marginalität Jugendlicher
→Marginalität.

Marktforschung
Teilgebiet der →Wirtschaftspsychologie, das sich mit psychologischen Aspekten der Struktur von Märkten und der Möglichkeiten des Absatzes von Produkten befaßt.

Masochismus
→Sexuelle Störungen.

Masturbation
Sexuelle Selbstbefriedigung (→Sexualität), in weiter Definition: unter Einschluß aller Masturbationstechniken auch mit Hilfsmitteln, in engerer Definition unter Bezug auf den Wortstamm (lat. manus): mit der Hand.

Syn ⇒Onanie (veraltet und ungenau), ⇒Ipsation.

Matrix
zweidimensionale Tabelle aus Zahlen, die zeilen- und spaltenweise angeordnet sind.

Maximin-Strategie
→Spieltheorie.

Maximum-Likelihood-Methode
→Faktorenanalyse.

Maximum-Likelihood-Prinzip
→Wahrscheinlichkeit.

Max-kon-min-Prinzip
→Experiment.

MCD
⇒Minimale Cerebrale Dysfunktion.

Median
→Statistik.

Meditation
→Entspannungstraining.

Medizinische Psychologie
Teilgebiet der Psychologie, das sich mit psychologischen Problemen in der Medizin befaßt, insbesondere mit Problemen der →Arzt-Patient-Beziehung und psychischen Problemen bei organischen Erkrankungen, im Gegensatz zur →Kli-

nischen Psychologie, die sich mit psychischen Störungen befaßt.

Mehrfachwahlantwort
⇒ Multiple Choice
Methode der Beantwortung von → Items, bei der richtige und falsche Antwortmöglichkeiten als Alternativen vorgegeben werden.

Menarche
→ Menstruation.

Menopause
→ Menstruation.

Mensis
→ Menstruation.

Menstruation
⇒ Monats-, Regelblutung, Menses, Periode: Die sich periodisch ca. alle 28 Tage wiederholende, 3-7tägige Blutung aus dem → Endometrium der Gebärmutter infolge Abbaues und Abstoßung der → Funktionalis im Rahmen des Zyklus der geschlechtsreifen, nicht schwangeren Frau.

Historisch lassen sich seit Jahrtausenden bestehende Riten und Mythen im Zusammenhang mit Menstruation und Menarche (s.u.) belegen, wobei ethnologische Verschiedenheiten (→ Ethnologie) bestehen. Gemeinsamkeiten lassen sich hinsichtlich der Auffassung von Menstruationsblut als unrein, giftig und krankmachend beschreiben. Bei Naturvölkern werden menstruierende Frauen abgesondert, isoliert, dürfen sich nicht dem Licht aussetzen, und es bestehen zahlreiche Verbote (Ernährungsvorschriften, Koitusverbot). Als Ursprung und Funktion dieser *Tabus* (= polynesisch ta-bu als das „Gekennzeichnete", „Verbotene", „Heilige") ist die Isolation bedrohlicher oder gefährdeter Personen anzusehen.

Im westlichen Kulturkreis gelten Menarche, Menstruation und Menopause (s.u.) immer noch als erstaunlich tabubehaftet und äußerst intim. Es fügen sich Elemente aus Volksglauben, Hygienevorschriften, Sexualgeboten und Gesundheitsritualen zu unterschiedlichem Wissen und Umgang mit der Menstruation. Die psychologische Relevanz wird oft übersehen, die gynäkologische meist unterschätzt. Die Monatsblutung symbolisiert wie keine andere Körperfunktion weibliche Dynamik von Fruchtbarkeit in ihrer Erwünschtheit/Unerwünschtheit oder befürchteter/gewollter → Sterilität. Die Menstruation bietet eine wesentliche Signalfunktion für die eigene weibliche → Fertilität und Reproduktionsfähigkeit.

Menstruationszyklus: Der Zyklus der erwachsenen Frau wird durch ein komplexes biochemisches und physiologisches Regelkreissystem gesteuert (siehe Abb.).

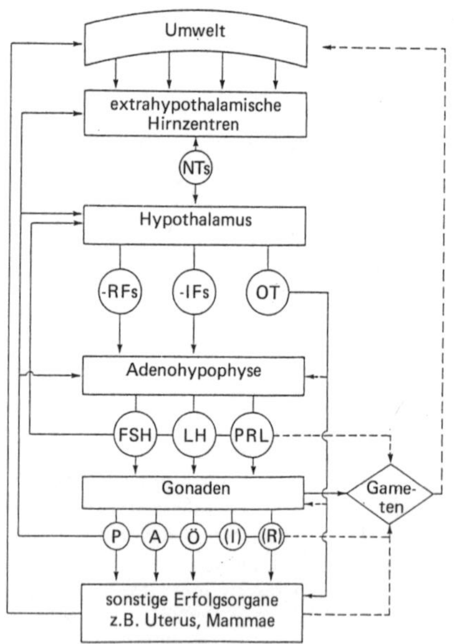

Biochemie und Physiologie der Fortplanzung. Diagrammatische Darstellung des Zusammenwirkens von Zentralnervensystem, Hypophyse und Gonaden (aus Kuss, 1987)

NTs	Neutrotransmitter	PRL	Prolactin
-RFs	Releasing-Faktoren	P	Progesteron, Gestagene
-IFs	Release-Inhibiting-Faktoren	A	Testosteron, Androgene
OT	Oxytocin	Ö	Östradiol, Östrogene
FSH	Follitropin	(I)	Inhibin
LH	Lutropin	(R)	Relaxin

Der Zusammenhang von Temperaturverhalten und Konzeptionswahrscheinlichkeit ist kalendarisch (Menstruationskalender) darstellbar (siehe Abb.).

Der biologische Spannungsbogen im Zusammenhang mit der Reproduktionsfähigkeit der Frau reicht vom erstmaligen Auftreten der monatlichen Blutung *(Menarche)* über eine Vielzahl von Menstruationsblutungen (ca. 500 Zyklen, falls keine Schwangerschaften erfolgen) während der reproduktiven Lebensphase der Frau bis hin zum letztmaligen Auftreten der Blutung, der *Menopause* (vgl. den psychologisch relevanten Lebensabschnitt des → Klimakteriums).

Forschungsstand: Traditionelle Ansätze in der Menstruationsforschung beschäftigen sich mit Abweichungen vom normalen Zyklusgeschehen: → Amenorrhö, → Hypermenorrhö, → Brachymenorrhö, → Menorrhagie, dysfunktionelle Blutungen, → Oligomenorrhö, → Polymenorrhö und insbesondere → Prämenstruelles Syndrom und → Dysmenorrhö. Unter den verschiedenen klinischen Disziplinen (Gynäkologie, reproduktive Endokrinologie, Psychiatrie, Innere Medizin, Neurologie und Medizinische Psychologie) existiert oft kein Konsens hinsichtlich → Ätiologie, Epidemiologie, diagnostischen Kriterien, optimalen Evaluationstechniken und effektiven Therapievorschlägen. *Menstruationsbeschwerden* werden von einer Reihe psychophysischer (→ Psychophysiologische Beziehungen) Umstände und → Coping-Strategien begleitet; individualpsychologische Aspekte im Verlauf des Zyklus können inzwischen als gut untersucht gelten.

Die zunehmende Integration der Frauen in das Berufsleben führte zu der Untersuchung von zyklusabhängigen Schwankungen im Leistungsverhalten der Frau. Übereinstimmend konnten keine eindeutigen Zusammenhänge zwischen körperlicher und intellektueller Leistungsfähigkeit und Belastbarkeit einerseits und Zyklusverlauf andererseits nachgewiesen werden. Dagegen ließen sich häufig subjektiv negative Einschätzungen eigener Belastungs- und Arbeitskapazitäten finden.

Mit zunehmender Liberalisierung tabuisierter Themenbereiche wurde die Fragestellung vom Verhältnis weiblicher → Sexualität zu verschiedenen Zyklusphasen aufgegriffen. Hier zeigt sich gravierend, daß die Interaktion von psycho-endokrinologischen Variablen, der Individualität und der psychosozialen Lage der Frau noch nicht zufriedenstellend geklärt ist. Verzahnungen biologischer und psychosozialer Variablen

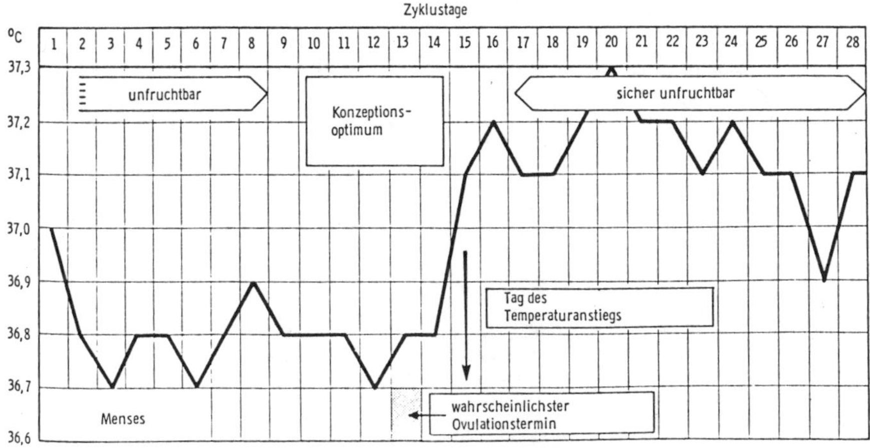

Aufwachtemperaturkurve zur Bestimmung des Ovulationszeitpunktes (aus Runnebaum & Rabe, 1987)

müssen für Einstellungen zur Menstruation und Menstruationsverhalten angenommen werden.

Reaktionsmuster: Frauen erleben ihre Blutung sehr verschieden. Mithilfe einer →Clusteranalyse (*Saupe* 1987) konnten an einer Berliner Stichprobe von 600 gesunden Frauen zwischen 15 und 49 Jahren folgende drei Reaktionsmuster herausgearbeitet werden. Diese Cluster gehen mit charakteristischen Persönlichkeitsmerkmalen einher (s. Abb.).

Die Hälfte der Frauen zeigen zwar relativ geringe Belastetheitsreaktionen, Erfahrungen mit ihrer Menarche sind aber problematisch, die Einstellung zur Menstruation ist kritisch, die Einstellung zu →Sexualität und Zärtlichkeit während der Blutung ist ablehnend bis neutral; persönlichkeitspsychologisch erscheint diese Gruppe als „auffällig durchschnittlich" (Typus „nüchterner Pragmatismus").

Ein Viertel der befragten Frauen erleben ihre Menstruation als gering belastet, zeigen wenig prämenstruelle Beschwerden, haben eine deutlich positive Einstellung zu Sexualität und Zärtlichkeit während der Blutungstage und zur Menstruationsblutung überhaupt, weiterhin erinnern sie ihre Menarche positiv; diese Gruppe neigt zu →Extraversion und geringem →Neurotizismus (Typus „expressive Weiblichkeit").

Ein weiteres Viertel klagt über starke prämenstruelle Beschwerden, fühlt sich starkt belastet und zeigt eine negative Gesamthaltung gegenüber der Menstruation; hier zeigen sich Persönlichkeitsauffälligkeiten wie hohe Klagsamkeit, →Depressivität (Typus „belastete Weiblichkeit").

Folgerungen: Menstruationserleben und -verhalten sind als Gegenstand gesundheitspsychologischer Forschung und klinischer Anwendung relevant:

- unter dem Aspekt des Menarche-Coping durch Jugendliche, einschließlich Aufklärung,
- als präventive Verhaltenskontrolle verschiedener Menstruationsbelastungs-Phänomene,
- zur Handhabung von Menstruationsbeschwerden unterhalb der Schwelle von Erkrankung,
- als Bezugnahme von Sexualverhalten und Menstruation als Beitrag zur →Intimitätsforschung,
- im Sinne der Menstruationshygiene,
- als Zusammenschau psychoendokrinologischer (→Psychoendokrinologie) und klinischer Fragestellungen in der Sterilitäts- und Kontrazeptionsberatung,
- wegen der Markierungsfunktion in der →kognitiven →Selbststeuerung von Menstruation (Lust- versus Reproduktionsfunktion),
- als individualpsychologischer Differenzierungsansatz für →Typologien der Menstruations-Coping-Strategien,
- zum Zwecke der Vorbereitung auf Klimakterium und Menopause.

Literatur: *H. Appelt/B. Strauss,* Psychoendokrinologische Gynäkologie. Stuttgart 1988. *R. Bergler,* Psychohygiene der

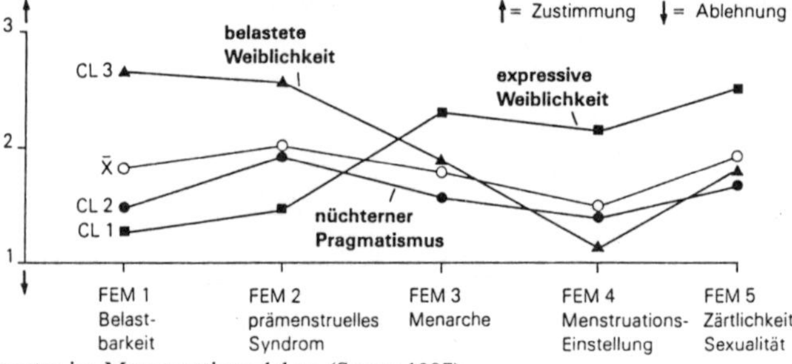

Reaktionsmuster im Menstruationerleben (Saupe 1987)

Menstruation. Bern 1984. *E. Mahr,* Menstruationserleben, eine medizinpsychologische Untersuchung. Weinheim 1985. *E. Püschel,* Die Menstruation und ihre Tabus. Stuttgart 1988. *R. Saupe,* Berliner Fragebogen zum Erleben der Menstruation (FEM), Entwicklung und erste Anwendung. Bern 1987. *J. Schlehe,* Das Blut der fremden Frauen. Menstruation in der anderen und in der eigenen Kultur. Frankfurt 1987. *P. Shuttle/P. Redgrove,* Die weise Wunde Menstruation. Frankfurt 1985.

Dr. *Erica Mahr,* Prof. Dr. *Hans Peter Rosemeier,* Berlin

mental
gedanklich, verstandesmäßig.

mentales Modell
→Subjektive Theorien.

Messen
→Skalierung.

Meßfehler
→Testtheorie.

Meßinstrument
→Skalierung.

Meta-Analyse
Zusammenfassung und gemeinsame Auswertung der Ergebnisse aus verschiedenen empirischen Untersuchungen zur gleichen Fragestellung (→Einzelfallanalyse, →Therapieerfolgskontrolle).

Meta-Kommunikation
Kommunikationssystem höherer Ordnung, bei dem entweder die →Kommunikation selbst zum Thema des Kommunizierens wird oder die Bedeutung einer Kommunikation durch nicht-verbale Äußerungen relativiert oder modifiziert wird.

Metaplan-Verfahren
→Subjektive Theorien.

Meta-Psychologie
Analyse der Entstehungsgeschichte psychologischer Theorien aus psychologischer Sicht; auch als sinngleicher Begriff für *Parapsychologie* verwandt, einem Teilgebiet der Psychologie, das sich mit scheinbar übersinnlichen Vorgängen befaßt.

Methode der gleicherscheinenden Intervalle
direkte Methode der →Skalierung von Reizen. Der Proband hat die zu beurteilenden Reize auf einem subjektiven Kontinuum einzuordnen, das in geordnete Kategorien mit gleichen Abständen unterteilt ist. Ein Beispiel wäre die Beurteilung von künstlerischen Werken nach ihren ästhetischen Qualitäten oder die Einschätzung von subjektiven Schmerzempfindungen auf einer 10-Punkte-Skala, wobei vorausgesetzt wird, daß beispielsweise die Unterschiede zwischen zwei und drei Punkten denen zwischen sieben und acht Punkten entsprechen.

Methode der sukzessiven Kategorien
indirekte Methode der →Skalierung von Reizen, bei der der Beurteiler, ähnlich wie bei der →Methode der gleicherscheinenden Intervalle, die Reize in vorgegebene Kategorien einzusortieren hat. Im Gegensatz zu den direkten Methoden der Skalierung wird hier aus den Beurteilungen erst im Nachherein auf die Breite der Kategorien geschlossen.

Microsaccaden
→Augenbewegungen.

Milde-Effekt
→Beurteilungsfehler.

Minderwertigkeitskomplex
→Individualpsychologie
→Komplex.

Minderwertigkeitsgefühl
Gefühl der Unzulänglichkeit und Unterlegenheit; einer der Schlüsselbegriffe der →Individualpsychologie.

Mindmapping
→Subjektive Theorien.

Mineralkortikoide
→Kortikosteroide.

Minimale Cerebrale Dysfunktion
⇒MCD
leichte Störung in der Entwicklung der

→Motorik, des Verhaltens oder der →Persönlichkeit, als deren Ursache leichte Hirnschädigungen bei der Geburt angenommen werden, früher auch als *minimale Zerebralparese* (Hirnlähmung) bezeichnet.

minimale Zerebralparese
⇒Minimale Cerebrale Dysfunktion.

Minimum-Varianz-Methode
Methode der Bestimmung der Homogenität der Ähnlichkeit von Elementen bei der →Clusteranalyse.

Minkovski-Metrik
Abstandsfunktionen, bzw. Klasse von metrischen Räumen in der →Skalierung, deren Spezialfälle die →City-Block-Metrik und die →Euklidische Metrik sind.

Minoritäten
→Diskrimination.

Mismatch-Negativity
→Ereigniskorreliertes Potential.

Mißbrauch
→Sucht.

Mittelhirn
→Hirnstamm.

Mneme
⇒Gedächtnis.

mnestisch
das →Gedächtnis betreffend.

Modalwert
→Statistik.

Modell-Lernen
⇒Lernen am Modell.

Moden.
→Norm.

Moderatorvariable
Variable, die die Beziehung zwischen zwei anderen Variablen modifiziert. So kann beispielsweise der Zusammenhang zwischen →Intelligenz und Schulerfolg für Jungen und Mädchen unterschiedlich ausfallen. In diesem Fall wäre das Geschlecht der Schüler die Moderatorvariable. Die Moderatorvariable unterscheidet sich von der →intervenierenden Variablen dadurch, daß sie nicht in Abhängigkeit zu einer der beiden zu vergleichenden Variablen steht (weder Intelligenz noch Schulerfolg beeinflussen das Geschlecht).

Modulation
durch äußere Reize hervorgerufene phasenweise Veränderung des inneren Milieus (→Homöostase).

Mokken-Skalierung
→Testtheorie.

Monismus
→Verstehen.

monoaminerges System
Teil des vegetativen →Nervensystems, das für die Ausschüttung von Adrenalin zuständig ist.

Monte-Carlo-Verfahren
rechnerische Methode zur Simulation von Effekten im →Experiment, bei der Populationskennwerte bestimmt werden, indem die Ziehung einer großen Anzahl von Zufallsstichproben im Computer simuliert wird.

moribund
dem Tode nahe, im Streben liegend.

Motiv
→Motivation
→Emotionen.

Motivation
Motivation bezeichnet die in einer →Handlung zum Ausdruck kommenden hypothetischen, aktivierenden und richtungsgebenden Vorgänge, die das individuelle Verhalten auf ein Ziel hin bestimmen und regulieren. Die zwischen Reizeingang und (→Reiz) Verhaltensausgang →*intervenierenden Motivationsvariablen* sollen erklären, warum sich ein Individuum unter bestimmten gleichen Umständen gerade so und mit gerade solcher Intensität verhält. Motivationsvariablen (Verhaltensbereitschafts-Variablen) sind, neben der Wirkung eines stimulierenden Reizes (wahrgenommene Situation), den Lernprozessen

(→ Lernen, → Konditionierung, → Habituierung) und gegebenen z.T. genetischen Dispositionen (Fähigkeiten) die wichtigsten Verhaltensdeterminanten. Motivation bezeichnet ihren geschichtlichen Wurzeln nach (1) die Gesamtheit der → Motive, Beweggründe, wie sie der Verwirklichung von Lebens-, Bedeutungs- oder Sinnwerten dienen und damit die Thematik des individuellen Lebens enthalten (humanistische Motivationstheorien), (2) die angeborenen Antriebe (→ Trieb), (3) das meßbare generalisierte → Aktivierungsniveau sowie die Wirkung von Anreizen (→ Incentives).

Die → Klinische Psychologie und → Psychotherapie untersuchen die individuellen Motivationsformen und Motivationskonflikte (→ Konflikt) sowie die Motivationsdynamik; die → Allgemeine Psychologie erforscht die Grundlagen und allgemeinen Gesetzmäßigkeiten der Motivationsprozesse (Motivationstheorien); die Entwicklungspsychologie (→ Entwicklung) die Gestaltung der Motivationen im → Sozialisierungsprozeß des Kindes; die Markt- und Werbepsychologie die Kauf-, Konsum- und Arbeitsmotive.

Thematisch sind zu unterscheiden: (a) monothematische (auf einen einzigen Grundtrieb z.B. Lust, Macht zurückführende), (b) polythematische (nicht weiter rückführbare nebeneinander oder hierarchisch angeordnete Antriebe, Triebe oder Strebungen verschiedener Anzahl), (c) athematische Motivationslehren. Hier werden z.B. individuell unterschiedliche Daseinsthematiken (*Thomae* 1965) angenommen.

Die motivationsbezogenen Begriffe, mit denen die hinter der beobachteten Variabilität des Verhaltens liegenden, angenommenen inneren Zustände bezeichnet werden und die eine kausale Determiniertheit implizieren, lassen sich in zwei Gruppen aufteilen, die in verschiedener Polung und verschiedener Gewichtung einander gegenüber gestellt werden.

(a) Biologische, interne oder *primäre Antriebe*. Hierher zählen zumeist: Bedürfnis, Spannung, Trieb, Drive, → Instinkt, Neigung; wobei der Begriff Trieb vornehmlich dann verwendet wird, wenn angenommen wird, daß die Motivation primär biologischen Ursprungs ist.

(b) Psychologisch-soziale oder *sekundäre Antriebe*. Von ihnen wird angenommen, daß sie zumindest teilweise im Sozialisierungsprozeß erlernt wurden. Hierher zählen: die Motive, die Valenz (Aufforderungscharakter), der (affektive) Wert, Anreiz (Incentive).

Der Begriff *Bedürfnis* findet sich z.T. nur zur Bezeichnung biologischer Notwendigkeiten (z.B. Flüssigkeitsbedarf) andererseits aber auch zur Bezeichnung psychologischer Mangelzustände. Bedürfnis bezeichnet andererseits zunächst (objektive Bedeutung) den Mangel an bestimmten Elementen in der Umwelt. Dieser objektive Mangel wird dadurch zum physiologischen Bedarf, daß er einen Mangelzustand im Organismus hervorruft, und zum psychologischen Bedürfnis dadurch, daß der Zustand des Organismus vom Individuum als eine Spannung wahrgenommen wird (subjektive Bedeutung), die das Verhalten mitbestimmt.

Als → hypothetisches Konstrukt ist Motivation nicht direkt meßbar, stattdessen werden zur Messung z.B. herangezogen: Die Intensität der konsumatorischen Handlung, die Intensität einer gelernten oder ungelernten Reaktion, das Wahlverhalten zwischen verschiedenen Anreizen, → projektive und → objektive Testverfahren. Die Meßmethoden sind nicht ohne Probleme und beruhen im einzelnen darauf, wie Motivation im jeweiligen Fall konzeptualisiert und definiert wird.

In der neueren Literatur schließt der Motivationsbegriff zumeist folgende Merkmale ein:

- einen Aktivierungsfaktor (Energizer), Energie, Erregung (→ Aktivierung),
- eine Ausrichtung dieser Energie auf ein bestimmtes Ziel (→ Appetenz),

- eine selektive →Aufmerksamkeit für bestimmte Reize (auf dem Weg zu dem Ziel),
- die Organisation der Aktivität in ein integriertes Reaktionsmuster,
- die Aufrechterhaltung der Verhaltensaktivität bis zur Zielerreichung oder seiner Unterbrechung durch das Aufkommen eines anderen Motivationszustandes (Dominanzrolle des stärksten Mangelzustandes, nach *Hofstätter*).

Motiviertes Verhalten zu erklären, gibt es verschiedene Ansätze:

Instinkttheorien: Sie postulieren angeborene Prädispositionen für spezifische Verhaltensmuster, wie sie in der Ethologie *(Lorenz, Tinbergen)* für zahlreiche Verhaltensweisen nachgewiesen wurden (→Angeborene Auslösemechanismen, AAM).

Triebtheorien: Im Sinne angeborener Triebe wurde der Motivationsbegriff von *Freud,* sowie von *McDougall* benutzt. Differenzierter durch das →psychohydraulische Energiemodell findet er sich in der Instinktlehre der Tierpsychologie wieder.

Triebreduktionstheorien: Sie führen Motivation auf körperliche Bedarfslagen (tissue needs) zurück, die in der Folge einen Zustand psychischer Spannung oder Triebstärke (Drive) erzeugen, der zu einem die Spannung schließlich reduzierenden Verhalten führt. Sie entstehen durch eine Störung des internen →homöostatischen Gleichgewichts (z.B. Hunger, Durst), welches der Organismus stets aufrecht zu erhalten bestrebt ist. Diesen, als homöostatische Motivationen bezeichneten, Antrieben werden die nichthomöostatischen Motive, die eher auf eine Erregungssteigerung (sexuelle Erregung, →Sexualität, →Emotionen, →Neugierverhalten u.a.) abzielen, gegenüber gestellt, die durch Veränderungen in der externen Umwelt des Organismus ausgelöst und in der Regel auch durch diese befriedigt werden. Die biologischen, physiologisch begründeten Bedürfnisse werden auch als *primäre Bedürfnisse* (primary needs) bezeichnet. Als *sekundäre Bedürfnisse* (secundary needs) werden dann alle psychosozialen Bedürfnisse aufgefaßt, von denen (vielfach) angenommen wird, daß sie unter dem Einfluß von Lernvorgängen (→Ler-

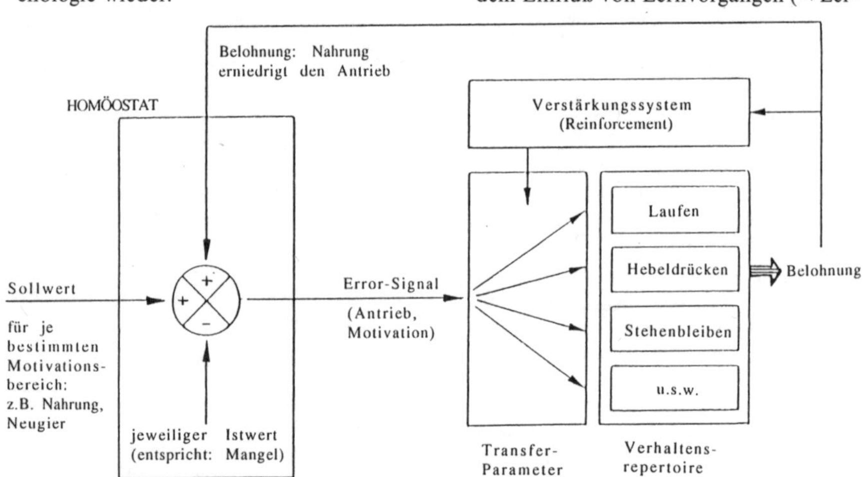

Schema der Beziehungen zwischen Motivation, Belohnung und Verhaltensreaktion des einfachen Homöostasemodells
(nach Gallistel, 1973; aus : Becker-Carus, 1983)

nen, → Sozialisation u.a.) aus primären hervorgegangen sind.

Anreiz-(Incentive)theorie: Hier wird die Bedeutung externaler Bedingungen als Motivationsquelle betont. Diese Umgebungsbedingungen können positive Anreize sein, denen sich der Organismus zuwendet (→ Neugierverhalten) oder negative, die gemieden werden (→ Angst, → Furcht). Außer von der Erregung und den Situationshinweisen hängt Verhalten auch entscheidend von der Erwartung bestimmter Erfolge (Belohnen, → Verstärkung) des Verhaltens in antizipierten Situationen ab *(Rotter).*

Die Verstärkertheorie der Motivation baut auf den homöostatischen Ansätzen auf und legt das Schwergewicht auf die Verstärkerfunktion (→ Lernen, → Konditionierung) der Zielobjekte bzw. auf die damit verbundene (oder experimentell auslösbare) Aktivierung der als Sättigungs- oder Lustzentren bezeichneten Areale im → Hypothalamus *(Hess).* Aufbauend auf neuen Ergebnissen der elektrischen Selbststimulation des Gehirns *(Olds u.a.)* hat man versucht, den vielfältigen theoretischen Ansätzen zur Erklärung der homöostatischen Belohnungsmechanismen auf der Basis der modernen Kontrolltheorie einheitlich darzustellen (siehe Schema) *(Gallistel u.a.).* In diesen Modellen wird Motivation als allgemeiner Antrieb zur Verhaltensausführung verstanden, während → Verstärkung (reinforcement) motivationssteuernd den Antrieb auf dasjenige Verhaltensmuster ausrichtet, adjustiert, dessen Ausübung zur Belohnung (z.B. Futter) führt.

Der kognitivistische Ansatz (→ Kognition) hebt u.a. darauf ab, daß der Motivationsbegriff (sowie insbesondere die Begriffe Antrieb und Trieb) durch neutrale Modelle, wie die zukünftige Zeitperspektive (z.B. Hoffnung auf Erfolg, Furcht vor Mißerfolg), Antizipation, sowie individuelle persönliche → Konstrukte, das individuelle → Anspruchsniveau u.ä. zu ersetzen sei (*Heckhausen* 1980). Die Entwicklung der Motive (Leistung, Geselligkeit, Macht, Pflege u.a.) wird zurückgeführt auf das primäre Motiv, Unsicherheit und Ungewißheit abzuwehren. Dabei wächst die Fähigkeit zur Bewältigung von Unsicherheit nicht nur mit der Erfahrung sondern auch mit der Entwicklung → kognitiver Strukturen *(Piaget).* Die bis heute unternommenen zahlreichen Erklärungsansätze *(vgl. Nebraska Symposium on Motivation)* führten zu recht unterschiedlichen Vorstellungen. Die meisten modernen Motivationserklärungen neigen dazu, Minitheorien zu sein, die zwar genauer sind, jedoch nur eine begrenzte Anzahl von Verhaltensweisen/Situationen beschreiben, ohne jedoch gravierend die früheren Grundkonzepte der Motivation zu verlassen (*Hoenga & Hoenga* 1984).

Das folgende Schemadiagramm stellt zusammenfassend die Motivation

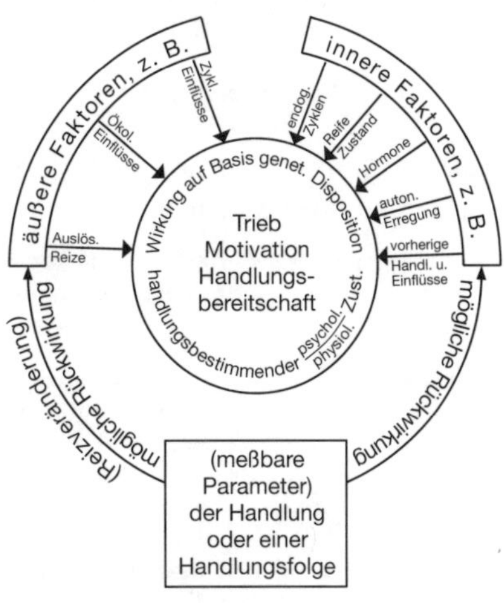

Das Schemadiagramm stellt die Motivation, M (den T, die HB) als verbindendes Glied zwischen Eingängen („endogenen und exogenen Faktoren") und dem Ausgang „Handlung" dar, der seinerseits auf die Eingänge zurückwirken kann. Die Begriffe M, T, HB umschreiben pauschal den physiologisch/pschyologischen Zustand eines Tieres, der als hypothetisches Konstrukt aus der Handlung erschlossen wird. Der Zustand läßt sich daher nur durch Parameter der Handlung und/oder der Eingangsfaktoren definieren. (Aus Becker-Carus und Schöne, 1972).

(Handlungsbereitschaft) als hypothetisches Bindeglied zwischen den beobachtbaren endogenen und exogenen Faktoren und der Handlungsfolge dar.

Literatur: *C. Becker-Carus,* Motivationale Grundlagen der Nahrungs- und Flüssigkeitsaufnahme. In: Psychologie der Motive (Bd. 2 Motivation und Emotion der Enzyklopädie der Psychologie). Göttingen 1983. *C. Becker-Carus,* Motivation in Ethology and its implications for an integrative approach to the theory of motivation. In: *J. T. Spence/C. T. Izard* (Eds.), Emotion and Personality. North-Holland 1985. *C. Becker-Carus,* Grundriß der physiologischen Psychologie. Heidelberg 1981. *K. B. Hoyenga/K. T. Hoyenga,* Motivational explanations of behavior. Monterey 1984. *H. Heckhausen,* Motivation und Handeln. Lehrbuch der Motivationspsychologie. Berlin 1980. *H. Thomae* (Hrsg.), Die Motivation menschlichen Handelns. Köln 1965.

Prof. Dr. *Christian Becker-Carus,* Münster

motivational
durch Motivation beeinflußt.

motivationsspezifisches Reaktionsmuster
→ individualspezifisches Reaktionsmuster.

Motorik
Schon in der Umgangssprache wird als Motorik sowohl die Bewegung des Körpers, als auch sein Ausdruck verstanden. Motorik ist somit sowohl Bewegung als auch Kommunikation. Die Bewegungswissenschaften reichen deshalb von der Sportwissenschaft über die Biomechanik bis hin zur Sportpädagogik und den mehr psychologisch orientierten Ansätzen der Psychomotorik und Bewegungstherapie.

Die Bedeutung der Motorik für die kindliche Entwicklung bei normalen und behinderten Kindern ergibt sich aus empirischen Untersuchungen mit motorischen → Tests. *Lernbehinderte* (→ geistige Behinderung) zeigen sich darin manuell weniger geschickt; sind bei Sport und Spiel weniger gewandt und machen generell einen „ungeschickteren" Eindruck. *Schilling* (1979) spricht davon, daß 91% der Kinder mit → *minimalen cerebralen Dysfunktionen* (MCD), 98% der Geistigbehinderten, 70% der Lernbehinderten und 50% der sprachauffälligen oder verhaltensgestörten Kinder weit unterdurchschnittliche (minus 2 S) Motorikleistungen aufweisen.

In der Entwicklung des Kleinkindes und des Vorschulkindes ist Motorik die Leitvariable der Entwicklung. Im Säuglingsalter spielt dabei die Umsetzung der spontanen Bewegungen, die Transformation der angeborenen → Reflexe und die zunehmende Zielgerichtetheit der Bewegung des Kleinkindes eine entscheidende Rolle. Daraus entsteht die Fähigkeit, die Körpermittellinie zu überkreuzen (d.h. → *Lateralität* auszubilden) und auf dieser Grundlage zur dynamischen Balance fähig zu sein. Der aufrechte Gang, die Fähigkeit, vorwärts und rückwärts zu laufen und auf Zehenspitzen zu stehen, wird im Alter von bis zu 2 bzw. 3 Jahren entwickelt. Das Kind hat dann gelernt zu hüpfen, zu klettern, zu springen und auf einem Fuß zu balancieren. Im Alter bis zu 6 Jahren kommen dann die Fähigkeit, einen Ball zu fangen und komplexe dynamische Gleichgewichtssituationen zu bewältigen, hinzu. Das Ende der Vorschulzeit ist dadurch gekennzeichnet, daß die Simultankoordination von Armen und Beinen möglich ist. Die nach der Schulreife folgenden Jahre bis zum 12. Lebensjahr sind dann im wesentlichen durch qualitative Veränderungen und die Entwicklung spezieller motorischer Fertigkeiten bis zum Abschluß des beschleunigten Körperwachstums des Kindes, der Differenzierung des Nervensystems und dem Muskelzuwachs gekennzeichnet.

Störungen im normalen motorischen Entwicklungsverlauf werden von verschiedenen Autoren unterschiedlichen Ursachen zugeordnet. In der Tradition der amerikanischen Behindertenpädagogik ist *Ayres* (1984) der Ansicht, daß motorische Entwicklungsstörungen Störungen der *sensorischen Integration* (d.h. der Integration von Wahrnehmungs- und Bewegungssystemen mit →kognitiven Systemen) sind. Vermutet wird von ihr eine minimale cerebrale Dysfunktion, die die Ursache für Überaktivität und Ablenkbarkeit, Unbeständigkeit, niedrigen Muskeltonus, Koordinationsprobleme und Lernschwierigkeiten und soziale Kontaktprobleme sein soll. *Willimczik* zeigte allerdings in einer Untersuchung von 1417 Schulanfängern, daß Kinder, die in einem motometrischen →Test auffällig waren, nur zu 12% an minimalen cerebralen Dysfunktionen litten. Bei 29% war überhaupt keine erkennbare Ursache für die Bewegungsstörung zu ermitteln.

Deprivierende soziale und emotionale sowie ökologische Umweltbedingungen können motorische Minderleistungen bewirken. Untersuchungen mit motometrischen Tests bei lernbehinderten und sprachbehinderten Kindern haben diese Zusammenhänge sehr oft verdeutlicht. Auch wenn der Zusammenhang zwischen sportlichen und geistigen Fähigkeiten im allgemeinen eher gering ist, zeigen Motorik- und →Intelligenztest bei Vorschulkindern relativ hohe →Korrelationen, die bei Grundschülern bis zum 10. Lebensjahr aber schnell abnehmen. Es gilt jedoch, daß mit zunehmender kognitiver Beeinträchtigung der Leistungsfähigkeit auch zunehmende motorische Defizite auftreten. Ein typisches Bild empirischer Untersuchungen ist z.B., daß im Alter von 7 bis 12 Jahren die Testwerte z.B. im LOS KF 18 (*Eggert* 1971) von sprachbehinderten Kindern deutlich unter denen normaler, aber auch deutlich über denen lernbehinderten Kindern lagen, während geistigbehinderte Kinder (→geistige Behinderung) am unteren Ende des Leistungsspektrums lagen.

Die verschiedenen Ansätze zur Therapie von Bewegungsstörungen werden unter dem Oberbegriff *„Psychomotorik"* zusammengefaßt. Dabei werden z.T. sehr unterschiedliche Ansätze der psychologisch orientierten Bewegungsförderung von Kindern, Jugendlichen und älteren Menschen zusammengefaßt. Dazu gehören amerikanische Ansätze der sensomotorischen oder perzeptuell-motorischen Therapien, sowie französiche Methoden der psychomotorischen Erziehung und der deutschen Motopädagogik und/oder Mototherapie. Psychomotorische Förderung kann einerseits präventive Förderung im vorschulischen Bereich sein (Förderung von Lernvoraussetzungen), andererseits zur Prävention der Entwicklung von Lern- und Verhaltensproblemen in der Schule im Rahmen von Maßnahmen wie der „täglichen Bewegungszeit" dienen. Sie kann aber ebenso als Medium therapeutischer Interaktionen mit entwicklungsauffälligen Kindern im Grundschulalter fungieren, sowie als allgemeines Unterrichtsprinzip im Klassenzimmer oder als nicht-verbale, körperorientierte Therapie mit Erwachsenen dienen.

Inhaltliche Gemeinsamkeiten der im einzelnen durchaus unterschiedlichen Konzepte liegen zum einen in der Betonung einer komplexen Sichtweise der kindlichen Handlung, zum anderen im Versuch, die pädagogisch-therapeutische Handlungsweise sowohl entwicklungspsychologisch als auch interaktionistisch (→Interaktion) zu begründen. Andere eher funktionelle Ansätze vor allem in der Frühförderung gehen stärker von (oft stark vereinfachten) neurophysiologischen Modellvorstellungen *(Frostig, Ayres)* aus. Man sollte deshalb generell (*Eggert* 1989) die Wirkung einer psychomotorischen Förderung bei entwicklungs- und lernauffälligen Kindern nicht von einer speziellen Methode des Bewegungstrainings erwarten, sondern von einem Zusammenwirken von Bewegung, Wahrnehmung, Denken, Erleben, Fühlen und Gestalten des Kindes in einer Interaktionssituation mit anderen Kindern und dem Psychologen/Pädagogen, der sich mit seiner Persönlichkeit und seinen Lernmöglichkeiten in den gemeinsamen Handlungs- und Erfahrungsprozeß begibt.

Was die Wirksamkeit dieser Ansätze anbelangt, so weisen Effektivitätsstudien (*Eggert* 1989) auf folgende Schlußfolgerungen hin: 1. Motorische Lernsteigerung und Transfereffekte (→Transfer) von motorischem auf kognitives Lernen lassen sich in entwicklungspsychologisch frühen Abschnitten oder bei relativ umfassenden und andauernden Störungen erkennen. 2. Transfereffekte im verbalen und kognitiven Bereich sind wahrscheinlich bei lernbehinderten und/oder sprachbehinderten Kindern bis ins Grundschulalter beobachtbar. 3. Fördereffekte im emotionalen und sozialen Bereich allein finden sich bei älteren und leichter gestörten Kindern, speziell bei älteren verhaltensauffälligen Kindern.

Literatur: *A. J. Ayres,* Bausteine der Entwicklung. Heidelberg 1984. *D. Eggert/E. J. Kiphard* (Hrsg.), Die Bedeutung der Motorik für die Entwicklung behinderter und normaler Kinder. Schorndorf 1971. *D. Eggert,* Theorie und Praxis der sonderpädagogischen Psychomotorik. Dortmund 1991. *F. Schilling,* Motodiagnostik im Kindesalter. Berlin 1979. *K. Willimczik/M. Grosser* (Hrsg.), Die motorische Entwicklung im Kindes- und Jugendalter. Schorndorf 1979.

Prof. Dr. *Dietrich Eggert,* Hannover

motorische Aphasie
→Sprechstörungen
→Großhirn.

motorische Prägung
→Prägung.

Münzverstärkersysteme
Methode der →Verstärkung beim →Operanten Lernen. Der Proband erhält als Belohnung für erwünschtes Verhalten Münzen oder Gutscheine, die er am Ende der Versuchsphase gegen die gewünschte Belohnung eintauschen kann.

Multioszillatorenmodell
→Circardiane Periodik.

Multiple-Choice
⇒Mehrfachwahlantwort.

multiple logistische Regression
→Multivariate Datenanalyse.

multiple Persönlichkeit
gelegentlich beschriebenes Krankheitsbild, das nicht genau erforscht und belegt ist, bei dem bei einem Individuen zwei oder mehrere nebeneinander bestehende und voneinander nicht wissende Persönlichkeiten zu beobachten sind.

multipler Grundkurvenplan
→Einzelfallanalyse.

Multivariablenanalyse
⇒Multivariate Datenanalyse.

Multivariate Datenanalyse
Anwendung: Multivariaten statistischen Verfahren (→Statistik) liegt das Ziel zugrunde, mehrere Merkmale (Variablen) gleichzeitig in ein Analyseverfahren einzubeziehen, um ihre gegenseitigen Wechselbeziehungen und Abhängigkeiten berücksichtigen zu können. Die Struktur der Zusammenhänge mehrerer Variablen kann sehr unterschiedlich sein. Ebenfalls unterschiedlich ist die Art der Fragestellungen, welche durch die statistischen Analysen behandelt werden. Beides zusammen führt dazu, daß eine Reihe verschiedener multivariater Verfahren zur Datenanalyse entwickelt wurden.

Konfirmatorische und explorative Datenanalyse: Konfirmatorische oder inferenzstatistische Analysen gehen davon aus, daß im Rahmen einer vorgegebenen Zusammenhangsstruktur bestimmte einzelne Spezifizierungen dieser Struktur in Form von →*Nullhypothesen* durch Anwendung *statistischer Tests* (→Statistik) zu überprüfen sind. Hierzu gehört beispielsweise die Fragestellung, ob eine Variable X_1 mit einer Variablen Y einen statistischen Zusammenhang aufweist, welcher nicht auf gemeinsame Beziehungen zu weiteren Variablen $X_2, X_3, ..., X_p$

Multivariate Datenanalyse

zurückzuführen ist, wobei z.B eine gemeinsame → *multivariate Normalverteilung* aller Variablen angenommen wird. Bei explorativer Datenanalyse werden demgegenüber in einem vorgegebenen Rahmen Spezifizierungen der Zusammenhangsstrukturen erst gesucht, wobei aus einer Vielzahl möglicher Spezifizierungen solche ausgewählt werden, die nach vorgegebenen Kriterien eine optimale Anpassung an die vorliegenden Daten zeigen. Hierzu gehört beispielsweise die Auswahl von (möglichst wenigen) Variablen aus $\{X_1, X_2, ..., X_p\}$, die eine optimale Vorhersage der Variablen Y ermöglichen, wobei z.B. ein linearer Zusammenhang angenommen wird. Multivariate Analysen werden je nach Fragestellung und Methode sowohl explorativ als auch konfirmatorisch angewendet.

Zusammenhänge zwischen unabhängigen (prognostischen) und abhängigen Variablen (Zielgrößen): Im linearen Modell wird davon ausgegangen, daß der Erwartungswert einer abhängigen Variablen Y als lineare Funktion der Werte von unabhängigen, gegebenen Variablen $X_1, X_2, ..., X_p$ dargestellt werden kann. Bei normalverteilter unabhängiger Variable Y spricht man von Varianzanalyse, wenn die unabhängigen Variablen qualitativ sind, von Regressionsanalyse, wenn sie stetig sind und von Kovarianzanalyse, wenn sowohl stetige als auch qualitative unabhängige Variable vorliegen. Ist auch die Zielgröße ein mehrdimensionaler → Vektor $(Y_1, Y_2, ..., Y_m)$ mit multivariater Normalverteilung, so werden deren Abhängigkeiten untereinander (ihre *Kovarianzmatrix*) in der *multivariaten Varianzanalyse (MANOVA)* berücksichtigt. Ein wichtiges Anwendungsbeispiel hierfür ist die *Analyse von Verlaufskurven,* in denen $Y_1, Y_2, ..., Y_m$ die Werte eines Merkmals zu den Zeitpunkten $1, 2, ..., m$ bezeichnen und die Abhängigkeit des Verlaufs von einem oder mehreren Faktoren $X_1, X_2, ..., X_p$ untersucht wird. Bei eindimensionalen dichotomen Zielgrößen Y mit den Werten 0 und 1 wird der Einfluß mehrerer Variablen auf den Parameter $p = P(Y = 1)$ häufig mit Hilfe der *multiplen logistischen Regression* untersucht. Die Fragestellung lautet dabei, wie und von welchen Faktoren die Wahrscheinlichkeit für das Entstehen eines bestimmten Ereignisses (z.B. Erfolg einer Therapie) beeinflußt wird. Interessiert dagegen der Zeitpunkt des Ereignisses, so kann dessen Abhängigkeit von mehreren unabhängigen Variablen mit Hilfe des *Cox-Modells für Überlebenskurven* multivariat untersucht werden.

Zuordnungsregeln und Klassenbildung: In der *Diskriminanzanalyse* geht man davon aus, daß aus zwei oder mehreren unterschiedlichen Grundgesamtheiten unabhängige Stichproben eines multivariaten Merkmals $(X_1, X_2, ..., X_p)$ vorliegen (beispielsweise Symptome und Symptomkombinationen bei unterschiedlichen Krankheiten). Es werden dann diejenigen Merkmale ausgewählt, die eine möglichst gute Trennung zwischen den Gruppen ermöglichen. Zusätzlich wird eine Zuordnungsregel hergeleitet, mit Hilfe derer zukünftige Fälle, deren Gruppenzugehörigkeit unbekannt ist, aufgrund ihres Merkmalvektors $(X_1, X_2, ..., X_p)$ einer der Gruppen zugeordnet werden. Die Wahrscheinlichkeit für falsche Zuordnungen soll dabei möglichst klein sein. Während in der Diskrimanzanalyse eine Lernstichprobe mit bekannter Gruppenzugehörigkeit der einzelnen Fälle vorliegt, wird in der → *Clusteranalyse* nach verschiedenen Gruppen erst gesucht. Dies geschieht unter der Annahme, daß etwaige unterschiedliche Grundgesamtheiten in einer Gesamtstichprobe dadurch charakterisiert sind, daß die Ausprägungen eines multivariaten Meßvektors $(X_1, X_2, ..., X_p)$ innerhalb einer Grundgesamtheit sehr viel ähnlicher sind als zwischen den Fällen aus unterschiedlichen Grundgesamt heiten. Dementsprechend sucht man nach Clustern von untereinander ähnlichen Fällen, die von den jeweils anderen Clustern möglichst gut unterscheidbar sind. Die Clusteranalyse kann somit zum Auffinden und zur Charakterisierung unterschiedlicher Grundgesamtheiten (Klassen, → *Typen*) dienen.

Zusammenhangsanalysen: Bei der Untersuchung der Zusammenhangsstruktur mehrerer Variablen (ohne Unterscheidung zwischen „prognostischen Variablen" und „Zielgrößen") wird im allgemeinen versucht, die beobachteten, oft sehr komplexen Zusammenhänge (z.B. Kovarianzmatrizen oder mehrdimensionale Kreuztabellen) durch möglichst einfache Zusammenhangsmodelle zu beschreiben, die mit den Beobachtungen bis auf Zufallsabweichungen übereinstimmen. Bei qualitativen Variablen verwendet man hierzu häufig das *log-lineare Modell,* in dem die Logarithmen der erwarteten Häufigkeiten der Zellen einer mehrdimensionalen → Kontingenztafel als lineare Funktion von Modellparametern dargestellt werden. In der *Konfigurations-Frequenz-Analyse* wird speziell nach solchen Merkmalskonstellationen gesucht, die aufgrund ihrer besonders hohen oder besonders niedrigen beobachteten Häufigkeit mit der Annahme der Unabhängigkeit der Merkmale nicht vereinbar sind. In Modellen mit *latenten Variablen* oder *latenten Klassen* geht man davon aus, daß die Vielzahl der beobachteten Merkmale der Beobachtungseinheiten im wesentlichen verschiedene Ausprägungen von nur wenigen, nicht direkt beobachtbaren (latenten) Variablen wiedergeben bzw. Ausdruck einiger weniger latenter Zustände sind. Im zweiten Fall spricht man von *„Latent Class Analysis"*, bei der Annahme latenter Variablen („Faktoren") von → *„Faktorenanalyse"*. In diesem Modell setzt sich jede der beobachteten Variablen aus einer gewichteten Summe der (latenten) Faktoren und einem davon unabhängigen, für die jeweilige Variable spezifischen Anteil zusammen. Die Anzahl der Faktoren wird entweder aufgrund theoretischer Überlegungen vorgegeben oder (nach unterschiedlichen Kriterien) aus den Daten bestimmt. Die Güte einer Faktorenlösung kann danach beurteilt werden, in welchem Maße sie die vorliegende Kovarianzmatrix reproduzieren kann. Da mit jeder Lösung eine beliebige *Rotation* der Faktoren zu derselben Kovarianzmatrix führt, wird die endgültige Lösung durch unterschiedliche Kriterien der Interpretierbarkeit bestimmt. Zu den vielfältigen Anwendungen der Faktorenanalyse ist z.B. auch der → Intelligenztest zu rechnen, in dem die einzelnen → Items des Tests die beobachteten Variablen darstellen und die Faktoren die sich darin wiederspiegelnden Fähigkeiten repräsentieren. Wird vor Beginn der Analyse festgelegt, welche Items mit welchen der vorgegebenen Faktoren zusammenhängen, so spricht man von *konfirmatorischer Faktorenanalyse.* Dies ist ein Spezialfall des *LISREL-Modells* (Linear Structure Relationship), in dem die vorliegende Kovarianzmatrix durch vielfältige lineare Beziehungen zwischen latenten und beobachteten Variablen erklärt wird.

Literatur: *D. R. Cox,* The Analysis of Binary Data. London 1970. *H. H. Harman,* Modern Factor Analysis. 3. A., Chicago 1976. *K. G. Jöreskog/D. Sörbom,* LISREL IV – Analysis of Linear Structure Relationships by the Method of Maximum Likelihood. Mooresville 1984. *J. Krauth/G. A. Lienert,* Die Konfigurationsfrequenzanalyse und ihre Anwendung in Psychologie und Medizin. Freiburg 1973. *P. Lazarsfeld/N. W. Henry,* Latent Structure Analysis. Boston 1968. *N. H. Timm,* Multivariate Analysis with Applications in Education and Psychology. Monterey 1975.

PD Dr. *Hartmut Hecker,* Hannover

multivariate Normalverteilung
→ Normalverteilung.

Musikerleben

1. Begriff: Obwohl Musikerleben zentrales Thema der *Musikpsychologie* ist, hat es bisher keine Versuche einer definitorischen Eingrenzung gegeben. In einem sehr allgemeinen Sinn wird man unter Musikerleben die Gesamtheit der das Musikhören und -machen begleitenden psychischen Prozesse verstehen, im engeren Sinn aber nur jene bei bewußter, hörender Hinwendung zur Musik.

2. *Methoden:* Man kann grundsätzlich beobachtende, messende und fragende Verfahren unterscheiden. Die Beobachtung von Musikhörern – etwa mit nachträglicher Analyse einer Videoaufzeichnung – ist bisher (u.a. aus juristischen Gründen) – nicht systematisch betrieben worden. Mit apparativen Verfahren der Medizin lassen sich Veränderungen im →vegetativen Nervensystem messen (Herzschlag, Puls, →Hautwiderstand, Muskelaktionsströme), wobei seit den 70er Jahren in zunehmendem Maße mit immer verfeinerteren Methoden versucht wird, auch die zerebralen Prozesse (→EEG, →PET) beim Musikerleben abzubilden. In den meisten Studien wird versucht, die Introspektion der Musikhörer nachträglich durch offene oder direktive Frageformen zu eruieren. Die Analyse freier Erlebensberichte ist methodisch nicht unproblematisch, man erhält jedoch in aller Regel ein ungeglättetes Bild von der Vielfalt und Ausprägung individueller Formen des Musikerlebens, das vor allem unter heuristischem Gesichtspunkt von Bedeutung sein kann. Das von *Ch. E. Osgood* u.a. in den 50er Jahren entwickelte Semantische Differential (→Polaritätsprofil) ist erstmals Ende der 60er Jahre in einer Reihe von Arbeiten am Musikwissenschaftlichen Institut der Universität Hamburg systematisch verwendet worden. Bei der neuerdings häufiger praktizierten clusteranalytischen Auswertung (Clusteranalyse) von Profildaten ist es möglich, typologische Unterschiede des Musikerlebens besonders plastisch darzustellen. Grundsätzlich muß unterschieden werden, ob Anmutungsqualitäten der Musik (Ausdruck) oder Befindlichkeitsveränderungen der Musikhörer untersucht werden.

3. *Ergebnisse:* Die frühen Arbeiten (vor allem in den USA, u.a. *Hevner* 1936) hatten vor allem das Ziel, die Eindeutigkeit und Übereinstimmung der mit Musik verknüpften →Assoziationen und Interpretationen zu belegen, sowie die (relative) Unabhängigkeit solcher Deutungen von der musikalischen Vorbildung. Die deutschsprachigen Arbeiten der 60- und 70er Jahre untersuchten u.a. die Dimensionalität des Musikerlebens, die mit den *Osgoodschen* Faktoren (Aktivität, Evaluation und Potenz) in der Regel nicht hinreichend beschrieben werden kann, sowie die Auswirkungen bestimmter musikalischer Parameter. In der Tradition der New Experimental Aesthetics (*Berlyne,* →ästhetische Wahrnehmung) stehen die →Experimente von *Konečni* (1979), in denen die Auswirkungen situativer Faktoren (→Streß, Aggressionsabfuhr, →Aggression) auf Musikpräferenzen und nachfolgendes Verhalten sehr systematisch (aber z.T. in sehr laborähnlichen Situationen) untersucht wurde. Die Auswirkungen der Komplexität musikalischer Strukturen ist am Beispiel der Rockmusik empirisch überprüft worden. Die befindlichkeitsändernden Auswirkungen von Musik können sich in situativen Musikpräferenzen niederschlagen, wobei in positiv erlebten Stimmungen konsistente Musik bevorzugt wird, bei negativen hingegen kompensierende Musik (*Behne* 1984). In der →Introspektion Jugendlicher lassen sich mindestens acht verschiedene Arten des Hörens (Erlebens) von Musik unterscheiden, u.a. motorisches, vegetatives, emotionales und distanzierendes Hören (*Behne* 1986), die ihrerseits wiederum mit bestimmten Präferenzmustern verknüpft sind.

4. *Theorie:* Eine schlüssige, konsensfähige Theorie des Musikerlebens bzw. des musikalischen Ausdrucks gibt es nicht, möglicherweise deshalb, weil die psychischen Prozesse in verschiedenen musikalischen (Teil-)Kulturen zu unterschiedlich sind. Nach *Behne* (1982) läßt sich, anknüpfend an den Ansatz von *Schachter* u. *Singer* beim Musikerleben eine vegetative, eine gestische sowie eine assoziativ bzw. kontext-bestimmte Ebene unterscheiden, die z.T. hierarchisch strukturiert sind. Die Frage, ob die durch Musik ausdrückbaren →Gefühle auf

eine überschaubare Zahl von Primäremotionen bzw. evolutionär erworbene Grundmuster zurückgeführt werden können, wird von verschiedenen Autoren diskutiert *(Rösing, Clynes)* und erhält neuerdings anregende Impulse aus der Erforschung der vokalen Kommunikation.

5. *Praktische Relevanz:* Eine detaillierte Kenntnis der am Musikerleben beteiligten Prozesse ist zunächst im Rahmen musikpädagogischer Fragestellungen eine wesentliche Entscheidungshilfe. Darüberhinaus ergibt sich durch den zunehmenden Einsatz von Musik im medizinischen Bereich, in der → Musiktherapie, u.a. als Entspannung förderndes Mittel, die Notwendigkeit, Bedingungen der Indikation bzw. Kontraindikation aufzuzeigen. In zunehmendem Maße werden auch die Auswirkungen von Musik in Alltagssituationen (beispielsweise beim Autofahren) theoriegeleitet untersucht.

Literatur: *K.-E. Behne,* Musik – Kommunikation oder Geste? In: Musikpädagogische Forschung Bd. 3. 1982, 125–145. *K.-E. Behne,* Befindlichkeit und Zufriedenheit als Determinanten situativer Musikpräferenzen. Musikpsychologie Bd. 1. 1984, 7–21. *K.-E. Behne,* Hörertypologien. Regensburg 1986. *M. Clynes,* Music, Mind and Brain. New York 1982. *V. Konečni,* Determinants of aesthetic preference and effects of exposure to aesthetic stimuli: Social, emotional, and cognitive factors. Progress in Exper. Person. Res., 1979, 9, 149–197. H.de la Motte-Haber, Handbuch der Musikpsychologie. Laaber 1985.

Prof. Dr. *Klaus-Ernst Behne,* Hannover

Musikpsychologie
→ Musikerleben.

Musiktherapie
Es ist ein Erfahrungsgut wohl aller Natur- und Kulturvölker, daß Musikhören, Musizieren und Gesang heilsam sein können: In den Ethnien haben die Heilgesänge der Medizinmänner ihren festen Platz; *Hippokrates* schon, der Begründer einer wissenschaftlichen Medizin, ließ Kranken mit Flötenspiel zum Schlaf verhelfen.

Bis in das frühe 19. Jahrhundert hinein wurde Musik von Ärzten mit ganz weiter Indikation und eher unsystematisch eingesetzt: bei der Behandlung psychisch Gestörter und körperlich Kranker sowie zur Erhaltung der Gesundheit ganz allgemein. Um diese Zeit verlor die Musikdarbietung, damals bevorzugtes musikalisches „Heilmittel", jedoch zunehmend ihre universale diätetische Funktion. Man begann nun, Musik gezielter therapeutisch anzuwenden. Vornehmlich auf psychisch Kranke ausgerichtet und in psychiatrischen Anstalten praktiziert, bezogen entsprechende Ansätze jetzt weithin auch eine über das Singen hinausgehende musikantische Betätigung einzelner oder Gruppen von Patienten ein. Damit war eine Behandlungsform entstanden, welche als „Musiktherapie" im modernen Sinne des Wortes bezeichnet zu werden verdient, und die, was vor allem nach dem Zweiten Weltkrieg geschah, eigentlich nur noch weiter zu differenzieren war. Unter Musiktherapie versteht man heute die wissenschaftlich fundierte bzw. zu fundierende systematische Nutzung von Musik oder musikalischen Elementen zu Behandlungszwecken. Musiktherapie ist → Psychotherapie, deren Medium – die Musik – ein Mittel nonverbaler → Kommunikation darstellt, das verbalen Austausch zu stiften vermag.

Die Musiktherapie macht sich (empirisch gesicherte oder lediglich postulierte) Wirkungen der Musikrezeption bzw. des Musizierens auf Probanden zunutze (→ Musikerleben). Vergleichsweise gut sind dabei die (psycho-)physischen Effekte des Musikhörens (Veränderung der Herzfrequenz etc.) belegt. Relativ gering dagegen ist die Zahl der Studien, die psychische Effekte der Musikrezeption abbilden; kurz dauernde Veränderungen der Stimmung durch Musikbeschallung etwa können aber als bewiesen gelten. Empirische Untersuchungen zu den sozialen Effekten musikalischer Betätigung, sei es bezogen auf eine Verbesserung der Kommunikation bzw. der Ausdrucksmöglichkeiten des (beeinträchtigten) Individuums oder die Förderung der Gruppenbildung (im Kontext einer Behandlung) fehlen fast völlig.

Global betrachtet, hat die Musiktherapie zum Ziel, seelische und körperliche Gesundheit resp. entsprechendes (auch soziales) Wohlbefinden sowie →Autonomie, Selbststeuerung und →Sozialität zu erhalten, zu fördern und wiederherzustellen. Dementsprechend werden ihre Techniken nicht nur unter psychotherapeutischer, sondern auch (heil-)pädagogischer, rehabilitativer und prophylaktischer Perspektive eingesetzt (vgl. Begriffe wie z.B. „Pädagogische Musiktherapie", „Musikalische Sozialtherapie"). Die therapeutischen Intentionen der Musiktherapie lassen sich (orientiert vornehmlich an *Schwabe* u. *Boller*) näherhin wie folgt bestimmen:

1. Auslösung und Aktivierung →emotionaler Prozesse, was das Bearbeiten störungsrelevanter (intrapsychischer) →Konflikte stimulieren, d.h. unbewußte Prozesse bewußt machen soll.

2. Auslösung und Aktivierung (vor allem nonverbaler) kommunikativer Prozesse, d.h. Förderung von Eigeninitiative und →sozialer Interaktion zum Abbau von Kommunikationsstörungen und zum Zwecke sozialer Wiedereingliederung.

3. Regulierung psychovegetativ bedingter „Fehlsteuerungen" (funktioneller Organstörungen; psychophysischer Spannungszustände), d.h. allgemeine →Relaxation.

4. Weiterentwicklung, Neugewinn und somit Erweiterung der Fähigkeit ästhetischen Erlebens (→ästhetische Wahrnehmung) und Genießens, d.h. u.a. Förderung von →Kreativität.

Der Vielfalt ihrer Ziele komplementär ist die Bandbreite der Methoden, über welche die Musiktherapie verfügt:

In ihrer aktiven (oder produktiven) Form sind es die Aktive Einzelmusiktherapie als *Individualverfahren* sowie die Instrumentalimprovisation (zu mehreren), die Gruppensingtherapie, die Bewegungsimprovisation nach „Klassischer" Musik und die tänzerische Gruppenmusiktherapie als *Gruppenverfahren.* Für die Aktive Einzelmusiktherapie ist das improvisatorische Zusammenspiel von Patient und Therapeut, vorzugsweise auf einfachen Instrumenten oder Klavier, konstitutiv; die globalen Charakteristika der angeführten Gruppenmethoden ergeben sich aus ihrer Benennung. Die Aktive Einzelmusiktherapie dient u.a. der (nonverbalen) Überwindung von Kommunikationsstörungen. Bei der Instrumentalimprovisation (nach vom Musiktherapeuten vorgegebenen „Spielregeln") geht es z.B. darum, die nonverbale Kontaktaufnahme des Patienten zu fördern, ihn emotional aufzulockern oder seine →Psychomotorik zu verbessern. Der Gruppensingtherapie (sie verwendet vorzugsweise Volkslieder) wird eine soziotherapeutische Funktion (in Gestalt etwa des Anstaltschores) zugesprochen; sie soll Patienten aber auch dabei helfen, „therapeutische Gemeinschaft" einzuüben. Über die Bewegungsimprovisation schult man das nonverbale psychomotorische Spontanverhalten; diese Therapieform gibt dem Patienten auch Gelegenheit, →Angst und Spannung abzureagieren. Die tänzerische Gruppenmusiktherapie fußt wesentlich auf gruppenbezogenen Gesellschaftstänzen, sie dient vor allem der Entwicklung kooperativer Verhaltensweisen.

Die rezeptive (oder „passive") Form der Musiktherapie umfaßt an *Einzelverfahren* die Kommunikative Einzelmusiktherapie, bei der das gemeinsame (gesprächskontaktfördernde) Musikhören des Klienten und des Behandlers im Mittelpunkt steht; die (introspektionsfördernde) Reaktive Einzelmusiktherapie, wo während der gemeinsamen Musikrezeption der Patient auf der Couch liegt und der Therapeut am Kopfende derselben sitzt (beide Verfahren sind jeweils integraler Bestandteil des psychotherapeutischen Einzelgespräches); die ungerichtete Rezeptive Musiktherapie, d.h. die Übertragung von Musiksendungen ausgewählten Inhalts in die Zimmer von Klinikpatienten (etwa nach vorheriger Instruktion, sich zu sammeln etc.), wobei ein Weiterbearbeiten der ausgelösten Prozesse garantiert sein muß. Unter ihren *Gruppenverfahren* sind die dynamisch orientierte Rezeptive Gruppenmusiktherapie, die Reaktive Gruppenmusiktherapie und die Regulative (Gruppen-)Musiktherapie voneinander abzugrenzen. – Kernstück des dynamisch ausgerichteten (u.a. interaktionsfördernden) Gruppenverfahrens ist die Rezeption nach speziellen Therapiegesichtspunkten (vom Therapeuten, von Gruppenmitgliedern oder der Gesamtgruppe) ausgewählter Musikwerke, denen sich verbale und nonverbale Aktivitäten und Interaktionen der Gruppenmitglieder anschließen. Die Reaktive Gruppenmusiktherapie entspricht im Prinzip der Reaktiven Einzelmusiktherapie: Das Anhören emotional stimulierender Musik (im Zuge des Gruppengespräches) soll affektiv-dynamische Reaktionen der Teilnehmer auslösen, wobei von diesen dann eine aktive Auseinandersetzung mit ihren (intrapsychischen, sozialen) Konflikten im Rahmen der Gruppeninteraktion erwartet wird. Ausschließlich symptomzentriert ist die Regulative Musiktherapie, ein trainingsorientiertes Verfahren, das auf die Wahrnehmung des eigenen Körpers, das Realisieren von Gedanken und →Gefühlen sowie die Rezeption der Musik abhebt; es dient vor allem einer verbesserten Eigenwahrnehmung und dem Erlernen aktiver Entspannung.

In der Praxis hat die Musiktherapie ihren Schwerpunkt derzeit vergleichsweise eher bei den aktiven Verfahren:

Man zielt heute offenbar vermehrt darauf ab, Eigeninitiative, Selbstbeteiligung und Selbstkontrolle (Autonomie) der Patienten voranzubringen und weniger darauf, deren Befindlichkeit und Stimmung zu verändern, was – wenngleich nur kurzfristig – die rezeptiven Techniken zu leisten vermögen. Nach vorliegenden Daten wird Gruppenbehandlung allgemein häufiger praktiziert als Individualbehandlung. Je besser ein Musiktherapeut ausgebildet ist, desto häufiger dürfte er auf aktive Verfahren und Methoden der Einzeltherapie zurückgreifen.

Für die Aktive Musiktherapie – sowohl die aktiv-reproduzierende als auch die aktiv-produzierende – kommen im Regelfall nur Instrumente infrage, die zu spielen keine Vorbildung erfordert; für die letztere besonders bedeutsam ist der Selbstbau von Klangkörpern, läßt dieser doch die „Musikproduktion“ bereits beim Ausprobieren des zu verwendenden Materials beginnen. – Es geht in der Aktiven Musiktherapie jedoch niemals darum, daß der betreffende Klient bestimmte Kompositionen musikalisch möglichst exakt wiedergibt; er soll vielmehr durch ein Musizieren ohne künstlerische Absicht zu freien, ganz elementaren Lebensäußerungen kommen können. Dazu stehen ihm über die Singstimme auch andere körpereigene Mittel, so z.B. die Hände (zum Klatschen), zu Gebote. Aus musiktherapeutischer Sicht ist jede akustische Äußerung des Probanden (auch ein bloßes Geräusch) Musik.

Musiktherapie wird – sei es im Einzel- oder Gruppenverfahren – ambulant oder stationär durchgeführt. Verfügbare Techniken finden meist kombiniert Anwendung, wobei jede Art von Musiktherapie grundsätzlich integraler Bestandteil eines soziopsychosomatischen Behandlungskonzeptes sein sollte (→Psychosomatik).

Der Musiktherapeut ist ein wichtiges Agens im jeweiligen Behandlungsprozeß. Zu seinen Aufgaben gehört es, das (als phasenhaft zu verstehende) Therapiegeschehen ingang zu bringen und ingang zu halten, den Patienten mit seinen Gefühlen und seinem Verhalten zu konfrontieren, ihm Modell und Interaktionspartner zu sein. Der Musiktherapeut muß daher qualifiziert ausgebildet sein, d.h. über bestimmte musikalische Fertigkeiten (z.B. die, ein Instrument zu beherrschen und die, improvisieren zu können), hinreichende einzel- und gruppenpsychotherapeutische Kompetenzen sowie klinisch-psychologische und → psychopathologische Kenntnisse verfügen.

Das Instrumentarium der Musiktherapie ist äußerst reichhaltig. Bevorzugt verwendet werden Orff-Instrumente, das Klavier, Rhythmus- und Schlaginstrumente, Holz- und Tonflöten, Leiern und weitere Klangkörper anthroposophischer Provenienz sowie die Gitarre. Von den Patienten selbst gebaute Instrumente und die menschliche Stimme finden sich seltener genutzt. Wie ersichtlich, dominieren professionell hergestellte Klangkörper. In welchem Ausmaß über die Stimme (d.h. Liedersingen, freie Improvisation, Summen, Geräuschbildung) hinaus andere körpereigene Mittel (Finger zum Schnippen etc.) eingesetzt werden, wäre noch zu ermitteln.

Ihre Theorie entlehnt die Musiktherapie bislang vorzugsweise den psychoanalytischen Schulen (s. z.B. *Priestley*) und der (klinischen) → Sozialpsychologie (s. bspw. *Schwabe*). Gleichwohl besteht immer noch ein ziemliches Defizit an genuin auf diese Therapieform bezogenen (Erklärungs-)Ansätzen. Bei welchen Leiden, Störungen resp. Krankheiten eine musiktherapeutische Intervention (die, wie oben ersichtlich, behandlungszentriert oder eher konfliktzentriert sein kann) angezeigt ist, darüber besteht unter Musiktherapeuten weitgehend Einigkeit. Sie nennen vorzugsweise → Neurosen, → Psychosen (aus dem Formenkreis der → Schizophrenien und dem der → Zyklothymien), → Psychosomatosen, → geistige Behinderungen sowie → Verhaltensstörungen von Kindern und Jugendlichen als einschlägige Indikationen. Hinzu kommen Abhängigkeitserkrankungen und neuropsychiatrisch relevante Störungen (Alterskrankheiten, Zustände nach Hirnverletzungen). Von Interesse ist ferner der musiktherapeutische Zugang zu sog. Frühgestörten, d.h. z.B. Patienten mit → Borderline-Symptomen oder → Frühkindlichem Autismus. Fest steht, daß Musiktherapie (auch) dort (noch) einsetzbar ist, wo verbale Psychotherapieverfahren keinen Zugang finden, weil die Betreffenden nicht sprachfähig sind (geistige Behinderung) und/oder das Kommunikationsmittel Sprache sie überfordern würde (→ Autismus). Ferner dient sie nicht selten zur Vorbereitung auf eine verbale Form der Psychotherapie. So gesehen, ist die Integration des Musiktherapeuten in den Stab einer Behandlungseinrichtung von großem Nutzen.

Die große Variationsbreite der Musiktherapie sollte nicht zu der Annahme verleiten, es gäbe keine Kontraindikation für ihren Einsatz: Das Anhören bestimmter Musik kann z.B. bei Borderline-Patienten zum Verlust der → Ich-Grenzen und der Realitätskontrolle führen.

Nach dem Gesagten verwundert die Vielzahl der Institutionen nicht, in denen Musiktherapeuten tätig sind. Sie reichen von Psychiatrischen sowie Psychosomatischen Kliniken (dem gegenwärtigen Schwerpunktfeld ihrer Arbeit in der Bundesrepublik) und Kurkliniken über heilpädagogische Einrichtungen, Alten- und Pflegeheime sowie Sonderschulen bis hin zu Privatpraxen und Strafanstalten. Ihr Einbezug in das Therapiekonzept hat dort jeweils nicht selten die sozialen Beziehungen zwischen den Patienten und dem therapeutischen Personal vorteilhaft verändert.

In Gynäkologischen bzw. Chirurgischen Kliniken setzt man Musik zur Entspannung bei der Geburt resp. zur präoperativen → Anxiolyse und zur Minderung der Schmerzempfindlichkeit (→ Schmerz) ein; diese sog. *Audioanalgesie* hat sich auch in der Zahnheilkunde bewährt. Neben einer atmosphärisch positiven Wirkung hilft Musikbeschallung offensichtlich Medikamente einsparen. Pädagogische Musiktherapie wird in Krankenhausschulen Psychiatrischer und Orthopädischer Kliniken betrieben; beispielsweise um der Krankheit und dem stationären Aufenthalt geschuldete motorische, sensorische und/oder kommunikative Einschränkungen der Kinder zu kompensieren. Ein weiteres Betätigungsfeld, das es hierzulande freilich erst zu etablieren gilt, ist der Einsatz von Musik bei der Betreuung →moribunder Patienten *(Munro).*

Die Fülle von Veröffentlichungen zur Musiktherapie und nicht zuletzt die Existenz des Berufsbildes „Musiktherapeut" sowie die an Fachhochschulen bzw. Universitäten eingerichteten Ausbildungsgänge (grundständiges Studium der Musiktherapie für Abiturienten resp. Aufbaustudium für Ärzte, Diplom-Psychologen und Musiker) bestätigen: Die Musiktherapie hat sich zu einer eigenständigen Therapieform entwickelt und ist weithin dem Status einer bloßen Hilfstherapie entwachsen. Anderen psychotherapeutischen Verfahren komplementär, kommt ihr eine auxiliäre Funktion höchstenfalls noch dann zu, wenn ihre Methoden mit denen jener kombiniert werden. Ein derartiger Verbund wird praktiziert mit der →Analytischen Psychotherapie (Analytische Musiktherapie nach *Priestley*), der →Verhaltenstherapie (Musik zur →Verstärkung/Bekräftigung), mit einem Entspannungstraining (etwa dem →Autogenen Training), dem →Katathymen Bilderleben (Musikalisches Katathymes Bilderleben nach *Leuner*), dem →Psychodrama (musikalisch erweitertes Psychodrama nach *Finkel*), aber auch mit Bewegungstherapie resp. Krankengymnastik und bildnerischem Gestalten.

Die Musiktherapie als (konzeptuell durchaus noch unabgeschlossenes) Ensemble der unterschiedlichsten Theorien, Methoden und Instrumente wird in ihrer Eigenständigkeit und als anderen Therapiedisziplinen gleichberechtigt nur anerkannt bleiben und, was zu wünschen ist, vermehrt Anerkennung finden, wenn sie ihre Effektivität als Psychotherapie unter Beweis stellt. Leider gibt es noch allzu wenige Evaluationsstudien (→Therapieerfolgskontrolle) und erst recht keine spezifisch katamnestischen Untersuchungen, die eine (Langzeit-)Wirkung musiktherapeutischer Interventionen belegten. Allen mit Musiktherapie befaßten Wissenschaftlern ist es aufgegeben, diese Forschungslücke zu schließen – und auch klären zu helfen, wie Musiktherapie letztlich wirkt.

Literatur: *H. V. Bolay,* Musiktherapie als Hochschuldisziplin in der Bundesrepublik Deutschland. Vergleichende Analysen und Versuch einer weiterführenden Systematik. Stuttgart 1985. *G. Harrer* (Hrsg.), Grundlagen der Musiktherapie und Musikpsychologie. Stuttgart 1982 (2. Aufl.). *C. Schwabe,* Methodik der Musiktherapie und deren theoretische Grundlagen. Leipzig 1978. *W. Strobel/G. Huppmann,* Musiktherapie. Grundlagen, Formen, Möglichkeiten. Göttingen 1991 (2. Aufl.).

Prof. Dr. *Gernot Huppmann,*
Dr. *Friedrich-Wilhelm Wilker,* Mainz

Mustererkennung

Wahrnehmungspsychologisch: Untersuchung der Gesetzmäßigkeiten bei der Wahrnehmung komplexer Reizkonfigurationen (Muster), hier insbesondere im Zusammenhang mit den Gestaltgesetzen gebraucht (→Wahrnehmung).

Informationswissenschaftlich: automatisierte Techniken zur Erkennung und Analyse von Mustern mit Hilfe von Maschinen (→Künstliche Intelligenz). Hierzu gehören insbesondere die Schrift- und Spracherkennung durch Computer, automatische Röntgenbildanalysen oder automatische Erkennung von körperlichen Funktionsstörungen durch Maschinen auf der Intensivstation im Krankenhaus. Von →Künstlicher Intelligenz (KI) spricht man in diesem Zusamenhang insofern, als die Mustererkennung auf unterschiedlichen Abstraktionsebenen erfolgen kann. So kann beispielsweise bei der automatischen Spracherkennung die lexikalische, syntaktische und semantische Bedeutung analysiert werden.

Mutismus
Stummheit bei Intaktheit der Sprechorgane und vorhandener Sprachfähigkeit; psychisch bedingte Störung im Kindesalter.

N

Nachahmung
→Lernen am Modell.

Nachfolgeprägung
→Prägung.

Nähe-Distanz-Konflikt
→Festhaltetherapie.

naive Verhaltenstheorie
Vorstellung des Laien über Ursache-Wirkungs-Zusammenhänge bei seinen Erklärungen des Verhaltens (→Subjektive Theorien).

Narkolepsie
häufig durch hirnorganische Schädigungen verursachter phasenweiser Schlafzwang (→Schlaf), der mit Tonusverlust der Muskulatur (→EMG) und hypnagogen →Halluzinationen einhergehen kann.

Narzißmus
In der →Psychoanalyse wird zwischen dem →Ich (das mit →Es und →Überich die psychische Struktur bildet) und dem →Selbst unterschieden, das auf die eigene Person im Gegensatz zum Objekt gerichtet ist. Die libidinöse (→Libido) Besetzung des Selbst wird als Narzißmus bezeichnet (umgangssprachlich: Verliebtheit in sich selbst). Einige Aspekte narzistischen Erlebens und Verhaltens tragen Züge einer →Regression auf eine kindliche Entwicklungsstufe, in der eine Unterscheidung von Selbst und Objekt (→Objektbeziehung) noch nicht möglich ist.

narzistische Kränkung
Kränkung des Selbstwertgefühls, die bei Personen, die zu übermäßigem →Narzißmus neigen, als überwertig und existentiell bedrohlich erlebt wird und zu unangemessenen Reaktionen führen kann.

Nausea
Übelkeit.

Nebennierenmark
bildet die Hormone Adrenalin und Noradrenalin, die die Leistung des Organismus kurzfristig steigern, durch Anstieg des Blutdrucks, Sauerstoffverbrauchs und der Gefäßverengung (sog. →Streßhormone).

Nebennierenrinde
→Kortikosteroide.

negative bedingte Reaktion
⇒negative konditionierte Reaktion
→Klassisches Konditionieren.

negative Identifikation
→Lernen am Modell.

negative konditionierte Reaktion
⇒negative bedingte Reaktion
→Klassisches Konditionieren.

negative Verstärkung
→Operantes Lernen.

Neid
Gefühl der Mißgunst und des →Ärgers über den Erfolg anderer.

Neokortex
→Großhirn.

Neologismus
sprachliche Neubildung, als pathologische Form Symptom von →Denkstörungen.

Nervenkrise
abnorme psychische und emotionale Reaktion (→Emotionen) auf ein belastendes Ereignis.

Nervensystem
Das gesamte *cerebrospinale Nervensystem* wird morphologisch unterteilt in das *zentrale Nervensystem (ZNS, Gehirn und Rückenmark)* und die peripheren Nerven *(peripheres Nervensystem, PNS).* Die peripheren Nerven kommen aus dem Rückenmark (*efferente,* motorische Nerven) oder führen ihm Informationen in Form von Sinnesempfindungen und Schmerz zu (*afferente,* sensible Nerven). Die einfachsten Eigen- und Fremdre-

flexe laufen in den Rückenmarkssegmenten selbst ab.

Unter funktionellem Gesichtspunkt wird das PNS unterteilt in das *somatische* (⇒ *sensomotorische*) und das *vegetative* (⇒ *autonome,* u.a. die → Homöostase regulierende) Nervensystem.

Neugierde
möglicherweise angeborene Tendenz, allem Neuen, Fremdartigen und Ungewohnten erhöhte → Aufmerksamkeit zu widmen.

Neugierverhalten
exploratives Verhalten zur Befriedigung der → Neugierde.

Neurasthenie
→ Neurosen.

Neuroimmunomodulation
→ Immunsystem.

Neuroleptika
psychotrope Substanzen zur Dämpfung von Erregungszuständen bei → Psychosen.

Neurolinguistisches Programmieren
durch pragmatische Zusammenfassung von Methoden aus unterschiedlichen Therapieformen (→ Psychotherapie) entwickelte und noch wenig erprobte Kurzzeittherapie. Ihre Begründer, *Richard Bandler* und *John Grinder* befaßten sich mit den Zusammenhängen zwischen neurophysiologischen Vorgängen und Sprache. Menschliches Verhalten wird durch innere Prozesse *(Strategien)* strukturiert, die dadurch gestört werden können, daß die durch unmittelbare Stimulierung ausgelösten Empfindungen durch innere Bilder überlagert werden (z.B. die Freude über ein Geschenk durch innere Vorbehalte im Hinblick auf die Erwartungen des Schenkenden, oder die positive sexuelle Reaktion durch Schamvorstellungen). Diese inneren Widersprüche führen zu Blockierungen. Der Therapeut versucht, durch Veränderung der Inhalte der Bilder die Blockierung aufzuheben. Voraussetzung dafür ist eine positive Beziehung zwischen Klient und Therapeut *(Rapport),* die dadurch erzielt wird, daß sich der Therapeut durch eine bestimmte Körperhaltung auf den Patienten einstellt, wobei man davon ausgeht, daß ein gestörter Kontakt sich in einer anderen Körperhaltung ausdrückt als ein positiver Kontakt. Dabei greift man auch auf hypnotherapeutische Techniken zurück (→ Hypnose). Wichtige Bestandteile der Therapie sind die Autosuggestion, das Dissoziieren, das Ankern und das Reframing.

Bei der *Autosuggestion* wird der Klient ermuntert, sich an Situationen zu erinnern, in denen er positive Empfindungen verspürte, die entsprechende Körperhaltung einzunehmen und sich diese Körperhaltung und diese Empfindungen in unangenehmen Situationen zu vergegenwärtigen.

Beim *Dissozieren* wird die → Assoziation zwischen inneren Bildern und blockierenden Gefühlen dadurch abgeschwächt, daß eine innere Distanz zu den auslösenden Ereignissen erzeugt wird. Der Klient wird zunächst aufgefordert, sich in das frühere unangenehme Erlebnis zurückzuversetzen und dann die selbe Situation aus dem Hier und Jetzt zu betrachten.

Das *Ankern* ist eine fremdsuggestive Technik. Wenn der Klient sich durch eine negative Empfindung blockiert fühlt, hält ihn der Therapeut an, sich eine Situation zu vergegenwärtigen, in der diese Empfindung auftrat. In dem Moment, in dem der Therapeut dem Gesichtsausdruck und der Körperhaltung des Klienten entnimmt, daß dieser die unangenehme Empfindung nacherlebt, drückt er fest auf eine Körperstelle des Patienten, wobei man von der Annahme ausgeht, daß auf diese Weise eine suggestive Konditionierung erfolgt (→ Klassisches Konditionieren). Der Klient wird dann aufgefordert, sich eine positive Empfindung zu vergegenwärtigen, die die negative Empfindung ausschließt. Diese Empfindung wird dann durch Druck auf eine andere Körperstelle ebenfalls geankert. Durch gleichzeitigen Druck auf beide Körperstellen löst der Therapeut dann beide Empfindungen simultan aus, um die negativen Empfindungen durch die positiven zu überlagern oder aufzulösen.

Unter *Refraiming* versteht man das fremdsuggestive Umdeuten desjenigen Anteils eines Verhaltensmusters, der für den →sekundären Krankheitsgewinn verantwortlich ist. Der Klient wird beispielsweise in Trance danach befragt, welcher Teil seines Verhaltensmusters dafür maßgeblich ist, daß er weiter ißt, obwohl er abnehmen will, und angeleitet, eine alternative Verhaltensweise zu entwickeln, die der eigentlichen Absicht nicht widerspricht.

neuropathologisch
→nervenkrank.

Neuropeptide
⇒ Peptidneurotransmitter

Peptide sind kleine Ketten von Aminosäuren, Neuropeptide Peptide mit →Neurotransmitterfunktion. Es gibt zahlreiche Neuropeptidarten, die jeweils auf bestimmte Nervenbahnen des →Gehirns spezialisiert sind, so z.B. auf die Gebiete, die die →Gefühle regulieren oder →Wahrnehmung und →Denken beeinflussen. Körper- und Gehirnzellen haben an der Oberfläche Rezeptoren, die ein bestimmtes Peptid erkennen können. Das Peptid kann erregend oder hemmend auf die Nervenzelle einwirken. Bei der Interaktion zwischen den Nervenzellen kommt den Neuropeptiden eine Botenfunktion zu.

Neurophysiologie
Teilgebeit der Physiologie, das sich vor allem mit der Untersuchung des →Nervensystems aus physiologischer Sicht befaßt.

Neuropsychologie
psychologische Richtung, die sich mit den neurologischen Grundlagen des Erlebens und Verhaltens befaßt (→Nervensystem, →Gehirn, →Ereigniskorrelierte Potentiale, →Visuelle Aufmerksamkeit).

Neurosen
Oberbegriff für eine Vielzahl emotionaler Störungen (→Emotionen). Der Begriff wurde von *Cullen* schon 1776 zur Beschreibung von Nervenerkrankungen ohne organische Ursache eingeführt. Mit jeder Theorie der →Persönlichkeit werden auch ihr entsprechende Vorstellungen von „normalem" und „neurotischem" Erleben und Verhalten entwikkelt. Allgemein bezeichnet man Symptome als *neurotisch,* die auf Störungen der emotionalen Kontrolle deuten, insbesondere emotionale Reaktionen, die nach Intensität und Qualität, bezogen auf den jeweiligen Anlaß, ungewöhnlich sind. Dabei kann es sich um akute emotionale Fehlreaktionen handeln oder um dauerhafte emotionale Fehlanpassungen.

Man unterscheidet grob zwischen „echten" Neurosen und Psychoneurosen. Kennzeichen für die *echten Neurosen* ist, daß das Individuum seine →Angst und seine affektiven Belastungen deutlich erlebt. Zu dieser Gruppe zählt man die →Hypochondrie, die Neurasthenie und die sogenannten Organneurosen. Die *hypochondrischen Krankheitsbilder* sind primär durch Angstzustände und →Depressionen gekennzeichnet, die auch gleichzeitig als körperliches Unwohlsein erlebt werden. Mit dem Begriff der *Neurasthenie* wird ein →Syndrom beschrieben, das durch Antriebslosigkeit und vegetative Labilität gekennzeichnet ist. Die *Organneurosen* gehören mit zum Bereich der psychosomatischen Erkrankungen (→Psychosomatik) und werden von den betroffenen Personen als akute Symptome (Asthma, Ulcus, Blutdruckstörungen usw.) stärkerer seelischer Belastungen wahrgenommen. Die sogenannten *Psychoneurosen* sind in erster Linie dadurch gekennzeichnet, daß das Individuum seine eigenen emotionalen Reaktionen weder angemessen kontrollieren noch interpretieren kann. Bei der hysterischen Form *(Hysterie)* nimmt die

Person zwar die Wirkung ihrer eigenen Gefühle wahr, die sich in Symptomen wie Wahnvorstellungen (→Wahn), Gedächtnisstörungen (→Gedächtnis), Affektausbrüchen, Sinnesstörungen und Lähmungen manifestieren können, ohne jedoch die damit verbundenen Gefühle und Ängste erkennen zu können. Andere Formen können *Phobien,* d.h. übermäßige und vom Anlaß her unbegründete heftige Ängste vor allgemein als nicht bedrohlich angesehenen Reizen oder Situationen, oder Zwänge sein. Der *Zwangsneurotiker* muß ständig bestimmte Gedankengänge oder Verhaltensweisen wiederholen.

neurotisch
emotional gestört, symptomatisch für eine Erkrankung aus dem Bereich der →Neurosen.

neurotische Depression
→Depression.

Neurotizismus
In Abhebung vom Begriff der →Neurosen, der als Kategorie für eine bestimmte Gruppe der psychischen Erkrankungen dient, bezeichnet Neurotizismus ein →Persönlichkeitsmerkmal, das bei allen Personen mehr oder minder stark ausgeprägt ist und häufig auch als *emotionale Labilität,* mit dem Gegenpol der *emotionalen Stabilität,* bezeichnet wird. Ein hohes Maß an Neurotizismus fördert die Bildung neurotischer Symptome bei noch relativ schwachem →Streß. Typische Merkmale des Neurotizismus sind Ängstlichkeit, Unzufriedenheit, Neigung zu übermäßiger Besorgnis, sowie erhöhte Neigung zu →psychophysiologischen Störungen. Der Ausprägungsgrad des Neurotizismus ist vermutlich von der Aktivität des sympathischen Anteils des autonomen →Nervensytems abhängig, sowie von der Funktion phylogenetisch älterer Zentren des →Gehirns. Personen mit hohem Neurotizismus zeigen bei Belastungen schnellere und länger anhaltendere autonome Reaktionen und können daher auch nicht so differenziert reagieren.

Neurotransmitter
chemische Botenstoffe (Moleküle), die an den Synapsen der Nervenzelle freigesetzt werden und sich dann an der Membran der Zielzelle festsetzen, wo sie eine Aktivierungsänderung der Zelle bewirken. Sie dienen der Impulsübertragung im Nervensystem.

Neyman-Pearson-Statistik
→Statistik.

Nicht-Nullsummenspiel
→Spieltheorie.

nicht-parametrisches Verfahren
⇒nonparametrisches Verfahren.

nichtrekursives System
→Strukturgleichungsmodell.

NK-Zelle
⇒Natural Killer
Zelle mit unspezifischer immunologischer Wirkung, die vor allem tumor- und virusinfizierte Zellen abtötet.

NLP
⇒Neurolinguistisches Programmieren.

Nominalskala
Beim nominalen oder klassifikatorischen Messen dienen Zahlen nur als Kennzeichnungen für Objekte, Ereignisse oder Individuen. Mit ihnen lassen sich nur Identitäts- oder Gleichheitsbeziehungen ausdrücken. Beispiele für nominale Messungen sind die Numerierungen von Sportlern für einen Wettkampf oder die Kennzeichnung von Geschlechtzugehörigkeiten auf →Fragebögen durch Ziffern. Die Zahlen, die man für die Klassifikation verwendet, sind willkürlich ausgewählt und können durch jede beliebige andere Gruppe von Zahlen ausgetauscht werden. Jede Eins-zu-Eins-Transformation, die die Unterscheidung zwischen den Kategorien bewahrt, ist zulässig.

nomothetisch
Vorgehensweise der empirischen Wissenschaften mit dem Ziel, durch experi-

mentelle Hypothesenprüfung (→ Experiment) natürliche Gesetzmäßigkeiten nachzuweisen, im Gegensatz zur *ideographischen* Betrachtungsweise, die das Spezifische, Einzigartige eines Phänomens beschreibt und dessen Entstehungsgeschichte zu erklären versucht (→ Eigenschaft, → Konstrukt, → Persönlichkeit).

Noncompliance
→ Compliance.

nonparametrische Verfahren
Verfahren der → Statistik zur Auswertung von Daten auf → Nominalskalen- oder → Ordinalskalenniveau oder bei → Intervallskalen ohne → Normalverteilung der Daten.

Non-REM-Schlaf
→ Schlaf.

nonverbale Kommunikation
Verständigung mit den nichtsprachlichen Mitteln der Mimik und Gestik (→ Ausdruck).

Noradrenalin
→ Nebennierenrindenmark.

Norm
Für die Beurteilung, ob ein Merkmal oder eine Verhaltensweise als *normgerecht (normal)* oder als *abweichend (anormal, abnorm)* bezeichnet wird, gibt es verschiedene Bezugsrahmen:

1. Die *statistische Norm* (auch objektive Norm; Verhaltensregelmäßigkeit): „normal“ ist das, was in einer Gruppe oder Gemeinschaft am häufigsten vorkommt. So ist z.B. die häufigste Familienform in der BRD die Familie mit zwei Kindern. Verglichen mit dieser „normalen“ Familie sind Sechs-Kinder-Familien selten und „nicht normal“.

2. Die *Ideal-Norm* (auch *soziale* Norm, sozialkulturelle oder ethische Norm; Verhaltenserwartung): „normal“ ist das, was eine Gemeinschaft (→ Gruppe, → soziale Schicht, Gesellschaft, Kultur) als wünschenswert oder verbindlich bestimmt. So erscheint es z.B. in den USA in der letzten Zeit zunehmend wünschenswert, eine große Zahl von Kindern zu haben, während z.B. in China die Verpflichtung zu kleiner Kinderzahl besteht.

Zwischen statistischer und idealer Norm bestehen → Wechselwirkungen.

3. Die *funktionale Norm* (auch *subjektive Norm*): „normal“ ist das, was den Zielen und der Leistungsfähigkeit des Individuums gemäß ist. In diesem Sinn kann es z.B. je nach individueller Lage normal sein, zehn Kinder oder garkeine Kinder zu haben.

Die *soziale Kontrolle* und Bewertung von Verhalten ist unterschiedlich streng. Bei der folgenden Darstellung eines Kontinuums der Verhaltensdetermination durch *soziale Normen* werden jeweils Beispiele aus der Interaktion zwischen Arzt und Patient benannt (→ Arzt-Patient-Beziehung):

Einige geforderte Verhaltensweisen enthalten den Anspruch, schlicht *„Selbstverständlichkeiten“* zu sein. (Der Arzt sollte „selbstverständlich“ bei Injektionen für jeden Patienten eine frische Kanüle nehmen). Andere Verhaltensformen haben sich eingespielt als *Sitten,* Gebräuche, Konventionen. (Man benutzt bei der Auskultation ein Stethoskop, statt das Ohr direkt auf den Körper des zu Untersuchenden zu legen). Noch weiter ist die zulässige Variationsbreite des Verhaltens bei *Moden.* (Mancher Arzt, der in den letzten Jahren die Technik der Akupunktur in sein Repertoire aufgenommen hat, erntete dadurch den Ruf eines Modearztes). Ein oft sogar nur kleiner Teil aller Verhaltensweisen unterliegt keinen Reglementierungen sondern ist Raum individueller *Freizügigkeit.* (Es steht dem Arzt frei, ob und welche Zeitschriften er im Warteraum auslegen will). Meist sehr deutlich abgegrenzt ist der Bereich *tabuisierten Verhaltens;* solcherart unzulässiges Verhalten kann entweder als pathologisch oder als kriminell eingestuft werden. (So wird der Fall eines opiatabhängigen Arztes wohl als pathologisch, Euthanasie möglicherweise als kriminell eingeschätzt).

Je nach gesellschaftlichem Hintergrund und bewertender Bezugsgruppe kann ein und dasselbe Verhalten unterschiedlich bewertet werden. Welche Bewertung und *Etikettierung* aber ein Verhalten erfährt, ist von bedeutsamer Rückwirkung auf das sich verhaltende Individuum. (Je nach sozialem Umfeld kann z.B. Alkoholgenuß während der Arbeitszeit als Konvention, als beliebig verfügbares Verhalten, als krankhaft oder als kriminell angesehen werden).

Verhaltenskonsequenzen aufgrund sozialer Normen und sozialer Kontrolle und Bewertung werden als *Sanktionen* bezeichnet. Man unterscheidet aus der Sicht des betroffenen Individuums positive und negative Sanktionen. Fein abgestuft wird auf *normkonformes* Verhalten mit Belohnung, also mit positiven Sanktionen, auf *normabweichendes* Verhalten mit Zurechtweisung und Strafe, also mit negativen Sanktionen, reagiert.

Als Beispiele für Sanktionen, die durch äußere *soziale Kontrolle* verhängt werden, seien genannt: Kündigung vom Arbeitsplatz bzw. Höhergruppierung im Lohnschlüssel.

Neben dieser äußeren Kontrolle wirkt an der Steuerung des Verhaltens aber auch mit eine im Verlauf der →Sozialisation verinnerlichte Kontrolle (innere soziale Kontrolle). Diese innere Kontrollinstanz reagiert analog ebenfalls mit Sanktionsformen, die sich dann in Gefühlsqualitäten wie Stolz oder Scham niederschlagen.

Die Begriffe der sozialen Norm und der sozialen Kontrolle sind engstens verbunden mit dem Konzept der *sozialen Rollen* (→Rollentheorie). Verhalten in sozialen Interaktionen generiert sich durch ein Muster von Verhaltenserwartungen, die sich auf die Rollenträger beziehen. Darin zeigt sich der kommunikative Aspekt (→Kommunikation) von Normen, sie wirken wie eine soziale Grammatik, formgebend für verschiedene Inhalte. Im Rahmen der jeweiligen Bezugsgruppe kann man von *Normsender* und *Normadressaten* sprechen.

Wie nicht anders zu erwarten, wirkt sich ein dichtes Netz sozialer Kontrolle einschränkend auf die anfängliche Verhaltensvielfalt aus. Unter dem Einfluß gleicher Normen gelten nur wenige Verhaltensweisen als normkonform. Im Extremfall kommt es zu einer *Uniformität* des Verhaltensweisen.

normabweichend
→Norm.

Normadressat
→Norm

normal
→Norm.

Normalisierungsprinzip
→Autismus.

Normalverteilung
Wird der Ausprägungsgrad eines Merkmals durch eine größere Anzahl voneinander unabhängiger Faktoren oder Bedingungen bestimmt (siehe beispielsweise die Körpergröße oder die →Intelligenz), so ergibt sich für dieses Merkmal in der Population in der Regel eine Normalverteilung, die die Form einer „Glockenkurve" annimmt; d.h. eine eingipfelige symmetrische Verteilung. Werden Objekte oder Personen durch eine größere Anzahl wechselseitig voneinander unabhängiger Variablen oder Merkmale beschrieben, die sich normal verteilen, so spricht man von einer *multivariaten Normalverteilung*.

normgerecht
→Norm.

Normierung
→Psychodiagnostik.

normkonform
→Norm.

Normsender
→Norm.

Nosologie
Lehre von den Krankheitsbildern.

Noxe
Schädigung mit Krankheitsfolge.

Nucleus suprachiasmaticus
Kerngebiet des →Hypothalamus, das als Schrittmacher für die →Circardiane Periodik von Bedeutung ist.

Nullhypothese
→Statistik
→Wahrscheinlichkeit.

Nullsummenspiel
→Spieltheorie.

O

Objektbeziehung
Die Theorie der → Psychoanalyse nimmt an, daß das Individuum zur Befriedigung seiner libidinösen Bedürfnisse (→ psychosexuelle Entwicklung) Objekte benötigt, auf die sich die Libido richtet. Die *Objektwahl* kann sich auf die eigene Person richten (*Subjektlibido,* → Narzismus) oder auf Andere *(Objektlibido).*

Objektfixierung
→ Prägung.

objektive Tests
psychologische → Tests mit Auswertungsanweisungen, die dem Auswerter keinen Ermessensspielraum belassen, und deren Ergebnisse somit den Kriterien der → Objektivität genügen. Gelegentlich werden auch solche Tests als objektiv bezeichnet, die keine systematische Verfälschung durch den Probanden zulassen.

Objektivität
→ Psychodiagnostik.

Objektivitätsindex
Maß für die Objektivität eines psychologischen Tests (→ Psychodiagnostik).

Objektlibido
→ Objektbeziehung.

Objektpermanenz
Elementarform des → Denkens, die das Kind im Alter von acht bis neun Monaten entwickelt, wenn es lernt, daß Dinge, die aus seinem Gesichtsfeld verschwinden, deswegen nicht zu existieren aufhören.

Objektprägung
→ Prägung.

Objektwahl
→ Objektbeziehung.

Oddball-Paradigma
→ Ereigniskorreliertes Potential.

ödipale Bindung
→ Ödipuskomplex
→ Prägung.

ödipale Phase
→ Ödipuskomplex
→ Psychosexuelle Entwicklung
→ Sexualität.

Ödipuskomplex
Begriff aus der → Psychoanalyse, der die Probleme beschreibt, die sich für den Sohn daraus ergeben, daß sich während der → phallischen Phase seiner → Entwicklung die sexuellen Bedürfnisse (→ Sexualität, → Motivation) vom Erleben am eigenen Körper auf die Mutter als gegengeschlechtlichen Elternteil richten. Die analoge Entwicklung beim Mädchen, mit dem Vater als Liebesobjekt, bezeichnet man als *Elektrakomplex.* Das Bedürfnis, den gegengeschlechtlichen Elternteil ganz für sich haben zu wollen, und die Angst vor dem gleichgeschlechtlichen Elternteil als übermächtigen Rivalen erzeugen einen → Konflikt, der als so bedrohlich erlebt wird, daß das Kind die Bedürfnisse verdrängt (→ Verdrängung) und führen zur Bildung eines → Komplexes, der auch weiterhin aus dem → Unbewußten das Erleben und Verhalten des Kindes beeinflußt. Zur Reduzierung der latenten Konfliktängste (→ Angst), die sich der Theorie zufolge beim Jungen als *Kastrationsangst* manifestieren können, weil er fürchtet, daß der übermächtige Vater ihn durch Kastration als Rivalen ausschalten könnte, entwickelt das Kind einen → Abwehrmechanismus der → Identifikation mit dem gleichgeschlechtlichen Elternteil. Es versucht, ihm ähnlich zu werden, in der Erwartung, auf diese Weise dessen Rivalitätsbestrebungen mindern zu können und gleichzeitig die Zuwendung des gegengeschlechtlichen Elternteils auf sich ziehen zu können. Das Bemühen um Identifikation führt auch zur Übernahme der → Normen und moralischen Wertvorstellungen des gleichgeschlechtlichen Elternteils und hat somit auf sozialer Ebene kulturtradierende Funktion. Auf individueller

Ebene führt es zur Herausbildung der Gewissensinstanz, des →Über-Ichs.

Östrogene
weibliche →Geschlechtshormone.

offene Aufmerksamkeit
⇒overt attention
→Visuelle Aufmerksamkeit.

Oligophrenie
⇒Geistige Behinderung
früher gebräuchlicher Oberbegriff für alle Formen angeborener oder frühkindlich erworbener Intelligenzdefizite (→Intelligenz).

Onanie
⇒Masturbation.

Ontologie
Wissenschaft des Seins und des Wesens.

operantes Konditionieren
⇒Operantes Lernen.

Operantes Lernen
1. *Definition:* OL ist das *Lernen am Erfolg.* Positive Konsequenzen des Verhaltens erhöhen die Auftretenswahrscheinlichkeit des Verhaltens, negative Konsequenzen zeigen vielerlei unterschiedliche Einflüsse. „Lernen hat dann stattgefunden, wenn der Organismus die ihm gestellte Aufgabe ohne zusätzliche Übung – nach einem Zeitintervall, welches den Anforderungen des Langzeitgedächtnisses genügt – ausführen kann".

2. *Beispiele:* Ein Kind erbringt in der Schule gute Leistungen und wird dafür vom Lehrer belohnt. „Gut gemacht, Helmut!" Eine futterdeprivierte Ratte drückt einen Hebel in der Apparatur und wird dafür mit Futter belohnt.

3. → *Paradigma:*
R ----- SR+ ----- R,R,R, etc
Verhalten Verstärkung (Belohnung) < Verhalten

4. *Phasen des OL:* Basisraten-Bestimmung: Hier wird die natürliche Auftretenswahrscheinlichkeit des Verhaltens ohne →Verstärkung beobachtet und registriert. Lernphase: Das Verhalten wird kontinuierlich verstärkt, d.h. jedes Mal, wenn es auftritt (1:1). *Kannphase:* Das Verhalten wird jetzt →*intermittierend verstärkt,* d.h., nach einem bestimmten Verstärkungsprogramm. Die bekanntesten Programme sind Raten- oder Quotenprogramme, hier wird, z.B. die Handlung regelmäßig jedes 5. Mal, wenn sie gezeigt wird, verstärkt. (Fixiertes Quotenprogramm 5:1). Ein variables Quotenprogramm verstärkt das Verhalten im Durchschnitt nach jeder 5. oder 10. gezeigten Handlung. Beim fixierten Intervallprogramm wird die erste Handlung nach einem bestimmten Zeitintervall belohnt, z.B. nach einer Minute, nach 5 Minuten, etc. Beim variablen Intervallprogramm wird die Handlung durchschnittlich nach einem bestimmten Intervall verstärkt, z.B. durchschnittlich nach 5 Minuten, etc. Die Programme werden wie folgt abgekürzt: FQ, VQ, FI und VI. Abschwächung. Hier wird das Verhalten nach der Kannphase nicht mehr belohnt. Daraus resultiert eine Hemmung des betr. Verhaltens. Spontanerholung: Nach erfolgter Abschwächung ist eine Spontanerholung des Verhaltens zu beobachten. Diese tritt auch in Abwesenheit einer Verstärkung auf. Das Verhalten erholt sich von der Hemmung.

5. *Primäre und sekundäre Verstärkung:* Als primäre Verstärkung werden →Reize und Reizumstände bezeichnet, die das Verhalten direkt beeinflussen. Sekundäre Verstärkung entsteht durch →Assoziation vormals neutraler Reize mit primär wirkenden Verstärkungen. In einer Lernapparatur wirkt beispielsweise die Futterpille primär verstärkend und das Klicken des Futtermagazins als sekundäre Verstärkung.

6. *Positive und negative Verstärkung:* Positive Verstärkung führt zu einer Erhöhung der Verhaltenshäufigkeit dadurch, daß der Organismus die Handlung benutzt um die positive Konsequenz herbeizuführen (→Appetenz). Negative Verstärkung führt ebenfalls zu einer Erhöhung der Verhaltenshäufigkeit. In diesem Fall jedoch wird der aversive Reiz

(Strafe, z.B.) entfernt oder vermieden (Flucht und/oder Vermeidung).

7. *Neuere Forschungsergebnisse:* Diese zeigen, daß bei primitiven operanten Lernaufgaben die niederen Tiere mit weniger Verstärkungen (Belohnungen) lernen als die höher gestellten Organismen. Bei schwierigen Aufgaben ist das Verhältnis umgekehrt.

8. *Anwendungsbereiche:* Operante Lerntechniken wurden und werden vor allem beim →Programmierten Lernen, in der →Verhaltenstherapie beim Aufbau erwünschten Verhaltens und beim Entspannungstraining (→Autogenes Training) angewendet.

Beim *Programmierten Lernen* wird jeder einzelne Lernschritt sofort verstärkt. Dies setzt voraus, daß die Lernschritte sehr einfach sein müssen. Diese Methode erwies sich vor allem für schwächere Schüler und Studenten von Vorteil. In der *Verhaltenstherapie* werden häufig nach eingehender →Anamnese sog. Verstärkerhierarchien erstellt, die auf den individuellen Klienten ausgerichtet sind. Diese Hierarchien ordnen die Verstärkungen (Belohnungen) auf einer Skala: sehr bevorzugt – bevorzugt – weniger bevorzugt so ein, daß der Therapeut sie gezielt für die Modifikation bestimmter Verhaltensweisen einsetzen kann. So wirkt die Belohnung dann als Rückkoppelung auf erwünschtes Verhalten. Dadurch wird auch die Möglichkeit einer differenziellen Verstärkung sichtbar, die bei stufenweiser Annäherung (shaping) einzelne Verhaltensabschnitte unterschiedlich bewerten und verstärken kann und somit verhindert, daß die Verstärkung ihre Wirksamkeit verliert (z.B. durch Sättigung). Beim *Entspannungstraining* ist das Gefühl, welches durch die Übung entsteht, gleichzeitig die Rückkoppelung, daß diese richtig ausgeführt worden sind. In diesem Sinne, gelten auch hier die Regeln der operanten Lerntechnik. Dabei kommen aber auch Aspekte des →klassischen Konditionierens zum Tragen.

9. *Gesicherte Forschungsergebnisse:* (a) Die Verstärkung soll dem Verhalten unmittelbar folgen, damit es mit diesem auch in Zusammenhang gebracht werden kann. (b) Die Verstärkung soll sparsam angewendet werden. (c) Die Verstärkung (beim Menschen) soll individuell gestaltet sein und sich nach der jeweils persönlichen Verstärkungshierarchie richten. (d) Bereits etabliertes Verhalten benötigt weniger Verstärkung als neue zu erlernende Verhaltensweisen. (e) Neues Verhalten soll kontinuierlich und regelmäßig verstärkt werden. (f) Verhalten, welches abgeschwächt wird, darf nicht – auch nicht durch Zufall – verstärkt werden. (g) Falls Bestrafung angewendet wird, gilt der Grundsatz: Es wird das Verhalten bestraft, nicht die Person. (h) Die Strafe soll dem Verhalten angepaßt und nicht übermäßig hart sein. (i) Körperliche Züchtigung führt gewöhnlich zu einem negativ-emotionellen Verhältnis zwischen dem Strafenden und dem Bestraften. (j) Der Idealzustand ist ein Lernprozeß, der von der Fremdbelohnung zur Eigenbelohnung führt.

Literatur: *B. F. Skinner,* The Behavior of Organisms. New York 1938. *W. F. Angermeier,* Lernpsychologie. München 1985. *W. F. Angermeier,* Kontrolle des Verhaltens. Heidelberg 1976 (2. Aufl.).

Prof. Dr. *Wilhelm F. Angermeier,* Köln

Operationalisierung

Festlegung von Kriterien zur empirischen Erfassung eines theoretischen →Konstrukts (→Experiment).

Opfer

das komplementäre Gegenüber des Täters (→Rollentheorie). In der Kriminologie hat sich die Teildisziplin der Viktimologie gebildet (lat. victima = das Opfer), die die Belange des Opfers von Verbrechen (z.B. Gewaltverbrechen (→Gewalt), Sexualdelikte) dem eher täterorientierten Strafrecht gegenüberstellt.

optisches Täuschung

→Wahrnehmung.

optokinetischer Nystagmus
das bei der Fixierung eines Objekts im bewegten Gesichtsfeld zu beobachtende „Augenzittern", d.h. die physiologisch bedingten rhythmischen Bewegungen des Augapfels.

orale Phase
→ psychosexuelle Entwicklung.

Ordinalskala
⇒ Rangskala
Die ordinale Messung enthält Ranginformationen. Die Meßwerte dienen dazu, die Objekte oder Individuen bezüglich eines Merkmals in einer Rangfolge zu ordnen. Dabei wird nicht festgelegt, wie groß die Intervalle zwischen den jeweiligen Rängen sind.

Organisationspsychologie
→ Betriebspsychologie

Organisch bedingte psychische Störungen
Die organisch bedingten psychischen Störungen umfassen ein breites Krankheitspektrum mit den Hauptmerkmalen einer Veränderung im Erleben und/oder Verhalten eines Menschen, bedingt durch eine vorübergehende oder andauernde Funktionsstörung des Gehirnes.

Die Diagnose basiert auf a) dem Nachweis eines spezifischen organisch bedingten → Syndroms, bzw. *hirnorganischen Psychosyndroms* und b) dem Nachweis eines bestimmten organischen Faktors aufgrund der Vorgeschichte (z.B. Schädelverletzung) und der körperlichen Befunde (einschließlich Laborwerte). Der zugrunde liegende organische Faktor kann eine direkte, primäre Erkrankung oder traumatische Schädigung des Gehirnes sein; er kann jedoch auch sekundär aus einer Allgemeinerkrankung resultieren (z.B. Diabetes, Nierenversagen u.a.). Die Störung kann durch eine Substanz oder ein toxisches Agens verursacht werden oder aber Reaktion auf den → Entzug einer Substanz sein, von der das Individuum physisch abhängig ist. Entsprechend der Vielfalt der ursächlichen Faktoren ergibt sich auf der Basis der → Primärpersönlichkeit sowie evt. Vorerkrankungen und Schädigungen ein vielfältiges Bild mit breiter interindividueller Varianz. Aber auch das individuelle Krankheitsbild kann sich während der Dauer der Erkrankung verändern. Primäre und sekundäre → emotionale, → motivationale, → kognitive und verhaltensmäßige Auffälligkeiten weisen so eine breite → interindividuelle und → intraindivuelle Varianz auf, die eine differentialdiagnostische Zuordnung (→ Psychodiagnostik) häufig erschweren.

Im folgenden wird nur auf die fünf Hauptkategorien der *hirnorganischen Psychosyndrome* eingegangen. Die isolierte Beschreibung der einzelnen Syndrome ist nicht so zu verstehen, daß nicht mehrere Syndrome gleichzeitig vorkommen können; bei starker Ausprägung der einzelnen Syndrome ist zudem mit einer Beeinträchtigung der Gesamtpersönlichkeit zu rechnen. Je nach bedingendem Organfaktor kann die Krankheit schleichend oder akut beginnen, sie kann reversibel, chronisch, progredient oder gar tödlich verlaufen. Die Syndrome können graduell sehr unterschiedlich ausgeprägt sein mit hoher interindividueller und intraindividueller Schwankungsbreite vom eben merklichen Unterschied bis zum schweren generellen Persönlichkeitsverlust. Dennoch können nach Art und Verlauf, Dauer und Schweregrad der Störung im Einzelfall eine klare Syndromzuordnung und Rückschlüsse auf den organischen Faktor möglich sein.

Die organischen Krankheitsprozesse beruhen auf anatomischen, chemischen und/oder metabolischen Prozessen, die entweder herdförmig oder global-diffus sind und entsprechend die Ausprägung des hirnorganischen Psychosyndroms bedingen. Eine umschriebene kognitive Beeinträchtigung z.B. weist so unmittelbar auf die kortikale Lokalisation (→ Gehirn) der strukturellen Schädigung hin. Selbst bei einer lokal umschriebenen kortikalen Schädigung (z.B. Tumor) kann es jedoch im weiteren Krankheits-

Organisch bedingte psychische Störungen

verlauf zu einer Ausbreitung und Schädigung weiterer, auch subkortikaler Strukturen kommen mit entsprechender Charakteristik des hirnorganischen Psychosyndroms. Die kategoriale Zuordnung der Syndrome ist orientiert an dem klinischen Bild der Störung:

(1) *Beeinträchtigungen der Bewußtseinslage*
Benommenheit
Verwirrtheit
→Delir
→Stupor
→Koma

(2) *Relativ umschriebene kognitive Beeinträchtigungen*
→Aphasie, →Apraxie, →Agnosie, →Alexie
Amnestisches Syndrom (→Anmesie)
Organisch bedingte Halluzinose

(3) *Umfassende kognitive Beeinträchtigungen*
→Delir
→Demenz

(4) *Emotional-affektive Störungen*
Organisch bedingtes Wahnsyndrom
Organisch bedingtes affektives Syndrom und
Organisch bedingtes Angstsyndrom

(5) *Desintegration der Persönlichkeit*
Organisch bedingtes Persönlichkeitssyndrom

(Zu 1) *Beeinträchtigungen der Bewußtseinslage:* Störungen der Bewußtseinslage von leichter Benommenheit oder →Somnolenz über verwirrte oder delirante Zustände bis hin zum →Stupor und →Koma weisen auf Funktionsstörungen der Hemisphären und/oder des oberen Hirnstammes hin (→Gehirn). Bereits Benommenheit kann zur Beeinträchtigung der zeitlichen Orientierung führen. Im Zustand der Verwirrtheit oder des →Delirs vermischen sich, selbst wenn kortikale Strukturen nicht betroffen sind, gestörtes Wachbewußtsein mit Ausfallserscheinungen im Denk- und Wahrnehmungsbereich.

(Zu 2) *Relativ umschriebene Beeinträchtigungen:* →Aphasien, →Apraxie , →Agnosie und →Alexie als Einzelsyndrom weisen immer unmittelbar auf die geschädigte kortikale Struktur hin. Das Hauptmerkmal des amnestischen Syndroms sind – wie schon der Name →Amnesie sagt – Beeinträchtigungen des Kurz- und Langzeitgedächtnisses trotz ungestörten Bewußtseins. Je nach Ausprägung ist es verbunden mit zeitlicher →Desorientierung und →Konfabulationen zur Ausfüllung von Gedächtnislükken, das charakteristische Bild beim →Korsakoff-Syndrom. Weit zurückreichende Ereignisse werden häufig noch erinnert. Amnesien nach Schädelhirntraumen für die unmittelbare Zeit vor und auch nach dem Unfall sind häufig; inwieweit kognitive Beeinträchtigungen daran beteiligt sind, ist unklar. →Halluzinationen können auch als isolierte sog. organische Halluzinose bei vollem Bewußtsein und intakten intellektuellen Funktionen in jeder Sinnesmodalität auftreten und vom Betroffenen auch als nicht real wahrgenommen werden. Sie können aber auch zu einer wahnhaften Überzeugung von ihrer Realität führen, sodaß der Übergang zum organischen Wahnsyndrom (s.u.) fliessend ist.

(Zu 3) *Umfassende kognitive Beeinträchtigungen:* Wie schon oben aufgeführt, sind delirante Zustände charaktersiert durch kurze, stark flukturierende Bewußtseinsstörungen (→Bewußtsein). Sie sind verbunden mit den charakterischen Merkmalen der sprunghaft wechselnden Aufmerksamkeitseinstellung und Konzentration und eingeschränkter Fähigkeit zur Reizselektion und -diskriminierung. Denkstörungen von nur leichter Verlangsamung oder Beschleunigung über Weitschweifigkeit bis hin zu völliger Desorganisation werden beobachtet; folgerichtiges Denken und zielgerichtetes Verhalten können dadurch erschwert oder nicht mehr möglich sein. Delirante Personen sind häufig zu Zeit und Ort, seltener auch zur Person desorientiert, weisen auch fast immer einen gestörten Schlaf-Wach-Rhythmus (→Schlaf) mit tageszeitlich unabhängigen Schwankungen von überwach bis präkomatös

(→Koma) und Gedächtnisstörungen auf. Wahrnehmungsstörungen mit Wahnwahrnehmungen, Illusionen und Halluzinationen sind häufig. Ihre Inhalte bestimmen den emotionalen Zustand des Betroffenen. Charakteristisch sind zudem eine gestörte psychomotorische Aktivität (Motorik). Bei enger Begriffsdefinition wird der delirante Zustand gleichgesetzt mit dem Auftreten von optischen Halluzinationen, z.B. den sprichwörtlichen „weißen Mäusen". Das Syndrom der Aufmerksamkeitsfluktuation kann so stark ausgeprägt sein, daß eine sinnvolle Gesprächsführung mit den Betroffenen nicht mehr möglich ist. Die delirante Episode dauert selten länger als eine Woche. Die Störung kann reversibel oder tödlich verlaufen. →Ätiologische Faktoren sind gewöhnlich allgemeine Infektionen, Stoffwechselsstörungen, Intoxikationen mit oder Entzug von →psychotropen Substanzen. Aber auch Krampfanfälle, Narkosen und Schädeltraumen mit Bewußtseinsverlust können zu einem deliranten Durchgangssyndrom führen.

Die Hauptmerkmale der *Demenz* (häufig auch *Hirnleistungsschwäche* genannt) sind eine Beeinträchtigung der →mnestischen Funktionen verbunden mit Beeinträchtigungen der höheren Denkfunktion wie des abstrakten Denkens, der Kritik- und Urteilsfähigkeit, der Verlangsamung oder Umstellungserschwerung der Denk- und Handlungsabläufe, der räumlichen und figürlichen Wahrnehmungsfähigkeit, des rechnerischen Denkens. Auch die spezifischen Störungen der →Aphasie, der →Apraxie und der →Agnosie können infolge der globalen Schädigung damit verbunden sein. Das →DMS-IIIR ordnet darum diese Syndrome auch der Demenz zu.

(Zu 4) *Emotional-affektive Störungen:* Ein organisches Wahnsyndrom kann sich wie die organische Halluzinose bei vollem Bewußtsein und primär intakten intellektuellen Funktionen entwickeln. Das aus den Wahnvorstellungen (z.B. Verfolgungswahn) resultierende klinische Bild mit umfassenden sozialen und kognitiven Leistungseinbußen entspricht dem schizophrener Erkrankungen (→Schizophrenie). Das organische affektive Syndrom ist charakterisiert durch eine manische oder depressive Episode (→Psychose). Das affektive Syndrom kann verbunden sein mit einem Angstsyndrom, das sich in Panikattacken oder generalisierter →Angst äußert. Die organisch bedingten emotional-affektiven Störungen sind differentialdiagnostisch nur durch den Nachweis des organischen Faktors gegen Syndrome anderer Ätiologie abzugrenzen.

(Zu 5) *Desintegration der →Persönlichkeit:* Die organische Persönlichkeitsänderung sollte nur dann als diagnostische Kategorie verwendet werden, wenn die Persönlichkeitsänderung nicht aus den bislang beschriebenen anderen organischen Syndromen als Nebenmerkmal infolge nicht mehr gelingender Kompensation resultiert. Die organische Persönlichkeitsänderung (auch *hirnorganische Wesensänderung*) ist gewöhnlich durch strukturelle Schädigungen des Gehirnes bedingt. Betroffen sind die Emotionalität und die willentlichen Steuerungsfunktionen. Die Desintegration kann zu vielfältigen Bildern mit emotionaler Labilität oder Verflachung, Antriebs- und Initiativeverlust oder übersteigertem Antrieb mit sozialer und/oder sexueller Enthemmung führen. Trotz intakter intellektueller Funktionen kann die soziale Urteilsfähigkeit eingeschränkt oder aufgehoben sein. Distanzlosigkeit, Geschwätzigkeit und auch →Agressivität infolge unzureichender Kontrolle der Handlungsimpulse sind häufig.

Literatur: *K. Mayer/B. Mayer/W. Hamster,* Psychodiagnostische und faktorenanalytische Untersuchungen zur sogenannten Hirnleistungsschwäche. Dtsch. Z. Nervenheilk. 1969, 196, 331–342. *B. Mayer,* Aussagewert psychodiagnostischer Untersuchungsverfahren bei der Begutachtung von Spät- und Dauerfolgen nach Hirntrauma. Therapiewoche

1973, 23, 247f. *Sharp/Dohme* (Hrsg.), MSD-Manual der Diagnostik und Therapie. München 1988. *H.-U. Wittchen u.a.* (dt. Bearbeitung). Diagnostisches und Statistisches Manual Psychischer Störungen, DMS-III-R. Weinheim 1988.

Dr. *Brunhilde Mayer*, Hannover

organische Halluzinose
→Organisch Bedingte Psychische Störungen.

organische Psychose
→Psychose
→Organisch Bedingte Psychische Störungen.

Organneurose
→Neurose.

orgastische Manschette
→sexuelle Reaktion.

Orientierungsreaktion
Beim Auftreten neuer Umweltreize zeigt der Gesamtorganismus initial eine komplexe Reaktion, die schon Anfang des 20. Jahrhunderts von *Pawlow* beobachtet wurde. Er faßte sie als unkonditionierten Reflex (→Klassisches Konditionieren) auf, den sog. *Orientierungsreflex* oder die *„Was-ist-das?-Reaktion"*. Im Mittelpunkt dieser komplexen Reaktion stehen unspezifische zentralnervöse Aktivierungsprozesse. Die bisherige Tätigkeit oder Untätigkeit wird unterbrochen, damit alle sensorischen Kapazitäten so sensibilisiert werden können, daß sie die Quelle des überraschenden Reizes ausmachen und dessen biologische Wertigkeit (z.B. „Freund oder Feind") bestimmen können. Weiterhin soll die Motorik mobilisiert werden, um eine adäquate Reaktion (Annäherung oder Flucht) einleiten zu können.

Allgemein ist die Orientierungsreaktion Ausdruck des Bedürfnisses nach zusätzlicher ergänzender oder korrigierender Information bei genereller Entscheidungsunsicherheit. Sie tritt besonders bei Reizen mit geringer bis mittlerer Intensität auf. Reize hoher Intensität bewirken hingegen unmittelbar eine Abwehr- oder Defensivreaktion. Orientierungsreaktion, Abwehrreaktion und Panikreaktion (bei Tieren als *Totstellreflex*, →Abwehr) liegen nach *Sokolow* auf einem Kontinuum.

Orientierungsreflex
→Orientierungsreaktion.

Orthogonalität
Rechtwinkligkeit der Achsen in einem Koordinatensystem.

P

Paarvergleichsmethode
Methode zur → Skalierung von subjektiv wahrgenommenen Unterschieden physikalischer Reize, persönlicher Einstellungen oder Eigenschaften subjektiver Vorstellungen. Dabei werden aus einer Anzahl von Reizen alle möglichen paarweisen Reizkombinationen vorgegeben. Die Beurteiler bestimmen für jedes Paar, welcher von beiden Reizen einem bestimmten Kriterium besser entspricht (z.B. „schöner", „schwerer" oder „sympathischer"). Aus den relativen Häufigkeiten, mit denen jeder Reiz allen anderen vorgezogen wird, kann dessen Skalenwert auf der Beurteilungsdimension (Schönheit, Gewicht, Sympathie) errechnet werden.

Pädagogische Psychologie
Teilgebiet der Psychologie, das sich mit der Anwendung psychologischer Erkenntnisse in Erziehung und Unterricht befaßt.

Pädophilie
→ Sexuelle Störungen.

Pallidum
⇒ Globus pallidus
→ Großhirn.

Panel-Technik
bei der Meinungsumfrage die Mehrfachbefragung derselben Stichprobe zur Überprüfung von Meinungsänderungen.

Papier-Bleistift-Test
psychologischer → Test, bei dem die Testaufgaben auf Papier in schriftlicher Form oder als Abbildung vorgegeben werden und die Antworten oder Lösungen vom Probanden handschriftlich eingetragen oder markiert werden.

Paradigma
Der Begriff Paradigma (Beispiel, Modell) ist zentral für ein modernes Verständnis von Wissenschaft, wissenschaftlicher Erkenntnis und wissenschaftlicher Revolutionen. Er diffundiert in jüngster Zeit in die Alltagssprache und gewinnt an Bedeutung für Politik, Wirtschaft und (politische) Öffentlichkeit.

Paradigmata dienen ähnlich wie Theorien der „Anschauung", Strukturierung und Steuerung von Erkenntnis. Stärker als diese betont der Paradigmabegriff den instrumentellen Charakter von Ideen und Konzepten für die wissenschaftliche Arbeit und den Einfluß von → Normen, Moden, Ideologien, Macht- und Herrschaftsverhältnissen auf die „Produktion", Ausblendung oder Verhinderung von Wissen. Er hat damit wichtige wissenssoziologische und wissenspsychologische Implikationen.

Das Paradigma-Konzept geht auf *T. S. Kuhn* zurück (1962/1973). Mit ihm versteht man unter einem Paradigma ein anerkanntes Modell oder Schema, das bei der Lösung bis dahin nicht lösbarer Probleme erfolgreich war und nun als Beispiel (Paradigma) verwendet wird, um nach dem gleichen Modell auch andere Probleme zu lösen (vgl. auch → Konstrukt). In dieser Funktion geht es ein in Lehrbücher, Vorlesungen, Anleitungen für → Experimente, Beobachtungen und Untersuchungen und steuert die Wahrnehmung und Interpretation der „Wirklichkeit" durch die (angehenden) Wissenschaftler.

Sowie ein Paradigma in einem bestimmten Bereich allgemeine Anerkennung gefunden hat, gewinnt es eine wichtige soziale Funktion: es begründet eine Gemeinschaft von Wissenschaftlern, die sich an dem Paradigma orientieren, seinen Anwendungsbereich ausdehnen und präzisieren. Damit gewinnt es entscheidenden Einfluß auf die professionelle → Sozialisation und Identität der Wissenschaftler, und es konstituiert das, was *Kuhn* „normale Wissenschaft" nennt: diese kann als „Lösen von Rätseln" mit Hilfe des anerkannten Paradigma verstanden werden. Dabei wird die ganze Breite seiner möglichen Anwendungen mehr oder weniger systematisch „abgegrast". Normale Wissenschaft befaßt sich also mit den „Aufräumarbeiten" der Möglichkeiten, die ein Paradigma. eröffnet hat. Diese Aufräumarbeiten „sind es, was die meisten Wissenschaftler während ihrer ganzen Laufbahn beschäftigt" und letztlich der Versuch, „die Natur in die vorgeformte und starre Schublade, die das Paradigma darstellt, hineinzuzwängen".

Dies mag zunächst sehr problematisch erscheinen. Dennoch sind Paradigmata für wissenschaftliche Arbeit unerläßlich, denn beim Fehlen solcher Muster „scheinen alle Tatsachen, die irgendwie zu der Entwicklung einer bestimmten Wissenschaft gehören könnten, gleichermaßen relevant zu sein". Dies trifft selbst auf Alltagswahrnehmungen zu, die vergleichbaren Orientierungsmustern „Alltagstheorien" unterliegen (*Arbeitsgruppe Bielefelder Soziologen* 1973). Entsprechend würde ein nicht paradigma-gesteuertes Zusammentragen von Fakten vollends dem Zufall unterliegen und „in Ermangelung eines Grundes, nach einer bestimmten Form von versteckten Informationen zu suchen, gewöhnlich auf die Vielfalt der leicht greifbaren (und damit banalen) →Informationen beschränkt" bleiben. Paradigmata dienen damit der für jede Erkenntnis unabdingbaren Steuerung der →Wahrnehmung sowie der „Komplexitätsreduktion" *(Luhmann),* indem →Aufmerksamkeit (entsprechend *Poppers* Scheinwerfer-Theorie) fokussiert und irrelevant erscheinende Informationen ignoriert werden können. Innerhalb der Gebiete, auf welche das Paradigma die Aufmerksamkeit der Gruppe lenkt, erreicht man so eine „Genauigkeit der Informationen und eine Exaktheit des Zusammenspiels von Beobachtungen und Theorie, die auf keine andere Weise erreicht werden könnte.

Befunde, die nicht mit den Grundannahmen des Paradigmas vereinbar sind, nennt man mit *Kuhn* „Anomalien". Diese müssen zwar von der „Normalwissenschaft" in gewissem Umfang ignoriert werden, doch hat ihre zu konsequente Ausblendung einen hohen Preis: Wissenschaft wird dann blind für alle Tatbestände außerhalb der Reichweite ihres jeweils geltenden Paradigmas; sie leistet gegen die Einführung neuer Theorien/Paradigmata große Widerstände und wird damit unfähig zur Erneuerung; wissenschaftliche Aussagen erhalten den Charakter von →Stereotypen und Dogmen; die wissenschaftliche Gemeinschaft mit ihren liberalen, weltoffenen Prinzipien wird zur „Glaubensgemeinde", deren Mitglieder Konformität und Denkverbote verinnerlichen und schließlich „nur noch die Eier finden, die sie vorher versteckt haben", während die „Gralshüter" in Fachgesellschaften und Gutachterkommissionen über die Einhaltung der „reinen Lehre" achten. Dazu gehört auch eine undurchschaubare Verquickung von wissenschaftlichen, ökonomischen, politischen und ideologische Interessen. Soziologisch gesehen hat Wissenschaft damit etliche Attribute einer anerkannten Religion.

Unter günstigen Bedingungen führen Anomalien dazu, daß das ursprüngliche Paradigma in eine Krise gerät, präzisiert, in seinem Geltungsbereich eingeschränkt oder durch ein neues Paradigma ersetzt wird *(Paradigma-Krise, Paradigma-Wechsel).* Letzteres ist insbesondere dann zu erwarten, wenn das alte Paradigma weitgehend „abgegrast" ist und keine weiteren wesentlichen Entdeckungen (und damit wissenschaftlichen Karrieren) ermöglicht, und wenn ein anderes, akzeptables Paradigma als „Anwärter" für die Ablösung des alten bereitsteht, das geeignet ist, aktuelle, in der wissenschaftlichen Gemeinschaft allgemein anerkannte oder beunruhigende Anomalien zu erklären, neue Fragen aufzuwerfen und diese zu lösen. In bestimmten Phasen und für bestimmte empirische Phänomene kann es erforderlich sein, mehrere Paradigmata nebeneinander zu verwenden (z.B. können in der Optik bestimmte Eigenschaften des Lichtes nur durch die Wellen-, andere nur durch die Korpuskulartheorie erklärt werden). Teilweise können dabei extreme Inkonsistenzen geduldet oder verleugnet werden (*Oeter* 1984). Schließlich können mit der Aufgabe eines alten Paradigmas wertvolle Wissensbestände verloren gehen, die erst viel später wieder entdeckt und (vor dem Hintergrund aktueller Paradigmata und Probleme) als äußerst wertvoll erkannt werden (vgl. *v. Uexküll/Wesiak* 1988).

Neues und altes Paradigma können beide (wie die Quantenmechanik oder die Relativitätstheorie) mit alltagsweltlichen Erfahrungen (etwa von Raum und Zeit) unvereinbar sein. Sie können einander ähneln wie zwei Gestalten ein und des selben Vexierbildes. Befunde erscheinen dabei jeweils in einem anderen Licht, werden anders gewertet und interpretiert, erfahren einen „Bedeutungssprung". Verschiedene Paradigmata sind damit unterschiedlichen Kulturen vergleichbar (*Oeter* 1984), und wie diese zeichnen sie sich aus durch eine eigene „soziale Konstruktion der Wirklichkeit" (*Berger/Luckmann* 1974) mit einer eigenen Sprache, spezifischen Wahrnehmungs- und Interpretationsmustern, Normen und Saktionen, Werten, rituellen Handlungen (→ Ritual), spezifischen Herrschaftsformen und einem Identitätsgefühl, welches die Mitglieder von den Außenstehenden trennt.

Die mit einem Paradigmawechsel verbundene *„wissenschaftliche Revolution"* ist in vielfacher Weise einer politischen Revolution vergleichbar: Es gibt i.d.R. heftigen Widerstand seitens der Vertreter des alten Regimes; die → Konflikte werden oft mit allen zur Verfügung stehenden Mitteln betrieben, die bis hin zu Ausgrenzung, Diffamierung und Intrigen reichen; als Machtmittel werden Fachgesellschaften, -zeitschriften, Lehrbücher, persönliche Abhängigkeiten und Gefolgschaften eingesetzt (vgl. auch *Rockwell* u. *Rockwell* 1985); die Vertreter alter Paradigmata werden oft nicht überzeugt, sondern „sterben einfach aus" bzw. werden beim Ausscheiden aus wichtigen Positionen von Vertretern des neuen Paradigmas abgelöst, während „Konvertiten" das neue Paradigma oft besonders vehement und intolerant durchsetzen.

Nach *Beck* (1986) verschärfen sich diese Probleme in der Moderne zunehmend: anders als in der frühen Phase der „einfachen Verwissenschaftlichung" (in welcher Wissenschaft wesentlich auf von Wissenschaft unberührte „Natur" stieß), wird in der aktuellen Phase der „reflexiven Verwissenschaftlichung" Wissenschaft zunehmend mit ihren eigenen (oft katastrophalen) Folgewirkungen konfrontiert (z.B. Umweltverschmutzung, „Innenweltverschmutzung" durch Informationsüberflutung, Inhumanität moderner, technikorientierter Medizin etc). Dies und die zunehmende Ausdifferenzierung von Wissenschaft führt zu einer Entmonopolisierung und Entmythologisierung wissenschaftlicher Erkenntnis. Jetzt wird Wissenschaft – interdisziplinär vermittelt – sich selbst zum Problem. Damit müssen zunächst all die Schwierigkeiten und Gegensätze hervorbrechen, die die einzelnen Wissenschaften und Professionen (s.c. mit ihren verschiedenen Paradigmata) im Umgang miteinander haben. Denn hier trifft Wissenschaft auf Wissenschaft und damit auf die ganze Skepsis und Verachtung, die eine Wissenschaft einer anderen entgegenzubringen imstande ist." Nach *Beck* ist diese Entwicklung kein Zufall, sondern ganz im Gegenteil Ausdruck eines konsequenten Modernisierungsprozesses, der auch vor der Wissenschaft und ihren Paradigmata selbst nicht halt macht. Rückfälle in eine irrationale Wissenschaftsfeindlichkeit sind damit nicht zu rechtfertigen. Beck sieht darin vielmehr den Ausdruck einer „halbierten Moderne", die nur dadurch fortentwikkelt werden kann, daß Wissenschaft sich selbst zum Objekt macht („selbstreflexiv" wird), d.h. die Gesetze zum Forschungsgegenstand macht, nach denen sie ihre Paradigmata verwendet und Wissen produziert, strukturiert oder verhindert.

Ignorierung von Anomalien, Verbundenheit mit dem eigenen Paradigma und

Ablehnung fremder Paradigmata sind damit auch ein höchst brisantes psychologisches Phänomen. Nach Devereux (1967) wird gerade die wissenschaftliche Erforschung des Menschen durch Überschneidungen von Objekt und Beobachter behindert. Dies löst beim Beobachter →Angst und infolgedessen Gegenübertragungsreaktionen aus (→Übertragung), die die →Wahrnehmung und Deutung von Daten verzerren. „Ignoriert man diese ‚Störungen' oder wehrt sie durch als Methodologie getarnte Gegenübertragungswiderstände ab, so werden sie zu einer Quelle unkontrollierter und unkontrollierbarer Irrtümer, obwohl sie, wenn man sie als elementare und charakteristische Daten der Verhaltenswissenschaften behandelt, gültiger und der Einsicht förderlicher sind als irgendeine andere Art von Datum". Nach Oeter (1986) ist die Beziehung zwischen Wissenschaftlern, wissenschaftlichen Gemeinschaften, ihren Theorien/Paradigmata und Forschungsobjekten ein höchst komplexes Beziehungsgeflecht, das mit Hilfe der Objektbeziehungspsychologie weiter aufgeklärt werden kann: danach kann bei der Ignorierung von Anomalien des eigenen Paradigmas das ganze Repertoire der →Abwehrmechanismen eingesetzt werden. Es ist denkbar, daß z.B. verdrängte Bewunderung, Unterlegenheitsgefühle und Neid auf ein konkurrierendes Paradigma verleugnet (→Verleugnung) oder durch →Verkehrung ins Gegenteil als verachtende Ablehnung und Haß wirksam werden (*Mitscherlich* 1980); oder der Abwehrmechanismus der →Vermeidung verhindert ein nähres Kennenlernen, führt zu (ebenso verleugneter) mangelnder Informiertheit und so wieder zur Abwertung. Eigene Theorien können demgegenüber idealisiert, ihre kritische Wahrnehmung dadurch erheblich verzerrt werden; konkurrierende Paradigmata und ihre Vertreter können einer weitergehenden (kollektiven wie individuellen →Regression) als Gefahr für die eigene Glaubwürdigkeit und Existenz erlebt und damit auf einer archaischen Ebene zu „bösen/schlechten Objekten" werden, während die eigenen Paradigmata und ihre Vertreter als „gute Objekte" erscheinen. Man sollte dies jedoch nicht alles als pathologisch, sondern vieles als notwendige Selektion und Normbildung ansehen (*Bauriedl* 1980), ohne diese Prozesse zu verharmlosen.

Beispiele und Ausblick: Kuhns Paradigma-Konzept entstand aus einer Studie zur Geschichte der *Naturwissenschaften;* für diese stellt sich angesichts globaler Umweltbedrohungen die Herausforderung, ein integriertes, „auf den Zusammenhang gerichtetes" Paradigma für eine ökologisch orientierte Forschung zu entwickeln. Die *Medizin* war im Mittelalter von religiösem Denken dominiert. Versuche, mit der Anatomie ein säkularisiertes Paradigma einzuführen, führten zu heftigen Verfolgungen. Nachdem sich das naturwissenschaftliche „Maschinen-Paradigma" des Menschen durchgesetzt hatte, entwickelte es vergleichbare Widerstände gegen die Erforschung des →Unbewußten durch die →Psychoanalyse, die Entwicklung der →Psychosomatik und die weitere Integration psychologischer und sozialwissenschaftlicher Konzepte. Dabei ist ein integriertes Paradigma mit einzelnen Teil-Paradigmata auf den verschiedenen Organisationsebenen menschlicher Existenz (anorganisch/physiologisch/psychisch/sozial) längst verwirklicht (*v. Uexküll/Wesiack* 1988) und eröffnet breite Forschungsfelder. Dennoch könnte die Medizin nach *V. v. Weizsäcker* mit ihren bisherigen Methoden noch 2000 Jahre erfolgreich weiterforschen, ohne den Menschen als Subjekt in den Blick zu bekommen. Vergleichbares gilt für Teile von Psychologie und Soziologie, die sich nach ihrer Befreiung aus philosophischer Dominaz mechanistischen Modellen des Menschen unterworfen haben (*v. Uexküll/Wesiack* 1988, *Oeter* 1984, 1986).

Literatur: *Arbeitsgruppe Bielefelder Soziologen* (Hrsg.), Alltagswissen, Interaktion und soziale Wirklichkeit. Reinbek 1973. *T. Bauriedl,* Beziehungsanalyse.

Frankfurt 1980. *U. Beck,* Risikogesellschaft, Auf dem Weg in eine andere Moderne. Frankfurt 1986. *P. L. Berger/T. Luckmann,* Die gesellschaftliche Konstruktion der Wirklichkeit. Frankfurt 1974. *G. Devereux,* Angst und Methode in den Verhaltenswissenschaften (2. Aufl.). Frankfurt 1984. *T. S. Kuhn,* Die Struktur wissenschaftlicher Revolutionen (2. Aufl.). Frankfurt 1973. *A. Mitscherlich, Ein Leben für die Psychoanalyse. Frankfurt 1980. K. Oeter,* Entscheiden und Handeln,Eine Analyse individualistisch-rationaler Entscheidungsmodelle. Stuttgart 1984. *K. Oeter,* Zur Funktion psychoanalytischer Theorien. Hannover, unveröff. Manuskript 1986. *T. Rockwell/W. T. Rockwell,* Die Achillesferse der Wissenschaft: die Wissenschaftler. In: *H. P. Dürr* (Hrsg.), Der Wissenschaftler und das Irrationale. Frankfurt 1985, Bd. IV, 133–151. *T. v. Uexküll/W. Wesiack,* Theorie der Humanmedizin. München 1988.

Prof. Dr. *Karl Oeter,* Hannover

paradoxe Intervention
⇒ Symptomverschreibung.

psychotherapeutische Strategie, die mit der Anweisung an den Patienten arbeitet, gerade die gefürchteten, angstauslösenden Vorstellungen und Verhaltensweisen, die bisher phobisch gemieden wurden, nun nicht nur zuzulassen sondern aktiv anzustreben.

Parallelisierung
→ Experiment.

Paralleltests
psychologische → Tests, die einander völlig äquivalent sind, so daß es im Einzelfall gleichgültig ist, welche Testform eingesetzt wird. Unterschiede in den Ergebnissen paralleler Tests sind ausschließlich auf den Meßfehler zurückzuführen. Die Untersuchungen von Probandengruppen mit parallelen Testsverfahren ergeben für jeden Test denselben Mittelwert und dieselbe → Standardabweichung. Paralleltests sind geeignet zur Bestimmung der → Reliabilität von Tests. Man benötigt sie bei Mehrfachuntersuchungen an denselben Probanden (→ Längsschnittsmethodik) zur Vermeidung von Erinnerungseffekten.

parameterfreie Verfahren
⇒ nonparametrische Verfahren.

parametrische Tests
⇒ parametrische Verfahren.

parametrische Verfahren
Prüfverfahren der → Statistik, deren Anwendung in der Regel Datenerfassung mit → Intervallskalen und eine → Normalverteilung der Meßwerte voraussetzen.

paranoid
⇒ wahnhaft

paranoide Zustände oder Reaktionen können sich aus übersteigerten Befürchtungen heraus auch bei psychisch gesunden Personen entwickeln.

paranoide Persönlichkeit
→ Persönlichkeitstörungen.

Paraphilien
→ Sexuelle Störungen.

Parapsychologie
→ Meta-Psychologie.

Parasomnie
Einschlafstörungen, heftige Träume (→ Traum), Schlafwandeln oder durch organische Hirnkrankheiten verursachte Störungen des → Schlafs.

parasuizidale Pause
→ Suizid.

pathogen
krankheitsfördernd, krankheitsverursachend.

Pathogenese
Entstehung und Entwicklung eines Krankheitsverlaufs, im Gegensatz zur → Ätiologie (Krankheitsursache).

pathologisches Spielen
→ Sucht.

PCA
⇒ Profil-Clusteranalyse
→ Clusteranalyse.

Peak-to-peak-Maß
→Ereigniskorreliertes Potential.

Penisneid
→psychosexuelle Entwicklung.

Peptidneurotransmitter
⇒Neuropeptide.

Percentilskala
⇒Perzentile.

peripheres Nervensystem
→Nervensystem.

Periode
→Menstruation.

Periodenversuchsplan
→Versuchsplanung.

peripheral cueing
→Visuelle Aufmerksamkeit.

persönliches Konstrukt
→Konstrukt.

persönliches Unbewußtes
→Analytische Psychologie.

Persönlichkeit
Sprachliche und psychologische Bedeutung: Das Wort „Persönlichkeit" ist erstmals von den Mystikern des 14. Jhrh. als Übersetzung von „Personalitas" (lat.) verwandt worden. Es läßt sich ableiten von „Person" bzw. „Persona" (lat.).

Als zunächst theologischer Fachterminus bezeichnete „Persönlichkeit" den gläubigen Christen. Der Mensch war „persönlich", insofern die göttlichen Personen (Gott Vater, Sohn und Heiliger Geist) Teil an ihm hatten. Heute wird unter Persönlichkeit beschreibend die Gesamtheit der charakteristischen, individuellen Eigenschaften eines Menschen verstanden. Im Alltag wird der Begriff vielfach bewertend gebraucht. So ist mit „Persönlichkeit" z.B. eine Person gemeint, die ihre Qualitäten vollendet-harmonisch entwickelt hat oder eine, die gesellschaftliche Achtung und Anerkennung genießt. Analog sagt man im negativen Sinne von einer Person, die sich sozial nicht darstellen kann, sie habe „keine Persönlichkeit".

Das Wort „Persona" wurde ursprünglich in zwei verschiedenen Bedeutungen gebraucht. Erstens im Sinne einer Maske (so wie man anderen erscheint, aber nicht ist) und als →Rolle, die man im Leben spielt; zweitens (besonders ab dem 13. Jhrh.) im Begriff der „Person" – als wahres Wesen. Anfangs wurde damit nur auf zentrale →Eigenschaften verwiesen, die etwa den freien Rechtsbürger oder den getauften Christen von anderen Menschen unterscheiden. Heute werden mit ihm zusammenfassend die Merkmale bezeichnet, die für den Menschen als geistigem Einzelwesen allgemein-strukturell charakteristisch sind: Eine Person kann danach über sich selbst verfügen, vorausschauend-verantwortlich und zwecksetzend handeln und ist sich seiner Identität bewußt. Im Alltagsgebrauch ist der Begriff „Person" eher ins Triviale abgerutscht. Man spricht z.B. vom „Personen"-zug, „Personen"-kraftwagen. Negativ wertend wird auch von einer „Unperson" gesprochen, wenn ein Mensch als Person negiert und übergangen wird.

In der Psychologie wird der Begriff „Persönlichkeit" uneinheitlich verwendet. Übereinstimmung besteht aber bei den meisten Autoren darin, daß Persönlichkeit „ein bei jedem Menschen einzigartiges, relativ stabiles und den Zeitablauf überdauerndes Verhaltenskorrelat" darstellt (*Herrmann* 1976, S.29). Hierzu einige Erläuterungen:

Verhaltenskorrelat: Darunter sind so unterschiedliche Aspekte wie Bedingung, Ordnung, System, Produkt oder Abstraktion des Verhaltens und Erlebens zu verstehen. Persönlichkeit ist also ein Gefüge von Dispositionen und nicht das Erleben und Verhalten selbst. Zu diesen Dispositionen gehören nicht nur Merkmale des offenen, objektiv registrierbaren Verhaltens, sondern auch solche der →Kognition, →Emotion und →Motivation. Darüber hinaus können auch anatomisch-morphologische, physiologische und biochemisch-immunologische Merkmale Berücksichtigung finden.

Persönlichkeit

Einzigartigkeit: Das Dispositionsgefüge ist bei jedem Individuum einzigartig. Die Variation von Individuum zu Individuum ergibt sich aus (a) dem Vorhandensein oder der Abwesenheit einzelner Merkmale (Beispiel: Geschlechtsmerkmal), (b) deren unterschiedlicher Ausprägung (Beispiel: Unterschiede in Merkmalen der →emotionalen Labilität) und (c) der unterschiedlichen Relation der Merkmale zueinander (Beispiel: Unterschiede in der →Intelligenzstruktur).

Relative Zeitstabilität: Als Persönlichkeitsmerkmale gelten nur solche, die über größere Zeiträume hinweg konstant bleiben. Zeitlabile Merkmale wie aktuelle Stimmungslagen oder momentane physiologische Zustände werden ausgeschlossen.

Situationsstabilität: Die Persönlichkeit ist immer mehr oder weniger situationsspezifisch organisiert. D.h. ein Merkmal wie z.B. „Ehrlichkeit" kann bei ein und derselben Person von Situation zu Situation variieren, es muß aber, soll es ein Merkmal dieser Person sein, für jede der Situationen eine relative Zeitstabilität aufweisen.

Von diesen allgemeinen Kennzeichnungen abgesehen können zwei Grundpositionen im Begriffsverständnis unterschieden werden: (1) Persönlichkeit wird, wie in der deutschen →Charakterologie üblich, ontologisierend (→Ontologie) als real existierende Entität verstanden. Sie ist „ganzheitliches seelisches Sein" (*Wellek* 1966); (2) Persönlichkeit ist eine theoretische Konstruktion des Forschers. Sie ist ein „sehr allgemeines →hypothetisches Konstrukt, dessen hinreichende, empirisch kontrollierte Präzisierung – wenn überhaupt – erst in ferner Zukunft zu erwarten ist" (*Herrmann* 1976, S. 40). Diese Position wird von den meisten modernen Persönlichkeitspsychologen vertreten.

Psychologische Persönlichkeitstheorien: Ziel der Persönlichkeitspsychologie ist es, die intra- und interindividuelle Unterschiedlichkeit der Persönlichkeit insgesamt nach wissenschaftstheoretisch akzeptierten Kriterien zu beschreiben, zu verstehen, zu erklären und vorherzusagen. Die *Differentielle Psychologie* widmet sich den gleichen Aufgaben, konzentriert sich aber eher auf einzelne Persönlichkeitsaspekte wie z.B. →Intelligenz, →Kreativität, →Extraversion, →emotionale Labilität und →Psychotizismus.

Zur Bewältigung der genannten Aufgaben sind in der Persönlichkeitspsychologie verschiedene Theorien entwickelt worden (siehe beispielsweise die Übersicht bei *Hall* u. *Lindzey* 1979).

Mit Fisseni (1984) können folgende Gruppen oder Typen von Persönlichkeitstheorien unterschieden werden: (1) *Psychodynamische Theorien (S. Freud, A. Adler, C. G. Jung, E. H. Erikson, H. A. Murray):* Sie messen der unbewußten Determination (→Unbewußtes) des Erlebens und Verhaltens durch →Triebe oder Bedürfnisse, der →Reifung und der frühkindlichen Erfahrung besondere Bedeutung bei und lehnen sich mehr oder weniger eng an das von Freud entwickelte →Strukturmodell des „psychischen Apparates" an, mit den Instanzen des →„Es", →„Ich" und →„Über-Ich" (→Psychoanalyse). (2) *Konstitutionstypologische Theorien (K. Kretschmer, W. H. Sheldon):* Sie setzen Körperbau und psychische Merkmale in Beziehung (Körperbautypen). (3) *Phänomenologisch-philosophische Theorien (W. Stern, E. Spranger, G. W. Allport, E. Rothakker, Ph. Lersch, E. R. Jaensch):* Sie verbinden z.T. unbefangen Selbst- und Fremdbeobachtung mit empirisch wenig abgesicherten klassifikatorischen Ordnungen und Systematiken des Erlebens und Verhaltens (→Phänomenologie). (4) *Kognitive Theorien (u.a. H. A. Witkin, K. Lewin, D. Snygg & A. W. Combs, G. A. Kelly, C. R. Rogers, H. Thomae):* Statt von der objektiven, personunabhängig gültigen Wirklichkeit gehen sie von der durch das Individuum wahrgenommenen und interpretierten Welt aus, die bei einigen der Autoren die eigene Person im Sinne des →Selbstkonzepts miteinschließt (→Kognition). (5) *Faktorenanalytische Theorien (R. B. Cattell, J. P. Guilford, H. J. Eysenck):* Sie stützen sich auf Eigenschaftsdimensionen, die mit dem statistischen Verfahren der →Faktorenanalyse ermittelt werden. (6) *Lerntheoretisch-interaktionistische Theorien (B. F. Skinner, N. E. Miller & J. Dollard, A. Bandura, J. B. Rotter, W. Mischel):* Sie beziehen sich sowohl auf orthodox- wie kognitiv-behavioristische →Lerntheorien.

Anthropologische Grundannahmen: Theorien der Persönlichkeit nehmen ihren Ausgang von anthropologischen Vorstellungen über den Menschen. Eine wesentliche dieser Grundannahmen betrifft die Art und Weise, wie Mensch und Welt zueinander in Beziehung gesetzt werden. Je nachdem ob Mensch und Umwelt als aktiv oder passiv konzipiert werden, ergeben sich vier verschiedene Menschenmodelle (s. Abb.).

Ihnen können, wenn auch nicht immer eindeutig, die Typen von Persönlichkeitstheorien nach *Fisseni* zugeordnet werden: (1) Mechanistisches Modell I (innere Determination): Mensch und Umwelt sind passiv. Menschliches Erleben und Handeln ist letztlich das Ergebnis genetisch programmierter Reifung und/oder Produkt unbewußter Trieb-/Bedürfniskonstellationen im Zusammenspiel mit sich entwickelnden psychischen Strukturen und situativen Rahmenbedingungen (vor allem konstitutionstypologische, psychodynamische und z.T. faktorenanalytische Ansätze); (2) Mechanistisches Modell II (äußere Determination): Menschliches Erleben und Handeln ist Produkt von Umwelteinflüssen, die durch Lernpozesse in psychische Strukturen überführt werden (z.T. lerntheoretisch – interaktionistische und faktorenanalytische Ansätze); (3) Organismisches Modell: Menschliches Erleben und Handeln ist Produkt der sich entfaltenden spontan-kreativen Aktivität des Menschen. Als ganzheitlicher Organismus verarbeitet er die →Reize, die aus der Umwelt oder aus ihm selbst heraus entstehen, zu bedeutungsvollen

Anthropologische Annahmen

Dargestellt im Rahmen der Mensch-Umwelt-Relation

Umwelt/ Gesellschaft	Individuelles Verhalten/ Handeln: reaktiv-passiv	spontan-aktiv
passiv	mechanistisches Modell (innere Determination)	organismisches Modell
aktiv	mechanistisches Modell (äußere Determination)	dialektisches Modell

und strukturierten Erfahrungen (vor allem philosophisch-phänomenologische und z.T. kognitive Ansätze); (4) Dialektisches Modell: Menschliches Erleben und Handeln ist Ergebnis einer wechselseitigen aktiven Beeinflussung von Individuum und Umwelt. Informationen aus der Umwelt werden aufgrund erfahrungsabhängig ausgebildeter Schemata interpretiert. Das eigene Handeln ist Konsequenz dieser subjektiven Interpretation und führt zu Veränderung der Umwelt, die wiederum über die subjektiv gefärbte Wahrnehmung auf das Individuum zurückwirkt (vor allem lerntheoretisch-interaktionistische Ansätze und z.T. kognitive Ansätze).

Methodologien der Persönlichkeitsforschung: Grob können zwei methodologische Orientierungen unterschieden werden, die oftmals als zueinander in Konkurrenz oder im Gegensatz stehend betrachtet werden. Der *qualitative Ansatz* stützt sich auf phänomenologisch/ →hermeneutische Methoden (Selbst- und Fremdbeobachtung; (biographische) Beschreibung, (psychoanalytische) Deutung, „Wesensschau"), ist eher an der Einzigartigkeit des Individuums und an seinem „Wesen" interessiert. Vorrangiges Erkenntnisziel ist das Verstehen des einzelnen Individuums (→*ideographische Orientierung*). Solchermaßen erhobene qualitative Daten können sekundär in quantitative transformiert werden. Der *quantitative Ansatz* stützt sich auf naturwissenschaftliche Methoden (kontrollierte Selbst- und Fremdbeobachtung, exakte Messung, → Test, → Experiment) und ist eher an Aussagen über Gruppen von Menschen interessiert. Vorrangiges Erkenntnisziel ist die funktionale oder → probabilistische Erklärung und Vorhersage (→ *nomothetische Orientierung*). Für meßbare Persönlichkeitsmerkmale werden durch mathematisch-statistische Dependenz- oder Korrelationsanalysen quantifizierbare Zusammenhänge ermittelt (→ Korrelation, → multivariate Datenanalyse).

Eine Integration der beiden Methodologien beginnt sich in der Psychologie und damit auch in der Persönlichkeitsforschung abzuzeichnen (s. z.B. *Groeben* 1986).

Literatur: *H. J. Fisseni,* Persönlichkeitspsychologie. Göttingen 1984. *N. Groeben,* Handeln, Tun, Verhalten als Einheiten einer verstehend-erklärenden Psychologie. Tübingen 1986. *C. S. Hall/G. Lindzey,* Theorien der Persönlichkeit (2 Bde.). München 1978, 1979. *Th. Herrmann,* Lehrbuch der empirischen Persönlichkeitsforschung (3. Aufl.). Göttingen 1976. *A. Wellek,* Die Polarität im Aufbau des Charakters (3. Aufl.). Bern 1966.

PD Dr. *Peter Paulus,* Göttingen

Persönlichkeitsdimension
⇒ Persönlichkeitsmerkmal
⇒ Trait.

Persönlichkeitseigenschaft
→ Eigenschaften
→ Persönlichkeitsmerkmal.

Persönlichkeitsentwicklung
→ Entwicklung.

Persönlichkeitsmerkmal
Die Umgangssprache enthält etwa 4500 Begriffe zur Kennzeichnung von Merkmalen, mit denen sich Personen beschreiben lassen. Die Persönlichkeitspsychologie bemüht sich um den Nachweis einer begrenzten Zahl wesentlicher Grunddimensionen der → Persönlichkeit, nach denen sich Personen unterscheiden lassen (→ Eigenschaften).

Persönlichkeitsstörungen
umfassende Gruppe von Fehlanpassungen der → Persönlichkeit, die als Krankheitsgruppe weder den → Neurosen noch den → Psychosen zugerechnet werden kann. Die Krankheitsbilder weisen eine gewisse Assoziation zu den psychotischen und neurotischen Erkrankungen auf, ohne jedoch deren Intensität in der Symptomausprägung zu erreichen. Die *paranoide Persönlichkeit* ist übermäßig argwöhnisch, mißtrauisch und empfindlich. Die *zyklothyme Persönlichkeit* wechselt zwischen optimistischem Hochgefühl und selbstunsicherer Depressivität. Die *schizoide Persönlichkeit* ist sehr empfindsam und scheu und verliert leicht den Bezug zur Realität. Bei der *explosiven Persönlichkeit* kommt es häufig zu Wutausbrüchen und Kontrollverlusten. Die *zwanghafte Persönlichkeit* ist extrem gewissenhaft, übergenau und unflexibel. Die *hysterische* oder *histrionische Persönlichkeit* ist labil, unreif, egozentrisch und neigt dazu, sich mit allen Mitteln in Szene zu setzen. Die *asthenische Persönlichkeit* ist überempfindlich und leicht ermüdbar. Die *antisoziale Persönlichkeit* (→ Psychopathie) neigt zu Normverletzung bei gestörter Willensbildung und Mangel an Schuldgefühlen.

Persönlichkeitstest
→ Psychodiagnostik.

Persona
→ Analytische Psychologie.

personality traits
⇒ Trait.

personenzentrierte Skalierung
→ Skalierung.

Perversion
→ Sexualität.

Perzentile
⇒ Prozentrang
Maßzahlen für die relative Position der Probanden auf einer Merkmals- oder

Leistungsdimension im Vergleich zur jeweiligen Referenzgruppe. Ein Perzentil von 60 in einem Leistungstest besagt, daß der Proband besser abgeschnitten hat als 60% aller Probanden, die diesen → Test ebenfalls bearbeitet haben.

Perzeption
Wahrnehmung im weitesten Sinne; d.h. nicht nur Sinneswahrnehmung (→Wahrnehmung) sondern auch das Erfassen von Gegebenheiten.

PET
psychodiagnostisch: Kurzbezeichnung für den *Psycholinguistischen Entwicklungstest* zur Erfassung spezifischer Fertigkeiten und Störungen bei gesunden und lernbehinderten Kindern;

medizinisch: *Positronen-Emissions-Tomographie,* Gerät zur Erfassung der Aktivität von Hirnstrukturen und Aktivitäten anderer Organe durch Messung austretender Positronen-Strahlungen.

Pfadanalyse
Verfahren der →Multivariaten Datenanalyse zur Untersuchung von Kausalbeziehungen (→Strukturgleichungsmodell).

Phänomenologie
im weitesten Sinne die Lehre von den Erscheinungen. Im Wesentlichen auf *Edmund Husserl* (1854–1938) zurückgehende philosophische Lehre, derzufolge die reinen Phänomene (das Sosein) durch das Bewußtsein erfaßbar und anschaulich darstellbar ist. Die Erkenntnis der Phänome ist intuitiv und weder deutend noch rational. Die phänomenologische Psychologie hat diesen Ansatz auf die Erlebnis- und Ausdrucksbeschreibung übertragen. Gelegentlich bezeichnet man im Gegensatz zur analytischen Methode die Phänomenologie als deskriptive Methode der Psychologie (→Persönlichkeit).

Phänotyp
Erscheinungsbild des Individuums, das sich aus dem Zusammenwirken von Umwelt- und Erbeinflüssen (→Genotyp) ergibt.

phallische Phase
→psychosexuelle Entwicklung.

Phantasie
Vorstellung, inneres Bild, bei vollem →Bewußtsein. In der Phantasie werden bildhafte Vorstellungen und Erlebniserinnerungen umgeformt, neu strukturiert und gegebenenfalls verstärkt. Phantasien stehen im engen Zusammenhang zu Gemütsverfassungen und den persönlichen Bedürfnissen. Sie können bis zu Tagträumen ausgestaltet werden, haben zum Teil kompensatorische Funktion, wie beim phantasierten Ausleben von Machtbedürfnissen, oder dienen der imaginären Wunscherfüllung, wie bei sexuellen Phantasien.

Pharmakopsychologie
Teilgebiet der Psychologie, das sich mit den psychophysiologischen Auswirkungen pharmakologischer Substanzen befaßt.

Pharmareferent
→Verordnungsverhalten.

Phenylketonurie
erblich bedingte Stoffwechselerkrankung, die – sofern sie nicht rechtzeitig erkannt und behandelt wird – zu körperlicher und geistiger Entwicklungsverzögerung führt.

Phobie
→Neurose.

Phrenophobie
Angst vor dem Verrücktwerden (→Phobie, →Neurosen).

phylogenetisch
⇒stammesgeschichtlich.

Physiotherapie
→Rehabilitation.

Pica
⇒Pikazismus
nach Intensität und Qualität der Nahrung stark von der Norm abweichende Eßgelüste (z.B. bei Schwangeren).

Pick'sche Atropie
→limbisches System.

Pikazismus
⇒ Pica.

Pilotstudie
→ Experiment.

Placebo
Die übliche definitorische Gleichstellung von Placebo mit Leerpräparat, Scheinmedikament, inaktiver/inerter Substanz, bzw. die sprachliche Gegenüberstellung (bes. in der pharmakologischen Forschung) von Verum (lat. das Wahre) mit Placebo i.S. von Falsum (lat. das Falsche) verstellen den Zugang zu einer phänomenangemessenen Beurteilung der massiven, an jedem Therapieerfolg (→ Therapieerfolgskontrolle) beteiligten sog. → Placeboeffekte.

Placeboeffekte
Unspezifische Wirkungskomponenten, sog. Placeboeffekte, sind am Erfolg jedweder Therapieform beteiligt. Das Grunderlebnis eines Patienten, daß ein Arzt/Therapeut sich ihm hilfsbereit zuwendet, sowie das Vertrauen und die Hoffnung, die der Pat. auf den Therapeuten als Person und das von ihm eingesetzte Therapeutikum setzt, können massive Therapieeffekte hervorrufen. Unspezifisch heißen solche Therapieeffekte, weil sie beim Einsatz von pharmakologischen Mitteln, physikalisch-medizinischen Mitteln, Operationen, Bestrahlungen, psychotherapeutischen Mitteln und jeder anderen Therapieform, im Sonderfall sogar beim Einsatz von → Placebos auftreten.

Wie massiv diese Effekte sein können, beweist die forschungstechnische Notwendigkeit, z.B. in der pharmakologischen Forschung mit der Methode des → Blindversuchs bzw. des → Doppelblindversuchs zu arbeiten, um die Varianzanteile (→ Varianzanalyse) der beiden beteiligten Hauptfaktoren identifizieren zu können: 1. der zu testenden (z.B. neuen) pharmakologischen Substanz oder einer anderen Therapietechnik, und 2. des unspezifischen, psychologischen (z.T. suggestiven) Faktors, der die blasse, wenig treffende Bezeichnung „Placeboeffekte" trägt. Gelegentlich übersteigt sogar Faktor 2 Faktor 1 an Stärke.

Plexus solaris
⇒ Sonnengeflecht
Nervenknoten unterhalb des Zwerchfells, der die Funktionen der Bauchorgane steuert (→ Autogenes Training).

Polaritätenprofil
⇒ Semantisches Differential
→ Semantischer Raum
Methode zur Messung sozialer Einstellungen und der Bedeutungsanalyse von Begriffen und Vorstellungen. Polare Wortpaare (rauh-glatt, leise-laut, etc.) werden in einer Liste vorgegeben. Aufgabe der mit der Methode konfrontierten Person ist es, den zu untersuchenden Begriff (Beispiel: „der typische Arzt"), bzw. den korrespondierend in der Vorstellung auftauchenden Inhalt assoziativ mit den Wortpaaren in Verbindung zu setzen, und auf einer abgestuften Skala anzugeben, nach welcher Richtung und in welcher Intensität die Assoziation ausfällt. Die Methode hat den Vorzug, nicht leicht durchschaubar, also wenig manipulationsanfällig zu sein. Sie wird deshalb auch als *indirekte Befragungsform* bezeichnet. Seit ihrer Entwicklung durch *Osgood* in den 50er Jahren und die von *Hofstätter* parallel hierzu durchgeführten Untersuchungen zur Erforschung des → semantischen Raumes gehört dieses Verfahren zu den am häufigsten verwendeten sozialwissenschaftlichen Methoden.

Polydipsie
abnormes Durstgefühl.

Polyphagie
abnormes Eßverhalten, übermäßige Nahrungsaufnahme bei fehlenden Sättigungsgefühl.

Polypragmasie
Mehrfachbehandlung der selben Person mit verschiedenartigen Therapieansätzen (→ Arzneimittelkonsum).

Pons
⇒ Brücke
→ Hirnstamm.

Population
im Gegensatz zur → Stichprobe die Gesamtheit aller Individuen, die ein bestimmtes Kriterium erfüllen, beispielsweise die Population aller Wahlberechtigten im Gegensatz zur Stichprobe derer, bei denen eine Umfrage zur Wahlprognose gemacht wird.

Portfolio-Theorie
→ Entscheidungstheorie.

Positionen
→ Transaktionale Analyse.

positive bedingte Reaktion
⇒ positive konditionierte Reaktion
→ Klassisches Konditionieren.

positive Bekräftigung
⇒ positive Verstärkung
→ Operantes Lernen.

positive Identifikation
⇒ positive Identifizierung
→ Lernen am Modell.

positive Identifizierung
⇒ positive Identifikation
→ Lernen am Modell.

positive Verstärkung
→ Operantes Lernen.

Positivismus
wissenschaftliche Richtung, die sich auf die Untersuchung wahrnehmbarer Phänomene und Tatsachen beschränkt und auf philosophisch begründete Voraussetzungen verichtet.

Positronen-Emissions-Tomographie
⇒ PET.

Postadoleszenz
→ Jugend.

Prädiktorvariable
⇒ unabhängige Variable.

Prägung
Prägung bezeichnet in den Verhaltenswissenschaften einen obligatorischen Lernprozeß (→ Lernen), der an eine relativ kurze *„sensible Phase“* in der Verhaltensontogenese gebunden ist und der zu langanhaltenden, oft irreversiblen Formungen des Verhaltens führt, nach *Konrad Lorenz* (1935) ein → Anpassungvorgang, der ein angeborenes Verhaltensschema mit dem Einfluß von Erfahrung verbindet, wobei der Prägungs-Vorgang nur in einem arttypisch weitgehend festgelegten und stammesgeschichtlich vorprogrammierten Zeitabschnitt, der sensiblen oder kritischen Phase, erfolgen kann. Diese der Prägung zugrunde liegenden, stets zeitlich begrenzten *Lerndispositionen* finden sich größtenteils schon in der frühen Kindheit. Solche Prägungen somatischer Natur sind in der Biologie als → phänotypische Determinationen der → Entwicklung bekannt und werden von den → genotypischen (genetisch bedingten) abgehoben.

Das Prägungs-Konzept wurde von der → Ethologie eingeführt und zuerst an Beispielen der Nachfolgeprägung und der sexuellen Prägung bei Tieren entwikkelt. In beiden Fällen wird durch den Prägungs-Vorgang das Objekt einer ansonsten angeborenermaßen weitgehend fixierten Verhaltensweise festgelegt *(„Objektprägung“, „Objektfixierung“)*, d.h. die Kenntnis der adäquaten Objekte (→ Auslöser), durch die in Zukunft das Verhalten ausgelöst wird, bedarf einer zusätzlichen Prägungserfahrung. Prägungen gelten als irreversibel, unabhängig davon, daß die Ansprechbarkeit auf so erlernte Reizkonstellationen parallel zu endogenen Phasen wechseln kann (*Tembrock* 1964).

Prägung konnte inzwischen bei einer Vielzahl von Tierarten nachgewiesen werden. Dazu gehören allen voran die Vogelarten, die direkt nach der Geburt schwimmen oder laufen können, und Hunde, Schafe, Meerschweine. Aber auch beim Menschen finden sich prägungsartige Lernvorgänge. Lernvorgänge, deren Ergebnis unwiderruflich festliegt, fand bereits *Sigmund Freud* (1856–1939). Er nannte diese Lernform → Fixierung.

Nach Art des Verhaltensvollzugs sowie den Objekten oder Bedingungen, welche die Reize liefern, werden unterschieden: Nachfolge-Prägung, sexuelle Prägung, motorische (spez. Gesangs-) Prägung, Orts- oder Raum-Prägung (Heimat-Prägung), Zeit-Prägung. Erstreckt sich die sensible Prägungs-Phase über einen größeren Zeitraum, so spricht man eher von prägungsartigen bzw. -ähnlichen Lernprozessen.

Nachfolge-Prägung, am deutlichsten bei Entenvögeln, besteht darin, daß frisch geschlüpfte Jungtiere (nach künstlicher Aufzucht ohne Mutter) dem Menschen oder einem anderen bewegten Objekt folgen, welches sie nach der Geburt zuerst gesehen haben. Für diese Prägung (z.B. auf ein Holzspielzeug) genügen bereits 10 Minuten. Die Prägung erfolgt am leichtesten innerhalb der ersten ca. 14 Stunden, sie kann jedoch auch noch jederzeit innerhalb der ersten beiden Lebenstage erfolgen. Die einmal getroffene Bevorzugung (im Wahlversuch) kann nach Abschluß der Prägungsphase auch dadurch nicht rückgängig gemacht werden, daß die Küken tage- oder wochenlang wieder ihren Artgenossen zugesellt werden. Sie bleibt irreversibel. Länger unbeachtet blieb, daß Prägung zu keiner ausschließlichen Objektfixierung führt. In Abwesenheit des Prägungs-Objektes kann die geprägte Verhaltensweise auch nach Abschluß der sensiblen Phase noch auf andere Objekte gerichtet werden. Zur Beurteilung des Prägungserfolges ist der Wahlversuch mit zwei verschiedenen Objekten entscheidend (*Franck* 1985).

Sexuelle Prägung heißt die ebenfalls in der frühen Kindheit ablaufende Prägung auf einen Partnertyp (Artgenossen), der erst später zum Sexualpartner wird (= Prägung vor Ausreifen der entsprechenden Reaktionsbereitschaft), wobei die Festlegung nur im Sinne von Merkmalsklassen (nicht an individuelle Eigenschaften) erfolgt. Es werden damit später solche „Objekte“ zu Sexualpartnern gewählt, die eben diese Eigenschaften aufweisen. Bei sexualdimorphen Arten kann es zu homosexuellen Prägungen kommen (wenn z.B. als Prägungsobjekt den geschlüpften Entenküken nur Erpel angeboten werden). Auch für den Menschen konnten in Einzelfällen Prägungen individueller sexueller Reaktionsrichtungen nachgewiesen werden (→ Fetischismus, → Homosexualität, → ödipale Bindung). In vielen Fällen läßt sich das (z.B. homosexuelle) Prägungs-Engramm nicht löschen, doch kann das Verhalten dank der menschlichen Entscheidungsfreiheit in eine andere Richtung gelenkt werden. (*Hassenstein* 1973). Im Tierreich gibt es darüberhinaus prägungsartige Vorgänge, in denen in einer frühen sensiblen Phase durch spez. Umweltreize, z.B. Nahrung, Hormone, veränderte Tageslänge (*Bekker-Carus* 1967), späteres Verhalten oder auch körperliche Entwicklung festgelegt werden.

Prägungsähnliche Lernprozesse wurden in verschiedensten Funktionszusammenhängen gefunden, z.B. im Aufbau der sozialen Mutter-Kind-Bindung: Auch infrahumane Säugetiere unterscheiden scharf zwischen eigenen und fremden Jungen. Hier geschieht die Bindung in den ersten zwei Stunden auf geruchlicher Grundlage (daher Täuschen durch Einreiben fremder Jungen mit z.B. Plazenta möglich). Weiter: Nahrungsbevorzugung, „Heimatprägung“, (Lachswanderungen, Vogelzug).

Motorische Prägung ist eingehend untersucht und nachgewiesen als Gesangs-Prägung von Singvögeln (*Klinghammer* 1967). Hierzu finden sich beim Menschen deutliche Parallelen. Bekannt ist die pädagogische Alltagserfahrung, daß manche Lernvorgänge in bestimmten Altersphasen besonders leicht vollzogen werden, insbesondere gehören hierher bestimmte Phasen des Spracherwerbs beim Kind, die jedoch wenig untersucht sind.

Das *Deprivationssyndrom* (→ Hospitalismus) entsteht bei Menschen (und Affen) in einer klar abgegrenzten sensiblen

Phase als Folge fehlender Prägung in einem offenbar obligatorischen Lernprozeß im Alter von ca. 3 Monaten bis ca. 3 Jahren. In dieser Phase ist der Aufbau einer beständigen persönlichen sozialen Beziehung zu (zumindest) einer festen Bezugsperson und der damit verbundenen sozialen Lernerfahrung (→Lernmodell) Voraussetzung für die normale körperliche, soziale und geistige Entwicklung des Kindes. Hospitalistische Fehlentwicklungen sind nicht völlig irreversibel, verlangen aber ein Höchstmaß an persönlichem Einsatz der Pflegeperson.

Literatur: *C. Becker-Carus,* Die Bedeutung der Tageslänge für die Ausbildung des Geschlechts bei Armadillidium Vulgare, Crustaceane 1967, 13, 2, 137–150. *C. Becker-Carus,* Grundriß der physiologischen Psychologie. Heidelberg 1981. *D. Franck,* Verhaltensbiologie, Einführung in die Ethologie. Stuttgart 1985. *B. Hassenstein,* Verhaltensbiologie des Kindes. München 1978. *E. Klinghammer,* Factors influencing choise of mate in altrical birds. In: *A. W. Stevenson* (Ed.), Early behavior. New York 1967, 5–42. *R. Tembrock,* Verhaltensforschung, eine Einführung in die Tier-Ethologie. Jena 1964.

Prof. Dr. *Christian Becker-Carus,* Münster

prämorbide Persönlichkeit

⇒Primärpersönlichkeit.

präödipal

Zeitraum der →psychosexuellen Entwicklung bis zum Beginn der →Identifikation mit dem gleichgeschlechtlichen Elternteil (→Ödipuskomplex, →Psychoanalyse).

präsuizidales Syndrom

→Suizid.

Prävalenzrate

Anteil der Personen mit einer bestimmten Erkrankung innerhalb der gesamten →Population zu einem bestimmten Zeitpunkt.

Prävention

Im medizinisch-psychologischen Kontext Überbegriff für Maßnahmen zur Vermeidung von Krankheiten bzw. zur Erhaltung von Gesundheit bei Einzelpersonen oder in der Bevölkerung. Die Grundlagen liefern ärztliches und psychologisches Erfahrungswissen und Erkenntnisse der medizinischen Wissenschaft über pathogenetische Prozesse und die darauf einwirkenden Faktoren. Am Anfang stand Erfahrungswissen über genießbare und ungenießbare Speisen, Spekulationen über die Vermeidung von Infektionskrankheiten (insb. der großen Volksseuchen wie Pest, Cholera etc.) und Maßnahmen, um ein hohes Lebensalter zu erreichen (*Hufeland* 1797). Mit der Verwissenschaftlichung der Medizin wuchs das Wissen über Krankheitsprozesse, aus dem man Rückschlüsse zur Krankheitsvermeidung ziehen konnte. Die epidemiologische Methode brachte schließlich die Voraussetzungen, bezogen auf große Bevölkerungsgruppen, sog. Risikofaktoren zu isolieren und deren Einfluß in kontrollierten Interventionsstudien zu prüfen. Nachdem die Präventionsforschung lange Zeit krankheitsorientiert war, bemüht man sich neuerdings, Gesundheiten zu untersuchen bzw. der Frage nachzugehen, warum unter welchen Bedingungen Menschen in Gesundheit ein hohes Lebensalter erreichen und eines natürlichen Todes sterben.

Bedingt durch das noch relativ begrenzte Wissen über die Entwicklung von Gesundheiten in Lebensverläufen, beschränkt sich die Prävention zumeist auf allgemeine Empfehlungen über Ernährungsweisen, Genußmittelkonsum, Körpertraining und die frühzeitige Erkennung und Behandlung von Risikofaktoren bzw. Krankheitssymptomen. Präventionsmaßnahmen zielen über die Vermittlung von Kenntnissen und die Beeinflussung von →Einstellungen auf die →Konditionierung erwünschter Verhaltensweisen. Daneben versucht der Staat durch Verbote und Gebote das Gesundheitsverhalten seiner Bürger zu regeln (z.B. das Anlegen von Sicherheitsgurten). Seit dem 2. Weltkrieg versucht man zunehmend aus *sozialwissenschaftlichen Theorien* Erkenntnisse zum Verständnis gesundheitsrelevanter Verhaltensweisen zu deduzieren. Grundsätzlich lassen sich 3 Ansätze unterscheiden:

Gesundheitsrelevante Verhaltensweisen werden erlernt. Dabei spielt das →Lernen am Modell von Bezugspersonen/-gruppen eine entscheidende Rolle (social learning theory von *Bandura*). Durch →positive Verstärkung werden Verhaltensmuster konditioniert (→operantes Lernen). Die somatischen, psychischen und sozialen Wirkungen werden als nützlich bzw. schädlich erlebt und prägen die Nutzen-/Schadenserwartung in Situationen, in denen man sich gegen oder für Verhaltensalternativen entscheidet.

Gesundheitsriskante Verhaltensweisen werden beibehalten aus Unwissen über die damit verbundenen Gefahren (→kognitive Theorien), weil die Risiken verdrängt werden (→tiefenpsychologische Erklärungsmodelle), weil das riskante Verhalten Lustgefühle vermittelt und weil der situationsbezogene Nutzen höher eingeschätzt wird als der zukünftige Schaden (cost-benefit-model). Etwaige Widersprüche zwischen Verhaltenspraxis und Informationen können im Sinne der →kognitiven Dissonanzreduktion *(Festinger)* gelöst werden dergestalt, daß die Einstellungen dem Verhalten angepaßt werden.

Die Bereitschaft zu Verhaltensänderungen steigt, wenn man von den Risiken des bisherigen Verhaltens überzeugt ist und diese auf sich selbst bezieht, wenn man den Nutzen von Verhaltensänderungen einsieht und die damit verbundenen Barrieren für überwindbar hält *(health-belief-model).*

Seit Mitte der 70er Jahre engagiert sich die Weltgesundheitsorganisation für die Entwicklung wirksamer Interventionsmaßnahmen zur Reduzierung der Morbiditäts- und Mortalitätsraten der sog. Zivilisationskrankheiten (Herz-Kreislauf-Erkrankungen, Krebs etc.) in den entwickelten Industriegesellschaften. Hervorzuheben ist das Konzept der primary health care, das auf der Konferenz von Alma Ata 1978 verabschiedet wurde, das Programm „Gesundheit für alle bis zum Jahr 2000", das für die Europäische Region in 38 Einzelzielen operationalisiert wurde, und die Strategien zur Gesundheitsförderung (health promotion), wie sie in der sog. Ottawa Charter beschrieben und u.a. im „Healthy Cities"-Program umgesetzt werden.

In der Bundesrepublik Deutschland besteht ein besonders ausdifferenziertes, historisch gewachsenes präventives Versorgungssystem, das auf Bundes-, Länder- und Gemeindeebene organisiert ist. Lange Zeit dominierte die zentralistische Planung und Durchführung von Präventionskampagnen. Im Zusammenhang mit der WHO-Konzeption werden zunehmend gemeindebezogene Präventionsprogramme erprobt, in denen nicht nur medizinische Institutionen (Ärzte, Apotheker, Krankenkassen, Gesundheitsämter), sondern auch Erwachsenenbildungsinstitutionen, Schulen, Kindergärten, Beratungsstellen, Vereine, Betriebe etc. engagiert sind. Auf Empfehlung der 50. Gesundheitsministerkonferenz wurden auf lokaler Ebene Arbeitsgemeinschaften als Koordinationsgremien eingerichtet. Als größtes deutsches Forschungsprojekt ist die Deutsche Herz-Kreislauf-Präventionsstudie als kontrollierte gemeindebezogene Interventionsstudie zu nennen. Neben somatisch-medizinischen Vorsorgemaßnahmen sind Ansätze zur →Sekundärprävention psychischer Erkrankungen im Rahmen der Gemeindepsychologie zu nennen. In der Bundesrepublik Deutschland wurden auf Gemeindeebene psychosoziale Arbeitsgemeinschaften zur Koordinierung der diesbezüglichen Dienste eingerichtet.

Daneben hat sich eine vielgestaltige Selbsthilfebewegung (→Selbsthilfegruppen) entwickelt, die sich über Kontaktstellen und Gesundheitstreffpunkte organisatorisch vernetzt.

Literatur: *C. W. Hufeland,* Die Kunst das menschliche Leben zu verlängern. Jena 1797. *U. Stössel/J. v. Troschke,* Möglichkeiten und Grenzen der ärztlichen Gesundheitsberatung. Freiburg 1981. *J. v. Troschke,* Gemeindebezogene Prävention in der Bundesrepublik Deutschland. In: *P. Schölmerich/U. Theile/J. v. Troschke* (Hrsg.), Präventive Medizin. Stuttgart 1988. *J. v. Troschke,* Das Rauchen - Genuß und Risiko. Basel 1987. *A. Wetterer/J. v. Troschke,* Smoker Motivation. A Review of Contemporary Literature. Berlin 1986.

Prof. Dr. *Jürgen von Troschke,* Freiburg

predictive validity
⇒ Vorhersagevalidität
→ Validität
→ Testkonstruktion.

Prestige
Ansehen, das Personen oder Gruppen von Personen auf Grund ihres → Status in der Öffentlichkeit genießen.

Priapismus
→ Sexualtherapie.

primäre Antriebe
→ Motivation.

primäre Bedürfnisse
→ Bedürfnis
→ Motivation
→ Primärtherapie.

primäre Bewertung
→ Streß.

primärer Krankheitsgewinn
→ Krankheitsgewinn.

primäre Sozialisation
→ Sozialisation.

primäre Verstärkung
→ Operantes Lernen.

Primärfaktor
durch → Faktorenanalyse von Merkmalsbeziehungen gewonnener Faktor, im Gegensatz zu solchen Faktoren, die aus der Analyse nicht-orthogonaler Primärfaktoren abgeleitet werden und die man als *Sekundärfaktoren* bezeichnet (→ Extraversion).

Primärpersönlichkeit
ursprüngliche Struktur der gesunden → Persönlichkeit, bevor diese durch Krankheitsprozesse (z.B. durch → Organisch Bedingte Psychische Störungen) verändert wurde.

Primärprozeß
⇒ Primärvorgang
psychischer Prozeß, der sich dem Modell der → Psychoanalyse zufolge aus dem *Lustprinzip* ergibt, d.h. dem Streben nach unmittelbarer Befriedigung der vom → Es ausgehenden vitalen Grundbedürfnisse; im Gegensatz zum *Sekundärprozeß,* der diejenigen psychischen Vorgänge beschreibt, die sich aus dem Realitätsprinzip ergeben, d.h. aus den Bemühungen des → Ich, die Bedürfnisse des Es und die normativen Anforderungen des → Über-Ich mit den Gegebenheiten der Realität in Einklang zu bringen.

Primär-Schmerz
→ Primärtherapie.

Primärtherapie
⇒ Urschreitherapie
von *Arthur Janov* entwickelte Form der → Psychotherapie, die auf der Annahme beruht, daß mangelnde Befriedigung oder Unterdrückung *primärer Bedürfnisse* (→ Motivation) und leidvolle Erfahrungen während der Kindheit einen sog. *Primär-Schmerz* erzeugt. Dieses führt zu inneren Spannungen, die sich als neurotische Symptome (→ Neurosen) manifestieren. Das Abreagieren dieser Spannungen führt an sich noch nicht zur Heilung, da der Primär-Schmerz nicht mehr bewußt erlebt wird und daher seine Dynamik beibehält. Der Patient soll daher die belastenden Erlebnisse aus der Kindheit und damit auch den Primär-Schmerz nachfühlen und bewußt ausleben. Durch dieses Abreagieren der → Gefühle, die sich beispielsweise als Wut oder Trauer äußern können, durchlebt er seinen unterdrückten Primär-

Schmerz neu, soll das, was in ihm verborgen war, herausschreien und die Bedeutung, die der Primär-Schmerz für ihn hatte, erkennen und richtig einordnen. Die Therapie besteht aus einer dreiwöchigen, sehr zeitaufwendigen Einzelbehandlung, der sich über sechs bis neun Monate regelmäßige Gruppensitzungen ohne direktive Leitung anschließen.

Primärvorgang
⇒ Primärprozeß
→ Psychoanalyse.

proaktive Hemmung
→ Interferenz.

probabilistisch
wahrscheinlichkeitsbezogen (→ Wahrscheinlichkeit).

probabilistische Testtheorie
→ Testtheorie
→ Adaptives Testen.

Problemlösekompetenz
→ Erziehungsstile.

Problemlösen
→ Problemlöseverhalten.

Problemlöseverhalten
Verhalten eines Tieres, dem im → Experiment der gewohnte direkte Weg zum Ziel (z.B. Futter) blockiert wird. Das Tier variiert die zielgerichteten Verhaltensweisen, bis es eine erfolgreiche Lösung gefunden hat, die es dann in ähnlichen Situationen wiederholt.

Prodromalphase
Vorläuferstadium einer Erkrankung.

produktives Denken
→ Denken.

Produkt-Moment-Korrelation
→ Korrelationskoeffizient.

programmiertes Lernen
Lernvorgang, bei dem der zu vermittelnde Wissensstoff in kleinste Lerneinheiten aufgeteilt wird, die dem Lernenden schrittweise dargeboten werden. Lernmotivation und Lernerfolg sollen dadurch verbessert werden, daß der Lernende nach jedem Lernschritt ein → Feed-back erhält.

Progredienz
das Fortschreiten oder die Weiterentwicklung, beispielsweise eines Krankheitsgeschehens.

Progressive Muskelrelaxation
→ Entspannungstraining.

Projektion
1) Vorhandene (unbewußte), für das eigene → Ich aber nicht akzeptierbare Eigenschaften oder Wünsche werden einer anderen Person zugeschrieben, auf sie „projiziert"; ein innerpsychischer Mechanismus aus der Reihe der → Abwehrmechanismen (s.a. → Beurteilungsfehler).

2) In jede → Wahrnehmung spielt als „Störgröße" hinein, daß z.B. Stimmungen und Vorwissen des Wahrnehmenden oft ohne jede reflektierende Kontrolle in den Wahrnehmungsgegenstand hineingedeutet werden. → Projektive Tests machen gerade diese Projektionen zum persönlichkeitsdiagnostischen Ausgangspunkt.

Projektionsfelder
→ Großhirn.

projektive Tests
psychologische → Tests, bei denen dem Probanden mehrdeutige Bildvorlagen dargeboten werden, zu denen er seine Einfälle äußern soll oder denen er eine Bedeutung zuweisen muß. Man setzt dabei voraus, daß die Einfälle und Deutungen des Probanden durch dessen → Antriebe, → Motive, → Bedürfnisse und Probleme gesteuert werden, d.h. daß der Proband das, was ihn beschäftigt, in das mehrdeutige Material hineinprojiziert (→ Projektion).

Promiskuität
häufiger Wechsel des Sexualpartners (→ Sexualität).

Propriozeption
→ Viszerozeption.

Prospect-Theorie
→Entscheidungstheorie.

prospektive Studie
→Versuchplanung.

proximale Reaktion
→Reiz-Reaktions-Beziehung.

proximaler Reiz
Reiz-Reaktions-Beziehung.

Prozentrang
→Perzentil
→Statistik.

Prozeßdiagnostik
→Veränderungsmessung.

Prozeßvariable
⇒intervenierende Variable
→hypothetisches Konstrukt.

psychasthenisch
→asthenisch.

Psychoanalyse
Von *Sigmund Freud* (1856–1939) in den 90er Jahren des vorigen Jahrhunderts entwickelte Theorie, Behandlungsmethode und Erforschung der Ursachen seelischer Erkrankungen (→Neurosen). Die ursprüngliche Theorie wurde seit den Anfängen durch neue Beobachtungsdaten vielfach verändert. Im Unterschied zur traditionellen akademischen Psychologie wurde die Psychoanalyse auf die Annahme eines →Unbewußten gestützt, von dessen Dynamik bewußte Prozesse gesteuert werden können. Die mehrfach weiterentwickelten Grundhypothesen der Psychoanalyse waren:

- Die Wirkung innerseelischer unbewußter →Konflikte;
- die Theorie der phasenspezifischen →Triebentwicklung, →orale, →anale und →phallische Phase der infantilen →Sexualität, libidinöse Progression (→Libido), →Fixierung und →Regression;
- Triebmischung (libidinös/aggressiv).

Die ursprüngliche in Verbindung zur Biologie entwickelte Theorie des seelischen Apparates als →topographisches System (→Unbewußtes, →Vorbewußtes und →Bewußtsein) wurde 1923 durch die →Strukturtheorie ersetzt (→Es, →Ich, →Über-Ich). Diese Differenzierung des *Es* (biologischer Triebbereich) vom *Ich* läßt das Ich als Teil des seelischen Apparates als Vollstrecker der Triebe erscheinen. Die wichtigsten Ichfunktionen sind dabei die motorische Kontrolle, →Wahrnehmung, →Erinnerung, →Affekte und →Denken. Die Ich-Entwicklung ist abhängig von individuellen Erfahrungsfunktionen (Beziehung zum eigenen Körper, Identifizierung mit Objekten der Umwelt, Erlernung von Triebaufschub durch Kontrollforderungen des *Über-Ich,* d.h. der Gewissensfunktion, erlernt durch die kulturell verschiedenen Sozialisierungsprozesse *(Sozialpsychologie der Psychoanalyse).* Die Funktionsmodi des Ich bestehen in →Primär- und →Sekundärprozessen und den daraus entstehenden, verschiedenen Denk- und Wahrnehmungsformen. Die Ichentwicklung ist gekoppelt an die stufenweise Umweltbeherrschung (→Alloplastik). Die Funktion der Realitätsprüfung wird beeinflußt von Konflikten oder Widersprüchen zwischen Ich und Innenwelt (Es). Die späteren Beobachtungen erweiterten die Bedeutung der frühen →Objektbeziehungen. Diese umfassen, ausgehend von den frühen Stufen der →präödipalen Objektbeziehungen, wechselnde (gut u. böse), permanente, Teil- und Gesamtobjekte, Ambivalenz, positive oder negative →Identifizierung mit dem Objekt. Der →Narzißmus (Selbstliebe) ist in seiner vollen theoretischen Bedeutung noch nicht ganz geklärt, gilt jedoch als klinisch brauchbare Arbeitshypothese: 1) Als Überbesetzung des →Selbst; 2) als Unterbesetzung der Objekte der Außenwelt; 3) als eine unreife, pathologische Beziehung zu diesen Objekten. Im Alter von zweieinhalb bis dreieinhalb Jahren entstehen mit dem Übergang von der analen in die phallische Phase der Entwicklung *(psychoanalytische Entwicklungstheorie)* intensive und in das Erwachsenenleben fortdauernde, später unbewußte Objektbeziehungen. Im Begriff des →Ödipuskomplexes (auch ödipale Phase im Gegensatz zur prä-ödipalen Phase), zwischen Mitte des zweiten bis zum sechsten Lebensjahr, werden die wichtigsten Objektbeziehungen zusammengefaßt. Diese Phase umfaßt eine Doppeleinstellung gegenüber beiden Eltern: im Falle des Knaben den Wunsch, aus Eifersucht den Vater (auch einen anderen Partner der Mutter) auszuschalten und in einer sinnlichen (zärtlichen) Beziehung zur Mutter dessen Platz einzunehmen, jedoch gleichzeitig auch den Wunsch, die aus Eifersucht gehaßte Mutter auszuschalten und ihren Platz beim Vater einzunehmen. Für das Mädchen verläuft dieser Abschnitt komplizierter. Ursprünglich ist für beide Geschlechter die Mutter das primäre Beziehungsobjekt. Der Unterschied in der körperlichen Beschaffenheit löst beim Mädchen die Phantasie aus, von der Mutter (im Unterschied zu Knaben) benachteiligt worden zu sein. Intensive Gefühle der Scham, Inferiorität und Eifersucht sowie Neid richten sich gegen die Mutter, so daß aus Wut und Verzweiflung eine Wendung zum Vater erfolgt, um dort die Stelle der Mutter einzunehmen. Der in der frühen Psychoanalyse gebräuchliche Begriff der →Kastrationsangst stützt sich auf die konstante Beobachtung und den Nachweis der, auch in der normalen Entwicklung bei beiden Geschlechtern auftretenden, ödipalen Angst, die einerseits aus der genaueren Wahrnehmung der Elternbeziehungen (Realitätswahrnehmung und →Neugierde), andererseits auch aus der Wahrnehmung und Erkenntnis der Bedeutung der Geschlechterverschiedenheit entstehen. Da die frühen, insbesondere die ödipalen Objektbeziehungen unbewußt in allen Erwachsenen fortbestehen, wenn auch in geringerem Ausmaß und aus dem Bewußtsein verdrängt, können sie später sowohl die Objektwahl, bestimmte Vorlieben, Vorurteile, Zu- und Abneigungen, sowie →Wahrnehmung und →Affekt unbewußt beeinflussen. Während der ödipalen Phase kommt es auch häufiger zu den ersten (kindlichen) Masturbationsversuchen, eine Art Zuflucht zum eigenen Körper als Lustquelle aus Ängsten, Verlassenheit oder Wahrnehmung der Getrenntheit von der Beziehung der Eltern. Am Ende der ödipalen Phase wird diese (unschuldige) Masturbation gewöhnlich aufgegeben und bis zur →Pubertät in der →Latenzphase stark eingeschränkt. Dabei werden die ursprünglichen, ödipalen → Phantasien verdrängt. Die spezifische, bedeutsame Folge des Ödipuskomplexes ist die Bildung des Über-Ich , unterschieden vom Gewissen, weil seine Funktionen weitgehend oder vollständig unbewußt sind. Die Funktionen des Über-Ich sind: 1) Billigung oder Mißbilligung von Handlungen und Wünschen aus Gründen der Redlichkeit; 2) kritische Selbstbeobachtung; 3) Selbstbestrafung; 4) das Verlangen nach Wiedergutmachung oder Reue, wenn Unrecht geschah; 5) Selbstlob oder Selbstliebe als Belohnung für tugendhafte oder erwünschte Gedanken und Handlungen. Die Verwerfung und Verdrängung der ursprünglichen Inzest- und Todeswünsche gegenüber den Eltern führt zur →Identifizierung mit ihren moralischen und Verbotsaspekten. Die Form des Über-Ich hängt jedoch auch davon ab, ob diese Identifikationen überwiegend aus →Angst und →Furcht oder aus Liebe zu den Eltern (und späteren Erziehern) geschieht. Der häufige, destruktive Charakter des Über-Ich, der oft den Kernpunkt →neurotischer Erkrankungen bestimmt, hängt mit davon ab, wieweit das kindliche, aus dem Untergang des Ödipuskomplexes (und der vorausgehenden präödipalen Phasen) entstandene Über-Ich eine Erweiterung, Veränderung und, je nach Struktur, Milderung oder Stärkung erfährt (z.B. Kriminalität bei defizitärem Über-Ich, Toleranzbreite, Humor, menschliche Verständnisbereitschaft und Offenheit bei gereiftem Über-Ich). Die Wissenschaftlichkeit der Psychoanalyse wird bis heute immer wieder in Frage gestellt.

Das beruht auf der andersartigen Grundhypothese der Naturwissenschaften, die von einer →nomothetischen Forderung (Erklären durch verifizierbare oder falsifizierbare Experimente) ausgeht. Obwohl die Psychoanalyse von Anbeginn die biologisch-neurophysiologischen Basisbedingungen niemals außer acht ließ, ging und geht ihre Entwicklung heute eher in Richtung einer tiefenhermeneutischen Methodik (Verstehen der individuell einmaligen bewußten und unbewußten Beziehung zwischen Psychoanalytiker und Patient). In dieser Methodik entsteht eine weitaus höhere Forderung an den Analytiker als in der ursprünglichen →Spiegelhaltung.

Auf den eingangs geschilderten ursprünglichen Beobachtungen *Freuds* und der ersten bis zweiten Analytikergeneration begründet sich auch die →*Metapsychologie* als grundlegende Theorie der Psychoanalyse. Diese Theorie ist heute durch weitere Beobachtungs- und Forschungsergebnisse in einigen Aspekten korrekturbedürftig. Der Unterschied des psychoanalytischen Forschungsansatzes zum nomologischen-deduktiven Modell einer einheitswissenschaftlichen Forschungslogik richtet sich auf die Erkundung lebensgeschichtlich individueller Eigenart seelischer Vorgänge, die nicht unter allgemeine menschliche Verhaltensgesetzlichkeiten kategorisiert werden können. Es handelt sich vielmehr um die Erforschung von Relationen, die innerhalb der historisch-ontogenetischen Erfahrungswirklichkeit bestimmte Vorstellungs-, Wahrnehmungs- und Erlebniskonstrukte erzeugt haben, die sich nur aus dem aufzufindenden, größtenteils unbewußten, individuell-lebensgeschichtlichen Sinnzusammenhang in ihrer Bedeutung und Auswirkung erkennen lassen. Es geht daher niemals um Kategorisierungen von Ereignissen oder Beobachtungen, sondern vielmehr um den jeweiligen Kontext jeder äußeren und inneren (rekursiven) →Interaktion. Darin erfolgt zugleich eine Absage an den →Positivismus und eine empiristische Forschungspraxis, die allenfalls zu trivialen Ergebnissen führt. Hinzu kommt, daß auch in den Naturwissenschaften eine positivistische Erkenntnishaltung des Objektivismus eher als Behinderung für den Erkenntnisfortschritt angesehen wird. (z.B. in der Physik: Das Ergebnis der Beobachtung wird durch den Beobachter beeinflußt, *Heisenberg*). Die Arbeitsweise der Psychoanalyse gründet sich auf die Dialektik von inter- und intrapsychischer →Kommunikation. Ihre Erkenntnisse wurden und werden zu einem großen Teil durch die spezifische Methodik der Therapiesituation (→Psychotherapie) gewonnen, die in dem Bezugssystem Lern- und Veränderungsvorgänge in beiden Teilen des Interaktionsgefüges Patient-Psychoanalytiker auslöst *(Maturana, Brocher & Sies).* Der Nachweis von Wirkungen des Unbewußten im Alltagsleben ergibt sich aus den bei jedem Menschen möglichen *Fehlleistungen.* Dazu gehören: Versprechen, Verschreiben, Gedächtnisversagen und zahlreiche Fehlhandlungen wie Mißverständnisse, die allgemein dem Zufall zugeschrieben werden. (Sprichwort: „Das Versprechen verrät dic wahre Meinung".) Es gibt zahlreiche Beispiele, auch von hochintelligenten Wissenschaftlern und Politikern, ebenso wie „zufällige" Druckfehler oder Versprecher in den Medien. Das Prinzip von Fehlleistungen beruht auf der →*Verdrängung* von unbewußten Inhalten, die vom Über-Ich als anstößig zensiert werden, ohne daß diese Zensur vollständig gelingt. Nur ein drastisches Beispiel: Ein Teilnehmer an einer nur von Männern besuchten Konferenz unter Leitung einer Frau berichtet: „Die hat aber die Männer ganz schön eingewichselt" (statt „gewickelt"). In der Psychoanalyse können die völlig unbewußten Ursachen von Fehlleistungen – auch wenn sie nicht so evident sind wie in offensichtlichen Beispielen – geklärt und damit die Verdrängung aufgehoben werden. Der Grund von Fehlleistungen ist stets unbewußt. Deshalb fehlt zunächst jede subjektiv plausible Erklärung („Ich weiß nicht, warum ich das vergessen habe"). Die Deutung einer Fehlleistung kann jedoch nur eine Vermutung des Hörers oder Lesers sein, solange sie nicht durch die →Assoziationen und Einfälle der Person bestätigt wird, der sie unterlaufen ist. Unbewußte Prozesse sind, ähnlich wie bei Träumen, die Vorbedingung von Fehlleistungen aller Art, bedauerlicherweise auch nicht selten von Unfällen. Beim → *Traum* unterscheidet die Psychoanalyse zwischen dem bewußten Erleben des Schläfers, an das er sich erinnert oder auch nicht, dem *manifesten* und dem *latenten Trauminhalt*. Letzterer enthält die unbewußten Gedanken, Ängste und Wünsche, die den Schläfer aufzuwecken drohen. Die Umwandlung des latenten Trauminhaltes in den manifesten Traum wird als *Traumarbeit* bezeichnet. Diese Unterscheidung ist zur Vermeidung von Mißverständnissen wichtig. Der latente Trauminhalt kann von drei verschiedenen Elementen mit bestimmt sein: 1. Äußere und innere Sinnesreize, 2. Gedanken und Vorstellungen, die mit aktuellen Tätigkeiten, Sorgen oder Wünschen zu tun haben; 3. einen oder mehrere Es-Impulse in ihrer ursprünglichen, infantilen Form, die durch Abwehrreaktionen des Ich im Wachzustand vom Bewußtsein oder von der unmittelbaren Befriedigung ausgeschlossen wurden, weil sie unannehmbar erschienen. Dieser verdrängte Anteil des Es stellt den wesentlichen Teil des latenten Trauminhaltes dar. Das Verhältnis zwischen dem manifesten und dem latenten Trauminhalt kann sehr einfach sein, ist jedoch meist sehr komplex. Obgleich der latente Trauminhalt stets verborgene Wunscherfüllungen enthält, sind diese im manifesten Trauminhalt so verzerrt oder getarnt, daß der wunscherfüllende Aspekt des manifesten Traums nicht mehr erkennbar ist. Die Übertragung der Elemente des latenten Traums, die scheinbar unzusammenhängend als Bruchstücke im manifesten Traum bewußt bleiben, erfolgt entsprechend dem Primärprozess in einer Bildsprache. Überdenkt man die Sprachentstehung im allgemeinen, so wird die visuell und sinnlich wahrgenommene Welt auch in den Ursprüngen der Sprache in Symbole übersetzt, die als →Konstrukte von Wirklichkeitskonsens soziokulturelle Gültigkeit haben. Phantasien und Träume enthalten Teile dieser konsensuellen Koppelung an das kulturell jeweils verschiedene Wahrnehmungsrepertoir des umgebenden Mediums. Im Gegensatz zur Wunscherfüllungstheorie stehen die Angst- und Strafträume, die auf einer relativen Schwächung der →Abwehr gegenüber dem →Verdrängten beruhen. Dabei kann es zu einer Art „Kompromiss" zwischen Ich, Es und Über-Ich kommen, so daß Verdrängtes eher und direkter im manifesten Traum zum Ausdruck kommt. Die Erforschung des Sinnzusammenhanges von Träumen gehört in die *psychoanalytische Behandlungspraxis*. Die Beobachtung und Selbstanalyse eigener Träume kann durch entsprechende Assoziationen zum Erkennen der unbewußten Zusammenhänge führen, bedarf jedoch im Allgemeinen einer subtileren Kenntnis und Ausbildung in Psychoanalyse. Auffallend für jeden Menschen sind jedoch konstant sich wiederholende, gleichartige Träume, die auf das Fortbestehen eines unbewußt gebliebenen psychischen Konflikts deuten. Aus diesen unbewußten Konflikten zwischen Es-Impulsen, Ich-Abwehr und Über-Ich-Bedrohung können →Neurosen entstehen. Während ursprünglich die →hysterischen Neuroseformen im Vordergrund standen, entwickelte sich eine weitgehende Differenzierung der verschiedenen Neuroseformen: →Zwangsneurosen, →Angstneurosen (→Phobien). Heute stehen die einzelnen Strukturelemente von verschiedenen Neuroseformen diagnostisch im Vordergrund, wobei auch Perversionen und sogenannte →Borderline-Strukturen (Grenzbereich zwischen Neurose und →Psychose) unter bestimmten abgewandelten Behandlungsmethoden als behandelbar gelten.

Die *psychoanalytische Behandlungsmethode* gründet sich auf den *psychoanaly-*

tischen Prozeß. Zwischen Analytiker und Patient entwickelt sich eine Arbeitsbeziehung, in der die unbewußten Inhalte beider Beteiligter in die Interaktion einbezogen sind. Es ist ausschließlich dieser Beziehungsaspekt, der eine Erhellung und Klärung der verdrängten Inhalte und ihre →kognitive und →emotionale Einordnung in den zuvor defizitären Bewußtseinsbestand ermöglicht. Die Therapie ist nicht notwendigerweise von der jeweiligen Stundensequenz, dem Setting (Liegen oder Sitzen) abhängig, obwohl das Liegen in der Psychoanalyse dem Patienten mehr Entspannung, teilweise Regression und Assoziationsfreiheit erlaubt. Als Grundregeln gelten Offenheit im Sinne des ungehemmten Aussprechens aller Einfälle seitens des Patienten, Wahrheitsbereitschaft auch bei unangenehmen oder peinlichen Erinnerungen, Gefühlen und Einfällen, Vertrauen in die emotionale und kognitive Verständnisbereitschaft und Erkenntnismöglichkeiten des Analytikers. Für letzteres ist eine längere, fachgerechte *Ausbildung des Analytikers* mit eigener Ausbildungsanalyse eine unabdingbare Voraussetzung. Mißverstanden wird häufig der Begriff *Abstinenz.* Er bedeutet, daß in einer psychoanalytischen Therapie alles, auch Gefühlsinhalte (sowohl positive wie negative aggressive Gefühle) in → *Übertragung* und → *Gegenübertragung* realisiert, d.h. offen ausgesprochen werden kann, jedoch nicht konkretisiert, d.h. in Handlung umgesetzt *(agiert)* werden darf. Letzteres wird von beiden Seiten auch heute noch mitunter, z.B. in bestimmten Formen der → *Psychotherapie,* mißverstanden; einerseits durch eine veraltete, reine *Spiegelhaltung* des Therapeuten oder durch Konfusionen in der Übertragungsliebe als Folge von unbewußt bleibenden Gegenübertragungen des Therapeuten. Die analytische Arbeit besteht in Erinnern, Wiederholen und Durcharbeiten. Diese Formel bedeutet eine ganze Reihe verschiedenster Vorgänge: 1. Erinnerung an (emotionale) Kindheitsszenen und die Klärung ihrer Fortwirkung in unbewußten Einstellungen, Erwartungen, Befürchtungen oder Abwehrreaktionen im gegenwärtigen Erwachsenenleben. 2. Es gibt keine direkte Vermittlung von Information. Letzteres ist nicht Ziel der Analyse. Vielmehr werden bestimmte Gefühle und Erlebnisse auf den Analytiker übertragen, die der Patient aufgrund seiner ontogenetisch-historisch bedingten Wahrnehmungsstruktur in der Übertragung auf den Analytiker so gefühlsmäßig wiedererlebt (unbewußt wiederholt), wie sie sich gegenüber früheren und frühen Personen (Objekten) in seinen Objektbeziehungen abgespielt haben. 3. In der Gegenübertragung erlebt der Analytiker in der passageren (vorübergehenden) Identifizierung mit dem jeweils verschiedenen Patienten durch Einfühlung (→ Empathie) diese Gefühle, die er zugleich mit den ihm deutlich gewordenen, dem Patienten jedoch unbewußt gebliebenen Zusammenhängen seiner Erfahrungswelt mit dem Weltbild seines Patienten verbindet. Unbewußtes kann so in bewußtes Gefühlserleben und Sprache gehoben werden. Damit wird es kognitiv verfügbar. Die kognitive Entwicklung ist infinit, d.h. einmal ins Bewußtsein gehobene szenische Verläufe müssen nicht mehr unbewußt wiederholt werden. Die entscheidende Veränderung besteht in einer größeren Durchlässigkeit der Grenzen zwischen Unbewußtem und Bewußtsein. Was zuvor als *Tiefenhermeneutik* bezeichnet wurde, besteht in der Beobachtung des Analytikers auf einer Metaebene, die sein eigenes Unbewußtes mit einschließt.

Es gibt in der Psychoanalyse im Laufe der ersten und zweiten Analytikergeneration verschiedene Theorien über die Entstehung von Neurosen, seelische Erkrankungen und →psychosomatischen Krankheiten. Diese Theorien umfassen auch unterschiedliche Auffassungen über die Ich-Entwicklung, die Theorie des →Selbst und die Bedeutung der Objektbeziehungen. Unterstützt wird die Weiterentwicklung der Psychoanalyse heute auch durch die *Baby-Beobachtung,* eine ursprünglich von *Spitz, Mahler* und anderen begonnene Beobachtungsmethode, die neue Ergebnisse über die früheste Wahrnehmungs- und Erlebnisart von Neugeborenen erbrachte. Die Psychoanalyse befindet sich in mehreren Richtungen in einer wissenschaftlichen Weiterentwicklung, nicht zuletzt ausgelöst durch die zweifelhaft gewordenen Forschungsansätze der positivistisch-empirisch orientierten Wissenschaften, in denen die Trennung von Beobachter und Beobachtetem mit dem Ziel der *Objektivierung* von Allgemeingültigkeiten beibehalten wird, um Erklärungen zu verifizieren. Die Psychoanalyse war und bleibt dagegen in ihrem Forschungsinteresse auf das subjektive Erleben, die subjektabhängige Wahrnehmung und die daraus entstehenden subjektbedingten inter- wie intrapsychischen Konflikte und Relationen zentriert, d.h. auf das Verstehen interaktioneller Erlebnisse und deren Wirkung auf die →Rekursivität im Umgang des Einzelnen mit sich selbst. Dabei sind die von *Freud* einbezogenen sozial-kulturellen Einwirkungen im letzten Vierteljahrhundert in der angewandten Psychoanalyse, z.B. in der psychoanalytischen → *Gruppentherapie,* stärker in den Vordergrund getreten, ebenso wie in der →Familientherapie. Annäherungen an die neuesten Ergebnisse der Neurobiologie *(Maturana; Varela)* lassen weitere zu erwartende Veränderungen, insbesondere der Metapsychologie, aber auch der Behandlungsmethodik und in der psychoanalytischen Ausbildung erkennen.

Literatur: *Ch. Brenner,* Grundzüge der Psychoanalyse. Frankfurt 1976. *T. Brocher/C. Sies,* Psychoanalyse und Neurobiologie. Zum Modell der Autopoiese als Regulationsprinzip. Stuttgart 1986. *W. Mertens,* Psychoanalyse. Stuttgart 1981.

Prof. Dr. *Tobias Brocher,* Thannhausen

psychoanalytischer Prozeß
→Psychoanalyse.

psychodelisch
halluzinogen wirkend (im Zusammenhang mit Drogen), extreme psychische Erregungszustände, meist von →Halluzinationen begleitet.

Psychodiagnostik
1. *Begriff und Anwendungsbereiche:* Die Psychodiagnostik verfolgt das Ziel, die menschliche →Persönlichkeit mit Hilfe testpsychologischer Verfahren (Test) zu erfassen. Der Begriff des psychologischen →Tests tauchte im wissenschaftlichen Bereich erstmals 1890 bei *James McKeen Cattell* auf („Mental Tests and Measurements"). 1882 gründete *Sir Francis Galton* in London ein Institut für experimentelle Untersuchungen über Sinnesschärfe, Reaktionszeiten etc. Am Beginn der eigentlichen Testpsychologie stand *Alfred Binet,* der 1905 zusammen mit *Jules Simon* Testreihen zur Erfassung der →Intelligenz bei Schulkindern entwickelte. 1912 definierte *William Stern* den →Intelligenzquotienten (IQ) als Verhältnis von Intelligenz- zu Lebensalter. Heute bezeichnen wir als Test „ein im wesentlichen objektives und standardisiertes Maß einer Stichprobe von Verhaltensweisen" (*Anastasi* 1969). Anwendungsbereiche der Psychodiagnostik sind: diagnostische Probleme bei psychiatrischen und somatisch/→psychosomatisch Kranken, bei Erziehungs- und Eheberatung, in →schulpsychologischen Diensten, bei forensischen Fragen, in der Berufsberatung, bei Eignungsuntersuchungen (z.B. Fahr- und Flugtauglichkeit, Militär). Die Untersuchung erfolgt mittels eines genau festgelegten („standardisierten") Materials (z.B. bestimmte Wissensfragen, Rechenaufgaben, verschiedene Fragen zum Erleben und Verhalten, Klecksbilder, Spielmaterial, apparative Versuchsanordnungen).

2. *Ausbildung in Psychodiagnostik und Handhabung von Tests:* Die verantwortungsvolle Handhabung von Tests erfordert eine gründliche theoretische (test- und persönlichkeitstheoretische) und praktische Ausbildung. Ein Problem liegt heute vor allem darin, daß die Psychodiagnostik in den Lehrplänen der

psychologischen Universitätsausbildung häufig nur eine untergeordnete Rolle spielt, während ihr in der Praxis (vor allem in der klinischen Arbeit) eine recht große Bedeutung zukommt. Zu einer psychodiagnostischen Abklärung sollten stets auch ein anamnestisches Gespräch (→Anamnese) und eine Information des Klienten über die Testbefunde gehören. Dabei ist den ethischen Problemen (z.B. Belastung durch die Testsituation, Schweigepflicht, Form und Inhalt der Informationsvermittlung etc.) unbedingt Rechnung zu tragen.

3. *Gütekriterien:* Informationen über die Gütekriterien (Objektivität, Reliabilität, Validität, Normierung; →Testtheorie) sollen es dem Testbenutzer erlauben zu entscheiden, ob ein bestimmter Test für seine Fragestellung geeignet ist und wo die diagnostischen Grenzen des Verfahrens liegen. Die *Objektivität* bezeichnet den Grad, in dem die Ergebnisse eines Tests vom Untersucher unabhängig sind. Bei der *Reliabilität* geht es um die formale Exaktheit der Merkmalserfassung (Methoden: →Testwiederholung, Verwendung von →Paralleltests, →Testhalbierung). Die *Validität* bezeichnet die inhaltliche Genauigkeit und gibt an, ob bzw. in welchem Ausmaß ein Test ein Persönlichkeitsmerkmal, das er zu messen beansprucht, tatsächlich erfaßt. Ferner ist die *Normierung* wichtig. Sie beinhaltet die Forderung, daß das Testmanual dem Benutzer Vergleichswerte liefern sollte, zu denen er die bei einem Probanden ermittelten Resultate in Beziehung setzen kann.

4. *Übersicht über die wichtigsten psychodiagnostischen Verfahren:* Obwohl keine allgemein anerkannte Systematik der psychodiagnostischen Verfahren besteht, unterscheidet man im allgemeinen zwischen Fähigkeits- und Persönlichkeitstests.

Zu den *Fähigkeitstests* gehören die Intelligenztests für Kinder und Erwachsene, die Entwicklungs- und Schultests sowie die allgemeinen und speziellen Leistungstests. Bei den →Intelligenztests ist zu berücksichtigen, daß den Verfahren mehr oder weniger explizit formulierte Intelligenzkonzepte zugrundeliegen, die z.T. erheblich voneinander abweichen. Die Ergebnisse der verschiedenen Tests sind deshalb nicht ohne weiteres vergleichbar und können nur vor dem Hintergrund des jeweiligen Intelligenzkonzepts und unter Berücksichtigung der statistischen Kennwerte (z.B. Mittelwert und Standardabweichung der jeweiligen IQ-Verteilung) interpretiert werden. Neben den auf Binet zurückgehenden Verfahren (z.B. Kramer-Test, Stanford-Binet-Intelligenz-Test) haben die deutschsprachigen Adaptationen der Wechsler Intelligence Scale (Hamburg-Wechsler-Intelligenztest für Kinder, HAWIK bzw. HAWIK-R, und für Erwachsene, HAWIE, und die entsprechenden Kurzformen) große Verbreitung gefunden. Der Progressive Matrizentest von Raven gehört zu den sprachfreien Intelligenzverfahren (Standardform, Advanced Progressive Marices, farbige Version für Kinder und Betagte). Bei der Abklärung von Begabungsschwerpunkten (meist bei Berufsberatung) wird häufig der Intelligenz-Struktur-Test nach Amthauer verwendet. Die *Entwicklungstests* wollen bei Kindern den Entwicklungsstand des Gesamtverhaltens oder bestimmter Verhaltensbereiche erfassen. Sie finden vor allem dort Einsatz, wo der Diagnostiker möglichst früh Aussagen über Entwicklungsverzögerungen allgemeiner und spezifischer Art machen möchte und Vorschläge zu deren Behebung unterbreitet (z.B. Gesell'sche Entwicklungsskalen, Wiener-Entwicklungstestreihen nach Bühler und Hetzer, Lincoln-Oseretzky-Scale). Mit Hilfe der *Schultests* sollen Effekte von Unterricht und Erziehung geprüft sowie Aussagen darüber gemacht werden, ob bei einem Probanden bestimmte Schulerfolge erwartet werden können. Wichtig sind hier auch Tests zur Prüfung der →Legasthenie. Die *allgemeinen Leistungstests* sind Verfahren zur Erfassung von Funktionsbereichen, die allgemeine Voraussetzungen für die Erzielung von Leistungen darstellen, wie →Aufmerksamkeit, →Konzentration, Willensanspannung, allgemeine Aktivität in Leistungssituationen etc. (z.B. Aufmerksamkeits-Belastungs-Test d2). Zu den *speziellen Leistungstests* gehören Verfahren, die bestimmte Funktionen und Fähigkeiten prüfen (sensorische und motorische Funktionen, →Gedächtnis, räumliches Vorstellungsvermögen, visuell-motorische Koordination, technisches Verständnis, Fähigkeit, Verkehrssituationen zu erfassen und angemessen darauf zu reagieren usw.) (z.B. Visual-Retention-Test von Benton, Bender-Gestalt-Test bzw. Neubearbeitung in Form des Göttinger Formreproduktions-Tests, Diagnosticum für Cerebralschädigung).

Zu den *Persönlichkeitstests* zählen wir die Persönlichkeitsfragebogen, die verbalen Ergänzungsverfahren, die Formdeutetests, die thematischen Apperzeptionsverfahren, die spielerischen und zeichnerischen Gestaltungstests sowie verschiedene andere Verfahren. Mit Hilfe dieser Tests sucht man Aufschluß über die für die →Persönlichkeit eines Menschen charakteristische Struktur und über die verschiedensten Persönlichkeitszüge und Verarbeitungsweisen. Die *Persönlichkeitsfragebogen* (→Fragebogen) haben sehr weite Verbreitung gefunden. Je nach Konzeption wollen sie verschiedene Dimensionen der Persönlichkeit (mehrdimensionale Persönlichkeitsinventare) oder komplexe Phänomene wie →Neurotizismus, →Extra-/→Introversion erfassen: z.B. Minnesota Multiphasic Personality Inventory (MMPI), Freiburger Persönlichkeitsinventar (FPI mit einer Gesamt-, zwei Halb-, einer Kurzform und einer revidierten Version), Gießen-Test (mit der Möglichkeit der Fremd- und Selbstbeurteilung sowie der Erfassung des Idealselbstbildes). Die große Zahl der *Selbst- und Fremdbeurteilungsskalen* dient der Erfassung verschiedener Phänomene wie →Angst, →Depressivität, →paranoide Tendenzen, somatische Symptome usw. Diese Verfahren werden auch im Verlaufe einer Behandlung zur →Therapieerfolgskontrolle wiederholt durchgeführt. Die Hauptprobleme dieser Tests liegen darin, daß (im Falle der vom Probanden selbst auszufüllenden Fragebogen) der Untersuchte über Introspektionsfähigkeit (→Introspektion) verfügen muß. Außerdem ist aus dem Resultat nicht ohne weiteres ersichtlich, ob der Proband ein Selbst- oder Idealbild von sich entworfen hat. Schließlich ist bei vielen der im Fragebogen verwendeten Skalen die Addition verschiedener Angaben zu einem bestimmten Phänomen (z.B. Addition verschiedener Depressivitätssymptome bei einer Depressionsskala) nicht unproblematisch. Zu den *verbalen Ergänzungsverfahren* gehören das Assoziationsexperiment nach *Carl Gustav Jung,* die verschiedenen (vor allem bei Kindern verwendeten) Satzergänzungstests, der Düss-Fabeltest und der Rosenzweig Picture-Frustration Test (für Kinder und für Erwachsene). Die *Formdeuteverfahren* (z.B. Rorschach-Test, Zulliger-Test, Holtzman-Inkblot-Technik) suchen die Persönlichkeit als Ganze zu erfassen, d.h. intellektuelle und emotionale Faktoren sowie die Dimension des sozialen Verhaltens und spezielle →psychopathologische Phänomene. Bei den *thematischen Apperzeptionsverfahren* sollen die Probanden zu vorgelegten Bildtafeln Geschichten erfinden. Aus den Resultaten schließt man auf →psychodynamisch wichtige Konstellationen sowie auf persönlichkeitsspezifische Verarbeitungsweisen und →Konflikte. Neben dem (nach wie vor diagnostisch ergiebigen) Original-TAT und der Version für Kinder (CAT) liegen heute der Columbus- und der Schwarzfuß-Test vor sowie verschiedene andere thematische Apperzeptionsverfahren (wie „Objekt Relations Technique", „Blacky Picture Test", „Four Picture Test", „Senior Apperception Technique"). Mit Hilfe der *spielerischen und zeichnerischen Gestaltungsverfahren* (z.B. Scenotest, Baumtest, Familie in Tieren, Wartegg-Zeichentest) sucht man Aufschluß über persönlichkeitsspezifische Merkmale (Persönlichkeitsstruktur, unbewußte Konflikte, Ängste, →Abwehrmechanismen etc.) der Probanden zu erhalten. Vor allem die spielerischen Verfahren werden sowohl in der Diagnostik als auch in der Therapie verwendet. Unter die Persönlichkeitstests lassen sich ferner die *Farbtests* (z.B. der Farbpyramidentest) sowie verschiedene *psychodiagnostische Methoden zur Erfassung sozialer Interaktionen* subsumieren (z.B. Soziometrische Methode nach *Moreno* und „Interaktionsanalyse (Interaction Process Analysis)" von *Bales*).

Literatur: *A. Anastasi,* Psychological Testing (2. Aufl.). New York 1969. *R. Brikkenkamp,* Handbuch psychologischer und pädagogischer Tests. Göttingen 1975. Erster Ergänzungsband 1983. *K.-J. Groffmann/L. Michel,* Psychologische Diagnostik, Band 1–4. Enzyklopädie der Psychologie. Göttingen 1982, 1983. *U. Rauchfleisch,* Testpsychologie. Eine Einführung in die Psychodiagnostik. UTB 2. Aufl. Göttingen 1989. *U. Rauchfleisch,* Nach bestem Wissen und Gewissen. Die ethische Verantwortung in Psychologie und Psychotherapie. Göttingen 1982.

Prof. Dr. *Udo Rauchfleisch,* Basel

Psychodrama

Eine von dem Psychiater *Jakob Levy Moreno* (1890–1974) entwickelte Form der →Psychotherapie, in der mit Gruppen von sechs bis zwölf Personen gearbeitet wird. Sie dient dem Erkennen und dem Auflösen von Konflikten und der Förderung der Spontaneität und der latenten schöpferischen Kräfte durch spielerische Interaktion. Jede Sitzung untergliedert sich in drei Phasen: das Aufwärmen, das Spiel und die Besprechung. In der Phase des *Aufwärmens* kann sich jeder Teilnehmer in Form eines „Blitzlichts" über seine momentanen Empfindungen und seine Bedürfnisse äußern. Eine beliebte Technik ist auch der „Zauberladen", in dem jeder Teilnehmer erwerben kann, was er im Augenblick am meisten zu benötigen meint (Durchsetzungsvermögen, „Rückgrat", usw.). Im eigentlichen *Spiel* stellen die Teilnehmer Ereignisse aus ihrem Leben dar, wobei andere Gruppenmitglieder die Rollen der nicht anwesenden Personen übernehmen. Durch einen Rollentausch wird dann der Spieler mit seinem eigenen Verhalten konfrontiert. Der Spieler kann sich auch durch einen Mitspieler, der sich stark mit seinen Problemen identifiziert, doubeln lassen („Doppelgänger"). Durch diese Art der Gegenüberstellung mit sich selbst sollen aufgestaute und unverarbeitete Affekte gelöst werden (→Katharsis) und Selbsteinsichten erzeugt werden, die zu einer Neudefinition des Problems führen. Im der abschließenden *Besprechung* geben die aktiven Teilnehmer eine Rückmeldung darüber, wie sie sich in ihrer Rolle erlebt haben, und die passiven Teilnehmer berichten, inwieweit sie sich mit den Rollen der aktiven Teilnehmer identifizieren konnten.

psychodynamisch

durch Triebimpulse und -kontrolle →intrapsychisch wirksam werdend (→Psychoanalyse, →psychophysiologische Störungen).

psychogalvanische Reaktion

→Hautwiderstand.

Psychogenese

psychische Verursachung körperlicher Erkrankungen.

psychogenetisch

→Psychogenese

→psychophysiologische Störungen.

psychohydraulisches Energiemodell

Annahme der →Triebtheorien, die die Energieakkumulation und die sich daraus ergebende Veränderung der Reaktion auf auslösende Reize (→Auslöser) beschreibt.

Psycholinguistischer Entwicklungstest

⇒PET.

Psychomotorik

→Motorik.

psychoneurasthenisches Syndrom

Symptomatik eines psychisch bedingten

Überforderungs- oder Erschöpfungszustandes.

Psychoneuroimmunologie
interdisziplinäre Forschungsrichtung, die sich mit den →Wechselwirkungen zwischen Erleben, Verhalten, →Nervensystem und →Immunsystem befaßt.

Psychoneurosen
→Neurose.

Psychoonkologie
→Krebserkrankungen.

Psychopathie
⇒antisoziale Persönlichkeit

älterer Begriff für psychische Erkrankungen mit Störungen der Impuls- und Affektkontrolle und der Unfähigkeit zur Schuldempfindung bei Normverletzungen, sowie gestörter Willensbildung; nicht immer klar gegen →Psychosen oder →Neurosen abzugrenzen.

psychopathologisch
seelisch krankhaft.

Psychopharmaka
auf die psychische Verfassung wirkende Arzneimittel (→Arzneimittelkonsum).

Psychopharmakologie
Lehre von der Entwicklung und Anwendung von →Psychopharmaka.

Psychophysik
→Psychophysiologie.

Psychophysiologie
Teilgebiet der Psychologie, das sich im weitesten Sinne mit den Beziehungen zwischen physiologischen (somatischen, organismischen, biologischen) und psychologischen Prozessen (Verhalten, Erleben) befaßt (Psycho-physiologische Beziehungen). Die Psychophysiologie untersucht vor allem die registrierbaren Reaktionen auf →Stressoren. Dabei finden die Abhängigkeiten der Reaktionen von der Ausgangslage und die besonderen Reaktionsmuster, die für den Reiz, den situativen Kontext oder das Individuum spezifisch sind (→individualspezifische Reaktion) Berücksichtigung. Neben der Streßforschung sind →Aktivation, →Schmerz, →Angst und →Emotionen wichtige Forschungsbereiche der Psychophysiologie. Die physiologischen Parameter werden in der Regel mit dem →EEG, dem →EMG, der →EDA, sowie über Kreislauf- und Atmungsfunktionen erfaßt. Teilgebiet der Psychophysiologie ist die *Psychophysik,* die sich vor allem mit den meßbaren Beziehungen zwischen einfachen physikalischen Sinnesreizen und den subjektiven Empfindungen befaßt.

Psychophysiologische Beziehungen
Psychophysiologische Beziehungen sind das Kerngebiet der „psychophysiologischen Forschung", die sich mit dem Zusammenspiel der von uns erlebbaren psychischen Prozesse (→Gefühle, →Stimmungen, →Bedürfnisse, →Emotionen, →Frustrationen u.a.) und den in unserem Organismus ablaufenden biologischen, physiologischen und somatischen Vorgängen befaßt. Andererseits sind sie auch Gegenstand des weiten interdisziplinären Forschungsfeldes der „Physiologischen Psychologie" oder (in den USA) „Biological Psychology" oder „Psychophysiology". Im Bereich der Heilkunde ist es die *Psychosomatik* oder psychosomatische Medizin, die den Einfluß des Seelischen auf körperliche Erkrankungen des Menschen verfolgt. Sie definiert sich u.a. als die Lehre von den seelisch-körperlichen →Wechselwirkungen. Ihr Arbeitsfeld im engeren Sinne ist eine →nosolisch begrenzte Gruppe von Störungen mit Symptomen, deren Verständnis und Behandlung durch Einbeziehung des Seelischen bestimmt werden (*Bräutigam et al.* 1973). Einen weiteren Zugang zum Problem der psychophysiologischen Beziehungen eröffnet der neuere grenzwissenschaftliche Forschungsansatz der Psycho-Neuro-Immunologie (*Ader* 1981, →Immunsystem) sowie der →Streßforschung.

Die zugrundeliegende Leib-Seele-Problematik ist jedoch eine uralte philosophisch-wissenschaftliche Fragestellung, die bereits in der Antike behandelt wurde. Hier sah es bereits *Galen* (129–

201 n.Chr.) als unrealistisch an, Leib und Seele zu trennen. Die Sichtweise einer prinzipiellen Leib-Seele-Einheit ging jedoch mit dem Erwachen der Naturwissenschaft im 19. Jahrhundert verloren und wurde durch die auf *Descartes* (1596) zurückgehende dualistische Betrachtung ersetzt. Im wesentlichen lassen sich folgende philosophisch begründete Sichtweisen unterscheiden:

(1) *Idealismus,* Spiritualismus, für den das Seelisch-Geistige als Primäres gilt, von dem der Körper abhängig ist;

(2) *Materialismus,* für den Psychisches als das Produkt körperlicher Vorgänge verstanden wird;

(3) *psychophysischer Parallelismus,* der in beiden eine beziehungslose Parallellität sieht;

(4) *Wechselwirkungslehre,* die dagegen eine gegenseitige Abhängigkeit postuliert;

(5) *Identitätslehre,* die beides als zwei Seiten einunddesselben Geschehens betrachtet.

Eine wesentlich weitergehende Klärung bringt die (auf *Aristoteles* zurückgehende) Differenzierung der anthroposophisch orientierten Medizin, wonach zu unterscheiden ist: (1) Der physische (somatische) Leib, der gestaltet und gebildet wird durch die in den →vegetativen Lebenserscheinungen sich manifestierenden (2) Lebens- oder Bildekräften (=„Ätherischer Leib", auch bei Pflanzen). In diesen greift ein (bei Tier und Mensch) der sogenannte (3) „astralische Leib", der sich uns als Empfinden und →Emotion manifestiert und üblicherweise als seelisches Geschehen verstanden wird, das vom (4) „Ich" als dem bewußt denkenden Selbst mehr oder weniger stark gesteuert werden kann.

Wenngleich das Feld der psychophysiologischen Beziehungen auch heute noch viele Fragen offen läßt, so hat sich das Bild doch deutlich gewandelt, seit durch die moderne technologische und methodenkritische Entwicklung der letzten Jahrzehnte eine sorgfältige wissenschaftliche Erforschung möglich wurde. Im Bereich der psychophysiologischen Forschung, die sich zentral mit denjenigen Lebensprozessen befaßt, die sowohl physiologischer (bzw. biologischer) als auch psychologischer Meßmethodik zugänglich sind, werden die psychophysiologischen Beziehungen vornehmlich am gesunden intakten menschlichen Organismus untersucht. Dabei steht die Ansicht im Vordergrund, daß ein Verständnis sowie eine befriedigende Theorie der psychophysiologischen Individualität des Menschen nur bei Berücksichtigung und Synopsis der Ergebnisse der verschiedenen möglichen Betrachtungs- und Erfahrungsebenen möglich ist. Hierher gehören (1) die physiologisch-biologischen Vorgänge (elektrophysiologische, biochemische Messung), (2) das subjektiv introspektive →Erleben, Befinden (→Interviewtechniken), (3) das

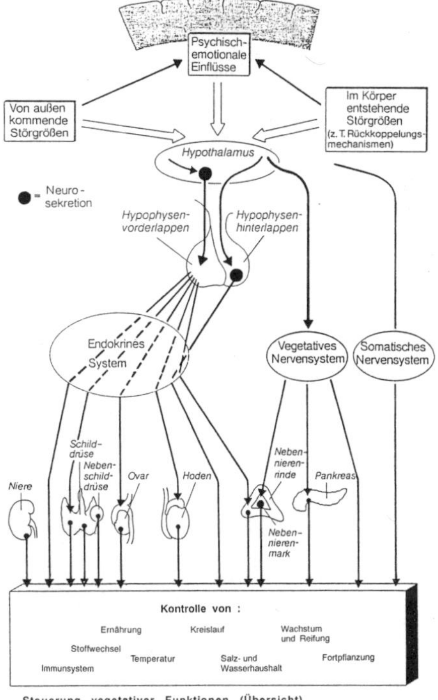

Steuerung vegetativer Funktionen (Übersicht)
(aus Silbernagl und Despopoulos, 1979, verändert)

Psychophysiologische Beziehungen

beobachtbare Verhalten (→Beobachtungstechniken) sowie (4) die verbalen Verhaltensäußerungen (→Ratingtechniken). (*Becker-Carus* 1981).

Gemäß ihrer methodischen Grundstruktur lassen sich die psychophysiologischen Untersuchungsansätze zur Erfassung der Beziehungen zwischen psychischen Variablen und physiologischen Prozessen nach vier Typen gliedern. (1) Induktion bestimmter Umweltvariationen (definierte Einzelreize komplexer Situationen) und Beobachtung der damit korrespondierenden Änderungen des Verhaltens auf allen vier Ebenen. (2) Variation der Intensität oder Qualität von Verhaltens- bzw. Erlebensmerkmalen und Beobachtung der damit verbundenen physiologischen Veränderungen. (3) Variation physiologischer Vorgänge durch Reizung oder chemische Manipulation (Pharmaka) und Beobachtung der damit korrespondierenden Änderungen des Verhaltens und der Erlebnismerkmale. (4) Rückmeldung der Verlaufsstruktur einzelner oder mehrerer biologischer/physiologischer Parameter an die untersuchte Person und Registrierung (Beobachtung) der auftretenden Veränderungen (Lern- und →Konditionierungsprozesse, →Biofeedback).

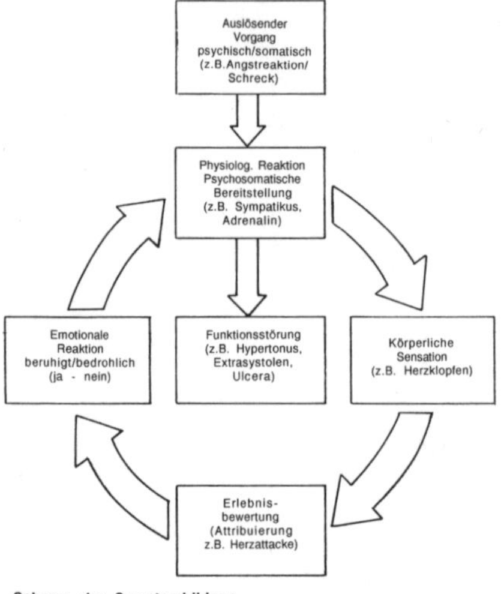

Schema der Symptombildung

Die außerordentliche Vielfalt der psychophysiologischen Phänomene hat zu einer Vielzahl unterschiedlicher Konzepte geführt wie: →Aktivität, →Arousal, →Streß sowie die psychophysiologischen Konzepte der →Emotion, des →Schlafes oder der →Reaktionsspezifität.

Die im letzten Jahrzehnt von Biologen, Psychologen und Medizinern zusammengetragenen Belege haben ferner zu der Erkenntnis geführt, daß seelische Faktoren über das Nerven- und Hormonsystem auch das körpereigene →Immunsystem beeinflussen und verändern, was zur Entstehung eines neuen Wissenschaftszweiges, der →„Psychoneuroimmunologie" (→Immunsystem) führte. Wesentliche Voraussetzung hierfür war die auch noch nicht alte Kenntnis der engen Vernetzung von →Nerven- und →Hormon (endokrinem) system zum →„Neuroendokrinium". Hiernach kontrolliert der weitgehend auch von psychisch-emotionalen Faktoren gesteuerte →Hypothalamus mit den ihm zugehörenden zwei →Hypophysenlappen fast sämtliche endokrine Hormondrüsen. Und diese wiederum nehmen maßgeblichen Einfluß auf (oder kontrollieren) eine Vielzahl vegetativer Funktionen einschließlich der →Immunantwort.

Zur Vermittlung eines vereinfachenden überblickshaften Verständnisses der vielschichtigen psychisch-physiologischen (und schließlich somatischen) Wechselbeziehung kann das folgende Schema dienen, wonach z.B. die Erregung negativer Emotion, Streß, je nach seiner ersten Bewertung („bedrohlich"?) psychophysiologische Reaktionen auslöst, die wir als körperliche Sensation (z.B. Herzklopfen) wahrnehmen, erneut bewerten und damit bremsen oder antreiben, wobei letzteres zu ständig steigender →humoraler Aufschaukelung und Funktionsstörung (Symptombildung) führen kann.

Zu den bekanntesten psychisch mitbedingten vegetativen Funktionsstörungen zählen: Migräne, Bluthochdruck (Hypertonie), Herzneurosen (→Elektrokardiogramm), Hyperthyreose, Arthritis, sowie Magengeschwüre, Obstipation, Diarrhoe, Colitis, Asthma, Ekzeme, Neurodermitis.

Literatur: *R. Ader* (Ed.), Psychoneuroimmunologie. New York 1981. *C. Bekker-Carus,* Physiologische Korrelate psychischer Variablen. Archiv f. Psychol., 1971, 123, 65–82. *C. Becker-Carus,* Physiologische Psychologie, Psychophysiologische Methodik. In: *F. Dorsch* (Hrsg.), Psychologisches Wörterbuch (2. Aufl.). Bern 1976, 1982, 483–493 und 479-481. *C. Becker-Carus,* Psychophysiologische Forschung und Biofeedback-Methoden. In: *E.-R. Rey* (Hrsg.), Klinische Psychologie. Stuttgart 1983, 131–144. *W. Bräutigam/P. Christian,* Psychosomatische Medizin. Stuttgart 1973. *J. Fahrenberg,* Psychophysiologische Persönlichkeitsforschung. Göttingen 1967.

Prof. Dr. *C. Becker-Carus,* Münster

psychophysiologische Störungen

⇒psychosomatische Erkrankungen

Funktionsstörungen oder Organveränderungen, bei deren Entstehung komplexe psychophysiologische Prozesse wie →Streß und →Klassische Konditierungen oder →Operantes Lernen, sowie psychologische Bewältigungsprozesse (→Coping) von Bedeutung sind. Die dualistische Sicht, nach der psychische Prozesse auf somatische Strukturen einwirken (sog. *Psychogenese*) gilt als überholt. Die psychophysiologische Erforschung psychosomatischer Funktionsstörungen und Erkrankungen bedient sich der Tierversuche und in eng umschriebenen Grenzen auch der Untersuchung am Menschen. Besonders gründlich ist die Auswirkungen von →Streß untersucht worden. Schon im Anfangsstadium der Streßreaktion auf einen →Stressor und mehr noch in späteren Phasen des →allgemeinen Adaptationssyndroms kommt es z.B. zu einem erhöhten Corticostereoid-Spiegel mit vermehrter Magensaftsekretion, Magensäureproduktion und Magenmotilität, woraus sich bei anhaltenden Belastungen Magengeschwüre entwickeln können. Das klassische Streßmodell geht in diesem Zusammenhang davon aus, daß durch Stressoren schon in früher Kindheit während einer für Prägungsvorgänge (→Prägung) empfindlichen Zeit die Reagibilität z.B. des Hypophysen-Nebennierenrinden-Systems (→Hypophyse, →Nebennierenrinde) und eventuell auch anderer beteiligter Systeme beeinflussen. Die so geprägte →Persönlichkeit zeigt dann eine →individualspezifische Reaktion auf besondere Reize. Ähnliche Fehlkonditionierungen des Herz-Kreislauf-Systems werden durch das →Typ-A-Verhalten beschrieben.

psychophysische Störungen

⇒psychophysiologische Störungen.

Psychose

Der Begriff „Psychose" wurde wahrscheinlich erstmals von *Feuchtersleben* (1845) in seinem „Lehrbuch der ärztlichen Seelenkunde" gebraucht. Danach hat sich dieser Begriff allgemein in der Psychiatrie durchgesetzt. Die allgemeine Bedeutung wurde deutlich erhöht, als ausgehend von der →Psychoanalyse *Sigmund Freud* (ab 1895) eine scharfe Trennung zwischen Psychose und →Neurose durchgeführt wurde.

In der deutschen Psychiatrie werden die durch eine Psychose bewirkten psychischen Veränderungen stets durch krankhafte Hirnveränderungen entstanden gedacht. In der angelsächsischen Literatur hält sich daneben ein Psychosebegriff, der sich ausschließlich nach dem Ausmaß der psychischen Auffälligkeiten und nach sozialen Gesichtspunkten (Notwendigkeit der Krankenhausunterbringung) richtet, also Ursache und Art der Störung außer Betracht läßt.

Die Psychose ist allgemein definiert als „psychiatrische Erkrankungen, in denen die Beeinträchtigung der psychischen Funktionen ein so großes Ausmaß erreicht hat, daß dadurch Einsicht und Fähigkeit, einigen der üblichen Lebensanforderungen zu entsprechen, oder der Realitätsbezug bzw. die Realitätskontrolle erheblich gestört sind" (*Degkwitz et al.* 1980, S. 23).

Nicht zu den Psychosen werden die abnormen Verstandesanlagen (Schwachsinn, →geistige Behinderung), abnormen Charakteranlagen (→Psychopathie), Neurosen, Konfliktreaktionen, krankhafte Persönlichkeitsveränderungen (epileptische Wesensänderung, →Sucht) gerechnet. Die Psychosen werden in die Hauptgruppen *exogene* (= körperlich begründbare, organische) und *endogene (funktionelle) Psychosen* eingeteilt.

Zu den *organischen Psychosen* gehören →Syndrome wie Störungen in der Orientierung, des →Gedächtnisses, der Auffassung, der Lern- und Urteilsfähigkeit. Neben diesen Hauptmerkmalen können Affektverflachung oder -labilität oder anhaltende Stimmungsveränderungen vorhanden sein.

Die beiden Hauptformen der organischen Psychosen sind die Demenz und das Delir. Der Begriff *Demenz* umfaßt solche Formen, die chronisch oder fortschreitend und wenn unbehandelt, im allgemeinen irreversibel sind und einen Endzustand darstellen. Der Begriff *Delir* umfaßt solche Formen mit einer kurzen Verlaufsdauer, bei denen die geschilderten Symptome überlagert werden von Bewußtseinstrübung, Verwirrtheit, Desorientiertheit, Wahn, Illusionen und oft lebhaften Halluzinationen.

Die anderen Psychoseformen sind die *endogenen oder funktionellen* Psychosen. Der Begriff „endogen" wird deshalb verwendet weil eine direkt nachweisbare Beteiligung des →ZNS nicht vorliegt. Die beiden großen Gruppen sind hier die →*Schizophrenien* und die *affektiven Psychosen*. Als Symptome müssen eine tiefgehende →Persönlichkeitsstörung, charakteristische →Denkstörungen, →Wahnideen, gestörte Wahrnehmung, abnormer →Affekt vorliegen. Trotzdem bleiben im allgemeinen klares Bewußtsein und intellektuelle Fähigkeiten erhalten.

Bei den *affektiven Psychosen* liegt eine ausgeprägte Affektstörung (meistens als →Depression oder →Angst, aber auch als gehobene Stimmung und Erregung) vor. Hierbei können auch starke Suizidtendenzen (→Suizid) bestehen.

Psychosen bedürfen einer fachärztlichen Behandlung, in der Regel ist auch eine stationäre Behandlung notwendig. Eine akute Form kann primär nur medikamentös behandelt werden, häufig müssen sich jedoch daran, vor allem bei den endogenen Psychosen, psychotherapeutische, soziotherapeutische und rehabilitative Maßnahmen anschließen.

Literatur: *R. Degkwitz/H. Helmchen/G. Kockott/W. Mombour,* Diagnoseschlüssel und Glossar psychiatrischer Krankheiten, ICD-9. Berlin 1980. *E.-R. Rey* (Hrsg), Klinische Psychologie. Stuttgart 1981).

Prof. Dr. *Eibe-Rudolf Rey,* Mannheim

psychosexuelle Entwicklung

Die Theorie der →Psychoanalyse beschreibt die →Entwicklung der →Persönlichkeit unter dem Aspekt der altersspezifischen Organisation der sexuellen Triebregungen (→Sexualität). Der *Sexualtrieb (Libido)* ist nach psychoanalytischer Auffassung von Geburt an wirksam. Er wird daher zunächst als chaotisches, unstrukturiertes Energiepotential interpretiert, das in den unbewußten Schichten (→Unbewußtes) der Persönlichkeit verankert ist. Die Entwicklung der Persönlichkeit wird unter dem Aspekt analysiert, in welcher Weise die altersspezifische Anpassung der sexuellen Triebenergien an die Realität erfolgt.

Das eigentliche Ziel des Sexualtriebs ist der Lustgewinn durch Abfuhr sexueller Spannungen. Das Triebziel ist folglich eine Handlung, die energetisch-biologisch – also von innen heraus – determiniert ist. Dieses Triebziel kann jedoch nicht ohne ein Triebobjekt erreicht werden. Welches Objekt der Trieb sucht, ist eine Frage des lebensgeschichtlichen Hintergrundes. Die Psychoanalyse fragt nach der Art und Weise, in der sich das Triebleben mit der Objektwelt auseinandersetzt *(Bally)*. Der Lustgewinn durch Abfuhr sexueller Spannungen erfolgt über erogene Zonen, die nicht nur genitale, sondern auch orale und anale Bereiche umfassen. Der Sexualtrieb hat eine Fortpflanzungsfunktion nur insoweit, als in bestimmten Phasen der menschlichen Entwicklung die Genitalien in die erogenen Zonen mit einbezogen werden.

Die Theorie der Psychoanalyse unterscheidet in der menschlichen Entwicklung verschiedene Stufen der Organisation der sexuellen Triebenergien. Im ersten Lebensjahr, das als *orale Phase* bezeichnet wird, ist der Lippen- und Mundbereich die dominierende erogene Zone. Der Lustgewinn erfolgt durch Saugen und Beißen. Das dominierende Motiv dieser Phase ist das „Einverleiben". In diesem Alter werden auch Mechanismen des Forderns, Beanspruchens und Nehmens eingeübt, die sich unter ungünstigen Umständen als →Persönlichkeitsmerkmale der Verwöhnung, der →Sucht und des Abhängigkeitsverhaltens verfestigen können.

Das zweite und dritte Lebensjahr wird als die *anale Phase* bezeichnet. Die erogene Zone ist in diesem Alter die Darmschleimhaut; die dominierenden Motive sind das „Zurückhalten" und „Abgeben" (Ausscheiden). Als Spätfolge einer falschen Erziehung bzw. einer konfliktreichen Entwicklung in dieser Phase können sich beispielsweise Persönlichkeitseigenschaften wie Geiz, Eigensinn, Pedanterie oder Reinlichkeitsfanatismus manifestieren.

Die *phallische Phase* wird etwa dem vierten und fünften Lebenjahr zugeschrieben. In diesem Alter findet die erste geschlechtsspezifische Differenzierung des Sozialverhaltens und der Triebverarbeitung statt. Insbesondere das männliche Geschlechtsorgan, der Penis, wird in den Bereich der erogenen Zonen einbezogen. Mädchen fühlen sich der Theorie zufolge entsprechend minderwertig *(Penisneid)*, Jungen entwickeln Verlustängste (*Kastrationsangst*, →Ödipuskomplex), eine Interpretation, die auch den kulturellen Hintergrund *Freuds* und seiner Zeit widerspiegelt.

Die frühkindlichen Partialtriebe werden erst mit Beginn der Pubertät in den Dienst der Genitalität gestellt. Der dazwischen liegende Zeitraum wird als *Latenzphase* bezeichnet. Die sexuellen Triebenergien werden während dieser Phase aus den frühkindlichen Objektbindungen gelöst und sublimiert (→Abwehrmechanismen).

Psychosomatik
Teilgebiet der Medizin, das sich mit den Auswirkungen der seelischen Verfassung auf die körperliche Gesundheit oder den Verlauf von Krankheiten befaßt.

psychosomatisch
durch körperlich-seelische →Wechselwirkungen bedingt (→psychophysiologische Störungen).

psychosomatische Erkrankungen
⇒psychophysiologische Störungen.

Psychosomatose
⇒Organneurose.

Psychosozialer Minderwuchs
⇒Maternal (Emotional) Deprivation Dwarfism; Reversible Somatotropin Dwarfism; Abuse Dwarfism.

Häufigkeit: Dieses im frühen Kindesalter beginnende Entwicklungsstörungssyndrom ist insgesamt selten und betrifft Jungen und Mädchen in gleicher Weise.

Symptomatik: Mit ca. 1½ Jahren beginnende Wachstumsverzögerung mit resultierendem, u.U. erheblichem Minderwuchs; →statomotorische, sprachliche (→Sprache), psychosoziale und intellektuelle (→Intelligenz) Retardierung; Verhaltensauffälligkeiten wie: →Polyphagie, gelegentlich im Wechsel mit Nahrungsmittelverweigerung, →Polydipsie, →Enuresis, →Enkopresis, Schlafstörungen (→Schlaf), soziale Apathie, Initiative- und Antriebslosigkeit, →Depressivität, gelegentliche Wutausbrüche mit Selbstverletzungen (z.B. Kopf auf den

Psychosozialer Minderwuchs

Boden schlagen oder in den eigenen Arm beißen), sowie verminderte bis fehlende Schmerzempfindlichkeit (→Schmerz).

Die kinderärztliche Untersuchung ergibt neben dem proportionierten Minderwuchs ein i.d.R. zur Größe bezogenes Normalgewicht. Die Extremitäten sind schmal, das Abdomen dagegen vorgewölbt. Hautveränderungen wie Windeldermatitis und Narben deuten auf mangelnde Körperpflege und Mißhandlungen (→Gewalt). Die Haut ist meist trokken. Das Knochenalter ist verzögert, die Stimulierbarkeit der →Hypophyse zur Sekretion von Wachstumshormon vermindert.

Mit der stationären Aufnahme in die Kinderklinik verändert sich die beschriebene Symptomatik spontan: Unter Normalisierung der Hypophysenvorderlappenfunktion (→Gehirn) beginnen die Kinder, ein beschleunigtes Längen-Aufhol-Wachstum zu zeigen (bis zu 6mm pro Woche), die Hauttrockenheit bessert sich, die Kinder zeigen eine etwa 3- bis 5-wöchige →hyperaktive Phase mit undifferenzierter Kontaktaufnahme; →Polyphagie und →Polydipsie reduzieren sich bis auf eine für die Körpergröße i.w. angemessene Nahrungsaufnahme. Bezüglich der statomotorischen, sprachlichen, psychosozialen und intellektuellen Retardierungen (→geistige Behinderung) zeigen sich über die folgenden Wochen, u.U. Monate beschleunigte Nachholentwicklungen.

Werden die Kinder in die Ursprungsfamilien zurückgegeben, entwickelt sich die für das →Syndrom typische Symptomatik innerhalb weniger Wochen wieder.

Zwar nicht ausschließlich aber doch überwiegend gehören die Familien dieser Kinder den sozioökonomischen Unterschichten (→soziale Schicht) an. Bei vielen Müttern dominieren →narzißtische und →depressive →Persönlichkeitsmerkmale mit geringer →Introspektionsfähigkeit, großem eigenen Abhängigkeitsbedürfnis und unzureichender Fähigkeit, die →Bedürfnisse und psychischen Befindlichkeiten ihrer Kinder wahrzunehmen. Als Kinder waren die Mütter, teils auch die Väter, selber chronischer Mißhandlung und seelischer Vernachlässigung ausgesetzt. Ihre Kinder wiederum waren oft unerwünscht, bei vielen gab es neben Geburtskomplikationen mit nachfolgenden postpartalen Trennungen noch zusätzliche begleitende seelische →Traumata für die Mütter. Diese berichteten oft neben ihrer verdeckten oder offenen Ablehnung des Kindes, sie erlebten eine „Wand" zwischen sich und ihrem Kind, „sie kämen an das Kind nicht heran". Als besonders belastend wird von den Eltern die depressiv-stumme Ausdruckslosigkeit ihrer Kinder erlebt, bei der die Kinder zwar Wünsche zu haben scheinen, aber diese nicht für die Eltern verstehbar mitteilen können.

Die Väter werden von den Müttern i.d.R. als wenig unterstützend erlebt, Konfliktlösungsmöglichkeiten (→Konflikt) sind reduziert.

Pathogenese: Die →Pathogenese dieses →psychosomatischen →Syndroms ist noch weitgehend ungeklärt. Die geschilderten Befunde sowie die rasche, spontane →Reversibilität sprechen dafür, daß bei der Entstehung des Syndroms ungünstige und schädigende psychosoziale Lebensbedingungen eine Auslösefunktion haben können. Gemessen an der Häufigkeit vernachlässigender, uneinfühlsamer oder auch mißhandelnder Erziehungsmilieus ist das beschriebene Minderwuchssyndrom jedoch auffallend selten. Hypothetisch wird angenommen, daß Kinder mit psychosozialem Minderwuchs noch biologische oder biographische Prädispositionen aufweisen, die nur sie – etwa im Gegensatz zu anderen mißhandelten Kindern – auf das pathologische Milieu mit der Syndromentwicklung reagieren lassen. Die reversible Hypophysenvorderlappeninsuffizienz veranlaßte einige Autoren, einen indirekten Einfluß des pathogenetischen Milieus über →kortikale und

→hypothalamische auf hypophysäre Regulationszentren (→Gehirn) als Ursache des Minderwuchses anzunehmen. Somatisch gesichert ist eine erlebnisabhängige, partielle Hypophysenvorderlappeninsuffizienz, die reversibel ist (*Brown* 1976). Die Rolle höherer kortikaler Zentren bzw. ihrer Mediatoren, wie z.B. der →Neurotransmitter, ist jedoch noch unklar.

Therapie: Die meisten Autoren befürworten bisher eine Herausnahme des Kindes aus der Primärfamilie und Unterbringung in einem Heim oder in einer Pflegefamilie. Dies ist sicher indiziert, wenn trotz hinreichender Bemühungen ein psychotherapeutisches Arbeitsbündnis (→Psychotherapie) mit den Eltern nicht zu entwickeln ist. Andererseits setzt eine solche Trennung auch ein weiteres →seelisches Trauma. In jüngerer Zeit haben sich psychotherapeutische/familientherapeutische (→Familientherapie) Behandlungen durchaus als wirksam erwiesen.

Literatur: *G. M. Brown,* Endocrine aspects of psychosocial dwarfism. In: *E. J. Sachar* (Ed.), Hormones, behavior and psychopathology. New York 1976. *J. B. Ferholt/D. L. Rotnem/M. Genel* et al., A psychodynamic study of psychosomatic dwarfism: a syndrome of depression, personality disorder, and impaired growth. J. of the Am. Acad. of Child Psychiatry, 1985, 24, 49–57. *G. Wolff/J. H. H. Ehrich,* Psychosozialer Minderwuchs. In: *H.-Ch. Steinhausen* (Hrsg.), Psychosomatische Störungen und Krankheiten bei Kindern und Jugendlichen. Stuttgart 1981.

Dr. *Georg Wolff,* Hannover

Psychotherapie

ursprünglich Sammelbegriff für eine Vielzahl von Behandlungsformen bei psychischen Störungen („Seelenheilkunde"). Da heute einerseits psychische Störungen (→Psychosen, →Neurosen, →Persönlichkeitsstörungen) auch medikamentös behandelt werden, andererseits psychologische Interventionen auch als stützende Maßnahmen bei bestenden organischen Erkrankungen oder zur Förderung des allgemeinen Wohlbefindens bei Gesunden eingesetzt werden, ist der Begriff nicht mehr eindeutig festgelegt. Im Gegensatz zu anderen Therapieformen ist die Psychotherapie eine überwiegend auf verbalen oder kommunikativen Techniken beruhende Interventionsmethode. Die Zielbereiche, in denen Veränderungen bewirkt werden sollen, können sehr unterschiedlich sein. Physiologische Veränderungen, insbesondere Stabilisierungen, werden mit →Entspannungstechniken, insbesondere dem →Biofeedback und dem →Autogenen Training angestrebt. Emotionale Fehlkonditionierungen (→Klassisches Konditionieren) und Verhaltensstörungen werden überwiegend mit den Methoden der →Verhaltenstherapie behandelt. Eingriffe in die Struktur der →Persönlichkeit und auch des →Selbstkonzepts mit tiefenpsychologischen (→Psychoanalyse, →Analytische Psychologie, →Individualpsychologie, →Transaktionale Psychologie) und humanistischen Methoden (→Humanistische Psychologie, →Gesprächstherapie, →Gestalttherapie). Häufig werden therapiebedürftige Symptome nicht nur als individuelles Problem des Kranken, sondern als „systemische" Störung gesehen und die relevanten Bezugspersonen in die Behandlung einbezogen, so z.B. in der →Familientherapie. Ergänzend zu den verbalen therapeutischen Techniken werden manchmal auch Gestaltungstechniken eingesetzt, wie z.B. die Werktherapie oder die Mal- und →Musiktherapie. Die Zahl der therapeutischen Schulen und Richtungen dürfte inzwischen weltweit mehr als 4000 betragen, von denen etwa ein Zehntel in der seriösen Fachliteratur beschrieben wird (s.a. →Encounter-Gruppen, →Festhaltetherapie, →Gemeindepsychologie, →Hypnotherapie, →Logotherapie, →Neurolinguistisches Programmieren, →Primärtherapie, →Psychodrama, →rational-emotive Therapie, →Realitätstherapie, →Rebirthing, →Teleoanalyse, →Themenzentrierte Interaktion, →Transzendentale Meditation). Die Unüberschaubarkeit der therapeutischen Ansätze und die häufig geäußerten Zweifel an der Wirksamkeit mancher therapeutischer Verfahren haben in den vergangenen Jahren das Interesse an der Überprüfung von Therapieeffekten (→Therapieerfolgskontrolle) und der Untersuchung von →therapeutischen Mißerfolgen gefördert.

Psychotizismus
Persönlichkeitsstruktur (→Persönlichkeit), die zur Entwicklung psychotischer Symptome (→Psychosen) prädisponiert.

psychotrop
auf die Psyche wirkend, insbesondere bei Substanzen oder Medikamenten.

psychovegetativ
die Wechselwirkungen zwischen Psyche und vegetativem →Nervensystem betreffend.

Pubertät
→Jugend.

Pubertätsmagersucht
⇒Anorexia nervosa.

Q

qualitative Methoden
→Verstehen.

Quartil
→Statistik.

Quartimax-Rotation
→Faktorenanalyse.

Querschnittsstudie
→Versuchsplanung.

R

räumliche Bahnung
→Bahnung.

Randomisierung
→Experiment
→Versuchsplanung.

Randomisierungstest
→Einzelfallanalyse.

Rangordnungsmethode
Methode der →Skalierung, bei der zwischen mehreren Reizen bezüglich eines relevanten Merkmals differenziert werden soll. Im Gegensatz zur →Paarvergleichsmethode, bei der die Reize in allen paarweisen Kombinationsmöglichkeiten dargeboten werden, müssen bei der Rangordnungsmethode die Beurteiler alle Reize nach dem Beurteilungskriterium in eine Rangfolge bringen (z.B. mehrere Gesichtsabbildungen nach Attraktivität).

Rangskala
⇒Ordinalskala.

Rapid Eye Movements
⇒REM
Die Registrierung schneller Augenbewegungen während des →Schlafes dient der Bestimmung der Schlaftiefe und der Traumphasen. Dabei wird das sich bei →Augenbewegungen verschiebende Potential zwischen Netzhaut (negativ) und Hornhaut des Augapfels mittels an den äußeren Augenwinkeln schräg angelegten Ableitelektroden bestimmt.

Rapport
→Neurolinguistisches Programmieren.

Rasch-Modell
→Testtheorie.

Rating-Skalen
⇒Beurteilungsskalen
Skalen zur Selbst- und Fremdbeurteilung mit denen der Ausprägungsgrad eines Merkmals auf einer vorgegebenen, meistens abgestuften Dimension eingeschätzt wird.

rational-emotive Therapie
Von *Albert Ellis* entwickelte Richtung der →Psychotherapie, die vor allem auf eine Veränderung irrationaller Einstellungen und Denkgewohnheiten abzielt. Für psychische Störungen sind nicht bestimmte Ereignisse verantwortlich, sondern die Bedeutung, die wir ihnen zuweisen. Ähnlich wie die →Individualpsychologie geht *Ellis* von der Annahme aus, daß menschliches Verhalten auf die Erreichung von allgemeinen und spezifischen Zielen hin ausgerichtet ist. Konkrete Ereignisse im Leben werden unter dem Aspekt bewertet, inwieweit sie der Erreichung dieser Ziele förderlich oder hinderlich sind. Irrationale Einstellungen oder Überzeugungen resultieren aus unbewußten, unreflektierten Forderungen oder Geboten, die man an sich oder andere stellt. Zur Aufdeckung der irrationalen Überzeugungen und der *kognitiven Umstrukturierung* des Klienten bedient sich der Therapeut einer Konfrontationstechnik, die dem als Sokratischen Dialog bekannten klassischen philosophischen Streitgespräch nachempfunden ist. Der Klient wird außerdem zu einer rationalen Selbstanalyse, d.h. zu einem inneren Dialog, angehalten, in der er sich Rechenschaft darüber abgeben soll, welche Konsequenzen seine irrationalen Überzeugungen für sein Erleben und Verhalten haben.

rationale Erklärung
→Verstehen.

Rationalisierung
Handlungen und Einstellungen, die zunächst emotional-irrationalen Motiven entstammen, werden nachträglich (unbewußt) angstreduzierend rational begründet; ein innerpsychischer Mechanismus aus der Reihe der →Abwehrmechanismen.

Rationalskala
⇒Verhältnisskala
spezielle Form der →Intervallskala, bei der zusätzlich ein absoluter Nullpunkt

feststeht. Bei diesem Skalentyp ist folglich auch das Verhältnis, in dem die verschiedenen Skalenwerte zueinander stehen, interpretierbar. Man kann beispielsweise sagen, daß ein Objekt oder eine Person einen doppelt so hohen Meßwert hat wie ein anderes Objekt oder eine andere Person, da der jeweilige Meßwert die Distanz vom Nullpunkt wiedergibt. Längen- und Gewichtsmessungen haben gewöhnlich dieses Skalenniveau.

Reafferenzkreise
Regelkreise, die das System des → Feedbacks beschreiben, nach dem das Raumorientierungsverhalten der Organismus gesteuert wird (→ Wahrnehmung).

Reaktanz
innerer Widerstand gegen Einschränkungen der eigenen Handlungsfreiheit durch Verbote, der die Tendenz fördert, nun gerade das zu tun, was man eigentlich nicht tun sollte.

Reaktion
→ Reiz-Reaktions-Beziehung
→ Klassisches Konditionieren.

Reaktionsbildung
Angstinduzierende, inakzeptable Impulse werden mit Übereifer und Fanatismus ins Gegenteil verkehrt; ein innerpsychischer Mechanismus aus der Reihe der → Abwehrmechanismen.

Reaktionsdiskrimination
→ Einzelfallanalyse.

Reaktionsebenen
Unterscheidung von Reaktionen nach dem Grad ihrer Komplexität (→ Reiz-Reaktions-Beziehungen).

reaktionszentrierte Skalierung
→ Skalierung.

reaktive Depression
→ Depression.

Realitätsprinzip
→ Primärprozeß.

Realitätstherapie
von *William Glasse* entwickelte Methode der → Psychotherapie, die weitgehend auf eine Analyse der Ursachen psychischer Probleme und Störungen und auf subjektive Deutungen verzichtet. Der Therapeut versucht auch nicht, unmittelbaren Einfluß auf die Gefühle des Klienten zu nehmen. Er geht vielmehr geht davon aus, daß positive Empfindungen nicht die Voraussetzung zweckvollen und eigenverantwortlichen Handelns sondern deren Folge sind. Der Therapeut unterstützt den Klienten bei der realitätsbezogenen Prüfung seines Verhaltens und seiner Pläne und hilft ihm, vernünftig zwischen dem zu unterscheiden, was er nicht tun will und dem, was er nicht tun kann. Wenn der Klient zu der Einsicht gelangt, daß seine Pläne unrealistisch sind und sein Verhalten unakzeptabel ist, hilft ihm der Therapeut, einen neuen erfolgversprechenderen Plan aufzustellen. Wenn dieser Plan realisiert werden kann, ändert sich auch das Verhalten des Klienten entsprechend; gelingt dies nicht, wird ein anderer Plan entwickelt.

Rebirthing
von *Leonard Orr* in den 70er Jahren entwickelte und wissenschaftlich kaum überprüfte Form der → Psychotherapie, in der der Klient durch eine bestimmte beschleunigte Atemtechnik in einen tranceähnlichen Zustand versetzt wird, in dem er in der Lage sein soll, die Erlebnisse während seiner eigenen Geburt wiederzuerleben. Das Geburtstrauma wird als Ursache aller psychischen Störungen und Probleme angesehen. Das bloße Nacherleben dieser Erfahrung löse alle Probleme. Eine Bearbeitung der emotionalen Erfahrungen (→ Gefühle) in einem therapeutischen Gespräch wird nicht angeboten.

Rebound-Phänomen
→ Schlaf.

recovery rate
Erholungsrate, Wiedergenesungshäufigkeit.

Redundanz
Im Vorgang der → Kommunikation tritt

auf dem Weg vom Sender zum Empfänger stets in gewissen Umfang Informationsverlust auf. Resultierenden Fehlern wird z.T. vorgebeugt durch Redundanz: Die zu übermittelnde →Information wird nicht immer mit der geringsten möglichen Zahl von Zeichen gesendet, sondern z.B. durch Wiederholungen, überprägnante Zeichen und gleichzeitige Benutzung mehrerer Informationskanäle gesichert.

Reflex
regelmäßige, unwillkürliche, zweckgerichtete Reaktion des Organismus auf einen bestimmten Reiz, wobei die Kopplung zwischen Reiz und Reaktion über einen *Reflexbogen* im →ZNS erfolgt. Die Lernpsychologie bedient sich im Vergleich zur Physiologie eines erweiterten Reflexbegriffes (→Klassisches Konditionieren).

Reflexbogen
→Reflex.

Refraiming
→Neurolinguistisches Programmieren.

Refraktärzeit
Zeitraum nach der Erregung eines Organs, in der eine zweite Stimulierung nicht möglich ist; bei der →sexuellen Reaktion der Zeitraum, der verstrichen sein muß, bis der Mann nach einem Orgasmus erneut erfolgreich stimuliert werden kann.

Regenerationsmodell
→Schlaf.

Regression
psychoanalytisch: durch Rückgriff auf Verhaltensweisen aus früheren psychischen Entwicklungsstadien wird →Angst reduziert; ein innerpsychischer Mechanismus aus der Reihe der →Abwehrmechanismen;

statistisch: Begriff aus der Zusammenhangsanalyse (→Multivariate Datenanalyse), mit dem der Sachverhalt beschrieben wird, daß bei der Vorhersage der →Standardwerte einer normalverteilten →abhängigen Variablen (→Normalverteilung) durch die Standardwerte einer normalverteilten →unabhängigen Variablen die Werte der abhängigen Variablen enger um den Mittelwert streuen als die der unabhängigen Variablen.

Regressionsanalyse
→Multiviariate Datenanalyse.

Regressionseffekt
→Veränderungsmessung.

Rehabilitation
1. *Aufgaben und Ziele der Rehabilitation:* Ähnlich wie für den Begriff →Behinderung findet sich in der Literatur eine Vielzahl unterschiedlicher Definitionen, aus denen in Anlehnung an *Schindele* (1979) zwei hauptsächliche Zielsetzungen abzuleiten sind: (1) zu verhindern, daß eine Behinderung zu einer dauerhaften Beeinträchtigung des persönlichen, sozialen und beruflich-ökonomischen Lebens wird, und (2) für den Fall, daß eine vollständige Rehabilitation nicht zu erreichen ist, die Auswirkungen der Behinderung auf die genannten Lebensbereiche auf ein Minimum zu reduzieren. Damit umfaßt Rehabilitation die Gesamtheit aller Bemühungen, einen durch Krankheit, angeborene oder erworbene Schädigung langfristig körperlich, geistig und/oder psychisch behinderten Menschen über die Akutbehandlung hinaus durch medizinische, schulische, berufliche und psychosoziale Maßnahmen in das gesellschaftliche Leben ein- bzw. wiedereinzugliedern. Rechtlich liegt in der BRD die Zuständigkeit für die Rehabilitation bei den Kosten-/Leistungsträgern: den Trägern der gesetzlichen Kranken-, Unfall- und Rentenversicherungen, den Trägern der sozialen Entschädigung bei Gesundheitsschäden (z.B. Kriegsopferversorgung), der Bundesanstalt für Arbeit sowie der Sozialhilfe.

Im Vergleich zu anderen Ländern verfügt die BRD über ein relativ gut ausgebautes System von medizinischer, schulischer und beruflicher Rehabilitation, das in jedem Bereich einen hohen Grad an Institutionalisierung und Strukturiertheit aufweist. Im Gegensatz dazu hat sich die soziale/psychosoziale Rehabilitation weniger eigenständig und institutionalisiert entwickelt. Mindestens zwei Gründe scheinen dafür von Einfluß zu sein: (1) können Auswirkungen von Behinderung/chronischer Krankheit in Form materieller, sozialer und/oder psychischer Belastungen und Probleme in allen Stadien des Rehabilitationsprozesses auftreten, so daß sinnvollerweise soziale und psychologische Hilfen jederzeit abrufbereit sein müssen; (2) zeigt sich aber auch in der derzeitigen Rehabilitationspraxis, daß psychosoziale Rehabilitation noch nicht den Stellenwert besitzt, daß sie als vierte Säule einer umfassenden Rehabilitation allgemein akzeptiert ist.

2. *Medizinische Rehabilitation:* In der medizinischen Rehabilitation wird zwischen stationären (z.B. Rehabilitations-Krankenhaus, Kurklinik), teilstationären (z.B. Tages-/Nachtklinik) und ambulanten Einrichtungen und Diensten (z.B. niedergelassener Arzt, Beratungsstelle) unterschieden. Die stationären medizinischen Maßnahmen zur Rehabilitation, z.B. bei Anschlußheilbehandlung (AHB) nach stationärer medizinischer Erstversorgung, umfassen neben der ärztlichen Maßnahmeplanung und -überwachung, Beratung und Behandlung (z.B. Pharmakotherapie) eine Reihe weiterer Angebote: *Rehabilitative Krankenpflege,* die in besonderem Maße den Rehabilitanden zur Selbständigkeit motivieren und aktivieren soll; *Physiotherapie* zur Wiederherstellung gestörter bzw. Schulung verbliebener Körperfunktionen, z.B. durch Krankengymnastik, Bewegungs- und Atemtherapie, Mobilitätstraining oder beim Einüben kompensatorischer (technischer) Hilfen; *Sporttherapie* zur weiteren Stabilisierung der körperlichen Funktions- und Leistungsfähigkeit sowie zur Förderung und Verbesserung sozialer Kompetenzen; *Beschäftigungstherapie (⇒ Ergotherapie)* einerseits zur sinnvollen Zeitgestaltung durch handwerkliche oder schöpferische Tätigkeiten, andererseits unter mehr funktionellem Gesichtspunkt zur Verbesserung alltagsnotwendiger Handlungsabläufe; im Vorfeld der beruflichen Wiedereingliederung werden Arbeitsfähigkeit und -belastbarkeit erprobt bzw. trainiert; dadurch bestehen Verbindungen zur Belastungserprobung und *Arbeitstherapie* zur weiteren beruflichen Entscheidungsfindung, ob z.B. der Rehabilitand aufgrund seiner physischen, psychischen und sozialen Möglichkeiten weiterhin im alten Beruf tätig sein kann oder ob eine *Umschulung* anzustreben ist; *Sprachtherapie* (⇒ *Logopädie*) z.B. bei Personen mit neurologischen Erkrankungen (z.B. →Apoplexie, →Aphasie); *technische Hilfen* zur Verbesserung physischer und sensorischer Leistungsgrenzen, z.B. als Gliedmaßen- oder Organersatz (z.B. Prothesen, künstliche Niere) oder zur Funktionsunterstützung (z.B. Hörgerät); *psychologische Hilfen* in Form diagnostischer, therapeutischer und beratender Angebote, die im Einzelkontakt (z.B. bei Krisenintervention, Partnerschafts- und Familienproblemen, →Complianceproblemen, Behinderungs- und →Krankheitsbewältigung) oder in Gruppen stattfinden können (z.B. als themenzentrierte Gesprächsgruppen, Entspannungsgruppen oder Veranstaltungen zur Gesundheitserziehung); weitere Aufgaben liegen je nach Personalkapazität im Bereich der Aus- und Weiterbildung sowie →Supervision von in der Rehabilitation tätigen Personen; *soziale Hilfen* durch den sozialen Dienst und/oder den Rehabilitationsberater; *pädagogische Hilfen,* die im Rahmen der stationären medizinischen Rehabilitation vor allem für chronisch kranke und behinderte Kinder angeboten werden.

Ein anderes medizinisches Aufgabenfeld in der Behindertenhilfe stellt sich mit der noch jungen Disziplin Entwicklungs-Rehabilitation (*Hellbrügge* 1981). Ihr sozialpädiatrisches Konzept beruht auf einer interdisziplinär getragenen (vor allem durch Ärzte, Physiotherapeuten, Pädagogen und Psychologen) multidimensionalen Diagnostik und Therapie mit den Komponenten Früherkennung,

Frühbehandlung und frühe soziale Eingliederung. Dadurch soll u.a. erreicht werden, Entwicklungsstörungen und Behinderungen zu reduzieren und zu normalisieren, Sekundärschäden zu vermeiden und bei progressiver Erkrankung den Zustand der Pflegebedürftigkeit möglichst lange hinauszuschieben. Im Hinblick auf die soziale Integration in Familie und Gesellschaft ist insbesondere den betroffenen Familien selbst in partnerschaftlicher Unterstützung durch alle Fachkräfte mit Beratung, Behandlung und sonstigen Bewältigungshilfen zur Seite zu stehen (*Warnke* 1988).

3. *Schulische Rehabilitation:* Das System der schulischen Rehabilitation (verwandte Begriffe sind Sonder-, Behinderten- und →Heilpädagogik) besteht in einem differenzierten Sonderschulwesen mit 10 verschiedenen behindertenspezifischen Schultypen: den *Sonderschulen* für Blinde, Sehbehinderte, Gehörlose, Schwerhörige, Körperbehinderte, Sprachgestörte, Verhaltensgestörte, Geistigbehinderte, Lernbehinderte und für chronisch und langfristig Kranke. Bei Mehrfachbehinderung soll die vorherrschende Behinderung den Ausschlag für die Beschulungsart geben. Etwa ¾ der sonderpädagogisch betreuten Kinder und Jugendlichen besuchen Sonderschulen für Lernbehinderte.

Sonderpädagogische Fördermaßnahmen (→geistige Behinderung, →Motorik) richten sich auf die im Zusammenhang mit Beeinträchtigungen bestehenden Störungen im kognitiven, sozialemotionalen und sprachlich-kommunikativen Bereich. Die schulische Förderung bezieht sowohl die Vermittlung behinderungsspezifischer kompensatorischer Techniken (z.B. Blindentechniken), therapeutische Maßnahmen (z.B. →Spieltherapie) als auch den Unterricht mit ein, der die Schüler zu einem Bildungsabschluß führen soll (vgl. *Stegie* 1988).

Kritisch diskutiert wird die →sonderpädagogische Diagnostik dort, wo sie nicht als →Förderdiagnostik der Optimierung von Lehr- und Lernprozessen, sondern als Einweisungs- oder Überweisungsverfahren für die Sonderschulen, insbesondere für lernbehinderte und verhaltensgestörte Kinder, dient. Es ist bis heute strittig, ob nicht gerade für diese Personengruppen die sozialen Nachteile aufgrund möglicher →Stigmatisierungen gegenüber möglichen Vorteilen durch die Sonderbeschulung überwiegen. Diese und andere Fragen äußern sich seit Jahren auch im Widerstreit der Meinungen zur integrativen versus segregativen schulischen Förderung behinderter Kinder und Jugendlicher.

4. *Berufliche Rehabilitation:* Aufgabe der beruflichen Rehabilitation ist es, Behinderten und chronisch Kranken durch gezielte Fördermaßnahmen zu möglichst dauerhafter Erwerbs- und Berufsfähigkeit zu verhelfen („Rehabilitation vor Rente“). Nach § 11 des Rehabilitations-Angleichungsgesetzes bestehen berufsfördernde Leistungen vor allem in (1) Hilfen zur Erhaltung oder Erlangung eines Arbeitsplatzes, (2) Berufsfindung, Arbeitserprobung und Berufsvorbereitung, (3) beruflicher Anpassung, Fortbildung, Ausbildung und Umschulung sowie (4) sonstigen Hilfen der Arbeits- und Berufsförderung, die hauptsächlich der Ein- bzw. Wiedereingliederung in den Arbeitsprozeß dienen.

Diese Maßnahmen finden in Betrieben oder außer-(über-)betrieblich in speziell dafür geschaffenen Einrichtungen zur beruflichen Rehabilitation statt: in derzeit 42 Berufsbildungswerken (mit ca. 11000 Plätzen) zur Erstausbildung behinderter Jugendlicher, 21 Berufsförderungswerken (mit ca. 12000 Plätzen) zur Fortbildung und Umschulung erwachsener Behinderter sowie etwa 400 Werkstätten für Behinderte (mit ca. 100000 Plätzen) für Behinderte, „die wegen der Art oder Schwere ihrer Behinderung nicht, noch nicht oder noch nicht wieder auf dem allgemeinen Arbeitsmarkt tätig sein können (§ 54 des Schwerbehindertengesetzes).

Mit der Verschlechterung der Arbeitsmarktsituation seit Beginn der 80er Jahre sank auch die Vermittlungsquote erwerbsfähiger Behinderter nach erfolgreicher beruflicher Rehabilitation, so bei Berufsförderungsabsolventen von etwa 85% in den 70er Jahren auf unter 70%. Allerdings sollte diese Tendenz das System der beruflichen Rehabilitation sozialpolitisch nicht in Frage stellen, zumal jährliche Nachbefragungen bei eben diesen Absolventen auch gezeigt haben, daß über 50% der Befragten ihre berufliche Situation (Berufsstatus, Einkommens- und Berufszufriedenheit) im Vergleich zu früher durch die Fördermaßnahmen verbessert sahen (*Tews* 1988). Desweiteren kann erfolgreiche berufliche Rehabilitation dazu beitragen, neue soziale Kontaktmöglichkeiten zu schaffen bzw. alte zu halten und zu festigen. Die Erfahrung des Behinderten, beruflich und sozial anerkannt zu sein, hat grundsätzlich positive Auswirkungen auf sein →Selbstwertgefühl und psychisches Befinden. Deshalb hat berufliche Rehabilitation aller Behinderten unabhängig von Lebensalter und Art und Schwere der Behinderung offenzustehen.

5. *Psychosoziale Rehabilitation:* Angesichts der Verschiedenartigkeit der Bedürfnisse der Rehabilitanden in Abhängigkeit von der Phase des Rehabilitationsprozesses stellt sich das Gesamtfeld der psychosozialen Rehabilitation als ein breites Angebot sozialer, psychologischer und psychotherapeutischer Hilfen dar. Daneben gewinnen zunehmend auch Aufgaben an Bedeutung, die im Umfeld der behinderten Person liegen und deren Realisierung mittelbar zur Effizienz der Rehabilitation beitragen kann. Sie betreffen (1) die institutionellen Rahmenbedingungen, unter denen rehabilitative Bemühungen stattfinden, mit Problemen wie Leistungsstreß/Überforderung (→Streß), soziale Isolierung infolge langdauernder Trennung von Familie und Partner/in und des daraus mitunter resultierenden Alkohol- und Medikamentenmißbrauchs, und (2) die Bezugspersonen Behinderter und chronisch Kranker (vor allem Partner, Eltern, Kinder), die, mehr als bisher angenommen, in wechselseitiger Beeinflussung mit der behinderten Person, prägend für deren Rehabilitationsverlauf zu sein scheinen. Diese und andere Aspekte betonen nachdrücklich die Notwendigkeit intensiver rehabilitativer Forschung: Welche Merkmale der behinderten Person selbst (z.B. soziodemographische, persönlichkeits- und behinderungs-/krankheitsbezogene Variablen), des psychosozialen Umfelds (z.B. Familie/Partnerschaft, Beruf, Freizeitverhalten) und des institutionellen Umfelds (z.B. erlebte Unterstützung durch professionelle Helfer, Selbsthilfegruppe) sind Determinanten der Behinderungs- und Krankheitsbewältigung? Erfolg und Nutzen medizinischer und beruflicher Rehabilitationsmaßnahmen (→Evaluation) sind in enger Beziehung zu diesen Determinanten zu sehen (vgl. *Koch* u. *Haag* 1986).

Literatur: *Th. Hellbrügge* (Hrsg.), Klinische Sozialpädiatrie, Ein Lehrbuch der Entwicklungs-Rehabilitation im Kindesalter. Berlin 1981. *U. Koch/G. Haag,* Rehabilitation chronisch Kranker. In: *R. W. J. Gross* (Hrsg), Wege der Gesundheitsforschung. Berlin 1986, 269–287. *U. Koch/G. Lucius-Hoene/R. Stegie* (Hrsg.), Handbuch der Rehabilitationspsychologie. Berlin 1988. *R. Schindele,* Communication and cooperation between professionals in the field of rehabilitation, Int. J. Rehab. Res. 1979, 2, 5–20. *E. Stegie,* Schulische Rehabilitation. In: *U. Koch* u.a. (Hrsg.), 1988, 168–185. *H. P. Tews,* Berufliche Rehabilitation. In: *U. Koch* u.a. (Hrsg.), 1988, 186–211. *A. Warnke,* Früherkennung und Frühbehandlung. In: *U. Koch* u.a. (Hrsg.), 1988, 479–498.

Dr. *Reiner Stegie,* Freiburg

Reifung

der genetisch gesteuerte Anteil der →Entwicklung des Gesamtorganismus.

Reittherapie
im Rahmen des körperlichen Bewegungstrainings, das bei der Behandlung und Förderung von Kindern und Jugendlichen mit geistigen und körperlichen Entwicklungsrückständen zunehmend an Bedeutung gewinnt, wird auch das Reiten als motorische Übung eingesetzt.

Reiz
→ Reiz-Reaktions-Beziehung
→ Klassisches Konditionieren.

Reizdiskrimination
→ Reiz-Reaktions-Beziehung.

Reizdiskriminationsplan
→ Einzelfallanalyse.

Reizgeneralisation
→ Reiz-Reaktions-Beziehung.

Reizhunger
→ Extraversion.

Reiz-Reaktions-Beziehung
Als Reiz *(Stimulus)* bezeichnet man jede äußere oder innere Veränderung in der Umgebung des Organismus, die nach Aufnahme über einen äußeren oder inneren Rezeptor zur Verhaltensänderung führt. Eine Reaktion *(Response)* ist hingegen jede Änderung im Verhalten des Organismus, die auf eine Änderung in seiner Umgebung zurückgeführt werden kann. Dabei geht der → Behaviorismus von der Annahme aus, daß jede Verhaltensänderung eines Organismus Reaktion ist, auch wenn ein vorausgehender Reiz nicht immer zu beobachten ist. Vorgänge, die zwischen Reiz und Reaktion stattfinden und nicht derselben Betrachtungsebene des beobachtbaren Verhaltens entstammen, bezeichnet man als → hypothetische Konstrukte. Dazu gehören beispielsweise das aus der Neuropsychologie und der → Psychophysiologie stammende Konzept der → Aktivation und der → Emotionen. Als *distaler Reiz* wird die Änderung in der Umgebung bezeichnet, als *proximaler Reiz* hingegen der Reizanteil, der das Verhalten des Organismus effektiv beeinflußt. Als *proximale Reaktion* bezeichnet man die Veränderung des Organismus, als *distale Reaktion* das, was ein Beobachter registrieren kann. Das Differenzieren zwischen verschiedenen Reizen bezeichnet man als *Reizdiskrimination,* die Reaktion auf neue Reize, die dem ursprünglich dargebotenen Reiz ähnlich sind, als *Reizgeneralisation.* Voraussetzung dafür, daß ein Reiz empfunden und mit einer Reaktion beantwortet werden kann, ist eine bestimmte Reizstärke, die über der *Reizschwelle* liegen muß. Die Reizschwelle unterliegt dem Einfluß von → Adaptation, → Habituation und → Aufmerksamkeit. Man unterschiedet zwischen unbedingten und bedingten Reizen und Reaktionen (→ Klassisches Konditionieren).

Reizschwelle
→ Reiz-Reaktions-Beziehung.

Reizüberflutung
⇒ Flooding
→ Verhaltenstherapie.

reizzentrierte Skalierung
→ Skalierung.

rekursives System
→ Strukturgleichungsmodell.

Rekursivität
andauernde Wiederholbarkeit von Aussagen durch Variation ihrer Teilelemente (→ Psychoanalyse).

relative Häufigkeit
→ Wahrscheinlichkeit.

Relaxation
→ Entspannungstraining
→ Progressive Muskelrelaxation.

Reliabalität
⇒ Zuverlässigkeit
→ Testkonstruktion
→ Testtheorie
→ Psychodiagnostik.

Reliabilitätsindex
→ Testtheorie.

REM
⇒ Rapid-Eye-Movements.

REM-Schlaf
→Schlaf.

Repertory-Grid-Technik
⇒Repgrid-Technik
→Konstrukt.

Repression-Sensitization
Bezeichnung für polare Gegensätze bei der Konfliktverarbeitung. Während der Pol der Repression die Tendenz zur Konfliktverleugnung und →Verdrängung beschreibt, kennzeichnet der Gegenpol der Sensitization das erhöhte Problembewußtsein und die Überempfindlichkeit bei konfliktbedingten Belastungen.

Repressor
Person, die zu Konfliktverleugnung und →Verdrängung neigt.

Residualphase
Phase im Verlauf einer →Schizophrenie, in der nach Verbesserung des allgemeinen Gesundheitszustandes noch unkorrigierbare Restsymptome des ursprünglichen Krankheitsbildes verbleiben.

Response
→Reiz-Reaktions-Beziehung.

Responseset
systematische Tendenz bei der Beantwortung von →Fragebögen, die weitgehend unabhängig von den Inhalten der Frage ist. Hierzu gehören insbesondere die *Ja-Sage-Tendenz,* die dazu führt, daß der Proband im Zweifelsfall eine Frage eher bejaht als verneint, die *Tendenz zur sozialen Erwünschtheit,* die ihn die Fragen unter dem Aspekt beantworten läßt, einen guten Eindruck zu hinterlassen (→Lügenskala), die →*Akquieszenz* und Tendenzen zur *Simulation,* d.h. die Neigung zum Vortäuschen von Krankheitssymptomen, weil man sich davon einen Vorteil verspricht.

RET
⇒Rational-Emotive Therapie.

Retest-Korrelation
Methode zur Bestimmung der →Reliabilität eines →Tests, wobei der Test an derselben Probandengruppe zweimal durchgeführt wird. Unter der Voraussetzung, daß das zu messende Merkmal stabil ist und die Testdurchführung keine Lern- und Erinnerungseffekte bewirkt, ergibt die →Korrelation zwischen beiden Messungen eine Schätzung der Testreliabilität.

Retikulärformation
⇒Formatio reticularis
→Aufsteigendes Retikuläres Aktivationssystem.

retroaktive Hemmung
→Interferenz.

retrograde Amnesie
Löschung von Erinnerungen an Erlebnisse kurz vor einem Schock, die durch diesen Schock selbst hervorgerufen werden, wenn dieser erlebnis- oder verletzungsbedingte Schock mit einer Bewußtlosigkeit einhergeht.

retrospektive Studie
→Versuchsplanung.

rezeptives Feld
sensorischer Bereich in der Körperperipherie, beispielsweise eine Gruppe von →Rezeptoren in der Retina oder auf der Haut, die gemeinsam auf ein sensorisches Neuron verschaltet sind.

Rezeptor
Empfangsorgan oder Sinnesorgan (sensorischer Rezeptor).

Ribonucleinsäure
⇒RNS.

Ribosom
Teil der Zelle, in der die Biosynthese der Eiweißkörper stattfindet.

rigide
starr, unbeweglich, unflexibel.

Rigidität
→Persönlichkeitsmerkmal, das durch Starrheit und mangelnde Flexibilität des Denkens gekennzeichnet ist.

Risikofaktoren
Lebensumstände, Verhaltensweisen und

körperliche Merkmale, die die Entstehung von Krankheiten begünstigen.

Ritual
starrer Handlungsablauf in typischen Szenen mit symbolischer Bedeutung (z.B. Hochzeiten, Beerdigungen, Begrüßungen, Initiationsriten bei Naturvölkern).

RNS
⇒ Ribonucleinsäure

Nucleinsäure der Zellen, die die Eiweißbiosynthese regelt.

Rohwert
Meßwert, der unmittelbar erhoben und keiner Transformation unterzogen wird, z.B. die absolute Zahl der richtigen Antworten in einem →Test.

Rolle
→Rollentheorie
→Rollenanalyse
→Rollenverhalten
→Selbst.

Rollenanalyse
Wenn →Rollenverhalten auf Verhaltenserwartungen bezogen ist (was nicht zugleich bedeutet, daß diese im konkreten Falle jeweils voll akzeptiert, gleichsinnig interpretiert oder in jeder Hinsicht erfüllt werden), dann ist es für dessen Gestaltung wesentlich, welcher Grad von Spezifität, welches Ausmaß von Verbindlichkeit (gemessen an positiven oder/und negativen Sanktionen), welche Legitimationsbasis die Erwartungen besitzen und vor allem welches Verhalten (→Handlungen) sie gleichsam auslösen sollen und welche Verhaltensmodi sie abrufen. Es ist aber auch von entscheidender Bedeutung, welcher Art die mit der →Rolle verknüpfte Position ist und d.h. in welchen engeren oder weiteren Bezugssystemkontext sie gestellt ist, wie groß also die Zahl potentieller →Komplementärrollen und situationell aktivierbarer Rollenpartner ist. Und schließlich ist zu berücksichtigen, daß damit jedes Individuum gleichzeitig und/oder nacheinander, konstant und/oder intermittierend einer Vielzahl von Rollenforderungen gegenübersteht, woraus sich die – übrigens eher normalen als abnormalen – Verhaltensproblematiken ergeben, die mit Begriffen wie Rollenkonflikt, Rollenwechsel, Rollendiffusion und Rollenunsicherheit umschrieben werden.

Aus allem diesem läßt sich erkennen, daß der Rollenbegriff jenseits seiner abstrakt allgemeinen Definition(en) tatsächlich ebenso vielschichtig wie vieldeutig ist, worin es begründet ist, daß in der →Rollentheorie mehr oder minder griffige Kategorisierungen entwickelt worden sind, die wie die meisten Kategoriensysteme empirisch nicht völlig trennscharf sind. Einige dieser meist zweipolig ein Kontinuum umschließenden Kategorisierungen sollen hier betrachtet werden: 1. psychologische vs. soziale Rolle, 2. informelle vs. formelle Rolle, 3. zugeschriebene vs. erworbene Rolle, 4. diffuse vs. spezifische Rolle. *→Rollenverhalten in psychologischen Rollen* muß zunächst als Grenzfall angesehen werden, da hier „nur" der Verhaltensausschnitt, der eine bestimmte erwünschte oder unerwünschte emotionale Befindlichkeit (→Gefühle), einen Zustand oder →Charakterzug umschließt, gleichsam zur Rolle stilisiert wird: die/der Traurige, Lustige, Beleidigte, Heldenhafte, Wütende, Sanfte, Hochmütige etc. Wenn man in solchen Fällen überhaupt von Rollenerwartungen sprechen kann, dann gehen diese zunächst eher von *Ego* (→Selbst) aus und richten sich an dieses selber. Ego stellt sich gleichsam unerwartet in seiner Befindlichkeit dar, wobei es allerdings damit rechnen kann, daß *Alter* (und unter Umständen jedes beliebige Publikum) das Ausdrucksverhalten (→Ausdruck) richtig versteht, da die zugrunde liegenden emotionalen Zustände universell und damit in ihrer Ausdrucksgestalt empathisch nachvollziehbar sind (→Empathie). Daß solche Rollen, zumal diejenigen, welche sich an emotionale Extremzustände binden, weithin kulturübergreifend sind, obwohl durchaus unterschiedliche Stilmittel Verwendung finden, ist für jedermann erfahrbar, wenn er pantomimische, (stumm-)filmische oder fremdsprachliche Darbietungen betrachtet. In psychologischen Studien z.B. über Körperhaltung, Mimik und Gestik ergibt sich ebenfalls ein hohes Maß an Konsens bei der Zurechnung emotionaler Qualitäten. Wenn man jedoch in diesem Zusammenhang überhaupt von Rollenerwartungen sprechen kann, dann nur im Sinne der Erwartung, daß ein Individuum unter der Voraussetzung bestimmter emotionaler Zustände ein entsprechendes Verhalten zeigen kann und mit hoher Wahrscheinlichkeit zeigen wird. Erst dann, wenn ein Akteur auf eine bestimmte psychologische Rolle fixiert ist, wenn diese sozusagen sein →Selbst relativ dauerhaft und durchgängig erkennbar stigmatisiert (→Stigma), bauen sich feste Erwartungen der Umgebung auf („Wo immer der Kollege in Erscheinung tritt, ist er stets der Beleidigte"). Allerdings hat *Goffman* gezeigt, daß beim Verhalten in direkter Kommunikation rituelle Rollen des Selbst zustande kommen, wobei dieses im Sinne von „Images" (also situationell präsentierter Selbstbilder) Erwartungen aufbaut und sich auf ein rituelles Spiel einläßt. Es ist das Eigentümliche am Verhalten in psychologischen Rollen, daß mit ihnen keine feste Position verbunden ist, daß sie vielmehr eher frei flottierend an Positionen und damit verbundene Rollen sich knüpfen können. In der psychoanalytisch (→Psychoanalyse) orientierten →Sozialpsychologie, die ein Interaktionssystem unterschiedlicher unbewußter →Verhaltensdispositionen zumindest für kleine →Gruppen (Familie, →Arzt-Patient-Beziehung, Therapiegruppen) postuliert, ziehen allerdings derartige psychologische Rollen auch Quasi-Positionen nach sich. Im übrigen sind psychologische Rollen besonders leicht dem Als-ob-Verhalten zugänglich und lassen sich in →Interaktionen besonders gut strategisch einsetzen, da die vorgegebene emotionale Befindlichkeit sich nicht direkt verifizieren läßt. Andererseits läßt sich derartiges Als-ob-Verhalten auch besonders leicht entlarven, indem eine andere (gegenteilige) emotionale Valenz als die dargestellte angesprochen wird, so daß der Akteur aus der Rolle fallen und sein wahres Gesicht zeigen muß. Kinder vor allem, die im Vorspielen solcher psychischer Zustandsrollen, also in der Demonstration des auch für die Übernahme anderer Rollen wichtigen Als-ob-Verhaltens noch nicht sicher sind, lassen sich besonders leicht aus der Fassung bringen und allerdings (umgekehrt) leicht durch Vorgespieltes täuschen.

Rollenverhalten in sozialen Rollen beruht auf einem mehr oder minder dauerhaften System sozialer Positionen, deren Ausstattung mit Rechten und Pflichten und deren struktureller Relationalität sich bei jeder spontanen, gezielten und auch bei experimentell eingeleiteter Gruppenbildung herauskristallisieren, und zwar zunächst als Funktionsteilung (Aufgaben- und/oder Arbeitsteilung) bezogen auf die Erreichung der Gruppenziele und auf die Integration der Gruppe (z.B. instrumentale und emotionale Führerschaft). Die Rollenverfassung in Spontan- und Ad-hoc-Gruppenbildungen ist allerdings noch verhältnismäßig weit entfernt von der Konstitution genuin soziologischer Rollen, die mit institutionalisierten (auf Dauer gestellten) Positionssystemen verknüpft sind und deren Verhaltenserwartungen und Regeln 1. unabhängig von der Positionsbesetzung durch konkrete Personen Bestand haben, mithin 2. mehrere „Kohorten" oder Generationen von Positions- bzw. Rolleninhabern überdauern, 3. bei der Rollenübernahme, Rollenzuweisung und damit für das Rollenverhalten vorgegeben, zumindest allgemein umschrieben, unter Umständen aber bis in Einzelheiten hinein festgelegt sind. Soziale Rollen sind auf unterschiedlichen Generalisationsebenen definierbar, deren oberste auch als Ebene anthropologischer („allgemeinmenschlicher") Rollen bezeichnet werden kann (Rolle der Frau, des Mannes, des Vaters, der Mutter, des Kriegers, des Bauern, des

Handwerkers, des Heilers etc.), als zeitlich und örtlich übergreifende gedacht wird und in ihrer abstrakten Allgemeinheit als Grenzbereich des Rollenkonzepts zu Begriffen wie Sozialfigur, →Imago oder gar →Archetypus betrachtet werden muß. Darin sind Grundzüge von Verhaltenserwartungen und vor allem Rollenattribute gleichsam zu statuarischen Vor-Bildern verdichtet, die als konstante (→stereotype) Momente sich auf allen weiteren Ebenen der Rollenfassung wiederfinden lassen und zugleich reinterpretiert und variiert auch das Rollenverhalten mitbestimmen. Hierin mag man eine Erklärung für die Schwierigkeit finden, kulturellen Rollenwandel aus der ideologischen Ebene auf die neuen regelmäßigen und selbstverständlichen Verhaltens zu bringen, wofür der Diskurs um die Rollen von Frau und Mann in unserer Gesellschaft ein eklatantes Beispiel ist. Für soziale oder soziologische Rollen kann postuliert werden, daß sie auf unterschiedlichen Generalisierungsebenen mit in unterschiedlichem Grade festgelegten Rollenvorschriften und Spielanweisungen (role-prescriptions, role-scripts) verknüpft sind, deren Bestimmung und Bestimmtheit von der Position im jeweiligen Beziehungsgeflecht und von der Komplexität der dieser Position zugeordneten Beziehungsszenerie aus Bezugsrollen und Bezugsgruppen abhängt. So ist die Rolle des Arztes überhaupt verbindlicher Orientierungspunkt für das Rollenverhalten im Bezugssystem Gesamtgesellschaft. Sie konstituiert generelle Verhaltenserwartungen, die für jede von der Gesellschaft vorgehaltene Position, jede denkbare Beziehungskonstellation gelten (sollen), in denen arztgerechtes Rollenverhalten fällig ist, das durch den Positions- bzw. Rollensitus (z.B. Arzt in freier Praxis, im Krankenhaus, in der Gesundheitsverwaltung) durch vorgegebene Kompetenzbereiche (Spezialisierungen) und durch situative Interaktionsbeziehungen genauer bestimmt und modifiziert wird. Die Problematik (aber auch der Reiz) sozialer Rollen liegt in deren Komplexität, da diese das Rollenverhalten des Rolleninhabers vor die Aufgabe stellt, Ansprüchen unterschiedlicher Instanzen gerecht zu werden (im Falle des Arztes: denen der Patienten und ihrer Angehörigen, denen von Kollegen und Mitarbeitern, Berufsverbänden und Repräsentanten der Institutionen der Gesellschaft). Rollenanalytisch bedeutet dies: die soziologische Rolle ist in aller Regel multivalent, letztlich ein Bündel von Rollen (role-set). Das ihr zugeordnete Rollenverhalten erfordert Verhalten in mehreren Rollen und ist damit wiederum der Rollendarstellung auf der Bühne vergleichbar, die es dem Schauspieler abverlangt, den Anforderungen der Rollenvorschriften (Text und Regieanweisungen) in unterschiedlichen Szenen mit unterschiedlichem Bezugspartner gerecht zu werden und zugleich bei der Gestaltung den Gesamtrahmen (den „Charakter“) der Rolle kontinuierlich, also bruchlos, einzuhalten. Zwischen der psychologischen und genuin soziologischen Rolle läßt sich noch eine weitere Kategorie finden, die vor allem durch die Vertreter des →symbolischen Interaktionismus hervorgehoben worden ist. Es sind Rollen, die vorrangig der Selbstdarstellung im Alltag dienen, in denen das Rollenverhalten weniger durch positionsgebundene explizite Regeln und/ oder durch die festen Erwartungen bestimmter Rollenpartner bedingt ist, sondern eher durch die „Bühne“ oder Szenerie, auf bzw. in der ein Akteur sich bewegt. Paradigmatisch dafür ist das Verhalten in der Öffentlichkeit, für das zwar allgemeine Regeln gelten, das aber – dem Stegreifspiel vergleichbar – relativ weiten Spielraum für die Darstellung von Rollen bietet, bei der nur das Bühnenbild feststeht (Beispiele: der Flugreisende, der Opernbesucher, der Hotelgast, der Urlauber am Strand, der Museumsbesucher usw.). Selbstverständlich ist auch solches Rollenverhalten insofern „fremdbestimmt“ als es sich an den Erwartungen des Akteurs in bezug auf unbestimmte oder vermutete Erwartungen eines tatsächlichen oder imaginierten Publikums orientiert und aufgrund dessen Gestik, Mimik, Staffage und Requisiten auswählt, vielfach auch noch die eigene gesellschaftliche Position zu symbolisieren, ggf. sogar zu kachieren, trachtet.

Die Begriffe *informelle Rolle und formelle Rolle* setzen ein formales soziologisches Positions- und Rollensystem voraus, innerhalb dessen eine strikte funktionale Positionsverteilung und ein hierarchisches Statussystem gegeben ist, in dem also klare Rollentrennung verbunden mit verhältnismäßig exakten, oftmals sogar schriftlich festgelegten Handlungsregeln herrscht. Das handlungsleitende Normsystem besitzt hohe Verbindlichkeiten und präzisiert positive wie negative Sanktionen. Behörden, Industriebetriebe, aber auch andere formelle Organisationen gehören zu diesem Systemtypus, für den es charakteristisch ist, daß die Akteure, idealtypisch gesehen, ausschließlich in dieser bestimmten Position und Rolle interessant und gefordert sind. Alle systemfernen („betriebsfremden“) Eigenschaften, Interessen und Verhaltenstendenzen der Akteure, alle Rollen, die ihnen sonst noch zukommen mögen, werden systemintern entweder als irrelevant, allenfalls neutral, häufig aber auch als störend betrachtet, so daß ihre Interferenzen ebenfalls genauer Regelung und Kontrolle unterliegen. Unter solchen Bedingungen treten nahezu regelmäßig informelle Verhaltensweisen hervor, die einerseits eine Reaktion auf die Repression persönlicher Interessen darstellen, andererseits aber zugleich auch die Bereitschaft zur formellen Rollenerfüllung zu stützen vermögen, weil durch sie ein entlastendes „humanes Klima“ geschaffen wird. Im Extremfalle bilden sich freilich informelle Parallelsysteme heraus, die im Untergrund (underlife) der Organisation sich etablieren und von dort aus die Ordnung des Systems in Frage stellen oder gar stören. Informelle Rollen können Akteuren in formellen Positionen aufgedrängt oder von diesen selber angeboten werden (Beispiele: die Sekretärin, die den Chef „bemuttert“, der Assistent, der sich von seinem Chef zu außerordentlichen Dienstleistungen heranziehen läßt und dadurch eine informell höhere Rangposition erlangt als die ihm formell gleichgestellten Mitarbeiter, die Mitarbeiterin, die in Konfliktfällen die Vermittlerrolle oder überhaupt de facto einen Teil von Funktionen erfüllt, denen der eigentliche Vorgesetzte sich nicht gewachsen fühlt, aber auch die Stimmungskanone in einer Arbeitsgruppe, die Betriebscassandra oder die männliche wie weibliche „Klatschbase“, die für innerbetrieblichen wie privaten Informationsfluß sorgen). Die Übernahme von und das Verhalten in informellen Rollen ist allemal riskant, da es keine feste Legitimationsbasis besitzt und da bei ihm das jeweils gleiche Verhalten aus unterschiedlichen Richtungen negativ und positiv sanktioniert werden kann. Das Verhalten in formellen Rollen ist abgesehen von der früher schon bemerkten Gefahr der → Rigidität deshalb problematisch, weil die Rollenerwartungen des höchsten Verbindlichkeitsgrades (Muß- und Soll-Erwartungen) gerade durch strikte Befolgung Störungen in den Handlungsvollzügen hervorrufen können und damit Mißbilligung nach sich ziehen.

Wenn von *zugeschriebenen Rollen* einerseits und *erworbenen Rollen* andererseits gesprochen wird, so muß das zunächst verwirren, da → Rollenübernahme nicht nur als Voraussetzung des Rollenverhaltens, sondern auch als diesem zugehörig zu betrachten ist. Alle Vorbereitungen, die Ego trifft, um in irgendeiner Rolle zu agieren, müssen dem Rollenverhalten schon deshalb zugerechnet werden, weil ein großer Teil von Rollen oder mehr oder minder sorgfältige äußere und/ oder innere Staffagen nicht erfüllbar ist; sei es, daß bestimmte → Rollenattribute wie Kleidung (z.B. Uniformen), symbolische Insignien oder praktische Requisiten definitiv vorgeschrieben sind, sei es, daß eine angemessene Form der äußeren Erscheinung hergestellt werden muß, um im Rollenverhalten beeindrukken zu können und akzeptiert zu werden. Bei den hier gemeinten Kategorien geht es jedoch um den prinzipiellen Zugang zu Rollen, gleichsam um die Legitimation, die Rolle zu übernehmen, in dieser Rolle zu agieren, letztlich also um die Positionszuweisung. *Zugeschriebene Rollen* sind solche, die einem Individuum unausweichlich zukommen und anhängen, weil sie an natürliche (oder zumindest als natürlich definierte) Gegebenheiten sich knüpfen. Die Geschlechterrolle, bestimmte Verwandtschaftsrollen werden gleichsam in die Wiege gelegt und konstituieren unter bestimmten gesellschaftlichen Verhältnissen Rollenzwänge, bei denen die Zuweisung auch anderer gesellschaftlich bedeutsamer Rollen dem familialen Muster folgen kann, wie etwa bei der „sozialen Vererbung" von Berufsrollen, von Führungspositionen in ständischen Gesellschaften. Für moderne komplexe Gesellschaften gilt, daß das Individuum zwar der geschlechtlichen und familialen Positionszuweisung sich ebenfalls nicht entziehen kann, daß aber alle anderen Positionen und damit Rollen als für jedermann zugänglich erachtet werden, sofern nur die dazu erforderliche Leistung erbracht wird. Da selbst bei zugeschriebenen Rollen ein Prozeß des Rollenerwerbs (Rollentrainings) unerläßlich ist, für die volle Anerkennung also Leistungen erbracht werden müssen (man denke an die Erziehung der Sprößlinge von Herrscherfamilien oder Unternehmensdynastien), könnte der Unterschied zu erworbenen Rollen als unbedeutend angesehen werden. Es kann aber unterstellt werden, daß die antizipatorische Rollenzuweisung durch Askription bei gleicher intellektueller und physischer Eignung gegenüber der nur durch Leistung zu erlangenden Rolle nicht allein den Vorteil einer erheblich besseren Ausgangslage (Startbedingung) mit sich bringt, sondern auch größere Selbstsicherheit im Rollenverhalten zur Folge hat. Die relativ hohe Selbstrekrutierungsrate von herausragenden (professionellen) Berufsgruppen, die selbst in der „offenen Gesellschaft" noch zu beobachten ist, ist darauf genauso ein Hinweis, wie die Tatsache, daß intergenerationelle Statusdiskrepanzen trotz erfolgreichen Rollenerwerbs zu einem Moment pathogenen Dauerstresses (Stress) bei der Rollenerfüllung werden.

Auf die Funktionalität der Rollenforderungen bezieht sich das Begriffspaar *diffuse vs. spezifische Rolle,* mit dem gleichsam der Umfang des Aufgabenbereichs umschrieben wird, der in einer Rollenposition verankert ist. Diffusität ist hier nicht unbedingt mit Unbestimmtheit gleichzusetzen, sondern meint die Vereinigung nicht leicht gegeneinander abgrenzbarer Handlungserwartungen in einer Rolle. Als herausragendes Beispiel dafür wird vielfach die Rolle der Ehefrau und Mutter angeführt, der gleichzeitig oder in schnellem Wechsel die Aufgaben der physischen Versorgung der Familienmitglieder, der Aufzucht und Erziehung des Nachwuchses, der Verwaltung und Erhaltung des Haushalts, der Haushaltsressourcen, der emotionalen Sorge, der Garantie des familialen Zusammenhalts, der Erfüllung der sexuellen Partnerrolle, der Pflege kranker Familienmitglieder, der aufmerksamen Gastgeberin und Unterhalterin usw. zukommt. Im idealtypischen Gegensatz dazu stehen die (spezifischen) Berufsrollen, die auf einen bestimmten Aufgabenbereich beschränkt sind, bei denen zunächst eine Funktion im Vordergrund steht und die in aller Regel nur zu umschriebenen Zeiten zu erfüllen sind. Es ist plausibel, daß Verhaltenssicherheit in diffusen Rollen schwieriger zu erlangen und durchzuhalten ist als in spezifischen Rollen, da in jenen die Rollenfähigkeit eher als selbstverständlich vorausgesetzt wird als in diesen, zumeist mit förmlichem Training verbundenen Rollen. Ferner bewirkt funktionale Diffusität vielfach, daß die Rollenleistung schwer einschätzbar, schon gar nicht meßbar und selbst für den Akteur nicht recht greifbar ist, so daß Gratifikationen, wenn überhaupt gewährt, ebenso diffus wie arbiträr sind. Das schlägt sich selbst noch dort nieder, wo diffuse Rollen als berufliche Rollen in Erscheinung treten (z.B. Pflegeberufe), so daß dort, wo es möglich ist, im Rollenverhalten die spezifischen Aspekte der Funktionen hervorgehoben werden, um Anerkennung zu finden. Spezifische Rollen haben hinsichtlich des Rollenverhaltens im Idealfalle den Vorteil, daß ihre Funktion klar umrissen und in ihrer Bedeutung erkennbarer, daß der Handlungserfolg eher einschätzbar ist und Gratifikationen zumindest materiell adäquat erfolgen. Im Extremfall der Spezialisierung erfüllt sich zwar der Grad der Beherrschungsmöglichkeit von Aufgaben (nach entsprechender, zumeist aufwendiger Vorbereitung), vielfach sogar das Prestige der Tätigkeit und damit des Akteurs; es verengt sich aber zugleich der Spielraum für das Rollenverhalten, und zwar entweder durch realen Kompetenzverlust in benachbarten Bereichen der noch komplexeren spezifischen Rolle oder durch organisatorische Verfügung der Beschränkung auf diese und nur diese Spezialität, wodurch durchaus vorhandene Handlungsfähigkeiten brachliegen müssen.

Literatur: *D. Claessens,* Rolle und Macht. München 1968. *U. Gerhardt,* Rollenanalyse und kritische Soziologie. Neuwied 1971. *E. Goffman,* Wir alle spielen Theater. München 1969. *E. Goffman,* Stigma. Frankfurt/M. 1975. *W. J. Goode,* Eine Theorie des Rollenstress. In: *H. Hartmann* (Hrsg.), Moderne amerikanische Soziologie. Stuttgart 1973. *W. Mertens,* Psychoanalyse. Stuttgart 1981. *H.-E. Richter,* Eltern-Kind-Neurose. Reinbek 1970.

Prof. Dr. *Johann Jürgen Rohde,* Hannover

Rollenattribute
relevante Merkmale zur Unterscheidung sozialer →Rollen.

Rollendistanz
→Rollentheorie.

Rollenhandeln
⇒Rollenverhalten.

Rollenkonflikt
→Rollentheorie.

Rollenspiel
Methode zur Vermittlung sozialer Kompetenzen. Der Übende erhält die Anweisung eine →Rolle, deren Ausübung ihm Schwierigkeiten bereitet, unter vorgegebenen Bedingungen spielerisch darzustellen und kann sein Verhalten an Hand der Rückmeldungen, die er bekommt, korrigieren. Das Rollenspiel ist gelegentlich Bestandteil gruppentherapeutischer Verfahren (→Gruppentherapie, →Psychodrama).

Rollentheorie
Wenn auch der Begriff der Rolle ein überwiegend soziologischer ist so beinhaltet er wichtige sozial psychologische Aspekte des menschlichen Verhaltens, die eine Betrachtung aus beiden Perspektiven verdienen.

Soziale Rolle. Die soziale Rolle kann als Verhaltensbeschreibung aus der Perspektive der sozialen Situation charakterisiert werden. Dieser Begriff beschreibt nicht die artifizielle Rolle z.B. eines Schauspielers, doch legt die metaphorische Charakterisierung Shakespeare's nahe: „All the world is a stage,/And all the men and women are merely players:/They have their exits and their entrances;/And one man in his time plays many parts,/His act being seven ages.“ (aus: As You Like It)

Die zuletzt genannte dramaturgische Konzeption der Rolle wird dennoch von *Goffman* (1961) aufgegriffen und zwischen der Rolle auf und hinter der Bühne differenziert. Diese Trennung zwischen einer quasi fiktiven Rolle, mit der sich der Spieler nicht zu identifizieren braucht und der echten Rolle, ist nicht immer zu vollziehen, wenn man →hysterisch oder →exhibitionistisch, →cholerisch bedingte persönliche bzw. auch kulturell ethnisch etc. bedingte Verhaltensweisen berücksichtigt.

In diesem Zusammenhang kann im Rahmen der Rollenbetrachtung das wichtige soziale Element der Normen einbezogen werden. *Normen* können als gemeinsame, übliche Leitlinien des Verhaltens und sozialen Umgangs miteinander (z.B. Begrüßungsformen) definiert werden und können u.a. gruppenspezifische, subkulturelle, kulturelle, ethnische u.v.a. Unterschiede aufweisen. Im sozialen Prozeß der menschlichen Entwicklung werden neue Rollen auch spielerisch erlernt und durch die kulturellen Werte und Standards bzw. Normen der gegebenen sozialen Umwelt mitgeprägt, wobei im sozialen Wandel auch die traditionellen Normen modifiziert werden. Nota bene, sei in diesem Zusammenhang auf den therapeutischen Stellenwert des Erlernen neuer Rollen im *Gruppen-Rollenspiel* hingewiesen.

Unter Beachtung des verfügbaren Rollenrepertoirs kann die *soziale Rolle* daher als Verhalten des Einzelnen aus der Warte der gegebenen sozialen Situation definiert werden. Ähnlich formulieren *Scheuch* u. *Kutsch* (1972), die „Rolle als eine dem Individuum zugemutete Verhaltensregelung zu verstehen- als eine Zumutung, die ihren Höhepunkt erreiche, wenn die Rolle vom Individuum als Teil seines Selbst empfunden werde". Auch *Sarbin* (1954) definiert die Rolle als „musterähnliche Folge von erlernten Aktionen oder durch eine Person durchgeführten erlernten Tätigkeiten in einer interaktionellen Situation". Die obigen kongruenten Definitionen weichen oft von denen der deutschen Autoren ab (vgl. *Dahrendorf* 1964), indem die Rolle eher als eine Standardisierung einer an das Individuum gestellten Verhaltenserwartung oder sogar Forderung verstanden wird. Nota bene, wenn alle betroffenen voneinander die gleiche oder ähnliche quasi von außen herangetragene Forderung an das Verhalten des anderen stellen, ist dies keine äußere sondern zumindest eine durch die Gemeinschaftsmitglieder bereits internalisierte Haltung, d.h. ein generell sozial geprägtes Verhaltensmuster. Eine Aufteilung in „Rollenstandardformulierer mit Erwartungsansprüchen an andere bzw. auch Rollenhüter" einerseits und „Befolger bzw. Zubefolgende bzw. Anpasser" andererseits, macht diese wenig realistische Definition kaum brauchbar. Die allgemein akzeptablen und gültigen Normen sollten daher nicht mit der Rolle als Erwartungskonzeption gleichgesetzt werden.

Einen weiteren Aspekt der Formulierung der Rollentheorie spielt neben der Norm der *Status*. Dabei scheint die seinerzeit durch *Linton* (1936) formulierte quasi →Kongruenz bzw. das Junktim der Begriffe Status und Rolle auch andere Autoren beeinflußt zu haben. *Linton* meint, daß „eine Rolle den dynamischen Aspekt des Status darstellt". Es gäbe auch keine Rollen ohne Status und umgekehrt. „Jedes Individuum verfügt über eine Reihe von Rollen, die von verschiedenen Mustern, an welchen er teilhat, ableitet und zur gleichen Zeit eine Rolle, generell, die die Gesamtsumme dieser Rollen darstellt und die determiniert, was er für die Gesellschaft tut und was er davon zu erwarten hat". Letztgenannter kumulativer Begriff ist mit gesellschaftlichen Status, Position und Ansehen gleichzusetzen. Den Begriffszusammenhang Status (= Position) und Rolle greift auch *Dahrendorf* auf und hebt den Komplex der Erwartungen an eine Position bzw. Status als eine soziale Rolle besonders hervor. Es wird eine Reihe an Erwartungen an den Rollenträger gestellt und zwar: Rollenattribute – Erscheinungsbild (z.B. u.a. Bekleidung) und entsprechendes Verhalten. Hinzu kommen rechtlich geregelte (Zwangs- bzw. Muß)-Erwartungen, die neben weiteren Soll- bzw. Kann-Erwartungen mit unterschiedlichen negativen Sanktionen bzw. Belohnungsschemata verknüpft sind. Demnach bedeutet die soziale Rolle einen Komplex von Erwartungen, die an eine Position gestellt werden und ein dominierendes „soziales Superego". Die Konzeptionen von Status und Rolle (nach *Linton*) wurden im Prinzip auch von *Parsons* (1951), übernommen. Der dualistischen Konzeption von Status und Rolle tritt *Nadel* (1957) entgegen; er lehnt die Koexistenz der beiden Begriffe ab, insbesondere da das Statuskonzept auf einer Beobachtung und Perzeption des bzw. der Betrachter basiert. Er sieht die Rolle als Begriff für eine Kategorie von Personen, die sich durch einen Satz von normativen und persönlichen Attributen unterscheiden, d.h. im Lichte eines Gruppenkonzeptes. Zudem charakterisiert die Rolle die Verteilung von sozial akzeptierten Eigenschaften (z.B. Alter, Abstammung u.a.) der Mitglieder der Gesellschaft. Bezüglich des Status ist zwischen dem zugeschriebenem und erworbenem Status zu unterscheiden. Der *zugeschriebene Status* ist einer, der einer Person durch Geburt oder während der verschiedenen Lebensstadien oder Zyklen zugeschrieben wird (z.B. Geschlecht, Rasse, Kronprinz, Kind, Greis, etc.) und Einfluß auf eigenes Verhalten und die Einstellung anderer zu ihr beeinflußt. Als *erworbener Status* gilt die soziale Position, die durch eigene Leistungen erreicht wurde. (z.B. Arzt, Künstler, Erfinder, etc.).

Im Rahmen eines zwischen Status und Rolle weniger differenzierten Verhältnisses weist *Merton* (1957) darauf hin, daß der Status mehr als eine soziale Beziehung beinhaltet, und er spricht eher von einem *Rollen-Satz* generell, während *Scheuch* von einer *Rollenkonfiguration* (d.h. von einer gewissen unterschiedlichen Rollenzusammensetzung spricht). Es erscheint dem Autor wichtig in diesem Zusammenhang generell von einem *Rollen-repertoir* zu sprechen (z.B. Mann, Ehemann, Vater, Sohn, Bruder, Schwiegersohn, Arbeitnehmer, Industrieangestellter, Gewerktschaftsmitglied, Vorgesetzter, Arbeitskollege, Untergebener, Sportler, Parteimitglied, Gesangsvereinmitglied, Verbraucher, Autofahrer, Fußgänger, etc.), welches sowohl die potentielle Verhaltenskapazität des Einzelnen als eine gewisse auch situationelle bzw. transitorische Konstellation der Rollen darstellt. Einige Konstellationen können Quellen von *Rollenkonflikten* sein (z.B. Produktionsleiter-Gewerkschaftsmitglied; Ehemann-Ehefrau-Schwiegermutter etc.). Von einer *Rollendistanz* kann man sprechen, wenn der Rolleninhaber sich seiner Rolle (zeitweise) entledigt, d.h. wenn das →Ego über die Rolle dominiert (z.B. Ein Bürokrat entscheidet nicht nach offiziellem Kodex sondern nach „menschlichen" Aspekten). Letztes zeigt den psychogischen Aspekt.

Rollentheorie in ihrer psychologischen Perspektive. Obwohl der Begriff Rolle eher der Soziologie zuzurechnen ist, scheint es wichtig, daß es um ein Verhalten des Rollenträgers gegenüber den anderen geht. So definiert *Sarbin* (1954) die „Rolle als eine musterartige Reihenfolge erlernter Aktionen und Taten, die eine Person in einer interaktionellen Situation durchführt". Es ist auch wichtig, aus psychologischer Perspektive hinzuweisen, daß es zuerst das individuelle Verhalten gibt, das auf das soziale Betragen hinweist und dies summarisch in die allgemeinen Normen einfließt und interaktionell beeinflußt. In der Betrachtung der Rolle muß darauf hingewiesen werden, daß es ungeachtet der Stufe der sozialen Entwicklung stets Rollenrepertoirs gab, wobei man jedoch einräumen muß, daß die Zahl der Rollen gestiegen ist, jedoch kaum die Intensität der mannigfaltigen sozialen Kontakte. Aus psychologischer Sicht der Rollentheorie kann konstatiert werden, daß eine angepaßte Person eine Vielzahl der Rollen harmonisch integriert und daß es zu keinen wesentlichen Rollenkonflikt, Rollendominanz, spannungsgeladener Überlappung oder zwanghaften Monorollen kommt (letzteres z.B. fabelähnlich zugeschrieben einem preußischen Offizier, der gleiches Rollenverhalten auf dem Kasernenhof, im Kinderzimmer und Schlafzimmer aufweist). Zeitweise wurde auch dem Konzept der Rollenkonflikte gruppen-soziologisch-ideologisch ungebührlich viel Aufmerksamkeit gewidmet, wobei unbeachtet blieb, daß gerade das breite Repertoir der Rollen und die vielfachen →sozialen Interaktionen der psychischen Integration und Ausgewogenheit einer →Persönlichkeit förderlich sind und sich somit auch makro-sozial auswirken. Nichtsdestoweniger können etwaige →Aberrationen in gewissen Rollenkonstellationen und Abweichungen im Rollenverhalten aus psychologischer und therapeutischer Warte (→Psychotherapie) betrachtet werden und die ursprüngliche soziale Dimension wertvoll und nachhaltig erweitern.

Literatur: *R. Dahrendorf,* Homo Sociologicus. Ein Versuch zur Geschichte, Bedeutung und Kritik der Kategorie der sozialen Rolle (5. Aufl.). Köln 1964. *E. Goffman,* Encounters. Indianapolis 1961. *R. Linton,* The Study of Man. New York 1936. *R. K. Merton,* Social Theory and Social Structure. Glencoe 1957. *S. F. Nadel,* The Theory of Social Structure. Glencoe 1957. *T. Parsons,* The Social System, Glencoe 1951. *T. R. Sarbin,* Role Theory. In: *G. Lindzey* (Ed.), Handbook of Social Psychology, Vol. I. Cambridge 1954. *E. K. Scheuch/Th. Kutsch,* Grundbegriffe der Soziologie 1. Stuttgart 1972.

Prof. Dr. *Romuald Schicke,* Hannover

Rollenübernahme

1. die Übernahme einer bestimmten →Rolle aus dem Repertoire des Rollenangebots (→Rollenverhalten);

2. die Einschätzung des →Selbst aus der Sicht des Anderen, die auf der Fähigkeit beruht, sich in den Anderen hineinzuversetzen und sich selbst aus der Sicht des Anderen zu sehen. Hierbei handelt es sich um einen Prozeß des Erkennens der →Identität, die einem selbst vom Anderen zugeschrieben wird und die es einem ermöglicht, die sich daraus ergebenden Implikationen für das eigene Erleben und Handeln vorwegzunehmen.

Rollenverhalten

Rollenverhalten, auch *Rollenhandeln,* (engl. role behaviour, role execution, role performance, role enactment) läßt sich definieren als das im Prinzip beobachtbare tatsächliche Verhalten und/ oder Handeln des Inhabers einer →sozialen Position oder eines →sozialen Status in der dazugehörigen →Rolle (→Rollentheorie), das auf den in dieser gebündelten, mehr oder minder präzisierten und spezifizierten Verhaltenserwartungen beruht, die dem Akteur (Rollenträger) von anderen (Interaktionspartnern, Trägern von Komplementärrollen, Bezugsgruppen, Repräsentanten sozialer Organisationen, „der Gesellschaft") entgegengebracht werden und im Idealfalle im Zuge der →Rollenübernahme von ihm zu einem großen Teil internalisiert worden sind.

Der Begriff des Rollenverhaltens markiert besonders deutlich die Schnittstelle zwischen soziologischer und (sozial-) psychologischer Betrachtungsweise menschlichen Verhaltens und Handelns (→Handlung). In ihm versammeln und konkretisieren sich die Einflüsse von sozio-kulturell und sozialstrukturell vorgegebenen Positionen, Rollen, normativen Rollenerwartungen, damit verbundenen (positiven und negativen) Sanktionen, von definierten oder diffusen Situationen und interaktiven Konstellationen ebenso wie die von eher persongebundenen physischen, psychophysischen und innerpsychischen →Eigenschaften, Fähigkeiten, bewußten wie unbewußten inneren Vorgängen und →Einstellungen (Attitüden).

Die damit angedeutete Komplexität des Rollenverhaltens bedeutet, daß nicht alle Komponenten des beobachtbaren Verhaltens eines Akteurs (Ego) der unmittelbaren Wahrnehmung des Interaktionspartners (Alter) oder Dritter, nämlich dem „Publikum", zugänglich sind, sondern im Wege der *Rollenperzeption* auf der Basis von Zeichen, Symbolen und (Sozialisations-) Erfahrungen auf →kognitiver und →emotionaler Ebene (→Empathie) nur erschlossen werden können. Aber auch Ego selber vollzieht einen großen, wenn nicht den größten Teil seines Rollenverhaltens, ohne daß ihm jeweils alle Bestimmungsstücke oder Determinanten seines Verhaltens, alle Komponenten des aktuellen Hand-

Rollenverhalten

lungsvollzugs bewußt oder/und unmittelbar zugänglich sind. Dies gilt nicht etwa allein oder auch nur vornehmlich für die häufigen Alltagsereignisse, in denen Egos Rollenverhalten den normativ und/oder situationell gebotenen Erwartungen von Alter (oder Publikum) nicht voll entspricht, also bei Diskrepanzen zwischen intendierter Handlung und Handlungsgeschick, zwischen verbaler Äußerung und mimisch-gestischem Ausdruck (→double-bind) oder überhaupt zwischen Handlung und Situation. Es gilt also nicht nur für die Fälle des unwillkürlichen „Sich-daneben-Benehmens" (→primäre Abweichung) und der →Fehlleistungen. Es gilt auch und gerade für die (nahezu) vollkommene Rollenausübung, in deren Fall soziale Position, Rollenerwartungen, Rollennormen, Rollenwahrnehmung, Differenzierung gegenüber anderen Rollen des Repertoires von Ego, Definition der Situation und psychomotorische Aktualisierung nicht erst bewußt und strategisch in Übereinstimmung gebracht werden müssen, sondern in die Person des Handelnden integriert, weitestgehend habitualisiert und durchaus Ich-synton sind. Phänomenologisch gesprochen (→Phänomenologie) wird dann die Rolle nicht mehr gespielt oder ausgeübt, sondern gelebt und garantiert im Idealfall eine kaum noch störbare Verhaltenssicherheit, die freilich in aller Regel nur in einem langen Prozeß der Einübung zustande kommt und ihre entscheidende Grundlegung bei der Rollenübernahme bereits in der Frühsozialisation erfährt (→Sozialisation).

Selbst wenn man sich dessen bewußt ist, daß – zumal in komplexen Gesellschaften mit hochdifferenzierten sozialen Systemen und vielfältigen nach Zeit und Ort variierenden Situationen – dem einzelnen eine Vielzahl unterschiedlicher rollenbezogener Verhaltensbereitschaften abgefordert wird und sogar diskrepante Rollen realisiert werden müssen, was einen hohen Bewußtseinsgrad des Verhaltens von Ego nötig macht, ist dennoch nicht zu übersehen, daß ein großer Teil des Rollenverhaltens sich gleichsam subkortikal, sozusagen in eingefahrenen reflexartigen Handlungssequenzen vollzieht. Die Unbewußtheit großer Teile dessen, was das Rollenverhalten bestimmt, ist sogar eine entscheidende Bedingung der Möglichkeit, sinnhaftes Handeln auf Dauer zu stellen, den Akteur (Ego) von ständiger und letztlich handlungshemmender Reflexion zu entlasten.

Unter einem weitgefaßten Gesichtspunkt läßt sich jegliches sinnhafte menschliche Verhalten und Handeln als Rollenverhalten betrachten, zumindest aber als indirekt rollenbezogen interpretieren. Dies geschieht tatsächlich bereits im Alltagsleben und nicht erst seit der Entwicklung und Veralltäglichung eines sozialpsychologischen und soziologischen Begriffsrepertoires, dessen Ursprünge sogar eher in verwissenschaftlichter Primärerfahrung zu finden sind. Hinweise dafür bieten sich in zahlreichen Redewendungen und Metaphern, die der Beschreibung, Charakterisierung und Bewertung des Verhaltens von Menschen dienen und sich wohl nicht zufällig ganz im Sinne *Shakespeares* („Die ganze Welt ist eine Bühne ...") an das →Paradigma der Theaterwelt knüpfen.

Da gibt es selbst in den banalsten Situationen den „großen Auftritt", es kommt zu einem dramatischen Dialog (z.B. zwischen Ehepartnern, bei dem der Ehemann eine „klägliche Rolle" spielt, während die Ehefrau „ganz und gar die Szene beherrscht" und der hinzutretende Sohn souverän den „Part des Vermittlers" übernimmt). („Part" ist ein Synonym für Rolle auch in →Sozialpsychologie und Soziologie.) Manch einer wird bei Verhandlungen total „überspielt" oder gar „an die Wand gespielt"; und wenn er dann nicht völlig „aus der Rolle fällt", gelingt es ihm vielleicht noch, „den Unbeteiligten zu mimen". Wer bei seinem „Auftritt" bei einer Bürgerversammlung vielleicht wegen des „Lampenfiebers" wiederholt „Patzer" begeht, nur mit „Hängern" über seinen

Rollenverhalten

Text wegkommt, wer seine Rolle „nicht rüberbringt“, womöglich „die ganze Szene schmeißt“, kann froh sein, wenn die anderen ihm wenigstens noch zu „einem guten Abgang“ verhelfen, ihn nicht mit einem „ab durch die Mitte!“ (dies eine klassische Regieanweisung) völlig „aus dem Spiel“ bringen und ihn damit endgültig in die „Rolle des Versagers“ abschieben. „Hinter den Kulissen“ mag er sich dann freilich als Opferlamm „aufspielen“ und kundtun, er sei schließlich „zu dieser Rolle verdonnert worden“, der er sich ohnehin (noch) nicht gewachsen gefühlt habe. Der Boß (Regisseur?) sei ja bekannt dafür, daß er seine Leute „falsch einsetze“.

So gesehen wäre die Alltagswirklichkeit menschlichen Verhaltens (bloße) Theaterwirklichkeit, gesellschaftliche Wirklichkeit ein einziges vielgestaltiges Rollenspiel, gleichsam ein Tanz der Puppen, bei dem nur noch zu fragen ist, wer oder was die Puppen tanzen läßt. Seitdem Sozialpsychologie und (etwas später) auch Soziologie etwa Anfang der 20er Jahre dieses Jahrhunderts begonnen hatten, das Rollenkonzept zu entwickeln, um es dann zu einem grundlegenden Topos symbolisch-interaktionistischer und strukturell-funktionaler Theorien zu machen, sind Rollenbegriff und → Rollentheorie immer wieder kontrovers diskutiert worden, freilich vornehmlich im Einflußbereich bestimmter sozialwissenschaftlicher und sozialphilosophischer Denktraditionen, die der existenziellen Problematik des Verhältnisses zwischen Individuum und Gesellschaft, Selbstbestimmung und Fremdbestimmung, Autonomie und Zwang, Freiheit und Notwendigkeit verhaftet waren.

So gesehen erscheinen Rollen gleichsam als Zwangsjacken, zumindest als Masken, welche die Person angelegt oder aufgesetzt bekommt oder sich nolens volens überstülpt, hinter denen sie dann verschwindet, wenn nicht gar sich selber verliert.

Aus derartigem Blickwinkel kann Rollenverhalten dann leicht als bloßes starrrituelles, geradezu marionettenhaftes, absolut rollenkonformes Verhalten (miß-)verstanden werden, im Zuge dessen durchaus vorhandene und auch zulässige Verhaltensspielräume nicht genutzt werden und dem es im Umgang mit variablen (inneren wie äußeren) Situationen, Interaktionspartnern und Rollenattributen jeglicher Autonomie und Flexibilität mangelt. Nicht zufällig gilt aber ein derartiger Ritualismus als eine Kategorie → abweichenden Verhaltens (*R. K. Merton* 1967), da er entweder auf der Unfähigkeit zu sinnvoller Rollenausübung beruht (man denke an den „seelenlos“ deklamierenden und agierenden Schauspieler!) oder aber – wie etwa im Falle des „Dienstes nach Vorschrift“ – gezielt eingesetzt wird, um auf eine Veränderung von dekretierter Rollenstruktur von Status und Situation des Rolleninhabers hinzuwirken. Durch bewußt ritualisiertes Verhalten (→ Ritual) lassen sich auffällige Rollenzwänge und sogar soziale Systeme, von denen diese ausgehen, im Grenzfall ad absurdum führen. *Ritualismus* wird dann zur Renitenz und damit zur versteckten, eigentlich unangreifbaren Form von Rebellion. (Das übergehorsame Kind, das weisungsgemäß den Mund nur aufmacht, wenn es gefragt wird und den ebenso kurzsichtigen wie autoritären Vater ohne Warnung stolpern läßt, ist dafür ein ebenso gutes Alltagsbeispiel wie der Angestellte, der weitgehend untätig bleibt, weil der Chef ihn anwies, nichts mehr zu tun, was er nicht ausdrücklich angeordnet habe.)

Damit ist nun freilich schon deutlich, daß das Verhältnis von Person oder Individuum zur Rolle nicht nur ein sozialphilosophisches Problem darstellt, sondern in seiner Problematik durchaus für jedermann erlebbar ist. Andernfalls gäbe es keinen Grund zu der Aussage, daß jemand sich in seiner Rolle nicht wohlfühle, daß er ihr nicht gerecht werden könne oder daß er in ihr völlig aufgehe. Mithin läßt sich die Frage nach dem Substrat des Rollenverhaltens, also nach dem Akteur, an den die Rollenerwartungen sich richten, der die Rolle zu übernehmen hat (übernimmt), nach dem Subjekt, das die Rolle interpretiert und gestaltet, nicht leicht ignorieren, aber auch nicht leicht beantworten.

Literatur: *E. Goffman,* Wir alle spielen Theater. München 1969. *R. K. Merton,* Social theory and social structure. New York 1967. *Th. R. Sarbin,* Role Theory. In: *G. Lindzey,* Handbook of social psychology. New York 1959

Prof. Dr. *Johann Jürgen Rohde,* Hannover

Rosenthaleffekt
systematischer Fehler bei → Experimenten, der von dem amerikanischen Experimentalpsychologen *Rosenthal* untersucht und nach ihm benannt wurde. Er konnte nachweisen, daß die Ergebnisse im Lernversuch bei Tieren und Menschen häufig durch die von ihm manipulierten Erwartungen des Versuchsleiters beeinflußt wurden. Er führt diesen Effekt darauf zurück, daß die Versuchsleiter den Versuchstieren oder Versuchspersonen, von denen sie gute Ergebnisse erwarten, mehr positive Zuwendung und Aufmerksamkeit vermitteln als denjenigen, von denen sie schlechte Ergebnisse erwarten. Auf diese Weise kommt es bei denjenigen Tieren oder Versuchspersonen, die sich erwartungsgerecht verhalten, zu einer subtilen, kaum wahrnehmbaren positiven Bekräftigung (→ Operantes Lernen) des erwarteten Verhaltens.

Rotation
→ Faktorenanalyse
→ Multivariate Datenanalyse.

Rückenmark
→ Hirnstamm.

Rückkoppelung
⇒ Feedback.

rückwärtsbedingte Reaktion
→ Klassisches Konditionieren.

Rumination
→ Eßstörung, häufig Symptom einer → Neurose, bei der es zu Hochwürgen und erneutem Durchkauen und Herunterschlucken von Mageninhalten kommt.

S

Saccaden
→Augenbewegungen.

Sadismus
→Sexuelle Störungen.

Sanktionen
→Norm.

Sattelpunkt
→Spieltheorie.

Schatten
→Analytische Psychologie.

Schemata
Gestalten, Muster (→Kindchenschema, →Körperschema), auch Struktur- und Ordnungsbegriff für →Wahrnehmungen und →kognitive Prozesse.

Schicht
→Soziale Schicht.

Schichtdeterminante
→Soziale Schicht.

Schichtmentalität
→Soziale Schicht.

schizoide Persönlichkeit
→Persönlichkeitsstörungen.

Schizophrenie
Weltweit leiden mehr als 40 Millionen Menschen an Schizophrenie. In Psychiatrischen Krankenhäusern stehen Patienten mit der Diagnose Schizophrenie an zweiter Stelle der Erstaufnahme mit 20–25%. Das lebenslange Erkrankungsrisiko beträgt etwa 1%.

Die Sizophrenie zählt zu den *endogenen →Psychosen.* Die andere Form der endogenen Psychosen sind die *affektiven Psychosen:* die *→Zyklothymnie,* die *endogene →Depression* und die *→Manie.* Der Begriff „Schizophrenie" stammt von *Eugen Bleuler* (1857–1939). Er veröffentlichte 1911 eine Monographie mit dem Titel „Dementia Praecox oder die Gruppe der Schizophrenien" und wählte die Bezeichnung „Schizophrenie", weil die wesentliche Störung in einer Aufspaltung des „Geistes" (Altgriechisch: schizo = ich spalte, phren = Geist), einer Spaltung des →Bewußtseins und der Gesamtpersönlichkeit (→Persönlichkeit), einer mangelhaften Einheit des Denkens, Fühlens und Wollens, einer elementaren Schwäche der Integration der →Triebe und →Gefühle wie des →Denkens zu liegen schien. Vorsichtig und nichts vorwegnehmend hatte Bleuler nicht von einer Krankheit, sondern von der „Gruppe der Schizophrenien" gesprochen.

Bleuler hat entscheidend die wissenschaftliche Auseinandersetzung mit dem Krankheitsbild und die psychiatrische Diagnostik in den folgenden Jahrzehnten beeinflußt, so auch die diagnostischen Systeme der Schizophrenie, wie sie in der „International Classification of Diseases" (ICD) der Weltgesundheitsorganisation (WHO) oder im „Diagnostic and Statistical Manual of Mental Disorders" (→DSM-III) der American Psychiatric Association (APA) niedergelegt ist.

Folgende Symptome beschreiben danach eine Schizophrenie: tiefgehende →Persönlichkeitsstörungen, charakteristische →Denkstörungen (Inkohärenz oder auffallende Lockerung der Assoziationen), →Wahnideen, die bizarr sein können, ein Gefühl, von fremden Mächten kontrolliert zu werden, gestörte Wahrnehmung, wie deutliche →Halluzinationen, abnormer verflachter oder deutlich inadäquater →Affekt, →Autismus. Dabei bleiben im allgemeinen ein klares Bewußtsein und die intellektuellen Fähigkeiten erhalten. Neben den beschriebenen akuten Symptomen müssen nach DSM-III kontinuierliche Anzeichen von Störungen mindestens 6 Monate lang vorliegen, und zwar in der →Prodromalphase ein deutliches Absinken der Leistungsfähigkeit vor der aktiven Störungsphase und in der →Residualphase mindestens zwei der im folgenden genannten Negativsymptome:

- soziale Isolierung und Zurückgezogenheit
- Beeinträchtigung der Rollenerfüllung im Beruf, in der Ausbildung – absonderliches Verhalten
- Vernachlässigung der Körperpflege
- abgestumpfter, verflachter oder inadäquater Affekt
- abschweifende, vage, umständliche Sprache, Verarmung der Sprache
- eigentümliche Vorstellungen oder magisches Denken
- ungewöhnliche Wahrnehmungserlebnisse
- Mangel an Initiative, Interesse oder Energie

Zur →Ätiologie der Schizophrenie gibt es vielfältige Erklärungsansätze; eindeutige Ursachen sind bis heute nicht identifiziert. Es sind jedoch eine Vielzahl von Faktoren gefunden, die zur Entstehung und Verlauf der Erkrankung beitragen:

- Es gibt gewichtige Hinweise für eine genetische Disposition; diese stammen aus Adoptions- und Zwillingsuntersuchungen.
- Die →prämorbide Persönlichkeit beeinflußt vermutlich das Erkrankungsrisiko und steht in engem Zusammenhang mit dem Krankheitsverlauf. So werden als prämorbide Eigenschaften →Schizoidie, Schüchternheit und →Introversion bei Schizophrenen häufig beschrieben.
- Eine akute Erkrankung kann leichter durch Lebensereignisse, deren Bewältigung mit Streß verbunden ist, ausgelöst werden.
- Biochemische und physiologische Faktoren werden ebenfalls zur Erklärung der Genese herangezogen. Letztere umfassen ein weites Spektrum von Konzepten wie →Arousal, Informationsverarbeitung, →Aufmerksamkeit, →Habituation etc, die mit einer Vielzahl von experimentellen Methoden und Anordnungen untersucht werden.
- Psychologische Erklärungsansätze zur Ätiologie beziehen sich zum einen auf einen entwicklungspsychologischen Ansatz, zum anderen auf Aspekte der familiären →Interaktion und →Kommunikation: Da die Familie die hauptsächliche Umwelt für das sich entwickelnde Kind darstellt, wird seine Art zu denken, wahrzunehmen und zu fühlen von den (pathologischen) Strukturen der Familie bestimmt.

Keiner dieser ätiologischen Hinweise aus den verschiedensten Bereichen kann für sich genommen die →Pathogenese der Schizophrenie erklären. Es handelt sich offenbar um ein multikausales Geschehen. Diese Erkenntnis wurde von Zubin in ein Erklärungsmodell höherer Ordnung, dem sog. → *Vulnerabilitäts-Modell* integriert.

Aus dem Gesagten ergibt sich, daß die Behandlung und Rehabilitation auch einem multifaktoriellen und multimodalen Ansatz folgen muß. Eine akute Krankheitsphase wird durch Medikamente erfolgreich behandelt. Dies sind die sog. Neuroleptika, die sich in die Gruppen Phenothiazine bzw. Butyrophenone und deren Derivate und in das Clozapin einteilen lassen. Der klinisch-therapeutische Effekt der Neuroleptika beruht auf ihrer dämpfenden Wirkung auf die vorwiegend akute Symptomatik wie Denkstörungen, Halluzinationen, psychotisches Wahndenken, schizophrene Ich-Störungen, katatone Verhaltensstörungen, affektive Spannungen, aggressives Verhalten und psychomotorische Erregungszustände.

Die sog. Negativsymptomatik wie Apathie, Antriebslosigkeit, Affektverflachung oder soziale Zurückgezogenheit können am ehesten durch psychotherapeutische Behandlungsmethoden (→Psychotherapie) beeinflußt werden. Hier haben sich verhaltenstherapeutische (→Verhaltenstherapie) Ansätze als die am wirksamsten ergeben. Unter diesen ragen drei Ansätze, die eine positive Wirkung zeigen, deutlich heraus; dies sind:

- das Training sozialer Fähigkeiten,
- die Familientherapieprogramme,
- das integrierte psychologische Therapieprogramm für schizophrene Patienten (IPT), das von der Arbeitsgruppe um Brenner aufgebaut wurde.

Das letztgenannte Programm beinhaltet die folgenden fünf Komponenten: Kognitive Differenzierung, soziale Wahrnehmung, verbale Kommunikation, soziale Fertigkeiten, interpersonelles Problemlösen.

Durch diese Behandlungsprogramme können bei einem Patienten angemessenes Bewältigungsverhalten und gute soziale Kompetenz und soziale Fähigkeiten gezielt wieder aufgebaut werden, um dadurch →Streß und Vulnerabilität und daraus folgend das Rückfallrisiko und das soziale Versagen zu vermindern.

Literatur: *S. Arieti,* Schizophrenie. München 1986. *K. Dörner/U. Plog,* Irren ist menschlich. Wunstorf 1978. *E. Kringlen,* Contributions of genetic studies in schizophrenia. In: *H. Häfner et al.* (Eds.), Search for the causes of schizophrenia. Berlin 1987. *J. Zubin/B. Spring,* Vulnerability – a new view of schizophrenia. J. Abnorm. Psychol., 1977, 86, 103–126.

Prof. Dr. *Eibe-Rudolf Rey,* Mannheim

Schizozyklothymie

Manifestation schizothymer und zyklothymer Merkmale in ein und derselben Person (→Schizothymie, →Zyklothymie).

Schlaf

1. *Einführung:* Seit dem Altertum haben Schlaf und →Traum den Menschen fasziniert. Von einer wissenschaftlichen Schlafforschung kann man erst seit diesem Jahrhundert sprechen. Ihre Erkenntnisse wurden durch folgende Entdeckungen vorangebracht:

a) durch den im Jahre 1929 durch *Berger* erbrachten Nachweis spontaner elektrischer Potentialschwankungen des menschlichen Gehirns mit Hilfe des →Elektroencephalogramms (EEG),

b) durch die Entdeckung diskreter, immer wiederkehrender Schlafstadien durch *Loomis* im Jahre 1937,

c) durch die Unterscheidung zweier Schlafformen, des REM-Schlafes (rapid eye movements) und des Non-REM-Schlafes, durch *Aserinsky* u. *Kleitman* im Jahre 1953 und

d) durch die Entdeckung der Schlafzyklen durch *Dement* u. *Kleitman* im Jahre 1957.

Zur Bestimmung der drei Bewußtseinszustände Wachsein, REM-Schlaf und Non-REM-Schlaf dient bis heute das allgemein anerkannte standardisierte Klassifikationsschema von *Rechtschaffen* u. *Kales* (1968).

2. *Die Schlafstadien:* Ihre Bestimmung basiert außer auf den Informationen des EEGs auf denen des →Elektrookulogramms (EOG) und des →Elektromyogramms (EMG). In Schlaflabors können zu diagnostischen Zwecken zusätzliche physiologische Schlafparameter erfaßt werden. Folgende Stadien werden unterschieden (s. Abb. S. 302).

2.1 *Entspannter Wachzustand:* Im EEG überwiegt der „Alpha-Rhythmus" (→Alpha-Wellen), d.h. Wellen mit einer Frequenz von 8–14 Hz, zwischen denen unregelmäßige →Beta-Wellen (15–35 Hz) geringer Amplitude auftreten. Bei normal hohem Muskeltonus bewegen sich die Augen gelegentlich unregelmäßig.

2.2 *Non-REM-Schlaf:* Er wird in vier Stadien unterteilt, in deren Verlauf die Weckschwelle steigt.

Stadium S1: Bei einer Alpha-Aktivität von weniger als 50% treten vor allem Beta- und langsamere →Theta-Wellen (4–7 Hz) geringer Amplitude auf, mit der Annäherung an Stadium 2 immer deutlicher.

Stadium S2: Es ist durch Theta-Wellen sowie durch das spontane Auftreten zweier intermittierender (phasischer) Phänomene gekennzeichnet, der *Schlafspindel* (kurze, mindestens 0,5 sec. dauernde Ausbrüche von rhythmischen

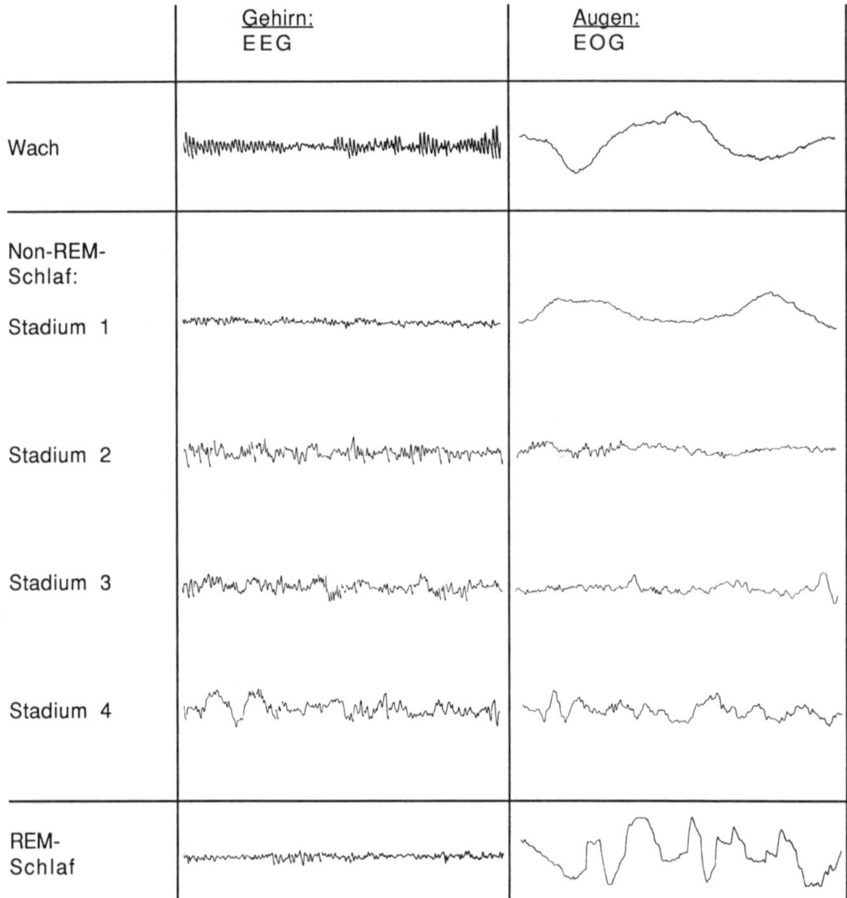

Schlafstadien nach Koella, 1988

12–14 Hz-Wellen) und K-Komplexe (Auftreten einer hochamplitudigen negativen Welle, der eine positive folgt).

Stadien S3 und S4: Kennzeichnend sind hochamplitudige (mind. 75 Mikrovolt) und langsame (0,5–3 Hz) Delta-Wellen. Beide Stadien werden zusammen als „*slow wave sleep*" (SWS), Delta- oder Tiefschlaf bezeichnet. Beträgt die Delta-Aktivität 20–50%, wird Stadium 3 signiert, liegt ihr Anteil bei mehr als 50%, Stadium 4.

2.3 *REM-Schlaf:* Das EEG-Muster ähnelt dem in S1, die Weckschwelle entspricht etwa der in S2. Es treten eine Reihe physiologischer Veränderungen auf, sowohl tonischer Art (Erhöhung des cerebralen Blutflusses, der Hirntemperatur und des O_2-Bedarfs, starker Abfall des Muskeltonus) als auch phasischer Art (rasche →Augenbewegungen, Muskelzuckungen in Gesicht, Armen und Beinen, Peniserektionen beim Mann). Die Erhöhung der Variabilität von Blutdruck, Puls und Atemfrequenz deuten auf eine allgemeine autonome Dysregulation während dieser Phase hin.

3. *Der REM-Non-REM-Zyklus:* Die Schlafstadien weisen eine typische Abfolge auf (s. Abb.).

Aus dem Wachzustand gelangt der Schläfer über das Einschlafstadium S1 in die Non-REM-Stufen S2–S4. Idealerweise tauchen dann wieder S3 und S2 auf, bevor nach 70–90 Minuten die erste REM-Phase beginnt. Diese Abfolge wiederholt sich während des Nachtschlafes eines gesunden jungen Erwachsenen 4–5 mal. Die typischen Schlafanteile bei einem jungen Erwachsenen betragen etwa: 50% S2, 25% REM, 10% S3, 10% S4 und 5% S1. Insgesamt zeigt der subjektive Schlafbedarf beträchtliche interindividuelle Schwankungen, doch ist über deren Ursachen nichts bekannt.

Die Dauer eines Schlafzyklus schwankt zwischen 70 und 120 Minuten, wobei sich im Verlauf der Nacht REM- und Non-REM-Anteile gegenläufig verändern: Es tritt zunehmend weniger SWS auf, oft nur in den ersten beiden Zyklen. Mit Ausnahme bei Älteren ist die REM-Episode im 1. Zyklus am kürzesten und wird in den nachfolgenden zunehmend ausgeprägter. Deshalb haben Langschläfer im allgemeinen mehr REM-Schlaf als Kurzschläfer. Dieser natürliche Zuwachs kann bei der → endogenen Depression dahingehend verändert sein, daß die 1. REM-Phase besonders lange dauert. Die Zeit bis zum Beginn der 1. REM-Phase, die REM-Latenz, ändert sich ebenfalls bei bestimmten körperlichen Veränderungen, wie → Narkolepsie und → Depression.

4. *Schlafstadien und Alter:* Lebenszeitliche Veränderungen des Schlafes betreffen zum einen die Gesamtschlafzeit (total sleep time, TST), die von täglich 16 Stunden im Säuglingsalter bereits in der Kindheit sinkt, sich im jungen Erwachsenenalter bei 7–8 Stunden stabilisiert und im hohen Alter noch einmal abnimmt. Auch die Anzahl der Stadienwechsel erhöht sich im Alter: ältere Schläfer haben weniger S3- und S4-Schlaf und wachen häufiger auf als jüngere Erwachsene.

Der REM-Schlaf-Anteil sinkt vom Säuglings- und Kindesalter (etwa 50%) bis zum Erwachsenenalter ständig ab (auf 20–25%). Er bleibt stabil bis zum hohen Alter, wann er nochmals leicht sinkt. Auch das Ausmaß an Delta-Schlaf S4 ist im Säuglingsalter am höchsten.

5. *Funktion des Schlafes:* Die Frage nach der Funktion des Schlafes ist bisher weitgehend ungeklärt geblieben. Theorien über die Funktion des Schlafes lassen sich in zwei Gruppen einteilen, die sich gegenseitig nicht ausschließen. Dem *Regenerationsmodell* (*Hartmann* 1973),

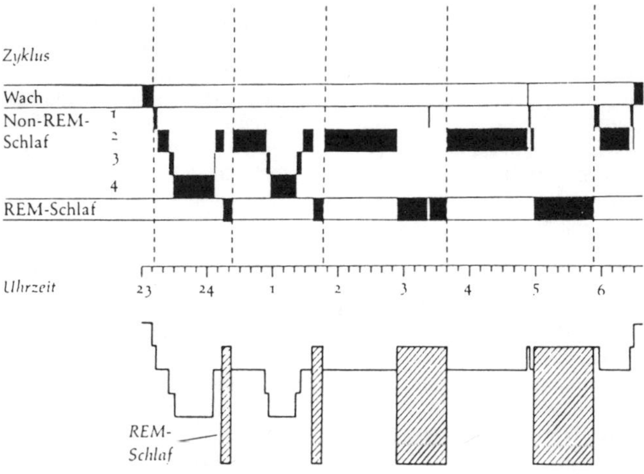

wonach Schlaf vor allem der Eiweißsynthese und Erneuerung von Körpergewebe dient, steht das *Erholungsmodell* gegenüber (z.B. *Meddis* 1977), das den Schlaf als instinktives Verhalten (→Instinkt) zur Rationalisierung des Energieverbrauches und zum Schutz des Organismus auffaßt.

Untersuchungen zur Funktion des Schlafes haben sich meist der Methode der *Schlafdeprivation* bedient. Man unterscheidet drei Formen: Erst nach längerem experimentellen Gesamtschlafentzug von bis zu 205 Stunden zeigen sich vorübergehende deutlich nachweisbare Beeinträchtigungen verschiedener neurologischer und psychologischer Parameter, wie →Vigilanz und →Befindlichkeits. Dagegen wirkt sich bei depressiven Patienten Gesamtschlafentzug zumindest kurzfristig positiv aus.

Selektiver Entzug von Schlafstadien und partieller Entzug des Schlafs der 2. Nachthälfte (überwiegend REM-Schlaf) führen in der Erholungsphase sowohl nach S4- als nach REM-Schlafentzug zu einem sog. *„rebound"-Phänomen:* Zunächst tritt bis zu seiner Normalisierung (1–2 Nächte lang) der S4-Schlaf verstärkt auf, der REM-Schlaf ist 3–4 Tage vermehrt. Bei gezieltem REM-Schlafentzug treten REM-Phasen zunehmend gehäuft auf (REM-Druck), so daß die Vpn immer häufiger geweckt werden müssen.

6. *Schlafregulation:* Die Schlafregulation ist ein aktiver, komplexer neuronaler und metabolischer Vorgang. Das Schlafverhalten steht in Zusammenhang mit physiologischen Veränderungen, wobei dem →Aufsteigenden Retikulären Aktivationssystem große Bedeutung zukommt. Die Regulation verschiedener tagesperiodischer physiologischer Funktionen geht vor allem von lokalisierbaren Zellregionen im →Mittelhirn, →Pons und →Hirnstamm aus, wobei den an diese gekoppelten →Neurotransmittern differentielle Funktionen zukommen. Die →serotonerge Aktivität scheint für den SWS und die Initiierung des REM-Schlafes verantwortlich zu sein, die →adrenerge für den REM-Schlaf und andere tagesperiodische physiologische Veränderungen. Nach dem zur Zeit elaboriertesten Modell zur Schlafregulation, dem 2-Prozeß-Modell (*Borbely* 1984), hängt das Schlafbedürfnis sowohl von der Dauer der voraufgegangenen Wachphase (homöostatischer Schlafprozeß S) als auch von tagesrhythmischen Prozessen ab (circadianer Prozeß C). Das Ausmaß an Tiefschlaf erhöht sich deutlicher in Abhängigkeit von der voraufgegangenen Wachzeit. Der REM-Schlaf dagegen wird stärker von der Tageszeit beeinflußt. Ein überzeugender Nachweis der Bedeutung körpereigener Schlafstoffe (Hypnotoxine) für die physiologische Schlafregulation konnte bisher nicht erbracht werden. Die Auswirkung einiger Hormone, z.B. →Thyroxin, auf den Schlaf ist hingegen nachgewiesen worden. Gegenwärtig richten sich die intensivsten Forschungsbemühungen auf die Untersuchung eines „Deltaschlaf-induzierenden Peptides" (DSIP) (*Mendelson* 1987).

7. *Traum:* Aufgrund der hohen Anzahl von Traumberichten nach Weckung aus dem REM-Schlaf wurde diese Schlafform zunächst mit dem Traumschlaf gleichgesetzt. Doch Träume treten während beider Schlafformen auf; REM-Träume unterscheiden sich lediglich von Non-REM-Träumen durch ihre ausgeprägtere Lebhaftigkeit und Prägnanz der oft visuellen Vorstellungen. Träume beider Schlafformen nehmen im Verlauf der Nacht an „Traumhaftigkeit" zu. Heute wird daher zwischen verschiedenen Graden der Traumhaftigkeit unterschieden.

Die *tiefenpsychologische Traumdeutung* nach *Freud* hat trotz unzureichender empirischer Basis großen Einfluß: Sie faßt den Traum als Wächter des Schlafes auf, insofern er einen Kompromiß zwischen den unbewußten Triebwünschen (→Psychoanalyse) und den im Schlaf herabgesetzten Kontrollfunktionen des →Ich darstellt.

8. *Schlafstörungen:* Das Interesse der Psychologen am Schlaf als komplizier-

tem psycho-physiologischen Vorgang, der auf vielfältige Einflußfaktoren sehr sensibel reagiert, richtet sich vor allem auf seine mannigfaltigen Störungsformen. Zur diagnostischen Einteilung von Schlafstörungen sieht das DSM-III-R folgendes differenzierte Klassifikationsschema vor. Unterschieden werden

1. *Dyssomnien:* Beeinträchtigungen hinsichtlich Dauer, Qualität und Zeitpunkt des Schlafs:

1.1. Insomnien
a) aufgrund einer anderen psychischen Störung (nichtorganisch), b) aufgrund einer bekannten organischen Erkrankung, c) primäre Insomnien (unabhängig von einer bekannten physischen oder psychischen Krankheit).

1.2. Hypersomnien
Untergliederung a–c wie bei 1.1.

1.3. Störungen des Wach-Schlaf-Rhythmus: a) häufig wechselnder Typ, b) vorverlagerter Typ, c) verzögerter Typ.

1.4. Andere Dyssomnien.

2. *Parasomnien:* Abnorme Ereignisse während des Schlafs oder an der Schwelle zwischen Wachsein und Schlaf:

2.1. Angstträume (Alpträume),
2.2. Pavor nocturnus,
2.3. Schlafwandeln,
2.4. Andere Parasomnien.

Schlafstörungen können vielfältige Ursachen haben. Ist eine kausale Therapie möglich, bessert sich die Störung schnell. Dabei sind der medikamentösen Behandlung wegen des hohen psychischen und physischen Abhängigkeitspotentials enge Grenzen gesetzt. 17% der Schlafgestörten leiden unter sog. psychophysiologischen Ein- und Durchschlafstörungen, bei denen keine organischen und psychiatrischen Symptome auftreten und die auf eine allgemeine Übererregbarkeit zurückgeführt werden. Gerade bei diesem Störungsbild haben sich nicht-medikamentöse Maßnahmen bewährt, vor allem verschiedene verhaltenstherapeutische Techniken (→Verhaltenstherapie) wie Entspannungsverfahren (→Entspannungstraining) und Schlafhygiene-Maßnahmen.

9. *Medikamente:* Zur medikamentösen Beeinflussung des Schlafs werden heute vor allem Benzodiazepine eingesetzt, die in unüberschaubarer Anzahl auf den Markt drängen und die früher verwendeten Barbiturate weitestgehend verdrängt haben. Sie gehören zu den am meisten verschriebenen Medikamenten überhaupt. In ihrer Wirkung auf den Schlaf und auf das Tagesbefinden unterscheiden sie sich vor allem durch ihre pharmakokinetischen Eigenschaften. Benzodiazepine mit längeren Penetrationszeiten sind die Ursache für den sog. „hang-over"-Effekt am Morgen, der durch Gefühle der Zerschlagenheit und Beeinträchtigungen der Konzentrations- und Reaktionsfähigkeit gekennzeichnet ist. Alle Schlafmittel und Alkohol verändern den physiologischen Schlaf, da sie sowohl REM- als auch S4-Schlaf reduzieren. Sie führen zu psychischer →Abhängigkeit und Toleranzsentwicklung und bei abruptem Absetzen zu einem Rebound. Sie sollten deshalb nur in begründeten Ausnahmen zur Langzeittherapie eingesetzt werden.

Literatur: *A. A. Borbely,* Das Geheimnis des Schlafs. Stuttgart 1984. *E. Hartmann,* The functions of sleep. New Haven 1973. W. P. Koella, Die Physiologie des Schlafes, Stuttgart 1988. *R. Meddis,* The sleep instinct. London 1977. *W. B. Mendelson,* Human Sleep, London 1987. *A. Rechtschaffen/A. Kales,* A manual of standarized terminology, techniques, and scoring system for sleep stages of human subjects. Brain Information Service/ Brain Research Institute, 1968, 1–60.

Dipl.-Psych. *Annelie Scharfenstein,* Marburg

Schlaf-Wach-Verhalten
→Circardiane Periodik.

Schlafdeprivation
→Schlaf.

Schlafspindeln
→Schlaf.

Schlafstadien
→Schlaf.

Schlafstörungen
→Schlaf.

Schlafwandeln
⇒Somnambulismus
nächtliches Herumlaufen oder Ausführen irgendwelcher Tätigkeiten, oft bei Vollmond, verbunden mit →retrograder Amnesie.

Schlüsselreiz
⇒Kennreiz
→Angeborener Auslösemechanismus.

schlußfolgerndes Denken
→Denken.

Schmerz
Schmerz ist – nach der Definition der International Association for the Study of Pain IASP – ein unangenehmes Sinnes- und Gefühlserlebnis, das mit aktueller oder potentieller Gewebsschädigung verbunden ist oder doch mit Begriffen einer solchen Schädigung beschrieben wird. Diese umfassende aber unscharfe Definition enthält mehr oder weniger explizit relativ unabhängige Aspekte des Schmerzes: den (1) *sensorisch-diskriminativen* Aspekt (Wahrnehmung von z.B. Stärke, Dauer und Lokalisation des Schmerzes), den (2) *affektiv-motivationalen* (den Schmerz begleitende Gefühle und Verhaltenssteuerungen) und den (3) *kognitiv-evaluativen* (bewertende und in den Lebenszusammenhang einordnende Analyse des Schmerzgeschehens). Als Aspekte des Schmerzgeschehens können außerdem die diesbezüglichen motorischen und →vegetativen Reaktionen gesehen werden.

Schmerzen bilden für Patienten in allen medizinischen Fachgebieten den häufigsten Anlaß, einen Arzt aufzusuchen. Entsprechend verzweigt sind in den verschiedensten medizinischen Fachbereichen und in vielen Nachbarwissenschaften diagnostische, therapeutische, organmedizinische und psychosoziale Erfahrungen über Schmerz akumuliert worden. Wieviele Defizite aber noch insgesamt in diesem Feld bestehen – z.T. wohl auch wegen der verstreuten Zuständigkeiten – zeigt eindrucksvoll eine Expertise zur Lage der Schmerzforschung und zur Versorgung chronischer Schmerzpatienten in der Bundesrepublik Deutschland (*Zimmermann* u. *Seemann* 1986).

Forschungsgeleitete Verbesserungen in der Schmerztherapie und Bemühungen aus allen Fachrichtungen um das Schließen therapeutischer Lücken richten sich vor allem auf chronischen Schmerz, definiert als länger als 6 Monate andauernd. *Chronischer Schmerz* wird wegen seiner deutlichen Unterschiede zum *akuten* Schmerz auch als eigenständige Schmerzkrankheit bezeichnet, da die funktionale Bedeutung des akuten Schmerzes als Alarmsignal („der bellende Wachhund der Gesundheit") nicht mehr erkennbar ist und der chronifizierte Schmerz gravierende zusätzliche physiologische, psychologische und soziale Bedingungen schafft. Nach 6 Monaten (bis zu Jahren und Jahrzehnten) vergeblicher Therapieansätze (Patienten durchlaufen eine Odysse von Arzt zu Arzt und zu paramedizinischen Behandlungsformen; jeder „Strohhalm" wird ergriffen) stellt der unbehandelbare, therapieresistente Schmerz eine schwere Belastungsprobe nicht nur für den Patienten dar. (vgl. das sog. psychogene Schmerzsyndrom nach →DSM III bzw. die somatoforme Schmerzstörung nach DSM III R).

Der Arzt ist es gewohnt, viele vom Patienten vorgetragene Beschwerden apparativ, z.B. mit Labor- und anderen Meßwerten, zu objektivieren. Daß aber Schmerzbeschwerden bis heute nicht objektivierbar sind, sondern letztlich die subjektive Aussage des Patienten geglaubt werden muß, mag für manche Ärzte ans Ärgerliche grenzen. Erst vor diesem Hintergrund versteht man solche letztlich medizinisch wie psychologisch unhaltbaren Einschätzungen, ein Patient übertreibe seinen Schmerz (→Aggravation) oder es handele sich gar um eingebildeten Schmerz. (Beim vorgetäuschten, simulierten Schmerz liegt eine prinzipiell eruierbare Absicht des Patienten vor, derartige Situationen sind aber im schmerztherapeutischen Alltag eher selten, sodaß eine detektivische Grundhaltung eher unangemessen erscheint). In den meisten Fällen haben sich Ärzte eine (nur halbbewußte) Erfahrungsstatistik gebildet, etwa derart, daß die → modale Reaktion auf z.B. postoperative Schmerzen bekannt ist. Diese Kenntnis der zentralen Tendenz muß aber ergänzt, für die klinische Urteilsbildung geradezu korrigiert werden durch die Ergebnisse klinischer wie experimenteller Studien, die vorallem und immer wieder eine *maximale Streuung* von Schmerzreaktionen auf relativ standardisierte Schmerzreize zeigen.

Man muß also immer, sogar beim Vorliegen einer bekannten Schmerzursache, mit dem breitesten Spektrum subjektiver Reaktionen von staunenswerter Klaglosigkeit („ein Indianer fühlt keinen Schmerz") bis zu stärksten Klagen und entsprechendem Drängen z.B. nach Medikation rechnen.

In der Entwicklung der Schmerzforschung hat sich innerhalb der klinischen Auffassung vom Schmerz ein bedeutsamer → Paradigmawechsel vollzogen: Zunächst ging eine eindimensionale, sozusagen „Klingelknopf-Theorie" davon aus, daß Schmerz peripher ausgelöst wird, über Nervenleitungen zentralwärts gemeldet und dann in zuständigen Hirnregionen erkannt und beantwortet wird, beispielsweise durch Auslösung motorischer Reaktionen. Seit *Melzack* u. *Wall* 1965 ihre inzwischen vieldiskutierte „Gate-Control"-Theorie vorlegten, ergibt sich ein prinzipiell anderes Modell: Neben den → zentripetal (afferent) einströmenden Impulsen ist die Bedeutung → zentrifugaler (efferenter), vom Gehirn abwärts gerichteter Einflüsse erkannt, die den Schmerzimpulsen weit vor dem Zentrum auf Rückenmarksebene (substantia gelatinosa) begegnen und den Einstrom zügeln und hemmen. Modifizierend wirken vor allem folgende psychologische Variablen: Informiertheitsgrad, Angstausmaß (→ Angst), → Aufmerksamkeit bzw. Ablenkung und Aktivität (vgl. Abb.).

Zur Biochemie und Neurophysiologie von → Nozizeption und Schmerz s. *Zimmermann* u. *Handwerker* (1984), dort besonders auch zum Stand der Debatte um körpereigene, endogene Morphine → Endorphine.

Schmerzmessung im Labor steht unter einer Reihe anderer Vorzeichen als Schmerzerlebnisse im klinischen Alltag. Akute oder chronische Schmerzen, die durch Unfall, Krankheit, Operation o.ä. entstehen, halten in der Regel länger an als experimentelle Schmerzreize, sind weniger voraussagbar und kontrollierbar, lassen sich z.B. nicht relativ beliebig unterbrechen und sind daher meist wesentlich stärker angstauslösend (→ Angst). Dennoch erbringen Laborexperimente mit Schmerz zumindest Modellvorstellungen, die sich z.T. direkt auch auf klinisch-psychologische Bedingungen übertragen lassen. So läßt sich z.B. zeigen, welch große Bedeutung tatsächliche oder vermeintliche subjektive

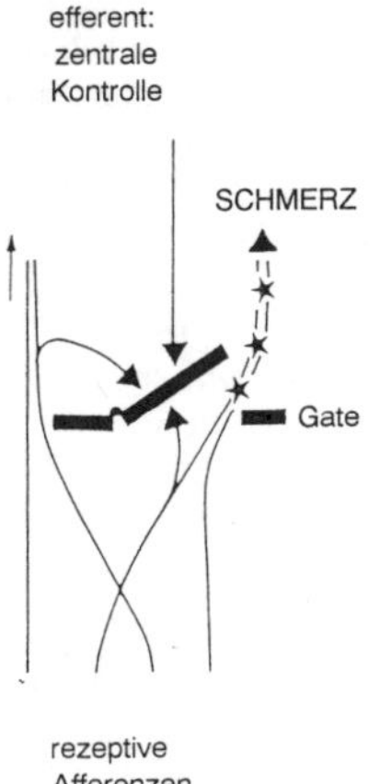

Gate-Control-Theorie
(mod.nach Zimmermann u.Handwerker 1984)

Einflußnahmen auf Schmerzverlauf und -ausmaß haben.

Versuche, Schmerz zu messen, wurden in Form experimenteller Versuchspläne (→Versuchsplanung) vor allem von der pharmakologischen Forschung zur Bestimmung →analgetischer Effekte von Medikamenten vorangetrieben. Zur experimentellen Schmerzauslösung steht ein breites Spektrum von →Reizen zur Verfügung: thermische Reize (Wärme, Kälte), chemische (verschiedene schmerzauslösende Substanzen), mechanische (Druck, z.B. auf die Achillessehne, oder Auslösung ischämischer Schmerzen per Druckmanschette) oder elektrische Reize. Verschiedene Meß- und Registriertechniken führen aber alle nicht über die subjektiven Aussagen der Versuchspersonen hinaus. Die neueste und aufwendigste Form experimenteller Schmerzmessung strebt die Möglichkeit an, schmerzspezifische körperliche Reaktionen zu registrieren, erstmals ohne unmittelbar auf subjektive Antworten angewiesen zu sein: Als Reiz wird ein Laser eingesetzt, der so punktuell wirkt, daß von der Reizung eines einzelnen →Rezeptors ausgegangen werden kann. Mit der Technik der →evozierten Potentiale werden →EEG-Signale statistisch (→Statistik) auf das Eintreffen des experimentellen →Stimulus hin untersucht (unter Berücksichtigung der bekannten Nervenleitgeschwindigkeiten und unter statistischer Absicherung gegen vielfältige →Artefakte). Bestimmte Hirnantwortmuster korrelieren (→Korrelation) dabei so hoch mit subjektiven Schmerzaussagen, daß im Einzelfall auch ohne subjektive Angaben mit hoher →Wahrscheinlichkeit auf Schmerzempfindungen geschlosssen werden kann.

Wenn von Patienten in schriftlicher Form Auskünfte über Schmerzen eingeholt werden, dann werden am häufigsten 3–7stufige verbale *Einstufungsskalen* (→Skalierung) verwendet. Die Stufen bieten Ankerbegriffe zur Beschreibung der erlebten Schmerzintensität in der Form von Adjektiven. Desweiteren wurden schon 1921 *graphische Skalen* zur Schmerzmessung vorgeschlagen. In kritischen Vergleichen sehr verschiedener Formen graphischer Schmerzskalen wurde in den letzten Jahren immer mehr die sog. *Visuelle Analogskala (VAS)* mit senkrechter Linie ohne Intervallmarkierungen und nur mit den Ankerbegriffen „kein Schmerz“ am Fußpunkt der Skala und „unerträglicher Schmerz“ am oberen Ende als die günstigste Lösung ermittelt. Der Patient markiert zwischen den Extremen beliebig (= kontinuierlich, = analog) die Stelle, die seinem subjektiven Schmerzempfinden entspricht. Bei der Auswertung dürfen dann allerdings nicht mehr als 20 Intervalle differenziert werden, da Menschen nur höchstens etwa 20 Äquivalenzklassen (i.S. von →Unterschiedsschwellen) der Schmerzintensität unterscheiden können.

Aber die Art, wie ein Mensch seinen Schmerz erlebt, läßt sich nicht auf der *Intensitäts-Dimension* allein abbilden. Daneben müssen verschiedene *Schmerzqualitäten* erfaßt werden: (1) *Empfindungsqualitäten* der Schmerzerfahrung in Begriffen von Zeit, Raum, Druck, Wärme u.a., (2) *Stimmungsqualitäten* in Begriffen von Spannung, →Furcht und körperinternen Wahrnehmungen und (3) *Urteilsqualitäten,* die das subjektiv wahrgenommene vollständige Ausmaß der Schmerzerfahrung umschließen. Der bekannteste Fragebogen, der versucht, in diesem Sinne Schmerzqualitäten zu erfassen, ist das *Mc-Gill-Questionnaire,* ursprünglich (1971) in englischer Sprache, unterdessen in viele Sprachen übertragen. Die Registrierung von Schmerzintensitäten und die Erfassung von subjektiven Erlebnisqualitäten des Schmerzes deckt aber noch nicht die große Zahl von spezifischen Alltagserfahrungen ab, die ein chronisch Schmerzkranker im Umfeld seiner Schmerzen erlebt. Diesen Aspekt vorallem geht das *Illness Behavior Questionnaire* (IBQ) von *Pilowsky* und *Spence* an.

Art und Ausmaß von Schmerzäußerungen lösen bestimmte Haltungen und Reaktionen im sozialen Umfeld aus und unterliegen damit einem Lernprozeß (→Lernen), in dessen Verlauf ein Individuum lernt, welche Äußerungsformen und Verhaltensweisen als angemessen bei Schmerz gelten. Im ethnischen Vergleich, im kulturhistorischen Vergleich und bei der Beobachtung geschlechtsspezifischer Differenzen im Schmerzverhalten wird vor allem das Ergebnis unterschiedlicher *Schmerzsozialisation* sichtbar.

Ob →Persönlichkeitsunterschiede für unterschiedliche Schmerzäußerungsformen verantwortlich gemacht werden können, ist häufig untersucht worden, bleibt jedoch strittig →Extravertierte äußern leichter und direkter ihre Schmerzen und verlangen mehr Analgetika. →Introvertierte ertragen leichte wie schwere Schmerzen eher schweigend. Zwischen →Angst und Schmerzausmaß besteht ein Rückkoppelungsmechanismus. Vom Schmerz ausgelöste Angst erhöht Spannung und Schmerz, Spannung und vor allem ungeklärte Schmerzzustände erhöhen die Angst. Ähnlich enge Beziehungen bestehen zwischen →Depression und Schmerz. Die Alltagserfahrung kennt die dem Schmerz folgende Stimmungsverschlechterung. Psychiatrisch depressive Patienten entwickeln auf der anderen Seite aber häufig Schmerzbeschwerden, sodaß auch hier Ursache und Wirkung offen bleiben.

Obwohl Patienten mit Schmerzen in allen medizinischen Teilgebieten versorgt werden, sind chronisch Schmerzkranke relativ unterversorgt. Deshalb haben sich seit ca. 20 Jahren in vielen Ländern auf Schmerztherapie spezialisierte Einrichtungen gebildet: *Schmerzkliniken, Schmerzambulanzen* und spezialisierte Artzpraxen (oft von Anaesthesisten). Tragendes Element ist dabei das multidisziplinäre Vorgehen in Schmerzdiagnostik und -therapie. Anaesthesiologie, Neurologie und Psychologie (bzw. →Psychosomatik, →Psychiatrie) sind praktisch immer vertreten, viele weitere Facharztgebiete je nach Fall.

Über die verfügbaren psychologischen Verfahren bei der Behandlung von Schmerzen informieren *Keeser* und *Bullinger* (1984): →Psychotherapie, Entspannungsverfahren (vor allem →Progressive Relaxation und →Autogenes Training), →Hypnose und →Imagination, →Biofeedback, Operante Verfahren (→Operantes Lernen), Transaktionale Ansätze (→Transaktionsanalyse), kognitiv-verhaltenstherapeutische Verfahren (→Verhaltenstherapie) zur Verbesserung der Selbstkontrolle und die Technik eines Schmerz-Immunisierungs-Trainings können einzeln oder in polypragmatischen *Schmerzbewältigungsprogrammen* eingesetzt werden. Evaluierbare Ziele solcher Therapien sind meist: Reduktion von Schmerzäußerungen, Reduktion des Analgetika-Verbrauchs, Aufbau alternativer Verhaltensweisen/Reaktivierung/z.T. Ablenkung, Information und Angstreduktion.

Literatur: *R. Melzack,* Das Rätsel des Schmerzes. Stuttgart 1978. *W. Pongratz* (Hrsg.), Therapie chronischer Schmerzzustände in der Praxis. Berlin 1985. *K. Wildgrube,* Medikamentenentzug bei Schmerzpatienten. In: *H. D. Basler/C. Franz/B. Kröner-Herwig/H. P. Rehfisch/H. Seemann* (Hrsg.), Psychologische Schmerztherapie, Grundlagen, Krankheitsbilder, Behandlung. Berlin 1990. *H. U. Wittchen/J. C. Brengelmann,* Psychologische Therapie bei chronischen Schmerzpatienten. Berlin 1985. *M. Zimmermann/H. Seemann,* Der Schmerz. Berlin 1986. *M. Zimmermann/H. O. Handwerker* (Hrsg.), Schmerz, Konzepte und ärztliches Handeln. Berlin 1984.

Dr. *Klaus Wildgrube,* Hannover

Schock
körperliche oder seelische Erschütterung.

Schreibleseschwäche
⇒Legasthenie.

Schullaufbahnberatung
→Schulpsychologischer Dienst.

Schulpsychologie
→ Schulpsychologischer Dienst.

Schulpsychologischer Dienst
Schulpsychologie ist keine eigenständige angewandte Disziplin der Psychologie. Sie ist auch nicht identisch mit dem Teil der *Pädagogischen Psychologie,* der sich mit schulbezogenen Themen befaßt und zwar in zweifacher Hinsicht:

(1) Nicht alle schulbezogenen Themen, die in der Pädagogischen Psychologie behandelt wurden, sind notwendig von großer Relevanz für die Schulpsychologie.

(2) Schulpsychologen verwenden für ihre Arbeit auch Ergebnisse aus anderen psychologischen Disziplinen.

Schulpsychologie ist ein Arbeitsgebiet von Berufspsychologen im Kontext der Schule, in dem psychologisches Wissen angewandt wird. Die Beziehung der Schulpsychologie zu den angewandten psychologischen Fächern läßt sich (ohne Aussage über die relativen Anteile) etwa

Schulpsychologie in Relation zu den angewandten Fächern der Psychologie

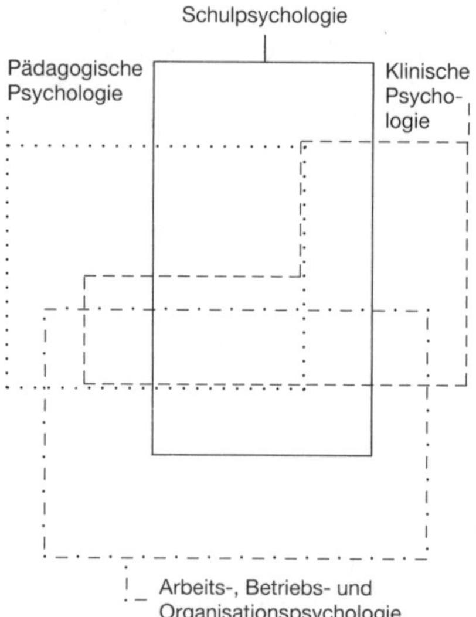

so beschreiben, wie es in der Abbildung grob vereinfachend dargestellt ist.

Je nach Können/Neigung/Ausbildung/Auftrag setzen Schulpsychologen unterschiedliche Schwerpunkte bei der Nutzung dieser Fächer und beziehen Erkenntnisse verschiedener anderer Wissenschaften mit ein wie z.B. Pädagogik, Fachdidaktiken, Soziologie. Die Aufgaben des Schulpsychologischen Dienstes werden gewöhnlich unterschieden nach: *Einzelfallhilfe, Schullaufbahnberatung* und *Systemberatung. Einzelfallhilfe* meint vor allem psychologische Beratung bei Problemen einzelner Schüler. Die Beratungsmethoden orientieren sich vor allem an den verschiedenen psychotherapeutischen Richtungen. Das führte in neuerer Zeit dazu, daß in der Folge des Einflusses systemtheoretischer Gesichtspunkte auf die Entwicklung der → Psychotherapie, vor allem der → Familientherapie, der Rahmen individueller schulpsychologischer Schülerhilfe gesprengt wurde. Damit verwischen sich sowohl die Grenzen zur → *Erziehungsberatung* – die allerdings immer schon eher bürokratischer Art waren, entsprechend den Zuständigkeiten der Erziehungsberatungsstellen und der schulpsychologischen Dienste – als auch die Grenzen zur Systemberatung. *Systemberatung* meint die Beratung von Schule und Lehrern mit dem Ziel der Optimierung des Systems „Schule" (*Berg* 1986a). Theoretische Grundlagen für diesen Arbeitsbereich von Schulpsychologen entstammen der „mental health"-Bewegung in den USA, der Organisationsentwicklung (*Redlich* u. *Schley* 1983), Kommunikationstheorien (→ Kommunikation) der → Verhaltenstherapie, der Gemeindepsychologie und ökopsychologischen Ansätzen (*Gutkin* u. *Curtis* 1982). Eine Verbindung zur Einzelfallberatung ergibt sich durch das Anliegen primärer → Prävention.

Aufgabengebiete der Systemberatung sind: Verbesserung der Organisation und Kommunikation in einzelnen Schulen, Beratung der Schule zur Gestaltung

Schulpsychologischer Dienst

des Schullebens und des Unterrichts im Hinblick auf →soziales und emotionales Lernen (→Erziehungsstile), Verbesserung schulischer Lernerfolgskontrollen als Grundlage der Individualisierung und Differenzierung des Lehrens, Umsetzung ökopsychologischer Forschung im Raum der Schule, Förderung der Kooperation von Schule und Elternhaus, Lehrerfortbildung, Förderung der Kooperation einzelner Schulen mit diversen sozialen, pädagogischen und psychologischen Diensten, Beratung der Schulverwaltung zur Vermeidung von Problemen, die durch Verwaltungsvorschriften entstehen oder unlösbar werden. Schulpsychologische Arbeit ist auf diese Weise weniger psychotherapeutisch orientiert unter besonderer Berücksichtigung auffälliger Schüler, sondern vielmehr primär präventiv. Leben und Lernen in der Schule soll mit Hilfe Schulpsychologischer Dienste – für alle Schüler und Lehrer – so gestaltet werden, daß die Probleme, die in der Einzelfallarbeit zu lösen wären, minimiert werden. Diese systemberatenden Maßnahmen beziehen sich nicht nur auf schulspezifische Problemfelder, sondern auch auf solche, die aus der Gesellschaft in die Schule hineinwirken: z.B. zunehmende Scheidungsraten, AIDS-Prävention, unglaubwürdige Politiker, Dauerarbeitslosigkeit von Eltern, Kritische Lebensereignisse (→Life events) bei Eltern und Schülern, Zukunftsangst, mögen hierzu als aktuelle Stichworte genügen (*Berg* 1986b).

Schullaufbahnberatung soll Schülern und Eltern helfen, sich in den immer zahlreicher werdenden Varianten von Schularten, Übergangsbestimmungen und Einschränkungen, die mit dem Besuch mancher Schulen für spätere Bildungsgänge verbunden sind, zurechtzufinden. Hier kommt es vordringlich darauf an, daß der Berater sich in den unübersichtlichen, in stetiger Revision befindlichen Bestimmungen des Schulsystems auskennt. In der Regel sind aber Probleme beim Finden der passenden Schulart nur ein Symptom für weitere beratungsbedürftige Probleme des Schülers.

Die letzte repräsentative Befragung von Schulpsychologen der Bundesrepublik Deutschland ergab folgende Verteilung der Arbeitszeit auf diese Schwerpunkte (→Mediane): Einzelfallberatung: 50%, Systemberatung: 35%, Schullaufbahnberatung: 10%. Für wünschenswert hielten die befragten Schulpsychologen: 35% Einzelfallberatung, 50% Systemberatung, 10% Schullaufbahnberatung (*Berg* 1985).

Schulpsychologie in Deutschland ist stärker als alle anderen Berufsfelder im Bildungssystem mit der Frage nach ihrer Legitimation konfrontiert. Die Notwendigkeit schulpsychologischer Arbeit ergibt sich sowohl aus den „Reibungsverlusten" der Schule (1983 blieben über 56000 Schüler ohne jeden Schulabschluß, beinahe 260000 blieben sitzen, 63000 schlossen die Schule früher ab als in der Schulart vorgesehen, 193000 besuchten die Sonderschule für Lernbehinderte (vgl. Statistisches Bundesamt 1984), als auch daraus, daß die Lehrkräfte unzureichend darauf vorbereitet sind, psychische Belastungen der Schüler durch ihre Umwelt richtig zu erkennen und für Schüler förderlich damit umzugehen. Die Notwendigkeit schulpsychologischer Arbeit wird auch durch epidemiologische Studien deutlich, denen zufolge nach Einschätzung von Lehrern 5%–10% der Schüler wegen Verhaltensauffälligkeiten schulpsychologischer Hilfe bedürfen (*Bäuerlein et al.* 1988). Mit Hilfe psychologischer Kompetenz lassen sich solche Reibungsverluste und manche Belastungen, die Schüler mit in die Schule bringen, reduzieren.

Die Schulpsychologie in der Bundesrepublik Deutschland ist dafür allerdings relativ schlecht gerüstet: Zwischen 750 und 800 Schulpsychologen gibt es, über 1000 mehr müßten es sein, damit die Planungsvorgabe der Kultusministerkonferenz von 1973 1:5000 erreicht wäre. Auch diese Relation wäre noch wenig günstig verglichen mit anderen Ländern wie Dänemark (1:1400), Norwegen (1:2200) oder Frankreich (1:2400 allein im Grundschulbereich). Im israelischen Teil von Jerusalem gibt es mehr Schulpsychologen als in Bayern.

Schulpsychologen müssen außer einer Ausbildung in Psychologie auch fundierte Kenntnisse in der Pädagogik und Fachdidaktik haben, um ihre Aufgaben in der Schule erfüllen zu können. Deshalb ist in den meisten Bundesländern sowohl das Diplom in Psychologie als auch ein abgeschlossenes Lehramtsstudium Einstellungsvoraussetzung. Diesem sehr umfangreichen Studienaufwand versucht das Land Bayern mit einem Studiengang „Psychologie mit schulpsychologischem Schwerpunkt" im Rahmen eines Lehramtsstudiums, dessen Dauer regulär um ein Jahr verlängert wird, seit 1978 zu begegnen. Der Schwerpunkt schulpsychologischer Arbeit hat sich im Lauf ihrer Entwicklung mehrfach verlagert: Von der selektiv orientierten Diagnostik (→Psychodiagnostik) zu therapeutisch orientierten Interventionen, von der Einzelfallberatung zur systematisch orientierten Beratung des Umfelds eines „Einzelfalls" und zur primär präventiv ausgerichteten Systemberatung, von der „Psychologisierung" der Schule zur „Pädagogisierung" der Schulpsychologie.

Literatur: *U. Bäuerlein/D. Berg/T. Strauch,* Häufigkeiten von Lernschwierigkeiten in der Grundschule. Z. f. Päd. 1988. *D. Berg,* Bericht über eine Umfrage zur Tätigkeit und Ausbildung von Schulpsychologen. In: *M. Greuer-Werner/L. Hellfritsch/H. Heyse* (Hrsg.), Berichte aus Schulpsychologie und Bildungsberatung. Bonn 1985. *D. Berg,* Inhalte und Methoden schulpsychologischer Systemberatung. In: *H. Heyse* (Hrsg.), Erziehung in der Schule – Eine Herausforderung für die Schulpsychologie, Ber. 7. Bundeskonf. für Schulpsychologie und Bildungsberatung, BDP. Bonn 1986a. *D. Berg,* Gesellschaftliche Forderungen an die Schulpsychologie. In: A. Schorr (Hrsg.), 13. Kongr. f. Angew. Psych. Bd. 2, Bonn 1986b. *T. B. Gutkin/M. J. Curtis,* School-Based Consultation, Theory and Technique. In: *C. R. Reynolds/T. B. Gutkin* (Eds.), The Handbook of School Psychology. New York 1982. *A. Redlich/W. Schley* (Hrsg.), Systembezogene Beratung in der Schule, Materialien aus der Beratungsstelle für soziales Lernen am Fachbereich Psychologie der Universität Hamburg, Bd. 6, 1983. *Statist. Bundesamt Wiesbaden,* Allgemeines Schulwesen 1983. Bildung u. Kultur, Fachser. 11, R. 1. Stuttgart 1984.

Prof. Dr. *Detlef Berg,* Bamberg

Schultest
→Psychodiagnostik.

Schwachsinn
→Geistige Behinderung.

Schwierigkeitsindex
→Itemanalyse.

Score
numerisches Ergebnis eines →Tests.

Scoring
Bewertung eines Testergebnisses (→Test).

Seelenbild
→Analytische Psychologie.

sekundäre Antriebe
→Motivation.

sekundäre Bedürfnisse
→Bedürfnis
→Motivation.

sekundäre Bewertung
→Streß.

sekundärer Krankheitsgewinn
→Krankheitsgewinn.

sekundäre Sozialisation
→Sozialisation.

Sekundärfaktor
→Promärfaktor
→Extraversion.

Sekundärprävention
Im Gegensatz zur Primärprävention (→Prävention), bei der es um die

Krankheitsverhinderung geht, das frühzeitige Erkennen und Behandeln von Erkrankungen zwecks Verhinderung ungünstiger Krankheitsverläufe.

Sekundärprozeß
⇒ Sekundärvorgang
→ Primärprozeß.

Sekundärvorgang
⇒ Sekundärprozeß
→ Primärprozeß.

Selbst
Der Begriff des Selbst (self) wurde von *William James* (1842–1910) eingeführt, von *G. H. Mead* (1968) entfaltet und später, auch unter dem Einfluß der Psychoanalyse, weiterentwickelt und elaboriert. Er ist (zunächst phänomenologisch) bezogen auf das Erleben von *Identität*, das sich aus den Erfahrungen mit Dingen, Körperregionen und mit anderen Personen herleitet, und er deutet sich überall da an, wo eine Aussage das Wort Ich enthält: „Ich (Selbst) rate Ihnen (→ Rollenverhalten) als Arzt (→ Rolle) ...“. Sozialpsychologisch ist das Selbst oder das Ego nicht so sehr von Handlungen und vom Verhalten her definiert, sondern hauptsächlich von Qualitäten (→ Charakterzügen, → Einstellungen, → Gefühlen und Gewohnheiten), die eine Person sich selbst zuschreibt und die ihr von anderen zugeschrieben werden, wobei freilich im Alltag wie auch in der wissenschaftlichen Betrachtung zumeist vom Verhalten auf das Selbst geschlossen werden muß. Die Aussage z.B.: „Meine Ärztin ist sehr gütig und einfühlsam“ gründet sich auf die Perzeption von Verhalten (natürlich unter Einschluß des verbalen Verhaltens), von dem aus Rückschlüsse auf Qualitäten der hinter der Arztrolle stehenden Person (ihr Selbst) gezogen werden; ein Vorgang übrigens, der sich im Prinzip nicht von den Inferenzen unterscheidet, auf die auch das wissenschaftliche Vorgehen des Psychologen verwiesen ist, der Forschungen über die „Persönlichkeit von Ärzten“ anstellt, um so zur Bestimmung von „Selbstheiten“ (assessment of selves) zu kommen. Daß Güte und Einfühlsamkeit auch Qualitäten (gleichsam Charakterattribute) sein können, die dem Inhaber bzw. Träger der Position und Rolle des Arztes als Erwartungen entgegengebracht werden (und dies in der Regel auch sind), kann hier weiter nicht stören; denn es weist 1. auf die nicht zu bestreitende enge Verknüpfung von Selbst, Rollen und → Rollenverhalten hin, 2. auf das Problem der Interaktion zwischen Selbst und (Rollen-) Verhalten und 3. auf die unterschiedlichen Verbindlichkeitsgrade und überdies Situationsabhängigkeiten von Rollenerwartungen und -normen.

Die Grundlegung des Selbst und des Ich, seine Ausformung, das Entstehen von Selbstbewußtheit und → Selbstkonzept im Sinne von Identität vollziehen sich selber bereits interaktionell, im Wechselspiel von Erwartungen und Gegenerwartungen, bedeuten also im Grunde bereits → Rollenübernahme in nuce durch → Imitation von Verhaltensweisen, durch → Introjektion von → Eigenschaften anderer und durch → Identifikation mit Partnern. Und auch das weitere „Schicksal“ und die je aktuelle Verfassung von Selbst und Ich bestimmen sich vorrangig durch Erfahrungen mit der (Rück-)Spiegelung und Sanktionierung des eigenen Verhaltens durch andere. Das Selbst erfährt sich stets in Beziehungen, aktuellen, erinnerten und antizipierten. Obwohl im Selbst nicht nur Momente und Ergebnisse rollenhafter Interaktionen, sondern auch ein mehr oder minder umfangreiches Repertoire von mehr oder minder vollständigen Rollen gleichsam inkorporiert sind, bleibt es als Substrat von Rolle, Rollenübernahme und Rollenverhalten von diesem unterschieden. Von seiner Konstitution und Verfassung her bestimmt sich die Fähigkeit zur Rollenübernahme, der Umgang mit Rollenangeboten und mit dem bereits vorhandenen Rollenrepertoire, also die Rollenauffassung, über die motorische, perzeptorische und → kognitive Kapazität, über Lernerfahrung und Lernbereitschaft, verbale und nonverbale (gestisch-mimische) Expressivität, soziale Sensitivität (→ Empathie), kommunikative Disposition (→ Kommunikation), reflexive Selbstbewußtheit und durch Selbstgewißheit. Umgekehrt kann kein Zweifel bestehen, daß Rollenerwartungen und ihr Vollzug im Rollenverhalten auf das Selbst einwirken und dieses durchdringen, im Extremfalle völlig aufsaugen können. Die „negative Seite" der Sache ist z.B. mit dem Begriff der „déformation professionelle", die „positive" mit der Feststellung gegeben, daß jemand „völlig in seiner Rolle aufgeht". In den Augen des Publikums ist er dann „nicht mehr er selbst". In sachlicher Betrachtung heißt das aber, daß nahezu jegliches Verhalten, auch das Verhalten in anderen Rollen, von der einen dominierenden Rolle bis zu einer extremen Beeinträchtigung situationsadäquater Verhaltensflexibilität hin derart kontaminiert ist, daß das Selbst zur Karikatur sowohl seiner selbst als auch der Rolle werden kann. Solch eine monomane Rollenverhaftung beschäftigt denn auch immer wieder den Witz, die Satire, die Komödie und – oft ins Tragische gewendet – die hohe Literatur. Zugleich belustigt und belästigt sie die Rollenpartner im Alltag, wenn z.B. die „Berufsmutter" unterschiedslos Mütterlichkeit exerziert, der Lehrer auch außerhalb der Schule als Schulmeister sich geriert, der Arzt der Neigung nicht widerstehen kann, jeglichen Rollenpartner zum Patienten zu machen, der Psychologe ständig exploriert und deutet, statt situationsgerecht zu kommunizieren, die Schauspielerin den Lebensmittelsupermarkt genauso Aufmerksamkeit heischend betritt wie die Bühne. Es ist freilich nicht zu übersehen, daß solche Deformation des Selbst durch bestimmte Rollen sich auf Erwartungen gründet, wonach diese nur mit besonderer Hingabe zu erfüllen seien, daß man in ihnen „aufgehen" müsse. Andererseits ist aber nochmals zu betonen, daß jedermann zur Selbstvergewisserung und Selbsterhaltung auf Rollen und Rollenverhalten in der Selbstdarstellung angewiesen ist. Rollenlosigkeit, Rollenunsicherheit und Rollenverlust sind nachweislich psycho- und soziopathogene Momente.

Im ganzen muß man wohl der Ansicht folgen, daß Selbst und Rolle gleichsam ein Koordinatensystem bilden, innerhalb dessen ceteris paribus das Rollenverhalten lokalisierbar ist, daß Selbst und Rolle also weder parallel noch unbedingt antagonistisch zueinander gedacht werden müssen. Die figurationssoziologische Betrachtungsweise (*Elias* 1971) kritisiert überhaupt die auf eingebrachte Verdinglichung beruhende Trennung von Individuum (also Selbst) und Gesellschaft (also Rolle) und gibt einem dynamischen, prozessualen Verflechtungsmodell den Vorrang, das deutlich macht, wie wenig es Gesellschaft ohne Individuen und Individuen ohne Gesellschaft geben kann.

Literatur: *N. Elias,* Die Gesellschaft der Individuen. Frankfurt/M. 1988. *E. H. Erikson,* Identität und Lebenszyklus. Frankfurt/M. 1966. *E. Goffman,* Interaktionsrituale. Frankfurt/M. 1986. *W. James,* The priciples of psychology. New York 1890. *G. H. Mead,* Geist, Identität und Gesellschaft. Frankfurt/M. 1968. *T. Parsons,* Der Stellenwert des Identitätsbegriffs in der allgemeinen Handlungstheorie. In: *R. Döbert/J. Habermas/G. Nunner-Winkler* (Hrsg.), Entwicklung des Ichs. Königslutter 1980. *Th. R. Sarbin/V. L. Allen,* Role Theory. In: *G. Lindzey/E. Aronson,* The Handbook of Social Psychology, Vol. I (2. Aufl.). Reading (Mass.) 1968.

Prof. Dr. *Johann Jürgen Rohde,* Hannover

Selbstakzeptierung
→ Selbstkonzept.

Selbstbild
→ Selbstkonzept.

Selbstentspannung
→ Autogenes Training.

Selbsterfahrungsgruppen
→ Encounter-Gruppen.

Selbsthilfegruppen
Kleingruppen von Personen mit ähnlichen Problemen, die einander gegenseitig ohne Unterstützung eines Therapeuten (→Psychotherapie) bei der Bewältigung ihrer Probleme helfen. Ein typisches Beispiel sind die Anonymen Alkoholiker.

Selbstkonzept
Psychologischer Zentralbegriff für den Erfahrungserwerb des Menschen im Prozeß der Bewußtwerdung (→Bewußtsein) seiner selbst über sein Wesen, seine individuellen Besonderheiten und seinen Platz im System sozialer und gesellschaftlicher Zusammenhänge; Ausdruck des Selbstverständnisses der Persönlichkeit und damit ihrer Eigenidentität (→Selbst). Hier tritt die →Persönlichkeit zugleich als Objekt der Erkenntnis in Erscheinung. Selbstkonzepte sind somit interne Modellbildungen über die eigene Person. Inhaltlich handelt es sich um im Langzeitgedächtnis gespeichertes Erfahrungswissen über sich selbst, vor allem über körperliche Merkmale, über allgemeine Handlungsvoraussetzungen, erlebte und vermutete Effektivität von Verhalten in verschiedenen Anforderungssituationen und Entwicklungsziele der eigenen Person. Dieses Wissen ist als organisierte, reduzierte und zugleich verwesentlichte Nachkonstruktion der (Selbst-) Realität in Form von Schemata oder Konzepten verfügbar.

Entstehung und Wandel von Selbstkonzepten kann man als daten- und konzeptgesteuerte Verarbeitung selbstbezogener →Information beschreiben. Als Datenbasis dienen zwei Hauptquellen: 1. reflexive Informationen werden unmittelbar aus dem Umgang mit anderen Menschen oder mit Gegenständen gewonnen; 2. sie werden mittelbar über Selbstbeobachtung und Interpretationen eigenen Verhaltens generiert. Die im Gedächtnis fixierten Resultate der Verarbeitung selbstbezogener Information (auch als *„Selbstbilder"*, „Selbstschemata", „interne Selbstmodelle" bezeichnet) sind weitgehend konsistent. Sie verändern sich in Abhängigkeit von neuen (abweichenden, ergänzenden und differenzierenden) Informationen. Es ist anzunehmen, daß Selbstkonzepte nur zu Teilen dem semantischen →Gedächtnis zurechenbar sind. Erfahrungsgemäß konstituieren Selbstmodelle auch kasuistische Gedächtnisbestände. So werden wichtige selbstgezogene Erfahrungen mit zeitlich datierbaren Episoden in Verbindung gebracht und können bezogen auf Situationskomplexe als Bestandteile der →Anamnese erinnert werden.

Selbstkonzepte haben eine *Doppelfunktion*. Sie sind Widerspiegelung der eigenen Person und ihrer Wirksamkeit und zugleich aktive Funktionspotenz der Tätigkeitsregulation. Ihr funktionaler Beitrag dazu erfolgt über aktualisierte Selbstkognitionen (→Kognition), die im Zustand der Selbstaufmerksamkeit in allen Handlungsphasen wirksam werden. Aspekte des Selbstkonzeptes bedingen die Selektivität von →Perzeption und Kognition und sind Interpretationsgrundlage bei der subjektiven Modellierung der Situation. Sie determinieren die Bewältigungsbewertung in Belastungssituationen (→Coping) und das aktuelle Selbstwerterleben. Dieses entsteht als emotionale Widerspiegelung des reflektierten Verhältnisses von Handlungsanforderung und kalkulierter Handlungskompetenz. Ebenso werden alternative Handlungsziele unter Rückgriff auf reflexive Daten über das verfügbare anforderungsbezogene Handlungspotential gebildet. Das gleiche gilt für Entscheidungen, Handlungsplanung Erlebnisbewertung. Im Handlungsvollzug werden selbstbezogene Gedanken in Form „intrapersonaler →Kommunikation" auf der Grundlage des Selbstmodells aktualisiert. Ihnen kommt eine korrigierende Funktion in der Selbstregulation zu (Prozesse der Selbstkontrolle).

Aussagen zur *Struktur* des Selbstkonzeptes sind in der Regel eine von drei methodischen Strategien verpflichtet: 1. Einige wenige Gegenstandsaspekte werden auf einer generellen (situations-

und anforderungsinvarianten) Ebene als Selbstbilddimensionen beschrieben (z.B. Selbstverständnis, Selbstvertrauen, Eigenmachterleben, Integrität). Das kann für Groborientierungen zweckmäßig sein (etwa für eine Grobabschätzung der Selbstakzeptierung als Vergleich von generellem Real- und Idealkonzept in der allgemeinen Neurosendiagnostik; → Neurose, → Psychdiagnostik). 2. Um Aussagen über den Funktionswert selbstgezogener Kognitionen in der Handlungsregulation machen zu können, sind Einblicke in thematisierte Teilstrukturen vonnöten. So ist für Untersuchungen zum Leistungsverhalten das subjektive Begabungs- und Fähigkeitskonzept (→ Fähigkeit) von Belang, bei orthopädischen Rehabilitationspatienten das Selbstmodell des eigenen Körpers entsprechend der aktuellen Funktions- und Belastungsfähigkeit, bei Streßanforderungen (→ Streß) die Bewältigungserfahrung auf dem entsprechenden oder nächstverwandten Anforderungsgebiet. Für interpersonale Anforderungen haben sich das Selbstkonzept sozialer Fähigkeiten (u.a. Kommunikabilität, Dezentrierung) und Wirksamkeiten (Selbstkontroll- und Umweltkontrollbewußtsein) als relevant erwiesen. Diese Variablenbereiche konkretisieren den relativ unscharfen Begriff *„Selbstvertrauen"* in anforderungsspezifischer Form. 3. Strukturelemente des Selbstkonzepts leisten vor allem dann einen Beitrag zur Verhaltensvorhersage und Verhaltenserklärung, wenn sie aufgaben- und situationsbezogen sind und die individuelle Spezifik der Selbststruktur repräsentieren. Der hochgradigen interindividuellen Variabilität sowohl inhaltlicher als auch formaler Aspekte des Selbstkonzeptes tragen individuumspezifische Analysemethoden Rechnung (in der Forschung u.a. durch mehrdimensionale → Skalierung).

Bewertungen des Selbstkonzeptes können von einer objektivierenden Diagnostikerposition („von außen") und vom Individuum selbst vorgenommen werden. Als Kriterien des diagnostizierenden Herangehens dienen Formalaspekte (z.B. Dimensionsreichtum, Diskriminationsschärfe der Bewertung auf einer Dimension, Integration), gesellschaftlich-normative Inhalte (hinsichtlich der für das Individuum wichtigsten Selbstbeurteilungskomponenten) und der Grad an Realismus (Adäquatheit der Selbstsicht, → Veridikalität). Einen Einblick in Selbstbewertungsvorgänge geben Vergleich zwischen dem Realselbstbild („wie ich jetzt bin") und dem Idealbild (Wunschbild). Die Größe der Differenz wird i.S. von *„Selbstakzeptierung"* interpretiert, wobei eine große Selbstbild-Idealbild-Differenz (geringe Selbstakzeptierung) mit „ → Neurotizismus" und habitueller Angstbereitschaft (→ Angst) substantiell korreliert ist. Selbstbild-Fremdbild-Vergleiche geben u.a. Hinweise auf den Realitätsgrad der Selbstbeurteilung und sind wichtige Ansatzpunkte für Interventionsmaßnahmen. Eine Validierung (→ Validität) des Selbstkonzepts an Außenkriterien i.S. der klassischen → Testtheorie ist aufgrund der subjektspezifischen Gegenstandscharakteristik nicht möglich.

Ein globaler selbstbewertender Aspekt des Selbstkonzepts ist im *„Selbstwertgefühl"* gegeben. Es ist als ganzheitlicher, unmittelbar erlebter Ausdruck der Selbstbewertung anzusehen und kann für eine Person i.S. einer Durchschnittsbildung über größere Zeiträume als mehr oder weniger hoch oder niedrig angegeben werden. Intraindividuelle Schwankungen sind anforderungs- und lebensbereichsabhängig. Sie weisen selbst eine große interindividuelle Variabilität auf. Das Selbstwertgefühl wird durch das Verhältnis von eigenem → Anspruchsniveau und erreichten Erfolgen bestimmt. Modifikationsbemühungen können somit sinnvoll an der Handlungskompetenz und/oder an den Ansprüchen ansetzen. Den Begriff *Selbstkritik* konstituieren kognitive, z.T. verbalisierte Selbstbewertungselemente, während „Selbstachtung", „Selbstzufriedenheit" und „Selbstwertschätzung" den Bewertungsaspekt weniger differenziert zum Ausdruck bringen. Selbstbezogene Reflexionen sind hinsichtlich der Zeitperspektive nicht auf die gegenwärtige Person in ihrem Entwicklungsstand begrenzt, sondern haben auch Vergangenes und Zukünftiges zum Gegenstand. Somit bestehen Selbstmodelle aus retrospektiven, aktuellen und prospektiven Anteilen. Für die Persönlichkeitsentwicklung hat die in die Zukunft gerichtete Selbstreflexion ein besonderes Gewicht. In seiner konzeptualisierten Form (sog. *Zukunftskonzept*) stellt es ein in die Zukunft vorgelagertes Selbstmodell, quasi die durch den realen Lebensgang nachzuvollziehende „Projektierung" der Persönlichkeit dar. Eine solche „Zone der nächsten Entwicklung" ist nicht nur für die Handlungsregulation und für lebensbestimmende Entscheidungen relevant, sondern ist aufgrund ihres Zielcharakters als eine zukunfstbestimmende Grundmotivation (→Motivation) anzusehen. Im Unterschied zum Idealkonzept ist das Zukunftskonzept nicht an ideal-normativen Inhalten ausgerichtet, sondern subjektiv-realiter unter dem Gesichtspunkt der individuellen Erreichbarkeit aufgebaut. Die Differenz zwischen Ideal- und Zukunftskonzept bringt zum Ausdruck, wie weit das vermeintlich zu Erreichende von dem idealiter Wünschbaren entfernt bleiben wird. Bei der →Rehabilitation von psychisch und somatisch Kranken und im Prozeß der →Krankheitsbewältigung spielt das Zukunftskonzept eine zentrale Rolle. Es kommt vor allem darauf an, die planende Modellierung der eigenen Zukunft anzuregen und den entstandenen objektiven Gegebenheiten gemäß realistisch zu gestalten. So werden sich z.B. die Konzeptinhalte von Herzinfarktpatienten von denen Querschnittsgelähmter deutlich unterscheiden müssen, wobei noch hochgradige Individualsierungen hinzukommen. Irreale Erreichbarkeitsreflexionen enttäuschen den Patienten bald. Das Nichtausschöpfen von Möglichkeiten bedeutet Behinderung von Persönlichkeitsentwicklung und vergebener Lebensqualität.

Aufgrund der unmittelbaren Verbundenheit mit existentiellen Sinnfragen, mit Persönlichkeitsidentität (→Identität) und emotionaler Betroffenheit ist der Selbstbildbereich ein sensibel auf *Stabilisierung* ausgerichtetes Regulationsfeld. Selbstkonzeptdivergente Informationen können durch →Assimilation selbstbildkongruent interpretiert und aufgenommen werden oder sind Anlaß zur konzeptverändernden Akkomodation an die Information. Realitätsverzerrende Strategien sind z.B. im Mechanismus des Ignorierens (Nichtberücksichtigung konzeptdissonanter Informtionsanteile) und im Symbolisieren (Uminterpretation von Fakten) gegeben (→Dissonanz, →Abwehrmechanismen). Sie schotten von Erfahrungsbildung ab, führen zu rigiden Selbstkonzepten (→Rigidität) und somit zu gravierenden Einschränkungen der Handlungsfähigkeit und Persönlichkeitsentwicklung. Erfolgreiche →*Psychotherapie* verändert in der Regel das Selbstkonzept, indem sich das Real-Selbst dem Idealkonzept annähert, der Selbstwert ansteigt, die Selbstsicht (zuweilen auch das Idealkonzept) realistischer werden, sich das Zukunftskonzept durch konkretisierte Ziele differenziert und den Person- und Lebensbedingungen adäquater wird und der Mensch selbstbezogene Informationen „erfahrungsoffen" zuzulassen und zu verarbeiten in der Lage ist.

Literatur: *S. H. Filipp* (Hg.), Selbstkonzept-Forschung. Stuttgart 1979. *H. D. Mummendey,* Selbstwertgefühl, In: *H. E. Euler/H. Mandl,* Emotionspsychologie, München 1983, S. 244–248. *H. Schröder/H. Petermann/K. Reschke/R. Ködel/S. Schmieder,* Zur Struktur und Funktion sozialer Umweltkonzepte und Selbstkonzepte der Persönlichkeit, Karl-Marx-Univ. Leipzig, Teil 1: 1982, Teil 2: 1984. *H. Schröder* (Hg.), Beiträge zur Pathopsychologie der Persönlichkeit, Psychotherapie u. Grenzgebiete, Bd. 6, Leipzig 1984. *I. I. Tschesnokowa,* Das Selbstbewußtsein der Persönlichkeit, In: *E. W. Schorochowa* (Hg.), Zur Psychologie der Persönlichkeit, Berlin 1976.

Prof. Dr. *Harry Schröder,* Leipzig

Selbstmedikation
→Arzneimittelkonsum.

Selbstsicherheitstraining
Methode der →Verhaltenstherapie mit dem Ziel, Hemmungen gegenüber Anderen, Selbstunsicherheiten und Kritikängste zu behandeln. Dabei werden Übungen unterschiedlichen Schwierigkeitsgrades absolviert, die vom →Rollenspiel bis zur Konfrontation mit realen Problemsituationen reichen (z.B. das Verlassen eines Geschäfts ohne etwas zu kaufen).

Selbststeuerung
⇒Homöostase.

Selbstverständlichkeiten
→Norm.

Selbstvertrauen
→Selbstkonzept.

Selbstverwirklichung
→Gesprächspsychotherapie
→Humanistische Psychologie.

Selbstwertgefühl
die Akzeptierung der eigenen Person (Selbstachtung) oder das Ausmaß, in dem sich jemand vor dem Hintergrund seiner persönlichen Wertvorstellungen positiv einschätzt, im Gegensatz zum →Minderwertigkeitskomplex.

self-fulfilling prophecy
eine sich selbst bestätigende Vorhersage. Durch →Erwartung wird die Wahrscheinlichkeit für das Eintreten des vorhergesagten Ereignisses erhöht (→Rosenthal-Effekt).

Self-Report-Methode
→Viszerozeption.

semantischer Raum
Fordert man Personen auf, das Gegenteil von „Liebe" zu benennen, so werden sie in der Regel „Haß" antworten oder für „männlich" als Gegensatz „weiblich" benennen. Unmännlich wirkende Personen wirken jedoch nicht unbedingt feminin und unweibliche Personen nicht unbedingt maskulin. *Adrogyne* Personen können eine attraktive Mischung beider Komponenten darstellen. Haß und Liebe schließen einander ebenfalls nicht aus, man kennt auch „Haß-Liebe". Diese Diskrepanz zwischen der als logisch erlebten Gegensätzlichkeit und der gefühlsmäßig erlebten Vereinbarkeit von Begriffen und Vorstellungen ist darauf zurückzuführen, daß Begriffe eine *denotative,* d.h. aus dem rationalen Sinnzusammenhang her abgeleitete und eine eher assoziativ-emotionale *(konnotative)* Bedeutung haben. Die konnotative Bedeutung von Begriffen läßt sich mit Hilfe des →*Polaritätenprofils* erfassen. Unterzieht man die mit dieser Methode gewonnenen Begriffsassoziationen einer →Faktorenanalyse, so erhält man in der Regel zwei bis drei Faktoren oder Dimensionen, die man als semantischen Raum bezeichnet. Die meisten Begriffe lassen sich in diesem zwei- bis dreidimensionalen Koordinatensystem lokalisieren, wobei ihre konnotative Ähnlichkeit durch die Distanz innerhalb dieses Raumes definiert ist.

semantisches Differential
⇒Polaritätenprofil
→semantischer Raum.

sensible Phase
→Prägung.

Sensitivierung
einfühlsam, empfänglich machen, z.B. für Sinnesreize, Probleme anderer Menschen.

Sensitization
→Repression-Sensitization.

Sensitizer
→Repression-Sensitization.

sensorische Aphasie
→Sprachstörungen
→Großhirn.

sensorische Deprivation
→Deprivation.

sensorische Dissoziation
⇒Empfindungsdissoziation
→Dissoziation.

sensorische Integration
→Motorik.

Septumkerne
→limbisches System.

Sequentialstatistik
→Statistik.

sequentielle Pläne
→Versuchsplanung.

serotonerges System
durch Serotoninausschüttung bedingte Veränderungen der Körperfunktionen, insbesondere der Peristaltikanregung und der Muskeltonussteigerung im Atmungstrakt.

Set-Point
⇒Body-Weight-Set-Point
→Adipositas.

Sexflash
→Sexuelle Reaktion.

Sexismus
→Sexualität.

Sexualität
Der Begriff Sexualität bezeichnet einen unscharf umrissenen Erlebens- und Verhaltensbereich und weckt →Assoziationen und →Emotionen, die auch von den jeweiligen epochalen soziokulturellen Ideen zu diesem Bereich und seiner Entwicklung im Leben des Individuums abhängen. Sexualität meint Geschlechtlichkeit, genauer Zweigeschlechtlichkeit. Im evolutionären Sinn ist zweigeschlechtliche Fortplanzung ein Mittel zur Erhöhung der genetischen Variabilität. Um sie zustande kommen zu lassen, müssen zwei Geschlechter morphologisch und verhaltensmäßig unterschiedlich ausgeformt sein und muß Anziehung zwischen ihnen aufkommen, die schließlich zu sexuellem Verhalten im engeren Sinne führt. Insofern meint Sexualität bzw. Geschlechtlichkeit zwei verschiedene, wenn auch eng aufeinander bezogene Sachverhalte: einerseits die Entwicklung einer *Geschlechtsidentität* als Mann oder Frau einschließlich rollentypischer Verhaltensweisen (→Rollenverhalten) und andererseits den Bereich der Anziehung vom anderen (oder auch vom gleichen) Geschlecht und des Bedürfnisses nach körperlicher Annäherung.

Die Beziehung zwischen Sexualität und Fortpflanzung dürfte den frühen Menschen nicht klar bewußt gewesen sein. In den letzten Jahrzehnten ist diese Beziehung, unterstützt zunächst durch wirksame Antikonzeption, derzeit durch die Fortschritte der Reproduktionsmedizin, nahezu völlig aufgehoben worden. Als Leitidee wird sie nach wie vor propagiert von der kathologischen Kirche. Es gibt aber auch Hypothesen, die sexuelles Verhalten aus biologischen, fortpflanzungsbezogenen →Dispositionen begründen, so z.B. die männliche Neigung zu →Promiskuität und die stärkere Beziehungs- und Reproduktionsabhängigkeit der weiblichen Sexualität. Offen, auf jeden Fall starkem Wandel seit dem letzten Jahrhundert unterworfen, ist auch die Bedeutung der Sexualität für die Paarbeziehung. Die Gegenwart zeigt eine Bedeutungserhöhung der sexuellen Beziehung im Verbund mit einer narzißtischen (→Narzismus) Überforderung der Partnerbeziehung selbst.

Sexualität wird mitunter abgegrenzt gegenüber *Erotik,* wobei letzterer Begriff dann meist mehr →emotionale, sinnliche oder die →Attraktion bezeichnende Aspekte meint. Bedeutsamer ist die Beziehung zwischen Sexualität und *Liebe.* Hier scheinen geschlechtsspezifische Unterschiede derart zu bestehen, daß bei Frauen die sexuelle Ansprechbarkeit stark vom Vorhandensein emotionaler Zuneigung abhängt, während bei Männern der Zusammenhang eher in die umgekehrte Richtung geht, teils auch aufgehoben wird durch eine feindseligkeitsassoziierte sexuelle Ansprechbarkeit.

Die wissenschaftliche Beschäftigung mit Sexualität geschieht einerseits in soziokultureller Sicht, andererseits in biographisch-individuumzentrierter Betrachtungsweise. Bei ersterer interessieren die Ideen der Sexualität, die zu einer bestimmten Zeit in einer bestimmten Gesellschaft vorherrschend sind, bei letzterer die Bedeutung, der Stellenwert, das innere Modell von Sexualität als Ergebnis der →Entwicklung eines Individuums von früher Kindheit an. In soziokultureller Sicht zeigt sich eine Entwicklung von einer noch zu Beginn des Jahrhunderts vorherrschenden Sexualrestriktivität hin zu sexueller Freizügigkeit, sowohl in Bezug auf das Sexual- wie auch auf das Geschlechtsrollenverhalten. Weit verbreitet ist heute eine Art von sexuellem Konsumzwang, der an die Stelle der früheren „Verknappung" der Ware Sexualität getreten ist. Deutliche Erscheinungsformen der sexuellen Liberalisierung sind die Angleichung der Geschlechter bezüglich des früheren Zeitpunkts der Aufnahme von →Masturbation und Geschlechtsverkehr, die ausgeprägtere sexuelle Selbstbestimmung junger Frauen und die Selbstverständlichkeit nichtehelicher sexueller Partnerbeziehungen. Zeitlich etwa parallel laufend, aber getrennt von der zunehmenden sexuellen Freizügigkeit zu sehen ist die feministische Bewegung, die den immer noch weit verbreiteten Sexismus, also die Unterdrückung der Frauen durch Männer, anprangert: die sexuelle Liberalisierung gehe nicht in Richtung einer Entfaltung einer zärtlichkeitsbetonten weiblichen Sexualität, sondern in Richtung einer Angleichung an die instrumentelle männliche Sexualität. Tatsächlich scheint eine Zunnahme sexueller Lustlosigkeit bei Frauen und sexueller Probleme im Zusammenhang mit der bei Männern weit verbreiteten sexuellen Leistungs- und Partnerbefriedigungsideologie eingetreten zu sein.

Sexuelle Entwicklung ist ein biopsychischer Prozeß. Die Geschlechtsreifung ist hormonal gesteuert, das sexuelle Verhalten und Erleben kaum (gesichert ist nur eine →Androgenabhängigkeit der sexuellen Erregbarkeit bei beiden Geschlechtern). Nach der Pubertät werden sexuelle →„Skripts" erlernt, die erotisch-sexuelles Verhalten bestimmen. Sexuelles Lernen beginnt aber schon in früher Kindheit, wie auch genitale Erregbarkeit und Orgasmusfähigkeit schon in den ersten Lebensjahren vorhanden sind. Ein wesentlicher Anteil der sexuellen Entwicklung besteht in der Ausformung der →Geschlechtsidentität, die kernhaft schon im dritten Lebensjahr gegeben ist, der →Geschlechtsrollenidentifizierung und in der sexuellen Orientierung. Wohl die größte Bedeutung für die sexuelle Entwicklung haben typische, an die Entwicklungsphasen gebundene, Grunderlebnisse und Grundkonflikte (→Konflikt), da sie die individuelle Sexualität prägen (→Prägung) und in die →Persönlichkeit integrieren. Hier geht es um frühe Erfahrungen mit →Intimität und Versorgung, vertrauen zu können und vertrauenswürdig zu sein, Kontrolle und Loslassen, Abhängigkeit und →Autonomie, Nähe wie Trennung ohne unerträgliche →Angst riskieren zu können, aggressive Impulse (→Aggression) nicht als zerstörerisch erleben zu müssen. In früher Kindheit wird vorbereitet, daß sexuelle Befriedigung als Aspekt allgemeiner persönlicher Befriedigungsfähigkeit erlebt werden kann. Später dann, aus der Bewältigung der →ödipalen Phase mit ihrem Oszillieren von verlangenden und rivalisierenden Gefühlen zu beiden Eltern resultieren →Verdrängungen, →Hemmungen, Gebotsverinnerlichungen, unbewußte →Phantasien, die für die Ausformung einer integrierten, individualisierten Sexualität, aber auch für gravierende sexuelle Einengungen entscheidend sein können. In der Adoleszenz (→Jugend) müssen nicht nur die massiven körperlichen Veränderungen und die Pubertät mit ihrer Genitalisierung in Selbstbild und Erleben integriert werden, sondern alle Konfliktebenen neu mit dem Ziel der Selbstfindung durchgearbeitet werden. Selbstvertrauen und Fähigkeit zu Partnerintimität können resultieren, aber auch Restriktionen von Sexualität und →Persönlichkeit. Die Entwicklungsperspektive der Sexualität zeigt, daß diese ihre Dynamik im wesentlichen aus der Persönlichkeitsdynamik erhält. So wird denn auch sexuelle →Trieb- und Dranghaftigkeit – z.B. in den Phänomenen von Vergewaltigung und Perversion (s.u.) – am deutlichsten, wo Spannungen und Störungen in der Persönlichkeit nachweisbar sind, die im übrigen ein Befriedigungsdefizit bewirken (→Sexuelle Störungen). Nicht nur können sexuelle Motive (→Motivation) nichtsexuellem Verhalten zugrunde liegen, sondern zahlreiche nichtsexuelle Motive können im Sexualverhalten ausgetragen werden. Sexualität kann stark im Dienst von Macht- und Besitzansprüchen oder der Unterwerfung stehen, kann Intimität herstellen wie vermeiden, →Feindseligkeit zum Ausdruck bringen, innere Leere ausfüllen, →Angst beschwichtigen, der Selbstwerterhöhung dienen. Sexuelle Befriedigung hat neben dem Aspekt der Triebbefriedigung immer auch narzißtische Aspekte (→Narzißmus) und solche der Bestätigung der →Geschlechtsidentität.

Sexualität als →Trieb oder →Motivation hat den Charakter der Lustsuche und bezieht sich auf den eigenen Körper und den des anderen in der sexuellen Situation. Kern der individuellen Sexualität sind →Phantasien, teils ausgeformt, teils als innere →Skripts, die das Aufkommen von sexueller →Appetenz und Erregung ermöglichen, abhängig von der Dynamik der Persönlichkeit und der Partnerbeziehung. Die →sexuelle Reaktion ist ein →psychosomatisches Phänomen, das im wesentlichen aus den Phasen der Erregung und des Orgasmus besteht. Erstere ist von Gefäßerweiterung, letzterer von muskulären Kontraktionen begleitet. Der *männliche Orgasmus* ist zweiphasig: vor den rhythmischen Kontraktionen der quergestreiften (willkürlichen) Beckenbodenmuskulatur kommt es zur (→sympathikotonen) Kontraktion glatter (unwillkürlicher) Muskulatur, die die sogenannte →Refraktärzeit beim Mann bewirkt. Eigentliches Sinnesorgan der Sexualität ist die Haut mit bestimmten genitalen Spezialisierungen. Es darf inzwischen als erwiesen gelten, daß für die, dementsprechend vielgestaltigere, *Orgasmusfähigkeit der Frau* klitorale wie vaginale Stimulationsmechanismen von Bedeutung sind.

Bezüglich →sexueller Störungen unterscheidet man Störungen der Geschlechtsidentität (Transsexualität), Perversionen (→Paraphilien, →sexuelle Deviationen) und sexuelle Dysfunktionen. →Homosexualität und Bisexualität sollten nicht mehr als Störungen verstanden werden, sondern als sexuelle Lebensstile. Bei *Transsexualität* und Perversionen hat man es mit Störungen der →Persönlichkeit zu tun. Unter Transsexualität versteht man, daß früher oder später im Leben der intensive Wunsch nach Geschlechtswechsel und entsprechenden medizinischen Eingriffen aufkommt. Zu transsexuellen Wünschen kommt es bei Männern einerseits aus stark effiminierter Homosexualität, andererseits aus transvestitischer Teilweiblichkeit heterosexueller Männer, aber durchaus auch als Lösungsversuch für andere Persönlichkeitsdefekte. Transsexualität bei Frauen ist abzugrenzen von uneingestehbarer lesbischer Orientierung. Den Begriff *Perversion* gebraucht man heute, um die spezifische →Psychodynamik – den →Abwehrmechanismus der Sexualisierung und die „Plombierung" einer Lücke im →Selbst – zu charakterisieren. Die wichtigsten Perversionen sind →Sadismus →Masochismus, →Fetischismus, →Exhibitionismus und →Pädophilie. Es ist zu beachten, daß die größte soziale Schädlichkeit nicht von den Perversionen, sondern von Vergewaltigungen und sexuellem Mißbrauch von Kindern ausgeht, die nur zu einem kleinen Teil pervers, zum größten Teil vom sexuellen Machtmißbrauch motiviert sind.

Am häufigsten sind folgende *sexuelle Dysfunktionen.* Beim Mann: →vorzeitige Ejakulation und →Erektionsstörungen, bei der Frau: sexuelle Lustlosigkeit und/oder →Aversion, Erregungsprobleme, Orgasmusunfähigkeit, Schmerzen beim Geschlechtsverkehr *(Dyspareunie),* Scheidenverkrampfung *(Vaginismus).* Körperliche Faktoren sind häufiger bei Dyspareunie und bei Erektionsstörungen beteiligt. Sexuelle Probleme und Störungen erklären sich zu einem großen Teil aus anatomischen Unterschieden der Geschlechter, aus den →Skripts der Geschlechterbeziehungen und aus den individuellen Mustern von Partnerbeziehungen. Beim Mann disponiert die →Externalisierung des Erregungsorgans zur Instrumentalisierung der sexuellen Funktion, bei der Frau besteht ein Spannungsfeld zwischen Penetriertwerden und aktiver Aufnahme. Geschlechtsverkehr ist nur dem sexuell erregten Mann, aber der Frau auch ohne größere sexuelle Erregung möglich. Das Risiko der Sexualität besteht für den Mann hauptsächlich im Leistungsversagen, bei der Frau in der Zulaßbarkeit von sexueller Erregung und Orgasmus im seelischen Haushalt, in dem Sexualität und Emotionalität stärker verbunden sind.

Therapie sexueller Störungen (→Sexualtherapie) hat sich an den Urachen zu orientieren. Bei Transsexuellen ist das meist nicht möglich. Sie haben heute die Möglichkeit, nach Begutachtung ihren Vornamen oder ihren Personenstand zu ändern. Betreuung von Transsexuellen hat sich vor allen Eingriffen davon zu überzeugen, ob ein Leben in der gewünschten Geschlechtsrolle gelingt. →Psychotherapie von Perversen und Sexualstraftätern ist schwierig und muß überwiegend tiefenpsychologisch orientiert sein (→Tiefenpsychologie). Bei sexuellen Dysfunktionen ist Sexualpsychotherapie (→Sexualtherapie) indiziert, die eine Kombination von Verhaltensmodifikation und psychodynamischer Therapie sowie Sexualübungen des Patienten oder Paares bei sich zu Hause und psychotherapeutische Aufarbeitung der dabei gehabten →emotionalen Erfahrungen darstellt. Sie versucht die Herstellung einer angstfreien sexuellen Situation und den Neuaufbau des sexuellen Verhaltensrepertoires. Es wird mit einer Bearbeitung mehr oberflächlich verursachter Beeinträchtigungen der Sexualität begonnen und nur nach Bedarf mehr in die „Tiefe" →intrapsychischer oder partnerspezifischer →Konflikte vorgedrungen.

Alter und Krankheit können Sexualität zum Teil gravierend beeinträchtigen. Für das Altern gilt, daß jeder Mensch mit der ihm eigenen Sexualität alt wird, wobei aber noch heute verbreitete Tabuisierungen der Sexualität im Alter pathogen wirken können. Mit dem Älterwerden nehmen sexuelle Aktivitäten an Häufigkeit ab, sexuelle →Appetenz kann aber bis ins hohe Alter erhalten bleiben. Verwundbar sind Frauen meist durch Verlust an Attraktivität, Männer durch Rückgang der sexuellen Leistungsfähigkeit. Aufgabe der Partnersexualität hängt mehr vom Mann als von der Frau ab. Zumal die Erektionsfähigkeit wird stark von Prozessen vaskulärer Alterung beeinträchtigt. Krankheiten schädigen weibliche Sexualität meist über eine Beeinträchtigung des Körpergefühls und in Form des Appetenzverlustes mit dem ihn begleitenden Mangel an sexueller Erregbarkeit. Bei Männern beeinträchtigen sie in erster Linie die der Erektionsfähigkeit zugrunde liegenden vaskulären und nervalen Mechanismen, was durch die Krankheit selbst (z.B. Gefäßsklerose, Diabetes und andere Stoffwechselkrankheiten etc.) und durch deren medikamentöse oder operative Behandlung geschehen kann. Außer zahlreichen Nebenwirkungen von Medikamenten (z.B. zur Behandlung des Bluthochdrucks) beeinträchtigen Alkohol und Nikotin die Erektionsfähigkeit. Gezielte diagnostische Methoden ermöglichen heute die Präzisierung des körperlichen Verursachungsanteils von Erektionsstörungen. Im Vordergrund des Interesses steht die Herstellung von Erektionen durch Injektion von gefäßaktiven Substanzen in den Schwellkörper des Penis, nicht nur als diagnostische, sondern auch und vor allem als therapeutische Methode.

Literatur: *G. Kockott*, Männliche Sexualität, Weibliche Sexualität, Sexuelle Variationen. Stuttgart 1988. *D. Langer*, Psychologische Sexualmedizin, Sexuelle

Probleme und Störungen, Ursachen und Therapie sexueller Störungen, Sexualdelikte, sexuelle Deviationen, Transsexualität. In: *K. P. Kisker u.a.*, Psychiatrie, Psychosomatik, Psychotherapie (4. Aufl.). Stuttgart 1987. *G. Schmidt,* Das große Der Die Das über das Sexuelle. Reinbek 1988.

Prof. Dr. *Dieter Langer,* Hannover

Sexualtherapie

Der Begriff Sexualtherapie ist bei einer Reihe der auf diesem Gebiet arbeitenden Theoretiker und Praktiker bis heute nicht unumstritten geblieben. Für die einen spiegelt er angesichts eines in der Realität breiten Fächers von therapeutischen Standpunkten und Techniken eine falsche Uniformität und Begrenztheit vor, während von anderen die Ansicht vertreten wurde, daß es eine eigenständige Sexualtherapie gar nicht gebe, da es sich bei dieser lediglich um die gezielte Anwendung allgemeiner psychotherapeutischer Prinzipien (→Psychotherapie) auf →sexuelle Störungen handele und daher auch prinzipiell jeder psychotherapeutisch Ausgebildete Sexualtherapie betreiben könne. Zumindest die letztgenannte Schlußfolgerung hat die Praxisrealität widerlegt: Wer sexuelle Störungen behandeln will, benötigt neben einer psychotherapeutischen Ausbildung als notwendiger Grundvoraussetzung umfangreiche Kenntnis in Sexualmedizin und Sexualpsychologie (→Sexualität), Selbsterfahrung bzw. Reflektion der eigenen sexuellen Entwicklung und Probleme sowie die Einstellung, daß es sich bei sexuellen Störungen nicht um marginale Probleme ohne Krankheitswert handelt. Die Sexualtherapie, deren Behandlungsmethoden ganz überwiegend in den letzten beiden Jahrzehnten entstanden sind, steht derzeit vor der Herausforderung, sich gegenüber neuentwickelten somatischen Behandlungsverfahren und vermeintlichen „Patentlösungen" (s. Abschnitt ‚Erektionsstörungen') nicht vollkommen abzugrenzen, sich von diesen aber auch nicht überrollen zu lassen. Es besteht die Möglichkeit der Entwicklung der bewährten Psycho-Sexualtherapie durch die Hinzunahme und Integration körpermedizinischer Untersuchungs- und Behandlungsmethoden hin zu einer psycho-somatischen Sexualtherapie, die dem →psychosomatischen Grundcharakter der →Sexualität besser als bisher Rechnung tragen könnte. Da der Begriff Sexualtherapie fast ausschließlich in der Behandlung der *sexuellen Funktionsstörungen* verwendet wird, wird sich auch dieser Beitrag auf die Darstellung des sexualtherapeutischen Vorgehens bei dieser Störungsgruppe beschränken.

Historischer Abriß: Während sich die frühe Sexualwissenschaft überwiegend mit der Beschreibung und Klassifizierung der sexuellen Abweichungen beschäftigte, betrachtete die →Psychoanalyse die sexuellen Funktionsstörungen im Rahmen ihrer Neurosenlehre grundsätzlich als Ausdruck tieferliegender neurotischer Konflikte (→Neurose). Die psychoanalytische Behandlung funktioneller Sexualstörungen führte aufgrund der *funktionellen Autonomie* sexueller Funktionsstörungen selbst bei Auflösung möglicher neurotischer Konflikte nur selten zur Behebung der Sexualsymptomatik. Auch die →Verhaltenstherapie schenkte den sexuellen Abweichungen keine größere Beachtung und es gab nur vereinzelte Fallberichte über die Anwendung der →systematischen Desensibilisierung bei sexuellen Funktionsstörungen. Erst die Veröffentlichung des Therapieprogramms von *Masters und Johnson* im Jahre 1970 brachte die entscheidende Wende in der Entwicklung der „neuen Sexualtherapie". Trotz methodischer Mängel in der angewendeten Veränderungsmessung versprach ihr weniger theoriegeleitetes als pragmatisch-eklektisches Behandlungskonzept Erfolgsquoten von ca. 80% bei einer sehr kurzen Behandlungsdauer. Das *Masters-und-Johnson-Konzept,* das sich mit den Begriffen Paar-, Team- und Intensiv-Therapie umschreiben läßt, hat in der Folgezeit eine Reihe von Veränderungen und Ausweitungen erfahren, als de-

Sexualtherapie

ren bedeutsamste die von *H. S. Kaplan* betonte stärkere Berücksichtigung psychodynamischer Aspekte gelten muß und ist doch bis heute in wesentlichen Grundzügen für das sexualtherapeutische Vorgehen bestimmend geblieben.

Grundkonzept der Sexualtherapie: Das Grundkonzept der Sexualtherapie besteht in der Integration von systematisch strukturierten sexuellen Erfahrungen mit der psychotherapeutischen Bearbeitung der intrapsychischen und partnerschaftlichen Verursachungsstrukturen der sexuellen Störung. Die sexuellen Erfahrungen werden initiiert durch eine Reihe aufeinander aufbauender Verhaltensanweisungen, den sogenannten „Übungen", die der Patient bzw. das Paar zwischen den Therapiesitzungen zuhause durchführt. In den Therapiesitzungen werden die dabei gemachten positiven und negativen Erfahrungen bearbeitet, Widerstände aufgespürt und Strategien für den Fortgang der Behandlung entwickelt. Die Übungen sollen einen neuen Zugang zu einem von Leistungsdruck und Versagensangst befreiten, lustvoll-zärtlichen Umgang mit Körper und Sexualität eröffnen und sind darüberhinaus von großer Bedeutung für den therapeutischen Prozeß, weil sie die entscheidende Dynamik des Sexualproblems – meist deutlicher und unmittelbarer als jede noch so gründliche Anamnese – enthüllen und für eine therapeutische Bearbeitung verfügbar machen. Ein weiteres wichtiges Grundmerkmal der Sexualtherapie besteht darin, daß nicht in jedem Fall vorhandene tieferliegende Störungsursachen bearbeitet werden, um eine Besserung oder Auflösung der Symptomatik zu erreichen, sondern dies gleichsam nur bei Bedarf und gezielt erfolgt, wenn eine „Umgehung" (*Kaplan* 1983) von destruktiven intrapsychischen oder partnerdynamischen pathogenetischen Faktoren nicht möglich ist.

Basisvorgehen in der Paarbehandlung: Jede sexualtherapeutische Behandlung sexueller Funktionsstörungen muß zunächst versuchen, deren funktionelle Autonomie, d.h. den *Selbstverstärkungsmechanismus* aus Versagensängsten und Vermeidungsverhalten aufzulösen oder abzubauen, um dadurch Freiräume für Verbesserungen der Symptomatik zu schaffen. Die von *Masters und Johnson* entwickelten Sensualitäts- oder Streichelübungen (sensate focus) haben sich dazu gut bewährt. Nachdem dem Paar ein vorübergehendes Koitusverbot erteilt wurde, um den Zirkel frustierender Erfahrungen aufzubrechen, Spannung und Leistungsdruck zu nehmen, besteht die erste Übung in einem gegenseitigen, abwechselnd passiven und aktiven, nicht forderndem Streicheln unter Ausschluß der Genitalregion, das dann – je nach Gelingen unterschiedlich rasch – über verschiedene Zwischenschritte weitergeführt wird: Erkundung der Genitalien, stimulierendes Streicheln, Spiel mit dem Aufkommen und Nachlassen sexueller Erregung, Peniseinführung ohne Beckenbewegungen bis hin zu Koitus „ohne Einschränkungen", nach den individuellen Vorlieben des Paares. Diese Übungen fördern eine Fülle positiver wie negativer →Emotionen zutage, die in den Therapiesitzungen bearbeitet werden müssen und vom Therapeuten ein hohes Maß an psychotherapeutischer Kompetenz und Flexibilität erfordern. Sehr häufig sind →Widerstände in Form eines Sich-Gar-Nicht-Erst-Einlassens auf die Übungen oder eine rationalisierende Abwehr (→Rationalisierung, →Abwehrmechnanismen) gegen eine derartige „verordnete" und „unnatürliche" Sexualität. Oftmals kommt es auch zu – bis dahin hinter der Sexualstörungen verborgenen – Gefühlen von →Ärger, Wut, Enttäuschung und mangelndem Vertrauen innerhalb der Partnerschaft. Hier ist es Aufgabe des Therapeuten, die Bedeutung dieser →Widerstände und →Emotionen für das Paar durchschaubar zu machen und zu versuchen, die zugrundeliegenden Konflikte zu beheben oder zu mildern. Neben dem skizzierten Basisvorgehen haben sich bei bestimmten Funktionsstörungen spezielle Behandlungstechniken herausgebildet.

Behandlungstechnik bei einzelnen Störungen:
Vorzeitiger Samenerguß: Beim vorzeitigen Samenerguß (Ejaculatio praecox) hat sich ein als Stop-Start-Technik bekanntgewordenes Vorgehen bewährt: Um die mangelhafte oder fehlende Kontrolle über den Orgasmusreflex zu verbessern, zielt die Behandlung auf eine Erhöhung der Wahrnehmung des Patienten für den Aufbau seiner sexuellen Erregung und dabei vor allem für die der Orgasmusschwelle vorausgehenden Gefühle. Bei der Stimulation durch seine Partnerin soll der Patient diese Gefühle fokussieren und anfangs frühzeitig, deutlich vor dem Erreichen der Orgasmusschwelle, ein Stop-Signal geben, um sich dann, nach einem leichten Abklingen der sexuellen Erregung, in mehreren „Anläufen" weiter an die Orgasmusschwelle heranzutasten, um schließlich – unter eigener Kontrolle – zur Ejakulation zu kommen. Die so gewonnene Wahrnehmungsfähigkeit und Kontrollsicherheit wird dann – wie im Basisvorgehen – auf die Koitussituation übertragen.

Erektionsstörungen: Die Erforschung der dem Erektionsvorgang zugrundeliegenden somatischen Prozesse hat seit Beginn der 80er Jahre enorme Fortschritte gemacht, die auch zu erheblichen Veränderungen in den Untersuchungs- und Behandlungsmöglichkeiten geführt haben. Darüberhinaus hat die Nachfrage nach Behandlung – zumal von älteren Männern – in den letzten Jahren stark zugenommen. Die *Erektion* ist ein komplexer psycho-somatischer Prozeß, an dem psychosexuelle, nervale, muskuläre und →vaskuläre Faktoren beteiligt sind, und der sowohl →psychogen als auch →somatogen störbar ist, wobei sich in der Realität praktisch immer beide Verursachungsfaktoren in unterschiedlichem Mischungsverhältnis finden lassen. Die erektionsinduzierende Injektion vasoaktiver Substanzen (Papaverin, Papaverin/Phentolamin, Prostaglandin E1) hat sich als diagnostisch ebenso wertvolle wie therapeutisch in der ärztlichen Praxisrealität in bedenklicher Weise eingesetzte Methode gezeigt. Als vermeintliche Patentlösung (Schwellkörperautoinjektionstherapie, SKAT) hat sie bei Erektionsstörungen jedweder Genese, nach oftmals unzureichender Berücksichtigung von Neben- (größtes Risiko: →Priapismus) und Langzeitwirkungen (→Fibrosierungen des Schwellkörpers) eine rasche Verbreitung gefunden. Demgegenüber zeigen eigene Erfahrungen, daß sich die Vorzüge und Möglichkeiten der neuen Untersuchungs- und Behandlungsmethoden mit einem psycho-sexualtherapeutischen Basisansatz zu einem integrierten psychosomatischen Behandlungskonzept für Erektionsstörungen kombinieren lassen (*Langer* 1988). Dabei wird dem Patienten – möglichst unter Einbeziehung der Partnerin – die somatische Befunderhebung direkt vor Augen geführt und mitvollziehbar gemacht und das injektionsinduzierte Erektionserlebnis wird psychotherapeutisch im Hinblick auf eine neugewonnene Erektionssicherheit aufgearbeitet und weitergeführt. Bei einigen Patienten kann sich – zur Überbrückung tiefliegender Insuffizienzgefühle oder zur Kompensation eventueller organischer Faktoren – ein zeitbegrenzter häuslicher Selbsteinsatz der Injektionen als sinnvoll erweisen. Inwieweit dieses Behandlungskonzept bei Patienten mit überwiegender Psychogenese langfristig erfolgreich ist, bleibt abzuwarten.

Vaginismus: Zur schrittweisen Desensibilisierung (→Verhaltenstherapie) der vaginistischen Reaktion, die in einer reflexhaften Verkrampfung der äußeren Scheidenmuskulatur besteht und meist auf mehr oder weniger unbewußten Verletzungsängsten beruht, wird die Patientin angeleitet, zunächst den eigenen Finger langsam in die Vagina einzuführen. Ist dies angstfrei möglich, wird die Übung mit zwei Fingern und später mit den Fingern des Partners, die anfangs von der Patientin geführt werden, wiederholt. Schließlich wird der Penis des

Partners unter der Kontrolle der Patientin von dieser vorsichtig eingeführt. Gelegentlich werden – als Alternative zu den Fingern der Patientin – für die anfänglichen Übungen sogenannte Hegar-Stifte verwendet, die in der Gynäkologie zu anderen Zwecken benutzt werden.

Appetenzstörungen: Appetenzstörungen sind nicht nur – vor allem bei Frauen – die gemeinsame Endstrecke verschiedener sexueller Funktionsstörungen, sondern sind in der letzten Dekade auch ohne gleichzeitige funktionelle Störung sehr viel häufiger Behandlungsanlaß geworden. Ob sich hier der diagnostische Blick geschärft hat oder sich Zeittypisches in Form eines gestiegenen Leistungsdrucks zur Lust niedergeschlagen hat, muß Spekulation bleiben. Appetenzstörungen zeigen sich in unterschiedlicher Tönung: Neben fehlendem oder verlorenem Sexualverlangen finden sich ausgesprochene Sexualaversionen, die bis hin zum Ekel gegenüber Sexualität gehen können, weiterhin Symptombilder, in denen eine phobische Komponente (meistens in Form einer Koitusphobie, →Phobie) im Vordergrund steht sowie Paniksyndrome, bei denen biologisch-konstitutionelle Verursachungsfaktoren vermutet werden. Appetenzstörungen sind in der Regel schwer zu behandeln und stellen besonders hohe Anforderungen an psychotherapeutisches Geschick und Flexibilität des Therapeuten, da es – noch weniger als bei den anderen Störungen – kein Standardvorgehen gibt. Häufig bestehen schon gegen die initialen Streichelübungen so große Widerstände, daß zunächst in Einzelsitzungen ein basaler Zugang zur Körperlichkeit und Selbststimulierung erarbeitet werden muß. Eine behutsame Exploration der erotischen Phantasiewelt kann Blockierungen aufzeigen und als Schrittmacher und Angstkompensator für tatsächliche Körpererfahrungen sehr hilfreich sein (vgl. *Hartmann* 1989). Bei den Paniksyndromen hat eine gleichzeitige Behandlung mit Antidepressiva zu guten Erfolgen geführt (*Kaplan* 1988).

Modifikationen hinsichtlich Behandlungsformat und Therapiesetting: Grundsätzlich ist das sexualtherapeutische Vorgehen heute in allen wesentlichen Aspekten sehr viel flexibler als in den 70er Jahren. Dies betrifft sowohl das Behandlungsvorgehen als auch das Therapiesetting. Es hat eine Abkehr stattgefunden von einem a priori festgelegten Standardvorgehen hin zu einer auf den individuellen Fall zugeschnittenen Auswahl und einem flexiblen Timing der verschiedenen Übungsschritte. Darüber hinaus wird häufig auf eine vorgeschaltete intensive →Exploration und →Anamneseerhebung verzichtet, da sich herausgestellt hat, daß die relevanten biographischen Sachverhalte ohnehin an den entsprechenden Punkten des Therapieverlaufs zur Sprache kommen. Schließlich wird heute nicht mehr jede funktionelle Sexualstörung als Ausdruck einer Beziehungsstörung und als auch nur dort behandelbar angesehen, was Auswirkungen auf das Therapiesetting gehabt hat. Da sich in vergleichenden Untersuchungen (*Arentewicz u. Schmidt* 1986) herausgestellt hat, daß Änderungen des Settings zu vergleichbaren Ergebnissen führen, werden die Behandlungen heute nur noch vielfach von einem Therapeuten statt von einem Therapeutenpaar durchgeführt. Intensivtherapien nach *Masters und Johnson* werden heute kaum noch durchgeführt, stattdessen finden Therapiesitzungen in wöchentlichen oder 14tägigen Abstand statt, wobei sich in der Anfangsphase kürzere Abstände als günstig erwiesen haben. Neben der Behandlung von Paaren als bevorzugtem und günstigstem Setting, werden heute auch vermehrt Einzeltherapien durchgeführt, bei denen sich ebenfalls Erfolge mit einem symptomzentrierten sexualtherapeutischen Vorgehen erzielen lassen (*Zilbergeld* 1983). Eine weitere Alternative für Patienten ohne Partner bzw. mit therapieunwilligen Partnern ist die Behandlung in Gruppen, von denen Frauen nach den bisher vorliegenden Erfahrungen offenbar mehr profitieren können als Männer (*Bräutigam u. Clement* 1989).

Wirksamkeit und Grenzen der Sexualtherapie: Die Effektivität des beschriebenen sexualtherapeutischen Vorgehens steht heute außer Zweifel, wenngleich die Sexualtherapie nach einer anfänglichen Euphorie heute sehr viel nüchterner und bescheidener geworden ist. Es hat den Anschein, als ob die vergleichsweise „leichten" Sexualstörungen infolge einer restriktiven Sexualerziehung, mangelnder Aufklärung, leichten Schuldgefühlen oder Versagensängsten seltener geworden sind und heute vermehrt tiefer verwurzelte Appetenz- oder Erektionsstörungen das Praxisfeld beherrschen. Hier stößt das symptomzentrierte sexualtherapeutische Vorgehen an Grenzen, die durch die Ausprägung der intrapsychischen bzw. partnerdynamischen →Konflikte oder aber – bei Erektionsstörungen – durch einschränkende somatische Faktoren gesteckt sind. Die besten Erfolge sind demgegenüber bei Ejakulationsstörungen und Vaginismus zu erzielen, während über die Erfolgsquote bei weiblichen Orgasmusstörungen unterschiedliche Erfahrungen vorliegen. Schließlich ist die Weigerung zahlreicher Patienten, eine psychologische Erklärung ihrer Störung anzuerkennen und sich auf eine entsprechende Behandlung einzulassen, ein weiterer Begrenzungsfaktor, der bei der eingangs angedeuteten möglichen Medizinalisierung der Behandlung sexueller Störungen ein noch stärkeres Gewicht gewinnen könnte.

Literatur: *G. Arentewicz/G. Schmidt,* Sexuelle gestörte Beziehungen, Konzept und Technik der Paartherapie (2. Aufl.). Berlin 1986. *W. Bräutigam/U. Clement,* Sexualmedizin im Grundriß (3. Aufl.). Stuttgart 1989. *U. Hartmann,* Inhalte und Funktionen sexueller Phantasien. Stuttgart 1989. *H. S. Kaplan,* Sexualtherapie, Ein neuer Weg für die Praxis (2. Aufl.). Stuttgart 1983. *H. S. Kaplan,* Sexualaversion, sexuelle Phobien und Paniksyndrome. Stuttgart 1988. *D. Langer,* Erektionssprechstunde für Soma und Psyche. Sexualmedizin, 17, 1988. *B. Zilbergeld,* Männliche Sexualität, Forum für Verhaltenstherapie und psychosoziale Praxis 5. Tübingen 1983.

Dr. *Uwe Hartmann,* Hannover

sexuelle Abweichungen
→Sexuelle Störungen.

sexuelle Deviation
⇒sexuelle Abweichung
→sexuelle Störungen.

sexuelle Dysfunktion
→Sexualität.

sexuelle Prägung
→Prägung.

Sexuelle Reaktion
1. *Das Untersuchungsobjekt Sexualität:* Individuelles Sexualverhalten (→Sexualität) in seiner Komplexität angemessen zu erfassen und zu beschreiben setzt voraus, die jeweilige Methodik und den Blickwinkel der Untersuchungsverfahren zu kennen und zu berücksichtigen: Viele der vorliegenden sexualpsychologischen Studien fragen nach der Art des vorkommenden Verhaltens, also nach der gewählten Sexualtechnik wie Koitus, Petting, Masturbation oder Oralverkehr. Hierbei spielt die Ermittlung der Häufigkeit sexueller Aktivitäten, wie erstes Auftreten, kumulatives Vorkommen des Koitus, Masturbationsfrequenz, oder Maße für eine postulierte Gesamt-Triebbefriedigung *(Kinsey),* eine Rolle. Davon unterscheidet man das Wissen über die Variationsbreite sexuellen Verhaltens, über Phantasien, Anteile von Lust und Schmerz oder über die Zahl der Partner(innen), d.h. über *Promiskuität.*
Der Grad erreichter Befriedigung, die Ausprägung von Defiziten, eine →Anorgasmie oder verschiedene Funktionsstörungen (→sexuelle Störungen) lassen sich relativ leicht empirisch aufweisen. Stärker einer Interpretation ausgesetzt sind klinische, sexualberaterische und gesellschaftliche Urteile über sexuelle

Reaktionstendenzen, wenn z.B. die Intensität sexueller Bedürfnisse im Sinne von Kontaktbedürfnis, Hypersexualität („Nymphomanie“) oder *Alibidinie* (fehlende libidinöse Antriebe, → Libido) zur Debatte stehen.

Einige Theorien bevorzugen im Rahmen einer Beurteilung der *sexuellen Orientierung,* d.h. in der Frage nach dem Objekt sexuellen Interesses (in Heterosexualität, → Homosexualität, → Fetischismus) eine Bewertung von sexuellem Verhalten. Hier schließt sich die Auseinandersetzung über den älteren Begriff der „Perversion“ und die Problematik eines möglichen abweichenden sexuellen Reagierens (→ Sadomasochimus, → Pädophilie, → Exhibitionismus, → Voyeurismus) an. Solche Betrachtung schließt mit hoher Priorität den verbreiteten Wunsch nach einer Sexualität mit einem ausgeprägten Grad an *Soziabilität* ein: mit Bindung in Beziehungsfähigkeit.

In der hier abgehandelten Fragestellung nach der sexuellen Reaktion wird nach dem → aktualgenetischen Verlauf des Sexualverhaltens geforscht. Die Antwort wird in Form einer allgemeingültigen psycho-physiologischen, psycho-endokrinologischen und anatomischen Erklärung des interindividuellen sexuellen Reaktionszyklus (nach *Masters u. Johnson*) geliefert.

2. *Laboruntersuchungen des Sexualverhaltens:* Anfang der 60er Jahre wurde erstmals die sexuelle Reaktion von Mann und Frau durch intensive Beobachtung in experimentell angeordneten Laborsituationen untersucht (→ Experiment). Der Gynäkologe *Masters* und die Psychologin *Johnson* ermittelten das Zusammenwirken der verschiedenen Organe während real stattfindender sexueller Reaktionsverläufe.

Die Versuchspaare wurden über Jahre auf die kurz-, mittel- und langfristigen Ursache-Wirkungs-Zusammenhänge bezüglich ihrer sexuellen Reiz- und Reaktionsbedingungen hin beobachtet. Beteiligt waren über 600 Männer und Frauen im Alter zwischen 18 und 89 Jahren. Am stärksten beteiligt waren die 20- bis 50-jährigen. Die Methodik weist die Qualität sonstiger psychophysiologischer (→ Psychophysiologische Beziehungen) Experimente auf. Auf die komplizierten möglichen psychischen Nebenwirkungen der Beobachtungssituation war man bemüht, Rücksicht zu nehmen.

Ohne die Geschlechtsunterschiede (Ejakulationsfähigkeit, Schwangerschaft) in irgendeiner Weise zu unterschätzen, gilt als eines der Hauptergebnisse dieser Beobachtungen, daß der Ablauf der sexuellen Reaktionen bei Mann und Frau mehr Parallelität als erwartet aufweist. Die Ergebnisse liefern weitere Hinweise zur Klärung einiger zuvor ungeklärter sexueller Fragen.

3. *Der sexuelle Reaktionszyklus:* Im folgenden wird der typisierte Ablauf nach sexueller Erregung (gleichviel ob im Koitus, beim Petting oder durch Masturbation) dargestellt, wie er aufgrund der Untersuchungsergebnisse von *Masters u. Johnson* als Phasen eines Zyklus (Erregung, Plateau, Orgasmus, Rückbildung) beschrieben wurde. Trotz grundsätzlicher Gleichartigkeit des Phasenverlaufs bei Frau und Mann sind die Reaktionen nicht notwendig leicht synchronisierbar. Trotz relativer Konstanz der körperlichen Vorgänge variiert die Erlebnisqualität und die erreichte Befriedigung sowohl → intra- wie → interindividuell in Abhängigkeit von psychischen Faktoren erheblich.

Erregungsphase: Beim Mann ist die Erektion relativ einfach durch sexuell stimulierende Auslöser zu kontrollieren. Bei der Frau ist der Anstieg möglicher Erregung leichter irritierbar. Klitoris und Penis schwellen an. Die Labien weichen auseinander, es erfolgt vaginale Lubrikation. Während der zunehmenden Erregung richtet sich der Uterus partiell auf. An der Brust vergrößern sich die Mamillen; bei der Frau tritt eine Vergrößerung der Brust und eine Hervorhebung des Warzenhofes hinzu. Die Muskulatur neigt zunehmend zu willkürlicher Spannung, besonders augenfällig in der Ausdrucksmotorik. In den Genitalien steigert sich die Durchblutung stark. Bei beiden Geschlechtern steigen Herzfrequenz und Blutdruck zum Orgasmus hin an. Die meisten Zustandsänderungen bleiben von der Erregung über Plateau und Orgasmus bis zur Rückbildung erhalten.

Plateauphase: Nun spezialisieren sich die sexuellen Erregungsreaktionen z.B. in der Art des Anschwellens und der gesteigerten Erektion. Beim Mann hebt sich das Skrotum an, seine Haut spannt sich. Die Hoden vergrößern sich. Die Klitoris wird verlagert und verändert die Farbe und Umfang erheblich. In dieser Phase tritt starkes Erröten *(sexflash)* vorwiegend in der Gesichts- und Hals- aber auch in der Brustregion auf (bei der Frau typischer). Die Vagina verlängert sich und läßt sich im hinteren Abschnitt verbreitern. Die Labien schwellen weiter an und verlängern das Vaginalrohr; sie verfärben sich charakteristisch auf einen bevorstehenden Orgasmus hin. Der vordere Abschnitt der Vagina wird stark durchblutet und verengt ihren nach außen gerichteten Teil erheblich (orgastische Manschette). Der Uterus ist nun voll aufgerichtet. Benachbarte Teile der Muskulatur kontrahieren willkürlich. Vom Plateau aus werden bei der Frau multiple Orgasmen beobachtet.

Orgasmusphase: Im Orgasmus wird das sexuelle Erregungsmaximum innerhalb des Zyklus erreicht. Während des Orgasmus bleiben Klitoris und Hoden unverändert. Die Atemfrequenz und -tiefe steigen deutlich, wenn auch individuell verschieden, abhängig von der Ausprägung sexueller Aktivität. Die Klitoris zieht sich zwischen die Labien zurück und kann schmerzempfindlich reagieren. Vagina und Penis weisen jetzt starke rhythmische Reaktionen auf. Vagina und Uterus kontrahieren heftig in dem *Syndrom der „orgastischen Manschette“.* Der Penis kontrahiert anfangs stark und schließlich abgeschwächt mehrmals. Die Anusmuskulatur zeigt unwillkürliche Kontraktionen. Die Bauchmuskulatur verspannt sich. Alle beteiligten Muskelspannungen werden nun unkontrollierbar. Der weibliche sexflash nimmt noch zu. Bei der Frau sind →Tachykardien nicht untypisch. Es treten ausgeprägte Bewußtseinsveränderungen (→Bewußtsein) mit euphorisierender Tönung und mit befriedigender Wirkung auf.

Rückbildungsphase: Mit Ausnahme der die Konzeption begünstigenden, verlagerten Position des Uterus, die noch bis zu 30 Minuten anhält, bilden sich die meisten anderen Reaktionen rasch zurück. Transpiration setzt vorwiegend erst in der Rückbildung ein. Das starke Erröten geht schnell zurück. Beim Mann geschieht die Rückkehr zu normalpsychischer Aktivität rascher als bei der Frau. In der Ernüchterung und oft krassen Abkehr von den noch kurz zuvor, während der vorangegangenen Phasen gezeigten zärtlichen Verhaltensmustern, kann das männliche Verhalten kränken

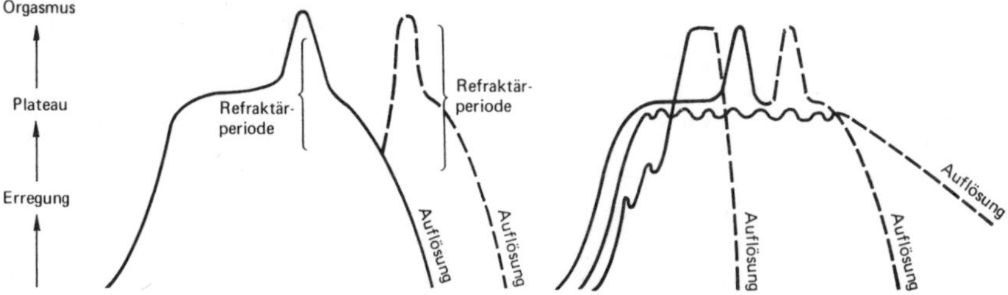

In der Abbildung werden der weibliche und männliche Reaktionszyklus nach Masters & Johnson dargestellt. Der männliche Verlauf ist über die Zeit verkürzt und steiler im Erregungsabfall nach Orgasmus; der weibliche bietet vom Plateau her die Möglichkeit multipler Orgasmen (aus: Masters, W. H., Johnson, V. E.: Die sexuelle Reaktion. Rowohlt, Reinbek 1970).

und ist ein weiterer Beleg für die Asynchronie der heterosexuellen Abläufe. Die Muskelspannungen bestehen noch kurze Zeit weiter.

Die *Refraktärperiode* ist die Dauer bis zur Wiederansprechbarkeit für neue Erregung nach einem Orgasmus. Dies ist ein beim Mann meist längerer und ein bei der Frau meist kürzerer Zeitabschnitt mit gedämpfter Reiz-Ansprechbarkeit. Neuere Forschungsergebnisse differenzieren für beide Geschlechter diese Aussagen noch weiter.

4. *Interpretationen sexueller Reaktionen:* Fragt man, welche Ergebnisse von *Masters u. Johnson* in die klinische Behandlung von sexuellen Störungen Eingang gefunden haben (s.a. →Sexualtherapie), so müssen an erster Stelle die von ihnen selbst entwickelten sexualtherapeutischen Trainingsprogramme erwähnt werden. Für die alltäglich vollzogene Paarbeziehung haben die Untersuchungen zum sexuellen Reaktionszyklus eine klärende Relevanz in bezug auf bis vor kurzem strittige Fragen des sexuellen Erlebens und Verhaltens:

Während des Erregungbeginns ist eine leichtere Ablenkbarkeit und Irrtitierbarkeit der Frau zu konstatieren. Multiple Orgasmen konnten als für die Frau eher charakteristisch beobachtet werden. Eine raschere Rückbildung der Erregung beim Mann nach dem Orgasmus wurde bestätigt.

Widerlegt werden konnte die Annahme eines vaginalen, als dem „reiferen Orgasmus", der in der klassischen Psychoanalyse vom klitoridalen Orgasmus unterschieden wurde; die psychophysiologischen Reaktionsveräufe sind zu ähnlich, um diese Bewertung durch die Untersuchungen stützen zu können. Es bleibt lediglich die Hypothese einer Wertung im Sinne der kommunikativen Funktion und Symbolik der Vagina als „Beziehungsorgan", gegenüber einer bloßen manuellen Stimulation und Aktion der Klitoris als unumstrittenem Lustorgan. Außerdem wurde die Gefahr einer klitoralen Überstimulation durch den Partner erkannt; allzu heftige Friktionen sind in der Plateau- und Orgasmusphase, in der die Klitoris hinter die Labien zurücktritt, als schmerzhaft kontraindiziert.

Die aus älteren Darstellungen bekannte häufig fehlende Synchronisation der Erregungsabläufe im „gemeinsamen Orgasmus" im heterosexuellen Koitus wurde bestätigt. Ferner konnte für eine Reihe sexueller Aktivitäten eine höhere Lustbereitschaft der Frau festgestellt werden (als Wunsch auch während der Menstruation, während der Schwangerschaft oder nach der Menopause sowie in höherem Alter), als dies bisher generell für die Frau angenommen wurde, und im Gegensatz zu widerlegten älteren Annahmen einer reduzierten weiblichen Sexualität.

Literatur: *W. H. Masters/V. E. Johnson,* Die sexuelle Reaktion. Reinbek 1979. *H. P. Rosemeier/M. Sieverding,* Das sexuelle Erleben und Verhalten. In: *H. P. Rosemeier,* Medizinische Psychologie (3. Aufl.). Stuttgart 1987, 111–143. *E. J. Haeberle,* Die Sexualität des Menschen, Handbuch und Atlas (2. Aufl.). Berlin 1985. *Z. Luria/S. Friedman/M. D. Rose,* Human Sexuality. New York 1987.

Prof. Dr. *Hans Peter Rosemeier,* Berlin

Sexuelle Störungen

Im Vergleich zum vorherigen Jahrhundert und zu den ersten Jahrzehnten dieses Jahrhunderts ist man heute in Wissenschaft und Öffentlichkeit weniger schnell bereit, Verhalten allgemein, speziell auch sexuelles Verhalten, als gestört zu qualifizieren. Der bequeme Gebrauch der Polarität normal-abnormal ist einer größeren gesellschaftlichen Toleranz gegenüber Menschen mit von der Durchschnittsnorm abweichenden sexuellen Verhaltensformen gewichen.

Einerseits hört die Ehe zunehmend auf, als unantastbar und als einzig anerkannte Form des Zusammenlebens zu gelten, andererseits ist auch – dank der Einführung der Verhütung – das enge Band zwischen →Sexualität und Fortpflanzung gelöst worden. Damit zusammenhängend hat sich gegenüber sexuellen Verhaltensvarianten eine weitgehende Permissivität entwickelt, verbunden mit einem wachsenden Widerstand gegen sexuelle →Tabus, solange anderen durch sexuelles Verhalten kein nachweisbarer Schaden zugefügt wird.

Ein Beispiel hierfür ist die Erklärung über die grundlegenden sexuellen Rechte des Menschen, aufgestellt 1983 durch die „World Association of Sexology" in Washington, deren wichtigste Elemente sind: Recht auf Freiheit zu jeglichem sexuellen Gedanken, jeglicher Phantasie oder jeglichem Verlangen, Recht auf sexuellen Genuß, Recht auf eigene sexuelle Veranlagung ohne Verfolgung, Verurteilung von Diskrimination und Recht auf Hilfe bei der Befriedigung sexueller Begierden, wenn diese durch soziale, psychische oder motorische Behinderungen erschwert wird. Diese Entwicklung hat zweifellos bei vielen Menschen befreiend gewirkt und zu größerem persönlichem Wohlbefinden und zu einer Abnahme unnötiger Schuldgefühle beigetragen. Andererseits aber kann festgestellt werden, daß an die Stelle der früheren starren Beurteilungskriterien kaum gute Alternativen getreten sind. Die gesellschaftliche Realität konfrontiert uns fortwährend mit der Tatsache, daß auch in unserer Zeit noch viele Menschen unter sexuellen Problemen leiden und dadurch oft auch andere belasten.

Bei einer Klassifikation sexueller Störungen ist es jedoch erwünscht, nicht alle objektiv feststellbaren oder subjektiv erfahrenen sexuellen Probleme als Störung zu kennzeichnen. Im weiten Feld der zwischenmenschlichen Beziehungen ergeben sich zahlreiche →Konflikte und Mißhelligkeiten. Alltägliche Probleme wie Mißverständnisse, Streit, gelegentliche Erektionsschwäche oder Mangel an sexuellem Interesse, vorübergehende obszöne Phantasien und andere kurze Ausbrüche von scheinbar pathologischer Art sollen hier nicht als Störung bezeichnet werden.

Diese Übersicht beschränkt sich auf langdauernde, strukturelle Problematik. Dabei wird ausgegangen vom einfachen und übersichtlichen Schema von *Gelder et al.* (1985).

(1) *Sexuelle Funktionsstörungen:* Diese sind durch eine Diskrepanz zwischen Absicht und tatsächlichem Verhalten gekennzeichnet, verbunden mit einer Verschlechterung der physiologischen Komponente des sexuellen Reaktionssystems.

Bei Frauen nehmen diese Störungen die folgenden Formen an:

(1.1) Fehlende Erregung, körperlich und seelisch, vor und während des Geschlechtsverkehrs. Nach dem niederländischen Forscher *Frenken* (1987) kommt dies bei etwa 15% der Frauen in der Altersklasse von 18 bis 55 Jahren vor.

(1.2) Gehemmter Orgasmus *(Anorgasmie). Frenken* nennt eine Prozentzahl von 38 für Orgasmusunfähigkeit während des Coitus.

(1.3) *Vaginismus* (Scheidenverkrampfung) und Schmerzen beim Geschlechtsverkehr *(Dyspareunie).* Obwohl dies auch körperlich bedingt sein kann, ist Vaginismus oft primär psychogen und gekennzeichnet durch regelmäßig auftretende Spasmen der vaginalen und Beckenbodenmuskulatur von solcher Art, daß ein Coitus unmöglich oder wenigstens sehr schmerzhaft ist.

Die sexuellen Funktionsstörungen beim Mann umfassen:

(1.4) *Erektionsstörungen.* Nach den Befunden von *Frenken* (1987) sind ungefähr 18% der Männer zwischen 18 und 55 Jahren regelmäßig nicht imstande, beim Coitus eine normale Erektion zu kriegen oder aufrechtzuerhalten.

(1.5) *Vorzeitige Ejakulation.* Hierbei tritt Ejakulation regelmäßig schon bei minimaler sexueller Reizung unerwünscht vor, während oder kurz nach der Immission ein. *Frenken* gibt eine Prozentzahl von 18.

(1.6). Gehemmter Orgasmus *(ejakulatorische Impotenz).* Bei diesem recht seltenen Phänomen bleibt die Ejakulation trotz normaler sexueller Erregung und Erektion aus.

Die Ursachen von sexuellen Funktionsstörungen können sehr verschiedenartig sein: Unwissenheit, Erlebnisse von Inzest und Vergewaltigung, ungünstige Erfahrungen mit einem früheren Partner, Angst vor Hingabe und andere neurotische Ängste, schlechte körperliche Kondition, übermäßiger Medikamenten- oder Alkoholgebrauch, latente Homosexualität, organische Krankheiten (wie Diabetes, Nierenkrankheiten) und motorische Behinderung, bis zu einer konfliktbeladenen Partnerbeziehung. Die psychotherapeutischen Aussichten (→Sexualtherapie) werden negativ beeinflußt von einer langen Dauer des Problems, von Homosexualität, von unbeeinflußbaren körperlichen Faktoren und von einer schlechten Partnerbeziehung. Bei genügender psychotherapeutischer Motivierung (→Psychotherapie) ist die Prognose im allgemeinen recht günstig. Bei der Behandlung von sexuellen Funktionsstörungen wird gegenwärtig überwiegend die Methode von *Masters und Johnson* (1966, 1970) oder eine Variante davon angewendet. Der Erfolg dieser Methode ist größer als jener von psychoanalytischen Methoden.

2. *Homosexualität:* Die überwiegende oder ausschließliche Bevorzugung eines Partners gleichen Geschlechts wurde von den Römern als eher unmännlich betrachtet, in der christlichen Tradition als sündhaft, in der früheren medizinischen Sexuologie als krankhaft und heute als akzeptierte Veranlagung bzw. als individueller Lebensstil. Im DSM III (1980) wird sie nicht mehr als Krankheit oder Störung eingestuft. In der →Psychotherapie wird heute in Fällen von deutlicher Homosexualität nicht mehr eine Umformung zu einer heterosexuellen Bevorzugung angestrebt (die Möglichkeit dazu ist sehr gering), sondern eine Lösung oder Erträglichmachung der Probleme, welche die Homosexualität mit sich bringen kann, wie gesellschaftliche Vereinsamung, Scham und Konflikte mit dem sozialen Umfeld.

3. *Sexuelle Abweichungen.* Wir betreten hier das Gebiet von sexuellen Störungen, die früher sexuelle →Perversionen genannt wurden, heute *Paraphilien.* Es geht hier um eine permanente Koppelung der sexuellen Erregung an ein ungewöhnliches Objekt und/oder um eine Abweichung in der sexuellen Aktivität an sich. Hierunter fallen:

(3.1) *Fetischismus,* wobei Attribute des anderen Geschlechts (wie Unterwäsche, Schuhe, Haarzöpfe) zu Erregung führen.

(3.2) *Pädophilie,* wobei sexuelle Vorliebe und Begierde Kindern in der präpuberalen Phase gelten.

(3.3) *Transvestismus.* Sexuelle Erregung wird hier überwiegend gesucht beim und ausgelöst durch das Tragen von Kleidern des anderen Geschlechts.

(3.4) Weitere Varianten sind: *Bestialität* oder *Sodomie* (sexueller Kontakt mit (Säuge-)tieren) und, als moderne Variante, die Telefonscatologie, wobei sexuelle Erregung durch obszöne telefonische Ausdrucksweise gegenüber unbekannten Frauen zustandekommt.

(3.5) *Exhibitionismus,* d.h. das öffentliche Vorzeigen der Genitalien mit dem Ziel sexueller Erregung ohne Versuch zu körperlichem sexuellem Kontakt. Meist sind es Männer gegenüber Frauen, die sich in dieser Weise exhibitionistisch verhalten. Diese Verhaltensvariante wird – wie auch die Pädophilie – oft kriminalisiert.

(3.6) *Voyeurismus,* d.h. die Suche nach sexueller Erregung durch Belauerung sexuellen Kontakts von anderen, oder durch Beobachtung von nackten oder sich entkleidenden Frauen.

(3.7) Sexueller *Sadismus.* Sexuelle Erregung wird hier durch Zufügung von Schmerz erstrebt.

(3.8) Sexueller *Masochismus.* Der sexuelle Erregungsfaktor liegt hier im Erleiden von Schmerz und Leiden.

Die sexuellen Abweichungen kommen hauptsächlich bei Männern und nur selten bei Frauen vor. Trotz der vielen psychoanalytisch (→Psychoanalyse) ausgerichteten Erklärungen ist der Hintergrund von vielen dieser sexuellen Störungen noch mindestens teilweise undeutlich geblieben. Im allgemeinen werden die psychotherapeutischen Behandlungsmöglichkeiten langdauernder sexueller Abweichungen als nicht groß erachtet, was teilweise mit der mäßigen bis fehlenden →Motivation dieser Menschen für eine Behandlung zusammenhängt.

Vollständigkeitshalber sei angemerkt, daß die →Pubertät vor allem bei Knaben manchmal mit gelegentlichen Episoden von homophilen oder paraphilen Neigungen und Verhaltensweisen einhergeht. In den meisten Fällen können diese als vorübergehende Aspekte des Aufwachens zu sexueller Erwachsenheit betrachtet werden. Von einer echten sexuellen Störung kann erst gesprochen werden, wenn die abweichenden sexuellen Erregungspräferenzen im Leben der betreffenden Person während längerer Zeit eine beherrschende Rolle spielen.

4. *Transsexualismus,* manchmal auch *Geschlechtsdysphorie* genannt, ist gekennzeichnet als eine unversöhnlich erlebte Diskrepanz zwischen der psychosozialen und der körperlichen Geschlechtsidentität. Der Betreffende fühlt sich als Fremder im eigenen Körper und wünscht, seinen eigenen Körper durch chirurgische Eingriffe in Richtung auf die psychosoziale Geschlechtsidentität verändern zu lassen. Um von Transsexualismus sprechen zu können, müssen diese Gefühle während mindestens zwei Jahren beständig vorhanden sein, darf nicht von →Intersexualität oder genetischer Abnormalität gesprochen werden, auch nicht von einer psychiatrischen Störung wie →Schizophrenie. Das Vorkommen von Transsexualismus wird aufgrund der Zahl der behandelten Transsexuellen auf 1:35000 bei Männern und auf 1:100000 bei Frauen geschätzt. Über die Ursache des Transsexualismus ist wenig bekannt, trotz einer Anzahl von Erklärungshypothesen. Die Psychotherapie muß sich durchgehend auf Unterstützung beschränken. Mit der definitiven körperlichen Geschlechtsveränderung sind weitreichende gesellschaftliche, ethische und juristische Konsequenzen verbunden.

Literatur: *J. Frenken,* Seksuele moeilijkheden in Nederland, (Sexuelle Schwierigkeiten in den Niederlanden). Maandblad Geestelijke Volksgezondheid, 1987, 1, 3–18. *M. Gelder/D. Gath/R. Mayou,* Oxford Textbook of Psychiatry. Oxford 1985. *W. H. Masters/V. E. Johnson,* Human sexual response. London 1966. *W. H. Masters/V. E. Johnson,* Human sexual inadequacy. London 1970.

Prof. Dr. *Piet B. Bierkens,*
Nijmegen, NL

Shaping
→Operantes Lernen.

Signal-Entdeckungs-Paradigma
→Viszerozeption.

Signifikanz
→Signifikanzniveau
→Statistik.

Signifikanzniveau
→Statistik.

Signifikanztest
→statistischer Test zur Bestimmung der →Signifikanzwahrscheinlichkeit.

Signifikanzwahrscheinlichkeit
→Wahrscheinlichkeit.

Simplex-Modell
→Faktorenanalyse.

Simulation
→Responseset.

Sinnesorgane
Organe zur Wahrnehmung der verschiedenen Sinnesreize (Gesichtssinn, Gehör, Geruchssinn, Tastsinn, Gleichgewichtssinn).

Sinnesphysiologie
→Wahrnehmung.

sinnzentrierte Therapie
→Logotherapie.

Sitten
→Norm.

Skala
→Skalierung.

Skalenniveau
→Skalierung.

Skalierung
Skalieren oder *Messen* ist eine Art des Beobachtens, die sich durch besondere Genauigkeit auszeichnet. Die technische Unzulänglichkeit unserer Sinnesorgane, insbesondere aber die Beeinflußbarkeit der Wahrnehmung durch →Vorurteile und →Affekte veranlassen uns, das Messen dem Schätzen vorzuziehen.

Messen besteht im *Zuordnen von Prädikaten* zu Objekten. Eine Familie von Prädikaten, die man den Objekten ausschließend und erschöpfend zuordnen kann (d.h. jedem Objekt eines, aber auch nur eines) nennt man *Merkmal,* die Prädikate *Merkmalsausprägungen.* „Hans Maier ist ledig" bedeutet: das Objekt H.M. besitzt das Merkmal „Familienstand" mit der Ausprägung „ledig". Objekte mit derselben Ausprägung bilden eine Äquivalenzklasse.

Es gibt eine Hierarchie der Merkmale. A) *Qualitative Merkmale:* zwischen den verschiedenen Äquivalenzklassen bestehen keine weiteren Relationen. Beispiele: Familienstand, Geschlecht. B) *Rangmerkmale:* zwischen den Objekten verschiedener Äquivalenzklassen besteht eine Rang- oder Ordnungsrelation. Beispiele: Verbrennungsgrade, Schulnoten. C) *Quantitative* oder *metrische Merkmale:* zwischen den Objekten verschiedener Äquivalenzklassen ist ein Abstand definiert. Beispiele: Zahl der richtig gelösten Aufgaben, Lautstärke in phon.

Es ist notwendig, die formalen Relationen zwischen den Prädikaten von den empirisch feststellbaren Relationen zwischen den Objekten zu unterscheiden. Man nennt das System der formalen Relationen dem der empirischen *isomorph,* wenn es diese zutreffend abbildet. Das ist beispielsweise bei der Mohs'schen Härteskala der Fall, da ein Mineral mit der Rangzahl R von allen Mineralien mit $R' > R$ geritzt wird. Ritzen-Geritzt werden ist die empirische Entsprechung der formalen Ordnungsrelation $x > y$.

Eine Prädikatenfamilie zusammen mit einer Relation heißt *Skala,* wenn sie die Zerlegung der Objektgesamtheit in Äquivalenzklassen isomorph abbildet. Dementsprechend gibt es qualitative, ordinale und quantitative Skalen („Intervallskalen"). Mit einem einfachen Waagebalken hat man eine ordinale Skala des metrischen Merkmales Gewicht. Durch Verwendung weiterer empirisch feststellbarer Relationen können Skalen entstehen, die sich dem Niveau der Merkmale annähern. Der Versuch, diese Annäherung durch unüberprüfbare Annahmen anstelle von empirisch feststellbaren Relationen zu ermöglichen, wird in den Sozialwissenschaften nicht selten gemacht, ist jedoch abzulehnen. Beispiel: die „Quantifizierung" von Rangskalen mittels der „Normalverteilungsannahme".

Unter *Agens* oder *Meßinstrument* im weitesten Sinne versteht man etwas, das auf den Zustand der Objekte in wahrnehmbarer Weise reagiert. Es kann sich dabei um einen Quecksilberfaden in einem Glasröhrchen handeln, der sich bei Erwärmung ausdehnt oder um einen Lehrer, der Deutschaufsätze mit Noten versieht. Da die Reaktion des Agens auf das Objekt Komponenten aufweisen kann, die vom Agens herrühren und nicht vom Objekt, ist es angebracht, Messen zunächst als Zuordnen von Prädikaten zu den Paaren (Objekt, Agens) zu definieren. Wenn der Austausch der Agentien keine wesentlichen Änderungen verursacht, bezieht man die Prädikate auf die Objekte allein und nennt die Messung *objektiv* (→Objektivität). Das ist etwa bei der Messung der Temperatur mit Quecksilberthermometern der Fall. Die Messungen der Sozialwissenschaften beziehen sich zumeist auf das Paar (Objekt, Person). Man nennt sie *reiz-, reaktions-* oder *personzentriert,* je nachdem, ob sie wesentlich von der Objektbeschaffenheit abhängen, von der Befindlichkeit der Person beeinflußt werden oder überhaupt Zustände der Person abbilden. Menschen pflegen beispielsweise die Rangordnung von Tonhöhen objektiv wahrzunehmen. Die Beurteilung von Tonhöhenunterschieden weicht dagegen von deren objektiver Messung durch Oszillographen ab. Die Art der Abweichung charakterisiert das Sinnesorgan (reaktionszentrierte Skalierung, → *Fechnersches Gesetz*). Die Gegensätzlichkeit der beiden Aussagen: „Noten bilden die Leistungen der Schüler ab" und „Noten charakterisieren den Lehrer, nicht die Schüler" zeigt den Unterschied zwischen reiz- und personzentrierter Skalierung auf.

Man spricht also von reizzentrierter Skalierung, wenn der Austausch der Personen keine Änderung in den Meßwerten der Objekte verursacht, sonst von reaktions- oder personzentrierter Skalierung. Beispielsweise ist die Rangordnung der Schwierigkeit von Intelligenztestaufgaben bei minder- und hochbegabten Personen die gleiche. Dagegen wird die Präferenzordnung politischer Parteien von Wähler zu Wähler häufig wechseln. Man muß dann versuchen, die für die Reaktion relevanten *Objekt-* und *Personparameter* zu separieren, zu messen und ihr Zusammenwirken beim Entstehen der Reaktion zu erkennen. Beispiele: → Intelligenztests: Die Schwierigkeit einer Aufgabe ist an der Zahl der Personen zu erkennen, die sie richtig lösen, die Intelligenz der Person an der Schwierigkeit der Aufgaben, die sie lösen kann. → Einstellungsmessung: → Eichung der Fragen. Ermittlung der Einstellung anhand von Zustimmung/Ablehnung. Das Zusammenwirken von Objekt- und Personparametern beschreiben u.a. die → *Guttman*-Skalen, die probabilistischen Testmodelle (→ Testtheorie), das → „unfolding".

Wir sind nicht imstande, Messungen wiederholt unter vollkommen gleichen Bedingungen durchzuführen. Wiederholung unter nur teilweise gleichen Bedingungen, also fehlerhafte Durchführung der Messung, kann deshalb ein anderes Resultat haben. Faßt man den Begriff des → *Meßfehlers* zu eng, gibt es überhaupt keine objektiven Skalen; faßt man ihn zu weit, läßt jede Vermutung sich mit dem Meßfehler erklären, also nicht mehr falsifizieren. Einen Ausweg aus dem Dilemma bietet der *Index der Objektivität:* Die Streuung der Resultate wiederholter Messungen mit derselben Person ist nicht größer als die Streuung der Resultate verschiedener Personen, da letztere sowohl vom Meßfehler („Streuung innerhalb") als auch von etwaigen Unterschieden „zwischen" den Personen beeinflußt wird. Die Auswertung von Meßdaten hängt also wesentlich von dem Verhältnis der beiden Streuungen ab. Bei Gleichheit (reizzentrierte Skalierung) eliminiert das arithmetische Mittel den Meßfehler. Bei Verschiedenheit soll es auch die durch die Unterschiede der Personen verursachten Unterschiede der Meßwerte eliminieren. Man kann jedoch zeigen, daß Mittelwerte in diesem Fall nicht Meßwerte einer *mittleren Person* darstellen, sondern Artefakte, die statt von der Objektbeschaffenheit von der Verteilung der Personparameter abhängen. Die Elimination des Meßfehlers ist nur innerhalb von Gruppen gleichartiger Personen möglich, die man mit dem Index der Objektivität identifiziert (Vertauschbarkeit von Person und Wiederholung).

Die Skalierungsmethoden der Sozialwissenschaften können nach der Art der Reaktion auf das Objekt eingeteilt werden in *direkte Methoden* (die Person ordnet Zahlen zu: → Methode der gleicherscheinenden Intervalle, Größenschätzung, Verhältnisurteile) und *indirekte Methoden* (→ Rangordnungsmethoden, → Paarvergleich, → Methode der sukzessiven Kategorien). Während bei den direkten Methoden die Urteile wenigstens dem Anschein nach quantitativen Charakter haben, muß bei Verwendung indirekter Methoden das metrische Niveau nachträglich angestrebt werden. Dazu eignet sich das *Gesetz des Paarvergleiches,* demzufolge ein Unterschied der Merkmalsausprägungen umso sicherer bemerkt wird, je größer er ist: die Wahrscheinlichkeit des Urteils a > b wächst umkehrbar eindeutig mit der Differenz (a) – (b). Ähnliche Relationen zwischen Differenz und Entscheidungszeit bzw. Verwechslungshäufigkeit liegen den sogenannten *nonverbalen Methoden* zugrunde, die auch in Tierexperimenten zum Einsatz kommen.

Von Bedeutung ist neuerdings die *Skalierung der Ähnlichkeit* als Merkmal von Objektpaaren. Der Ähnlichkeitseindruck wird von allen für eine wohldefinierte Objektmenge relevanten Merkmalen beeinflußt. Diese Merkmale konstituieren einen Ähnlichkeitsraum, in welchem die Objekte durch ihre paarweisen Abstände angeordnet sind. Ein Abstand von null bedeutet Identität. Während die herkömmliche →Multivariablenanalyse auf lineare Räume angewiesen ist (→euklidische Abstände, →Korrelation, →Faktorenanalyse, →semantischer Raum), beschreibt man Ähnlichkeit mit Hilfe der viel allgemeineren →„Minkovskimetriken". Das →„Gradientenverfahren" ermöglicht die Analyse nichteuklidischer Räume. Das Mitteln von Abständen verschiedener Ähnlichkeitsräume (reaktionszentrierte Skalierung) dürfte größere Erfolge der Ähnlichkeitsanalyse bisher verhindert haben.

Literatur: *W. Kühn,* Einführung in die multidimensionale Skalierung. München 1976. *F. Sixtl,* Meßmethoden der Psychologie (2. Aufl.). Weinheim 1982. *F. Sixtl,* Skalierungsverfahren: Grundsätze und ausgewählte Methoden sozialwissenschaftlichen Messens. In: *K. Holm* (Hrsg.), Die Befragung 4. München 1976. *F. Sixtl,* Notwendigkeit und Möglichkeit einer neuen Methodenlehre der Psychologie. Ztrschr. Exp. Angew. Psychol., 1985, 32, 320–339. *A. van der Ven,* Introduction to Scaling. New York 1980.

Prof. Dr. *Friedrich Sixtl,* Linz/Donau

Skript
⇒Lebensplan
→Transaktionale Analyse.

Slow-Wave-Sleep
→Schlaf.

Social Desirability
⇒soziale Erwünschtheit
→Responseset.

social support
⇒soziale Unterstützung.

Sodomie
→Sexuelle Störungen.

somatogene Depression
→Depression.

Somnambulismus
⇒Schlafwandeln.

Somnolenz
abnorme Schläfrigkeit, häufig Symptom einer hirnorganischen Störungen (→Bewußtsein).

sonderpädagogische Diagnostik
Teilgebiet der →Psychodiagnostik, das sich früher vor allem mit der Entwicklung von →Tests zur Aussonderung von minderbegabten Schülern (→Geistige Behinderung) für die Sonderschule befaßte, heute jedoch eher *Förderdiagnostik* betreibt und Verfahren entwickelt, die Entscheidungshilfen dafür bieten, welche Fördermaßnahmen bei bestimmten Formen der Behinderung wirksam sein können.

Sonderschulen
→Rehabilitation.

Sonnengeflecht
⇒Plexus solaris.

soziale Bekräftigung
⇒soziale Verstärkung.

soziale Deprivation
→Deprivation.

soziale Distanz
→Diskrimination.

Soziale Erwünschtheit
→Tendenz zur sozialen Erwünschtheit
→social desirability.

soziale Interaktion
→Interaktion.

soziale Isolation
Unterbindung von Sozialkontakten und zwischenmenschlichen Beziehungen, Vereinsamung (→soziale Deprivation).

soziale Kontrolle
→Norm.

soziale Norm
→Norm
→Rollentheorie.

soziale Position
Position, die die Person in ihrem sozialen Bezugssystem einnimmmt (→soziale Rolle, →soziale Schicht, →sozialer Status).

soziale Rolle
→Rollentheorie.

sozialer Status
→Status
→Rollentheorie.

Soziale Schicht
Das Konzept der sozialen Schichtung gehört seit den Schichtungsanalysen von *Th. Geiger* in den dreißiger Jahren zu den Schlüsselbegriffen der Sozialwissenschaften. Mit diesem eher makrosoziologischen Ansatz, die Gesamtbevölkerung einer Gesellschaft unter dem Gesichtspunkt ihrer unterschiedlichen Lebenslagen und der damit zusammenhängenden Lebenschancen in bezug auf Einkommen, Bildung, Einfluß und →Prestige zu strukturieren, sind unterschiedliche Schichtbegriffe und Schichtmodelle entstanden. Die Spannbreite der verschiedenen Schichtmodelle reicht von sehr einfachen bis zu sehr komplexen Modellen. ‚Schichten' werden unterschieden nach dem Ausbildungsabschluß in ‚Bildungsschichten', nach dem Einkommen in ‚Einkommensschichten', nach dem Berufsprestige in ‚Berufsschichten'. Einkommen, Bildung und Berufsposition werden dabei als wichtige Ressourcen für Lebenschancen unterstellt. Schichten unterscheiden sich nicht nur in der sozioökonomischen Situation, sondern auch durch unterschiedliche →Einstellungs- und Verhaltensmuster, die von unterschiedlichen Lebensverhältnissen herrühren.

Definition: Soziale Schichten sind Personengruppen, die aufgrund bestimmter gesellschaftlich wichtiger Merkmale sich in einer gleichen oder ähnlichen Lage befinden. Die verschiedenen sozialen Schichten einer Gesellschaft unterscheiden sich in ihren Lebens- und Arbeitsbedingungen. Sie nehmen in unterschiedlichem Maße an Lebenschancen und -risiken teil und sind in ihrem Verhältnis zueinander meist hierarchisch, oft auch horizontal gegliedert. Innerhalb der Gesamtgesellschaft unterscheiden sie sich in ihrem gesellschaftlichen Ansehen. Die Schichtzuweisung bzw. -einordnung erfolgt sowohl durch Fremd- wie durch Eigenbestimmung.

Schichtungsausprägungen: Nach *Th. Geiger* ist soziale Schicht ein allgemeiner Oberbegriff zur Analyse der sozialen Ungleichheit, wobei dann die Begriffe ‚Klassen', ‚Stände' oder ‚Kasten' historische Ausprägungen sozialer Schichten darstellen. Geiger unterscheidet bei seiner Beschreibung sozialer Schichten drei Aspekte: Soziallagen, Schichtdeterminanten und Schichtmentalitäten. Die *Soziallagen,* die gesellschaftlichen, ökonomischen Bedingungen, in denen die Menschen leben, werden beeinflußt durch die *Schichtdeterminanten,* wie z.B. Beruf oder Ausbildungsabschluß. Typische *Schichtmentalitäten,* d.h. Einstellungen und Wertmuster, entwickeln sich aus ähnlichen Soziallagen.

Schulbildung und Lebenschancen: Schulische Ausbildung war und ist ein wesentlicher Bestimmungsfaktor für Lebenschancen, zukünftigen Sozialstatus und die damit verbundenen Privilegien wie Einkommen, Prestige, Einfluß oder Arbeitsqualität. Die Verteilung des schulischen Bildungsabschlusses 1989 für die

Gesamtbevölkerung (ab 15 Jahre) zeigt folgende Struktur: Noch ohne Schulabschluß 4,4%, Volksschul-/Hauptschulabschluß 61,6%, Realschul-/vergleichbarer Abschluß 19,3%, Fachhoch-/Hochschulreife 14,7% (Quelle: Statistisches Jahrbuch 1990). Inwieweit die verschiedenen Bevölkerungsgruppen an den Bildungschancen unserer gegenwärtigen Gesellschaft teilhaben, mag folgende Zusammenstellung von *Geißler* (1987) zeigen: Er unterscheidet fünf Gruppen mit unterschiedlichen Chancen: stark Begünstigte, Begünstigte, eine mittlere Gruppe mit ausgeglichenen Chancen, Benachteiligte und stark Benachteiligte. Begünstigt bzw. benachteiligt bedeutet, bezogen auf den Bevölkerungsanteil über- bzw. unterproportional an den *Bildungschancen* beteiligt zu sein. Stark begünstigt sind Akademiker, gehobene und höhere Beamte, freie Berufe und Großunternehmer. Als Begünstigte gelten: gehobene und leitende Angestellte. Ausgeglichene Bildungschancen kommen Selbständigen aus Handel und Gewerbe, mittleren Angestellten und Beamten sowie Meistern zu. Benachteiligt sind Facharbeiter, untere Angestellte, Beamte und Landwirte. Un- und angelernte Arbeiter werden zu den stark benachteiligten Bevölkerungsgruppen gezählt, weil sie am häufigsten in den Sonderschulen (→Rehabilitation) vertreten sind, sehr stark die Hauptschulen frequentieren und an den weiterführenden Schulen stark unterrepräsentiert sind. Zusammenfassend kann gesagt werden, daß die Bildungschancen von Kindern um so höher sind, je höher das Bildungsniveau ihrer Eltern ist (*Bolte* 1984). Je besser die Schulbildung, um so größer auch die Chance, eine qualifizierte Berufsposition zu erreichen. Dies trifft sowohl für den öffentlichen Dienst wie auch für die Beschäftigung in der Privatwirtschaft zu. Auch hat sich die Regel heraus gebildet, daß eine gute Ausbildung das Beschäftigungsrisiko mindert. Die Bildungsexpansion ist durch alle Schichten gegangen, „aber zu einer Umverteilung der Chancen, zu einem Abbau der Chancenunterschiede zwischen den Schichten ist es nicht gekommen. Die Chancen auf eine höhere Ausbildung an Gymnasien und Universitäten sind eher ungleicher geworden" (*Geißler* 1987, S. 87).

Soziale Schichtung und Einkommen: Immer weniger Menschen verdienen im Verhältnis zu allen anderen immer mehr.

Soziale Schichtung und Berufsprestige: Das Berufsprestige der Menschen prägt auch heute noch sehr stark die Vorstellungen über die rangmäßige Einordnung der Menschen nach „höher" oder „tiefer" in der bundesrepublikanischen Bevölkerung. Danach werden folgende Gruppierungen unterschieden: Oberschicht und obere Mittelschicht 5%, mittlere und untere Mittelschicht 47%, obere Unterschicht 33%, untere Unterschicht und sozial Verachtete 15%.

Soziale Schichtung und gesundheitliche Lebenschancen: „Gesundheit wird beständig durch Lebensweise und Umwelteinflüsse produziert und/oder beeinträchtigt. Unterschiedliche Lebensbedingungen sozioökonomischer Gruppen haben daher eine ungleiche Verteilung von Gesundheit und Krankheit zur Folge" (*Geißler* 1987, S. 162). Wie stark solche schichtspezifischen Lebensumstände sich auf Morbidität und Mortalität auswirken, können folgende Beispiele illustrieren: Für die Jahre 1970–1972 zeigte sich in Großbritannien, daß in der niedrigsten Sozialgruppe (V) gegenüber der höchsten Sozialgruppe (I) die Wahrscheinlichkeit, im Alter zwischen 15 und 65 Jahren zu sterben, um 50% erhöht ist. Hinsichtlich der Lebenserwartung zeigen französische Daten schichtspezifische Unterschiede. Danach belegten die Berufsgruppen der Professoren, der Ingenieure und der freien Berufe die ersten drei Ränge. Auf dem letzten Rang wurden die ungelernten Arbeiter placiert. Ein Professor z.B. lebt danach im Durchschnitt fast 9 Jahre länger als ein ungelernter Arbeiter (*Desplanques* 1983). Daß auch die Gesamtsterblichkeit schichtabhängig sein kann, wurde bei einer Untersuchung im Raum Stuttgart für 1976 erhärtet. Eines der wesentlichen Ergebnisse bestand darin, daß die unterste berufliche Leistungsgruppe (un- und angelernte Arbeiter, einfache Angestellte und einfache Beamte) im Vergleich zu den höheren Berufsgruppen deutlich die höchste Gesamtsterblichkeit für Männer im Alter zwischen 30 und 64 Jahren aufwies. Das Mortalitätsrisiko für Männer der untersten Schicht war gut zweieinhalbmal höher als für Männer der oberen Schicht (*Neumann* u. *Liedermann* 1981). Auch die Kindersterblichkeit zeigt schichtspezifische Unterschiede. Neben höherer Kindersterblichkeit bei Müttern niedrigerer Schichten, konnten auch mehr Schwangerschaftsrisikofaktoren bei Frauen mit geringerer Schulbildung festgestellt werden (*Wilken* 1983).

Schichtspezifische Einstellungen: Inwieweit Schichtzuweisungen Auswirkungen auf Einstellungen und Verhaltensweisen haben, soll im folgenden kurz erläutert werden. Generell kann gesagt werden, daß die gesellschaftliche Stellung der Eltern wesentlich den späteren Status des Kindes bestimmt. Je höher der Status der Eltern, um so besser ist die Ausgangslage des Kindes, diesen Status beizubehalten. Hinsichtlich der Kindererziehung kann angenommen werden, daß Oberschichts- und Mittelschichtskinder größere Chancen haben, in Übereinstimmung mit den neuesten ‚Experten-Normen' erzogen zu werden. Je höher die Schicht, um so mehr Wert wird auf formale Bildung, sowohl als Selbstzweck als auch als Mittel zum Zweck gelegt. Einige Hinweise zu typischen Einstellungsmustern von ‚Oberschicht', ‚Mittelschicht' und ‚Unterschicht': Obwohl die Oberschichten in der Regel die höchsten Positionen im Berufsbereich, die beste Ausbildung und das höchste Einkommen besitzen, zeigen sie in der Öffentlichkeit kaum spezifische Denk- und Verhaltensweisen. Gemäß ihrer ökonomischen und gesellschaftlich privilegierten Lage ist die Oberschicht hinsichtlich ihrer politischen Orientierung auf Erhaltung und Bewahrung des Erreichten und der gegenwärtigen Verhältnisse bedacht und deshalb auch tendenziell konservativ eingestellt. Die bestimmenden Institutionen unserer Gesellschaft und damit das gesamte gesellschaftliche Leben sind in außerordentlichem Maße an den Bedürfnissen, Interessen und Werten der Mittelschichten orientiert. Durch verschiedene gesetzliche Verbesserungen der Unterschichtsverhältnisse und durch die fortlaufende Industrialisierung rücken Unter- und Mittelschichten enger zusammen. Es entwickeln sich Reaktionsformen gegenüber der ‚Konkurrenz von unten'. In den Mittelschichten ist im Vergleich zu den übrigen Schichten eine besonders starke Aufstiegsorientierung vorhanden. Hohe Sensibilität für wechselnde Forderungen des sozialen Milieus, Korrektheit, Strebsamkeit, Pünktlichkeit und Ordnung sind einige der typischen Verhaltensnormen. Als typisch für die Mittelschicht wird auch die Erscheinungsform des ‚deferred gratification pattern' betrachtet, d.h. eine Haltung, in der gegenwärtiger Genuß aufgeschoben wird mit dem Ziel, ihn mit langfristiger Strategie noch erhöhen zu können. Dies setzt eine gewisse Zweckrationalität des Verhaltens und eine Zukunftsorientierung voraus. Die schichtspezifische Extremlage der Unterschicht erzeugt besondere Werthaltungen. Es wird versucht, die relative Armut an Macht, Geld, Bildung und Prestige ins Positive zu wenden durch Aufwertung des Einfachen und Schlichten, des Soliden und ‚Natürlichen'. Höhere Schulbildung wird oft als ein nur „Schöner-reden-können" eingestuft. „Richtige" Arbeit ist körperliche Arbeit. Als Prestigesymbole fungieren vorrangig Einkommen und ‚das, was sich einer leisten kann'. Die Verwandtschaft und auch in relativ hohem Maße die Nachbarschaft stehen neben der eigenen Familie weitaus dominierender im Mittelpunkt des sozialen Lebens der Unterschichten. Die relativ aussichtslose Lage der Unterschichten, aufsteigen und sich verbessern zu können, führt tendenziell zu einer fatalistischen Einstellung.

Theorien zur Erklärung von sozialer Ungleichheit: Unterschieden werden Integrationstheorien, Konflikttheorien (→Konflikt), Syntheseversuche von Integrations- und Konflikttheorien. In den *Theorien sozialer Integration* dominiert der Gedanke, daß jedes soziale System existenznotwendig der Verbindung vieler einzelner Menschen und →Gruppen zu sozialen Einheiten bedarf. Nach der sog. ‚funktionalistischen Schichtungstheorie' wird z.B. die Schichtung der Gesellschaft mit der funktionalen Notwendigkeit von Arbeitsteilung begründet. Allen *Konflikttheorien* gemeinsam ist einerseits die Auffassung, daß soziale Ungleichheit verwerflich ist, andererseits auch daß soziale Konflikte normal und das Ergebnis der Struktur der Gesellschaft selbst sind. Die Zugehörigkeit zu einer bestimmten Gruppe schließt ein, daß bestimmte Interessengemeinsamkeiten mit anderen Gruppenmitgliedern gegeben sind, die gegen die Interessen anderer Gruppen zu vertreten sind. Im konflikttheoretischen Ansatz ist soziale Ungleichheit das Ergebnis des Kampfes um geschätzte Güter und Dienstleistungen, deren Angebot knapp ist. Den Konflikttheorien gemeinsam ist die Auffassung, daß soziale Ungleichheit nicht nur universell, sondern auch unvermeidbar ist. Die Menschen können danach nur zusammenleben, wenn soziale Positionen ungleich bewertet und ungleich belohnt werden (*Zingg* u. *Zipp* 1979).

Literatur: *R. Geißler* (Hrsg.), Soziale Schichtung und Lebenschancen in der Bundesrepublik Deutschland. Stuttgart 1987. *G. Neumann/A. Liedermann,* Mortalität und Sozialschicht, Bundesgesundheitsbl. 1981, 24, 173–181. *M. Wilken,* Soziale Situation vor und während der Schwangerschaft. In: *J. J. Rohde* (Hrsg.), Perinatalstudie Niedersachsen und Bremen. Soziale Lage, medizinische Versorgung, Schwangerschaftsverlauf und perinatale Mortalität. München 1983. *K. M. Bolte/D. Kappe/F. Neidhardt,* Soziale Ungleichheit. Opladen 1974. *K. M. Bolte/S. Hradil,* Soziale Ungleichheit in der Bundesrepublik Deutschland. Opladen 1984. *H. P. Dreitzel,* Die gesellschaftlichen Leiden und das Leiden an der Gesellschaft. Stuttgart 1968. *W. Zingg/G. Zipp,* Basale Soziologie, Soziale Ungleichheit. Opladen 1979.

Dr. *Kurt Buser,* Hannover

soziales Lernen
Lernprozesse, die die →Sozialisation fördern; Aneignung sozialer Kompetenzen, aber auch →Lernen im sozialen Kontext (→Lernen am Modell).

soziales Netzwerk
Geflecht sozialer Beziehungen.

soziale Ungleichheit
→Soziale Schicht.

soziale Unterstützung
⇒social support
fördernde Maßnahmen und Hilfen, die jemand in Notfällen in der Familie und im Bekanntenkreis erwarten kann.

soziale Verstärkung
⇒soziale Bekräftigung
Methode der →Verstärkung im Prozeß des →Operanten Lernens, bei der im Gegensatz zu →Münzverstärkersystemen keine materielle Belohnung gegeben wird, sondern sozial wünschenswertes Verhalten wie Lob, Beachtung, Anerkennung, Zuwendung.

soziale Wahrnehmung
die →Wahrnehmung sozialer Vorgänge und →Interaktionen oder anderer Personen, aber auch die Abhängigkeit der Wahrnehmung vom sozialen Kontext.

Sozialisation
das Hineinwachsen in das →Normen- und Wertesystem einer sozialen Bezugsgruppe oder Gesellschaft. Unter *Sozialisation* versteht man den entsprechenden Entwicklungsprozeß des Individuums, unter *Sozialisierung* hingegen meistens die die Sozialisation fördernden Erziehungsprozesse. Man unterteilt grob nach drei Formen der Sozialisation: die früh-

kindliche, familiäre oder *primäre Sozialisation;* die schulische oder *sekundäre Sozialisation* und die berufliche oder *tertiäre Sozialisation.*

Sozialisationsbedingungen
die allgemeinen Bedingungen, die der →Sozialisation einer Person förderlich oder hinderlich sein können.

Sozialisierung
→Sozialisation.

Soziallagen
→Soziale Schicht.

Sozialpharmakologie
→Verordnungsverhalten.

Sozialpsychologie
Teilgebiet der Psychologie, das sich mit der Untersuchung →sozialer Interaktionen, der Analyse von Gruppenprozessen und den Einflüssen des sozialen Umfelds auf das Verhalten Einzelner befaßt.

Soziogramm
Methode der Analyse der inneren Struktur von →Gruppen, bei der die Gruppenmitglieder Beliebtheits- oder Ablehnungswahlen durchführen. Die Ergebnisse werden graphisch dargestellt und verdeutlichen zentrale Positionen und Außenseiterpositionen, sowie symmetrische (gegenseitige Wahlen) und asymmetrische Beziehungen.

Spaltverteilung
→Ereigniskorreliertes Potential.

spatiale Aufmerksamkeit
→Visuelle Aufmerksamkeit.

spezifische Objektivität
→Testtheorie.

Spiegelhaltung
Maßnahme des Therapeuten in der →Psychotherapie, wobei dieser die Äußerungen, die der Patient über sich selbst macht, aufnimmt und sie in präzisierter und besser strukturierter Form zurückgibt (spiegelt), was beim Patienten das Verständnis für die eigenen Probleme und für die inneren Widersprüche fördern soll.

Spiel
→Transaktionale Analyse
→Spieltheorie
→Spieltherapie.

Spielbaum
→Spieltheorie.

Spieltheorie
Wie die →Entscheidungstheorie, so ist auch die Spieltheorie aus dem Bemühen von Wirtschaftswissenschaftlern und Mathematikern um normative Modelle für das Verhalten in Entscheidungssituationen entstanden. Während es in der Entscheidungstheorie um die Wahl von Strategien gegen eine zufallsblinde Natur geht, handelt es sich in der Spieltheorie um die Auswahl von „Zügen" gegen einen (oder mehrere) ebenfalls rational denkende und handelnde Gegner, wobei jede Seite den Ausgang des Spiels zu seinen Gunsten, d.h. zur Maximierung seines Gewinns, zu lenken versucht. (Die Wahlen der Teilnehmer heißen „Züge" in Anlehnung an Spiele wie Schach, Dame, Mühle usw.).

Spiele lassen sich in extensiver Form in *Spielbäumen* darstellen, in denen bei jedem Wahl- oder Entscheidungspunkt jedes Spielers ein Knoten eingezeichnet wird, aus dem die verschiedenen Wahlalternativen des Spielers an diesem Punkt im Spiel als „Zweige" hervorgehen; an den letzten Enden des Spielbaumes stehen die Auszahlungen (Gewinne und Verluste) der Spieler. Spielbäume erleichtern durch ihre Anschaulichkeit die Wahl des richtigen Zuges, weil man alle möglichen Folgen vorhersehen kann; auch, was der Partner zur Wahrung seiner Interessen (Maximierung seines Gewinnes) tun wird. Sie werden bei komplexen Spielen aber schnell unübersichtlich: beim Schachspiel beispielsweise hat Weiß am Anfang 20 Möglichkeiten (= Äste des Spielbaums) anzufangen, an jeden dieser 20 Äste schließen sich 400 Knoten schon nach einem Zug jeder Seite.

Spieltheorie

Eine andere Möglichkeit der Darstellung von Spielen ist die *Normalform:* Jeder mögliche Weg durch den Spielbaum wird als eine Strategie definiert, so, als ob der Spieler für jede mögliche Reaktion seines Gegners seine eigene Antwort von vorn herein festlegt. Diese Form der Darstellung hat den Vorteil, daß man sie in Matrixform abbilden kann. Die Strategien des einen Spielers bilden die Zeilen, die des anderen die Spalten einer →Matrix, und in den Zellen (Kreuzungspunkten von Zeilen und Spalten) stehen die Auszahlungen an die beiden Spieler.

Bei der Wahl einer Strategie (Zeile oder Spalte) in einem Matrix-Spiel wird ein rationaler Spieler so verfahren, daß sein Gegner, der seinerseits seinen Gewinn zu maximieren sucht, ihm möglichst wenig schaden kann: Er wird die Alternative suchen, bei der er im ungünstigsten Fall möglichst wenig verliert oder sogar immer noch möglichst viel bekommt *(Maximin-Strategie).* Gibt es für jeden Spieler eine solche Alternative, so werden ihre Wahlen immer in der gleichen Zelle der Matrix zusammenfallen; diese heißt dann der *Sattelpunkt* des Spiels. Gibt es keine solche eindeutige Strategie, so ist es am besten, den Gegner über den eigenen Zug im unklaren zu lassen, damit er den Spieler nicht durch eine für ihn optimale Gegenstrategie ausbeuten kann; man wählt dann eine Strategie zufällig („gemischte Strategie"). Durch Wahl geeigneter →Wahrscheinlichkeiten für die einzelnen Alternativen kann dabei noch der erwartete Gewinn maximiert werden.

Die Auszahlungsbedingungen von Spielen können so festgelegt sein, daß die Gewinne des (der) einen zugleich die Verluste des (der) anderen sind, die Summe der Auszahlungen ist Null. Diese Spiele heißen *Nullsummenspiele,* solche, in denen das nicht der Fall ist, *Nicht-Nullsummenspiele.*

Spielmatrixen von Nicht-Nullsummenspielen können mehr oder weniger konfliktträchtig sein; sie können Zellen enthalten, die für alle Spieler günstig sind und aus denen heraus kein Spieler seine Auszahlung ohne Gefahr einer Ausbeutung durch den Gegner durch eine andere Wahl verbessern kann; solche Zellen werden *Sattelpunkte* oder *Äquilibrien* genannt. Bei mehreren Sattelpunkten müssen diese alle die gleichen Auszahlungen enthalten.

Ein klassisches Beispiel für ein Zwei-Personen-Nicht-Nullsummenspiel ist das *Gefangenen-Dilemma* (PDG) *Rapoport* u. *Chammah* 1965): Zwei Spieler haben je zwei Strategien, eine „kooperative" und eine „treulose". Wählen beide die kooperative, so haben beide einen mäßigen Gewinn, wählen beide die treulose, so bekommen sie beide noch weniger. Wählt aber der eine die treulose Strategie und der andere die kooperative, so hat der treulose Spieler den höchsten Gewinn und der kooperative den niedrigsten. Die Summe der Gewinne ist am höchsten, wenn beide kooperativ wählen, aber der einzelne gewinnt mehr, wenn er treulos und der andere kooperativ wählt – so ist er in ständiger Versuchung. Bei wiederholtem Spiel empfiehlt es sich, kooperativ zu spielen – und wenn der andere Spieler treulos wählt, sofort danach das gleiche zu tun *(„tit-for-tat"-Strategie),* und danach wieder kooperativ (*Axelrod,* 1984).

Bei Verallgemeinerung des Gefangenen-Dilemmas auf mehr als zwei (N)Personen kommen wir zu allgemeinen „sozialen Dilemmata" (*Dawes* 1975). Ein Beispiel dafür ist das *Gewerkschafts-Dilemma* (UDG): Die „kooperativ" wählenden Spieler zahlen die Beiträge, aber alle – auch die „Trittbrettfahrer" – genießen die Erfolge. In der Wirtschaft wie im täglichen Leben gibt es eine Fülle solcher Situationen, in denen der einzelne sich auf Kosten der Gemeinschaft einen Vorteil verschaffen kann, dies aber allen zum Nachteil wird, wenn alle es tun: Beispiele für die Verunreinigung der Luft durch Abgase und der Flüsse durch Abwässer, die Zersiedelung der Landschaft, die Benutzung des eigenen

Autos statt des öffentlichen Verkehrsmittels. Hier überall stehen individuelle und kollektive (Gruppen-)Rationalität in → Konflikt miteinander.

Eine andere Gruppe von N-Personen-Nicht-Nullsummenspielen sind die *Koalitionsspiele:* Hier sehen die Auszahlungsbedingungen vor, daß bestimmte Gruppierungen von Spielern – wenn sie sich zusammen tun – als Gruppe bestimmte Gewinne erhalten, die sie dann innerhalb der Gruppe aufteilen müssen. Dabei bestimmt sich die Attraktivität des einzelnen Spielers (als Koalitionspartner für die anderen) und auch die Auszahlung, die er in einer Koalition für sich aushandeln kann, nach den Möglichkeiten zur Bildung von Koalitionen, die er hat, und den Auszahlungen, die diese bekommen würden. Auch hier lassen sich mit mathematischen Modellen Gleichgewichtspunkte vorhersagen, aus denen sich keiner mehr verbessern kann. Diese Koalitionen werden der „Kern" eines Spiels genannt. Unter manchen Auszahlungsbedingungen ist aber keine solche stabile Lösung möglich; es gibt aus jeder Koalitionskonstellation heraus noch andere Möglichkeiten, die für einzelne Spieler attraktiver wären. Man sagt dann, der Kern sei „leer". Die Möglichkeiten des Spielers, mit anderen Koalitionen mit hohen Auszahlungen zu bilden, stellen seine „Macht" im Koalitionsspiel dar und bestimmen, welchen Teil der Auszahlung er für sich beanspruchen kann. Dabei erklären die mathematischen Modelle auch, weshalb der kleinere Koalitionspartner meistens einen unverhältnismäßig großen Teil des Gewinnes bekommt (in der Politik: einen größeren Anteil an den Ministersitzen als an den Stimmen im Parlament). Die Spieltheorie läßt sich auf eine Fülle von Situationen anwenden und ist dadurch zu einem interdisziplinären Feld von Mathematikern, Biologen, Psychologen, Soziologen und Wirtschaftswissenschaftlern geworden.

Literatur: *R. Axelrod,* The Evolution of Cooperation. New York 1984. *R. M. Dawes,* Formal models of dilemmas in social decision making. In: *M. Kaplan/S. Schwartz* (Eds.), Human Judgement and Decision Processes. New York 1975. *M. I. Ksiensik/D. Wendt,* Normative and individual strategies in social dilemmata. In: *R. Tietz/W. Albers/R. Selten* (Eds.), Bounded Rational Behavior in Experimental Games and Markets. Berlin 1988. *A. Rapoport/A. M. Chammah,* Prisoner's Dilemma. Ann Arbor 1965.

Prof. Dr. *Dirk Wendt,* Kiel

Spieltherapie
überwiegend bei Kindern eingesetzte Methode der → Psychotherapie, in der die Probanden beim Spielen ihre Konflikte und Verhaltensstörungen darstellen und ausleben können.

spontane Remission
das bei unbehandelten → Neurosen häufig zu beobachtende spontane Verschwinden von Symptomen, das nicht notwendigerweise ein Zeichen spontaner psychischer Heilung sein muß, da es in diesem Zusammenhang durchaus zu einer *Symptomverschiebung* kommen kann, so daß das ursprüngliche Symptom durch ein anderes, möglicherweise völlig unähnliches ersetzt wird.

Spontanerholung
→ Klassisches Konditionieren
→ Extinktion.

Sporttherapie
Sammelbegriff für alle Formen der Anwendung sportlicher Trainingsprogramme bei der Behandlung motorischer Störungen (→ Motorik) und der psychophysiologischen Stabilisierung des Gesamtorganismus.

Spotlight-Modell
→ Visuelle Aufmerksamkeit.

Sprache
→ Kommunikation.

Sprachstörungen
alle Formen der Störung des normalen Sprechverhaltens. Man unterscheidet dabei allgemein zwischen Störungen in-

folge von Erkrankungen oder organischen Mißbildungen, durch hirnorganische Ausfälle bedingte Störungen, wie die *motorische Aphasie* (Verlust der Sprechfähigkeit) und der *sensorischen Aphasie* (Verlust des Sprachverständnisses) und →psychogen bedingten Sprachstörungen, wie Stottern oder Lispeln.

Sprachtherapie
⇒Logopädie
→Rehabilitation
Methode der →Psychotherapie zur Behandlung von →Sprachstörungen.

spurenbedingte Reaktion
→Klassisches Konditionieren.

Spurenzerfallhypothese
→Gedächtnis.

Stabiliät
testpsychologisch: Gütekriterium für psychologische →Tests, das mit Hilfe der →Retest-Korrelation bestimmt wird;

persönlichkeitspsychologisch: Gegenpol des →Persönlichkeitsmerkmals →Labilität oder →Neurotizismus.

Standardabweichung
statistischer Kennwert für die Streuung von Meßwerten, ausgedrückt als Quadratwurzel aus der mittleren quadrierten Abweichung aller Meßwerte von ihrem Mittelwert.

Standardfehler
→Wahrscheinlichkeit.

Standardisierung
Umwandlung von →Rohwerten in Standardwerte (→Standardwertskala).

Standardwert-Skala
Sammelbegriff für alle Formen der Transformation von →Meßwerten, bei denen der Abstand des Rohwertes vom Mittelwert der Verteilung in Einheiten der →Standardabweichung ausgedrückt wird (→IQ-Skala, →Standard-z-Wert, →Stanine-Skala, →Sten-Skala, →T-Skala).

Standard-z-Wert
Maßeinheit, die sich aus der Transformation von →Rohwerten ergibt, wenn man die Abweichung des Rohwertes vom Mittelwert der Verteilung in Einheiten der →Standardabweichung bestimmt.

Stanine-Skala
eine →Standardwert-Skala mit den Grenzen von einem und neun Punkten (standard nine), mit einem Mittelwert von fünf Punkten und einer →Standardabweichung von einem Punkt.

State-Angst
⇒Zustandsangst
→Angst.

Statistik
Eine Statistik (Kennzahl, Maßzahl) ermöglicht die systematische Zusammenfassung einer Menge von Einzelbeobachtungen. Insbesondere in der Psychologie können wegen der Individualität von Personen die interessierenden Effekte häufig nur an Kennzahlen deutlich werden. Die *Statistik als Lehre von den Kennzahlen* läßt sich unterteilen in die deskripitive und die Inferenzstatistik und innerhalb dieser wiederum in univariate und multivariate Kennzahlen bzw. Verfahren. Einer univariaten Statistik liegt nur ein Meßwert pro Beobachtungseinheit (Person) zugrunde, während multivariate Statistiken verwendet werden, wenn pro Person mehrere Meßwerte verrechnet werden sollen.

Deskripitive Statistik wird angewandt, um die erhobenen Daten möglichst aussagekräftig zusammenzufassen, wobei die Wahl der Kennzahlen und Verfahren vom →Skalenniveau abhängt. Häufig verwendete *univariate Kennzahlen* sind:

- bei →Nominalskalen: absolute und relative *Häufigkeiten, Modalwert* (häufigster Wert)
- bei →Ordinalskalen (Rangskalen) zusätzlich: kumulierte absolute und relative Häufigkeiten (Anzahl bzw. Anteil der Meßwerte, die kleiner als diese Statistik sind). Letztere werden auch *Prozentränge* genannt. Der Prozent-

rang 50 *(Median)* teilt die Meßwerte in eine obere und eine untere Hälfte; weitere häufige Prozentränge sind die Quantile: z.B. die Prozentränge 25 und 75 (1. bzw. 3. Quartil), 10, 20 usw. (1., 2. *Dezil*)

- bei → Intervallskalen zusätzlich: die sogenannten Verteilungsmomente, insbesondere das arithmetische *Mittel* (geometrisches und harmonisches Mittel werden nur selten verwendet) und die → *Varianz*
- bei → Rationalskalen zusätzlich der → *Variationskoeffizient,* der die Varianz in Beziehung zum Mittelwert setzt.

Bei *multivariaten Daten* (→ Multivariate Datenanalyse) lassen sich je nach Skalenniveau *Kreuzauszählungen* durchführen und als Zusammenhangsmaß zwischen zwei oder mehreren Variablen → *Kontingenzkoeffizienten* oder *(multiple)* → *Korrelationen* berechnen.

Zur Verbesserung der Übersichtlichkeit der Datenbeschreibung bei Untersuchungen mit vielen Meßwertreihen analysiert eine → *Faktorenanalyse* die Beziehungen der Daten untereinander und reduziert diese Datenreihen auf die gemeinsamen Dimensionen (Faktoren).

Zur Identifikation von Objekten oder Personen, die sich auf der Grundlage verschiedener Dimensionen ähnlich sind (sogenannte → Typen), eignen sich → *Clusteranalysen.* Sind umgekehrt die paarweisen Ähnlichkeiten dieser Beobachtungseinheiten bekannt, nicht aber die den Ähnlichkeiten zugrundeliegenden Dimensionen, ist die *multidimensionale* → *Skalierung* das geeignete Instrument.

Die Psychologie will sich jedoch nicht mit der Beschreibung der Daten von Stichproben (ausgewählten Teilgruppen) begnügen, sondern Aussagen treffen, die sich auf die *Population* (Grundgesamtheit) beziehen, aus der die Stichprobe gezogen wurde. Hierzu bedient sie

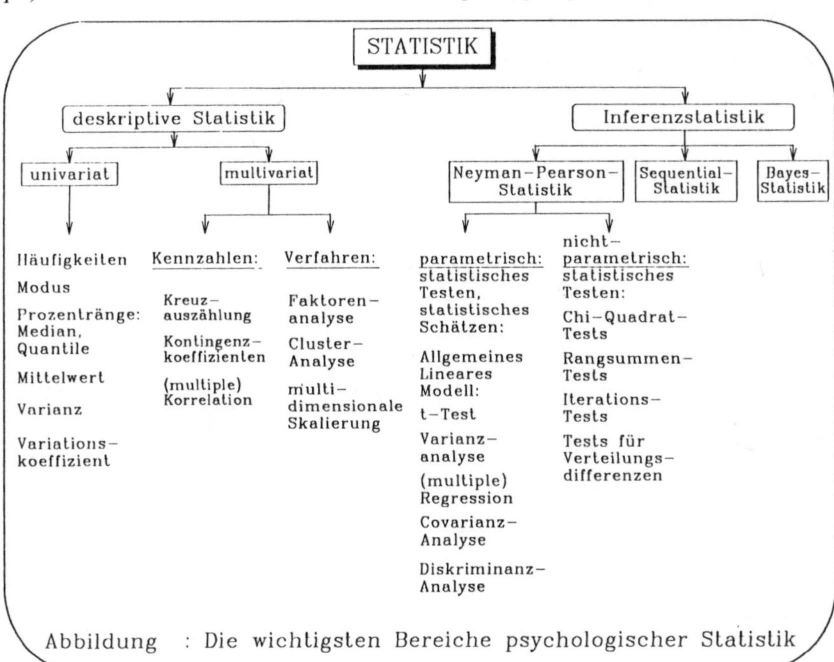

Abbildung : Die wichtigsten Bereiche psychologischer Statistik

sich der *Inferenzstatistik,* mit der die empirische Gültigkeit von → Hypothesen beurteilt werden kann *(statistisches Testen)* oder auch Parameter quantitativ bestimmt werden können, die in den Hypothesen noch nicht festgelegt werden konnten *(statistisches Schätzen).* Drei verschiedene Ansätze gelangen hierbei in der Hauptsache zur Anwendung: die Neyman-Pearson-Statistik, die Bayes-Statistik und Sequential-Statistik. Eine Einordnung gibt das Schema auf Seite 345.

Die *Neyman-Pearson-Statistik* liegt den weitaus meisten inferenzstatistischen Verfahren zugrunde, die in der Psychologie angewendet werden. Bei diesem Ansatz wird zunächst eine sog. → Null-Hypothese (H_0) formuliert, etwa: „Meine beiden Stichprobengruppen entstammen Populationen, die den gleichen → Erwartungswert x haben". Aus den vorliegenden Stichprobendaten wird dann eine Prüfgröße berechnet, die den empirischen Unterschied etwa der Mittelwerte widerspiegelt. Nun wird die → Wahrscheinlichkeit ermittelt, mit der der gefundene oder ein noch extremerer Wert dieser Prüfgröße auch dann eintritt (etwa durch Zufallsschwankungen bedingt), wenn die beiden Stichproben tatsächlich den gleichen Erwartungswert x haben. Diese Wahrscheinlichkeit kann man sich vorstellen als die relative Häufigkeit, mit welcher der für die vorliegende Stichprobe ermittelte Wert der Prüfgröße oder ein noch extremerer auftreten würde, wenn unendlich viele Zufallsstichproben der gegebenen Größe aus einer Population gezogen werden würden, in der tatsächlich kein Unterschied zwischen den beiden Gruppen besteht. Unterschreitet diese Wahrscheinlichkeit ein vom Forscher zuvor festgelegtes Niveau (meist 5%, 1% oder auch 0,1%), *Alpha-Fehler* genannt, so lehnt dieser die Nullhypothese ab, d.h. er argumentiert: „Wenn die Wahrscheinlichkeit für meine Beobachtungen (Prüfgröße) zu gering (kleiner als Alpha) ist, so muß ich davon ausgehen, daß meine Gruppen einer Population entstammen, für die H_0 nicht zutrifft." Der Alpha-Fehler, auch *Fehler 1. Art* oder *Signifikanzniveau* genannt (signifikant = überzufällig; kann die H_0 abgelehnt werden, spricht man von einem signifikanten Ergebnis), ist also die Wahrscheinlichkeit, eine für die Population zutreffende H_0 aufgrund der Stichprobendaten fälschlicherweise zu verwerfen.

Übersteigt jedoch die Wahrscheinlichkeit, daß die Prüfgröße bei Zutreffen von H_0 den errechneten oder extremere Werte erreicht, das gewählte Signifikanzniveau, so wird H_0 nicht verworfen. In diesem Fall besteht natürlich die Möglichkeit, die H_0 zu Unrecht beizubehalten, etwa weil der Unterschied zwischen den beiden Gruppen nur durch Zufall in den vorliegenden Stichproben nicht groß genug ausgefallen ist. Dieser Fehler wird *Fehler 2. Art* oder *Beta-Fehler* genannt. Er kann im Gegensatz zum Alpha-Fehler nicht frei gewählt werden, sondern hängt von diesem ab sowie davon, wie stark die H_0 von der Realität abweicht, wie groß also im obigen Beispiel der Unterschied zwischen den beiden Gruppen in der Population tatsächlich ist. Zur Verdeutlichung dieses Zusammenhanges wird in der folgenden Abbildung die hypothetische Verteilung einer Prüfgröße unter H_0 einer gleichfalls hypothetischen Verteilung dieser Prüfgröße bei einer Abweichung von H_0 gegenübergestellt (Wegen der besseren Darstellbarkeit wurden statt der mathematischen Verteilungen die Dichtefunktionen abgebildet).

Auf dieser Grundlage wurde eine Vielzahl von *statistischen Tests* entwickelt, die sich zunächst hinsichtlich der Anforderungen an das Skalenniveau der Messung und an die Verteilung der Daten kategorisieren lassen. Bei *parameterfreien Verfahren* genügen meist schon schwache Skalen, es werden keine Annahmen über die Verteilung der Daten vorausgesetzt, es können aber auch häufig nur einfache Hypothesen getestet werden. Für *parametrische Tests* müssen die Daten mindestens auf Intervallska-

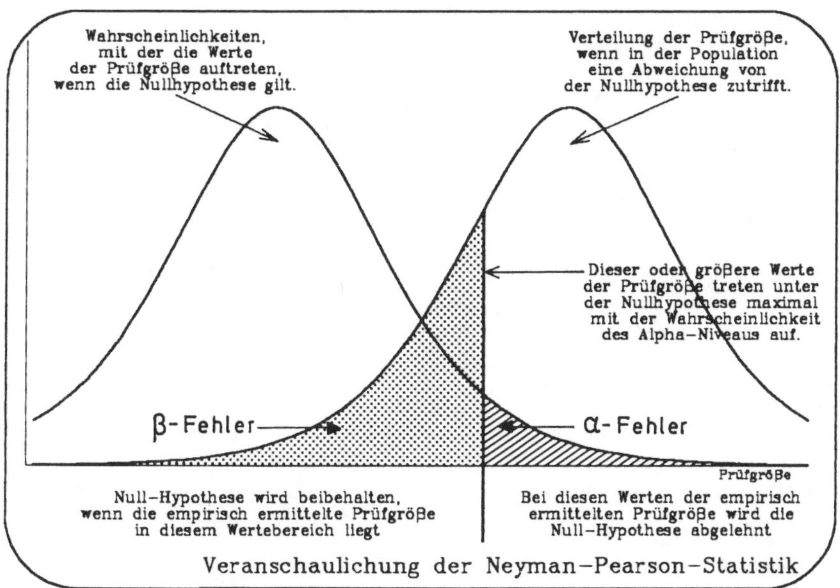

lenniveau vorliegen und bestimmten Voraussetzungen bezüglich der Verteilung von Daten bzw. Modellfehlern genügen. Sie ermöglichen die Testung komplexerer Hypothesen sowie das Schätzen von Parametern der Population.

Der Vorteil der Neyman-Pearson-Statistik liegt in der Vielfalt der Verfahren und der Verfügbarkeit der benötigten Rechenprogramme bzw. Tabellen zur Ermittlung der Signifikanzgrenzen.

Das wichtigste Problem liegt in einer unsachgemäßen Interpretation der Ergebnisse, insbesondere hinsichtlich der Bedeutung von „signifikant“. Ein signifikantes Ergebnis beinhaltet nur, daß die gefundenen Unterschiede überzufällig sind, nicht aber, daß diese auch inhaltlich relevant sind. Bei sehr großen Stichproben etwa wird auch eine minimale Abweichung von der H_0 mit hoher Wahrscheinlichkeit erkannt, womit jedoch noch keine Aussage über die praktische Relevanz beispielsweise der gefundenen Unterschiede zwischen zwei Populationen getroffen werden kann. Für die praktische Bedeutung hätte dasselbe Ergebnis bei einer kleineren Stichprobe eine höhere Aussagekraft besessen.

Auch bei der auf Neyman-Pearson aufbauenden *Sequentialstatistik* wird ein Alpha-Fehler festgelegt. Während bei Neyman-Pearson jedoch die Stichprobengröße zu Beginn der Datenauswertung feststeht und von dieser der Beta-Fehler u.a. abhängt, wird bei diesem Ansatz der Beta-Fehler gleichfalls zu Beginn der Untersuchung festgelegt und hiervon die Stichprobengröße abhängig gemacht, indem sie sequentiell um jeweils eine Beobachtung erhöht wird. Nach jedem Schritt wird nun ein statistischer Test durchgeführt, bis mit den zuvor gewählten Irrtumswahrscheinlichkeiten eine Entscheidung zwischen der H_0 und der Alternativhypothese möglich ist.

Der Vorteil dieses Vorgehens liegt in der oft beträchtlichen Einsparung an Beobachtungen; bei Neyman-Pearson ist es möglich, daß unnötigerweise mehr Personen beobachtet werden, als zur Erzielung einer Signifikanz erforderlich gewesen wären oder daß in einer Studie nur deshalb ein Fehler 2. Art begangen wird, weil die Stichprobe ein wenig zu klein ist und bei den beobachteten Unterschieden der Zufall nicht mit ausreichender Sicherheit ausgeschlossen werden kann. Beides ist bei der Sequentialstatistik ausgeschlossen.

Ein Nachteil ist, daß bislang weniger Testverfahren entwickelt wurden und besonders bei komplexen Null-Hypothesen die Formulierung zweckmäßiger Alternativen schwierig ist. Sequentialstatistische Verfahren gelangen deshalb vor allem bei Studien zum Einsatz, die mit einfachen Versuchplänen (→Versuchsplanung) auskommen und aus Gründen der Ethik oder des Aufwandes ein Minimum an Versuchspersonen anstreben (z.B. psychopharmakologische →Experimente).

Die *Bayes-Statistik* geht im Gegensatz zur Neyman-Pearson- und Sequentialstatistik nicht von einem Falsifikationskonzept (Ablehnung einer Null-Hypothese) aus, sondern operiert mit Gültigkeitswahrscheinlichkeiten für jede alternative Hypothese. Aus den vor einer Untersuchung vorliegenden Informationen werden zunächst die *a-priori-Wahrscheinlichkeiten* der infrage stehenden Hypothesen berechnet. Aufgrund der empirischen Ergebnisse werden diese Ausgangswerte mit den zusätzlich hinzugezogenen Daten im sog. →Bayes-Theorem zu *a-posteriori-Wahrscheinlichkeiten* verrechnet, den Wahrscheinlichkeiten, daß eine Hypothese zutrifft, wenn ein bestimmtes Datum vorliegt. Diese Werte sind wiederum Ausgangspunkt für die nächste Studie, die neue, verbesserte a-posteriori-Wahrscheinlichkeiten erbringt usf.

Der wichtigste Vorteil dieses Ansatzes ist, daß ein verfahrensinterner Zwang besteht, die bereits vorliegenden Ergebnisse früherer Studien zu integrieren, im Gegensatz zu den vorher besprochenen Verfahren, bei denen die Auswertung auch völlig ohne Bezug zum jeweiligen Stand der Forschung möglich ist. Hierin liegt aber auch eine entscheidende Schwäche, da eine objektive Zusammenfassung von Vorstudien mit unterschiedlicher Aussagekraft schwierig ist. Auch mag es für viele Forscher unbefriedigend sein, mit ihrer Arbeit immer nur die jeweiligen a-posteriori-Wahrscheinlichkeiten ein wenig zu verändern, ohne eine klare Entscheidung zwischen konkurrierenden Hypothesen zu erzielen.

Literatur: *H. Rochel,* Planung und Auswertung von Untersuchungen im Rahmen des allgemeinen linearen Modells. Berlin 1983. *E. Roth,* Sozialwissenschaftliche Methoden. München 1984. *S. Siegel,* Nichtparametrische statistische Methoden. Frankfurt 1976. *H. Wottawa,* Psychologische Methodenlehre. München 1988.

Dr. *Herbert Hollmann,* Frankfurt/M.

statistische Artefakte

Untersuchungsergebnisse, die nicht durch die experimentellen Bedingungen oder die untersuchten Merkmalsbeziehungen erklärt werden können, sondern ausschließlich auf die Wahl der statistischen Methode (→Statistik) zurückzuführen ist. So ist beispielsweise die Höhe einer →Korrelation nicht nur abhängig von der tatsächlichen Wechselbeziehung der untersuchuten Merkmale, sondern auch von deren →Varianz, sodaß bei einer Datenerhebung an einer sehr homogenen →Stichprobe fälschlicherweise der Eindruck entstehen kann, daß zwischen den untersuchten Merkmalen nur eine sehr geringe Korrelation besteht.

statistische Norm

→Norm.

statistischer Test

Methode der →Statistik zur Überprüfung einer →Hypothese.

statomotorisch

das körperliche Gleichgewicht regulierend.

Status

→Rollentheorie.

Statuspassage
→ Jugend.

Steady-State
⇒ Fließgleichgewicht.

Stenokardie
anfallsweise auftretender Schmerz in der Herzgegend, im Gegensatz zur → Herzneurose organisch bedingt.

Sten-Skala
spezielle Form der → Standardwert-Skala mit den Grenzen von einem und zehn Punkten (standard ten).

Stereotyp
⇒ Vorurteil
Extremform sozialer Einstellungen, die relativ starr ist und Veränderungseinflüssen gegenüber stabil bleibt. Stereotype Urteile sind vorschnell und lassen diskrepante neue Erfahrungen nicht zu. Sie entstehen auf der Basis unzureichender Realitätsprüfungen und haben den Charakter der Globalbeschreibung der eigenen Person *(Autostereotyp)* oder anderer Personen oder Gruppen *(Heterostereotyp)*. Stereotype Sichtweisen erleichtern die Orientierung durch Vereinfachung der Informationsvielfalt, durch reduktive Vernachlässigung der Realität. Stereotype Vorstellungen sind → emotional eingefärbt und bewertend.

Stereotypie
hochgradig starre und fixierte Handlungsabfolge.

Sterilität
Unfruchtbarkeit, Keimfreiheit.

Stichprobe
→ Wahrscheinlichkeit.

Stichprobenentnahme mit Zurücklegen
→ Versuchsplanung.

Stichprobenentnahme ohne Zurücklegen
→ Versuchplanung.

Stichprobenpläne
→ Versuchplanung.

Stichprobentheorie
→ Versuchsplanung.

Stichprobenwahrscheinlichkeit
→ Wahrscheinlichkeit.

Stigma
Zeichen, typisches Merkmal.

Stigmatisierung
Zuschreibung eines Merkmals, das abwertende oder benachteiligende Wirkung hat (→ Behinderung).

Stimmung
→ Emotionen.

Stimulantientherapie
→ Hyperkinetisches Syndrom.

Stimulus
→ Reiz-Reaktions-Beziehung.

Stockwerkarbeit
→ Familientherapie.

Stoizismus
innere Haltung, die durch Geduld, Gleichmut und Unerschütterlichkeit geprägt ist; auch Lehre der Stoiker.

Streß
Im umgangssprachlichen Gebrauch wird der Streßbegriff sowohl auf streßauslösende Bedingungen (z.B. Prüfungsstreß) als auch auf streßbedingte Reaktionen („Ich fühle mich gestreßt") angewendet. In wissenschaftlichem Kontext werden Streßreiz, bzw. *Stressor* (s.u.), auf der einen Seite und *Streßreaktion* (s.u.) auf der anderen Seite unterschieden, wobei unterschiedliche Schwerpunkte bei der Konzeptualisierung von Streß gesetzt werden. Stimuluskonzepte interpretieren Streß auf dem Hintergrund auslösender Bedingungen, Reaktionskonzepte auf dem Hintergrund der Streßreaktionen; in transaktionalen Konzepten schließlich wird die Interaktion zwischen Stimulus, Person und Reaktion zum Gegenstand der Betrachtung.

1. *Stimuluskonzepte:* Hier ist das Erkenntnisinteresse vor allem auf Bedingungen gerichtet, die als *Stressoren* zu beschreiben sind. Allgemeine Qualitäten

von Stressoren sind hohe Intensität, Neuartigkeit und Bedrohlichkeit. Doch auch Bedingungen, die sich durch Monotonie und Reizarmut kennzeichnen lassen, gelten als Stressoren. *Janke* (1974) nimmt folgende Kategorisierung von Stressoren vor:

- äußere Stressoren (Überflutung durch Lärm, Licht oder Vibration, sensorische → Deprivation, Schmerzreize (→ Schmerz), reale oder simulierte Gefahrensituationen);
- Reize, die zur Deprivation primärer Bedürfnisse führen (Entzug von Nahrung, Wasser, Schlaf, Bewegung, Wärme);
- Leistungstressoren (Leistungsunter- und -überforderung, Prüfungen, Versagen in Leistungssituationen);
- soziale Stressoren (soziale Isolation, Änderung der Lebensgewohnheiten, Verlust von geliebten Personen);
- Lebenskonflikte und Ungewißheit über die Zukunft.

Große Popularität haben Stimuluskonzepte in der → *„Life-Event"*-Forschung gewonnen (*Dohrenwend* u. *Dohrenwend* 1974). Hiernach werden bedeutsame Änderungen im Leben eines Menschen als Stressoren interpretiert. Je mehr Änderungen in einem definierten Zeitraum auftreten (z.B. Verlust des Partners, Arbeitsplatzwechsel, Geburt eines Kindes), als desto intensiver wird der Stressor angesehen. Ein Zusammenhang zwischen Gesundheitszustand und Anzahl der Life-Events konnte nachgewiesen werden (*Theorell* u. *Rahe* 1975). In neuerer Zeit wird der Häufigkeit alltäglicher banaler Belastungen („Daily Hassles") größere Bedeutung für die Ätiologie von Krankheiten und psychischen Störungen beigemessen als der Häufigkeit einschneidender Lebensereignisse.

2. Reaktionskonzepte: Im Mittelpunkt des Erkenntnisinteresses steht hierbei die Streßreaktion, die einer üblichen Klassifikation folgend unterteilt wird in

- Reaktionen auf physiologischer Ebene,
- Reaktionen auf kognitiv-emotionaler Ebene (→ Kognition, → Emotion) und
- Reaktionen auf Verhaltensebene.

Forschungsschwerpunkte liegen eindeutig auf der Ebene physiologischer Reaktionen. Bahnbrechend waren die Untersuchungen von *Selye* (1977), der Streß als die unspezifische Reaktion des Organismus auf jede Art von Anforderung definierte. Typische Streßreaktionen bestehen in einer Steigerung des Blutdrucks und der Herzfrequenz, einer Vasokonstriktion in der Peripherie, einer Tonussteigerung der Muskulatur, sowie einer Freisetzung von Blutfetten und Blutzucker. *Selye* bezeichnet sie als allgemeines Adaptationssyndrom, da er in ihnen eine Anpassung des Organismus an einen Stressor sieht, dem durch Kampf- oder Fluchtverhalten, und somit durch eine allgemeine Aktivierung, begegnet werden kann. Die Körperreaktionen werden ausgelöst durch ein Zusammenspiel neuronaler und hormoneller Prozesse, wie sie im folgenden Schema dargestellt sind:

Achsen physiologischer Streßreaktion

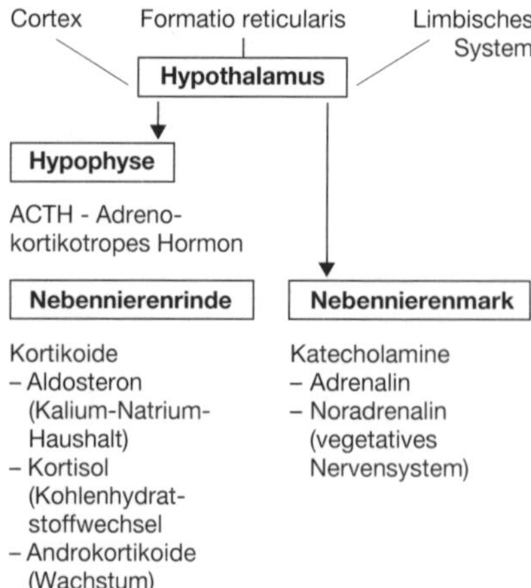

Der Stressor wirkt über eine Aktivierung des → Cortex auf den → Hypothalamus, wobei Aktivierungen der → Retikulärformation (Steigerung des Wachzustandes) und des →limbischen Systems (→Emotionen) modulierend mitwirken. Über →Neuropeptide kommt es zu einer Anregung des →Hypophysenvorderlappens, der das Hormon →ACTH ausschüttet. ACTH veranlaßt die →Nebennierenrinde zur Bildung von →Kortikoiden. Andererseits wirkt der Hypothalamus auf →sympathikotonem Weg auf das →Nebennierenmark, wodurch vermehrt →Katecholamine freigesetzt werden, die gemeinsam mit den Kortikoiden das oben beschriebene Adaptationssyndrom auslösen.

Selye unterscheidet weiterhin zwischen Eustress und Distress. *Eustress* ist lebensnotwendige Aktivierung, während *Distress* ein schädigendes „Zuviel" an Streß bedeutet. Schädigungen entstehen durch „Entgleisungen des Adaptationssystems", die durch chronisch einwirkende Stressoren ausgelöst werden können. Bei Entgleisungen kommt es zu einer Dysregulation nervaler und humoraler Prozesse.

3. *Transaktionale Konzepte:* Nach *Lazarus* (1966) wird von Streß erst dann gesprochen, wenn Anforderungen an eine Person gestellt werden, die die ihr zur Verfügung stehenden Mittel beanspruchen oder sogar übersteigen. Reize haben demnach nur potentielle Stressorqualität, zu aktuell wirksamen Stressoren werden sie erst durch Bewertungen der Person. Diese Bewertungen beziehen sich zum einen auf die Intensität des Stressors *(primäre Bewertung),* zum anderen auf die eigenen Bewältigungsmöglichkeiten *(sekundäre Bewertung).* Kognitive Prozesse spielen somit bei der Ausformung einer Streßreaktion eine bedeutsame Rolle. Eine Streßreaktion wird dann wahrscheinlich, wenn die durch den Streßreiz bedingten Anforderungen als hoch, die eigenen Bewältigungsmöglichkeiten aber als gering angesehen werden. Somit ist die Streßreaktion eine mögliche Folge der Auseinandersetzung des Menschen mit bestimmten Umweltbedingungen (Transaktion). Im Rahmen der primären Bewertung kann ein potentieller Stressor entweder als irrelevant, als angenehm positiv (Eustress im Sinne *Selyes*) oder als streßbezogen interpretiert werden. Streßbezogene Interpretationen werden wiederum unterteilt in antizipierte Bedrohung, antizipierten Verlust oder antizipierte Herausforderung. Somit wird das Augenmerk auf zukünftige, vom Betroffenen erwartete Konsequenzen gerichtet, die die aktuelle Stressorqualität bestimmen. Die Einschätzung der Bewältigungsmöglichkeiten *(→ Coping)* im Rahmen der sekundären Bewertung bezieht sich entweder auf direkt mögliche Aktivitäten (Kampf, Beseitung der Ursache der Bedrohung, Flucht) oder auf indirekte Aktionen (Einsatz psychischer →Abwehrmechanismen wie Verleugnung oder Bagatelliserung, Einnahme von Psychopharmaka, →Arzneimittelkonsum). Die zentrale Aussage des transaktionalen Streßmodells, nämlich Streß entstehe durch die Wahrnehmung einer Diskrepanz zwischen Anforderungen und Handlungsmöglichkeiten und damit verbundenen Antizipationen negativer Konsequenzen, hat die psychologische Forschung stimuliert und zur Erarbeitung von therapeutischen Techniken zur Optimierung der Person-Umwelt-Transaktion geführt (*Kaluza* u. *Basler* 1987, *Kaluza, Basler* u. *Henrich* 1988).

Literatur: *B. S. Dohrenwend/B. P. Dohrenwend,* Stressful Life Events: Their Nature and Effects. New York 1974. *W. Janke,* Psychophysiologische Grundlagen des Verhaltens, In: *M. v. Kerekjarto* (Hrsg.), Medizinische Psychologie. Berlin 1975, 1–101. *G. Kaluza/H. D. Basler,* Sicher und gelassen im Streß, Manual für Kursleiter. Heidelberg 1991. *G. Kaluza/H. D. Basler/S. Henrich,* Entwicklung und Evaluation eines Programms zur Streßbewältigung. Verhaltensmodifikation und Verhaltensmedizin1988, 9, 22–41. *R. S. Lazarus,* Psychological Stress and Coping Process. New York 1966. *H. Selye,* Streß. Reinbeck 1977. *T. Theorell/R. H. Rahe,* Life Change Events, Ballistocardiography and Coronary Death. J. of Human Stress, 1975, 1, 18–24.

Prof. Dr. *Heinz-Dieter Basler*, Marburg

Streßmodell
→Streß
→psychophysiologische Störungen.

Stressor
→Streß
→Laborstreß.

Streßreaktion
→Streß.

strukturelles Modell
⇒Strukturmodell
→Psychoanalyse
→Unbewußtes.

Strukturgleichungsmodell
Mathematisch-statistisches Modell zur Prüfung von Ursachenerklärungen für Verhaltens- und Erlebensprozesse, für die eine experimentelle Bedingungsmanipulation (→Experiment) nicht möglich oder nicht vertretbar ist. Im Gegensatz zu einer experimentellen *Kausalanalyse,* bei der vermutete Ursachenfaktoren isoliert und systematisch variiert werden, beschränkt sich die Analyse von Strukturgleichungsmodellen auf eine indirekte Testung von Kausalhypothesen anhand von statistischen →Korrelationen.
Die kausalen Beziehungen von →Variablen in einem System lassen sich durch *Strukturgleichungen* beschreiben. Strukturgleichungen enthalten neben den beobachteten Variablen Residualvariablen, die die im System nicht explizit berücksichtigten Wirkfaktoren sowie →Meßfehler umfassen. Ein System kausaler Beziehungen umfaßt mehrere, meist lineare Strukturgleichungen, z.B.:

$$X = aV + bW + e_x$$
$$Y = cX + e_y$$
$$Z = dY + e_z$$

Die durch die Gleichungen beschriebene Modellstruktur läßt sich durch folgendes Flußdiagramm veranschaulichen:

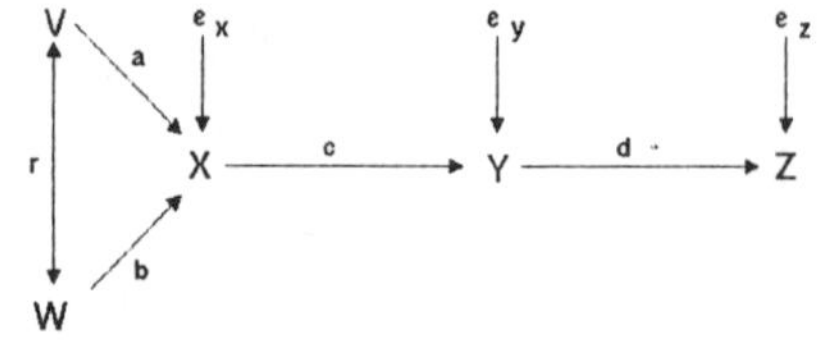

In diesem Modell beeinflussen die Variablen *V* und *W* (z.B. Erziehungsstil der Eltern, Anregungsgehalt der Umwelt) gemeinsam die Variable *X* (z.B. Leistungsmotiv des Kindes), wobei *X* wiederum *Z* (Schulleistung) über *Y* (Ausdauer) beeinflußt.

Das Ziel einer Strukturgleichungsanalyse besteht darin, die Anpassung des Modells an empirische Daten zu überprüfen sowie die Höhe der Koeffizienten der Strukturgleichungen zu schätzen. Damit sollen Rückschlüsse auf die Stärke der Beeinflussung einer Variablen durch eine andere unter Berücksichtigung der übrigen Variablen des Systems ermöglicht werden.

Man unterscheidet zwischen *rekursiven* und *nichtrekursiven* Systemen. Rekursive Systeme sind Systeme ohne Rückwirkungen. Bei einem rekursiven System darf kein Pfeil von einer bereits beeinflußten Variablen zu einer vorgeordneten Variablen zurückkehren. Das in der Abbildung veranschaulichte Beispiel stellt ein rekursives System dar.

Zur Berechnung rekursiver Systeme können die Schätzmethoden der multiplen linearen →Regression eingesetzt werden. Diese Methode wird →*Pfadanalyse* genannt, da die Korrelationen der Variablen des Systems anhand der geschätzten Koeffizienten schrittweise berechnet werden können. Der Vergleich der aufgrund der Modellstruktur geschätzten und der beobachteten Korrelationen bildet die Grundlage der Entscheidung über die Anpassungsgüte eines Modells.

Nichtrekursive Systeme enthalten Rückwirkungen. Beispiel ist eine →soziale Interaktion, die als reziproke Kausalbeziehung dargestellt werden kann. Person A richtet an Person B eine Mitteilung. Person B antwortet auf diese Mitteilung, wobei Person A die Antwort wahrnimmt und ihr Verhalten an der Reaktion der Person B ausrichtet. Person A sendet eine neue Mitteilung, die Person B wiederum zu einer Antwort veranlaßt. Der Prozeß kann sich beliebig oft wiederholen bis die soziale Interaktion endet. Methoden zur Schätzung von Koeffizienten nichtrekursiver Variablensysteme wurden in der Ökonometrie entwickelt.

Die Analyse noch komplexerer Modellstrukturen ermöglicht LISREL („Analysis of *l*inear *s*tructural *rel*ationships" von *K. G. Jöreskog* und *D. Sörbom*). LISREL ist eine Methode zur Analyse linearer Strukturgleichungsmodelle mit →latenten Variablen. Ein Strukturgleichungsmodell mit latenten Variablen unterscheidet zwischen einem *Strukturmodell* und einem *Meßmodell*. Das Strukturmodell beschreibt die Beziehungen der theoretischen Variablen, während das Meßmodell die Beziehungen der beobachteten Variablen zu den theoretischen Variablen umfaßt. Ist die theoretische Variable etwa der →soziale Status einer Person, so kann dieser durch Beruf, Schulbildung, Einkommen und ähnliche Variablen erhoben werden. Die beobachteten Variablen bilden die empirischen Indikatoren der auf einer theoretischen Ebene postulierten Variablenverknüpfungen. Da LISREL in der Wahl des theoretischen Modells sehr viele Freiheiten läßt, und andere Verfahren wie Pfadanalyse, nichtrekursive Systeme mit beobachteten Variablen oder →Faktorenanalyse als Spezialfälle von LISREL behandelt werden können, erschließt diese Methode einen sehr breiten Anwendungsbereich.

Bevorzugte Anwendungen von Strukturgleichungsmodellen finden sich in der →Differentiellen, der →Angewandten, der →Entwicklungs- und der →Sozialpsychologie. Solche Modelle würden sich aber auch zur Prüfung von Hypothesen zur →Ätiologie →psychophysiologischer Störungen und Krankheiten anbieten. Bei einer Betrachtung der Wirkweise pathophysiologischer und psychosozialer Risikofaktoren bestimmter Erkrankungen stößt man, wie bei Strukturgleichungsmodellen, auf die Prinzipien einer multiplen Determination von Wirkfaktoren, die hierarchische Gliederung möglicher Einflußfaktoren sowie den Zusammenschluß einzelner Wirkfaktoren zu Wirkungsketten.

Literatur: *V. Hodapp*, Analyse linearer Kausalmodelle. Bern 1984. *H. J. Hummel/R. Ziegler* (Hrsg.), Korrelation und Kausalität (Bd. 1, 2 und 3). Stuttgart 1976.

Prof. Dr. *Volker Hodapp*, Düsseldorf

Strukturmodell

eine der Grundannahmen des Persönlichkeitsmodells der →Psychoanalyse, das erklären soll, in welcher Weise die menschliche →Persönlichkeit die inneren Antriebe und Reize und die äußeren Einflüsse bewältigt und miteinander integriert. *Sigmund Freud* entwickelte in diesem Zusammenhang ein dreifach gegliedertes Strukturmodell der Persönlichkeit, das durch die Funktionen des →Es, des →Ich und des →Über-Ich gekennzeichnet ist.

Stupor

Zustand der Erstarrung, völligen Antriebsverlusts und völliger Regungslosigkeit, mit erschwerter Ansprechbarkeit auf Außenreize, häufig Symptom einer →Psychose.

subjektive Norm

→Norm.

Subjektive Theorien

Definition: Zu wissen, wie ein Mensch dezidiert über einen bestimmten Sachverhalt denkt und urteilt, hilft, sein Handeln in bestimmten Situationen zu verstehen, zu erklären oder vorauszusagen. Daher haben unterschiedliche psychologische Disziplinen ein Interesse daran, das, was Menschen über sich und die Welt „im Kopfe" haben, empirisch zu erheben und es neben den klassischen personalen Verhaltensdeterminanten wie →Fähigkeiten, →Antrieben, →Motivationen und →Emotionen auf seinen Erklärungs- und Prognosegehalt hin zu überprüfen. Schon die archaischen Formen menschlichen Denkens beginnen mit dem Verfügen über Symbole, d.h. mit der Fähigkeit, Reflexionen über die Natur, über sich und seine soziale Umgebung in Sprache auszudrücken. Der Cro-Mangnon-Mensch unterlag demselben Drang, die Wissenslücken über die ihn umgebenden Naturereignisse zu schließen, wie der Mensch der Neuzeit, sei er Wissenschaftler oder Laie. Menschen stellen Fragen danach, wie Dinge beschaffen sind und warum sich etwas in bestimmter Regelmäßigkeit ereignet. Diese beantworten zu können – z. B. in Form einer Höhlenmalerei, einer Weissagung oder einer wissenschaftlichen Veröffentlichung – schreiben wir der kognitiven Fähigkeit (→Kognition) zu, sich ein symbolisches Abbild über Objekte der Umwelt und die zwischen ihnen herrschenden Beziehungen machen zu können. Komplexere Formen solcher gedanklichen Abbildungen nennen wir eine subjektive Theorie im weiten Sinne und drücken damit aus, daß es sich um ein System von Wissen über Zusammenhänge handelt, das wir als einzigartig der psychischen Ausstattung je einer Person zurechnen. Subjektive Theorien unterscheiden sich nicht nur inhaltlich sondern auch formal, z.B. im Grad ihrer Komplexität, in der Adäquatheit der Realitätsabbildung oder in der Effektivität der durch sie bereitgestellten Problemlösungen. Unter dem weitem Begriff subjektive Theorien lassen sich ähnliche →Konstrukte zusammenfassen, wie das der →„mentalen Modelle" (*Gentner* u. *Gentner*), der →„impliziten Persönlichkeitstheorien" (*Bruner* u. *Tagiuri*), der → „naiven Verhaltenstheorien" *(Laucken)* oder das der →„persönlichen Konstrukte" (Kelly). Größere Teile der →Attributionsforschung folgen ebenfalls diesem Ansatz.

Das Konstrukt subjektive Theorien im engeren Sinne (im folgenden hier verwendet) steht für die zentrale Kategorie eines modernen Forschungsprogramms *(Groeben, Scheele, Schlee, Wahl)*. Seine Protagonisten definieren es als ein Aggregat von Kognitionen der Selbst- und Weltsicht, das strukturell wissenschaftlichen Theorien gleicht, sich im Dialog mit einer anderen Person rekonstruieren läßt und damit zumindest einer impliziten Argumentationsstruktur folgt. Diese Definition schreibt damit auch methodische Regeln zur Erhebung subjektiver Theorien fest, die erheblich von den objektivistischen Standards der experimentellen Methodologie (→Experiment) abweichen. Eine interviewte Person soll sich darüber, was ihre subjektive Theorie bedeutet, mit einem Interviewpartner argumentativ auseinandersetzen. Beide erzielen im Dialog einen Konsens darüber, ob das, was der Interviewte sagt und wie er es sagt, dem entspricht, was er über einen bestimmten Gegenstandsbereich denkt und wie das Gesagte für Dritte zu verstehen sei *(dialog-konsenstheoretisches Wahrheitskriterium)*. Dabei wird bewußt in Kauf genommen, daß die im Untersuchungsprotokoll festgelegte subjektive Theorie nicht unbedingt diejenige ist, die ihr Vertreter →intensional und →extensional vor der Untersuchung besaß, und daß sie zumindest teilweise durch eine entsprechende subjektive Theorie des Untersuchenden beeinflußt sein kann. Nur ihre Fassung am Ende eines Dialogs wird als – zu diesem Zeitpunkt – gültig angesehen. Damit wird einerseits ausgedrückt, daß eine subjektive Theorie ein Produkt kognitiver Arbeit ist, welches im Grad seiner Ausgestaltung auch das Ausmaß des geleisteten Aufwandes widerspiegelt. Zum anderen stellt man sich der Tatsache, daß in den Sozialwissenschaften jede gemessene Größe das Ergebnis einer →Wechselwirkung ist, nämlich der zwischen ihrem „wirklichen", empirisch aber nicht zugänglichen Wert und der Methode ihrer Erhebung. Das Ziel der Gewinnung des in der →Testtheorie so benannten →*„wahren Wertes"* gilt als obsolet; anstelle dessen tritt die Forderung nach Kontrolle der gegenseitigen

Subjektive Theorien

Beeinflussung bei der Rekonstruktion von subjektiven Theorien.

Subjektive Theorien weisen Parallelen zu objektiven Theorien auf. Welche Funktion wissenschaftliche Theorien in bezug auf die allgemeine Erkenntnisgewinnung haben und welchen Kriterien sie genügen sollen, darüber gibt die Wissenschafts- und Erkenntnistheorie Auskunft. Deren Ergebnisse und Normen lassen sich – wenn auch häufig nur spezifisch in bezug auf die jeweilig vertretene Schulmeinung – teilweise auf das Konstrukt der subjektiven Theorien übertragen. Subjektive Theorien dienen demnach einem Individuum zur Beschreibung und zur Erklärung von Teilbereichen seiner Umwelt; sie enthalten meistens auch Mittel zur Lösung von Problemen (Technologie). Von besonderer Bedeutung sind dabei die in den Erklärungen genannten Gesetzmäßigkeiten, denen der Theoriegegenstand unterworfen ist – seien sie deterministischer, statistischer, intentionaler, dispositioneller oder genetischer Natur –, ebenso wie die praktischen Regeln, die angeben, was in welcher Situation zu tun ist, um etwas zu erreichen. Je komplexer ein Problem ist, desto weniger kann sich ein Mensch auf einfache Modelle und Schemata verlassen, will er sich nicht mit mechanisch ablaufenden Reaktionen auf Umweltherausforderungen zufrieden geben, sondern reflektiert handeln. Vielmehr muß er den Problemraum mit seinen Objekten, deren Eigenschaften und gegenseitigen Zusammenhängen kognitiv möglichst differenziert abbilden, aktuelle und zukünftige Zustände als erwünscht oder unerwünscht bewerten, Folgen von eigenen oder fremden Eingriffen vorausschätzen und sich schließlich zu einer mehr oder weniger komplexen Handlung oder auch deren Unterlassung entschließen. Den Psychologen interessiert daher an subjektiven Theorien vor allem die Differenziertheit der in ihnen enthaltenen Beschreibungen, weiterhin Inhalt und Form der Erklärungen sowie die Art und Effizienz der Problemlösungen. Veränderungen subjektiver Theorien über die Zeit sind aus entwicklungspsychologischer und klinischer Sicht von Bedeutung, Veränderungen aufgrund externer Einflüsse aus sozial- und kognitionspsychologischer Sicht. Auch für die →Psychodiagnostik ist es sinnvoll, ihr klassisches Repertoire an Indikatoren zur Erkundung des Verhaltenspotentials eines Probanden um das Konstrukt subjektive Theorien zu erweitern.

Anwendungen: Subjektive Theorie zu untersuchen, bietet sich vor allem dort an, wo schon relativ ausführliche Weltsichten vorliegen, bzw. ihre Träger diese gut explizieren können. Dies gilt z.B. für subjektive Berufstheorien, die in der pädagogischen und angewandten Psychologie erforscht wurden, aber z.B. auch für implizites Wissen *(tacit knowledge)* von Experten, welches innerhalb des Forschungs- und Technologieprogramms der →künstlichen Intelligenz zu erfassen versucht wird. Viele →Psychotherapien versuchen durch emotionale und kognitive Beeinflussung subjektive Theorien von Klienten zu verändern, so die klassische →Psychoanalyse, die →rational-emotive Therapie(RET) nach *Ellis,* die →Hypnotherapie nach *Erikson* oder die →neuro-linguistische Programmierung (NLP) nach *Bandler* u. *Grinder.* Veränderungen einer subjektiven Theorie von Klienten können als ein Indikator unter anderen für Therapieerfolg angesehen werden. Arbeitsplätze und Arbeitsabläufe – an einer Maschine, im Büro oder am Computer – sind aus arbeitspsychologischer Sicht *(Hacker, Volpert)* nur ergonomisch adäquat zu gestalten, wenn sie die entsprechenden subjektiven Theorien der Arbeitenden berücksichtigen, wenn auch die kognitive Regulation der Arbeit aus- und weitergebildet wird. Die Erforschung der Genese und Veränderbarkeit von „Betriebsklima" und „Unternehmenskultur" einer Organisation sowie deren Auswirkung auf die Erfüllung von Organisationszielen setzt ebenfalls bei der Erhebung entsprechender Subjektiver Theorien an, auf der Mitar-

Subjektive Theorien

beiter- wie auf der Führungsebene. Organisationspsychologen moderieren die Versuche betrieblicher Gruppen, zu einer gemeinsamen Lösung zu gelangen. Sie erheben dazu subjektive Theorien der Teilnehmer mit Hilfe des *Metaplan-Verfahrens* (einer Art Struktur-Lege-Technik für Gruppen) oder der Methode des *Mindmappings,* in der Problemräume in Form von Landschaften dargestellt werden. Nicht zuletzt sind subjektive Theorien in der Pädagogischen Psychologie bei der Erforschung von Lernvorgängen und der Planung geeigneter didaktischer Maßnahmen von Bedeutung. So lassen sich z.B. anhand subjektiver Theorien in der Didaktik der Mathematik oder Naturwissenschaften differenzierte Analysen von Denkfehlern betreiben, das Training komplexer Bewegungsabläufe im sportlicher Disziplinen optimieren oder auch die didaktische Logik einer computerunterstützten Lerneinheit besser entwerfen.

Methodische Probleme: Das Konzept der subjektiven Theorien läßt zur Zeit noch einige methodische Fragen offen. Unstrittig ist, daß ein entsprechendes Erhebungsverfahren ein Gerüst von Aussagen liefern muß, in dem sich das Netz der vermuteten Zusammenhänge innerhalb des betrachteten Objektbereichs wiederspiegelt. Auch gibt es schon eine ganze Palette von Methoden zur Erhebung subjektiver Theorien. Sie enthält Interview- und Explorationstechniken (→Interview), die klinisch-experimentellen Methoden der *Piaget*-Schule, die →Repertory-Grid-Technik nach *Kelly, Bannister* und *Fransella* sowie spezielle Verfahren zur strukturellen Rekonstruktion wie die →Heidelberger-Struktur-Lege-Technik (SLT) von *Scheele* und *Groeben.* Andererseits gibt es kaum standardisierte Auswertungverfahren, die eine über die →idiographische Sicht hinausweisende Interpretation der Daten erlauben. Wissenschaftler und praktisch tätige Psychologen erwarten jedoch von einer entsprechenden Methode auch, daß sich mit ihrer Hilfe intra- und interindividuelle Übereinstimmungen oder Unterschiede zwischen subjektiven Theorien bestimmen oder daß diese sich zu intersubjektiven Theorien →aggregieren lassen. Während sich die Aggregierungsprobleme auch pragmatisch durch analoge Übernahme entsprechender Techniken aus →Inhaltsanalyse oder statistisch-taxonomischen Verfahren (→Taxonomie) lösen lassen, bedarf es bei der Frage nach der Gleichheit und Ungleichheit subjektiver Theorien einer Übereinkunft darüber, was eine Theorie ihrem logischem Wesen nach ist. Einen Weg zur Lösung dieser metatheoretischen, aber auch methodischen Probleme weist hier die strukturalistische Theorienauffassung von *Sneed* und *Stegmüller.* Nach ihr lassen sich äquivalente Teile verschiedener Theorien als ein sogenannter allgemeingültiger Kern auffassen. Er benennt die benötigten empirischen und theoretischen Begriffe sowie die zwischen ihnen herrschenden fundamentalen Gesetzmäßigkeiten. Außerdem bildet er zusammen mit den Realitätsbereichen, auf welche die Theorie angewendet werden soll, das Basiselement einer Theorie. Ein solches Basiselement kann durch neue Begriffe, Gesetze oder Restriktionen zu einem zusätzlichen Theorienelement erweitert oder spezialisiert werden, wobei sich der intendierte Anwendungsbereich ändern kann. Was der strukturalistischen Ansatz für wissenschaftliche Theorien festlegt, gilt gleichermaßen für ihre subjektiven Gegenstücke. So können z.B. verschieden Personen über dasselbe Subjektive-Theorien-Basiselement verfügen. D.h. sie sind sich im Kern in ihrer Auffassung über einen bestimmten Gegenstandbereich einig; oder es lassen sich innerhalb einer untersuchten Gruppe mehrere schon im Kern verschiedene subjektive Theorien ausmachen.

Resümee: Subjektive Theorien sind das Ergebnis einer reflektierenden kognitiven Verarbeitung des Menschen über sich und seine Umwelt. Sie leiten über Instinkt, Routine und Intuition hinaus sein Handeln, mit ihnen legetimiert er es vor sich und anderen. Daher sind subjektive Theorien ein lohnender Forschungsgegenstand für fast alle Disziplinen der Psychologie.

Literatur: *N. Groeben,* Tun, Handeln, Verhalten als Einheiten einer verstehend-erklärenden Psychologie. Tübingen 1986. *G. A. Kelly,* The Psychology of personal constructs. New York 1955. *U. Laucken,* Naive Verhaltenstheorie. Stuttgart 1974. *N. Groeben/D. Wahl/ J. Schlee/B. Scheele,* Forschungsprogramm Subjektive Theorien. Tübingen 1988. *B. Scheele/N. Groeben,* Dialog-Konsens-Methoden zur Rekonstruktion Subjektiver Theorien. Tübingen 1988.

Dr. *Georg Birkhan,* Hamburg

Sublimierung

Unbewußt angstauslösende, triebhafte Impulse werden zu in der Öffentlichkeit angesehenen z.B. geistigen, künstlerischen u.a. Leistungen umgewandelt; ein innerpsychischer Mechanismus aus der Reihe der → Abwehrmechanismen.

Substanzpräferenzen

→ Sucht.

Subsumtionsmodell

⇒ Covering-Law-Modell
→ Verstehen.

Sucht

Sucht (addiction) bezeichnet im engeren Sinn einen Zustand periodischer oder chronischer Intoxikation mit Substanzen, der für das Individuum und/oder für die Gesellschaft schädlich ist. Die WHO hat 1964 den Begriff Sucht als wissenschaftlich nicht sinnvollen Begriff abgelehnt und empfohlen, stattdessen die Begriffe *Mißbrauch* (abuse) oder *Abhängigkeit* (dependence) zu verwenden. Die *diagnostischen Kriterien für den Mißbrauch* sind ein substanzspezifisches Mißbrauchsmuster, eine Mindestdauer des Mißbrauchverhaltens (in der Regel ein Monat), sowie eine auf den Substanzabusus zurückführbare Einschränkung im sozialen oder beruflichen Leben. Die *Diagnosekriterien für die Abhängigkeit* sind *Toleranz*entwicklung, d.h. daß vergleichbare Substanzwirkungen nur bei gesteigerter Dosis erreicht werden, und *Entzugs*phänomene, d.h. daß das Absetzen der Substanz aversive psychische und/oder körperliche Folgen hat. Für viele Substanzabhängigkeiten ist ungeklärt, auf welchem Wege Toleranz- und Entzugsphänomene zustandekommen.

Die WHO unterscheidet entsprechend der Abhängigkeitsproblematik sieben *Abhängigkeitstypen,* nämlich Opiat-, Cocain-, Amphetamin-, Barbiturat-, Alkohol-, Halluzinogen- und Khat-Typ. In neueren → Nosologien (→ DSM-III) finden Coffein- und Nikotinabhängigkeit ebenfalls Brücksichtigung. Eine eindeutige Zuordnung spezifischer Substanzabhängigkeiten zu diesen Typen ist nicht immer möglich.

Andere Klassifikationen differenzieren nach der Wirkung von stimulierenden respektive sedierenden Substanzen. Inzwischen ist aber bekannt, daß die Wirkung dosisabhängig ist. Fast alle Substanzen haben sowohl sedierende wie auch stimulierende Effekte. (So wirkt z.B. Nikotin in kleinen Dosen stimulierend, in größeren sedierend).

Ein *lerntheoretischer Klassifikationsansatz* (→ operantes Lernen) unterscheidet zwischen Abhängigkeit aufgrund → positiver Verstärkung (Erzielen angenehmer Zustände) und Abhängigkeit aufgrund → negativer Verstärkung (Vermeiden aversiver Zustände). Auch hier bleiben Zuordnungen uneindeutig, da jeder Substanzgebrauch sowohl auf positive wie auch auf negative Verstärkung abzielen kann (Erreichen angenehmer Zustände zur Konfliktvermeidung).

Bei den meisten Substanzabhängigkeiten sind die *Bedingungen des Beginnens* und die *Bedingungen des Beibehaltens* zu unterscheiden. Fast alle Substanzen lösen beim Erstgebrauch auch aversive Begleiterscheinungen aus wie schlechten Geschmack, Schwindel, Übelkeit etc., die angenehm empfundenen Wirkungen folgen zeitlich später. Aus diesem Grunde ist es schwierig, tierexperimentelle Modelle zu etablieren, in denen die

Sucht

Tiere sich die Substanzen selbst applizieren. So ist es beispielsweise trotz vielfältiger Versuche erst in jüngerer Zeit gelungen, Tiere zum Tabakrauchen zu veranlassen.

In lerntheoretischer Diktion muß also zunächst ein negativer Verstärker in Kauf genommen werden, um einen positiven Verstärker zu erhalten. Diese Tatsache weist darauf hin, daß der initiale Gebrauch (a) durch →Lernen am Modell und (b) durch die Erwartung →sekundärer Verstärkung (z.B. Anerkennung) induziert ist. Als Einflußgrößen für die Initiation einer Abhängigkeit werden für alle Substanzen neben genetischen Bedingungen →Persönlichkeitsmerkmale, soziale Faktoren (familiäre Situation, sozialer Druck in Gruppen von Gleichaltrigen) und kulturelle Faktoren (Konsumhäufigkeit, Verfügbarkeit) diskutiert. Eine umfassende Theorie der Abhängigkeitsentwicklung läßt sich aus den Befunden gegenwärtig jedoch nicht ableiten.

Insbesondere die Frage, warum verschiedene Personen unterschiedliche Substanzen präferieren, ist weitgehend ungeklärt. *Eysenck* begründet *Substanzpräferenzen* aus Persönlichkeitsunterschieden, denen ein angeborenes neurophysiologisches Erregungs-Hemmungs-Verhältnis zugrundeliegt. Menschen, bei denen die Hemmung überwiegt (→Extravertierte), sollen stimulierende, und Menschen, bei denen Erregung überwiegt (→Introvertierte), sollen sedierende Substanzen präferieren *(„Drogenpostulat“).*

Das Beibehalten des →Habits wird durch psychologische und pharmakologische Parameter beeinflußt.

Die zentralnervösen Angriffsorte für Substanzen, die zur Abhängigkeit führen können, liegen vor allem im Bereich des →Hypothalamus und im →Limbischen System. Die Drogen lagern sich an dort vorhandene →adrenerge, →noradrenerge, →dopaminerge, →cholinerge und/oder →Opiatrezeptoren an, wodurch die Aktivität der Nervenzelle gesteigert bzw. gehemmt wird. Für einige Substanzen ist eine Zunahme solcher Rezeptoren im Verlauf der Abhängigkeitsentwicklung nachgewiesen. Viele Substanzen entfalten ihre Wirkung wahrscheinlich auch durch die Freisetzung von →Endorphinen.

In diesen Arealen liegen Zellen, die in →Experimenten, bei denen sich Tiere über implantierte Elektroden selbst reizen konnten, zu einer exzessiven Stimulationsrate führten (*Belohnungszentren,* vgl. *Olds* u. *Milner*). Dieses Selbststimulationsverhalten weist Analogien zu abhängigem Verhalten auf, manche Tiere führen es bis zur Erschöpfung aus bzw. vernachlässigen vitale Bedürfnisse (z.B. Fressen) völlig. Ob die Substanzrezeptoren tatsächlich an den Zellen der Belohnungszentren liegen, ist nicht geklärt.

Für das Beibehalten des Substanzgebrauchs sind Konditionierungen (→Klassisches Konditionieren) innerer Zustände mit situativen Bedingungen bedeutsam. So ist vorstellbar, daß nach Gewöhnung an die Substanz unter Karenzbedingungen auftretendes mangelndes Wohlbefinden mit externen Reizen assoziiert wird. Sind solche Zusammenhänge gelernt, so lösen die konditionierten externen Reize mangelndes Wohlbefinden und damit das Verlangen nach Beendigung dieses Zustands durch Substanzgebrauch aus. Mit häufigerem Gebrauch steigt die →Wahrscheinlichkeit für die Konditionierung vielfältiger externer Reize. Im weiteren Verlauf nehmen dann die pharmakologischen und neurophysiologischen →Adaptationsvorgänge (z.B. Zunahme der Rezeptorenzahl) in ihrer Bedeutung zu. Derartige Modelle können zur Klärung der Frage beitragen, warum Rückfälle nach →Entwöhnung gehäuft unter bestimmten situativen Bedingungen eintreten.

Im weiteren Sinne werden exzessiv häufig ausgeführte Verhaltensweisen ebenfalls als *Suchtverhalten* verstanden *(Nicht-stoffgebundene Abhängigkeiten).*

Die vielfältigen Erscheinungsformen umfassen u.a. das *pathologische Spielen,* Hobbies, sportliche Betätigung, bis zu exzessivem Arbeiten *(„Workaholics").* Im DSM-III ist das pathologische Spielen als eigenständige psychische Störung aufgeführt. Solche Verhaltensweisen können Analogien zu den stoffgebundenen Abhängigkeiten aufweisen, sie können für das Individuum und/oder die Gesellschaft schädlich sein und bei →Abstinenz können *Entzugsphänomene* (→vegetative Symptome) auftreten. Andererseits sind sie von Störungen der Impulskontrolle, z.B. der →Kleptomanie, die teilweise ebenfalls als Suchtverhalten gekennzeichnet wurde oder wird, schwer abzugrenzen. Die Kriterien lassen in Grenzbereichen Ermessensspielräume, die die Gefahr beinhalten, ungewöhnlich häufigem Verhalten generell Krankheitswert zuzuschreiben.

Literatur: *K. Antons/W. Schulz,* Normales Trinken und Suchtentwicklung (2 Bde.), 2. Aufl. Göttingen 1981. *H. J. Eysenck,* Drugs and personality, I. Theory and methodology. J. ment. Sci. 1957, 103, 119–131. *W. Feuerlein* (Hrsg.), Theorie der Sucht. Berlin 1986. *J. Neuser,* Rauchen – Verhalten und Prävention. In: *H. D. Basler/I. Florin* (Hrsg.), Klinische Psychologie und körperliche Krankheit. Stuttgart 1985. *J. Olds/P. Milner,* Positive reinforcement produced by electrical stimulation of septal area and other regions of rat brain. J. Com. Physiol. Psychol., 1954, 47, 419–427. *H. Shaffer/B. Stimmel* (Eds.), The Addictive Behaviors. New York 1984.

PD Dr. *Jürgen Neuser,* Essen
Dr. *Ilse Höfer,* Zürich

Suggestibilität

Beeinflußbarkeit; ein →Persönlichkeitsmerkmal. Selbstunsicherheit, Suggestibilität und Abhängigkeitsneigung fördern die Bereitschaft zur →Imitation anderer. s.a. →Modell-Lernen, →Hypnose.

Suggestion

Beeinflussung von Gedanken, Gefühlen, Vorstellungen und Wahrnehmungen über nichtrationale Wege z.B. in der →Hypnose. Man unterscheidet →Autosuggestion und →Heterosuggestion, also selbst und von anderen induzierte Suggestionen.

Suggestivfrage

eine Frage, die – „suggestiv" (→Suggestion) – die Antwort mitliefert, sie also derart nahelegt, daß eine abweichende Antwort kaum erwartet werden kann. Suggestivfragen zu benutzen, stellt einen der groben Fehler im →Interview oder in →Fragebögen dar, da mit ihnen kein Informationszuwachs erreichbar ist.

Suizid

Unter dem Oberbegriff *suizidales Verhalten* (suicidal behavior) werden *Suizid* und *Suizidversuch* unterschieden. Früher war die Forschung geneigt, Suizid und Suizidversuch eine weitgehend ähnliche Psychologie und →Motivation zu unterstellen. Heute wird realisiert, daß der Wahl harter todsicherer Methoden (Erhängen, Erschießen, Sprung aus der Höhe) eine andere Psychologie zugrundeliegt als der Wahl weicher Methoden (Tablettenvergiftung) mit offenem Ausgang. Die Fachterminologie hat den Begriff der *parasuizidalen Pause* geprägt und meint damit den Wunsch vieler Menschen, durch einen Suizidversuch und die damit oft verbundene Bewußtlosigkeit eine Unterbrechung unerträglicher Zustände (Zäsur) ohne ausdrücklichen Todeswunsch herbeiführen zu wollen. Hier wird nur der Suizid abgehandelt.

Theoretische Grundlagen: Die medizinische Theorie geht auf *Ringel* zurück; Suizid ist Krankheit oder Symptom einer Krankheit. Es gibt Kranhkeitsgruppen wie →Depression, →Sucht, →Epilepsie, internistische, medikamentös bedingte Zustände, die ein hohes Suizidrisiko haben. Generalisiert ist die Theorie falsch. Keineswegs wird jeder Suizid im Zustand aufgehobener freier Willensbestimmung begangen. Die soziologische Theorie ist von *Durkheim.* Am bekanntesten ist die Beschreibung des *ano-*

mischen Selbstmordes, der in Abhängigkeit von gesellschaftlichen Krisen oder Umbruchsituationen (Börsenkrach 1929, Kriegsende 1945) erheblich ansteigt. Die *Aggressionstheorie* beschreibt den Selbstmord als Wendung der → Aggression gegen die eigene Person und interpretiert, daß im Selbstmord gleichzeitig ein enttäuschendes und deshalb gehaßtes Liebesobjekt mitgetötet wird *(Freud, Menninger).* Die *narzißtische Theorie* beschreibt den Selbstmord als Folge einer → narzißtischen Kränkung und eines gestörten Gleichgewichtes zwischen realer und erträumter Lebenssituation *(Henseler).* Die *Lerntheorie* sieht im Suizid den Endpunkt einer Lerngeschichte. Die Beschreibung der Depression als → erlernte Hilflosigkeit ist klassisch geworden *(Seligmann, Kammer).*

Häufigkeitsverteilung: Die Selbstmordzahl ist die absolute Zahl. Sie liegt in der BRD etwa bei 10000 jährlich. Die *Selbstmordziffer* ist die Zahl auf eine Population von 100000 bezogen. Sie beträgt für die BRD etwa 20 pro 100000 jährlich. Zahl oder Ziffer der Selbstmordversuche exakt anzugeben, ist wegen der Dunkelziffer nicht möglich. Der internationale Vergleich der Selbstmordraten weist Ungarn mit 45 pro 100000 als das betroffenste Land aus und England mit 7 pro 100000 als wenig betroffen. Die romanischen Länder sind weniger betroffen als die skandinavischen. Abhängigkeiten von Religionszugehörigkeit sind nicht nachweisbar, ebensowenig Abhängigkeiten von staatskapitalistischen oder privatkapitalistischen Gesellschaftssystemen. Kulturkreise wie z.B. Asien oder Afrika oder Indien lassen eine sehr unterschiedliche Bewertung sowohl als auch einen sehr unterschiedlichen Umgang mit Selbstmord erkennen *(Alvarez).* – Die Selbstmordraten nehmen auf lange Zeiträume bezogen nicht zu. Sie werden Raten gesellschaftlicher Pathologie genannt *(Kehrer).* Bei Jugendlichen zwischen 15 und 25 besteht eine steigende Tendenz *(Schmidtke)* ebenso eine sehr stark steigende bei alten Männern über 75 *(Welz).* Diese Steigerung in bestimmten Altersklassen wird in anderen Altersklassen kompensiert.

Risikofaktoren: Das Risiko, in der Großstadt an Selbstmord zu sterben ist wesentlich höher als auf dem Land (West-Berlin 40, BRD 20 pro 100000; San Francisco 35, USA 12 pro 100000). – Männer sterben dreimal häufiger an Selbstmord als Frauen und Frauen machen dreimal häufiger Selbstmordversuche. – In der bürgerlichen Mittelschicht ist das Risiko für Selbstmord größer, hingegen in der Unterschicht das für Selbstmordversuche *(Kreitman).* In der Mittelschicht führt die Erziehung zu Leistung, Erfolg, Karriere nach dem Prinzip von Lohn und Strafe (Liebesentzug oder Zuwendung) zu einem gefährlichen Rivalitätsdenken. In der Unterschicht wird autoritär erzogen – was die Möglichkeit zu aggressiver Auseinandersetzung untereinander fördert. Empirisch gesichert ist die Annahme, daß der Selbstmordversuch zum Austrag mitmenschlicher Spannungen ein probater Problemlösungsversuch ist. Oftmals kommen → Konflikte zwischen Lehrern und Schülern, Eltern und Kindern u.a. nach einem Selbstmordversuch einer Lösung näher *(Wedler).* – Weitere Risikofaktoren für Selbstmord sind Depression, Sucht, Lebensalter, Berufszugehörigkeit (Ärzte, Studenten, Auszubildende, Soldaten, Gefangene), Alleinleben. Die Wichtigkeit für die Praxis der Selbstmordverhütung, diese Risikofaktoren sorgfältig zu beachten, bedeutet nicht, daß alle Selbstmorde in krankhaftem Zusammenhang geschehen müssen, und schon gar nicht ausschließlich im Zustand einer Depression. Versuche prozentualer Zuordnungen zu bestimmten diagnostisch unterscheidbaren Erscheinungsformen der Depression schwanken zwischen 3 und 28% und gelten als gescheitert. Der Risikofaktor Depression bedeutet nicht, daß Selbstmord nicht auch andere Gründe haben könnte und daß Depression immer Krankheit ist *(Raestrup).* Ebenso notwendig ist der Hinweis, daß der Risikofaktor Lebensalter für vollendete Suizide das Lebensalter vom 60. Lebensjahr aufwärts betrifft, daß das mittlere Lebensalter zwischen 30 und 50 und das jugendliche zwischen 15 und 25 eher ein Risiko für Selbstmordversuche darstellt. Kinderselbstmorde im Vorschulalter sind nicht bekannt. Selbstmorde von Schülern zwischen 6 und 14 kommen vor, Schüler sind keine Risikogruppe.

Psychologie: Erlebnisinhalte von Suizidhandlungen sind Vereinsamung, Verzweifelung, Verlustangst, Trennungsangst, Schuldgefühle, Strafbedürfnis, mangelndes Selbstwertgefühl und gestörte Aggressionsverarbeitung. Diese haben in die Beschreibung des *präsuizidalen Syndroms* Eingang gefunden. *Ringel* unterscheidet Einengung, Aggressionsumkehr und Rückzug in die Phantasie. *Einengung* ist äußere und innere Vereinsamung. *Aggressionsumkehr* ist die Unfähigkeit zu aggressiver Auseinandersetzung mit der Umwelt. *Rückzug in die Phantasie* ist Abkehr von der alltäglichen Realität zugunsten jenseitiger Phantasien. Die Beschreibung des präsuizidalen Syndroms knüpft an alte Traditionen an, z.B. die Arbeiten zur Psychologie der Depression von *Freud* und *Kant.* Die zentrale Psychologie der Selbstmordhandlung ist der Haß auf ein verlorenes Liebesobjekt; aus diesem mit Aggression verbundenen Haß entstehen Schuldgefühle; aus diesen Schuldgefühlen entsteht Strafbedürfnis, sich selbst zum verlängerten Arm der Gerechtigkeit in Form der „Todesstrafe" zu machen. Die Entwicklung dieser Psychodynamik hängt mit sogenannten Einstellungsbereitschaften und mit biographischen Erlebnissen zusammen. Eine spezifische Einstellungsbereitschaft oder eine spezifische Biographie mit den genannten Folgen ist bisher nicht nachgewiesen. Weder haben suizidgefährdete Menschen gehäuft Verlusterlebnisse in ihrer Biographie, noch haben sich eindeutig erbliche Dispositionen ergeben *(Matussek).* Das gehäufte Auftreten von Suizidhandlungen in bestimmten Familien ist →Imitationslernen.

Suizidverhütung ist die Umsetzung der theoretischen Erklärungsmodelle in die Praxis. Sie kann als angewandte Psychologie verstanden werden, in der medizinisch-psychologisch-sozialtherapeutisch orientierte Strategien zu medizinischer Behandlung, spezieller →Psychotherapie und schließlich Krisenintervention selbstmordverhütend eingesetzt werden. Dabei ist die Erkennung der Suizidalität durch Beachtung des präsuizidalen Syndroms und der Häufigkeit von Suizidhandlungen in der sozialen Umgebung von besonderer Bedeutung. Die Grundlage erfolgreicher Selbstmordverhütung ist eine vertrauensvolle →Arzt-Patient-Beziehung und ein möglichst angstfreier Umgang des Helfers mit dem Lebensmüden. Zwangsmaßnahmen sind nur in Ausnahmefällen nötig.

Literatur: *H. Pohlmeier,* Depression und Selbstmord (2. Aufl.). Bonn 1980. *H. Pohlmeier,* Selbstmord und Selbstmordverhütung. München 1983. *H. Pohlmeier/E. Deutsch/H.-L. Schreiber,* Forensische Psychiatrie heute. Berlin 1986.

Prof. Dr. *Hermann Pohlmeier,* Göttingen

Supervision
fachkundige Anleitung oder Beaufsichtigung.

supportiv
unterstützend, sorgend, helfend.

Suppressorvariable
aus einer Gruppe von →Prädiktorvariablen diejenige, die selbst keinen Einfluß auf die →Kriteriumsvariable hat, jedoch die Vorhersagegenauigkeit einer anderen Prädiktorvariablen dadurch erhöht, daß sie bei dieser Anteile der →Varianz unterdrückt, die deren Vorhersagewert beeinträchtigt.

symbolischer Interaktionismus
→Kommunikation.

sympathikoton
die Erregung des sympathischen Nervensystems erhöhend (→Sympathikus, →autonomes Nervensystem).

Sympathikus
→autonomes Nervensystem.

Symptomspezifität
→individualspezifisches Reaktionsmuster.

Symptomverschiebung
→spontane Remission.

Symptomverschreibung
⇒paradoxe Intervention.
→Familientherapie.

Synapse
Verbindungsstelle zwischen den Nervenzellen, die der biochemischen Informationsübertragung dient, der Übertragung von sog. Aktionspotentialen (→Neurotransmitter).

Syndrom
Gesamtheit aller zu einem bestimmten Krankheitsbild gehörenden Symptome.

systematische Desensibilisierung
→Verhaltenstherapie.

Systemberatung
→Schulpsychologischer Dienst.

Systemtheorie
Forschungsrichtung, die versucht, komplexe psychische Prozesse, aber auch das Funktionieren sozialer →Gruppen, als komplexe Systeme zu beschreiben und die Regeln zu analysieren, nach denen diese Systeme angeordnet sind, aus welchen Strukturelementen sie bestehen und wie diese sich wechselseitig beeinflussen.

T

Tachykardie
plötzliche Beschleunigung der Herzschlagfrequenz.

tacid knowledge
→Subjektive Theorien.

Täter
→Gewalt
→Opfer.

Tätigkeit
→Handlung.

Tailored Testing
→Adaptives Testen.

target
→Visuelle Aufmerksamkeit.

Taxonomie
Regelsystem zur Klassifikation von Objekten oder Merkmalen.

Teleoanalyse
von *Rudolf Dreikurs* (1897–1972) aus der →Individualpsychologie entwickelte Form der →Psychotherapie. Die Behandlung ist in erster Linie auf eine Veränderung der Ziele des Klienten angelegt (griech. *telos* = Ziel). Therapieziel ist es, dem Klienten in möglichst kurzer Zeit (15 bis 20 Behandlungsstunden) Einblick darin zu vermitteln, was er mit seinem Fehlverhalten bezweckt und welche angemessenen Alternativen ihm zur Verfügung stehen. Aus den naiven, unreflektierten Vorstellungen des Kindes über das Leben entwickelt sich ein unbewußter *Lebensstil,* in gewissem Sinne eine →subjektive Theorie des Kindes über das Leben und über sich selbst, auf deren Grundlage es einen Plan für seine Lebensführung entwickelt. Menschliches Verhalten wird durch bewußte und unbewußte Ziele determiniert. In der Therapie lernt der Klient, zwischen beiden zu unterscheiden. Unter zeitlichem Aspekt unterscheidet man zwischen Nah- und Fernzielen. Der Lebensstil bestimmt die Fernziele, deren Zweck die Absicherung des →Ich ist. Im aktuellen Erleben und Verhalten werden die Fernziele durch überwiegend unbewußte Nahziele überlagert, die meist unsachlicher Art sind und in erster Linie der Aufrechterhaltung des Selbstwertgefühls dienen. Im Vordergrund stehen dabei die Bedürfnisse nach Überlegenheit und Vergeltung, nach Rechtfertigung eigener Fehler und Mängel, sowie das Bedürfnis, Aufmerksamkeit und Zuwendung zu erhalten. In der Therapie lernt der Klient, sich Rechenschaft über seine Ziele zu geben und diese vor dem Hintergrund seines Lebensstils richtig einzuordnen.

teleologische Erklärung
→Verstehen.

Temperament
Verhaltensbereitschaft oder →Persönlichkeitsmerkmal, das vor allem →Antriebe, Empfindungen oder Stimmungen beschreibt.

Temporallappen
→limbisches System.

Tendenz zur sozialen Erwünschheit
⇒social desirability
→Akquieszenz
→Responset.

Tensionen
Spannungen, Druckempfindungen.

Terminalphase
Endphase eines Krankheitsverlaufs.

tertiäre Sozialisation
→Sozialisation.

Test
formalisiertes Verfahren zur quantitativen Bestimmung von Merkmalsausprägungen (→Testkonstruktion, →Testtheorie).

Testbatterie
Gruppe zusammengehöriger Teiltests (Untertests, →Test) zur Erfassung eines Merkmalsbereichs, beispielsweise die verschiedenen Testskalen zur Erfassung

unterschiedlicher Aspekte der →Intelligenz.

Testhalbierung
Methode zur Bestimmung der →Reliabilität eines →Tests, bei der die →Items in zwei Hälften (z.B. gerade vs. ungrade Ziffern ihrer Rangfolge) unterteilt werden und die Ergebnisse der beiden Testhälften miteinander korreliert (→Korrelation) werden.

Testkonstruktion
Psychologische und pädagogische →Tests, in selteneren Fällen auch apparative Verfahren, verdanken ihre Entstehung einem langwierigen, mit zahlreichen theoretischen und praktisch-technischen Detailproblemen verbundenen Prozeß der Testkonstruktion, an dem außer Psychologen häufig auch Statistiker und Experten mitwirken. Etwas vereinfachend läßt er sich in folgende fünf Konstruktionsschritte einteilen:

1. *Planung*. In dieser Phase werden die Rahmenbedingungen ermittelt und das Grundkonzept festgelegt. Es geht in erster Linie um die Zweckbestimmung des Verfahrens und auf welche Weise sich das Untersuchungsziel, das der Test erfüllen soll, aller Voraussicht nach am besten erreichen läßt. Zu den Hauptaufgaben gehören (a) die theoretische Fundierung (Ableitung aus theoretischen Konzepten unter Berücksichtigung bisheriger Erfahrungen und die Wahl zwischen der sog. „klassischen" oder „neueren" →Testtheorie als Konstruktionsbasis); (b) die Definition des Anwendungsbereichs und der Zielgruppe (insbesondere nach der Altersgruppe, ggf. auch nach Bildungsgrad, Geschlecht, Beruf und/ oder anderen Merkmalen), (c) die Berücksichtigung der Durchführungsbedingungen (z.B. des Zeitrahmens, der Einsatzmöglichkeiten im Einzel- oder Gruppenversuch), (d) die Auswahl des angemessenen Aufgabentyps und Lösung der damit verbundenen Bewertungsprobleme (z.B. bei freier Beantwortung, →Mehrfachwahlantworten, Zwangswahltechniken, Richtig-falsch-Klassifikation, →Skalierung) und (e) die Entscheidung über die Struktur des Verfahrens (Einzeltest oder →Testbatterie mit einer bestimmten Anzahl theoretisch konzipierter Subtests, ggf. benötigte oder gewünschte Anzahl von →Paralleltests).

2. *Realisierung*. In dieser Phase wird der Entwurf, die Testvorform, nach dem Planungskonzept verwirklicht. Besonderes Gewicht ist dabei der formalen und inhaltlichen Gestaltung, der prägnanten, verständlichen Formulierung der Testinstruktionen und der →Items (Testaufgaben bzw. Testfragen) beizumessen. Im Regelfall sollten erheblich mehr (etwa zwei- bis dreimal soviel) Items produziert werden, als später benötigt werden, weil sich erfahrungsgemäß ein großer Teil der Items in der folgenden Erprobungsphase als ungeeignet erweisen wird und ausgeschieden werden muß. Im Zusammenhang mit der Konstruktion der Items und der Gestaltung der Testvorform legt man den Auswertungsmodus (mittels genauer Richtlinien, Schablonen, elektronischer oder mechanischer Geräte) in einer Weise fest, die ein Optimum an →Objektivität, Fehlerfreiheit und Ökonomie (Ersparnis an Material und Zeitaufwand) zu gewährleisten imstande ist.

3. *Erprobung und Revision*. Die Testvorform wird an einer Stichprobe, die in allen wichtigen Merkmalen der Zielgruppe entspricht, im Hinblick auf (a) die Akzeptanz des Tests, (b) die Verständlichkeit der Instruktionen und Items für die Probanden, (c) die Praktikabilität der Auswertung und (d) die statistischen Kennwerte (Aufgabenschwierigkeit und →Trennschärfe) überprüft. Letztere werden nach der →klassischen Testtheorie, die noch immer dominiert, mit Hilfe einer →Itemanalyse ermittelt. Danach entscheiden der →Schwierigkeits- und der →Trennschärfeindex, gelegentlich auch die →Validität eines Items darüber, ob es den Anforderungen genügt oder ausgesondert werden muß. Nach Beseitigung aller Mängel,

die auf Grund der Datenanalyse und der übrigen Informationen ggf. zutagegetreten sind, entsteht die revidierte Testfassung, die zur Testendform wird, wenn die folgende Kontrolle der Testgütekriterien erfolgreich abgeschlossen werden kann.

4. *Kontrolle der Testgütekriterien.* Geprüft werden müssen im Sinne der klassischen Testtheorie vor allem (a) die Reliabilität und (b) die Validität. Unter → *Reliabilität* versteht man den Grad an Zuverlässigkeit bzw. Meßgenauigkeit eines Tests. Der Begriff umfaßt verschiedene Aspekte, nämlich den der → inneren Konsistenz (die mit Testhalbierungsmethoden gemessen wird), den der → Äquivalenz (die durch → Korrelation von Paralleltests ermittelt werden kann), und den der → Stabilität (die durch Testwiederholung nach möglichst langen Zeitintervallen geprüft werden kann). Für Tests, die Verhaltensprognosen ermöglichen sollen, ist vor allem der – technisch-organisatorisch schwer zu erbringende – Nachweis hinreichender Stabilität erforderlich. Während die Reliabilität die formale Genauigkeit der Testwerte betrifft, wird mit den *Validitäts*kontrollen die inhaltliche Gültigkeit, die Übereinstimmung von Anspruch und Realität überprüft. Valide ist ein Verfahren nur in dem Maße, in dem es nachweislich das mißt, was es messen soll. Bei einer empirischen Validierung unterscheidet man die kriterienbezogene, die faktorielle und die Konstruktvalidität. Zur Absicherung der *kriterienbezogenen Validität* wird der Test mit den gleichzeitig oder später erhobenen Kriteriumswerten korreliert. Bei simultaner Datenerhebung spricht man auch von Übereinstimmungsvalidität *(concurrent validity).* Sie reicht nur für diagnostische Zwecke aus. Werden jedoch die Testwerte (als Prädiktoren) bereits längere Zeit vor Messung des Kriteriumsverhaltens erhoben, erfaßt man darüber hinaus den prognostischen Wert des Tests und spricht dementsprechend auch von Vorhersagevalidität *(predictive validity).* Diese Art der Validierung ist beispielsweise bei einem Eignungstest, der prognostizieren soll, ob und wie erfolgreich Auszubildende eine bestimmte Lehre abschließen werden, angemessen. Man korreliert die vor Beginn der Lehre erhobenen Testwerte mit dem Ergebnis der IHK-Prüfung (Validitätskriterium) zum Abschluß der Lehrzeit und erkennt daran, ob der Test eine hinreichend valide Leistungsvorhersage erbracht hat. Die (in ihrem Wert umstrittene) *faktorielle Validierung* und die *Konstruktvalidität* haben weniger praktische Bedeutung, sie sollen vielmehr auf unterschiedlichen Wegen klären, was das Verfahren eigentlich mißt und welche Beziehungen zu anderen Verhaltensvariablen bestehen. Während die faktorielle Validierung darüber Auskunft gibt, ob und inwieweit sich das theoretische Testkonstrukt mit Hilfe faktorenanalytischer Techniken (→ Faktorenanalyse) empirisch rekonstruieren läßt, besteht die Konstruktvalidierung darin, ein hypothetisches Netzwerk von positiven und negativen Beziehungen (zwischen dem zu validierenden Test und externen Verhaltensvariablen) aufzustellen und schrittweise empirisch zu verifizieren. Es gibt aber in Sonderfällen auch die Möglichkeit, auf empirische Validitätsnachweise zu verzichten. Dies allerdings nur, wenn man davon ausgehen kann, daß die Testaufgaben selbst ihr bestmögliches Validitätskriterium repräsentieren (z.B. Interessenfragen für das Kriterium Interesse oder Schulleistungstests für das Kriterium des zu prüfenden Faches). In solchen Fällen kann man sich mit dem Hinweis auf *Inhaltsvalidität* (content validity) begnügen. Wenn die Überprüfung der Testgütekriterien noch Mängel erkennen läßt, wird eine weitere Revision der Testvorform notwendig. Anderenfalls kann die Testendform geeicht werden.

5. *Eichung.* Da ein Testrohwert allein keine genaue Positionsbestimmung eines Individuums innerhalb einer Referenzpopulation ermöglicht, benötigt man Normwerte, die diesen Zweck der besseren Vergleichbarkeit und Interpretier-

barkeit erfüllen. In diesem Prozeß, der Eichung genannt wird, transformiert man die an einer möglichst umfangreichen, repräsentativen Eichstichprobe erhobenen Rohwerte nach den dafür entwickelten Verfahren in Normwerte. Handelt es sich um psychometrische Tests, deren Rohwerte in hohem Maße reliabel und statistisch →normalverteilt sind, werden die (verteilungsgebundenen) Standard- oder z-Transformationen bevorzugt, die zu den bekannten →Standardwert- bzw. →IQ-Skalen führen. Anderenfalls beschränkt man sich auf die Erstellung von verteilungsfreien Normen, zu denen die →Prozentrang- oder →Percentilskala und die daraus abgeleitete →T-Skala gehören. Prozentrangwerte, die Laien häufig für anschaulicher halten, haben jedoch den Nachteil, daß sie interindividuelle Differenzen im Mittelbereich der Skala größer, in den Extrembereichen geringer erscheinen lassen, als sie tatsächlich sind. Die →Stanine-Skala, eine gebräuchliche Abkürzung für „standard nine scale", und die →Sten-Skala, die sich aus dem Begriff „standard ten scale" herleitet, bestehen, wie die Namen besagen, aus lediglich neun bzw. zehn Skalenwerten und stellen vergröberte T-Normen dar. Bei der Eichung muß neben der Festlegung des angemessenen Normskalentyps auch entschieden werden, ob Einfachnormen für die Gesamtstichprobe oder bestimmte (überschneidungsfreie) Teilgruppen ausreichen oder Mehrfachnormen, sowohl für die Gesamtstichprobe als auch für besondere Teilstichproben (z.B. alters-, geschlechts-, bildungs-, berufsspezifischer Art) berechnet werden sollen. Mehrfachnormen können u.U. den Interpretationsrahmen erweitern. In jedem Fall ist aber darauf zu achten, daß die Eichstichprobe von vorn herein so groß dimensioniert wird, daß eine evtl. Aufsplitterung in Teilgruppen nicht am Problem hinreichender Teilstichprobengröße und Repräsentativität scheitert.

Literatur: *R. Brickenkamp* (Hrsg.), Handbuch psychologischer und pädagogischer Tests. Göttingen 1975 (Ergänzungsband 1983). *R. Brickenkamp* (Hrsg.), Handbuch apparativer Verfahren in der Psychologie. Göttingen 1986. *G. A. Lienert,* Testaufbau und Testanalyse (2. Aufl.). Weinheim 1967

Prof. Dr. *Rolf Brickenkamp,* Köln

Test-Retest-Korrelation

⇒Retest-Korrelation.

Teststärke

→Wahrscheinlichkeit.

Teststatistik

→Wahrscheinlichkeit.

Testtheorie

Begriff, Gegenstand. Testtheorie ist die Gesamtheit aller formalen Modelle, die das Ziel haben, die Meßeigenschaft von →Tests zu optimieren. Sie bildet die formale Grundlage der →Testkonstruktion. Gelingt es dabei, die Modellforderungen zu erfüllen, haben die Testwerte die von der Testtheorie angestrebten Eigenschaften. Die beiden wichtigsten Testtheorien sind die klassische Testtheorie und die probabilistische Testtheorie.

Klassische Testtheorie ist die älteste und am häufigsten verwendete Testtheorie. Ihre Grundannahmen sind, daß der Testwert X jeder Person i, X_i, als Summe des →„wahren Wertes" (T_i) und eines *Meßfehlers* (E_i) darstellbar ist ($X_i = T_i + E_i$). Für diesen Fehler wird gefordert, daß er unsystematisch ist (Erwartungswert von $E_i = 0$) und er weder mit T noch anderen Fehlern eine →Korrelation zeigt.

Unter diesen Voraussetzungen kann die *Reliabilität* (Genauigkeit) eines Tests als Quotient der →Varianzen von T und X definiert und empirisch durch die Korrelation des Tests mit einem →Paralleltest, mit den Ergebnissen einer Testwiederholung an den gleichen Personen oder verschiedener paralleler Testteile abgeschätzt werden. Eine Erhöhung der Reliabilität ist durch Testverlängerung oder die Auswahl besonders meßgenauer →Items möglich.

Die *Validität* ist die Korrelation des Tests mit einem Kriterium, für das eine gültige Aussage (meist Prognose) angestrebt wird, etwa „berufliche Eignung". Da die Validität niemals höher als die Quadratwurzel aus der Reliabilität *(Reliabilitätsindex)* sein kann, ist für die praktische Anwendung von Tests eine ausreichende Reliabilität eine notwendige Voraussetzung.

Der Hauptvorteil der klassischen Testtheorie ist ihr als Folge der nur schwachen Modellanforderungen breiter Anwendungsbereich. Ihr Grundproblem ist die Abhängigkeit aller Testkennziffern von der zu ihrer Berechnung herangezogenen → Stichprobe. So wird für denselben Test die Reliabilität bei einer heterogenen Stichprobe (z.B. Schüler aus allen Schulformen) größer sein als bei einer stärker homogenen Stichprobe (z.B. nur Hauptschüler). Die Güte eines Tests kann daher bei der klassischen Testtheorie immer nur in Hinblick auf eine bestimmte Probanden-Population (→ Population) bestimmt werden.

Probabilistische Testtheorien nehmen an, daß es für jede Person (i) einen zunächst nicht beobachtbaren Personenparameter (X_i) auf der zu messenden Dimension gibt. Je höher dieser Wert, um so größer die → Wahrscheinlichkeit, ein Item (j) zu lösen. Die einzelnen Modelle der probabilistischen Testtheorie unterscheiden sich in den Annahmen über den mathematischen Zusammenhang zwischen den Personenparametern und den Lösungswahrscheinlichkeiten der Items. Diese Funktionen werden *Itemcharakteristiken* (ICs) genannt (Abbildungen 1–4).

Das einfachste Modell ist die *Mokken-Skalierung* (s. Abbildung 1), die lediglich monotone ICs fordert. Mit diesen schwachen Forderungen lassen sich zwar relativ leicht entsprechende Items finden, die Meßeigenschaften erreichen jedoch auch nicht das Niveau stringenterer Modelle.

Andere bekannte Modelle innerhalb der probabilistischen Testtheorie sind die

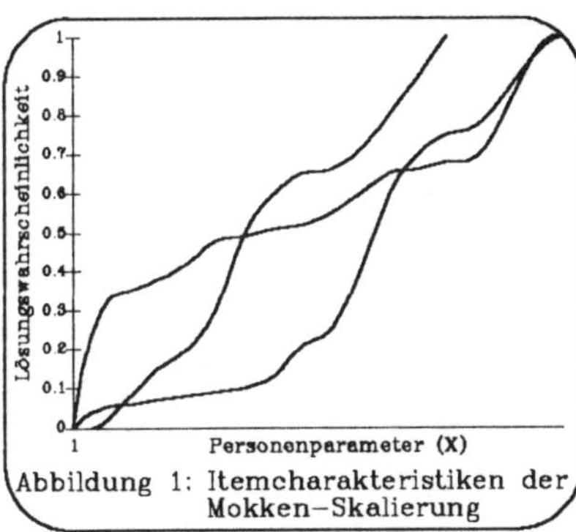

Abbildung 1: Itemcharakteristiken der Mokken-Skalierung

von *Guttman* (die ICs sind monoton und nehmen nur die Werte 0 oder 1 an) und von *Lazarsfeld* (die ICs sind Polynome).

Die meisten probabilistischen Modelle gehen von sog. *logistischen* ICs aus. Diese beinhalten im allgemeinsten Fall 3 Parameter, die die Lage der ICs variieren können:

- Einen „Informationsparameter" (a_j), der die Steilheit und damit den Informationsgehalt eines Items beeinflußt,
- einen „Schwierigkeitsparameter" (b_j), der die Lage des Items entlang der X-Achse bestimmt, und
- einen „Rateparameter" (c_j), der die Asymptote der IC für extrem niedrige X-Werte angibt, d.h. die Wahrscheinlichkeit, mit der Probanden mit äußerst geringer Ausprägung der → latenten Dimension dennoch das Item richtig beantworten, z.B. durch Raten bei → Mehrfachwahlantworten.

Die Formel für dieses Modell mit drei Parametern lautet:

p (Person i „löst" Item j) =

$$c_j + (1 - c_j) * \frac{\exp\{a_j * (X_i - b_j)\}}{1 + \exp\{a_j * (X_i - b_j)\}}$$

Die dazugehörigen Itemcharakteristiken stellen sich dar wie in Abbildung 2 gezeigt.

Je nachdem, wieviele und welche dieser Itemparameter für ein Modell zugelassen werden, ergeben sich verschiedene logistische Modelle.

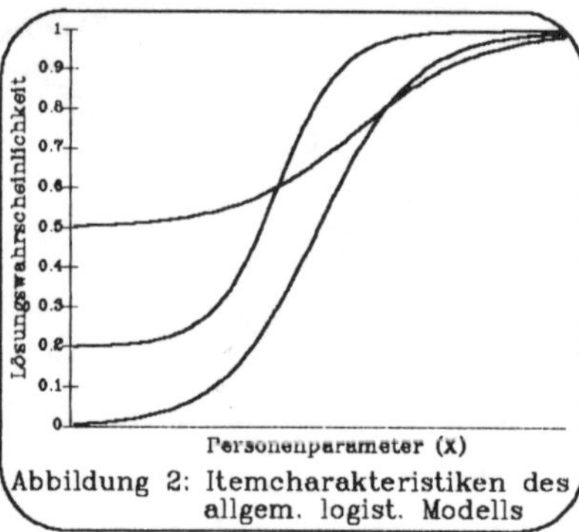

Abbildung 2: Itemcharakteristiken des allgem. logist. Modells

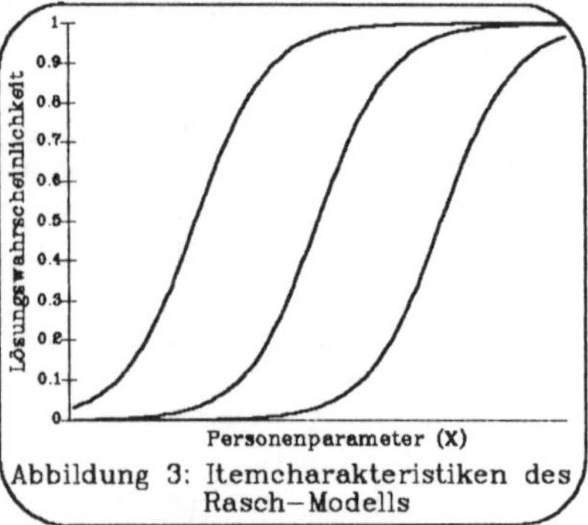

Abbildung 3: Itemcharakteristiken des Rasch-Modells

Rasch-Modelle (Abbildung 3) machen besonders strenge Annahmen, jedes Item ist nur durch den b_j-Parameter gekennzeichnet (a_j = konstant und $c_j = 0$ für alle j). Dadurch werden besonders starke Aussagen möglich, so ist etwa der Vergleich zwischen Personen unabhängig von der Auswahl der Items aus der Gesamtmenge der zum Modell passenden, und entsprechend ergibt sich stets die gleiche Rangfolge der Itemparameter b_j unabhängig vom Personparameter (*spezifische Objektivität* einer Testung). Für die statistische Schätzung des Personenparameters genügt die Kenntnis der Anzahl der von dieser Person gelösten Items.

Birnbaum-Modelle (Abbildung 4) haben einen weiteren Itemparameter a_j ($c_j = 0$), was es erleichtert, Itemsätze zu finden, die den Modellanforderungen genügen. Ein Nachteil ist der Verlust der spezifischen Objektivität bei allen Modellen mit sich schneidenden ICs, da z.B. die relative Schwierigkeit zweier Items für Personen links bzw. rechts des Schnittpunktes der beiden Itemcharakteristiken verschieden ist. Auch wird die Parameterschätzung erschwert: für X_i muß eine gewichtete Summe der Itemantworten der Person i gebildet werden.

Modelltests. In Anbetracht der doch strengen Forderungen an die Beschaffenheit der Itemcharakteristiken muß bei allen probabilistischen Testtheorien die Modellgültigkeit für einen Test empirisch geprüft werden. Dazu werden aus dem jeweiligen Modell Folgerungen für berechenbare Größen abgeleitet und diese mit Hilfe der →Inferenzstatistik geprüft. So gilt etwa für alle Modelle mit monotonen Itemcharakteristiken, daß sich bei einer Teilung der Gesamtzahl der Items in zwei Teilgruppen jeweils die gleiche Reihenfolge der Personenparameter ergeben müßte. Für das Rasch-Modell wäre zusätzlich zu folgern, daß jede beliebige Einteilung der Personen (nach Testleistung, Sozialdaten, Vorbildung, Zufall etc.) wegen der sich niemals schneidenden Itemcharakteristiken die gleiche Rangfolge der Itemparameter erbringt. Zeigen sich wesentliche Abweichungen von den Modellforderungen, müssen entweder die nicht passenden Items eliminiert werden oder die Modellgültigkeit auf bestimmte Personengruppen (innerhalb derer keine Ab-

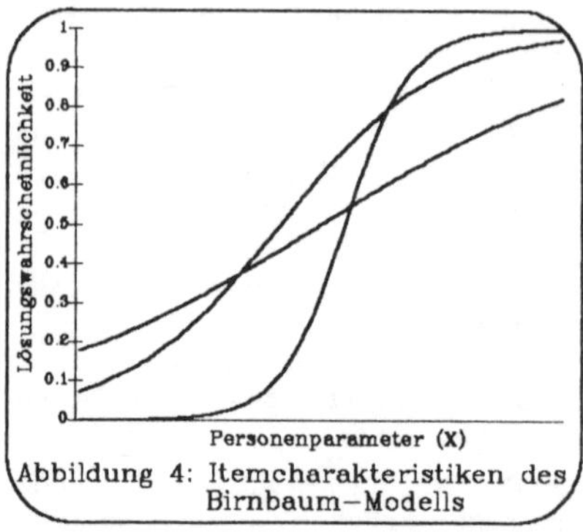

Abbildung 4: Itemcharakteristiken des Birnbaum-Modells

weichungen zu beobachten waren) begrenzt werden.

Der entscheidende Vorteil der probabilistischen Testtheorie liegt in der Möglichkeit, unabhängig von der Teilmenge der Items die gleichen Aussagen über die Probanden zu erarbeiten. Auf dieser Grundlage kann z.B. eine Messung zu mehreren Zeitpunkten mit jeweils verschiedenen Items erfolgen (wichtig bei Aufnahmeprüfungen, Schulevaluationen), ohne daß eine zu jedem Zeitpunkt unterschiedlich „strenge" Bewertung der Kandidaten oder eine itemspezifische Vorbereitung (bei Bekanntwerden der Fragen) zu befürchten ist. Bei der Testung einzelner Probanden können gezielt jene Items ausgewählt werden, die aufgrund ihrer Schwierigkeit besonders genaue Aussagen zulassen (maßgeschneidertes bzw. → *adaptives Testen*).

Der wichtigste Nachteil ist, daß die Modellanforderungen oft nur schwer zu erfüllen sind. Auch die Notwendigkeit einer evtl. mehrfach zu wiederholenden empirischen Prüfung und darauf aufbauender Neukonstruktion von Items wird die Testkonstruktion u.U. wesentlich verteuern.

Literatur: *G. H. Fischer,* Einführung in die Theorie psychologischer Tests. Grundlagen und Anwendungen. Bern 1974. *K. D. Kubinger,* Moderne Testtheorie. Weinheim 1988. *F. Lord/M. R. Novick,* Statistical Theories of Mental Test Scores. Reading Mass 1968. *H. Wottawa,* Grundlagen und Probleme von Dimensionen in der Psychologie. Meisenheim 1979. *H. Wottawa,* Grundriß der Testtheorie. München 1980.

Prof. Dr. *Heinrich Wottawa,* Bochum

Testwiederholung

⇒ Retest-Korrelation.

Thalamus

Teil des Zwischenhirns mit spezifischen Kernen (Nervenzellanordnungen), in denen für die verschiedenen Sinnessysteme (→ Wahrnehmung), mit Ausnahme des Riechens, Umschaltstationen mit somatotopischer Anordnung (z.B. nach Hautbezirken des Körpers oder nach dem Gesichtsfeld) nachgewiesen worden sind und wo auf dem Weg von den Sinnesorganen zur Hirnrinde eine Informationsverdichtung geschieht. Andere, unspezifische Thalamuskerne haben Beziehungen zur → Formatio reticularis und damit funktionell zum → Aktivierungssystem und außerdem Verknüpfungen mit dem → limbischen System und den Basalganglien.

Thanatopsychologie

Teilgebiet der Psychologie, das sich mit Tod und Sterben befaßt.

Themenzentrierte Interaktion

⇒ TZI

von *Ruth Cohn* auf der Grundlage der → humanistischen Psychologie entwikkelte Methode der Gruppenarbeit. Die TZI wird vor allem solchen Lebens- und Arbeitsgruppen angeboten, die ein Problem haben, das alle Gruppenmitglieder gleichermaßen betrifft. Ruth Cohn entwickelte drei Werteaxiome: Der Mensch sei eine psychobiologische Einheit. Das Humane sei wertvoll und Ehrfurcht gebühre allem lebendigen Wachstum. Der Mensch sei innerhalb gesetzter Grenzen, die sich erweitern lassen, frei für seine Entscheidungen. Die Gruppe lernt gemeinsam, ein dynamisches Gleichgewicht zwischen den individuellen Bedürfnissen und → Kognitionen der Teilnehmer, der Gruppe insgesamt und dem Thema oder der Aufgabe der Gruppe zu entwickeln. Die Gruppenarbeit orientiert sich dabei an den Postulaten der Eigenverantwortlichkeit („Sei Dein eigener Chairman!") und des absoluten Vorrangs von Störungen, mit denen sich die Gruppe, wann immer sie auftreten, unmittelbar auseinandersetzen muß.

therapeutische Abstinenz

→ Psychoanalyse.

Therapeutische Mißerfolge

Begriffsbestimmung: Unter therapeutischen Mißerfolgen (= negativen Therapieeffekten) sind therapiebedingte Veränderungen (→ Psychotherapie) zu verstehen, die einen schädigenden Einfluß auf den Zustand des Patienten haben. Therapiebedingt bedeutet, daß die negativen Veränderungen mittelbar oder unmittelbar durch die Therapie hervorgerufen werden. Dabei ist die Frage entscheidend und in der Praxis nur sehr schwer zu beantworten, ob eine eingetretene negative Veränderung tatsächlich durch die Therapie bedingt ist, oder ob andere, außerhalb der Therapie liegende Ereignisse oder Einflüsse dafür verantwortlich sind. Genauso schwierig ist die Bestimmung dessen, was im Einzelfall unter schädigenden Einflüssen zu verstehen ist. Fragen der Weltanschauung, des Menschenbildes und der fachlichen Orientierung spielen dabei eine entscheidende Rolle.

Allgemein wird davon ausgegangen, daß sich therapeutische Mißerfolge in den folgenden Merkmalen bzw. Merkmalsgruppen äußern:

- Verschlechterung der bestehenden Symptomatik einschließlich ihrer Verarbeitung und Bewältigung;
- Auftreten neuer, bisher noch nicht vorhandener Symptome und erhebliche emotionale Erschütterungen und Krisen;
- Mißbrauch der Therapie: Abhängigkeit des Patienten in seinem Lebensgefühl, in seinen Wünschen und in seinen Plänen und Entscheidungen vom Therapeuten bzw. von der Therapie und →sekundärer Krankheitsgewinn;
- negative Veränderung in der Beziehung zum Partner, in der familiären Atmosphäre, in der Beziehung zu Freunden und Kollegen, im Berufsleben und im Freizeitbereich;
- Enttäuschung über den Ablauf und die Wirkung der Therapie oder den Therapeuten;
- Therapieabbruch, bei gleichzeitiger Interpretation der Behandlungserfahrung als eigenes Versagen oder als Fortsetzung der Krankenkarriere.

Von einer negativen Veränderung wird im allgemeinen erst dann gesprochen, wenn sie über die Beendigung der Therapie hinaus besteht. Damit wird der Tatsache Rechnung getragen, daß eine psychotherapeutische Behandlung häufig zunächst einmal ein bestehendes Gleichgewicht stört und insofern vorübergehend negative Veränderungen auftreten können.

Existenz und Ausmaß therapeutischer Mißerfolge: Es gibt keine verbindlichen Aussagen über das Ausmaß therapeutischer Mißerfolge, sicher hingegen ist, daß es therapeutische Mißerfolge gibt. Dafür sprechen nicht nur die Erlebnisberichte ehemaliger Patienten und die Einschätzungen erfahrener Therapeuten, sondern auch eine Vielzahl kontrollierter Therapiestudien (→Therapieerfolgskontrolle). Vorsichtige Schätzungen gehen von einer Verschlechterungsrate von 5% bis 10% aus, wobei Unterschiede zwischen verschiedenen Therapieformen nicht festgestellt werden konnten.

Bedingungen und Ursachen therapeutischer Mißerfolge: Für das Auftreten therapeutischer Mißerfolge können die folgenden Einflußfaktoren verantwortlich sein:

- ungenügende und fehlerhafte diagnostische Abklärung (→Psychodiagnostik);
- unzureichende und fehlerhafte Indikationsstellung und Therapieplanung;
- versäumte oder fehlerhafte Therapiezielbestimmung;
- unzureichende oder fehlerhafte Information des Patienten über das therapeutische Vorgehen;
- psychische Labilität, mangelnde Persönlichkeitsreife (→Persönlichkeit) und fehlende emotionale Wärme seitens des Therapeuten;
- mangelnde Durchführung der Therapie durch fehlerhafte und/oder rigide Anwendung einzelner therapeutischer Verfahren;
- mangelndes Vertrauensverhältnis zwischen Therapeut und Patient sowie ungünstige Übertragungs-Gegenüber-

Therapieerfolgskontrolle

tragungs-Konstellation (→Übertragung, →Gegenübertragung);

- unzureichender institutioneller Hintergrund.

Nur in den seltensten Fällen ist ein therapeutischer Mißerfolg durch nur einen Einflußfaktor begründet. In der Regel führt das Zusammenwirken mehrerer Faktoren zu einem Mißerfolg. Hier sind auch Patientenmerkmale wie unrealistische Therapieerwartungen, Zweifel am Erfolg der Therapie oder geringe Therapiemotivation sowie externale Faktoren wie mangelnde Unterstützung durch Bezugspersonen des Patienten zu berücksichtigen.

Perspektiven: Die Vermeidung von therapeutischen Mißerfolgen und damit auch von Schädigungen des Patienten sollte oberstes Ziel therapeutischen Handelns sein. Handlungsfehler und therapeutische Mißerfolge lassen sich aber nicht vollständig vermeiden, sie gehören zum Alltag therapeutischer Arbeit. Um therapeutische Mißerfolge und Schädigungen so gering wie möglich zu halten, ist es notwendig, Handlungsfehler und therapeutische Mißerfolge in Forschung, Ausbildung und Praxis zu thematisieren. Dazu ist ein „fehlerfreundliches Klima" erforderlich. Handlungsfehler und therapeutische Mißerfolge sollten als Erkenntnisquelle genutzt werden, denn ihre Beachtung und Erforschung tragen zur Weiterentwicklung psychotherapeutischer Verfahren bei.

Literatur: *E. B. Foa/P. M. G. Emmelkamp* (Eds.), Failures in behavior therapy. New York 1983. *D. Kleiber/A. Kuhr* (Hrsg.), Handlungsfehler und Mißerfolge in der Psychotherapie. Tübinger Reihe 8. Tübingen 1988. *W. Schulz,* Analyse negativer Therapieeffekte und Probleme der Kontraindikation. In: *G. Jüttemann* (Hrsg.), Neue Aspekte klinisch-psychologischer Diagnostik. Göttingen 1984, 149–168. *W. Schulz* (Hrsg.), Therapeutische Mißerfolge. Schwerpunktthema. Z. f. personenzentrierte Psychol. u. Psychotherap., 1985, 4, Heft 4. *H. H. Strupp/S. W. Hadley/B. Gomes-Schwartz,* Psychotherapy for better or worse. The problem of negative effects. New York 1977.

Prof. Dr. *Wolfgang Schulz,* Braunschweig

Therapieerfolgskontrolle

Die meisten psychotherapeutischen Verfahren (→Psychotherapie) basieren auf spezifischen Persönlichkeitstheorien (→Persönlichkeit) oder Modellen zur Erklärung menschlichen Verhaltens. Entsprechend unterscheiden sich die verschiedenen therapeutischen Schulen auch bezüglich der Maßstäbe, nach denen sie den Erfolg oder Mißerfolg (→Therapeutische Mißerfolge) einer psychotherapeutischen Behandlung bewerten. Vergleichende Erfolgskontrollen und Kosten/Nutzen-Analysen sind jedoch nur möglich mit Hilfe von objektiven quantitativen Untersuchungen. Systematische Untersuchungen von Therapieerfolgen werden entweder mit Hilfe der statistischen →Einzelfallanalyse oder über den Vergleich von Patientengruppen durchgeführt.

Untersucht man Therapieerfolge oder -mißerfolge mit Hilfe der *Einzelfallanalyse,* so prüft man in der Regel, ob meßbare Veränderungen bei ein und derselben Person über die Zeit systematischer Art sind und somit als Folge der therapeutischen Intervention interpretiert werden können, oder ob derartige Veränderungen noch im Bereich der Zufallsschwankungen der erfaßten Merkmale liegen.

Bedient man sich der Einzelfallanalyse zur Untersuchung von Therapieeffekten, so wird man in der Regel →Zeitreihenanalysen durchführen. Dabei werden an ein und derselben Person (dem Klienten oder Patienten) mehrere Merkmale zu verschiedenen Zeitpunkten erfaßt und die Veränderungen dieser Merkmale über die Zeit hinweg untersucht. Die Messungen erfolgen gewöhnlich mit Hilfe psychologischer Testverfahren (→Tests) oder durch Erfassung physiologischer Parameter, die – wie beim →autogenen Training – als Indikatoren für innere Erregung und Anspannung oder Entspannung dienen. Nach Möglichkeit sollten die Daten zur Bestimmung einer sogenannten →base-line mehrfach vor Beginn der Therapie erhoben werden, dann therapiebegleitend und schließlich auch noch bei mehrfachen Nachuntersuchungen zur Überprüfung der Stabilität der erzielten Effekte. Mit Hilfe der Zeitreihenanalyse kann überprüft werden, ob und in welchem Ausmaß sich signifikante Veränderungen in einzelnen Merkmalen an ein und derselben Person ergeben. Durch Analyse der Zusammenhänge zwischen den untersuchten Merkmalen kann außerdem überprüft werden, welche Merkmale sich als Folge der therapeutischen Intervention verändert haben und welche Merkmale sich nur sekundär durch Kovariation mit den therapeutisch relevanten Merkmalen verändert haben. Die Einzelfallanalyse ermöglicht in erster Linie personenzentrierte Untersuchungen der Effektivität therapeutischer Maßnahmen. Die Tatsache, daß eine bestimmte therapeutische Interventionsform bei einer ganz bestimmten Person zu signifikanten Veränderungen geführt hat, sagt nichts darüber aus, ob und mit welcher →Wahrscheinlichkeit sie auch bei einer anderen Person wirksam ist.

Die Überprüfung der generellen Wirksamkeit therapeutischer Maßnahmen kann nur mit Hilfe von *Gruppenvergleichen* erfolgen. Dabei werden ein oder mehrere relevante Merkmale an einer größeren Gruppe von Klienten erhoben. Untersucht wird dann entweder, ob eine behandelte Gruppe im Vergleich zu einer unbehandelten Kontrollgruppe systematische Veränderungen in den untersuchten Merkmalen aufweist oder ob sich bei mehreren mit unterschiedlichen Methoden behandelten Gruppen auch unterschiedliche Effekte aufweisen lassen.

Bei der quantitativen Erfassung von Therapieeffekten ergeben sich jedoch eine Reihe methodischer Probleme, die bisher nur unzulänglich gelöst sind. Meßbare Effekte sind in der Regel mehrdeutig und können nicht ausschließlich auf die therapeutische Intervention zurückgeführt werden. Bei zahlreichen Symptomen, insbesondere bei neurotischen Störungen (→Neurose) oder →Depressionen muß mit einer hohen Rate an spontanen →Remissionen gerechnet werden. Systematische Effekte können auch eine Folge des sogenannten Hawthorne-Effekts sein. Sie wären dann keine Folge einer gezielten therapeutischen Beeinflussung sondern eher darauf zurückzuführen, daß man sich überhaupt mit diesen Patienten systematisch befaßt hat. Da therapiebedürftige Personen in den relevanten Merkmalen häufig Extremwerte aufweisen, müssen auch rein statistisch bedingte →Regressionseffekte erwartet werden. Möglicherweise sind die erfaßten Therapieeffekte auch keine Folge der gewählten therapeutischen Methode, sondern eher auf die persönliche Wirkung des Therapeuten zurückzuführen.

Bei der Planung von Therapieerfolgsstudien sind eine Reihe von methodischen Aspekten zu berücksichtigen. Hierzu zählen insbesondere die Festsetzung eines Therapiezieles, die Auswahl geeigneter Test- bzw. Erfolgskriterien, die Vergleichbarkeit der untersuchten Gruppen hinsichtlich Alter, Status, Geschlecht, Anamnesedaten und psychischer Verfassung, die Auswahl geeigneter Therapieformen und die Möglichkeit der Zusammenstellung einer Kontrollgruppe.

Im einfachsten Fall unterteilt man Patienten mit vergleichbaren psychischen Beschwerden oder Symptomen in eine Untersuchungs- und eine Kontrollgruppe und überprüft dann, ob sich die Untersuchungsgruppe nach der Behandlung hinsichtlich ihrer Beschwerden von der unbehandelten Kontrollgruppe unterscheidet. Daraus lassen sich im Prinzip Aussagen über die Effekte einer bestimmten Art der therapeutischen Intervention bei einem spezifischen Beschwerdebild ableiten. Wollte man hingegen vergleichende Aussagen über die Wirksamkeit verschiedener Therapieformen machen, so müßte man im Idealfall mehrere Patientengruppen mit unterschiedlichen Krankheitsbildern untersuchen. Die Patienten mit einem bestimmten Krankheitsbild müßten in mehrere Untergruppen unterteilt werden, wobei jede Untergruppe mit einer anderen Therapieform behandelt werden müßte. Auf diese Weise könnte überprüft werden, welche therapeutische Interventionsform bei welchem Krankheitsbild am wirksamsten ist. Wollte man dann noch die Möglichkeit berücksichtigen, daß persönliche Einflüsse des jeweiligen Therapeuten unabhängig von der Art der gewählten Therapie den Krankheitsverlauf und die Heilung beeinflussen, so müßte man außerdem die Studie mit Hilfe von Therapeuten durchführen, die alle zu vergleichenden Therapien annähernd gleich gut beherrschen. Derartige multivariate Ansätze (→Multivariate Datenanalyse, →Versuchsplanung) sind in der Praxis nicht realisierbar. Die untersuchten Teilstichproben von Patienten müßten hinsichtlich Alter, Geschlecht und Bildung, sowie bezüglich ihrer Testwerte, deren Veränderungen untersucht werden sollen, vergleichbar, das heißt parallelisiert sein. Diese Voraussetzung ist aus praktischen und auch aus ethischen Gründen nicht zu erfüllen. Ethische Probleme ergeben sich insbesondere auch bei der Zuordnung des einzelnen Patienten zu der jeweiligen Therapieform. Kaum überprüfbar ist auch die Frage nach dem unspezifischen Einfluß der Persönlichkeit des Therapeuten auf die Veränderung des Patienten.

Weitere methodische Probleme ergeben sich aus der Erfahrung, daß mit einem beträchtlichen Teil von Abbrechern zu rechnen ist, so daß sich die Vergleichbarkeit der Gruppen im Verlaufe des Untersuchungszeitraumes verschlechtert. Noch schwieriger wird es, wenn längerfristig Nachuntersuchungen zur Untersuchung der Stabilität der Therapieeffekte geplant sind.

In den letzten Jahren richtete sich das Interesse daher stärker auf sogenannte →*Meta-Analysen,* in denen Veröffentlichungen von Therapiestudien analysiert, zusammengefaßt und einer gemeinsamen Auswertung unterzogen werden. So geben beispielsweise *Smith et al.* (1980) einen Überblick über 475 Studien. Die Ergebnisse deuten darauf hin, daß psychotherapeutische Interventionen zwar im Mittel zu einer Verbesserung der psychischen Verfassung der behandelten Personen führen, daß diese Effekte jedoch recht schwach und unspezifisch sind. Recht unterschiedliche Therapieformen erbringen vergleichbare Ergebnisse, nach Abschluß der Therapie kommt es häufig zu einer Verschlechterung des Zustandes. Die Methoden derartiger Meta-Analysen werden jedoch zunehmend verfeinert. Hinsichtlich ihrer Bedeutung gewichtet man den Umfang der untersuchten Stichproben, die Bedeutsamkeit der untersuchten Merkmale, die Güte der Verfahren zur Bestimmung der relevanten Merkmale und die Art der Quantifizierung des Therapieeffekts. Die Aussagekraft der Meta-Analysen steigt mit der zunehmenden Anzahl der veröffentlichten Einzeluntersuchungen. Beschrieben und ausführlich diskutiert wird diese Methode bei *Wittmann & Matt* (1986).

Literatur: *I. C. Horn,* Eine Untersuchung zur Effektivität verschiedener Psychotherapeutischer Methoden auf der Grundlage empirischer Veröffentlichungen eines Vierjahres-Zeitraumes. Unveröffentl. Diss., Medizinische Hochschule Hannover 1982. *U. Plessen,* Verlaufs- und Erfolgskontrolle im psychotherapeutischen Prozeß. Göttingen 1982. *M. L. Smith/G. V. Glass/T. I. Miller,* The benefits of psychotherapy. Baltimore 1980. *W. E. Wittmann/G. E. Matt,* Meta-Analyse als Integration von Forschungsergebnissen am Beispiel deutschsprachiger Arbeiten zur Effektivität von Psychotherapie. Psychol. Rundschau, 1986, 37, 20–40.

Dr. *Ina Horn-Ennker,* Berlin

Theta-Wellen
→EEG.

Thyroxin
wichtigstes Schilddrüsenhormon, beeinflußt Stoffwechsel, Wachstum und Reifung; wirkt auf das →zentrale Nervensystem, das →vegetative Nervensystem und die Psyche.

Tiefenhermeneutik
→Psychoanalyse.

Tiefenpsychologie
Sammelbegriff für alle psychologischen Theorien, die sich mit dem →Unbewußten befassen, insbesondere die →Psychoanalyse, die →Analytische Psychologie und die →Individualpsychologie.

tit-for-tat-Strategie
→Spieltheorie.

Todestrieb
der Theorie der →Psychonanalyse zufolge neben der →Libido ein Grundtrieb (→Trieb) des Menschen.

Toleranzentwicklung
→Sucht.

Toleranzintervall
Bereich, in dem Abweichungen der Meßwerte vom Erwartungswert noch als zufallsbedingt erklärt werden können.

topographisches Modell
⇒topographisches System
eine der Grundannahmen des Persönlichkeitsmodells der →Psychoanalyse, bei dem die psychischen Vorgänge nach dem Grad ihrer Bewußtheit in Bewußtes, Vorbewußtes und →Unbewußtes unterteilt werden.

Totstellreflex
→Abwehr
→Orientierungsreaktion.

Trait
→Eigenschaft.

Trait-Angst
→Angst.

Trance
Einengung des →Bewußtseins mit erhöhtem Einfühlungsvermögen in eigene oder fremde psychische Zustände.

Tranquilizer
erregungsdämpfende Medikamente, die vor allem bei der Behandlung von Angstsymptomen (→Angst) eingesetzt werden.

Transaktion
Austausch von Gefühlen (→Transaktionale Analyse).

Transaktionale Analyse
von *Eric Berne* (1910–1970) entwickelte Form der →Psychotherapie, der mehrere pragmatisch zusammengefaßte Konzepte der →Persönlichkeit zugrunde liegen. Das theoretische Konzept integriert Ansätze aus der →Psychoanalyse, der →Individualpsychologie und der →humanistischen Psychologie.

1. Menschliche Grundbedürfnisse sind das Zärtlichkeitsbedürfnis (Streicheln, Beachten, Zuwendung), das Bedürfnis nach Strukturierung der Zeit, sowie nach Stimulierung und Aktivität.

2. Bei den Grundmustern des Erlebens und Verhaltens wird unterschieden nach Positionen, Gewinnern und Verlierern, sowie Lieblingsgefühlen und Lieblingsüberzeugungen. Die Art und Weise, in der in den ersten Lebensjahren die Grundbedürfnisse befriedigt wurden, bestimmt im Verlauf des weiteren Lebens, ob man sich selbst und den anderen gegenüber eine positive (+) oder negative (−) Grundeinstellung (Position) entwickelt. Durch Kombination ergeben sich vier *Positionen:* die Destruktions- oder Sinnlosigkeitsposition (Ich−/Du−), die depressive Position der Selbsterniedrigung und Resignation (Ich−/Du+), die arrogante und dominante Position (Ich+/Du−) und die konstruktive, gesunde Position (Ich+/Du+). Personen, die in der Regel ihre selbstgesteckten Ziele erreichen,

werden als Gewinner bezeichnet, wer sein Ziel meistens nicht erreicht, als Verlierer. Der *Verlierer* plant unrealistisch, hängt an seinen Illusionen und verharrt in gewohnten Denk- und Verhaltensmustern. Der *Gewinner* plant realistisch, eigenverantwortlich und lernt aus seinen Fehlern. *Lieblingsgefühle* und Lieblingsüberzeugungen sind vertraute, häufig wiederkehrende, meist negative Grundstimmungen, wie z.B. Verletztsein, Schuldgefühle oder Schadensfreude, mit denen man Aufmerksamkeit auf sich ziehen und seine Grundposition festigen kann. Sie dienen auch der Selbstrechtfertigung und der Stützung von Vorurteilen gegenüber sich selbst und anderen.

3. In der Struktur der → Persönlichkeit werden drei Ich-Zustände unterschieden, die sich in den ersten zwölf Lebensjahren durch Verinnerlichung von Handlungssystemen entwickeln, die von den Eltern an das Kind herangetragen werden. Das *Eltern-Ich* ist der Bereich der sozialen Normen, Gebote und Verbote; es hat kritische und fördernde Anteile. Das *Kind-Ich* ist der Bereich der Gefühle, der spontanen, selbstbezogenen Empfindungen und Aktivitäten, das *Erwachsenen-Ich* der sachlich-rationale Anteil der Persönlichkeit.

4. Die Interaktionen zwischen mehreren Personen werden als Transaktionen beschrieben, bei denen die Ich-Zustände verschiedener Personen verbal oder nonverbal miteinander kommunizieren. Bei *komplementären Transaktionen* richtet sich beispielweise die Botschaft eines Ich-Zustandes einer Person an einen beliebigen Ich-Zustand einer anderen Person, und die Reaktion geht von dem angesprochenen Ich-Zustand zurück an den sendenden Ich-Zustand (z.B. Tadel und Trotzreaktion oder gegenseitige Bestärkung). Bei einer *gekreuzten Transaktion* kommt es zu Überschneidungen (z.B. gereizte Reaktion auf sachliche Anfrage oder Kritik und Gegenkritik). Als *Duplex-Transaktion* bezeichnet man die gleichzeitige, meist manipulative Transaktion auf mehreren Ebenen (z.B. beim Flirt, beim Verkaufsgespräch oder bei verdeckt geäußerten → Aggressionen).

5. Eine Folge von manipulativen Transaktionen mit sich wiederholender Gesetzmäßigkeit und einem oft unbewußt angestrebten Ziel, andere zu dominieren oder zu schädigen und sich selbst aus der Verantwortung zu nehmen, wird als *Spiel* bezeichnet. Der Spielgewinn besteht meistens aus der Erzeugung von Lieblingsgefühlen oder der Bestätigung von Lieblingsüberzeugungen. Jede Kultur entwickelt ein Repertoire von Spielen. Klinisch relevante Spiele sind beispielsweise „Holzbein", das den → sekundären Krankheitsgewinn beschreibt; „Hilfe! Vergewaltigung!", bei dem der Andere zu einem Verhalten provoziert wird, das man ihm dann anlasten kann; „Warum nicht? Ja aber", bei dem sich jemand von kompetenter Seite Ratschläge holt, nur um sich durch Gegenvorhaltungen selbst zu beweisen, daß ihm ohnehin nicht zu helfen ist.

6. Durch elterliche Erwartungen (Botschaften) an das kleine Kind („unsere Prinzessin" – „aus dir wird sowieso nichts") entwickeln sich Positionen, Lebenserwartungen und Grundüberzeugungen, die sich zu einem *Lebensplan (Skript)* strukturieren, dessen Bestandteile u.a. die Spiele sind. Durch Mythen, Sagen und Märchen wird ein Repertoire an Lebensplänen kulturell tradiert. Das Skript ist vorbewußt und bestimmt auch die Partnerwahl. Ehepaare weisen häufig komplementäre Lebenspläne auf. Unterschieden wird zwischen tragischen und banalen oder zwischen konstruktiven und destruktiven Plänen. Aus dem Lebensplan entwickelt sich der Zwang, das eigene Leben so zu gestalten, daß sich der Plan erfüllt.

7. Die transaktionale Analyse als Therapieform dient dem Ziel, den sachlich-rationalen, konstruktiven Anteil der Persönlichkeit (Erwachsenen-Ich) zu stärken und die Person aus den Zwängen

des Skripts und der Einbindung in Spiele zu befreien.

Transfer
Übertragung von erfolgreichen Strategien beim → Problemlösen auf ähnliche Aufgaben.

Transinformation
→ Kommunikation.

Transsexualität
→ Sexualität.

Transvestismus
→ Sexuelle Störungen.

Transzendentale Meditation
aus der hinduistischen Tradition hervorgegangene Entspannungsübung (→ Entspannungstraining), bei der man zweimal täglich für etwa zwanzig Minuten in reizarmer Umgebung eine bestimmte Sitzposition einnimmt und gedanklich eine Folge von Lauten aus dem indischen Sanskrit wiederholt *(Mantra),* die einem persönlich vom Lehrer zugewiesen wird. Auf diese Weise soll die Aufmerksamkeit eingeengt und von außen nach innen gerichtet werden. Der Übende soll Gefühle der inneren Ruhe und Harmonie entwickeln, neue Bewußtseinszustände erfahren und lernen, → Streß abzubauen und seine Möglichkeiten besser auszuschöpfen.

Trauer
Kaum jemand bleibt zeit seines Lebens von gravierenden Verlusten verschont. Sei es, daß der Tod ihn einer geliebten Person (des Ehegatten, eines Kindes, eines Elternteils) beraubt oder wichtige Sozialpartner ihn gegen seinen Willen verlassen; sei es, daß er sich eine Behinderung zuzieht oder unversehens und auf Dauer seine Gesundheit einbüßt; sei es, daß ihm Freiheit, Heimat, Arbeitsplatz oder materieller Besitz genommen wird.

Wann immer ein Mensch sich solch einschneidender → *„Deprivation"* konfrontiert sieht, reagiert er mehr oder weniger stereotyp: mit Trauer. Diese (interindividuell unterschiedlich starke) spezifische → Emotion wiederum prägt dann – zumindest einige Zeit – sein Erleben und Verhalten.

Der historisch gesellschaftliche Kontext, in dem der Betreffende lebt, bestimmt dabei die äußere Form seines Trauerns (Trauerkleidung etc.) mit. Trauer, ein offensichtlich ebenso allfälliges wie häufiges Geschehen, wurde erstaunlich spät zum Gegenstand (medizinisch-)psychologischer Forschung. Die ersten einschlägigen Arbeiten haben *Freud* und seine Schüler *(Abraham, M. Klein)* zu Beginn unseres Jahrhunderts vorgelegt. Danach vergingen fast fünf Dezennien, ehe die Symptomatik der Trauer als Reaktion auf Verlust (und Trennung) näher beschrieben, ihr dynamisch-phasenhafter Verlauf vermerkt und normale gegenüber abnormen Trauerreaktionen abgegrenzt waren *(Landauer, Lindemann, Engel, Bowlby).* Von 1961 an mehrten sich empirische Untersuchungen zur Psychologie der Trauer, welche auch somatologische und psychopathologische Folgeerscheinungen eines todbedingten Partnerverlustes einbezogen *(Parkes).*

Bis heute stehen die psychischen, somatischen und sozialen Implikationen einer Verwitwung im Mittelpunkt des Forschungsinteresses; doch nimmt die Zahl der Studien zu, die sich mit elterlichen Reaktionen auf den Tod eines Kindes und denen verwaister Kinder auf den Tod eines Elternteils befassen.

Auf den Verlustkummer hinterbliebener Ehepartner lassen sich auch die gegenwärtig vorliegenden Theorien der Trauer anwenden. Zu unterscheiden sind diesbezüglich I. eine psychoanalytische, II. eine ethologische, III. eine bindungstheoretische, IV. eine lerntheoretische, V. eine lerntheoretisch-kognitionspsychologische und VI. eine streßtheoretische Konzeption.

Das *psychodynamisch ausgerichtete Trauermodell* (→ Psychoanalyse) thematisiert insbesondere die „Trauerarbeit" des → Ich, d.h. den lang andauernden, aufwendigen und schmerzhaften, der Unleugbarkeit des Verlustes entsprechenden Abzug aller →Libido von dem betreffenden Liebesobjekt *(Freud, Lindemann).*

Der *verhaltensbiologische Ansatz* sieht die Trauer um eine unwiderbringlich verlorene Person als gleichsam „leerlaufende" Aktivität des Individuums an; aus ihrer Perspektive ist der Gram um einen Abwesenden und die (andere Sozialkontakte ausschließende) Suche nach ihm zwar ein konstitutives Element der →Gruppenkohäsion, aber eigentlich nur bezogen auf die Situation einer zeitweiligen Trennung von ihm (biologisch) sinnvoll *(Averill).*

Der *bindungstheoretische Zugang* (→Bindungstheorie) zum Phänomen Trauer vereinigt die psychoanalytische mit der ethologischen Sichtweise. Sein Ausgangspunkt ist das als →phylogenetisch determiniert betrachtete Bindungsverhalten, d.h. jenes (überlebenssichernde) Bemühen des Individuums, Nähe zu einer Bindungsfigur herzustellen bzw. aufrechtzuerhalten. Das todbedingte Zerreißen des Bandes zu ihr, führt nach diesem Verständnis zu Trauer *(Bowlby).*

Die *lerntheoretische Vorstellung* (→Lerntheorie) subsummiert die Emotion Trauer der psychopathologischen Kategorie →Depression. Sie identifiziert die Reaktion eines Menschen auf Totalverlust mit dem Entzug (reaktionskontingenter) →positiver Bekräftigung wie Liebe, Sicherheit und Anerkennung sowie einer gleichzeitigen Zunahme aversiver Reize *(Lewinsohn, Ramsey).*

Die *lerntheoretisch-kognitionspsychologische Auffassung* von Trauer (→Kognition) basiert auf dem revidierten Modell der →„Erlernten Hilflosigkeit" aus dem Arbeitskreis um *Seligman.* Danach resultieren aus der Erfahrung einer Nichtkontingenz zwischen eigenem Verhalten und dessen Konsequenzen bei der betreffenden Person →emotionale, →kognitive und →motivationale Defizite. Verwitwung wiederum kommt einem solchen Kontrollverlust gleich und impliziert Hilflosigkeit bzw. deren emotionales Symptom, Trauer.

Das am psychologischen →Streßmodell orientierte *Defizitkonzept der Trauer* thematisiert die mit Verwitwung verbundenen Verluste an emotionaler Unterstützung, sozialer →Identität etc. sowie die zur Bewältigung solcher Belastungen erforderlichen wie verfügbaren intra- und interpersonellen Ressourcen des Hinterbliebenen wie →emotionale Stabilität, →soziale Unterstützung etc. Es ermöglicht, Personen zu identifizieren, die Gefahr laufen, im Zusammenhang mit Verlusterlebnissen zu erkranken (*Stroebe* u. *Stroebe*).

Während am sequentiell-stadienhaften Charakter des (regelhaften) Verlaufs der Trauer kaum Zweifel bestehen, divergieren die Ansichten der Fachwissenschaftler über die Zahl der voneinander abzugrenzenden Phasen zum Teil beträchtlich. Es werden bis zu zwölf Stadien postuliert, deren erstes jeweils mit den Begriffen „Schock" und/oder „Betäubung" und deren letztes mit „Restitution" o.ä. bezeichnet wird. Unbestritten ist, daß die einzelnen Phasen mehr oder weniger fließend ineinander übergehen und keineswegs jeder Trauernde sie vollständig, in typischer Abfolge und Geschwindigkeit durchläuft. International hat wohl die Auffassung *Bowlbys* die größte Resonanz gefunden. Die von ihm unterschiedenen *vier Abschnitte des Trauerprozesses* sind summarisch so zu beschreiben:

I. *Die Phase der Betäubung:* Der Hinterbliebene reagiert auf die Nachricht, sein Lebenspartner sei gestorben, im Regelfall mit Benommenheit und Nicht-glauben-können. Während des gewöhnlich einige Stunden bis eine Woche dauernden ersten Trauerstadiums kann es episodisch zu Ausbrüchen von Verzweiflung, Wut und/oder →Angst kommen.

II. *Die Phase der Sehnsucht und Suche nach der verlorenen Person:* Unter anderem Anfälle von tiefem Kummer, Unruhe und Schlaflosigkeit stellen sich ein, sobald der Überlebende nun zumindest zeitweise den unwiederbringlichen Verlust der geliebten Person zu erfassen beginnt. Damit gehen intensive Gedanken an den Verstorbenen einher; ja nicht selten befällt den Hinterbliebenen das Gefühl, jener sei anwesend. Hinzu kommen häufig Zorn und Bitterkeit (gegenüber dem, der für den Tod des Lebenspartners verantwortlich gemacht wird) sowie der Drang, den Verstorbenen zu suchen und wiederzugewinnen. Den emotionalen Hintergrund dieses mehrere Monate, zuweilen aber auch Jahre andauernden zweiten Trauerstadiums bildet das Gefühl tiefgreifender Traurigkeit.

III. *Die Phase der Desorganisation und Verzweiflung:* Der Verwitwete hat das „Liebesobjekt" verloren, auf welches hin sein Verhalten bisher organisiert war. Subjektives Abbild des bestehenden Zustandes der Desorganisation ist eine Art Depression. Gezwungen, von alten Mustern des Denkens, Fühlens und Handelns Abstand zu nehmen, gerät der Trauernde – verständlicherweise – zeitweilig in Verzweiflung und Hoffnungslosigkeit. Es fällt ihm während des gesamten dritten Trauerstadiums schwer, der sozialen Umwelt gegenüber adäquat zu „funktionieren".

IV. *Die Phase der mehr oder weniger gelungenen Reorganisation:* Unter günstigen Umständen findet der Trauernde bald in das Stadium der Reorganisation. Er prüft nun Möglichkeiten, die entstandene Situation zu bewältigen (→Coping), orientiert sich emotional und kognitiv um, erwirbt neue →soziale Rollen und ihm bisher nicht verfügbare Fertigkeiten (Witwen etwa werden Ernährer der Familie; Witwer lernen, den Haushalt zu führen).

Dem Phasenmodell der Trauer hat *Worden* das *Konzept der sog. Traueraufgaben* gegenübergestellt: Der Hinterbliebene müsse, um sie zu bewältigen, nicht nur aktiv werden, sondern sei dazu durchaus auch in der Lage. Die vier (üblicherweise aufeinanderfolgenden) Aufgaben solcher „Trauerarbeit" werden von *Worden* wie folgt bezeichnet:

I. den Verlust als Realität akzeptieren;
II. den Trauerschmerz erfahren;
III. sich an eine Umwelt anpassen, in welcher der Verstorbene fehlt;
IV. emotionale Energie abziehen und in eine andere Beziehung investieren.

Wer das Phasenschema der Trauer ablehnt (etwa mit dem Argument, dadurch würden, empirisch noch ungenügend fundiert, willkürlich Akzente gesetzt), findet im Schrifttum Stütze. Einige verhaltenstheoretisch ausgerichtete Wissenschaftler ziehen es vor, jeweils vorherrschende Komponente des Trauervorgangs (→Schock, →Verleugnung, →Depression, →Angst, →Aggression etc.) abzuheben. Ohne deren Aufeinanderfolgen grundsätzlich zu bestreiten, ist für sie entscheidend, daß Trauernde nur selten „Rückschritte" bezüglich der Stadienabfolge zeigen.

Phasenschema wie Komponentenmodell der Trauer enthalten mehr oder weniger explizit den Symptomenkomplex der sog. *akuten Trauer (Lindemann).* Wesentlich dem zweiten Stadium des Trauerns, aber auch dem dritten zugeordnet, äußert sich dieses Syndrom in psychischen und somatischen Zeichen:

An seelischen Kardinalsymptomen der akuten Trauer finden sich bei Witwen und Witwern mehrheitlich „Anfälle" depressiver Verstimmung sowie Schlaflosigkeit, allgemeine Nervosität, gedankliche Beschäftigung mit dem Verstorbenen, Appetitlosigkeit, Arbeitsstörungen und Konzentrationsbeeinträchtigungen. Kaum seltener (in etwa 50% der Fälle) sind darüber hinaus Aggressionen gegen den Toten oder seinen Behandler sowie Schuldgefühle gegenüber dem Verstorbenen zu verzeichnen. Den beschriebenen seelischen Belastungen ist es zuzuschreiben, daß etwa die Hälfte der Verwitweten Schlaf- und Beruhigungsmittel einnimmt. Schlafstörungen und Appetitmangel werden gelegentlich den körperlichen Merkmalen der akuten Trauer zugerechnet. Davon abgesehen, haben exzessives Weinen und Gewichtsverlust, ferner – wenngleich seltener auftretend – Seufzen sowie Herz- und Brustschmerzen als ihre körperlichen Hauptsymptome zu gelten. Im Gefolge der letztgenannten Sensationen nehmen nicht wenige Trauernde überdies in erhöhtem Maße Schmerzmittel ein.

Die mit der akuten Trauer einhergehenden körperlichen Veränderungen betreffen nicht zuletzt das Immun- und Hormonsystem. Reduzierte Lymphozytenreaktion (T-Zellen), verminderte Antikörperproduktion (B-Zellen im Blut) bzw. erhöhte Hydroxycorticoidwerte im 24-Stunden-Urin Trauernder sind der Beleg einer längerdauernden →Streßreaktion.

Eine bestimmte Mimik (zusammengezogene Brauen; nach unten fallende oder angespannte obere Augenlider) und Haltung (hängende Schultern) kennzeichnen Ausdruckserscheinungen akuter Trauer.

Zu „Trauer" assoziiert man bevorzugt einen totalen Personenverlust. An Trauerreaktionen auf die Einbuße eines Körperteils (Organs) oder einer Körperfunktion kann aber ebenfalls kein Zweifel sein. Im Detail von jenen nach einer Verwitwung oder Verwaisung verschieden, sind sie ihnen doch grundsätzlich sehr ähnlich. Es sei hier nur an die Trauer im Falle einer Amputation oder Querschnittslähmung erinnert. Analoges gilt für vorübergehende und andauernde Trennung, was sich z.B. an Reaktionen „verlassener" Kleinkinder zeigt.

Gemeinhin spricht man von Trauer als der Reaktion auf einen erlittenen Verlust. Darüber hinaus vermag der Mensch vorgreifend zu trauern, d.h. sich etwa angesichts eines unausweichlich drohenden Verlustes zu grämen. Bei dieser sog. *antizipatorischen Trauer,* wiederum ein graduell-phasenhaftes Geschehen, durchlebt der Betreffende mehrere *Stadien des Verlustkummers:* Die psychischen Reaktionen von Eltern beispielsweise, die ein dem Tode nahes Kind zu betreuen haben, reichen vom Schock nach der Mitteilung der Diagnose seiner Krankheit, über Nichtglauben-können sowie Versuche, den Ausgang des sich anbahnenden Geschehens umzukehren, bis hin zu einer psychosozialen Desorganisation und nachfolgender Reorganisation. Todgeweihte Erwachsene durchleben einen ähnlichen Prozeß vorwegnehmender Trauer. Die bei Krebskranken gefundenen *Stadien der Auseinandersetzung mit dem nahen Ende* („Nichtwahrhaben-Wollen und Isolierung", „Zorn", „Verhandeln", „Depression", „Zustimmung") *(Kübler-Ross)* haben als Elemente derselben zu gelten.

Den Lebenspartner an den Tod zu verlieren bedeutet für den Hinterbliebenen ein hohes Maß an Belastung. Der größte Teil derer, die ein solches Schicksal erleiden, kommt damit zurecht, ohne psychosozial auffällig zu werden. In solchen Fällen spricht man von *normaler Trauer.* Eine qualifizierte Minderheit Verwitweter jedoch bietet Symptome sog. *abnormer Trauer,* wobei die Grenzen zwischen beiden Phänomenkomplexen fließend sind. – Nach *Bowlby* lassen sich drei Spielarten komplizierter Trauerreaktionen unterscheiden: Die verhinderte Trauer (dauerhaftes Fehlen bewußten Kummers), die chronische Trauer (abnorm intensive und anhaltende Verlustreaktionen) und die Euphorie (eine – relativ seltene – Befindlichkeit der Hochstimmung). Bei Witwen und Witwern auftretende psychische und psychosomatische Erkankungen deutet der Autor als Folgeerscheinungen pathologischer Trauer.

Noch ist unklar, ob gestörte oder unkompliziert verlaufende Trauer Verwitwete eher zu Störungen der Gesundheit disponiert. Feststeht: Witwen und (mehr noch) Witwer kennzeichnet ein signifikant höheres Mortalitätsrisiko als Verheiratete; sie beklagen ferner vergleichsweise häufiger ein reduziertes allgemeines Wohlbefinden und nehmen öfter (ein Effekt ihrer Stimmungslage?) somatischer Störungen wegen ärztliche Hilfe in Anspruch. Verwitwete lassen darüber hinaus eine relative Häufung (versuchter und vollendeter) suizidaler Akte (→ Suizid) sowie psychischer (und wohl auch körperlicher) Erkrankungen erwarten. An *Determinanten des Trauerausgangs* werden u.a. der sozioökonomische Status soziodemographische Merkmale, Verfügbarkeit → sozialer Unterstützung, ferner individuelle Variable wie Religiosität oder → Persönlichkeitseigenschaften des Verwitweten diskutiert (*Stroebe* u. *Stroebe*).

Wer trauert, sollte Hilfe erfahren. Besonders wichtig ist es, möglichen verlustbedingten somatischen und psychischen Beeinträchtigungen seinerseits vorzubeugen. Fehlen unkompliziert Trauernden Ressourcen mitmenschlicher Unterstützung aus dem → sozialen Netzwerk, dann kommt auf den Hausarzt die Aufgabe zu, sie zu betreuen. Die Behandlung pathologisch Trauernder gehört dagegen zum Aufgabenbereich des Psychotherapeuten, Klinischen Psychologen oder Psychiaters.

Die gesundheitserhaltende Wirksamkeit nondirektiv-ichstärkender individueller Interventionen bei Trauernden kann als belegt gelten. Allerdings ist eine institutionalisierte Einzelberatung gesundheitsgefährdeter Witwen und Witwer wirtschaftlich nicht zu leisten. Sie können jedoch von professionellen Helfern und Laien auf Selbsthilfeaktivitäten von und für Trauernde verwiesen werden, wie sie sich allmählich auch in der Bundesrepublik etablieren.

Hierzulande wird allzu leicht vergessen, daß diejenigen, welche beruflich mit Trauernden zu tun haben (pflegerisch Tätige, Klinikärzte, niedergelassene Ärzte oder Geistliche), selbst der psychosozialen Unterstützung bedürfen, um die bei ihnen berufsbedingt auftretende Trauer meistern zu können. Ihnen ist die Teilnahme an → Balintgruppen anzuraten, was nicht zuletzt dem Entstehen des Syndroms des sog. „Ausgebranntseins“ (→ burn out) vorzubeugen vermag.

Literatur: *J. Bowlby,* Trauer und Depression. Frankfurt/M. 1983. *G. Huppmann/M. Huppmann,* Trauer. In: *G. Huppmann/F.-W. Wilker* (Hrsg.), Medizinische Psychologie/Medizinische Soziologie. München 1988. *W. Stroebe/M. Stroebe,* Bereavement and health. The psychological and physical consequences of partner loss. New York 1987. *A. Zisook* (Ed.), Biopsychosocial aspects of bereavement. Washington 1987.

Prof. Dr. *Gernot Huppmann,* Mainz

Trauerarbeit

Begriff der → Psychoanalyse, der die Trauer als Bewältigung von Verlusterlebnissen beschreibt und in der Trauerarbeit eine Linderung des Verlustschmerzes sieht (→ Trauer).

Traum

→ Psychoanalyse
→ Schlaf.

Trauma

Wunde, Verletzung, jede plötzliche äußere Einwirkung mit schädlichen Folgen für den Körper oder die Psyche.

Traumarbeit

→ Psychoanalyse.

Traumdeutung

→ Trauminhalte.

Trauminhalte

Erinnerungen an im Schlaf Erlebtes. Da nur berichtet werden kann, was gelernt und behalten worden ist, können Traumberichte das Traumerleben nicht valide (→ Validität) wiedergeben. In der *psychophysiologischen Traumforschung* besteht eine Schwierigkeit darin, daß bei Berichten nicht sicher ist, ob diese aus dem Kurzzeit- oder Langzeitgedächtnis wiedergegeben werden (→ Gedächtnis). Träume, die nicht unmittelbar nach dem Erwachen in Schlaf- und Weckexperimenten berichtet werden, sondern erst am Morgen danach oder noch später, können durch die Tendenz modifiziert werden, Erinnerungslücken durch passende Ergänzungen auszufüllen. Die *psychoanalytische Traumtheorie* (→ Psychoanalyse) unterscheidet daher zwischen latentem und manifestem Trauminhalt. Der *manifeste Trauminhalt* umfaßt alles, woran sich der Träumende nach dem Erwachen oder später bewußt erinnert oder worüber er berichten kann. Zum *latenten Trauminhalt* gehören hingegen auch die unbewußten (→Unbewußtes) Anteile des Traumes, die nicht erinnert werden und erst im Rahmen der analytischen Traumdeutung aufgedeckt werden können.

Trendanalyse
Methode der →Statistik zur Bestimmung der Verlaufsrichtung von Merkmalsbeziehungen.

Trennschärfe
Genauigkeit, mit der ein →Item zwischen Probanden mit unterschiedlicher Merkmalsausprägung differenziert.

Trieb
→Konstrukt, das auf der Annahme beruht, daß im zentralen →Nervensystem Verhaltenstendenzen zur Befriedigung verschiedener Grundbedürfnisse vorprogrammiert sind (→Motivation, →Emotionen, →Aggression).

Triebtheorie
→Trieb
→Aggression.

trophotrop
auf die Ernährungsverwertung und das Wachstum des Organismus ausgerichtet.

Trotzalter
Phase im dritten oder vierten Lebensjahr des Kindes, in der es die Durchsetzung des eigenen Willen gegen äußere Widerstände einübt (s.a. →Reaktanz).

T-Skala
spezielle Form der →Standardwert-Skala mit einem Mittelwert von 50 Punkten und einer →Standardabweichung von 10 Punkten.

Typ-A-Verhalten
Bekanntlich gelten heute nicht nur physiko-chemische Faktoren als Prädiktoren oder Risikofaktoren der koronaren Herzkrankheit (KHK). Es sind vielmehr auch eine Reihe von psychosozialen Variablen als potentielle koronare Risikofaktoren untersucht worden. Zu ihnen gehören unter anderem sogenannte koronargefährdende Verhaltensweisen *(coronary-prone behavior),* die insbesondere durch das Typ-A-Verhaltensmuster bekannt geworden sind. Als „coronary-prone" werden alle Verhaltensweisen bezeichnet, die das Risiko für die Entwicklung einer koronaren Herzkrankheit erhöhen. Sie beinhalten somit eine Vielzahl teils bekannter und teils auch noch unbekannter Verhaltensweisen, die mit dem Auftreten einer KHK assoziiert sind. Das von den amerikanischen Kardiologen *Rosenman* und *Friedman* beschriebene Typ-A-Verhaltensmuster ist nicht mit dem koronargefährdenden Verhalten gleichzusetzen, sondern stellt gewissermaßen nur eine wichtige Untergruppe dieser Verhaltensweisen dar.

Ausgangspunkt dieser Forschungsrichtung bilden die Untersuchungen von *Rosenman* und *Friedman,* die seit Ende der 50iger Jahre in vielen Studien ihr Konzept des Typ-A-Verhaltens ausgebaut haben. Sie waren überzeugt, daß die rapide Zunahme der koronaren Herzkrankheit, die sich zur führenden Todesursache in den westlichen Industrienationen entwickelt hatte, nicht allein durch Veränderungen der Ernährungsweise, der Altersstruktur der Bevölkerung, dem Mangel an körperlicher Bewegung, durch das Rauchen, durch Änderung genetischer Faktoren oder Verbesserung der Diagnosestellung erklärt werden konnte. Sie gingen vielmehr von der Annahme aus, die sich zunächst nur auf die Beobachtung ihrer Koronarpatienten stützte, daß ein Zusammenhang zwischen dem vermehrten Auftreten der KHK und der Entwicklung eines immer hastigeren und hektischeren Lebensstils bestand. Als kennzeichnend dafür glaubten sie bei ihren Patienten ein überdurchschnittliches Streben nach Anerkennung zu sehen, Ungeduld, Hast und Eile, Reizbarkeit und Aggressivität. Ihnen fielen darüberhinaus typische Merkmale im Sprachverhalten auf, wie eine laute, explosible Sprechweise, und übertriebenes psychomotorisches Verhalten als Reaktion auf Provokation durch andere Personen.

Das Typ-A-Verhalten ist ein multidimensionales Konstrukt, das nach *Jenkins* durch Verhaltensweisen oder einen Lebensstil gekennzeichnet ist, der extreme Ausbildung folgender Komponenten aufweist: Rivalitätsverhalten, Streben nach Anerkennung, Aggressivität (manchmal gezwungenermaßen unterdrückt), Hast, Ungeduld, Ruhelosigkeit, übermäßige Aufmerksamkeit, explosible Sprechweise, Gespanntheit der Gesichtsmuskulatur, dem Gefühl unter Zeitdruck zu stehen und starkem Verantwortungsbewußtsein. Die Bedingungen, die Maximalreaktionen der hier beschriebenen Art hervorrufen, können individuell sehr unterschiedlich sein. Dieses Verhaltensmuster wird weniger als → Persönlichkeitsmerkmal angesehen, sondern vielmehr als die typische Reaktion einer entsprechend prädisponierten Person auf eine Situation, die sie herausfordert.

Wenngleich häufig nur zwischen *Typ A*- und seinem Gegenpol, dem *Typ B-Verhalten* unterschieden wird, handelt es sich bei dieser Klassifikation nicht um eine echte → Typologie, sondern vielmehr um eine Reihe von beobachtbaren Verhaltensmerkmalen, die bei empfänglichen Individuen durch geeignete Umgebungsbedingungen ausgelöst werden – gewissermaßen um ein Verhaltenskontinuum, das sich vom extremen Typ A bis zum extremen „nicht Typ A" oder Typ B erstreckt. Das Typ-A-Muster wird meistens mit dem sog „Strukturierten Interview" (→ Interview) oder mit → Fragebogen erfaßt, die aus mehreren Subskalen bestehen.

Eine frühe prospektive Studie, die *Western Collaborative Group Studie* (WCGS), ergab, daß bei gesunden Männern im mittleren Alter das Typ-A- im Vergleich zum Typ-B-Verhalten mit einer Verdopplung des Risikos für eine KHK-Entwicklung innerhalb von 8½ Jahren assoziiert war. Dabei erwies sich die Assoziation als unabhängig von den traditionellen Risikofaktoren. Die Untersuchung einer Teilstichprobe der WCG-Studie mit Hilfe einer Komponentenanalyse wies darauf hin, daß nur einige Komponenten zukünftige KHK-Kranke von Gesunden signifikant unterscheiden konnten. Der stärkste Prädiktor war die Bereitschaft zu → Feindseligkeit (potential for hostility), gefolgt von nach außen gerichtetem → Ärger (anger directed outward), Rivalitätsverhalten (competitiveness), Ärger häufiger als einmal pro Woche, Ärger bei der Arbeit (irritation while working) sowie kraftvolle und explosible Sprechweise. In einer neueren Auswertung, die alle KHK-Fälle der WCG-Studie einschließt und gesunden hinsichtlich Alter und Risikofaktoren vergleichbaren Kontrollpersonen gegenüberstellt, erwies sich „potential for hostility" als die einzige Variable im strukturierten Interview, die in → multivariaten Datenanalysen signifikant mit der KHK-Inzidenz assoziiert war (*Hecker et al.* 1988).

Gestützt wurden die Ergebnisse der WCGS durch weitere prospektive Befunde aus der *Framingham-Studie,* in der Typ-A-Merkmale mit Hilfe eines Fragebogens erfragt worden waren. Diese Merkmale waren ebenfalls mit einem höheren Risiko für die KHK-Inzidenz bei Männern und Frauen insbesondere dann verknüpft, wenn andere Risikofaktoren vorhanden waren. So verbesserte die Berücksichtigung des Typ-A-Verhaltens die Entdeckung von männlichen KHK-Kandidaten in höheren Berufsgruppen (White Collar), die bereits ein hohes kardiovaskuläres Risiko aufweisen, um 38% und bei Frauen um 10%.

Zusammen mit den vorliegenden Querschnittsuntersuchungen, die eine höhere Prävalenz des Typ-A-Musters bei KHK-Kranken nachwiesen, führten diese Ergebnisse dazu, daß das Typ-A-Verhalten von einem unabhängigen Gutachtergremium als koronarer Risikofaktor für US-Bürger im mittleren Alter anerkannt wurde (*Cooper et al.* 1981). Neuere Untersuchungsergebnisse ließen jedoch Zweifel an der generellen Gültigkeit dieser Aussage aufkommen. In den nachfolgenden Mortalitätsanalysen der WCGS war der Verhaltenstyp bei KHK-Patienten, die im Laufe der folgenden 12 Jahre innerhalb von 24 Stunden nach dem koronaren Ereignis verstarben, nicht mit der Sterberate assoziiert. Bei Patienten, die die ersten 24 Stunden überlebten, war die KHK-Mortalität der Typ-A-Patienten sogar signifikant niedriger als die der Typ-B-Patienten. Auch nach Berücksichtigung unterschiedlicher Follow-up-Zeiten, der Art des ersten KHK-Ereignisses und anderer traditioneller Risikovariablen war das relative KHK-Mortalitätsrisiko bei Typ-A- im Vergleich zu Typ-B-Patienten geringer.

Univariate Mortalitätsanalysen über den gesamten Untersuchungszeitraum von 22 Jahren ergaben einen signifikanten Einfluß für die traditionellen Risikofaktoren Alter, systolischer Blutdruck, Serumcholesterin und Rauchen, aber nur einen grenzwertigen Befund für das Typ-A-Verhalten. Wurde der jeweils von den anderen Variablen unabhängige Einfluß jedes einzelnen dieser Faktoren untersucht, fanden sich keine signifikanten Mortalitätsunterschiede zwischen Typ-A- und Typ-B-Personen, wohl aber für die traditionellen Risikofaktoren. Bei Aufteilung des gesamten Zeitraums von 22 Jahren in vier aufeinander folgende Abschnitte mit je etwa gleicher Anzahl von infolge einer KHK verstorbenen Studienteilnehmern war die positive Assoziation zwischen systolischem Blutdruck, Serumcholesterin und Alter mit der KHK-Mortalität für alle Zeitabschnitte relativ konsistent. Zigarettenrauchen war ebenfalls in allen vier Intervallen positiv mit der KHK assoziiert, signifikant allerdings nur in den ersten beiden Zeitabschnitten. Das Typ-A-Verhalten war mit der KHK-Mortalität positiv, aber nicht signifikant im ersten und dritten Intervall assoziiert, jedoch signifikant negativ im zweiten Abschnitt, und überhaupt nicht im letzten Intervall. Diese Ergebnisse weisen hier auf eine vorrangige Bedeutung traditioneller Risikofaktoren gegenüber dem Typ-A-Verhalten hin. Darüberhinaus legen sie nahe, daß das mit Hilfe des strukturierten Interviews erfaßte globale Typ-A-Verhalten in der WCG-Studie stärker mit der nicht-tödlichen KHK-Inzidenz als mit der KHK-Mortalität verknüpft ist.

In verschiedenen Studien fand sich in einigen eine positive Assoziation des Typ-A-Verhaltens mit dem KHK-Risiko, andere Studien fanden keinen Zusammenhang. Als wichtige prospektive Studien sind vor allem noch das *Multiple Risk Factor Intervention Trial* (MRFIT) und das *Recurrent Coronary Prevention Project* (RCPP) zu nennen. Im RCPP wurden KHK-Patienten einer speziellen Gruppenbehandlung zur Veränderung des Typ-A-Verhaltens unterzogen und mit einer Gruppe verglichen, die auf übliche Art und Weise behandelt wurde. Hier war die Veränderung des Typ-A-Musters mit einer deutlichen Verringerung der Reinfarktrate und der Mortalität verknüpft. Im MRFIT wurden Personen mit einem durch traditionelle Faktoren erhöhten Risiko untersucht und jeweils in einer Experimental- und Kontrollgruppe (→Experiment) bezüglich dieser Faktoren behandelt. Hier war das globale Typ-A-Muster in keiner der beiden Gruppen mit dem künftigen KHK-Risiko verbunden. Eine nachträgliche Analyse des MRFIT bestätigte jedoch die Bedeutung der Komponentenanalyse: von 8 verschiedenen Typ-A-Komponenten fanden sich in den logistischen Regressionsanalysen (→multivariate Datenanalyse) nur zwei signifikante Prädiktoren: das in eine Gruppe mit hohen und mit niedrigen Werten dichotomisierte „potential for hostility" und die den Interaktionsstil beschreibende Komponente „stylistic hostility". Nach Berücksichtigung der traditionellen Risikofaktoren und Stratifizierung in eine jüngere (<47 Jahre) und ältere

Typ-A-Verhalten

Gruppe (>47 Jahre) verdoppelten diese Merkmale das relative Risiko in der jüngeren Gruppe. In der Gruppe der älteren Teilnehmer fanden sich keine signifikanten Zusammenhänge. Diese Befunde stützen die wachsende Evidenz, daß Feindseligkeit/Aggressionsbereitschaft als unabhängiger Risikofaktor der koronaren Herzkrankheit anzusehen ist. Dies geht auch aus prospektiven Studien hervor, die das Persönlichkeitsmerkmal Feindseligkeit in Beziehung zur KHK-Inzidenz und -Mortalität bringen. In der *Western Electric Studie* war die Zehnjahres-Inzidenz nach Berücksichtigung anderer koronarer Risikofaktoren wie Alter, systolischer Blutdruck, Serumcholesterin, Zigarettenrauchen und Alkoholkonsum bei Personen mit hohen Werten auf der Feindseligkeitsskala signifikant größer als bei Männern mit niedrigeren Werten. Es fand sich ebenfalls eine positive signifikante Assoziation der Hostility-Skala mit dem Risiko infolge einer koronaren Herzkrankheit oder einer malignen Krebserkrankung oder überhaupt innerhalb von 20 Jahren zu sterben. Ein Unterschied von 23 Punkten auf dieser Skala entsprach der Differenz zwischen den Mittelwerten des untersten und obersten Quintils der Scorewerte (→Score) und war mit einem 42%igen Anstieg des Risikos zu sterben verknüpft (*Shekelle et al.* 1983).

Die einander widersprechenden Ergebnisse vieler Studien zum Typ-A-Verhalten zeigen, daß aufgrund von positiven oder negativen Ergebnissen einer einzigen Studie noch nicht weitreichende Schlußfolgerungen gezogen werden können. Liegen ausreichend viele Ergebnisse vor, ist eine zusammenfassende Bewertung in quantitativen →Meta-Analysen ein wichtiger Weg, um zu einer besseren Übersicht und Einordnung der unterschiedlichen Befunde und zu einer gültigeren allgemeinen Beurteilung zu gelangen. *Booth-Kewley* und *Friedman* (1987) zogen als Datenbasis für die quantitativen Analysen insgesamt 87 →Querschnitts- und →Längsschnittstudien heran, die die Berechnung eines Effektmaßes, dem Produkt-Moment-Korrelationskoeffizient zwischen Persönlichkeitsvariable und Krankheitsendpunkt, erlauben. Bei Berücksichtigung aller Studien, Querschnitts- und Längsschnittstudien, und aller Typ-A-Maße findet sich ein kleiner aber hoch signifikanter Effekt für das Typ-A-Verhalten (Effektmaß ausgedrückt als →Korrelationskoeffizient $r = 0{,}136$; $p < 0{,}000001$). Die Berechnungen ergeben weiter, daß 3066 unpublizierte Studien mit einem durchschnittlichen Nulleffekt vorliegen müßten, um den für alle Typ-A-Studien zusammengefaßten p-Wert auf ein nichtsignifikantes Niveau zu bringen. Unter der Annahme, daß je die Hälfte der Bevölkerung dem Typ A bzw. dem Typ B zuzuordnen ist und etwa 20% der Bevölkerung diagnostizierbare Anzeichen einer KHK entwickeln, würden im Vergleich zum Typ B bei einer Korrelation zwischen Typ-A-Verhalten und KHK von 0,15 etwa zweimal soviele Typ-A-Personen erkranken. Ein derartiges relatives Risiko ist unter epidemiologischen Aspekten für die öffentliche Gesundheit durchaus bedeutsam. Dies bedeutet, daß ein kleiner Effekt wichtige praktische Auswirkungen haben kann, wenn es sich um eine so ernsthafte und häufige Krankheit wie die KHK handelt.

Als wichtigstes Typ-A-Maß erscheint das strukturierte Interview ($r = 0{,}221$). Von den Typ-A-Komponenten finden sich die höchsten Effektmaße für Rivalitätsverhalten/hard driving/→Aggressivität und Feindseligkeit. Von den weiteren Variablenkategorien ist vor allem →Depression von Bedeutung ($r = 0{,}205$). Dieser Befund ist bemerkenswert, zumal nur wenige Studien hierzu vorliegen. Depression spielt also vermutlich eine Rolle bei der KHK-Entwicklung; darauf weisen auch die prospektiven Befunde hin. Aufgrund der nur wenigen Studien, die eine Analyse getrennt für beide Geschlechter erlauben, beträgt das Effektmaß für Typ-A-Verhalten bei Frauen $r = 0{,}272$; das bedeutet, daß die

Beziehung zwischen Typ-A-Verhalten und Krankheit bei Frauen wahrscheinlich stärker ist als bei Männern. Eine Aufschlüsselung nach verschiedenen Krankheitsgruppen ergab mit wenigen Ausnahmen im wesentlichen die gleichen Ergebnisse wie die Zusammenfassung aller kardiovaskulären Erkrankungen.

Als Kernvariablen verbleiben in den prospektiven Untersuchungen als „toxische" Komponenten des Typ-A-Verhaltens die Kombination Ärger/Feindseligkeit/Aggression, Feindseligkeit allein, aber auch Depression und → Angst. Von Bedeutung ist dabei, daß Feindseligkeit mit Mortalitätsunterschieden assoziiert ist. Wahrscheinlich tragen diese Faktoren zur Krankheitsentwicklung bei. Für die letzten drei dieser Variablen liegen die Effektmaße in etwa gleicher Größenordnung wie in Querschnittsstudien.

Einschränkend ist allerdings anzumerken, daß für diese Variablen bislang nur wenige prospektive Studien vorliegen. Die Beurteilung einzelner Komponenten des Typ-A-Verhaltens erscheint wichtiger als eine globale Typ-A-Klassifizierung. Einige Komponenten des Typ-A-Verhaltens wie „hard-driving", Rivalitätsverhalten, Ärger und Feindseligkeit sind wahrscheinlich mit der KHK assoziiert. Für andere Komponenten wie berufliches Engagement, Hast und Eile trifft dies nicht zu. Depression korreliert mit der KHK in gleicher Größenordnung wie das Typ-A-Verhalten im strukturierten Interview. Für Angst findet sich eine schwache Beziehung. Wir wissen zu wenig darüber, inwieweit verschiedene Persönlichkeitsvariablen wie Typ-A-Verhalten, Depression und Feindseligkeit von einander unabhängig oder redundant in ihrer Beziehung zur KHK sind. Die durchschnittliche Assoziation zwischen Typ-A-Verhalten und Krankheit hat in letzter Zeit abgenommen; eine definitive Erklärung gibt es hierfür nicht. Möglicherweise untersuchen jetzt skeptischere Forscher diese Fragestellungen und es werden heute vielleicht auch eher Studien publiziert, die frühere Ergebnisse nicht replizieren. Auch könnte sich die Beziehung zwischen Typ-A-Verhalten sowie anderen Persönlichkeitsvariablen und der KHK im Laufe der Zeit wirklich verändert haben. Das Bild eines durch seine Persönlichkeits- und Verhaltensmerkmale für arteriosklerotische Erkrankungen gefährdeten Menschen ist aufgrund der vorliegenden Analysen nicht so sehr wie gemeinhin angenommen durch Arbeitswut, Hast, Eile und Ungeduld geprägt, sondern eher durch negative Emotionen wie Feindseligkeit, aggressives Rivalitätsverhalten, Ärger, Depression und Angst oder verschiedenen Kombinationen dieser Merkmale.

Literatur: *S. Booth-Kewley/H. S. Friedman,* Psychological predictors of heart disease: A quantitative review. Psychological Bulletin, 1987, 101(3): 343–362. *T. Cooper/T. Detre/S. M. Weiss,* Coronary-prone behavior and coronary heart disease: A critical review. Circulation, 1981, 63: 1199–1215. *T. M. Dembroski/R. B. Williams,* Definition and Assessment of Coronary-Prone Behavior. In: *N. Schneiderman/S. M. Weiss* (Eds.), Handbook of research methods in cardiovascular behavioral medicine. New York 1989. *M. Hecker/M. Chesney/G. Black/N. Frautschi,* Components of type A behavior and coronary heart disease. Psychosom. Med. 50, 1988, 153–164. *R. H. Rosenman,* Current and Past History of Typ A Behavior Pattern. In: *T. H. Schmidt/T. M. Dembroski/G. Blümchen* (eds.), Biological and Psychological Factors in Cardiovascular Disease. Berlin Heidelberg New York 1986. *T. H. Schmidt/R. Adler/W. Langosch/M. Rassek,* Arterielle Verschlußkrankheiten: Koronare Herzkrankheit, Apoplexie und Claudicatio intermittens. In: *T. u. Vexküll* (Hg.), Psychosomatische Medizin, München 1990, 651–696. *T. H. Schmidt,* Verhaltenskorrelate kardiovaskulärer Reaktionen. Ein Beitrag zu den psychosozialen Aspekten kardiovaskulärer Risikofaktoren mit besonderer Berücksichtigung des Typ-A-Verhaltensmusters. Habilitationsschrift. Med. Hochschule Hannover 1988. *R. B. Shekelle/M. Gayle/A. M. Ostfeld/O. Paul,* Hostility, risk of coronary heart disease, and mortality. Psychosomatic Medicine, 1983, 45: 109–114.

PD Dr. *Thomas H. Schmidt,* Hannover

Typ-B-Verhalten
→Typ-A-Verhalten.

Typ-C-Verhalten
→Typ-C-Konstrukt
→Krebserkrankungen.

Typen
→Typologien.

Typologien

1. *Der Begriff des Typs:* Der Begriff „Typos" bedeutet in seiner wörtlichen Übersetzung Eindruck, Spur, Abbild, Gestalt, Umriß, Vorbild. In allen diesen Grundbedeutungen kommt der ganzheitliche Aspekt und die Unschärfe der Begriffskontur zum Ausdruck. Er unterscheidet sich damit von dem Begriff Klasse, da Zuordnungen von Personen nicht aufgrund von klar definierten Elementen sondern von „wesentlichen" Merkmalen vorgenommen werden, deren Zahl und Ausprägung variieren kann, woraus die Unschärfe der Ränder resultiert.

2. *Einteilung, Zielsetzung und wissenschaftliche Bedeutung von Typologien:* Herkömmliche Einteilungsversuche von Typologien in der älteren Literatur gingen meist nach der Art der zur Typenbildung herangezogenen Merkmale vor und gliederten z.B. nach Temperaments-, Konstitutions-, Wahrnehmungs-, Vorstellungs- oder Werttypen, woraus auch die Unterteilung in Total- und Partialtypen resultierte.

Gemeinsames Ziel der Typologien ist die Erhellung von Wesensmerkmalen aufgrund von entweder weit entlegenen oder weniger breiten →Eigenschaften z.B. →Konstitution zu →Temperament *(Kretschmer, Sheldon)* oder →Wahrnehmung zu →Persönlichkeit *(Jaensch).* Fehlschlüsse und ungerechtfertigte Verallgemeinerungen vieler Typologien, die durch Nichtberücksichtigung von Drittfaktoren, wie Alter *(Kretschmer),* durch →Beurteilungsfehler, wie →Haloeffekte oder logische Fehler in Fremdbeurteilungsanordnungen *(Sheldon),* durch Verwendung von →Nominalskalen statt Merkmalskontinua *(Kretschmer),* durch mangelnde empirische →Validierung *(Jung)* und nicht zuletzt durch Ausweitung der Befunde zu rassischen und politischen Ideologien *(Jaensch, Pfahler)* zustande kamen, haben dazu geführt, daß Typologien in vielen Lehrbüchern nur noch als historisches Relikt abgehandelt werden. Bei dem Prinzip der Typenbildung handelt es sich jedoch um einen Prozeß, dessen einzelne Schritte als Elemente in jeder diagnostischen Erkenntnis (→Psychodiagnostik) und Datenanalyse differentiell-psychologischer Fragestellungen enthalten sind, und die daher näher erläutert werden sollen.

3. *Die Position der Typologie zwischen allgemeiner und differentieller Psychologie:* Geht man davon aus, daß die →Allgemeine Psychologie vom Merkmal auf allgemeine Gesetzmäßigkeiten schließen will, wobei die Individuen hier nur als austauschbare Beobachtungseinheiten dienen, und die →Differentielle Psychologie die Betrachtung auf die Individuen richtet, wobei die Merkmale zur Deskription von Unterschieden dienen, so läßt sich die Typologie als eine Zwischenposition darstellen, wie es in Abbildung 1 geschehen ist. Hier sind 5 Merkmale (→Items eines →Fragebogens, Reize in einem →Experiment usw.) mit den Ausprägungsmöglichkeiten vorhanden/nicht vorhanden (+/−) wiedergegeben, zu denen 10 Probanden (Pbn) von A bis K ihre jeweiligen Antwortmuster abgegeben haben. Die Allgemeine Psychologie würde z.B. die →„Itemschwierigkeit" durch Häufigkeitszählungen der Plusantworten zu einem Reiz bestimmen; die Differentielle Psychologie würde zwar auch bei der →Testkonstruktion die vertikale Betrachtungsrichtung verfolgen und zu-

Typologien

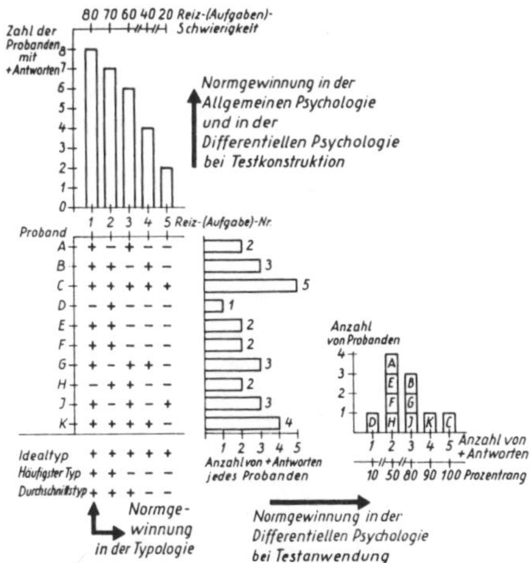

nächst Antworthäufigkeiten ermitteln, dann aber zur Unterscheidung und Ermittlung der Verteilung der Individuen den horizontal angestellten Vergleich der einzelnen Individuen hinsichtlich ihrer Plusantworten vornehmen. Die Typologie kombiniert die beiden Betrachtungsrichtungen zu einer Zwischenposition, wie unten beschrieben wird.

4. *Die Schritte vom Merkmal zum Typus: Methodische Aspekte vorhandener Typologien:* Der Prozeß der Typenbildung besteht aus folgenden Teilschritten: a) Auswahl der zur Typenbildung herangezogenen Merkmale oder Merkmalskomplexe, deren Beschaffenheit und metrische Eigenschaften die Gesamttypologie determinieren, b) Erfassung und Beurteilung der Merkmale, c) Organisation der Merkmale zum Typus und d) der Typen im Modell.

Am Anfang steht die von der Fachrichtung des Forschers determinierte *Auswahl der typenbildenden Merkmale.* Diese können Eigenschaften der Morphologie sein, wie in den Typologien von *Kretschmer* (1888–1964) und *Sheldon,* die in der langen Tradition der medizinischen Konstitutionstypologien stehen; oder es werden einzelne menschliche Funktionen zur Typenbildung herangezogen, wie Wahrnehmung *(Jaensch, Scholl),* → Denken, → Aufmerksamkeit und Vorstellungen *(Klieber & Enke, van der Horst, Pfahler).* Breitere, mehr im Temperamentsbereich angesiedelte Merkmale finden sich in Typologien der → Intro-Extraversion *(Jung),* als → Schizozyklothothymie bei Kretschmer, als → Cerebro-Viscerotonie bei *Sheldon* oder in solchen der → Werthaltungen *(Spranger).*

Die Erfassung und Beurteilung der Merkmale erfolgt zumeist als Fremdurteil, nur selten in Form von experimentell erhobenen objektiven Daten (→ Experiment). Formal werden die Merkmale meist als dichotome Qualitäten auf Nominalskalenniveau aufgefaßt (z.B. *Kretschmer*). Eine gewisse Verbesserung erfolgt durch die quantitative Ausdehnung der Merkmale auf → Ordinalskalenniveau (z.B. *Sheldon*), und schließlich wird gelegentlich eine metrische Dimensionalisierung, z.B. zur Definition von Geschlechtstypen durch einen Fett/Muskelindex realisiert.

Die Organisation der Merkmale zum Typus ist von den Typologen meist nicht nach systematischen Gesichtspunkten vollzogen worden, d.h. Qualität, Zahl und Intensität der zum Typus erforderlichen Merkmale wurde nie definiert oder hinterfragt, doch lassen sich drei wesentliche Prinzipien der Typenbildung nachvollziehen (s. Abb. 1):

a) Man bildet → Idealtypen aus solchen Individuen, die eine möglichst hohe Zahl von Plusantworten in den gegebenen Merkmalen aufweisen (+ + + + +; Pb. C); b) im Sinne von → Syndromen wird die häufigste Konfiguration von Merkmalen als Ganzes ausgezählt, wobei die Merkmale nicht als austauschbare Skalenpunkte auf einem Kontinuum, sondern in ihrer spezifischen Konfiguration aus Plus- und Minusantworten gesehen werden (+ + – – –, Pbn E, F); c) die in jeder Spalte am häufigsten oder als Spaltendurchschnitt auftretende Antwort wird als *Konstellation der häufigsten Einzelmerkmale* verwendet (+ + + – –; = Durchschnittstyp:

bei keinem Pb realisiert). – Die erste Form der typologischen Vorgehensweise wäre z.B. in den idealtypologischen Typenkonzepten, wie bei *Spranger* und *Sheldon* realisiert; die syndromatisch konfigurale Vorgehensweise ist einerseits in medizinischen Syndromen realisiert und andererseits in →nicht-parametrischen Auswertungsansätzen, wie in der →Konfigurationsfrequenzanalyse (*Krauth & Lienert,* 1973), die auch zur Charakterisierung von Verlaufstypen oder Typen von Polynomkomponenten angewendet werden kann (*Lienert & Netter,* 1985; *Netter & Lienert,* 1984); die Vorgehensweise nach den häufigsten Einzelmerkmalen ist z.B. in Kretschmers „Durchschnittstypen" realisiert (wiederkehrende Merkmale verstärken sich, andere, die selten vorkommen, bleiben unberücksichtigt).

Die Organisation der Typen im Modell erfolgt im einfachsten Fall durch Bündelung unipolarer Einzeldimensionen (z.B. Werttypen bei *Spranger*). Bei triadischen Typologien *(Kretschmer, Sheldon)* wird meist ein Dreiecksmodell zugrunde gelegt, wobei gelegentlich innerhalb eines Typus bipolare Subdimensionen postuliert werden (= diathetische Proportion bei *Kretschmers* Temperamentstypen). Viele bipolare Typen werden als Dimensionen mit einer bimodalen Verteilung verstanden. Dies führt jedoch, wie bei *Kretschmer,* zu einem „Laokoon-Kampf" mit den Mischtypen, der dadurch bedingt ist, daß er den Normalverteilungscharakter der Typendimension ignoriert (→Normalverteilung). Erst wenn man Typen als Extrempole eines Kontinuums auffaßt, die selten realisiert und durch ein breites Mittelfeld verbunden sind, wird die Einbeziehung von Zwischenpositionen und damit die Überführung des Typenkonzepts in die dimensionale Denkweise faktorenanalytischer und skalenorientierter Ansätze (→Faktorenanalyse, →Skalierung) der differentielleren Psychologie möglich (z.B. *Eysenck,* 1952). Die Auffassungen von Extra- und Introversion, wie sie heute in Persönlichkeitsskalen anzutreffen sind, wurzeln letztlich in typologischen Vorstellungen und haben mit ihnen gemeinsam a), daß von einem Merkmal auf andere geschlossen wird (z.B. vom Temperament auf →kognitive Prozesse), b), daß gegensätzliche Verhaltensweisen aufgeführt werden, deren Reichweite durchaus die Unschärfe der Konturen des ursprünglichen Typenbegriffs hat (einzelne Merkmale können, aber müssen nicht vorhanden sein, um die Typenzugehörigkeit zu belegen). – Nur lassen sich in faktorenanalytisch gewonnenen Typen die Unterdimensionen klarer durch metrische Angaben definieren (z.B. →Extraversion ohne und mit Impulsivitätsaspekt oder →Neurotizismus ohne und mit aggressiven Tendenzen; →Aggression). Das Denken in Prognosen von Verhalten ist letztlich nichts anderes als das typologische Schließen von einem Merkmal auf andere, und die syndromatische Erfassung bestimmter Merkmalskonstellationen als Voraussetzung zur Vorhersage weiterer Merkmale ist die moderne Wiederbelebung des typologischen Ansatzes auf der Basis einer verbesserten statistischen Methodik (→Statistik).

Literatur: *H. J. Eysenck,* The scientific study of personality. London 1952. *J. Krauth/G. A. Lienert,* KFA. Die Konfigurationsfrequenzanalyse und ihre Anwendung in Psychologie und Medizin. Freiburg 1973. *G. A. Lienert/P. Netter,* Die Konfigurationsfrequenzanalyse XXIb. Zeitschr. Klin. Psychol. Psychopath. Psychotherap. 1985, 33, 77–88. *P. Netter/G. A. Lienert,* Katecholaminreaktion bei männlichen und weiblichen Hyper- und Normotonikern. Psychol. Beitr. 1984, 26, 23–36.

Prof. Dr. Dr. *Petra Netter,* Gießen

TZI

⇒themenzentrierte Interaktion.

U

Überflutungstherapie
therapeutische Technik innerhalb der →Verhaltenstherapie.

Über-Ich
verinnerlichte Normen und Wertvorstellungen, Gewissensinstanz (→Psychoanalyse, →Strukturmodell).

Überkreuzungsversuchsplan
→Versuchsplanung.

Übersprungshandlung
→Angeborener Auslösemechanismus.

Übertragung
Bezeichnung für einen häufig unbewußt oder unwillkürlich ablaufenden Vorgang, bei dem Eigenschaften und Verhaltensweisen des Beziehungspartners wiederum Eigenschaften, Attitüden und Verhaltensweisen bei einem selbst auslösen, die ihren Ursprung in anderen Partnererfahrungen haben. Die therapeutische Technik der →Psychoanalyse betrachtet die Untersuchung von Übertragungsphänomenen als wichtiges Element des therapeutischen Prozesses. In den Übertragungen, die der Patient auf den Therapeuten vornimmt, werden Grundkonflikte seiner Auseinandersetzungen mit wichtigen Bezugspersonen aus den frühkindlichen Entwicklungsphasen (→psychosexuelle Entwicklung, →Ödipuskomplex) ersichtlich, die in der Therapie aufgearbeitet werden können. Da die Therapeut-Patient-Beziehung asymmetrisch ist, kommt es vor, daß die Übertragungen des Patienten *Gegenübertragungen* beim Therapeuten auslösen. Dieser überträgt auf die Erfahrungen, die er mit seinem Patienten macht, frühere Erlebnisse mit wichtigen Bezugspersonen, die ihn vor ähnliche Probleme gestellt haben. Die Gegenübertragung erschwert es dem Therapeuten, sich mit den ganz persönlichen und individuellen Problemen des Patienten unvoreingenommen zu befassen.

Ultrakurzzeitgedächtnis
→Gedächtnis.

ultraradianer Rhythmus
→Circardiane Periodik.

Umkehrversuchsplan
→Versuchsplanung.

Umstrukturierung
→kognitive Umstrukturierung.

unabhängige Variable
⇒Prädiktorvariable: Variable in einem →Experiment oder Versuchsplan (→Versuchsplanung), die systematisch variiert oder kontrolliert wird und der Vorhersage der Varianz einer →abhängigen Variablen dient (Beisp.: →Geschwisterposition).

unbedingte Reaktion
⇒unkonditionierte Reaktion
→Klassisches Konditionieren.

unbedingter Reiz
⇒unkonditionierter Reiz
→Klassisches Konditionieren.

Unbewußtes
Wird der Begriff des Unbewußten umgangssprachlich verwendet, so soll damit zum Ausdruck gebracht werden, daß ein Mensch in seinen Aktivitäten von →Motiven geleitet wird, die ihm selbstreflektierend oder introspektiv (→Introspektion) in seinem Wachbewußtsein (→Bewußtsein) nicht zugänglich sind. Diese allgemeine Kennzeichnung gilt prinzipiell auch, wenn der Begriff der Unbewußtheit im Rahmen der psychoanalytischen Theorie (→Psychoanalyse) verwendet wird. Er hat dort aber vielfältigere und spezifischere Bedeutungen erlangt.

Sigmund Freud (1856–1939) ging von einer dreikategorialen Unterteilung des Bewußtseinskontinuums aus. Danach sind solche seelischen Inhalte *unbewußt,* die trotz willentlicher Anstrengungen zu einem gegebenen Zeitpunkt nicht *bewußt* gemacht werden können. *Vorbe-*

wußt werden solche Inhalte genannt, die momentan zwar nicht in unserem Bewußtsein sind, die aber jederzeit bewußt gemacht werden können (wie z.B. der Vorname der Ehefrau oder Freundin) und die dann introspektiv zugänglich sind. Ausgehend von dieser Dreiteilung hat *Freud* die theoretische Vorstellung vom Aufbau des seelischen Apparates entwickelt, die als *topographisches Modell* bezeichnet wird. Er unterscheidet darin zwei Systeme. Das System „Bw" umfaßt alle vorbewußten und bewußten, das System „Ubw" alle unbewußten seelischen Inhalte und Vorgänge. In Abgrenzung zur umgangssprachlichen Verwendung des Begriffes des Unbewußten ist nun für seine spezifisch psychoanalytische Bedeutung wichtig, daß die Inhalte des Systems „Ubw" dynamisch unbewußt sind. Das heißt: Den triebhaften →Bedürfnissen, Wünschen und →Phantasien, die vor allem die Inhalte dieses Systems bilden, ist eine Kraft eigen, die sie ins Bewußtsein drängen läßt. Da der ungehinderte Durchbruch dieser Inhalte ins Bewußtsein einen Menschen in vielen Situationen überfordern, ängstigen, kränken, beschämen oder in seinen Anpassungsleistungen an die äußere Realität erheblich irritieren würde, werden Abwehrkräfte (z.B. spezifische →Abwehrmechanismen) mobilisiert, die das Bewußtwerden der unbewußten Inhalte verhindern. Unter dem Einfluß dieser Abwehrtätigkeit können fortwährend bewußte Erlebnisinhalte, die Unlust bereiten, unbewußt gemacht werden, wobei sie dann ihrerseits aber immer in dem beschriebenen Sinne dynamisch unbewußt bleiben.

Das topographische Seelenmodell wurde dann von *Freud* (1923) durch das sog. *strukturelle Modell* mit den Instanzen →*Es*, →*Ich*, →*Überich* ersetzt. Die Bewußtseinsdimension dient nun nicht mehr als Unterscheidungskriterium für diese Instanzen. Zwar wird angenommen, daß Es-Inhalte überwiegend unbewußt sind, aber auch Bereiche des Ich (wie z.B. die Abwehrtätigkeit) und des Überich können unbewußt sein.

Seelische Inhalte oder Vorgänge werden jetzt – neben ihrer Zuordnung zu den Instanzen der Strukturtheorie – in Hinblick auf den Grad ihrer Bewußtheit charakterisiert. Dabei sind bei der Verwendung des Begriffs der Unbewußtheit (bzw. Bewußtheit) folgende Gesichtspunkte einzubeziehen (vgl. *Meyer et al.* 1977):

(1) Unbewußt bedeutet im psychoanalytischen Sinne immer dynamisch unbewußt.

(2) Man hat sich die Bewußtseinsdimension als Kontinuum mit unendlich vielen Abstufungen von voll-bewußt bis tief-unbewußt vorzustellen. In der Regel sind intrapsychisch repräsentierte Vorgänge also graduell unterschiedlich bewußt: Einzelne Teilbereiche sind bewußt, andere sind mehr oder weniger unbewußt. Dieses „Mehr oder Weniger" bemißt sich einerseits nach den Kräften, die die unbewußten Inhalte oder Vorgänge ins Bewußtsein drängen lassen, und andererseits nach den diesen entgegengerichteten Abwehrkräften.

(3) Um den Begriff der Unbewußtheit nicht übermäßig auszuweiten, ist es sinnvoll, ihn nicht auf Vorgänge oder Inhalte anzuwenden, die (wie z.B. Zellvorgänge) niemals bewußtseinsfähig sind.

(4) Bei der Kennzeichnung eines seelischen Inhalts oder Vorgangs als unbewußt ist die Abhängigkeit von Zeitpunkt sowie innerer und äußerer Situation der Person, über die die Aussage gemacht wird, einzubeziehen. Eine Erinnerung, die heute unbewußt bleibt, kann morgen (bei z.B. veränderter Situation oder Schwächung der Abwehrtätigkeit) bewußt werden.

(5) Aussagen über unbewußte Vorgänge bei einem anderen Menschen sind zunächst immer nur Hypothesen, die sorgfältig und selbstkritisch validiert (→Validität) werden müssen. So ist beispielsweise im Rahmen psychotherapeutischer Behandlungen (→Psychotherapie, →Psychonanalyse) zu bedenken, daß Patienten Einfälle oder Erinnerungen

produzieren können, die die Hypothese des Therapeuten scheinbar bestätigen, eigentlich aber bewußt oder unbewußt gänzlich anders motiviert sind – z.B. aus dem Bedürfnis heraus, die erlebte harmonische (→Übertragungs-) Beziehung zum Therapeuten nicht zu gefährden.

Literatur: *S. Freud,* Das Unbewußte 1919, Studienausgabe, Bd. 3, 119–162. Frankfurt 1975. *S. Freud,* Das Ich und das Es 1923, Studienausgabe, Bd. 3, 273–325. Frankfurt 1975. *A.-E. Meyer/ U. Stuhr/F.-W. Deneke et al.,* Lehrbuch der Medizinischen Psychologie. Köln 1977, 272–293.

Prof. Dr. *Friedrich-Wilhelm Deneke,* Hamburg

Unfolding

Methode der →Skalierung, bei der aus den Rangreihen, in die die Probanden die →Items bringen auch eine Rangfolge der Probanden bezüglich des untersuchten Merkmals abgeleitet wird.

Ungeschehenmachen

Unbewußte oder bewußte Schuld- und Angstgefühle (→Angst) sollen durch magische Handlungen, die die Wirkung der auslösenden Verhaltensweisen löschen sollen, aufgefangen werden; ein innerpsychischer Mechanismus aus der Reihe der →Abwehrmechanismen, von besonderer Bedeutung im Rahmen von →Zwangsneurosen.

Ungewißheit

→Information.

Uniformität

→Norm.

unkonditionierte Reaktion

⇒unbedingte Reaktion
→Klassisches Konditionieren.

unkonditionierter Reiz

⇒unbedingter Reiz
→Klassisches Konditionieren.

Urmißtrauen

→Urvertrauen.

Urschrei-Therapie

→Primärtherapie.

Urvertrauen

Grundeinstellung zur Umwelt, die ein Kind in der ersten Phase seiner Entwicklung während des ersten Lebensjahres ausbildet, die bei gesunder Entwicklung durch ein ursprüngliches und tiefgreifendes Vertrauen in die Verläßlichkeit seiner mitmenschlichen Umwelt gekennzeichnet ist. Eine gestörte Entwicklung in dieser Phase erzeugt ein *Urmißtrauen,* das dazu führt, daß die mitmenschliche Umwelt als feindselig erlebt wird und daß man sich lebenslang vor anderen verschließt und nichts von sich preisgeben kann.

V

Vaginismus
→Sexualität
→Sexuelle Störungen.

Valenz
Aufforderungscharakter, der von Wahrnehmungsobjekten ausgeht, wobei deutlicher →Stimmungen als Handlungsimpulse ausgelöst werden.

Validierung
Bestimmung der →Validität eines →Tests.

Validität
⇒Gültigkeit
→Testtheorie
→Testkonstruktion.

Variable
veränderliche Größe (→abhängige Variable, →unabhängige Variable, →intervenierende Variable, →Suppressorvariable, →Prädiktorvariable, →Kriteriumsvariable).

Variablen-Clusteranalyse
⇒VCA
→Clusteranalyse.

Varianz
Maß für die Streuung von Meßwerten, mittlere quadrierte Abweichung aller Werte von ihrem Mittelwert.

Varianzanalyse
→Multivariate Datenanalyse.

Variationskoeffizient
die in Relation zum Mittelwert gesetzte →Standardabweichung: V = (Standardabweichung/Mittelwert) * 100.

Variierbarkeit im Experiment
→Experiment.

Varimaxrotation
→Faktorenanalyse.

vasal
die Blutgefäße betreffend.

Vasokonstriktion
Verengung der Blutgefäße.

VCA
⇒Variablen-Clusteranalyse
→Clusteranalyse.

vegetativ
autonom, unwillkürlich den Organismus regulierend.

vegetatives Nervensystem
⇒autonomes Nervensystem
→Nervensystem.

Vektor
Zeile oder Spalte einer →Matrix.

ventral
bauchwärts gelegen.

Veränderungsmessung
Unter dem Begriff „Veränderungsmessung" versteht man ein weites Methodenspektrum, das von spezifischen Modellannahmen über Veränderungen, Erhebungsverfahren bis zu statistischen Auswertungsverfahren (→Statistik) reicht. Die Absicht all dieser Bemühungen ist es, zu präzisen Aussagen über das Ausmaß, die Form und die Variabilität von Veränderungen psychologischer Merkmale zu gelangen (vgl. *Petermann* 1978). In der Diskussion um dieses zentrale Problem psychologischer Forschung existieren eine Vielzahl von Zugängen, die durch eine spezielle Begriffswahl verdeutlicht werden. So kennzeichnet die *Längsschnittmethodik* eine bestimmte Erhebungsstrategie →entwicklungspsychologischer Daten, die in der Regel durch sogenannte Sequenzmodelle ausgewertet werden. Die *Prozeßdiagnostik* steht für die Veränderungsanalyse in der →Psychodiagnostik, um damit die Variabilität diagnostizierter Merkmale zu bestimmen. Beschäftigt man sich lediglich mit der Variabilität einer Person, dann spricht man von →*Einzelfallanalyse* (vgl. *Petermann* 1989). Liegen von einer Person sehr viele wiederholte Messungen bezüglich einer oder mehrerer Variablen vor, dann empfehlen viele Autoren zur Datenauswertung die soge-

nannte *Zeitreihenanalyse* (vgl. *Möbus* u. *Nagl* 1983), die in den vergangenen 10 Jahren in der Medizin und Psychologie eine wichtige Rolle einnahm, vor allem im Rahmen der Psychotherapieforschung (vgl. *Fichter* 1989).

Verstärktes Interesse an den Problemen der Veränderungsmessung läßt sich seit der Veröffentlichung des Sammelbandes von *Harris* mit dem Titel „Problems in measuring change" im Jahre 1963 festmachen. Trotz der dargestellten Begriffsvielfalt herrscht über die Ziele dieses methodischen Zuganges Einigkeit: Unter Veränderungsmessung wird im allgemeinen die Beschreibung, Erklärung und Vorhersage von Verläufen verstanden (vgl. *Petermann* 1978, 1982). Der methodische Zugang umfaßt dabei drei Ebenen:

(1) Prozeßbeschreibungen anhand globaler statistischer Verfahren (z.B. mit Hilfe der →Faktoren- oder →Clusteranalyse),

(2) Prozeßerklärungen durch komplexe →Kausalanalysen, wie sie durch →Pfadanalyse oder lineare →Strukturgleichungsmodelle möglich werden und

(3) Prozeßvorhersagen aufgrund von Zeitreihenanalysen, Computersimulation oder ähnliches.

Einige Grundprobleme der Veränderungsmessung liegen in der Suche nach geeigneten *formalen Konzepten zur Abbildung von Verläufen*. Solche formalen Konzepte sind schon deshalb schwer auffindbar, da die gegenstandsspezifischen Annahmen über den Begriff „Veränderung" nicht explizit dargestellt werden und er auf gar keinen Fall mit dem Ausdruck „Zuwachs" gleichgesetzt werden kann. So kann Veränderung auch quantitativer oder qualitativer Strukturwandel bedeuten, der sich sicherlich nicht auf einer Dimension abbilden läßt (vgl. z.B. die Veränderung der grammatikalischen Struktur der Sprache in der Entwicklung des Kindes). Veränderung läßt sich auch als Systemerweiterung, Erhöhung der Systemvernetzung, Umbewertung u.ä. definieren. Eine solche Differenzierung kann in fast allen Bereichen der Psychologie vorgenommen werden und weist das →allgemeine lineare Modell (→Varianz-, →Regressionsanalyse, →klassische Testtheorie) als unangemessenes Beschreibungsmodell aus (vgl. *Tack* 1986). Besonders häufig wird in diesem Zusammenhang der sogenannte *Regressionseffekt* diskutiert, der bei der Anwendung des allgemeinen linearen Modells zu massiven Fehlern bei der Bestimmung von Veränderungen führt (vgl. *Labouvie* 1982). Unter statistischer Regression versteht man die Tendenz (extremer Meßwerte) zur Mitte, wenn man die Messung wiederholt. Eine solche Veränderung basiert nicht auf einer realen Veränderung, sondern auf →Meßfehlern. So determiniert die Meßfehlerbelastetheit der Messung in der Psychologie die Richtung der Zufallsänderungen in den extremen Bereichen der Meßskala, d.h. allein schon aufgrund der statistischen Regression beobachtet man bei hohen Werten in der Erstmessung niedrige in der nachfolgenden Messung und bei niedrigen Werten in der Erstmessung hohe in der nachfolgenden (*Petermann* 1978, S. 28ff).

Die jüngsten Fortschritte in der Veränderungsmessung resultieren daraus, daß es allmählich gelingt, die impliziten Annahmen unterschiedlicher Veränderungskonzepte in formale Modelle umzusetzen. Einen erheblichen Fortschritt in diesem Bereich stellen so flexibel einsetzbare formale Modelle, wie lineare Strukturgleichungs- und Zeitreihenmodelle, dar.

Ein wichtiges Spezialgebiet der Veränderungsmessung bildet die →Einzelfallanalyse, mit deren Hilfe man die Veränderungen einer Person über viele Messungen statistisch auswertet. Für dieses Vorgehen sind fallbezogene Hypothesen notwendig, ein genau begründeter Einzelfallversuchsplan (vgl. *Fichter* 1989) und Erhebungsverfahren, die man wiederholt einsetzen kann (z.B. psychophysiologische Maße, Verhaltensbeobachtungen und eingeschränkt Tagebuchprotokolle der Versuchspersonen). Solche wiederholten Messungen an einer Person sind miteinander korreliert, wodurch statistische Artefakte auftreten können. Viele Bemühungen im Bereich der Veränderungsmessung konzentrieren sich darauf, die mathematischen Probleme dieser „sozialen Abhängigkeit" zu lösen (vgl. *Möbus* u. *Nagl* 1983). In der Regel wird der einzelfallstatistische Einsatz der Zeitreihenanalyse die Lösung der Wahl sein (vgl. *Petermann* 1989). Für die Evaluationsforschung in der Psychologie und Medizin sowie eine praxisorientierte Effektkontrolle klinischen Arbeitens wird der Einzelfallanalyse zukünftig eine immer größere Bedeutung zukommen.

Literatur: *M. Fichter,* Versuchsplanung experimenteller Einzelfalluntersuchungen in der Psychotherapieforschung. In: *F. Petermann* (Hrsg.), Einzelfallanalyse (2. völlig veränderte Aufl.). München 1989. *C. W. Harris* (Ed.), Problems of measuring change. Madison 1963. *E. W. Labouvie,* The cocept of change and regression toward the mean. Psychol. Bull., 1982, 92, 251–257. *C. Möbus/W. Nagl,* Analyse und Prognose von Veränderungen. In: *J. Bredenkamp/H. Feger* (Hrsg.), Enzyklopädie der Psychologie. Band Hypothesenprüfung. Göttingen 1983. *F. Petermann,* Einzelfalldiagnose und klinische Praxis. Stuttgart 1982. *F. Petermann* (Hrsg.), Einzelfallanalyse (2. völlig veränderte Aufl.). München 1989. *W. H. Tack,* Reliabilitäts- und Effektfunktionen – ein Ansatz zur Zuverlässigkeit von Meßwertveränderungen. Diagnostica, 1986, 32, 48–63.

Prof. Dr. *Franz Petermann,* Bonn

Veränderungssensitivität
Gespür, Empfindungsfähigkeit für die Veränderung körperlicher Regulationsvorgänge (→Viszerozeption).

verdeckte Aufmerksamkeit
⇒covert attention
→Visuelle Aufmerksamkeit.

Verdrängtes
Inhalte des →Unbewußten (→Verdrängung).

Verdrängung
ein innerpsychischer Mechanismus aus der Reihe der →Abwehrmechanismen. Nicht befriedigbare Triebbedürfnisse, Vorstellungen oder Wünsche werden aus dem →Bewußtsein ausgeschieden, ohne daß sie eine Erinnerung hinterlassen. Im Rahmen dieses pathogenen Vorgangs verbleiben durch die Tätigkeit der Zensur (→Über-Ich) die verdrängten Triebimpulse im →Unbewußten und verlieren ihre Energie nicht. Diese fließt in Ersatzhandlungen, Symptome, →Fehlleistungen und →Träume ein. Die gleiche Zensur macht sich in der →Psychotherapie als →Widerstand bemerkbar.

Vergenzbewegung
→Augenbewegungen.

Vergessen
→Gedächtnis.

Vergessenskurve
→Gedächtnis.

vergleichende Verhaltensforschung
⇒Ethologie
→Verhaltensforschung.

Verhältnisskala
⇒Rationalskala.

Verhaltensanalyse
diagnostisches Verfahren in der →Verhaltenstherapie. Alle wichtigen, insbesondere die vom Klienten als störend vorgetragenen Verhaltensbereiche werden nach auslösenden und beeinflussenden Reizbedingungen und verstärkenden (→Verstärkung) Konsequenzen untersucht, um anhand eines ersten hypothetischen Bedingungsmodells Therapieschritte planen zu können.

Verhaltensbeobachtung
Registrierung und genaue Beschreibung von Verhaltensweisen.

Verhaltensdisposition
→Disposition.

Verhaltensforschung
durch *John Stuart Mill* (1806–1873) begründete Forschungsrichtung, die sich auf genaue Beobachtung und Analyse des Verhaltens von Lebewesen bezieht, wobei im Rahmen der *vergleichenden Verhaltensforschung (Ethologie)* aus artspezifischen Verhaltensmustern, die bei Tieren beobachtet werden, Analogieschlüsse auf menschliches Verhalten gezogen werden.

Verhaltenshemmsystem
⇒ Behavioral Inhibition System
⇒ BIS.

Verhaltenskontrolle
⇒ Verhaltensmodifikation
→ Verhaltenstherapie.

Verhaltensmedizin
interdisziplinäre, wissenschaftliche Richtung, die die Entstehung und den Verlauf von Krankheiten auf lernpsychologischer Grundlage erklärt und den Einsatz der → Verhaltenstherapie zur Behandlung von körperlichen Erkrankungen fördert.

Verhaltensmodifikation
→ Verhaltenstherapie

Verhaltensstörung
Sammelbegriff für alle symptomatischen Auffälligkeiten im menschlichen Verhalten, die stabil sind und somit Krankheitswert haben, häufig auch in Abgrenzung zu emotionalen und charakterlichen Störungen als reine Anpassungsstörungen beschrieben.

Verhaltenstherapie
Aus der Anwendung von Erkenntnissen der experimentell begründeten Lernforschung (→ Experiment) bei der Behandlung und Modifikation von Verhaltensstörungen und → neurotischen Symptomen entwickelten sich Methoden der → Psychotherapie, die man als Verhaltenstherapie oder *Verhaltensmodifikation* bezeichnete. In ihrer Anfangszeit ließ sich Verhaltenstherapie mit wenigen, klar definierten Techniken wie *systematischer Desensibilisierung* (schrittweises Heranführen des Klienten an ein gefürchtetes Objekt) und → *Selbstsicherheitstraining* gleichsetzen. Diese definierten sich durch ihre lerntheoretischen Grundlagen. Die Prinzipien der → klassischen Konditionierung, des → operanten Lernens und die Theorie des → sozialen Lernens stellten die wesentlichen Fundamente dar. *Unangepaßtes („neurotisches") Verhalten* wurde als etwas gesehen, das ebenso wie jedes sozial akzeptierte Verhalten einmal gelernt bzw. erworben wurde. Als wissenschaftlich brauchbar galt nur beobachtbares Verhalten. Dieser Verhaltensbegriff aus der Frühzeit der Verhaltenstherapie ist inzwischen aufgegeben. Gedanken, → Einstellungen und → Gefühle *(„verdecktes Verhalten")* werden in die differenzierte Problem- und Verhaltensanalyse einbezogen und mit → kognitiven Techniken direkt therapeutisch bearbeitet.

Die unter dem Begriff Verhaltenstherapie zusammengefaßte, recht heterogene Fülle verschiedener Techniken läßt sich nicht mehr in den ursprünglichen lerntheoretischen Rahmen einordnen. Es besteht inzwischen weitgehend Konsens darüber, daß die Methoden nicht nur aus der experimentellen Lernpsychologie, sondern aus praktisch allen Gebieten der Psychologie abgeleitet werden können, solange sie auf klinische Probleme anwendbar sind bzw. zu einer klinischen Interventionsmethode entwikkelt werden können. Damit ist Verhaltenstherapie heute eher ein konzeptueller Ansatz, nämlich die Anwendung bestimmter Grundprinzipien, und weniger der Einsatz bestimmter Techniken bei vorgegebenen Diagnosegruppen. Sie liefert nicht, was gelegentlich kritisch angemerkt wird, ein integratives Modell der → Persönlichkeit des Menschen.

Auf dem empirischen Hintergrund der Verhaltenstherapie bemüht sich der Therapeut im *verhaltensanalytischen Erstinterview* unter Einschluß physiologischer, → emotionaler und → kognitiver Variablen darum, das Problem des Klienten operationalisierbar zu definieren

(→Operationalisierung). Von besonderer Bedeutung bei der Datenerhebung ist die aktive Rolle des Klienten, z.B. dessen gezielte Selbstbeobachtung unter Anleitung des Therapeuten. Nachdem die vorliegenden Probleme möglichst erschöpfend erhoben sind, erfolgt eine integrierende Zusammenfassung der Informationen, wobei der Therapeut versucht, im Sinne einer Ursache-Wirkungskette die dem Problem zugrundeliegenden Faktoren zu identifizieren, unabhängige und abhängige Variablen zu spezifizieren (→Experiment) und daraus die *Therapieplanung* abzuleiten.

Die *individualisierte Problemanalyse* und die *funktionale Betrachtungsweise* bilden die Basis für die enge Verknüpfung von Problemdefinition und Intervention. Der Einsatz der therapeutischen Techniken orientiert sich nicht allein an den Erscheinungsformen des unerwünschten Verhaltens oder Erlebens. Die Methoden aus dem verhaltenstherapeutischen Arsenal werden vielmehr vor dem Hintergrund der Verhaltens-Umwelt-Interaktion ausgewählt, wobei der Therapeut die vorhandene Technologie entsprechend den Notwendigkeiten des einzelnen Problems kreativ modifiziert.

Beispielhaft seien einige wichtige Methoden aufgezählt, aus denen der Therapeut auswählen kann:

Operante Methoden: Die →Wahrscheinlichkeit erwünschten Verhaltens wird durch →positive Verstärkung (→soziale Bekräftigung oder →Münzverstärkungssysteme) erhöht, durch Bestrafung von Verhalten (aversive Verfahren) die Häufigkeit unerwünschten Verhaltens vermindert oder durch Nichtbeachtung (time-out/Auszeit) gelöscht. Bei der Auszeit sollen möglichst alle potentiellen Verstärker für ein Verhalten eliminiert werden.

Biofeedback: Die Rückmeldung physiologischer Abläufe, die der bewußten Wahrnehmung bestenfalls begrenzt zugänglich sind, sollen es dem Klienten erleichtern, diese selbst zu kontrollieren und damit zu modifizieren. Beim elektromyographischen Biofeedback (→Elektromyographie) werden die elektrischen Prozesse der Muskelaktivitäten registriert. Ein Klient mit Spannungskopfschmerz (→Schmerz) mag mit Hilfe dieser Rückmeldung seine Muskulatur besser und gezielter entspannen.

Konfrontationsverfahren: Hierbei geht es primär um die Annäherung an gefürchtete Objekte oder Situationen. Dies kann entweder mit Hilfe der *Desensibilisierung in sensu* (in der Vorstellung) unter Einsatz von Entspannungstraining (→autogenes Training) oder mit *Desensibilisierung in vivo* (in der Realität) erfolgen. Bei der *Reizüberflutung* (flooding) wird der Klient mit der gefürchteten Situation besonders rasch konfrontiert, er bleibt so lange in ihr, bis die →Angst „von selbst" abnimmt. Dem flooding ähnlich ist die *Implosion*. Die Darbietung gefürchteter Situationen erfolgt in der Vorstellung, wird erheblich übertrieben und unter Umständen →psychodynamisch interpretiert.

Modell-Lernen: Komplexe Verhaltensmuster werden durch Beobachtung von Modellen (Vorbildern) relativ zeitökonomisch erlernt. Beim *Selbstsicherheitstraining,* wo es um höhere soziale Fertigkeiten geht, hat das Modell-Lernen eine besondere Bedeutung. In →*Rollenspielen* werden Problemsituationen durchgespielt und neue Lösungen gefunden, welche die →soziale Interaktion verbessern sollen. Häufig steht neben dem Aufbau angemessener sozialer Fertigkeiten der Abbau sozialer Ängste und Hemmungen im Vordergrund.

Kognitive Methoden: Diese haben innerhalb des letzten Jahrzehnts in der Verhaltenstherapie zunehmende Bedeutung gewonnen. Klienten werden explizit nicht als „Konditionierungsobjekte" betrachtet, sondern als reflexive und aktive Teilnehmer am Therapieprozeß. Der edukative Aspekt der Therapie gewinnt besondere Bedeutung. Die kognitive Herangehensweise basiert auf der Grundüberlegung, daß Klienten grundsätzlich in der Lage sind, ihre Bedürfnisse und Erwartungen zu identifizieren, mit Hilfe des Therapeuten ihre Probleme rational zu definieren, sie zu durchdenken und neue Lösungen zu entdecken. Kognitive Therapietechniken dienen primär verbesserter Selbstkontrolle und der möglichst direkten Veränderung von Gedanken, Einstellungen und Erwartungen, welche bei der Entstehung bzw. Aufrechterhaltung von Problemen eine Rolle spielen.

Verhaltenstherapie ist besonders dann indiziert, wenn es um das Verlernen unerwünschter Verhaltensweisen und das Erlernen erwünschten Verhaltens geht. Ist die Symptomatik klar definierbar, wird das Problem durch identifizierbare Umweltbedingungen aufrechterhalten, und ist das Ziel der Therapie eine Verminderung dieser Symptomatik und/oder die Änderung des Verhaltens, sollte Verhaltenstherapie erwogen werden. Beim Vorliegen wesentlicher Fehleinstellungen mögen Methoden der „kognitiven Therapie" als Haupt- oder Zusatzverfahren angezeigt sein. Wie bei allen Psychotherapien sind auch hier Kooperationsbereitschaft und Veränderungsmotivation bei den Klienten von Bedeutung. Ansprüche an Einsichtsfähigkeit und differenziertes Denken spielen mit Einschränkung bei den kognitiven Techniken, weniger bei den verhaltenstherapeutischen Kernmethoden, eine Rolle.

Literatur: *L. Blöschl,* Grundlagen und Methoden der Verhaltenstherapie (5. Aufl.). Bern 1979. *H. J. Eysenck,* Behavior therapy and the neurosis. Oxford 1960. *A. Kuhr,* Der Einsatz paradoxer Verfahren in der Verhaltenstherapie. Psychiatrische Praxis, 1986, 13, 17–23. *A. Kuhr,* Verhaltenstherapie in der sektorisierten Psychiatrie: Spezialisierung in der Basisversorgung? In: *H. Haselbeck et al.* (Hrsg.), Psychiatrie in Hannover. Strukturwandel und therapeutische Praxis in einem gemeindenahen Versorgungssystem. Stuttgart 1987.

Prof. Dr. *Armin Kuhr,* Hannover

Verkehrung ins Gegenteil
ein innerpsychischer Mechanismus aus der Reihe der →Abwehrmechanismen. Angstabwehr wird erreicht durch Verkehrung von angstauslösenden Triebimpulsen in ihr Gegenteil.

Verlaufskurven
→Multivariate Datenanalyse.

verlängertes Rückenmark
⇒Medulla oblongata
→Hirnstamm.

Verleugnung
traumatisierende Fakten und Wahrnehmungen werden unbewußt als unwahr oder ungültig eingestuft; ein innerpsychischer Mechanismus aus der Reihe der →Abwehrmechanismen.

Verlierer
→Transaktionale Analyse.

Vermeidung
lernpsychologisch: das Meiden aversiver oder angstauslösender Reize, das häufig als Symptom einer →Neurose oder Ursache einer →Phobie beschrieben wird.

psychoanalytisch: aus dem Feld gehen; ein innerpsychischer Mechanismus aus der Reihe der →Abwehrmechanismen.

Verordnungsverhalten
Das Verordnen eines Medikamentes ist die häufigste Behandlungsmaßnahme klinisch-praktisch tätiger Ärzte. Dem Gemeinwesen, d.h. insbesondere den Gesetzlichen Krankenkassen erwachsen daraus immense finanzielle Kosten. Im Jahre 1987 hatten diese Körperschaften allein für rezeptierte Arzneimittel rund 19 Milliarden DM aufzubringen; ein bemerkenswert großer Teil des Verordnungsvolumens (29,3%) entfiel dabei auf Gruppen von Präparaten umstrittener Wirksamkeit (→Arzneimittelkonsum).

Die außerordentliche therapeutische wie wirtschaftliche Bedeutung des ärztlichen Medikationsverhaltens wirft zwingend die Frage auf, ob und inwieweit der Verschreibungsprozeß über klinisch-pharmakologische Maßgaben hinaus auch nichtmedizinischen Einflußgrößen unterliege.

Mittlerweile wurden zahlreiche theoretische und empirische Untersuchungen publiziert, die faktische oder mögliche Determinanten des Verordnungsverhaltens der Ärzteschaft zum Gegenstand haben. Sie sind der *Sozialpharmakologie* zuzuordnen, einer eigenständigen sozialwissenschaftlichen Disziplin, welche sich ganz allgemein mit der Wechselbeziehung zwischen Pharmakon und Gesellschaft befaßt. Die Arzneimittelversorgung (→Arzneimittelkonsum) und der „Handlungskreis" Arzt-Arznei-Patient, d.h. neben dem Verschreibungsverhalten des Arztes die sog. Medikamentencompliance (→Compliance) des Patienten und das Placebophänomen (→Placebo), sind wesentlich ihre Themen. Bislang überwiegen zahlenmäßig Veröffentlichungen aus dem angloamerikanischen Sprachraum, doch mehren sich einschlägige Arbeiten aus dem deutschen Sprachgebiet.

Sozialpharmakologische Studien zu den Bestimmungstücken ärztlicher Medikamentenverordnung überschneiden sich weithin mit Forschungarbeiten der Klinischen Pharmakologie, wenn sie Art, Häufigkeit und Entstehungsbedingungen formaler oder inhaltlicher Verordnungsfehler darzustellen suchen. Dazu zählen beispielsweise unrichtige oder fehlende Vorgaben auf dem Rezept (falsche Dosierung eines Arzneimittels, fehlende Festlegung der Darreichungsform) bzw. das Verschreiben miteinander unverträglicher Pharmaka (etwa Kontrazeptiva zusammen mit Barbituraten) oder das Nichtbeachten unerwünschter Arzeimittelwirkungen (Mißbildungen; →Sucht, →Suizid; Nierenschädigungen) beim Rezeptieren. Sozialwissenschaftliche Erhebungen zum pharmakologischen Wissen von Ärzten oder zur Qualität ihrer Aus- und Weiterbildung in Klinischer Pharmakologie reichen ebenfalls weit in das Arbeitsgebiet des gen. Faches hinein.

Eine Domäne der *Sozialpharmakologie*, per definitionem die „soziale Lehre vom Arzneimittel" *(Schicke)*, ist die Analyse all der Variablen, welche jenseits der Erkrankung des betreffenden Patienten resp. deren Art, Schwere und Dauer das Verschreibungverhalten seines Behandlers mitbestimmen. Dabei gilt es zwei Aspekte im Auge zu behalten: Eine Medikamentenverordnung ist letztlich das Ergebnis der →Kommunikation des Kranken (eines medizinischen Laien) und des Arztes (eines medizinischen Experten), eines Prozesse, in den (psychosoziale) Merkmale beider Individuen eingehen. Das Verordnungsgeschehen selbst findet jedoch stets unter bestimmten Rahmenbedingungen statt. Relevante Einflußfaktoren können dem Kontext der aktuellen Konsultation (Arbeitsbegingungen des Arztes) entstammen oder außerhalb desselben, in dem entsprechenden Gesellschaftssystem, seiner Wirtschaftsstruktur und seinem Pharmamarkt, angesiedelt sein.

Die Tatsache, daß die Determinanten ärztlicher Medikamentenverschreibung allesamt als wechselseitig voneinander abhängig anzusehen sind, verweist als drittes auf die Komplexität der damit gegebenen wissenschaftlichen Problemstellung. Entsprechend ergänzungsbedürftig und vorläufig müssen die vorliegenden Forschungbefunde sein. Schwerpunktmäßig im Berufsfeld des freipraktizierenden (Allgemein-)Arztes erhoben, kommt ihnen bislang nur ganz selten Repräsentativität zu.

Faßt man die derzeit diskutierten, das Verordnungsgeschehen affizierenden Variablen nach Gruppen geordnet summarisch zusammen, so sind zu unterscheiden:

1. Einflüsse von seiten des Gesellschaftssystems, der Wirtschaftsstruktur bzw. des Gesetzgebers;
2. Einflüsse seitens der Pharmaindustrie und des Arzneimittels selbst;
3. Einflüsse seitens soziodemographischer und psychosozialer Merkmale des Patienten;

4. Einflüsse seitens des regionalen, lokalen und beruflich persönlichen Umfeldes des Arztes;
5. Einflüsse seitens soziodemographischer und psychosozialer Merkmale des Arztes.

Hierzu einige repräsentative Beispiele:

ad 1: In der Bundesrepublik stehen dem verschreibenden Arzt weit über 20000 verschiedene Präparate zur Verfügung. Ca. 90% der Bevölkerung und damit (im Regelfall) die Mehrheit seiner Patienten gehören der Gesetzlichen Krankenversicherung an. Sie haben freie Arztwahl. Die Freiheit ihres Behandlers hinsichtlich der Entscheidung für ein Medikament (aus dem international wohl einzigartigen Angebot des hiesigen Marktes) wird u.a. durch Vorgaben des Gesetzgebers (Preisvergleichsliste; Negativliste; Einheitlicher Bewertungsmaßstab) und das Prüfungsystem der Kassenärztlichen Vereinigung (Regressanforderungen bei überdurchschnittlichem Verordnungsumfang in einer Praxis) eingeschränkt. Daß Westdeutschland unter den Staaten Westeuropas den offensichtlich größten Arzneimittelverbrauch (mit freilich unterschiedlichen Rangplätzen verschiedener Pharmakagruppen) aufweist, ist sicher anteilig auf die skizzierten gesellschaftlichen Bedingungen zurückzuführen. Das Verschreibungsverhalten in einem Land hängt darüber hinaus davon ab, inwieweit es demokratisch verfaßt und marktwirtschaftlich ausgerichtet ist. Man denke zum Vergleich nur an die sozioökonomischen Verhältnisse in den sog. sozialistischen Staaten und die damit zusammenhängende Struktur ihres Pharmamarktes.

ad 2: Wo freie Marktwirtschaft herrscht, da ist es das legitime Ziel der Pharmaunternehmen, in Konkurrenz zu einander ihre Produkte erfolgreich zu verkaufen; dies setzt voraus, sie dem Arzt bekanntzumachen und ihn davon zu überzeugen, mit dem jeweiligen Präparat über das Mittel der Wahl zu verfügen. Dazu bedienen sich die Medikamentenhersteller zum einen der (nicht immer ganz seriösen) Pharmawerbung, d.h. bestimmter Produktanzeigen in (wissenschaftlichen) Zeitschriften, besonderer Werbedrucke, des Musterversands und des Vertriebs von Hauszeitschriften etc.; Zum anderen versuchen sie, u.a. durch den Einsatz sog. *Pharmareferenten* (Arztberater, von denen hierzulange mehr als 10000 tätig sind), das Zusenden wissenschaftlicher Informationen zu einzelnen Medikamenten, durch ihrerseits finanzierte Fortbildungsveranstaltungen sowie den Einbezug der Ärzteschaft in Arzneimittelfeldstudien das ärztliche Medikationsverhalten zu lenken. Die Grenzen zwischen sog. Produktinformation und Werbung sind dabei oft fließend. Die Effektivität der Arzneimittelwerbung wird zwar immer wieder bestritten. Warum aber sollten Pharmafirmen in ihr Marketing ähnlich große Summen Geldes investieren wie in die Forschung, wenn sie nicht mit einem meßbaren Erfolg ihrer Werbemaßnahmen rechneten? Zudem haben wissenschaftliche Studien durchaus deutliche Hinweise auf die Wirksamkeit der Arzneimittelwerbung erbracht, mögen die darin einbezogenen Ärzte auch vom Gegenteil überzeugt sein.

Bedeutsam für die Verschreibungsentscheidung eines Behandlers ist selbstverständlich das Arzneimittel selbst. Über die Galenik resp. die klinisch-pharmakologischen Eigenschaften hinaus haben – empirisch belegbar – die Darreichungsform, der Markenname des Mittels sowie das Renommee seines Herstellers als relevante Variablen zu gelten.

ad 3: Was Patientenmerkmale anlangt, so stehen Alter, Geschlecht und sozialer →Status sowie nicht zuletzt der mögliche Rezeptwunsch eines Kranken mit der Medikationsentscheidung seines Arztes in Zusammenhang: Über 65 Jahre alte Senioren erhalten im Mittel deutlich mehr Medikamente verschrieben als jüngere erwachsene Patienten; und damit offensichtlich weit größere Mengen als indiziert wäre. Frauen aller Altersgruppen erhalten generell häufiger ein Rezept für ein Arzneimittel ausgestellt als Männer. Dies ist insbesondere bezogen auf Beruhigungsmittel vom Benzodiazepintyp festzustellen und nicht allein auf die vergleichsweise höhere →Prävalenz entsprechender psychischer Störungen bei Frauen zurückzuführen. Ein niedriger sozioökonomischer Status geht regelmäßig mit einem relativ größeren Medikamentenverbrauch einher als die Zugehörigkeit zu einer höheren sozialen Schicht. Wesentlich dem allgemeinärztlichen Verschreibungverhalten zuzuschreiben, ist der skizzierte Sachverhalt besonders gut bezogen auf →Psychopharmaka belegt. Deutschsprachigen empirischen Studien zufolge gehen niedergelassene Ärzte meistens auf die (nicht eben seltenen) Verordnungwünsche ihrer Patienten ein – ein Phänomen, das bei zunehmendem Konkurrenzdruck an Bedeutung gewinnen dürfte.

ad 4: Ein behandelnder Arzt darf nicht unabhängig von der weiteren und näheren soziokulturellen Umwelt gesehen werden, in der er tätig ist. Zumindest anteilig aus typischen wissenschaftlichen Traditionen und überkommenen Konzeptionen der ärztlichen Ausbildung dürfte sich erklären, daß einzelne Länder sich hinsichtlich des Verordnungsprofils z.T. drastisch unterscheiden. In der Bundesrepublik werden z. B. auffallend häufiger Herzglykoside verordnet als anderswo, ein Sachverhalt, der sich nicht lediglich aus der hierzulange gegebenen Morbiditätsstruktur ergibt. Darüber hinaus scheinen lokale Besonderheiten (Größe eines Ortes), vorherrschende Einstellungen gegenüber Krankheit und medizinischer Versorgung sowie ein je spezifisches allgemeines „psychologisches Klima", in dem Medikamente verschrieben werden, sich auf das qualitative und quantitative Ergebnis der Medikation auszuwirken. In kleineren Gemeinden beispielsweise soll weniger verschrieben werden als in größeren, – was mit einem intensiveren Gesprächskontakt zwischen Arzt und Patient in Zusammenhang gebracht werden kann. Der Arbeitsrahmen einer Praxis, d.h. der Umfang des Patientenstammes, aber auch die Zahl der Angestellten, scheinen das Verordnungsverhalten ihres Inhabers ebenfalls zu beeinflussen. Niedrige Patientenzahlen etwa lassen eine vergleichweise höhere Verschreibungsquote erwarten; dies gilt aber wohl vorzugsweise nur für schwerere Erkrankungen. Vorliegenden Erkenntnissen zufolge sind in Gruppenpraxen tätige Ärzte „bessere" Verschreiber als solche, die in Einzelpraxen arbeiten. Mit der Länge des ärztlichen Arbeitstages eines niedergelassenen Arztes nimmt, zumindest bezüglich →psychotroper Medikamente, die Zahl seiner Verordnungen zu.

ad 5: Der Arzt ist das Aktzentrum des Verordnungsgeschehens. Er allein stellt die Rezepte aus. Insofern verwundert es nicht, daß neben berufsbezogenen Merkmalen auch individualspezifische Eigenarten seiner Person auf seine Verordnungsgewohnheiten einwirken. Mit der Qualität der Ausbildung und Weiterbildung eines Allgemeinarztes (praktischer Arzt) sinkt z.B. die Zahl von ihm verschriebener Medikamente. Verglichen mit partikularistisch orientierten Kollegen verordnen ganzheitlich eingestellte Behandler der gleichen Fachrichtung durchschnittlich weniger Arzneimittel. Mit dem Ausmaß, in dem der Allgemeinarzt →Frustrationen erlebt und unter Zeitmangel steht, nimmt sein Verordnungsvolumen zu. Je zufriedener Hausärzte mit ihrem Beruf sind, desto mehr sinkt die Wahrscheinlichkeit, daß sie eher ineffektive und risikobehaftete Medikamente verordnen. Bemerkenswert ist, daß „gute" Verschreiber eher unter jüngeren Ärzten zu finden sind, die kürzlich erst ihre Ausbildung beendet haben, als unter älteren mit großer Praxiserfahrung. Bezogen auf soziodemographische Merkmale gilt: Ärzte (Allgemeinmediziner) verschreiben in geringerem Umfang als Ärztinnen. Ältere Behandler stellen seltener ein Medikamentenrezept aus als jüngere, wobei diese jedoch wohl angemessener medizieren.

Je mehr die Person des Arztes in die Analyse seines Medikationsverhaltens einbezogen wird, desto näher liegt die Frage, inwieweit dabei auch →Persönlichkeitseigenschaften (z.B. →Extraversion/Introversion etc.) seinerseits eine bedeutsame Rolle spielen. Aus diesem kaum bearbeiteten Forschungsfeld liegen nur bezüglich der sog. →Kontrollüberzeugung erste, wenn gleich noch zu replizierende Befunde vor.

Weiterführende Arbeiten zu den Determinanten des ärztlichen Verordnungsverhaltens allgemein und zu den psychosozialen Merkmalen der Behandler im besonderen sind bis dato ein Desiderat. Auch die Entwicklung und →Evaluation von Programmen, mittels derer Ärzte gezielt zu adäquaterem Verordnungsverhalten hingeführt werden können, gilt es (vor allem hierzulande) voranzubringen, – eine der wenigen genuin praxisbezogenen Aufgaben der Sozialpharmakologie.

Literatur: *M. Dietzel,* Aufschwung für die Seele, Arzneimittelwerbung für Benzodiazepin-Tranquilizer. In: *G. Huppman,* Beiträge zur Medizinischen Psychologie und Medizinischen Soziologie, Bd. 1. Würzburg 1988. *W. Dölle/B. Müller-Oerlinghausen/U. Schwabe* (Hrsg.), Grundlagen der Arzneimitteltherapie. Mannheim 1986. *G. Huppmann/W. Silbernagel,* Sozialpharmakologie. In: *G. Huppmann/F. W. Wilker,* Medizinische Psychologie, Medizinische Soziologie. München 1988. *R. K. Schicke,* Sozialpharmakologie. Eine Einführung. Stuttgart 1976. *U. Schwabe/D. Paffrath,* Arzneiverordnungs-Report '88. Stuttgart 1988.

Prof. Dr. *Gernot Huppmann,*
Dr. *Waltraud Silbernagel,* Mainz

Verschiebung
ein innerpsychischer Mechanismus aus der Reihe der →Abwehrmechanismen. Personen, die gegenüber anderen nicht zu realisierende positive oder negative Triebimpulse entwickeln, neigen gelegentlich dazu, sich für das Ausagieren dieser Impulse Ersatzobjekte zu suchen („schlägt den Sack und meint den Esel").

Verschlüsselung
→Kodierung.

Verstärker
→Verstärkung
→Münzverstärkersysteme
→soziale Verstärkung.

Verstehen
Generell meint „Verstehen" die mehr oder weniger systematische, adäquate Verarbeitung von intentionalen Gegenstandseinheiten im weitesten Sinne (also von Gegenstandseinheiten mit Bedeutung bzw. Sinn), sei es in Form von Sich-Einfühlen, Begreifen von Zusammenhängen oder (etwas Aus-) Deuten. In der Psychologie kommt „Verstehen" als objekttheoretischer Gegenstand (z.B. Ausdrucks-, Sprach-, Textverstehen etc.) sowie als metatheoretischer Begriff vor, der das Problem einer geisteswissenschaftlichen Psychologiekonzeption bzw. →hermeneutischen Erkenntnis-Methodik bezeichnet. Wissenschaftshistorisch ist die metatheoretische Ebene ungleich relevanter als die objekttheoretische, wobei „Verstehen" wissenschaftstheoretisch in Abgrenzung zum „Erklären" diskutiert wird und methodologisch in Gegenüberstellung zum „Beobachten" (vor allem im Rahmen des →Experimentes).

Historie: Solange die Psychologie keine selbständige Einzelwissenschaft war sondern Teildisziplin der Philosophie, war das Verstehen ihre zentrale Herangehensweise. Erst mit der Begründung der Einzelwissenschaft Psychologie Ende des 19. Jh. wurde die Verstehensmethodik weitgehend in eine Außenseiterposition gedrängt, weil die damit verbundene Ablösung von der Philosophie nach dem Muster und Vorbild der „positiven" Naturwissenschaften erfolgte (vgl. die Einrichtung des ersten experimentalpsychologischen Laboratoriums durch *Wundt* 1879 in Leipzig). Für das folgende Jahrhundert der Geschichte der Psychologie ist diese naturwissenschaftliche Konzeption, für die das Experiment den Königsweg der objektwissenschaftlichen Erkenntnis darstellt, genauso beherrschend wie umstritten geblieben. Die historisch folgenreichste Infragestellung der naturwissenschaftlich-experimentellen Konzeption von Psychologie ist bereits relativ früh durch *Dilthey* (1894) erfolgt mit seiner Unterscheidung zwischen „zergliedernder" und „beschreibender" Psychologie. Dilthey hält dem *Monismus*, der von einer einheitlich-empiristischen Struktur aller Objektwissenschaften ausgeht, einen *Dualismus* mit der These entgegen, daß Wissenschaften mit sinn- bzw. bedeutungshaltigen Gegenständen (Geistes- oder Kulturwissenschaften) eine andere, nicht experimentell-erklärende Struktur aufweisen (müssen), für die eben das Verstehen den methodischen Königsweg darstellt. Dabei wird zum zweiten bereits ebenfalls von *Dilthey* das Verstehen in Absetzung vom naturwissenschaftlichen Erklären vor allem auf die Funktion des *Beschreibens* konzentriert, eine Fokussierung, die sich bis in die Diskussion am Ende des 20. Jh. ausgewirkt hat. Für die Versuche, das Verstehen als Erkenntnismethode im Bereich der Psychologie dauerhaft zu etablieren, gab es jedoch (mindestens) drei Belastungen, die sich auch bzw. gerade nach dem 2. Weltkrieg ausgewirkt haben: Das erste war die wissenschaftssoziologische Situation, in der sich die Mehrzahl der Psychologen sowohl eine wissenschaftsinterne wie – externe Bedeutsamkeit des (immer noch relativ neuen) Faches von der Anbindung an den (naturwissenschaftlichen) Monismus versprachen. Das zweite war die erwähnte Beschränkung des Verstehens auf deskriptive (beschreibende) Funktionen, so daß ein Dauerstreit über die Relation zwischen Verstehen und Erklären entbrennen mußte (→ Paradigma). Und drittens hat sich gerade die sog. Verstehende Psychologie im Dritten Reich ideologisch als korrumpierbar erwiesen (*Graumann* 1985). Das hat Vertreter des Monismus in ihrer Position bestärkt und dadurch die (Weiter-)Entwicklung sinnvoller und notwendiger Verstehensmethoden in der Psychologie des 20. Jh. gravierend beschränkt und verzögert.

Wissenschaftstheorie: In der wissenschaftstheoretischen Diskussion ist die Auseinandersetzung zwischen Monismus und Dualismus vor allem in Form der Erkären-Verstehen-Kontroverse abgelaufen, für die sich mehrere Phasen ausmachen lassen (*Apel* 1979). Als durchgehende Konstante ist aber festzuhalten, daß die monistische Position vom *Subsumtionsmodell (⇒ covering-law-Modell)* der Erklärung ausgeht. Danach wird ein zu erklärendes Ereignis/Phänomen (Explanandum) durch die Subsumtion (Einordnung) unter eine erklärende Gesetzmäßigkeit (samt den dazugehörigen Antezedensbedingungen: Explanans) erklärt. Vor diesem Hintergrund kann das Verstehen nur als *Heuristik* akzeptiert werden (also zum Suchen und Finden potentieller Gesetzmäßigkeiten wie Erklärungen, die als solche erst durch die experimentell-beobachtende Überprüfung gesichert werden). Aus szientistischer Sicht wird bereits durch die Unmöglichkeit, aufgrund von Verstehen zuverlässige Voraussagen zu machen, deutlich, daß Verstehen nie zureichende Erklärungen liefern kann (vgl. *Zilsels* Belagerungs-Beispiel: Es ist sowohl zu verstehen, wenn die Bewohner einer belagerten Stadt nach und nach zermürbt aufgeben, als auch, wenn sie trotzig zu noch mehr Entbehrungsbereitschaft motiviert werden, bis die Belagerer abziehen). Die dualistische Position hält dem entgegen, daß es sich dabei um eine Petitio principii handelt, weil das szientistische Erklärungs-Modell als Maß adäquaten Erklärens schon vorausgesetzt ist, nicht jedoch begründet wird. Denn im Bereich sinn- und bedeutungshaltiger Intentionalitätsphänomene ist auch die adäquate Vorstellung von „Erklären" zu ändern. Als klassisches intentionalistisches Erklärungs-Konzept kann dabei die sog. *teleologische* Erklärung gelten, in der das Handeln eines Menschen durch die dem Handeln zugrunde liegenden Ziele erklärt wird (*v. Wright* 1974). Hier führt der Monismus das nicht zuletzt auch psychologische Gegenargument an, daß das jeweilige Handeln hinsichtlich der Zielerreichung scheitern kann und trotzdem erklärbar bleibt: nämlich durch die antezedenten Zielsetzungen. Jede zureichende *teleologische Erklärung* ist daher nach monistischer Auffassung in eine covering-law-Erklärung (und zwar in eine dispositionelle Motiverklärung) überführbar. Aus psychologischer Sicht erscheint hier die monistische Argumentation für die meisten Forscher (und Praktiker) stärker und brauchbarer, weil realistischer. Dies gilt auch für die Diskussion um neuere intentionalistische Konzeptionen (bis zur *„rationalen Erklärung"* nach *Dray*). Im reinen Sinne dualistisch dürfte daher heute eigentlich nur noch die Rekonstruktion des psychoanalytischen (→Psychoanalyse) Therapiemodells durch die Frankfurter Schule sein, innerhalb derer das dialog-konsenstheoretische Wahrheitskriterium expliziert und postuliert worden ist (z.B. *Habermas* 1968). Danach ist eine Aussage (in der Psychologie z.B. über nicht von außen beobachtbare Innensicht-Phänomene) (→Introspektion) dann wahr, wenn das Erkenntnis-Objekt (das zu erforschende Individuum) in einer möglichst „idealen Sprechsituation" der (interpretativen) Rekonstruktion des Erkenntnis-Subjekts zustimmt *(Dialog-Konsens)*. Gleichwohl hat gerade diese Rekonstruktion auch in der Psychologie die Einsicht geschärft, daß es im psychologischen Gegenstandsbereich sinnhaltige Phänomene von solcher Komplexität gibt, die die Einbeziehung des Verstehens als kodifizierte wissenschaftliche Methode auf die Dauer unumgänglich macht.

Daher dürfte auf lange Sicht für die Psychologie die Integrationsperspektive zur Verbindung von Erklärung und Verstehen am produktivsten sein. Danach könnte das Verstehen akzentuierend zur Rekonstruktion der Innensicht des (reflexiven) Menschen eingesetzt werden, während die Erklärung über die (Fremd-) Beobachtung die Außensicht thematisiert; *Verstehen* fragt nach den (subjektiven) Gründen des Handelnden, *Erklären* nach den (objektiven) Ursachen, und psychologische Forschung insgesamt klärt, in welchen Fällen, unter welchen Bedingungen, mit welchen Folgen die subjektiven Gründe mit den objektiven Ursachen übereinstimmen oder nicht (*Groeben* 1986).

Methodik. Auf der Grundlage dieser wissenschaftstheoretischen Entwicklungen lassen sich die Verstehensmethoden in der Psychologie neu klassifizieren und konzeptualisieren. Dabei ist davon auszugehen, daß →hermeneutische Methodik immer den Konsens als Wahrheitskriterium impliziert. Allerdings sind heute zwei grundlegende Varianten unterscheidbar: Es kann sich um den Konsens zwischen Forschern, also zwei Vertretern innerhalb der Klasse des Erkenntnis-Subjekts, handeln oder um den Konsens zwischen dem Erkenntnis-Subjekt und Erkenntnis-Objekt, wie das für das dialog-konsenstheoretische Wahrheitskriterium gilt. In Absetzung von dieser dialogischen Hermeneutik (zwischen Erkenntnis-Subjekt und -Objekt) sind dann Methoden mit einem Konsens nur zwischen Erkenntnis-Subjekten als monologische Hermeneutik benennbar (*Scheele* u. *Groeben* 1988). Die klassischen Verstehensmethoden erweisen sich auf der Basis dieser Differenzierung durchweg als Verfahren einer so verstandenen monologischen Hermeneutik. Das hierfür paradigmatische Beispiel nach dem 2. Weltkrieg ist die sog. →Inhaltsanalyse. Sie kann heute als das wichtigste hermeneutische Verfahren zur Analyse verbaler Äußerungen in den Sozialwissenschaften angesehen werden. Die Geschichte dieser Methode wiederum macht paradigmatisch deutlich, daß eine überzogene Absetzung der Verstehensmethodik vom szientistischen Quantifizierungsideal nicht sinnvoll ist. Die jahrzehntelange Debatte über die Bevorzugung einer sog. qualitativen versus quantitativen →Inhaltsanalyse hat eindeutig und mittlerweile in weitgehender Übereinstimmung ergeben, daß diese Polarisierung selbst zu sehr an der methodologischen Oberfläche (nämlich jener der statistischen Auswertbarkeit) verbleibt. Da die statistische Auswertbarkeit (→Statistik) bei entsprechender Konstruktion des contentanalytischen Kategoriensystems prinzipiell immer – nur in verschiedenen Ausprägungsgraden – gegeben ist, erscheint es m.E. auch nicht sehr sinnvoll, von sog. „qualitativen Verfahren" zu sprechen, was auch generell für die Bezeichnung hermeneutischer Methoden als *„Qualitative Methoden"* gilt. Eine solche Terminologiewahl begünstigt eben Kontroversen in methodologisch eher peripheren Bereichen, weswegen eine konstruktive, selbstbewußte Benennung und Explizierung von „hermeneutischen" oder Verstehens-Methoden produktiver erscheint. Dazu gehören u.a. die Bewahrung und der Ausbau sowohl traditioneller Verfahren wie Tagebuch- oder Lebenslaufanalysen als auch neuere Ansätze wie etwa der „objektiven Hermeneutik" (aus psychoanalytisch-sozialwissenschaftlicher Richtung). Die derzeit stärkste Dynamik dürfte aber im Bereich der (Neu-) Entwicklung dialog-hermeneutischer Methoden liegen. Diese Verfahren sind bisher vor allem im Rahmen des Forschungsprogramms *„Subjektive Theorien"* (*Groeben et al.* 1988) entwickelt worden. Dabei geht es um die systematische Rekonstruktion relativ komplexer Aggregationen von →Kognitionen, die eine zumindest implizite Argumentationsstruktur aufweisen; die Adäquanz der vom Forscher vorgelegten Rekonstruktion wird entsprechend dem dialog-konsenstheoretischen Wahrheitskriterium durch die Zustimmung des zu erforschenden Individuums geprüft. Diese Zustimmung ist jedoch nur dann als eine →valide Entscheidung über die adäquate Beschreibung des jeweiligen individuellen Kognitionssystems anzusehen, wenn sich das Erkenntnis-Objekt in einer kommunikativen Situation befindet, in der möglichst keine oder wenige *Verzerrungsdynamiken* auftreten. Dies ist die kontrafaktische, also immer nur approximativ zu realisierende *„ideale Sprechsituation"* der sog. kommunikativen Validierung (*Groeben et al.* 1988). Hierzu liegen inzwischen Verfahren vor z.B. zur Erhebung →Subjektiver Theorien mittlerer Reichweite (Heidelberger Struktur-Lege-Technik), zur Rekonstruktion Subjektiver Theorien über z.B. Unterrichtshandeln, sowie für subjektiv-theoretische Kognitionssysteme einschließlich wertender Aussagen (kommunikative Ziel-Mittel-Analyse). Diese (Weiter-) Entwicklungen einer hermeneutischen Methodik in der Psychologie können sowohl als Zeichen für wie auch als Beitrag zur Überwindung der unfruchtbaren Verstehen-Erklären-Kontroverse und der Monismus-Dualismus-Dichotomie angesehen werden (*Scheele u. Groeben* 1988).

Literatur: *K. O. Apel,* Die Erklären-Verstehen-Kontroverse in transzendentalpragmatischer Sicht. Frankfurt 1979. *C. F. Graumann* (Hrsg.), Psychologie im Nationalsozialismus. Berlin 1985. *N. Groeben,* Handeln, Tun, Verhalten als Einheiten einer verstehend-erklärenden Psychologie. Tübingen 1986. *N. Groeben et al.,* Das Forschungsprogramm Subjektive Theorien. Tübingen 1988. *J. Habermas,* Erkenntnis und Interesse. Frankfurt 1968. *B. Scheele/N. Groeben,* Dialog-Konsens-Methoden zur Rekonstruktion Subjektiver Theorien. Tübingen 1988. *G. H. v. Wright,* Erklären und Verstehen, Frankfurt 1974.

PD Dr. *Brigitte Scheele,* Heidelberg

Versuchsanlage
→Versuchsplanung.

Versuchsgruppe
→Versuchsplanung.

Versuchsleitererwartungseffekt
⇒Rosenthal-Effekt
→Experiment.

Versuchsperson
⇒Proband
eine Person, die an einem psychologischen Experiment oder Test teilnimmt.

Versuchsplan
→ Versuchsplanung.

Versuchsplanung
Unter Versuchsplanung versteht man – im weiteren Sinne – die Festlegung aller zur Durchführung und Auswertung eines Versuchs oder einer Erhebung notwendigen Maßnahmen (einschließlich der Schaffung der finanziellen, organisatorischen, technischen und personellen Voraussetzungen, der Prüfung der ethischen und gesetzlichen Belange, der Festlegungen zum Versuchsablauf sowie der Abbruchkriterien). In der Biometrie allgemein und speziell auch in der Psychologie ist es üblich, den Begriff auf die statistische Versuchsplanung (→ Statistik) einzuschränken, die sich mit den für die spätere statistische Auswertung relevanten Fragen von Versuchen mit zufälligem Ausgang beschäftigt.

Das Ziel der statistischen Versuchsplanung besteht darin, zu sichern, daß

- die für die Fragestellung relevante Information vollständig und in auswertbarer Form gewonnen und dokumetiert wird,
- Aufwendungen und Nutzen in einem vertretbaren Verhältnis stehen,
- die Risiken von möglichen Fehlentscheidungen kontrolliert werden können und
- eine vorgegebene Mindestgenauigkeit erreicht wird.

Teilschritte der Versuchsplanung sind:

- die Präzisierung der Versuchsfrage,
- die Wahl des statistischen Modells,
- die Konstruktion bzw. Auswahl der geeigneten Versuchsanlage,
- die Auswahl der Auswertungsmethode,
- die Festlegung des Versuchsumfangs.

Die *Präzisierung der Versuchsfrage* ist ohne Zweifel die entscheidende Voraussetzung für alle weiteren Schritte. Vereinfacht ausgedrückt sind drei Fragen zu beantworten:

1. Was will man wissen?
2. Welches ist der Aussagebereich?
3. Wodurch können die Genauigkeit und die Sicherheit der Aussagen beurteilt werden?

Die erste Frage betrifft die Versuchsproblematik im engeren Sinne. Es ist zu klären, welche Merkmale im Versuch beobachtet werden müssen, welche als Zielmerkmale und welche als Einflußgrößen bzw. Störgrößen anzusehen sind und wie diese zu erfassen sind (→ Skalierung).

Bei der Formulierung des Ziels des Versuchs ist z.B. anzugeben, ob Mittelwerte oder Häufigkeiten verglichen werden sollen und welche Veränderungen (→ Veränderungsmessung) interessieren, ob Verläufe beobachtet werden sollen, ob Zusammenhänge untersucht und eventuell Vorhersagen getroffen werden sollen, ob die Beobachtungseinheiten vorgegebenen Kategorien zuzuordnen sind oder ob Einzelverläufe von Interesse sind. Die zu prüfenden Hypothesen sollten vollständig beschrieben werden (→ Statistik).

Die Frage nach dem *Aussagebereich* ist bei weitem nicht so trivial, wie sie auf den ersten Blick erscheinen mag. Die statistischen Verfahren setzen im allgemeinen voraus, daß alle potentiellen Beobachtungseinheiten aus der Grundgesamtheit oder aus eindeutig definierten Teilbereichen (Schichten) mit gleicher → Wahrscheinlichkeit in die → Stichprobe gelangen. Nur dann gelten die Abschätzungen der möglichen Risiken. Das erfordert die Formulierung von eindeutigen Ein- und Ausschlußkriterien für Beobachtungseinheiten.

Nur die *Zufallsauswahl (Randomisierung)* garantiert, daß – zwar nicht in einer einzelnen Stichprobe, jedoch im Mittel vieler Stichproben – Verzerrungen vermieden werden. Neben der zufälligen Auswahl der Beobachtungseinheiten wird auch die randomisierte Zuteilung der Beobachtungseinheiten zu den Stufen eines oder mehrerer Untersuchungsfaktoren (Behandlungen) verlangt. In der klinischen Forschung bezeichnet man Studien, bei denen randomisiert wird, als *kontrollierte klinische Studien*.

Als Antwort auf die dritte Frage sind Kriterien festzulegen, die es gestatten, die Güte und die Sicherheit der Aussagen zu beurteilen. Solche sind z.B. zulässige Wahrscheinlichkeiten für Fehlentscheidungen (Risiken 1. und 2. Art von Tests, d.h. → Alpha- oder → Beta-Fehler, Risiken für eine falsche Auswahl), erwartete Breiten von → Konfidenzintervallen zu schätzender Parameter oder → Toleranzintervallen und → Diskriminationsfehler (→ Statistik).

Bei der Wahl des *statistischen Modells* spielen neben dem Charakter der Merkmale (diskret, stetig, quantitativ, qualitativ, nominal, ordinal oder metrisch skaliert, → Skalierung) die Vorinformation über ihren → Verteilungstyp, Varianzinhomogenitäten (→ Varianz), Gruppierungen, Abhängigkeiten eine entscheidende Rolle. Vor allem aber ist zu klären, ob das Modell geeignet ist, die Versuchsfrage zu beantworten.

Eng verbunden mit der Wahl des statistischen Modells ist die Konstruktion der Versuchsanlage. *Versuchsanlagen* und *Versuchspläne* sind Schemata, die die Struktur, den Umfang und gegebenenfalls den Ablauf von Versuchen beschreiben. Dabei wird die Bezeichnung *Versuchsanlage* benutzt, wenn es um die Ausschaltung von Störfaktoren oder um die Untersuchung von Faktoren mit fest vorgegebenen Stufen geht, während von *Versuchsplänen* hauptsächlich dann die Rede ist, wenn die Faktorenstufen bzw. Werte der Einflußvariablen durch den Versuchsleiter festgelegt werden können. Die Bezeichnungen sind aber in der Literatur nicht einheitlich. Die einfachste Anlage ist die, bei der keine Störfaktoren zu berücksichtigen sind. Sie wird als *einfache randomisierte Anlage* bezeichnet.

Blockanlagen dienen der Ausschaltung eines Störfaktors. Die Wirkungen von zwei Störfaktoren können z.B. mit Hilfe von *Lateinischen Quadraten* ausgeschaltet werden. Von *faktoriellen Anlagen* spricht man, wenn nicht nur Störfaktoren auftreten, sondern mehrere Faktoren gleichzeitig untersucht werden sollen. Eine *vollständige faktorielle Anlage* enthält sämtliche Kombinationen der Faktorenstufen. Sie ermöglicht es, neben den Haupteffekten auch alle Wechselwirkungseffekte (→ Wechselwirkung) zu schätzen. Da aber der Versuchsumfang mit der Anzahl der Faktoren und Faktorstufen sehr schnell ansteigt, konstruiert man *fraktionierte faktorielle Anlagen,* bei denen die interessierenden Effekte nur mit Wechselwirkungseffekten höherer Ordnung vermengt sind, die vernachlässigt werden können.

Zur Verringerung des Versuchsumfangs werden – wenn es praktisch realisierbar ist – Versuche an denselben Beobachtungseinheiten im zeitlichen Abstand wiederholt. Der einfachste Fall ist der eines *Umkehrversuchsplans* bzw. *Überkreuzungsversuchsplans* (change-over-design, cross-over-design), bei dem zwei Behandlungen auf zwei Gruppen von Beobachtungseinheiten angewandt werden. In der zweiten Periode werden dann die Behandlungen vertauscht. Das setzt voraus, daß keine Nachwirkungen (z.B. Lerneffekte) auftreten. Bei mehreren Perioden spricht man allgemeiner von *Periodenversuchsplänen*.

Die *optimale Versuchsplanung* beschäftigt sich hauptsächlich mit dem Problem der optimalen Allokation der Meßstellen in der → Regressionsanalyse, d.h. bei der Untersuchung von Zusammenhängen zwischen kontinuierlichen Variablen. Es wird davon ausgegangen, daß die in den Versuch einzubeziehenden Werte der Einflußvariablen (Meßstellen) innerhalb eines vorgegebenen Versuchsbereiches frei gewählt werden können. Die Kriterien ihrer Auswahl sind Funktionale der → Matrix der Meßstellen (Versuchsplanmatrix) bzw. der daraus berechneten Informationsmatrix. So werden z.B. als G-optimale Pläne solche bezeichnet, die die maximale Varianz der Regressionsfunktion im Versuchsbereich minimieren. Optimale Pläne sind sehr effektiv, aber stark vom Modell abhängig.

Als *sequentielle Pläne* bezeichnet man solche, bei denen der Gesamtversuchsumfang nicht von vornherein festliegt und die vorsehen, daß der Versuch in mehreren Schritten durchgeführt wird. Dabei wird nach jedem Teilschritt anhand der Ergebnisse entschieden, ob der Versuch fortzusetzen ist. Ist der Gesamtversuchsumfang nach oben beschränkt, so heißt der Plan geschlossen, ansonsten offen. Die Auswertung derartiger Versuche erfolgt mit speziellen Verfahren (→Statistik). Sequentielle Versuche können sehr zeitaufwendig sein.

Die Datenerfassung und die Datenhaltung bilden die Grundlage für die spätere Auswertung. Fehler, die hier auftreten, sind – wie die Praxis zeigt – später nur mit großem Aufwand oder gar nicht zu korrigieren. Besondere Sorgfalt erfordert die Gestaltung der Erfassungs- bzw. Fragebögen. Kriterien sind u.a. die Vollständigkeit, die Entscheidbarkeit und die Identifizierbarkeit.

Bei der *Wahl der Auswertungsmethode* muß man von der Versuchsfrage ausgehen. Sie steht in engem Zusammenhang mit dem Modell und der Versuchsanlage.

Die *Festlegung des Versuchsumfangs* ist entscheidend für die Güte und Sicherheit der Aussagen. Für die statistischen Standardmethoden und -modelle stehen Formeln und Computerprogramme zur Verfügung, mit denen der Umfang nach statistischen Kriterien bestimmt werden kann. Es ist nicht immer sinnvoll, den maximal möglichen Umfang anzustreben. So weist z.B. ein statistischer Test bei großem Umfang auch praktisch irrelevante Differenzen als signifikant aus. Da oftmals viele Variablen gleichzeitig untersucht werden, muß sich die Stichprobenplanung an den für die Fragestellung am meisten relevanten Variablen orientieren. Von Ausnahmen abgesehen erfordert die statistische Planung des Umfangs Vorinformationen – zumindestens über die Variabilität der Merkmale. Die Genauigkeit des berechneten Stichprobenumfangs hängt damit von der Güte der Vorinformationen ab. Der Umfang wird in der Regel nicht ausschließlich nach statistischen Gesichtspunkten festgelegt, sondern auch entsprechend den praktischen Möglichkeiten und Aufwendungen. Im letzteren Falle gestatten es die Methoden der Stichprobenplanung zu entscheiden, ob bei gegebenem Umfang hinreichend sichere und genaue Aussagen erzielt werden können.

Bei *Erhebungen* ist von den gleichen Grundprinzipien auszugehen. Allerdings sind die Möglichkeiten – insbesondere die der Randomisation – in vielen Fällen eingeschränkt. Der Extremfall ist der einer *Totalerhebung,* bei der alle Objekte der Grundgesamtheit erfaßt werden. Bei dieser reduziert sich die Auswertung auf die deskriptive Statistik.

Als *Stichprobenpläne* bezeichnet man Vorschriften zur Auswahl von Beobachtungseinheiten aus einer zumeist endlichen Grundgesamtheit, die in diesem Zusammenhang Auswahlgrundlage genannt wird. Wird eine ausgewählte Beobachtungseinheit in der Ausgangsgrundlage belassen, so daß sie beim Ziehen des nächsten Stichprobenelements erneut zur Verfügung steht, so spricht man von einer *Stichprobenentnahme mit Zurücklegen* ansonsten von einer *Stichprobenentnahme ohne Zurücklegen.* Die *Stichprobentheorie* befaßt sich damit, Vorinformationen über Schichten und deren Umfang zu einer Aufgliederung der Stichprobe in Teilstichproben zu nutzen, die eine möglichst effektive Schätzung (Hochrechnung) von bestimmten Parametern der Grundgesamtheit gestattet. Werden zunächst Schichten und Unterschichten ausgewählt und schließlich innerhalb dieser die Beobachtungseinheiten, so spricht man von *mehrstufiger Auswahl.* Diese ist von der *Mehrphasenauswahl* zu unterscheiden, bei der die gleichen Auswahleinheiten, aber unterschiedliche Merkmale erhoben werden.

Der Begriff *Studie* wurde ursprünglich als Synonym für Erhebung eingeführt, er wird jedoch auch für aktive → Experimente verwandt. Je nachdem, ob zurückliegende oder zukünftige Beobachtungen in Frage stehen, spricht man von *retrospektiven* bzw. von *prospektiven Studien.*

Als *Querschnittsstudie* wird eine Erhebung aus einer Grundgesamtheit zu einem festen Zeitpunkt bezeichnet, während in einer *Längsschnittstudie (Longitudinalstudie, Kohortenstudie)* Stichproben von Beobachtungseinheiten (Kohorten) über einen bestimmten Zeitraum hinweg verfolgt werden. Bei retrospektiven Studien besteht neben der Möglichkeit der Querschnittsstudie auch die einer *Fall-Kontroll-Studie.* Fälle sind in diesem Zusammenhang Beobachtungseinheiten, bei denen ein Zielereignis eingetreten ist. Die Kontrollgruppe kann durch Zufallsauswahl aus einer festgelegten Teilgrundgesamtheit oder durch systematische Auswahl „ähnlicher" Beobachtungseinheiten (Matching) gewonnen werden. Im letzteren Fall sind die Möglichkeiten statistischen Schließens stark eingeschränkt.

Literatur: *J. Bock,* Die Bestimmung des Stichprobenumfangs in der linearen Regressionsanalyse Modell I und II. Nova Acta Leopoldina, Halle 1984, 55, 254. *J. Cohen,* Statistical Power Analysis for the Behavioral Sciences. New York 1969. *D. Rasch/G. Herrendörfer/J. Bock/K. Busch,* Verfahrensbibliothek Versuchsplanung und -auswertung, Bd. I, II. Berlin 1978, Bd. III. 1981. *D. Montgomery,* Design and Analysis of Experiments. New York 1984.

Prof. Dr. *Jürgen Bock,* Basel

Versuch-und-Irrtum

Begriff zur Erklärung von Lernvorgängen (→ Lernen), die dann zu beobachten sind, wenn der Proband oder das Versuchstier noch keine systematischen Ansätze zur Lösung des Problems (→ Problemlösen) entwickelt hat und daher verschiedene Verhaltensweisen ausprobiert, wobei dann die → Wahrscheinlichkeit für erfolgreiches Verhalten nach dem → Effektgesetz erhöht wird.

Verteilungsdichte

→ Wahrscheinlichkeit.

Verteilungstyp

Häufigkeit des Auftretens von Merkmalen oder der Werte, die eine → Variable annehmen kann. Die Verteilungen werden nach Schiefe, Exzeß und Ein- oder Mehrgipfeligkeit unterschieden. Von besonderer Bedeutung ist in der → Statistik die → Normalverteilung.

Vertrauen

Vertrauen ist sicherlich ein Begriff, der stark vom Alltagswortgebrauch bestimmt wird. Vertrauen kann man nicht nur in einen Partner, sondern auch in Leitideen, Programme, Parteien, politische Systeme, gesellschaftliche Veränderungen, die Konjunkturlage oder die Sicherheit des Arbeitsplatzes setzen (vgl. *Hill* 1981; *Petermann* 1985). In der Psychologie wird der Vertrauensbegriff vorwiegend in Bezug auf die Qualität einer zwischenmenschlichen Beziehung beschrieben *(interpersonal trust).* Zwischenmenschliches Vertrauen bewirkt, daß man sich in einer riskanten Situation auf Informationen einer anderen Person über schwer abschätzbare Tatbestände und deren Konsequenzen verläßt (*Schlenker et al.* 1973). Vertrauen basiert damit auf der Erwartung einer Person oder einer Gruppe, daß sich der/die Interaktionspartner an mündlich oder schriftlich gegebene Versprechen halten (*Rotter* 1971). An diesen Definitionen erkennt man, daß Vertrauen immer einen Aspekt der Ungewißheit, ein Risiko oder die Möglichkeit der Enttäuschung einschließt. Vertrauen hat aber auch auf der anderen Seite auch eine motivierend positive Bedeutung für den, der vertraut und für den, dem vertraut wird (vgl. *Petermann* 1985).

Eine sehr populäre Auffassung von Vertrauen resultiert aus dem tiefenpsychologischen Entwicklungsmodell von *Erik-*

son (1963). Er nimmt an, daß sich keine stabile →Persönlichkeit (→Ich-Identität) ohne Vertrauen entwickeln kann und das sich frühkindlich ausbildende →„Urvertrauen" als Eckstein einer gesunden Persönlichkeit aufgefaßt werden muß. Für Erikson ist Vertrauen das Gefühl, sich auf den anderen verlassen zu dürfen. Vertrauen wird dabei von der Qualität der Mutter-Kind-Beziehung geprägt.

Die bisherigen Definitionen weisen Vertrauen als →Einstellung aus. Aus der sozialpsychologischen Kleingruppenforschung kommend begreift *Deutsch* (1962) Vertrauen als beobachtbares Handeln, das

(1) die eigene Verwundbarkeit steigert,

(2) gegenüber einer Person erfolgt, die nicht der persönlichen Kontrolle unterliegt und

(3) dann gewählt wird, wenn der Schaden, den man erleidet – falls die Verwundbarkeit ausgenutzt wird – größer ist als der Nutzen, den man aus dem Verhalten ziehen kann.

Aus dieser Definition kann man beobachtbare Indikatoren von Vertrauen ableiten, die verschiedenen empirischen Studien zugrunde gelegt wurden (vgl. als Übersicht *Petermann* 1985). Am häufigsten wird Vertrauen jedoch über →Fragebögen erfaßt.

Die zunehmende Bedeutung von Vertrauen als psychologisches →Konstrukt unterstreicht am klarsten die Definition von *Luhmann* (1973, S. 6); danach eröffnet Vertrauen mehr Möglichkeiten des Erlebens und Handelns, weil dadurch „eine wirksamere Form der Reduktion von Komplexität zur Verfügung steht". Die von *Luhmann* angesprochene Komplexität ergibt sich aus der mangelnden Überschaubarkeit sozialer Situationen und Handlungsweisen, die es erforderlich machen, Informationen zu akzeptieren, deren Wahrheitsgehalt fragwürdig sind. Die neuere Vertrauensforschung benennt einige Variablen, die Vertrauen besonders begünstigen, wie zum Beispiel

- ein hohes Selbstvertrauen, das befähigt, Enttäuschungen von Vertrauen besser zu ertragen,
- positive Unterstützung (Lob, Zuwendung) der Interaktionspartner oder
- Fragen nach selbstexplorativen Äußerungen (*Petermann* 1985).

Aktuell zeichnen sich in der →Angewandten Psychologie interessante Gebiete der Vertrauensforschung ab, die von der Führungs-, →Entwicklungs-, →Pädagogischen, →Klinischen bis zur →Medizinischen Psychologie reichen.

Literatur: *M. Deutsch,* Corporation and trust: Some theoretical notes. In: *M. R. Jones* (Ed.), Nebraska Symposiums on motivation. Lincoln 1962. *E. H. Erikson,* Wachstum und Krisen der gesunden Persönlichkeit. Stuttgart 1963. *D. B. Hill,* Attitude generalisation and the measurement of trust in American leadership. Political Behavior, 1981, 3, 257–270. *N. Luhmann,* Vertrauen. Ein Mechanismus der Reduktion sozialer Komplexität (2. Aufl.). Stuttgart 1973. *F. Petermann,* Psychologie des Vertrauens. Salzburg 1985. *J. B. Rotter,* A new scale for the measurement of interpersonal trust. J. Pers., 1967, 35, 651–665. *B. R. Schlenker/B. Helm/J. T. Tedeschi,* The effect of personality and situational variables on behavioral trust. J. Pers. Soc. Psychol., 1973, 25, 419–427.

Prof. Dr. *Franz Petermann,* Bonn

Vertrauensintervall
⇒Konfidenzintervall.

Verwahrlosung
→Dissoziatives Verhalten.

verzögerte bedingte Reaktion
→Klassisches Konditionieren.

Verzweifelung
Gefühl der Hoffnungslosigkeit, das dem Konzept der →erlernten Hilflosigkeit zufolge häufig zu →Depressionen führt.

Vigilanz
Zustand der Wachheit und passiven →Aufmerksamkeit, der das Individuum in die Lage versetzt, sofort auf kleine

unerwartete Veränderungen in der Umwelt zu reagieren.

visuelle Agnosie
→limbisches System.

Visuelle Aufmerksamkeit
Die Verarbeitung sensorischer Information beim Menschen beginnt auf Rezeptorebene mit der Umwandlung physikalischer Stimuli in elektrochemische Prozesse und durchläuft multiple Stadien neuraler Analyse bis hin zur bewußten →Wahrnehmung. Dieser Vorgang der hierarchischen Stimulusauswertung wird kontrolliert durch *Aufmerksamkeit,* die definiert ist als →Konzentration der zur Verfügung stehenden →mentalen Resourcen mit dem Ziel optimaler Stimulusverarbeitung. Da ein menschlicher Beobachter nicht unbegrenzt viele Stimuli gleichzeitig auswerten kann, ist ein Selektionsmechanismus notwendig, der nach bestimmten Kriterien relevante Stimuli selektiert und irrelevante unterdrückt. Grundsätzlich ist ein solcher Vorgang auf verschiedenen Ebenen der Informationsverarbeitung denkbar. Bislang ungelöst ist die Frage, ob ein Stimulus auf einem „frühen", d.h. überwiegend sensorischen Niveau ohne vollständige Identifikation selektiert werden kann, oder ob ausschließlich eine „späte" Auswahl nach vollständiger Stimulusanalyse erfolgt.

Das visuelle System verfügt über zwei wirkungsvolle Aufmerksamkeitsmechanismen, die als *„offene"* und *„verdeckte" Aufmerksamkeit* bezeichnet werden (*overt attention* bzw. *covert attention*). Unter der offenen Aufmerksamkeit versteht man den Vorgang der Ausrichtung des Bereichs der Retina mit der höchsten Auflösung auf das zu selektierende Ereignis. Neben dieser mit Augenbewegungen verbundenen „Foveation" stellt die verdeckte Aufmerksamkeit einen weiteren, sehr wirkungsvollen Selektionsmechanismus dar. Bei dieser covert attention handelt es sich darum, daß unabhängig von Kopf- oder Augenbewegungen die neurale Verarbeitung relevanter und irrelevanter Stimuli beeinflußt wird. Covert attention ist für eine adäquate Reaktion auf neue Stimuli von wesentlicher Bedeutung. Es läßt sich zeigen, daß eine Stimulusselektion bereits vor dem Einsetzen von Augenbewegungen stattfinden kann. Ein Beispiel ist etwa die Situation beim Autofahren, bei der die Fahrbahn fixiert und zugleich relevante periphere Reize innerhalb und außerhalb des Fahrzeugs selektiert werden müssen.

Die Unterscheidung zwischen früher und später Selektion wird im visuellen System im Zusammenhang mit der sog. *spatialen Aufmerksamkeit* diskutiert. Bekanntlich ist ein visueller Stimulus durch eine Reihe von Eigenschaften wie Farbe, Form und Lokalisation im Gesichtsfeld charakterisiert. Die frühe Selektionstheorie behauptet, daß die Auswahl eines Stimulus nach ausschließlich räumlichen Kriterien möglich ist, d.h. die bevorzugte Verarbeitung eines Stimulus kann unabhängig von Attributen wie Stimulusform und -farbe allein aufgrund seiner Lokalisation erfolgen. Demgegenüber wird von der späten Selektionstheorie eine spatiale Selektion nur im Zusammenhang mit einer Stimulusidentifikation akzeptiert.

Die spatiale Aufmerksamkeit in Form der covert attention bildet gegenwärtig einen Schwerpunkt sowohl der psychologischen als auch der neurophysiologischen Forschung. In der →kognitiven Psychologie werden im wesentlichen zwei Modelle der spatialen verdeckten Aufmerksamkeit diskutert: das sog. *Spotlight Modell* und das sog. *Gradienten Modell.* Das Spotlight Modell vergleicht den Mechanismus der spatialen Aufmerksamkeit mit einem Spotlight, das einen bestimmten Bereich des Gesichtsfeldes „aufhellt", d.h. die dort einfallenden Ereignisse bevorzugt verarbeitet. Die Selektion erfolgt diesem Modell zufolge nach einem Alles-oder-Nichts-Gesetz: Stimuli, die außerhalb des Spotlights fallen, werden unabhängig von ihrer Distanz zum Spotlight weniger effektiv verarbeitet als Stimuli innerhalb des

Spotlights. Ungeklärt sind der Durchmesser des Spotlights, seine Dynamik und seine Teilbarkeit. Im Unterschied zum Spotlight Modell geht das Gradienten Modell von einem kontinuierlichen Übergang zwischen dem Zentrum der spatialen Selektion und der Peripherie aus. Danach erfolgt eine stetige Zunahme der Effektivität der Stimulusverarbeitung zum Zentrum des Gradienten hin. Fragen in diesem Zusammenhang betreffen die Form des Gradienten und seine möglichen Begrenzungen durch den horizontalen und vertikalen Meridian des →Gesichtsfeldes.

Das Modell der spatialen Selektion als Spotlight oder als Gradient erweist sich vor allem im Zusammenhang mit der zentralen Orientierung von Aufmerksamkeit als sinnvoll. Darunter versteht man den Vorgang der kontrollierten Attendierung (der aufmerksamen Beobachtung) einer Lokalisation des Gesichtsfeldes in Erwartung eines Stimulus innerhalb dieser Region. Ein typisches Experiment in diesem Zusammenhang sieht etwa folgendermaßen aus: Die Versuchsperson fixiert das Zentrum eines Bildschirms. Ein Pfeil *(central cue)* erscheint dort, der nach links oder rechts deutet und anzeigt, daß ein zweiter Stimulus *(target),* etwa ein vertikaler Balken, zu 80% in der Bildschirmhälfte erscheint, die der Pfeil angibt. Die Versuchsperson, die konstant die Bildschirmmitte fixiert, hat die Aufgabe, bei Erscheinen des Balkens so schnell wie möglich einen Knopf zu drücken. Es zeigt sich, daß die Reaktionszeit für die Balken kürzer ist, deren Lokalisation durch den central cue richtig vorangekündigt wurde. Die Reaktionszeitdifferenz zwischen validen und invaliden targets wird als sog. *cost-benefit-Effekt* der Orientierung von Aufmerksamkeit gewertet, die entsprechend dem central cue das Spotlight in die linke oder rechte Gesichtshälfte richtet.

Neben den Effekten des *central cueing* erlangen die Mechanismen des sog. *peripheral cueing* zunehmendes Interesse. Wenn ein Stimulus in einem Bereich des Gesichtsfeldes erscheint, in dem kurz zuvor ein anderer Stimulus (peripheral cue) präsent war, so wird die Verarbeitung des zweiten Stimulus durch den ersten auch in Abwesenheit von Augenbewegungen beeinflußt. Dabei sind in Abhängigkeit vom Zeitintervall zwischen cue und target sowohl bahnende als auch hemmende Prozesse (→Bahnung, →Hemmung) zu beobachten.

Neuere Untersuchungen geben Hinweise darauf, daß zwischen diesen beiden für die visuelle Aufmerksamkeit fundamentalen Mechanismen, dem central und dem peripheral cueing, grundsätzliche Unterschiede bestehen. Es wird beispielsweise diskutiert, daß central cueing (auch als *endogene Orientierung* bezeichnet) mehr den Mechanismus der Entscheidung hinsichtlich der Antwort auf einen Stimulus beeinflußt, während peripheral cueing (*exogene Orientierung*) auf sensorischem Niveau operiert und zu einer Veränderung der Stimulusenkodierung (→Kodierung) führt. Diese Auffassung wird jedoch nicht allgemein geteilt und ist Gegenstand der Forschung.

Das Analogon der psychologischen Modelle der visuellen Aufmerksamkeit auf neuraler Basis sind Mechanismen, die die Verarbeitung visueller Information auf dem Niveau subcorticaler Bahnen, corticaler Primärfelder oder corticaler Assoziationsfelder (→Gehirn) beeinflussen. Ein mögliches Substrat der frühen Selektion könnte etwa die unterschiedliche Verarbeitung relevanter und irrelevanter Information in den aufsteigenden sensorischen Bahnen durch die Modulation absteigender neuraler Systeme sein. Grundsätzlich erscheint ein solcher Filtermechanismus *(Gating)* in den corticalen sensorischen Feldern, in den Thalamuskernen oder auf Rezeptorebene denkbar. Gating bezeichnet dabei den Vorgang selektiver absteigender Kontrolle durch Regulation der Stärke der sensorischen Transmission in den aufsteigenden Bahnen ohne Aktivierung zusätzlicher sensorischer Neurone.

Der Nachweis attentionaler →zentrifugaler Modulation visueller Information an der Retina ist beim Primaten bislang nicht gelungen. Dagegen erscheint es möglich, daß der Thalamus (→Gehirn) an der Selektion sensorischer Impulse beteiligt ist. Die dichte reziproke thalamo-corticale Projektion bietet eine geeignete anatomische Basis für eine corticofugale (→zentrifugal) sensorische Kontrolle. Neuere Experimente weisen dem visuellen Cortex wesentliche Bedeutung zu. Bei diesen Experimenten handelt es sich um Untersuchungen der mittels Oberflächenelektroden abgeleiteten hirnelektrischen Aktivität beim Menschen und beim Affen und um single unit Ableitungen beim Affen. Dabei werden Reize unter verschiedenen Aufmerksamkeitsbedingungen auf einem Bildschirm präsentiert und die dazu synchrone hirnelektrische Aktivität mit Hilfe spezieller Filtertechniken abgeleitet. Die auf diese Weise beim Menschen gewonnenen sog. evozierten Potentiale (⇒ereigniskorreliertes Potential) zeigen für bestimmte Komponenten Unterschiede, die – bei identischem physikalischen Reiz – allein von differenten Aufmerksamkeitseffekten abhängen. Dabei ergibt sich, daß der früheste beobachtbare Potentialeffekt im Bereich zwischen 70 und 100 msec nach Stimulus einsetzt und über dem extrastriären visuellen Cortex (Area 18 und 19) lokalisiert ist. Die Tatsache, daß dieser früheste Effekt allein bei der spatialen Selektion auftritt, während Selektion nach Farbe oder Form zu Veränderungen späterer Komponenten führt, wird als deutlicher Hinweis für eine frühe Selektion auf der Stufe der Stimuluskodierung gewertet. In Übereinstimmung damit lassen single unit Ableitungen beim Affen vermuten, daß die Steuerung der spatialen Selektion in oder vor der extrastriären Area stattfindet.

Literatur: *C. W. Erikson/Y. Y. Yeh,* Allocation of attention in the visual field. J. of Experimental Psychology, Human Perception and Performance, 1985, 11, 583–597. *H. J. Heinze/S. J. Luck/G. R. Mangun/S. A. Hillyard,* Visual event-related potentials index focussed attention within bilateral stimulus arrays: I. Evidence for early selection. Electroenceph. Clin. Neurophysiol. 1989. *S. J. Luck/H. J. Heinze/G. R. Mangun/S. A. Hillyard,* Visual events-related potentials index focussed attention within bilateral stimulus arrays: II: Functional dissociation of P1 and N1 components, Electroenc. Clin. Neurophysiol. 1989.

Prof. Dr. *Hans-Jochen Heinze,*
Hannover

visuelle Illusionen
→Wahrnehmung.

viszerale Entdeckung
→Viszerozeption.

viszerale Wahrnehmung
⇒Viszerozeption.

Viszerozeption

Aus lat. „viszera“ (Eingeweide) und „perceptio“ (Wahrnehmung); bezeichnet die Wahrnehmung von Organtätigkeiten. Viszerozeption ist neben dem Körpersignalsystem des Bewegungsapparates *(Propriozeption)* ein Teilbereich der *Interozeption,* dem Oberbegriff für die allgemeine Wahrnehmung körperlicher Prozesse und Zustände. Außerhalb der →Biofeedbackforschung, deren Schwerpunkt eher die Sensibilisierung für psychophysische Zustände ist, erreichte der Wahrnehmungsprozeß körperinterner Zustände als eigenständiger Gegenstand innerhalb der Emotionsforschung erst in neuerer Zeit einen zentralen Stellenwert. Die Rolle von körperlicher →*Aktivierung* für die Entstehung von →*Emotionen* wird seit *James* (1884) kontrovers diskutiert. Dieser nimmt an, daß ein →Gefühl erst durch die Wahrnehmung der körperlichen Aktivierung ausgelöst wird, wobei es durch die Aktivierung und Wahrnehmung unterschiedlicher Symptome zur Ausbildung unterschiedlicher Gefühlsqualitäten kommt. *Schachter & Singer* (1962) revidierten diese Annahme. Sie gehen davon aus, daß Personen zwar ein allgemeines Maß an Aktivierung wahrnehmen, dies jedoch nicht ausreicht, um ein Gefühl auszulösen. Vielmehr entstehen Emotionen durch die Interaktion von körperlicher Aktivierung, situativem Kontext und vermittelnden Kognitionen. Eine Grundannahme beider Theorien ist die Fähigkeit zur genauen Körperwahrnehmung. Auf Grund der großen Heterogenität der zur Überprüfung dieser Annahme durchgeführten Studien differenziert z.B. *Otto* (1986) zwischen Untersuchungen, die nur die organspezifischen physiologischen Veränderungen in Relation zur Selbstwahrnehmung setzen (Viszerale Entdeckung) und Experimenten, die die Gesamtheit der bewußten Wahrnehmung internaler Prozesse, den situativen Kontext und kognitive Faktoren mit in die Analyse einbeziehen (Viszerale Wahrnehmung).

Viszerale Entdeckung: In der Mehrzahl der Studien wird die Herzfrequenz und die subjektive Wahrnehmung des Herzschlages als Indikator der Wahrnehmungsgenauigkeit eingesetzt. Weitere Indikatoren sind z.B. die Hauttemperatur und der →Hautwiderstand gemessen an den Handinnenflächen und die wahrgenommenen warmen, bzw. feuchten Hände. Dabei kommen drei verschiedene methodische Vorgehensweisen zur Anwendung. Die *„self-report-Methode“*, bei der die Vpn die wahrgenommenen Körpersignale auf einer →Rating-Skala einschätzen; bei der *„Tracking-Methode“*, drücken die Vpn in dem Rythmus ihrer wahrgenommen Herzfrequenz einen Knopf und bei dem *„Whitehead-Paradigma“*, werden die Vpn mit unterschiedlichen Reizfrequenzen konfrontiert, die dem Tempo ihrer Herzfrequenz folgen. Die Vpn sollen nun nach dem *„Signal-Entdeckungs-Paradigma“* diejenige Reizserie erkennen, die ihrem Herzschlag am nächsten kommt. Die bisher vorliegenden Befunde sind eher inkonsistent und geben höchstens Hinweise auf Faktoren die den Wahrnehmungsprozeß körperinterner Zustände begünstigen. Die Geschlechtszugehörigkeit könnte ein solcher Faktor sein. So scheinen Männer ihre Herzfrequenz genauer wahrzunehmen als Frauen. Wenig ist bisher darüber bekannt, ob und inwieweit unterschiedliche Verhaltensdispositionen wie z.B. Ängstlichkeit oder unterschiedliche Formen der →Angstabwehr (operationalisiert durch das Persönlichkeitskonstrukt →“Repression-Sensitization“) in Zusammenhang mit der Wahrnehmung körpereigener Signale stehen. Die bisher durchgeführten Untersuchungen erbrachten keine einheitlichen Ergebnisse. Relativ konsistente Resultate dagegen finden sich in Studien, die über positive Zusammenhänge zwischen dem Grad der körperlichen Aktiviertheit, ausgelöst sowohl durch körperliche Anstrengung als auch durch psychische →Stressoren, und der Wahrnehmungsgenauigkeit der Herzfrequenz berichten (*Schedlowski* 1988). Übergreifende Kritikpunkte an dem →Paradigma der viszeralen Entdeckung sind die Methodenvielfalt und die daraus resultierende mangelnde Vergleichbarkeit der Ergebnisse; die Focussierung auf einzelne, spezielle physiologische Parameter, und die Vernachlässigung des Einflusses kontextueller Informationen auf den Viszerozeptionsprozeß.

Viszerale Wahrnehmung: Die Studien in diesem Bereich befassen sich zum einen mit dem Zusammenhang zwischen allgemeinen psychologischen Aktivierungsindikatoren wie z.B. dem Grad der „inneren Anspannung“ und organspezifischen Symptomen bzw. mit der Zuordnung von körperlichen Symptomen zu unterschiedlichen Emotionsqualitäten, zum anderen mit dem Einfluß situativer und kognitiver Faktoren auf den Viszerozeptionsprozeß. Die sich in den Aktivierungsexperimenten niederschlagende hohe physiologische Individualität wird u.a. durch individualspezifische Reaktionsmuster erklärt, die die habituelle Eigenschaft einer Person bezeichnen, auf unterschiedliche Reize oder Situationen ein gleichartiges physiologisches Reaktionsmuster zu zeigen. Dieses Prinzip der →individualspezifischen Reaktionsmuster scheint auch für den Viszerozeptionsprozeß Gültigkeit zu besitzen.

Desweiteren werden, in Übereinstimmung mit der Emotionstheorie von *James* (1884), unterschiedliche Körpersymptome mit verschiedenen Emotionen in Verbindung gebracht. Auch der situative Kontext scheint die Wahrnehmung körpereigener Symptome zu beeinflussen. So weisen die Ergebnisse darauf hin, daß sich das bewußte Erleben internaler Zustände verringert, wenn sich die Anzahl externaler Stimuli vergrößert. Über den Einfluß kognitiver Schemata auf den Wahrnehmungsprozeß wird berichtet, daß allgemeine Erwartungen die Symptomwahrnehmung entscheidend mitprägen, je nachdem welche Reaktionserwartungen eine Person in bestimmten Situationen hat. Diese Reaktionserwartungen beziehen sich in der Regel auf Symptome wie Herz- oder Atemfrequenz. Den Wahrnehmungsprozeß von Symptomen wie z.B. der Fingertemperatur, über die weniger generelle Alltagsüberzeugungen existieren, sollen dagegen ideosynkratische Ansichten (persönliche Überzeugungen) beeinflussen. Ein überzeugendes Erklärungsmodell über den Wahrnehmungsprozeß körpereigener Symptome konnte bisher nicht erbracht werden. Schlußfolgerungen auf die Bereiche der →Psychophysiologie körperlicher Beschwerden und auf die emotionstheoretischen Annahmen gelingen bis jetzt bestenfalls partiell. Die hohe individuelle Variabilität der Viszerozeptionen und die anhand der bisherigen Ergebnisse geäußerte Vermutung, daß die Wahrnehmung körpereigener Signale anscheinend wichtiger und konsistenter für die Entstehung von Emotionen ist als die objektiv meßbare Aktivierung, weisen auf den Stellenwert individualspezifischer, situativer und kognitiver Faktoren in zukünftigen Forschungsaktivitäten hin.

Literatur: *W. James,* What is an emotion?. Mind, 1884, 9, 188–205. *J. Otto,* Interozeption. In: *R. Bösel* (Hrsg.) Biopsychologie der Emotionen (S. 127–138). Berlin–New York 1986. *S. Schachter/J. E. Singer,* Cognitive, social and physiological determinants of emotional state. Psychological Review, 1962, 69, 379–399. *M. Schedlowski,* Wahrnehmung körpereigener Sympotome im Vorstartzustand. Sportpsychologie, 1988, 3, 21–24.

Dr. *Manfred Schedlowski,* Hannover

vollständige faktorielle Versuchsanlage
→Versuchsplanung.

von Restoff-Effekt
→Gedächtnis.

vorbewußt
→Unbewußtes.

Vorbewußtes
→Unbewußtes.

Vorhersage-Validität
Kriterium für die →Validität eines →Tests, das sich darauf bezieht, wie gut der Test geeignet ist, ein bestimmtes Kriterium vorherzusagen, beispielsweise den späteren Schul- oder Berufserfolg.

Vorstellung
bewußte Vergegenwärtigung von Erinnerungen.

Vorurteil
⇒Stereotyp.

vorzeitige Ejakulation
→Sexuelle Störungen

Voyeurismus
→Sexuelle Störungen.

Vulnerabilitäts-Modell
Annahme einer Schwellensenkung gegenüber Reizen, die das Krankheitsbild einer →Schizophrenie auslösen können. Dieses Modell soll die Tatsache erklären, daß nur bestimmte Personen erkranken, die solchen Einflüssen ausgesetzt sind, die allgemein als krankheitsverursachend angesehen werden, während die überwiegende Zahl der Personen, die ähnlichen Einflüssen ausgesetzt sind, gesund bleiben.

W

Wahn
→Denkstörungen.

wahnhaft
→paranoid.

Wahnidee
eingebildete, nicht korrigierbare Idee oder →Vorstellung.

wahrer Wert
Grundannahme der →Klassischen Testtheorie, daß sich jeder beobachtete oder gemessene Testwert additiv aus einem wahren Wert für die tatsächliche Merkmalsausprägung und einem →Meßfehler zusammensetzt.

Wahrnehmung
Wahrnehmung, Perzeption, bezeichnet den Vorgang und/oder das Ergebnis des komplexen psychologisch-physiologischen Prozesses, durch welchen der Organismus mittels spezieller →Sinnesorgane und Verarbeitungssysteme die Aufnahme, Weiterleitung und spezifische Verarbeitung von →Information der äußeren und inneren Umwelt (zumeist bis zum Bewußtwerden) vollzieht. Oder prägnanter: Wahrnehmung ist der Prozeß, mittels dessen wir die Einzelreize und Reizmuster aus unserer Umgebung organisieren und interpretieren. Die Wahrnehmung ist als eine der Grundlagen der menschlichen Erkenntnis Gegenstand der Philosophie (→Erkenntnistheorie), in ihren organismischen Grundlagen und Funktionsweisen ist die Wahrnehmung Gegenstand der →Sinnes- und Neurophysiologie, wie auch, insbesondere hinsichtlich der Prozesse der Informationsverarbeitung, Gegenstand der Wahrnehmungs- und Kognitionspsychologie (→Kognition).

In der →Elementenpsychologie des 19. Jahrhunderts fiel der Wahrnehmung (auch „Perzeption") die Koordination elementarer →Empfindungen in Bilder und →Vorstellungen zu, die dann als „Apperzeptionen" in höhere Begriffssysteme eingebaut gedacht wurden. Wesentlich durch die Vertreter der →Gestaltpsychologie (*Koffka,* 1886–1941; *Wertheimer,* 1880–1943; u.a.) wurde klar, daß die Wahrnehmung komplexer Reizmuster übergreifenden →Gestalt-Gesetzen folgt (→Ganzheitspsychologie) und nicht als Summe der Einzelreize aufgefaßt werden kann. Dagegen steht die Auffassung, daß Wahrnehmung im wesentlichen einen Reduktionsprozeß beinhaltet und so die wichtigen Elemente des Signals identifiziert (z.B. →Visuelle Aufmerksamkeit).

Die neuere Wahrnehmungspsychologie untersucht die Beziehungen zwischen den „objektiven" Merkmalen des Wahrgenommenen und den der Wahrnehmung zugrunde liegenden physiologischen und psychologischen Prozessen und erforscht den Einfluß der Wahrnehmung auf das Verhalten wie auf die psychologischen Prozesse und Erlebnisse.

Je nach Forschungansatz finden sich weitere unterschiedliche Schwerpunkte, Wahrnehmung zu betrachten als (a) abhängig von der Gesamtsituation *(Ames, Gibson),* (b) von inneren Zuständen wie Sättigung *(Köhler, Wallach)* und →Erwartungen *(Hebb),* (c) von →Bezugssystemen *(Hellson, Sarris, Witte),* (d) als dynamischen Prozeß zwischen Reiz und Person in der →Aktualgenese *(Sander)* und Entwicklung *(Piaget),* (e) als Informationsverarbeitung in einem kybernetischen System *(Bischof, Becker-Carus, Neisser, Klix),* das auf angeborener, genetisch-bedingter Grundlage durch Gebrauch (in seiner Entwicklung) beeinflußt wird, auch später z.T. plastisch bleibt und durch Übung veränderbar bzw. in Grenzen erweiterbar erscheint. Ferner schließt es nach *Neisser* die aktive Informationssuche (→"Schemata") sowie Vergleichsprozesse durch das →Gedächtnis mit ein.

Für die Erkenntnistheorie ist die Wahrnehmung insofern von besonderer Bedeutung, als die unterstellten Wahrnehmungsleistungen weitgehend das Weltbild wie auch die angenommenen Grenzen unmittelbarer Erkenntnis bestimmen. Danach wird heute das Wahrnehmungsergebnis zumeist verstanden als eine mit der Erfahrung wachsende, anschauliche Repräsentation der (objektiv realen?) Umwelt und des eigenen Körpers bzw. der eigenen Person (Innenwelt). Wahrnehmung wird auch verstanden als der aktuelle anschauliche Teil des Erkenntnisprozesses und der Erkenntnis. Wahrnehmung schließt in diesem erweiterten Sinn auch Vorstellungen, Nachbilder, Vergegenwärtigtes und Erlebnisinhalte mit ein.

Der *Wahrnehmungsprozeß* geht von Sinneseindrücken (Empfindungen) aus, die aus Sinnesreizungen (akustischen, optischen, mechanischen, chemischen u.a.) entstehen. Das Subjekt nimmt aufgrund seiner Erfahrungen eine Deutung vor, bzw. organisiert die Sinnesempfindungen nach einem herangetragenen Konzept zu einem „Perzept", das als passend oder nicht passend bewertet wird. Dies kann durch „unmögliche Figuren" verdeutlich werden, in denen sich zumindest zwei Deutungen widersprechen (siehe Abb.). Empfindung plus Erfahrungshypothese führt zur Wahrnehmung.

Wahrnehmungs-Organisation erfolgt in diesem Sinne nach bestimmten sog. Ge-

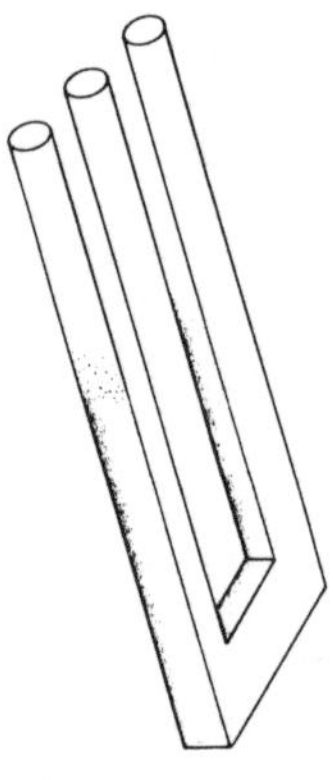

Unmögliche Figur

stalt-Prinzipien. So werden beliebige geometrische Muster stets als „Figuren" gegen einen (Hinter-) Grund gesehen (auch wenn sie kein identifizierbares Objekt beinhalten), wobei sich die *Figur-Grund-Relation* durchaus umkehren kann (Abb.). Zumeist jedoch dominiert eine der möglichen Gestalten: Prinzip der guten Gestalt, Prägnanz. Weitere unserer Wahrnehmung eigene Strukturierungstendenzen veranschaulichen die Gruppierungsprinzipien der Nähe, der Gleichheit, der Kontinuität u.a. (*Koffka* 1935, *Metzger* 1975).

Wahrnehmungs-Konstanz bezeichnet die Tatsache, daß bestimmte Wahrnehmungen bei variierenden Reizgegebenheiten (in Grenzen) invariant sind z.B. *„Größenkonstanz":* Objekte werden unabhängig von ihrer Entfernung gleichgroß wahrgenommen, während sich die Größe des entsprechenden Netzhautbildes ändert. Weitere Konstanzphänomene sind: Helligkeits-, Farb-, Form-, Lokationskonstanz. Für ihr Zustandekommen sind neuronale Verschaltungs- bzw. Verrechnungsmechanismen zur Invariantenbildung verantwortlich (z.B. „Korrektur", „Kompensation" (Abb. S. 417), „Rekonstruktion" (*Bischof*

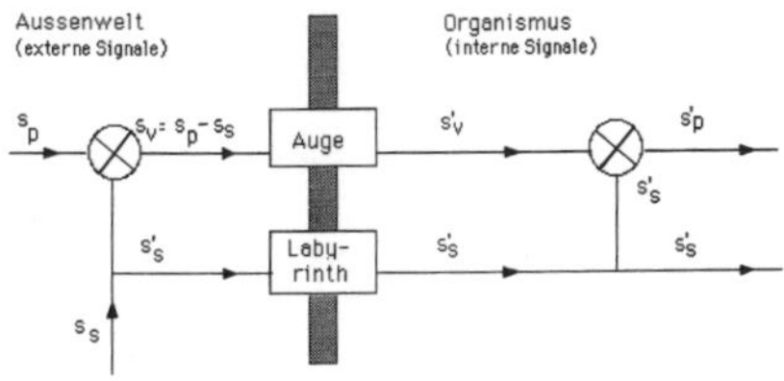

KOMPENSATIONSPRINZIP

1966), oder Differenzbildung, z.T. zwischen verschiedenen Sinneskanälen).

Wahrnehmungs-Dominanz: Liefern zwei Sinneskanäle (z.B. Sehen, Tasten) unterschiedliche Information über das gleiche Objekt, so dominiert in der Wahrnehmung die Information des zu diesem Zeitpunkt geübteren Sinnes (*Becker-Carus* 1973). *Visuelle Illusionen, „optische Täuschungen“,* ein beliebtes Studienobjekt der Wahrnehmungs-Psychologie, weisen auf Grenzen und Fehlfunktionen der Wahrnehmungs-Mechanismen hin, z.B. perspektivische Ponzo-Illusion, in der beide Waagerechten gleich lang sind aber unterschiedlich wahrgenommen werden.

Ponzotäuschung

Wahrnehmungs-Kontrast heißt der verstärkt empfundene Gegensatz zwischen zwei verschiedenen Wahrnehmungsinhalten des gleichen Sinnesgebietes. Z.B. erscheinen Streifen von gleichem Grau auf dunklem Grund heller, auf hellem Grund dunkler. Hell-dunkel Grenzen erscheinen verstärkt (= Machsche Bänder). Verantwortlich hierfür sind vor allem neuronale Verschaltungen z.T. bereits in der Retina: Prinzip der „lateralen Hemmung“ (Abb., s.a. *Ratliff* 1965), oder Kortikal: →„rezeptive Felder“.

Mustererkennung: die Fähigkeit, bestimmte Muster (visuell, akustisch) zu erkennen, wird zurückgeführt auf die im Kortex entdeckten, als Merkmalsdetektoren bezeichneten, Neurone und ihre Verschaltungen (*Hubel* u. *Wiesel* 1968). Sie sprechen spezifisch auf bestimmte Reizstrukturen an. Gefunden wurden u.a. solche für Kanten, Bewegung, Disparität (Tiefensehen).

Wahrnehmungs-Plastizität: Unser (visuelles) Wahrnehmungssystem zeigt selbst beim Erwachsenen eine hohe Anpassungs- oder Umstellungsfähigkeit. Untersuchungen mit Umkehrbrillen oder seitwärts verschiebenden Prismenbrillen haben gezeigt, daß (über →Reafferenzkreise im Nervensystem) die motorisch-sensorische Koordination in weiten Bereichen durch Übung umstellbar ist. In einer durch Brillen rechts-links vertauscht erscheinenden Welt stellt sich für die Person bereits nach wenigen Tagen aktiver Bewegung die Lokationskonstanz und Orientierung wieder her.

Literatur: *C. Becker-Carus,* Grundriß der physiologischen Psychologie. Heidelberg 1981. *C. Becker-Carus,* Verändert die Wahrnehmungsschwelle die Dominanz zwischen Sehen und Tasten? Z. exp. angew. Psychol. 1973, 20, 347–365. *D. H. Hubel/T. N. Wiesel,* Receptive fields and functional architecture of

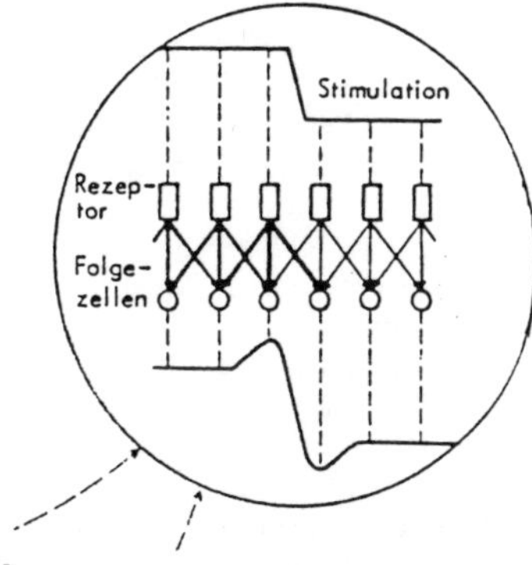

Laterale Hemmung (aus Becker-Carus, 1981)

monkey striate cortex. J. of Physiology 1968, 195, 215–243. *K. Koffka,* Principles of Gestaltpsychology. London 1950. *W. Metzger,* Gesetze des Sehens. Frankfurt 1975. *F. Ratliff,* Mach bands, quantitative studies on neural networks in the retina. New York 1965.

Prof. Dr. *Christian Becker-Carus,* Münster

Wahrnehmungsdominanz
→ Wahrnehmung.

Wahrnehmungskonstanz
→ Wahrnehmung.

Wahrnehmungskontrast
→ Wahrnehmung.

Wahrnehmungsorganisation
→ Wahrnehmung.

Wahrnehmungsplastizität
→ Wahrnehmung.

Wahrnehmungsprozeß
→ Wahrnehmung.

Wahrnehmungspsychologie
→ Wahrnehmung
→ Augenbewegungen
→ Visuelle Aufmerksamkeit.

Wahrnehmungsschwelle
⇒ Reizschwelle.

Wahrscheinlichkeit
1. *Geschichte des Wahrscheinlichkeitsbegriffs:* Die ersten Versuche einer wissenschaftlichen Untersuchung des Wahrscheinlichkeitsbegriffs können auf Aristoteles zurückgeführt werden. Im Buch Topik (Organon V) werden die sog. dialektischen Schlüsse behandelt. *Aristoteles* schreibt dazu: „Unsere Arbeit verfolgt die Aufgabe, eine Methode zu finden, nach der wir über jedes gestellte Problem aus wahrscheinlichen Sätzen Schlüsse bilden können und, wenn wir selbst Rede stehen sollen, in keine Widersprüche geraten ... Wahrscheinliche Sätze aber sind diejenigen, die Allen oder den Meisten oder den Weisen wahr scheinen, und auch von den Weisen wieder entweder Allen oder den Meisten oder den Bekanntesten und Angesehensten".

Das Wort ‚wahrscheinlich' kennzeichnet also Sätze, die nicht ohne weiteres glaubhaft sind, sondern deren Wahrheitsgehalt von der Meinung der Menge oder zumindest der Weisen oder Bekanntesten abhängt.

Diese Auffassung von Wahrscheinlichkeit im Zusammenhang mit der Dialektik blieb bis zum Ende des 17. Jahrhunderts vorherrschend. Ein neuer Anstoß zur Beschäftigung mit dem Wahrscheinlichkeitsbegriff kam von den Untersuchungen über die möglichen Ausgänge von Glücksspielen (→ Spieltheorie). Als Beginn dieser Untersuchungen wird allgemein der 1654 erfolgte Briefwechsel zwischen *Pascal* und *de Fermat* über ein vom *Chevalier de Mere* gestelltes Problem angesehen. Bei diesem Problem ging es darum, den Gewinn zwischen 2 Spielern A und B bei einem frühzeitigen Spielabbruch gerecht zu teilen. Beide hatten um einen bestimmten Betrag gewettet, den der erhalten sollte, der mit einer Münze zuerst eine bestimmte Anzahl (n) Würfe mit dem Ergebnis ‚Kopf' (oder ‚Wappen') erzielt. Das Spiel mußte vorzeitig abgebrochen werden, wobei dem Spieler A noch a Ergebnisse ‚Kopf' und dem Spieler B noch b dieser Ergebnisse an der vorgegebenen Anzahl n fehlen. *Pascal* und *Fermat* haben nicht nur dieses Problem gelöst, sondern dabei auch die Grundgesetzte der Wahrscheinlichkeitsrechnung eingeführt. Diese konnten in der Folgezeit von verschiedenen Autoren dazu benutzt werden, um komplexere Probleme (meist aus dem Bereich der Glücksspiele) zu lösen. Hier sind vor allem *Huygens, de Moivre, Montmort* und *Bernoulli* zu nennen. Letzterer hat in seinem 1713 (acht Jahre nach seinem Tod) erschienenen Buch ‚Ars conjectandi' die Wahrscheinlichkeit neu – und zwar quantitativ – definiert: „Die Wahrscheinlichkeit ist nämlich ein Grad der Gewissheit und unterscheidet sich von ihr wie ein Theil vom Ganzen ... Wenn z.B. die volle und absolute Gewissheit, welche wir mit a oder 1 bezeichen, aus fünf Wahrscheinlichkeiten oder Theilen bestehend angenommen wird, von denen drei für das gegenwärtige oder zukünftige Eintreten irgend eines Ereignisses und die übrigen beiden dagegen sprechen, so soll das Ereignis 3/5a oder 3/5 der Gewißheit besitzen. Es wird also von zwei Dingen dasjenige wahrscheinlicher sein, welches den grösseren Theil der Gewissheit besitzt."

Das entscheidend Neue an dieser Definition ist die Einschränkung des Wahrscheinlichkeitsbegriffs auf Aussagen über kommende Ereignisse und die Quantifizierung des Begriffs: der Wahrscheinlichkeit wird eine bestimmte Zahl (zwischen 0 und 1) zugeordnet, die der ‚Erwartung' über das zukünftige Ereignis entspricht (der Begriff des → Erwartungswertes wurde bereits von *Pascal* und *Fermat* benutzt). Damit war die Grundlage für eine Wahrscheinlichkeitsrechnung und für die Anwendung dieser Disziplin in der Empirie gelegt.

Allerdings bestand noch das Problem, wie in einer Situation, in der die Anzahl der ‚Theile', aus denen die ‚volle Gewissheit' besteht, nicht bekannt ist, die Wahrscheinlichkeit empirisch bestimmt werden kann. Auch dieses Problem wird im Buch ‚Ars conjectandi' gelöst, indem eine „zweite Art" der Wahrscheinlichkeitsbestimmung „a posteriori, d.h. aus dem Erfolge, welcher bei ähnlichen Beispielen in zahlreichen Fällen beobachtet wurde" eingeführt wird. Die Wahrscheinlichkeit für das Eintreffen eines bestimmten Ergebnisses wird hierbei als die Häufigkeit angenommen, mit der dieses Ergebnis bei wiederholten früheren Ereignissen vorgekommen ist. In dem (später so genannten) *Gesetz der großen Zahl* hat *Beroulli* gezeigt, daß mit zunehmender Zahl der Wiederholungen diese Häufigkeit immer weniger von der Wahrscheinlichkeit abweicht. (Eine Präzisierung der Art dieses Abweichens wurde später vorgenommen und führte zur Unterscheidung eines ‚starken' und ‚schwachen' Gesetzes der großen Zahl.)

Ein davon abweichendes Konzept der Verknüpfung von Wahrscheinlichkeit und empirischer Beobachtung hat ca. 50 Jahre später *Thomas Bayes* entwickelt. Dieses Konzept, das posthum 1763 veröffentlicht wurde, geht davon aus, daß die Wahrscheinlichkeit p für das Ergebnis eines zukünftigen Ereignisses zwar unbekannt ist, man den möglichen Werten dieser Wahrscheinlichkeit aber eine ‚a priori Verteilung' zuordnen kann. Über die genaue Interpretation dieser a priori Verteilung streiten sich noch heute ‚Bayesianer', die sie als Grad der subjektiven Gewißheit bezüglich dieser Wahrscheinlichkeit interpretieren, und ‚Frequentisten', die davon ausgehen, daß einem bestimmten Ergebnis bei künftigen Ereignissen unterschiedliche Wahrscheinlichkeiten zugrunde liegen können, die mit der durch die a priori Verteilung gegebenen Häufigkeit zu erwarten sind. Tritt nun das Ereignis ein und hat ein bestimmtes Ergebnis gebracht, dann kann damit die ursprünglich angenommene a priori Verteilung zu einer ‚a posteriori Verteilung' verbessert werden. Diese gibt die Verteilung der möglichen Wahrscheinlichkeitswerte bei Kenntnis des Ergebnisses an; sie korrigiert gewissermaßen die Annahme der a priori Verteilung aufgrund des Ergebnisses.

Laplace versuchte, die Wahrscheinlichkeitsrechnung in allen Bereichen anzuwenden, in denen „unsere Unwissenheit" noch keine Erkenntnis der zugrunde liegenden Gesetze zuläßt. Ein unmittelbarer Erfolg war diesem Unterfangen in der Physik beschieden, in der die statistische Mechanik und Theorie der Wärme im 19. Jahrhundert durch die Anwendung der Wahrscheinlichkeitsrechnung zu großen Erfolgen gelangten. Auch auf den Gebieten der Medizin, Biologie und Bevölkerungswissenschaften fanden die Methoden der Wahrscheinlichkeitsrechnung Eingang (vor allem durch *Gavarett* und *Louis* in der Medizin sowie *Quetelet* und *Fechner* in der Biologie). Es dauerte allerdings noch 100 Jahre bis diese Methoden auch allgemeine Anerkennung fanden. Hierzu war die Weiterentwicklung der → Statistik erforderlich, die in der ersten Hälfte unseres Jahrhunderts vor allem durch *Pearson, R. A. Fisher* und *Neyman* erfolgte.

Neue Impulse zur Interpretation und Abgrenzung der Wahrscheinlichkeit kamen in der ersten Hälfte unseres Jahrhunderts. Hier sind vor allem die Arbeiten von *R. von Mises* zu erwähnen, der eine streng ‚frequentistische' Definition der Wahrscheinlichkeit auf der Basis des Kollektivbegriffs gab. Unter einem Kollektiv versteht er „eine Gesamtheit von Vorgängen oder Erscheinungen, die sich im einzelnen durch irgendein beobachtbares Merkmal, eine Farbe od. dgl. unterscheiden".

Die Wahrscheinlichkeit für einen bestimmten Merkmalwert ist der Grenzwert der → relativen Häufigkeit, mit der dieser Merkmalwert bei einer beliebig häufigen Wiederholung des Vorgangs auftritt.

Wichtig ist, daß bei den Wiederholungen die Merkmalwerte ‚regellos' vorkommen. *Mises* versuchte diesen Begriff der Regellosigkeit präziser zu definieren (durch ein sog. Auswahlaxiom), scheiterte aber letzlich damit. So war es auch nicht möglich, präzise und unabhängige Kriterien für die Existenz des Grenzwerts der relativen Häufigkeit anzugeben, die dieser Definition erst einen Sinn geben würden.

Eine andere Auffassung von Wahrscheinlichkeit vertrat *Ramsey*. Für ihn ist Wahrscheinlichkeit ein Maß für die subjektive Zuverlässigkeit, mit der wir ein Aussage für wahr halten. Damit kann der Wahrscheinlichkeitsbegriff auch auf Aussagen über einmalige Vorgänge angewandt werden, was von *Mises* ausdrücklich ausgeschlossen wurde. Allerdings besteht das Problem, für diese subjektive Zuverlässigkeit widerspruchsfreie und objektivierbare Kriterien und Bedingungen anzugeben, die eine wissenschaftliche Verwendung bei empirischen Fragestellungen ermöglichen. Ein befriedigender Ansatz dazu lieferte erst in der zweiten Hälfte unseres Jahrhunderts die sog. Bayesianische Statistik von *de Finetti, Savage* und *Lindley* (s.u.).

Für den Mathematiker kann das Problem der Wahrscheinlichkeitsdefinition seit dem Erscheinen des Buches „Grundbegriffe der Wahrscheinlichkeitsrechnung" von *Kolmogoroff* im Jahre 1933 weitgehend als erledigt angesehen werden, solange er sich nur auf den formalen Aspekt beschränkt und auf eine inhaltliche Interpretation verzichtet. Formal wird die Wahrscheinlichkeit als ein Maß über Mengen beliebiger Elemente definiert. Die Gesamtheit der Elemente bezeichnet man als den Wahrscheinlichkeitsraum; die Gesamtheit der Mengen, die sich aus allen Teilmengen durch abzählbar häufige Anwendung der Operation der Vereinigung (= Menge, die alle Element beider Mengen enthält) bilden lassen, das Wahrscheinlichkeitsfeld F. Die → Axiome, die das Wahrscheinlichkeitsmaß P über Mengen aus F erfüllen muß sind:

1. P ist eine Zahl zwischen 0 und 1 (einschließlich)
2. $P(\Omega) = 1$
3. Für zwei disjunkte (d.h. elementfremde) Mengen A und B gilt: $P(A \vee B) = P(A) + P(B)$ (wobei $\vee$ die Vereinigung zweier Mengen symbolisiert)

Das Axiom 3 gilt auch für abzählbar unendlich viele disjunkte Mengen.

Mit der Frage, wie aus wiederholten empirischen Beobachtungen auf die Wahrscheinlichkeitsmaße geschlossen werden kann, beschäftigt sich die → Statistik.

2. *Wahrscheinlichkeit und Statistik:* Der kurze Gang durch die Geschichte hat gezeigt, daß ‚Wahrscheinlichkeit' unterschiedlich interpretiert wird. Allen Interpretationen gemeinsam ist die Verwendung des Begriffs im Zusammenhang

mit *Ungewißheit,* wobei bestimmte Kenntnisse zur Verfügung stehen, die diese Ungewißheit mildern und zumindest einen bestimmten Grad an Gewißheit gestatten. Wahrscheinlichkeit ist ein Ausdruck für den Grad dieser Gewißheit.

Unterschiede bestehen in der Interpretation dieser ‚graduellen Gewißheit' sowie über die Frage, wie dieser Grad durch die zur Verfügung stehenden Kenntnisse gestützt bzw. verändert wird.

Man kann im wesentlichen 3 Kategorien von *Wahrscheinlichkeitsinterpretationen* unterscheiden:

- die logische Interpretation
- die subjektivistische oder peronalistische Interpretation
- die objekivistische oder frequentistische Interpretation

Die *logische Interpretation* benutzte bereits *Aristoteles.* Sie war bis Mitte des 17. Jahrhunderts in der Dialektik die einzige Interpretation. Eine Modifikation bildet die Modallogik; d.i. die Logik des Möglichen und Notwendigen. In der logischen Interpretation wird das Wort ‚wahrscheinlich' – analog zum Wort ‚wahr' – als eine Satzfunktion aufgefaßt, die jedem Satz einen Wert zuordnet. Im Unterschied zu ‚wahr', wo nur 2 Ausprägungen der Funktion möglich sind (‚wahr' und ‚falsch'), können bei ‚wahrscheinlich' mehrere Werte vergeben werden; und zwar alle Werte zwischen 0 und 1. Aufgabe einer ‚Logik der Wahrscheinlichkeit' oder ‚induktiven Logik' ist es, Regeln für die Zuordnung des Wertes zu einem komplexen Satz bei Kenntnis der Werte für die einfachen Sätze, aus denen sich der komplexe Satz zusammensetzt, anzugeben. Außerdem muß eine induktive Logik einen Folgerungskalkül enthalten, der angibt, welche Sätze aus gegebenen Prämissen (die auch empirische Daten sein können) gefolgert werden können und welche Wahrscheinlichkeit der Folgerung zukommt. Erste Ansätze für eine formale, mehrwertige Logik finden sich bei *Tarski.* Eine auf dem logischen Konzept basierende Wahrscheinlichkeitslehre haben *Keynes* und *Jeffreys* entwickelt, ein ausführliches System der induktiven Logik *Carnap.* Diese Ansätze wurden aber praktisch selten angewandt. In neuerer Zeit wurde von *Zadeh* eine *‚Fuzzy-Logik'* entwickelt (Logik der Unschärfe), die bei einigen praktischen Problemen eingesetzt wurde (z.B. für die medizinische Diagnostik). Allerdings fehlen bisher brauchbare Ansätze, die ‚Fuzziness' von Aussagen anhand empirischer Daten zu evaluieren.

Die *subjektivistische Interpretation* betrachtet die Wahrscheinlichkeit als den Grad der subjektiven Gewißheit (s. *Bernoulli*). Dies wirft die Frage auf, wie diese subjektive Gewißheit objektiviert und quantifiziert werden kann. Dies erscheint zunächst paradox. Eine Möglichkeit, das Paradoxon aufzulösen, besteht darin, nicht von der Meinung sondern vom Verhalten des Subjekts auszugehen. Dieses ist objektiven Kriterien zugänglich. Das Verhalten einer Person bei Ungewißheit wird modellmäßig als ‚Wettsituation' oder allgemeiner ‚Entscheidungssituation' dargestellt (→Entscheidungstheorie). Die Person hat sich in einer bestimmten Situation für eine der gegebenen Möglichkeiten (z.B. die Annahme oder Ablehnung der Gültigkeit eines Satzes oder die möglichen Ausgänge eines Ereignisses) zu entscheiden. Sie muß einen bestimmten Einsatz wagen und kann einen bestimmten Gewinn erwarten, wenn die Möglichkeit, für die sie sich entschieden hat, zutrifft. Als subjektive oder personale Wahrscheinlichkeit für das Zutreffen dieser Möglichkeit wird das Verhältnis des Einzatzes zum möglichen Gewinn definiert. Dabei wird vorausgesetzt (und dies ist der ‚objektive' Teil der Definition), daß sich die Person bei der Festlegung ihres Einsatzes ‚vernünftig' oder ‚kohärent' verhält. Darunter versteht man ein Verhalten, das einen sicheren Verlust vermeidet. Dies bedeutet, daß die Person nicht mehr einsetzt als sie bestenfalls gewinnen kann, den Gewinn

Wahrscheinlichkeit

nur dann einsetzt, wenn sie auch sicher gewinnt und dann, wenn sie für eine Möglichkeit A das a-fache des Gewinns einsetzen würde (d.h. als subjektive Wahrscheinlichkeit für A den Wert a vorgibt) und für die von A verschiedene Möglichkeit B das b- fache, für das Zutreffen der Möglichkeit A oder B das a + b -fache einsetzt. Diese Bedingungen sind aber genau die Axiome von *Kolmogoroff*. Die Kohärenzbedingung garantiert also, daß die subjektiven Wahrscheinlichkeiten das *Kolmogoroffsche Axiomensystem* erfüllen und somit die Wahrscheinlichkeitrechnung voll auf sie angewandt werden kann.

Es bleibt noch die Frage zu klären, wie eine vernünftige oder kohärente Person ihre Wahrscheinlichkeiten für die gegebenen Möglichkeiten modifiziert, wenn neue Kenntnisse (z.B. in Form neuer Beobachtungs- oder Meßergebnisse) vorliegen. Es entspricht dem kohärenten Verhalten, wenn die Person ihre Wahrscheinlichkeiten nach dem Satz von *Bayes* modifiziert: Bezeichnet x die neue Kenntnis, Θ die ‚Möglichkeit', über die entschieden werden soll, $P(\Theta)$ die Wahrscheinlichkeit für Θ und $P(x/\Theta)$ die Wahrscheinlichkeit, daß die Kenntnis x (Beobachtungswert x) hinzukommt, wenn die Möglichkeit Θ zutrifft, dann ist die modifizierte Wahrscheinlichkeit für Θ:

$$P(\Theta/x) = (P(x/\Theta)\,P(\Theta))/P(x)$$

wobei $P(x)$ die Wahrscheinlichkeit für die Kenntnis x ist, unabhängig von den Möglichkeiten Θ (d.h. die Summe aller Ausdrücke $P(x/\Theta)P(\Theta)$ über alle Möglichkeiten Θ).

Dieses Vorgehen bildet die Grundlage der *‚Bayesianischen Statistik'*. Die Wahrscheinlichkeit $P(x/\Theta)$, die man auch Likelihood (s.u.) nennt, wird meist aufgrund von Modellvorstellungen über die Entstehung der ‚Daten' x vorgegeben. Sie kann aber auch als eine ‚bedingte' subjektive Wahrscheinlichkeit vorgegeben werden.

In den Naturwissenschaften wird meist eine *objektivistische* oder *frequentistische Wahrscheinlichkeitsinterpretation* bevorzugt. Diese geht von einem modifizierten Kollektivmodell aus, das primär für die Ergebnisse objektiver Ereignisse (Beobachtungen, Messungen) formuliert wird. Der Meß- oder Beobachtungsvorgang stellt die ‚Beobachtungseinheit' dar. Dabei wird eines oder mehrere Merkmale beobachtet, die jeweils eine bestimmte Menge von Merkmalwerten annehmen können (z.B. vorhanden/nicht vorhanden; Gewicht u.ä.). Der Meß- oder Beobachtungswert ist einer dieser möglichen Merkmalwerte. Es wird angenommen, daß der Meß- oder Beobachtungsvorgang beliebig oft unter ähnlichen Bedingungen wiederholt werden kann. Die Gesamtheit der Ergebnisse, die bei einer unendlich häufigen Wiederholung geliefert werden, nennt man die *Grundgesamtheit*. Die Wahrscheinlichkeit für einen bestimmten Merkmalwert x oder für eine Menge A von möglichen Merkmalwerten wird interpretiert als die *relative Häufigkeit*, mit der dieser Wert x oder die Menge A in der Grundgesamtheit vorkommen. Relative Häufigkeiten entsprechen den Axiomen von *Kolmogoroff*, so daß die Wahrscheinlichkeitsrechnung anwendbar ist.

Ist das Merkmal X quantitativ (d.h. alle oder eine Teilmenge der reellen Zahlen), dann kann ihm eine Verteilungsfunktion $F(x)$ (kurz auch Verteilung) zugeordnet werden, die für jeden reellen Wert x die Wahrscheinlichkeit $P(X \leq x)$ angibt, bei der Beobachtung oder Messung Merkmalwerte kleiner oder gleich x zu erhalten. Man nennt solche Merkmale auch *‚Zufallgrößen'*, den bei einer Beobachtung oder Messung konkret erhaltenen Wert x die Realisation der Zufallsgröße. Ist das Merkmal X zusätzlich noch stetig (d.h. nimmt alle oder ein ganzes Intervall der reellen Zahlen an), dann kann seine Verteilung durch eine *Verteilungsdichte* $f(x) = F'(x)$ (d.i. die Ableitung von $F(x)$) beschrieben werden. $f(x)dx$ ist die Wahrscheinlichkeit für einen Merkmalwert im Intervall $(x, x+dx)$ (für eine kleine Intervallbreite dx). Bei stetigen

Zufallsgrößen kommt einer reellen Zahl x die Wahrscheinlichkeit 0 zu. Häufig kann man aufgrund von Modellen über die Entstehung der Meß- oder Beobachtungsdaten für die Verteilungsfunktion eine bestimmte Funktionsklasse vorgeben, die von einigen Parametern Θ abhängt. Diese Parameter Θ müssen der konkreten Datensituation angepaßt werden. Ein wichtige Klasse für stetige Zufallsgrößen ist die der →*,Normalverteilungen'* die von 2 Parametern (entspricht der mittleren Lage) und σ (entspricht der ,Breite') abhängt.

Die Grundgesamtheit ist eine fiktive Größe, die nicht beobachtet werden kann. Beobachtet können bei einer endlichen (n-maligen) Wiederholung des Meß- oder Beobachtungsvorgangs nur endlich viele Meß- oder Beobachtungswerte x1, x2, ... xn. Man nennt diese Werte eine *Stichprobe.* Man stellt sich vor, daß sie zufällig und voneinander unabhängig aus der Grundgesamtheit gezogen wurden. Sie repräsentieren zwar die Grundgesamtheit, dies aber nur unvollständig, da sie nur einen endlichen Ausschnitt aus der unendlichen Grundgesamtheit darstellen. Die Aufgabe der Statistik besteht darin, von der Stichprobe auf die Wahrscheinlichkeiten bzw. die Verteilung der Grundgesamtheit zu schließen. Da die Stichprobe nur unvollständig die Grundgesamtheit repräsentiert, kann dieser Schluß nur mit Unsicherheit erfolgen. Der Grad der Unsicherheit von Stichprobenaussagen kann durch eine Wahrscheinlichkeit quantifiziert werden *(Stichprobenwahrscheinlichkeit).* In der frequentistischen Interpretation ist die Grundgesamtheit dieser Wahrscheinlichkeit die Menge aller Stichprobenergebnisse, die man bei unendlich häufiger Wiederholung der Stichprobenentnahme (von n Werten) aus der Grundgesamtheit der Meßwerte erhält. Hier ist zu bemerken, daß diese Interpretation der Wahrscheinlichkeit zwar frequentistisch aber nicht mehr objektivistisch ist, da die künftigen Stichprobennahmen fiktiv sind und keine objektiven Daten darstellen.

Bei Schlüssen von der Stichprobe auf die Grundgesamtheit spielt die *Likelihood-Funktion* eine wichtige Rolle. Darunter versteht man die Wahrscheinlichkeit (oder Wahrscheinlichkeitsdichte bei stetigen Merkmalen), die bei einer gegebenen Verteilung den in einer Stichprobe konkret beobachteten Werten zukommt. Da die Stichprobenentnahme bereits erfolgte und die Ergebnisse vorliegen, hängt diese Funktion nur noch von der angenommenen Verteilung bzw. von deren Parametern ab. Es erscheint ein vernünftiges Prinzip, die Verteilung für die Grundgesamtheit der Meßwerte anzunehmen, für die die Likelihood-Funktion bei den gegebenen Stichprobenwerten maximal ist *(Maximum-Likelihood-Prinzip).* Nach diesem Prinzip wird man die Verteilung F(x) oder den Parameter Θ (falls die Klasse der Verteilungsfunktionen vorgegeben ist) als ,Schätzwert' für die unbekannte Verteilung (bzw. den Parameter) der Grundgesamtheit einer vorliegenden Stichprobe nehmen, für den die Likelihood-Funktion ihr Maximum annimmt. Die Zuverlässigkeit dieser Schätzung wird häufig durch die →Standardabweichung der Stichprobenverteilung des Schätzwertes ausgedrückt; d.h. durch die Standardabweichung der Schätzwerte um den (unbekannten) Parameter, die sich bei unendlich häufiger Wiederholung der Stichprobenentnahme und Berechnung des Schätzwertes ergibt. Diese nennt man auch den *Standardfehler.* Maximum-Likelihood-Schätzwerte haben in der Regel die Eigenschaft, daß mit zunehmendem Stichprobenumfang n immer kleiner wird und schließlich gegen Null konvergiert. Der Schätzwert konvergiert dann ,mit Wahrscheinlichkeit 1' gegen den Parameter. Diese Eigenschaft nennt man *Konsistenz.* Sie wurde für die Häufigkeit als Schätzwert einer Wahrscheinlichkeit bereits von *Bernoulli* gezeigt und wird in diesem Zusammenhang als (schwaches) *Gesetz der großen Zahl* bezeichnet.

Ein zweites, wichtiges Problem stellt das *Testen von Hypothesen* bezüglich der

Verteilung oder eines Parameters dar. Unter einer Hypothese wird in diesem Zusammenhang die Annahme einer bestimmten Verteilung oder eines bestimmten Parameterwertes verstanden. Da häufig als Parameterwert der Wert 0 angenommen wird, bezeichnet man diese Hypothese auch als *Nullhypothese*. Aufgrund vorliegender Stichprobenwerte soll entschieden werden, ob diese Hypothese für die Grundgesamtheit, aus der die Stichprobe entnommen wurde, zutrifft oder nicht. Dieses Problem wird dadurch gelöst, daß für die Abweichung zwischen der Hypothese und den Stichprobenwerten eine Abweichungsmaß (eine sog. *Teststatistik*) berechnet wird. Falls eine abweichende Hypothese *(Alternativhypothese)* explizit formuliert wird, kann man als Abweichungsmaß den *Likelihood-Quotienten* (likelihood ratio) nehmen, d.h. den Quotienten aus der Likelihood für die Alternativhypothese zur Likelihood für die Nullhypothese. Da dieses Testmaß von den Stichprobenwerten abhängt, wird es bei Wiederholung der Stichprobennahme zufällig variieren, und man kann ihm eine Stichprobenverteilung zuordnen. Die Wahrscheinlichkeit, in der Grundgesamtheit aller Stichprobenwiederholungen einen Wert für das Testmaß zu finden, der mindestens so groß ist wie der für die konkret vorliegende Stichprobe, ist damit definiert. Man nennt diese Wahrscheinlichkeit die *Signifikanzwahrscheinlichkeit* und lehnt die Nullhypothese ab, wenn diese Signifikanzwahrscheinlichkeit eine bestimmte untere Schwelle (für die „aus Gewohnheit und Aberglauben" meist 5% genommen wird) erreicht oder unterschreitet. Die Abweichung zwischen Stichprobe und Nullhypothese nennt man dann ‚signifikant'. Die Wahrscheinlichkeit, bei Gültigkeit einer bestimmten Alternativhypothese und einer vorgegebenen Signifikanzschwelle in der Gesamtheit aller möglichen Stichprobenentnahmen ein signifikantes Ergebnis zu erhalten nennt man die *Teststärke* (power). Diese ist umso grösser, je größer der Stichprobenumfang ist. Diese Tatsache kann zur →Versuchsplanung ausgenutzt werden, indem der Umfang n einer zu ziehenden Stichprobe so festgelegt wird, daß bei gegebener Alternativhypothese und Signifikanzschwelle eine bestimmte Teststärke (z.B. 90%) mindestens erreicht wird.

Literatur: *Aristoteles,* Topik (Organon V), Deutsch von *E. Rolfes,* Hamburg 1968. *J. Bernoulli,* Wahrscheinlichkeitsrechnung (Ars conjectandi), Deutsch von *R. Haussner,* Ostwald's Klassiker der exakten Naturwissenschaften Nr. 107 und 108. Leipzig 1899. *R. Carnap/W. Stegmüller,* Induktive Logik und Wahrscheinlichkeit. Wien 1958. *B. de Finetti,* Theory of Probability. New York vol. 1 1974, vol. 2 1975. *P. S. de Laplace,* Philosophischer Versuch über die Wahrscheinlichkeit. Herausgegeben von *R. v. Mises,* Ostwald's Klassiker der exakten Wissenschaften, Nr. 233. Leipzig 1932. *R. von Mises,* Wahrscheinlichkeit, Statistik und Wahrheit (2. Aufl.). Wien 1936.

Prof. Dr. *Berthold Schneider,*
Hannover

Was-ist-das?-Reaktion
→Orientierungsreaktion.

Weber-Fechnersches Gesetz
→Fechnersches Gesetz.

Webersches Gesetz
→Fechnersches Gesetz.

Wechselwirkung
⇒Interaktion

sozialpsychologisch: reziprokes Handeln in zwischenmenschlichen Beziehungen;

biologisch: die wechselseitige Beeinflussung verschiedener Teilsysteme, z.B. des Nervensystems durch das Hormonsystem und des Hormonsystems durch das Nervensystem;

statistisch: der gemeinsame Effekt, den zwei oder mehrere →unabhängige Variablen über ihre Einzeleffekte hinaus auf eine →abhängige Variable haben.

Weckreaktion
→Aktivation
→Aufsteigendes Retikuläres Aktivationssystem.

Weibchenschema
typische Körpermerkmale der Frau, wie Brust, gerundete Körperform, schmale Taille, breite Hüfte, die im Sinne eines Schlüsselreizes bei heterosexuellen Männern →Aufmerksamkeit erregen und deswegen auch häufig in der Werbung eingesetzt werden.

Weighted-Linkage-Methode
Spezialfall der →agglomerativen Verfahren der →Clusteranalyse, bei dem die Elemente nicht nur nach ihrem Abstand zu einer Gruppe zusammengefaßt werden, sondern bei der die Gruppierung noch zusätzlich mit der Zahl der Elemente gewichtet wird.

Werthaltungen
Normen- und Wertesystem, das eine Person oder eine Gruppe von Personen für sich als verbindlich ansieht. *Eduard Spranger* beschreibt in seiner geisteswissenschaftlichen Psychologie sechs Haupttypen (→Typologie) des Menschen, die sich nach ihren Werthaltungen unterscheiden: den theoretischen, den ästhetischen, den ökonomischen, den sozialen, den religiösen und den Machtmenschen.

Whitehead-Paradigma
→Viszerozeption.

Widerstand
in der psychoanalytischen Therapie (→Psychoanalyse) beobachteter Vorgang, bei dem sich der Patient bei vordergründig dargestellter Kooperationsbereitschaft der Auseinandersetzung mit seinen Kernproblemen widersetzt, weil er unbewußt die neurotischen Kompromisse, die er mit sich und seinen Lebensverhältnissen geschlossen hat, gefährdet sieht.

Wiederholbarkeit im Experiment
→Experiment.

Willkürlichkeit im Experiment
→Experiment.

Wirtschaftspsychologie
Teilgebiet der Psychologie, das sich mit dem psychoökonomischen Verhalten im weitesten Sinne befaßt und insbesondere mit psychologischen Aspekten der Produktion und des Konsumverhaltens.

Workaholics
→Sucht.

Z

Zärtlichkeitsbedürfnis

→ Individualpsychologie

→ Transaktionale Analyse.

Zeigarnikeffekt

Die Psychologin *Zeigarnik* hat (1927) ein spezifisches Gedächtnis- und Motivations-Phänomen beschrieben: unerledigte Handlungen werden besser im Gedächtnis behalten als erledigte.

Zeiterleben

Die Psychologie der Zeit ist eine Psychologie des Zeiterlebens. Sie hat – wie bereits *Benussi* (1913) in seiner klassischen Monographie über die „Psychologie der Zeitauffassung" feststellte – zu ermitteln, „durch welche inneren Geschehnisse die verschiedenen Beziehungen zwischen subjektiver, erfaßter und objektiver, tatsächlicher Zeit ermöglicht werden" (S. 5).

Bei der wissenschaftlichen Analyse des Zeiterlebens erweist es sich als sinnvoll, zwischen *Zeitwahrnehmung* einerseits und Zeitschätzung andererseits zu unterscheiden. Wir können nämlich Zeit nur innerhalb der Grenzen der *„psychologischen Gegenwart" (Fraisse) wahrnehmen;* sie variiert zwischen zwei bis fünf Sekunden. Diese Zeit ist beispielsweise notwendig, um einen Satz mit 20 bis 25 Silben fehlerlos zu erfassen. Dagegen können Zeitstrecken, die die Dauer der psychologischen Gegenwart überschreiten, nicht mehr wahrgenommen, sondern müssen unter Zuhilfenahme des Gedächtnisses *geschätzt* werden. Man spricht von Überschätzung, wenn die erlebte Zeit schneller vergeht als die physikalisch gemessene. Im umgekehrten Fall liegt eine Unterschätzung vor. Zur Untersuchung der Beziehung zwischen „objektiver" und „subjektiver" Zeit können nach Allan grundsätzlich zwei Strategien zur Anwendung kommen: a) Die *Zeitstrecken-Skalierung* (duration scaling) und b) die *Zeitstrecken-Diskrimination* (duration discrimination). Die →Skalierung kann beispielsweise durch *verbale Schätzung* (in konventionellen Zeiteinheiten) oder durch *Reproduktion* einer vom Versuchsleiter vorgegebenen Zeitstrecke erfolgen. Bei der *Produktionsmethode* hat die Versuchsperson (Vp) ein vom Versuchsleiter angegebenes Intervall selbst herzustellen (etwa mit Hilfe einer Stoppuhr). Im Zeitstrecken-Diskriminationsversuch ist die Vp gehalten, je zwei aufeinanderfolgende Intervalle hinsichtlich ihrer Dauer zu *vergleichen.* Überschätzungen äußern sich bei der Reproduktionsmethode in zu langen, bei der Produktionsmethode in zu kurzen Intervallen.

Es ist ein gut gesicherter Befund, daß kurze Intervalle überschätzt und lange Intervalle unterschätzt werden. Jene Zeitdauer, bei der kein systematischer Fehler auftritt, heißt *Indifferenzintervall.* Seine Länge beträgt ungefähr 0,6 bis 0,8 Sekunden. Das allgemeine Gesetz der Überschätzung von kurzen und der Unterschätzung von langen Zeitstrecken gilt sowohl für „gefüllte" als auch für „leere Intervalle" *(Fraisse).* Die Beziehung zwischen wahrgenommener Zeitdauer und vorgegebener Stimuluszeit läßt sich am besten durch eine lineare Funktion beschreiben. Das →Webersche Gesetz ist in seiner klassischen Formulierung nicht auf die Zeitwahrnehmung anwendbar.

Arbeitet man mit der Methode der Zeitstrecken-Diskrimination, dann wird gewöhnlich ein *Zeitreihenfolgefehler* (TOE, time-order error) beobachtet. Er ergibt sich aus $p(R_{10}/S_1S_0) - p(R_{01}/S_0S_1)$, der Differenz der bedingten Wahrscheinlichkeiten für die richtigen Beurteilungen R_{10} und R_{01} der Sequenzen S_1S_0 und S_0S_1; dabei bezeichnet S_1 das längere und S_0 das kürzere Intervall. Der Zeitreihenfolgefehler verringert sich, wenn Erfolgsrückmeldungen gegeben werden. Das Wissen um das Ergebnis bewirkt auch eine Verbesserung der Genauigkeit der verbalen Schätzungen sowie der Intervallproduktionen.

Sowohl die Wahrnehmung als auch die Schätzung von Zeitstrecken wird durch *nicht-zeitliche* Faktoren beeinflußt. Beispielsweise wird die Dauer eines Zeitintervalls als um so länger erlebt, je intensiver sich die Aufmerksamkeit auf die Zeitdauer als solche konzentriert. Ferner hat alles „was dazu beiträgt, die relative Anzahl bzw. die Dichte der bemerkten Veränderungen zu erhöhen oder zu vermindern, eine Verlängerung oder Verkürzung der empfundenen Dauer zur Folge" (*Fraisse* 1985, S. 220). Nach dem „processing effort"-Modell von *Thomas* u. *Weaver* (1975) ist die wahrgenommene Zeit eine positive Funktion jener Zeit, die für die Verarbeitung nicht-zeitbezogener Aufgabenanteile aufgewendet wird. Die Beziehung zwischen zeitlicher und nicht-zeitlicher Informationsverarbeitung wurde im Modell von *Thomas* u. *Cantor* (1978) spezifiziert.

Problemstellungen, die Zeit als Information und Zeiterleben als Manifestation zeitlicher Informationsverarbeitung konzipieren, treten mehr und mehr in den Vordergrund des Forschungsinteresses (vgl. u.a. *Michon* u. *Jackson* 1985). In diesem Zusammenhang hat die Suche nach der Existenz endogener Zeitgeber (sog. innerer bzw. biologischer Uhren) neuerlich Auftrieb erhalten (*Pöppel* 1971). Wie sich am Beispiel der „Speicher-Hypothese" von *Ornstein* (1969) zeigen läßt, können →kognitive Zeitschätzungsmodelle, die keinerlei Annahmen über spezielle Oszillationsprozesse machen, nur einen eingeschränkten Geltungsbereich beanspruchen.

Noch gänzlich ungeklärt ist die Frage, welche Bedeutung differentiellen Faktoren beim Zeiterleben beizumessen ist (vgl. *Huber, Roth* u. *Gramer* 1987). Spezielle Hypothesen über mögliche Zusammenhänge zwischen Zeitschätzung und Persönlichkeitsvariablen wurden unter Zugrundelegung der *Eysenckschen* Persönlichkeitstheorie (→Persönlichkeit) vor allem in bezug auf die Extraversions-Introversionsdimension formuliert (→Extraversion). Die Ergebnisse der hierzu durchgeführten Untersuchungen konnten jedoch keine überzeugende empirische Basis für die Annahme liefern, daß Extravertierte im Vergleich zu Introvertierten eher negative Zeitfehler begehen. Vielversprechende Befunde liegen dagegen aus der psychopathologischen Forschung vor. So fand beispielsweise *Tysk,* daß uni- und bipolar Depressive (→Depression) dazu neigen, kurze Intervalle (10–30 s) zu unterschätzen, während bipolar Erkrankte in der manischen Phase zu erheblichen Überschätzungen tendieren.

Literatur: *V. Benussi,* Psychologie der Zeitauffassung. Heidelberg 1913. *P. Fraisse,* Psychologie der Zeit. München 1985. *H. P. Huber/R. Roth/M. Gramer,* Persönlichkeitspsychologische Aspekte der Zeitschätzung. In: *E. Raab/G. Schulter* (Hrsg.), Perspektiven psychologischer Forschung. Wien 1987, 97–105. *J. A. Michon/J. L. Jackson* (Eds.), Time, mind, and behavior. Berlin 1985. *R. E. Ornstein,* On the experience of time. Harmondsworth 1969. *E. Pöppel,* Oscillations as a possible basis for time perception. Studium Generale, 1971, 24, 85–107. *E. A. Thomas/N. E. Cantor,* Interdependence between processing of temporal and non-temporal information. In: *J. Requin* (Ed.), Attention and performance VII. Hillsdale 1978, 43–62. *E. A. Thomas/W. B. Weaver,* Cognitive processing and time perception. Perception and Psychophysics, 1975, 17, 363–367.

Prof. Dr. *Helmuth P. Huber,* Graz

Zeitgeberreize
→Circardiane Periodik.

zeitliche Bahnung
→Bahnung.

Zeitreihenanalyse
→Einzelfallanalyse
→Veränderungsmessung.

Zeitreihenfolgefehler
→Zeiterleben.

Zeitreihenpläne
→Einzelfallanalyse.

Zeitschätzung
→Zeiterleben.

Zeitstrecken-Diskrimination
→Zeiterleben.

Zeitstrecken-Skalierung
→Zeiterleben.

Zeitwahrnehmung
→Zeiterleben.

Zeitzonenwechsel
→Circardiane Periodik.

zentrale Aktivierung
→Aktivation.

zentrales Nervensystem
⇒ZNS
→Nervensystem.

zentrale Tendenz
→Beurteilungsfehler.

zentrifugal
vom →ZNS zur Peripherie führend (→efferent).

Zentroidmethode
→Faktorenanalyse.

Zerebralparese
→Minimale Cerebrale Dysfunktion.

Zuckerkrankheit
⇒Diabetes mellitus.

Zufallsauswahl
→Versuchsplanung.

Zufallsgröße
→Wahrscheinlichkeit.

Zukunftskonzept
→Selbstkonzept.

Zusammenhangsanalyse
→Multivariate Datenanalyse.

Zustandsangst
⇒State-Angst
→Eigenschaft.

Zuverlässigkeit
⇒Reliabilität.

Zwang
äußerer Zwang: Druck, Nötigung; innerer Zwang: psychisches Symptom, bei dem der Betroffene das Gefühl hat, in seinem Denken und in seinen Handlungen Impulsen folgen zu müssen, auf die er keinen Einfluß hat. Im Gegensatz zum →Wahn ist ihm die Unsinnigkeit seines Denkens und Handelns bewußt (→zwanghafte Persönlichkeit, →Zwangsneurose, →Zwangssyndrom).

zwanghafte Persönlichkeit
→Persönlichkeitsstörungen.

Zwangsneurose
→Neurose.

Zwangssyndrom
Muster von Zwangssymptomen (→Zwang), das Aufschluß darüber vermittelt, ob es sich um Anzeichen einer →Psychose oder →Neurose handelt.

Zwei-Parameter-Modell
→Adaptives Testen.

Zweikomponentenmodell
→Erziehungsstile.

Zweiprozeß-Modell
→Erziehungsstile.

Zwillingsforschung
Bei der Forschungsfrage innerhalb der Entwicklungspsychologie nach der Größe der Varianzanteile aus Anlage und Umwelt (→Anlage-Umwelt-Diskussion) sind Beobachtungen an Zwillingen ein wichtiger methodischer Ausgangspunkt, da im Falle gar eineiiger Zwillinge die erbbedingten Entwicklungsanteile identisch sind.

zwischenmenschliche Beziehung
→interpersonelle Beziehung.

Zyklothymie
Tendenz zu starken Stimmungsschwankungen, wechselnd zwischen euphorischer Erregung und Niedergeschlagenheit (→Depression).